第二届中国大学出版社优秀教材一等奖
普通高等教育经管类专业“十四五”规划教材

经济法

含习题与案例

（第七版）

主　编　刘泽海　薛建兰
副主编　刘　蕾　雎利萍
撰稿人（按姓氏拼音为序）
陈东果　陈　政　黄　新　李红润
李之琳　李　瑾　刘　桦　刘　蕾
刘泽海　毛凤云　王　强　薛建兰
雎利萍　杨冠英　赵　亮　朱　静

南京大学出版社

内容简介

作为普通高等院校经管类专业的核心课程"经济法"的专用教材，本书根据教学大纲的要求和高等院校应用型人才培养的特点，从民法、商法、经济法、程序法四个方面系统介绍了经济法律制度的有关内容。基于高等院校经管类专业应用型人才的培养这一视角，教材以经管类专业学生未来职业发展所需为原则，以在校所学与就业所需紧密对接为目标，构建合理的内容体系；同时，以经济管理实践为基础，以经济法综合应用能力的培养为主线，以学生乐学善用为目标，力图通过多种形式着力培养并提升经管类专业学生运用所学法律知识解决实际问题的能力，促使学生构建良好的法律和合规意识，并努力引导学生像懂法律的管理者那样思维以有效避免经济管理活动中的法律风险。本书定位精准，结构合理，内容简练、通俗易懂，重点、难点突出，理论与实际相结合，具有前瞻性和实用性特点。

图书在版编目(CIP)数据

经济法 / 刘泽海，薛建兰主编. — 7 版. — 南京：南京大学出版社，2020.8(2024.8 重印)

ISBN 978-7-305-23667-9

Ⅰ. ①经… Ⅱ. ①刘… ②薛… Ⅲ. ①经济法—中国—高等学校—教材 Ⅳ. ①D922.29

中国版本图书馆 CIP 数据核字(2020)第 148169 号

出版发行　南京大学出版社
社　　址　南京市汉口路 22 号　　　邮　编　210093

书　　名　经济法
JINGJI FA
主　　编　刘泽海　薛建兰
责任编辑　唐甜甜　　　编辑热线　025-83594087

照　　排　南京南琳图文制作有限公司
印　　刷　广东虎彩云印刷有限公司
开　　本　787 mm×1092 mm　1/16　印张 26.50　字数 713 千
版　　次　2009 年 3 月第 1 版　2020 年 8 月第 7 版
印　　次　2024 年 8 月第 8 次印刷
ISBN 978-7-305-23667-9
定　　价　59.80 元

网址：http://www.njupco.com
官方微博：http://weibo.com/njupco
微信服务号：njuyuexue
销售咨询热线：(025) 83594756

第七版前言

2020年5月28日,《中华人民共和国民法典》诞生,意味着我国营商环境法治化进程有了更加坚实的保障。在此进程中,参与市场交易的各主体应秉持法治理念,以“守法、合规”为基本原则,努力让法律制度成为一种“生产要素”深刻参与社会生产和生活的各个方面,不断增强法律风险的识别、防范和管控能力。在此背景下,作为未来懂法律的管理者,经济贸易类和工商管理类(以下简称经管类)专业的学生应学好包括经济法在内的法律以增强营商实践中的法商(Law Quotient,LQ)智慧。

为了适应和满足在互联网+环境下,基于法律、法规的改变和教学理念、教学环境的改变而产生的新的教学需求和期待,提升教学质效,《经济法(第七版)》在《经济法(第六版)》的基础上再撰精修①而成。

本书面向的是非法学专业学生,尤其是经管类专业的学生。

基于OBE(Outcomes-based Education)理念,《经济法(第七版)》以新形势下高等院校经管类专业应用型人才的培养为背景,以经济管理实践为基础,以经管类专业学生未来职业发展所需为原则,以职业经理人的职业素能为视角,以经济法综合应用能力的培养为主线,以学生乐学善用为目标,来合理构建全书的内容体系。

为确保学生在校所学与就业所需紧密契合,《经济法(第七版)》内容体系以高等院校经管类专业学生的基础知识和学生未来职业发展所需的法律知识为基础,同时涵盖经管类资格考试(如CPA、税务师、资产评估师、会计师等)所涉及的主要经济法律知识和经济法律制度,在此前提下,深入探讨了民法、商法、经济法、程序法等部门法的重要问题。

为了促使学生养成良好的法律和合规意识,并努力引导学生像懂法律的管理者那样思维,《经济法(第七版)》每一章均附有适量的、难易适中的并具有可操作性的同步综合练习题(包括复习思考题和案例分析题),以突出案例教学,通过“做中学”着力培养并提升经管类专业学生正确运用所学法律知识解决实际问题的应用能力。

为助力学生主动探索式学习,《经济法(第七版)》以图、表、二维码等形式呈现一些重要的理论、法律制度、法律条文、案例等内容。

---

① 本次修订,包括但不限于:删除与现行法律、法规不相符合的部分;改写因为法律、法规的改变而涉及的内容;修正已发现的问题甚至错误;完善表述不通顺的地方;增加和完善“实务拓展”等教学资源。

因而,《经济法(第七版)》适合普通高等院校经管类专业作为经济法课程教材。

为了便教利学,本教材提供与教学相关的多元教学服务,包括但不限于:多媒体课件,电子教案,视频,习题参考答案,法律、法规查询系统,与经管类职业资格考试相关的练习题和模拟试题等。需要者,请直接与作者联系。

本书的撰写工作由国内多所院校的一线资深教师,以及具有丰富实践经验的法官和律师共同完成。本书的主编为刘泽海、薛建兰,副主编为刘蕾、睢利萍。本书写作的具体分工(按各章先后为序)是:第一、五、十一章(第一节、第四节、第五节、第七节)由刘泽海撰写;第二章由赵亮撰写;第三章由刘桦撰写;第四章由毛凤云撰写;第六章由李红润撰写;第七章由李之琳撰写;第八章由陈东果撰写;第九章由陈政撰写;第十章由朱静撰写;第十一章(第二节、第三节)、第十三章由刘蕾撰写;第十一章的第六节由李瑾撰写;第十二章由王强撰写;第十四章由睢利萍撰写;第十五章由薛建兰撰写;第十六章由杨冠英撰写;第十七章由黄新撰写。全书由刘泽海统稿。

在本书的撰写、修订过程中,参考了国内外大量书籍和资料,鉴于篇幅有限,笔者仅将主要参考文献附于书后,在此,谨向所有作者表示诚挚的谢意。本书在出版过程中,得到南京大学出版社的大力支持和多方指导,在此深表谢忱。

虽然编者希望通过此次修订积极应对新形势下教学改革的新需要,但是,由于编者水平有限且时间仓促,书中不足甚至错讹之处在所难免,敬祈读者批评指正,以便在下次修订时得以补充和校正。

欢迎读者通过 E-mail(elaw98@163.com)与作者沟通交流。

编　者

2020 年 8 月 18 日

目　录

第一章 经济法导论

第一节 经济法概述

一、法的概述

一般认为，法是由国家制定或认可，并由国家强制力保证实施的，反映着统治阶级意志的规范体系。这一意志的内容由统治阶级的物质生活条件所决定，它通过规定人们在社会关系中的权利和义务，确认、保护和发展有利于统治阶级的社会关系和社会秩序。广义的法律指法的整体，即国家制定或认可，并由国家强制力保证实施的各种行为规范的总和。在一般情况下，"法"和广义的"法律"同义。

作为体现统治阶级意志的一种特殊的行为规则和社会规范，法具有强制性、规范性和科学性的特征。法通过指引、评价、预测、强制、教育等规范作用的发挥来调整人们的行为，进而维护社会公共利益。

基于不同的标准，法具有不同的形式和分类。根据不同的调整对象和调整方法，可以划分不同的法律部门。我国已形成宪法及宪法相关法、刑法、行政法、民商法、经济法、社会法、诉讼与非诉讼程序法等七个法律部门。中国特色社会主义法律体系是由宪法及宪法相关法、刑法、行政法、民商法、经济法、社会法、诉讼与非诉讼程序法等多个法律部门组成的有机统一整体。中国特色社会主义法治建设不仅需要良好的法律体系，更需要法律的良好运行或有效实施。

在现代法治社会中，法律制度不再仅仅作为一种行为规则和依据，而在事实上逐渐成为一种重要的"生产要素"广泛参与社会生产和生活的各个方面，深刻影响着企业的运营和人们的日常生活。在法治化的营商环境中，参与社会生产和生活的各主体应以法治为基本遵循，养成自觉守法、遇事找法、靠法解决问题的意识和习惯，秉持合规理念，强化法律风险的识别、防范和管控。

因此，学好法律不仅可以增强法律意识，还可以强化法律风险防范意识，依法行使并维护权利，积极履行义务，自觉与违法行为作斗争。

二、经济的法律调整与经济法律

实践证明，人类社会的生存和发展，离不开经济活动。调整经济关系、维护经济秩序，是法律的重要任务。因此，自从人类社会出现了国家，出现了法律现象，就有了对经济的法律调整。从古至今，随着经济的发展和社会的进步，法律对经济的调整也越来越深刻和广泛。在现代市场经济阶段，民法、商法和经济法是调整经济关系的主要法律部门。

早在古代，就存在保护财产权、维护交易等经济关系以及国家管理经济的法律规范，但是，在进入市场经济阶段之后，人类调整经济关系的法律制度开始蓬勃发展并日益走向成熟。

在自由竞争市场经济阶段，人类社会的生产力得以迅速发展，与此相适应，经济民主的思想开始兴起，市场主体之间的平等地位以及市场主体的自主选择权得到普遍尊重，经济主要靠市场机制这只"看不见的手"来调节；政府的职能受到限制和约束，公共权力对市场的干预受到抵制。在这一阶段，强调意思自治和契约自由的民法以及与民法同源、着重调整传统商事主体和商事行为的商法得以蓬勃发展。

进入现代市场经济阶段以后,生产的高度社会化以及人类社会的现代化导致了诸多市场失灵问题,例如,自由竞争导致的垄断,妨碍了竞争机制作用的发挥,甚至从根本上动摇了市场经济的基础;市场的极端个体理性使宏观经济失衡;信息及实力的不对称,使消费者无法与企业取得实质的平等。这些变化使市场经济初期备受推崇的个人本位思想开始向社会本位思想演变;自由放任的市场经济逐步向注重政府干预和协调的市场经济转变。同时,社会公平意识也开始增强。因此,在这一阶段,强调社会整体利益和国家干预主义,旨在调控宏观经济、维护竞争秩序和保护消费者权益的经济法开始勃兴。至此,经济法与民商法共同成为调整现代市场经济关系的两大部门法,二者相互配合,共同维护正常的市场秩序。其中,民商法构成市场经济的法律制度基础,它体现了市场经济本身自由、平等的特质;经济法是市场经济法律制度的有益补充和有力保障,旨在通过国家干预维护竞争机制,维持宏观经济平衡。

三、狭义经济法概述

(一) 经济法的概念与特征

拓展阅读(1-1)

如何理解市场失灵和政府失灵?

经济法是在克服市场失灵和政府失灵,促进社会和谐的历史进程中不断发展和完善的一个法律部门。目前理论界对经济法的概念的理解和认识仍在不断地变化和发展中,学术界仍没有权威的经济法的定义,而经济法学界也未能取得统一的认识。但毋庸置疑的是,在健全市场机制、改善宏观调控、巩固社会主义市场经济体制的进程中,经济法是不可或缺的。

事实上,经济法的含义历来有广义和狭义之分。狭义的经济法是指矫正市场失灵、调整市场秩序的法律,国家调控是经济法存在的经济基础和政治基础。广义的经济法不仅包括国家调控的内容,也包括有关商法的内容。基于通说,本书不对有关经济法概念的各种观点作阐述。本书认为,经济法是从社会本位出发,调整国家在经济管理和协调社会经济活动过程中所形成的各种经济关系的法律规范的总称。经济法是在民法、商法对市场经济初次调整的基础上进行的再次调整。作为一个独立的法律部门,经济法具有以下特征。

(1) 经济性。这是经济法最本质的特征。这是因为经济法是调节社会经济之法,发挥作用的领域是社会的经济生活领域,所以经济法通常把经济制度和经济活动的内容和要求直接规定为法律,这就使得经济法必然要反映基本经济规律,揭示基本经济问题。

(2) 社会性。经济法的社会性主要体现为经济法以社会为本位的特征。经济法是顺应国家干预社会经济生活的要求而产生和发展起来的,为国家干预社会经济生活提供了法律依据和保障,其根本目标在于维护社会整体利益,促进社会经济的协调发展。

(3) 政策性。经济法是国家调节经济活动、参与经济关系的产物。在此过程中,国家的经济体制和经济政策对经济法的发展和变化产生了重要影响,经济法也必须反映和回应社会经济生活和政治形势的变化,呈现出政策性的特性。这主要表现在经济法随时根据国家意志的需要赋予政策以法的效力,并根据经济体制和经济政策的变化而变化。

(4) 综合性。经济法的综合性是由其所调整的社会经济关系的复杂性所决定的,表现为以下几个方面:一是法益的复合性,经济法不仅保护经济活动主体的个体法益,也保护不特定多数的社会法益,同时还保护作为公权力者的国家法益,而且三种法益并重。二是方法的多样性。经济法在调整国家调节经济的行为时,不仅运用了民事的、行政的、刑事的等传统方法,还采用了公私法融合的新型调整手段,如褒奖手段、专业暨社会性调整手段等。三是责任的多重性。在法律责任上,经济法实行民事责任、行政责任和刑事责任并举的方式,多角度、全方位地实现对社会经

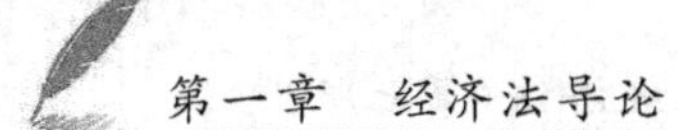

济活动的调控。四是规范的多元性。规范的多元性表现为实体规范与程序规范相结合，强行性规范、任意性规范与提倡性规范相结合，域内效力与域外效力相结合，公法规范与私法规范相结合等。

（二）经济法的调整对象与范围

法的调整对象是一法区别于他法并作为独立法律部门而存在的根据。任何法律部门都有自身的调整对象，即该法所调整的独特的社会关系。但对于经济法调整对象，与经济法的概念一样，如何界定一直存在争议。基于前述对于经济法基本概念的认识，本书认为，经济法调整的是国家在经济管理和协调社会经济活动过程中所形成的各种经济关系。依其内容，可以把这种社会关系分为以下几种。

1. 宏观调控关系

现代市场经济的运行是一个极其复杂的过程，当经济运行到一定复杂与发达的程度，"市场之手"的缺陷就会暴露，其个体利益取向的单一会令社会经济发展的整体陷入资源配置无序化与严重浪费的泥潭，社会迫切需要另一种超然于市场之上的力量对此进行规制与引导。任何国家任由其经济的自然发展是远远不能适应本国经济发展的需要的，需要"国家之手"的适当干预与促进，我们把这种国家引导和促进并由此产生的经济管理关系称为"宏观调控关系"。相应，调整这类经济关系的法律被称为"宏观调控法"，包括计划法、财政税收法、金融调控法等。

2. 微观规制关系

竞争是市场经济的必然要求，无竞争则无市场。然而竞争优胜劣汰的过程会使市场主体之间力量差距拉大，这一差距达到一定程度之后，垄断与限制竞争就随之产生；除了垄断，竞争的发展必伴随着不正当竞争。不管是垄断还是不正当竞争，都会使市场机制失灵，严重者使国家经济整体发展受到影响。因此对市场这只无形之手的消极影响应由"国家之手"予以修正。同时，由于垄断组织实力强大，不正当竞争普遍猖獗，为保证法律的顺利实施，这些法律规定多以强制性规范为主，具体以反垄断法为龙头，还包含有反不正当竞争法、消费者权益保护法、产品质量法等，其意义在于对市场公平竞争障碍的排除，维护经济发展的微观秩序。

3. 市场主体的组织管理关系

市场主体的组织管理关系是指市场主体的设立、变更、终止和市场主体内部组织机构在管理过程中发生的经济关系。调整这一关系的相关法律法规主要是企业法，包括个人独资企业法、合伙企业法、公司法、企业破产法等。

4. 社会保障关系

社会保障是国家赋予社会成员的一项基本权利。社会保障关系是国家在从事社会保障各项事业的过程中与劳动者及全体社会成员之间所形成的物质利益关系。市场经济强调效率，兼顾公平，既要克服平均主义，又要保障全体社会成员的基本生活。但是，市场本身解决不了这个问题，需要国家出面进行干预，建立互助互济、社会化管理的社会保障制度。在实施社会保障过程中发生的这类经济关系由经济法加以调整，以利于充分开发和合理利用劳动力资源，保护劳动者的基本生活权利，维护社会稳定，促进经济发展。调整这部分关系的主要有劳动法、社会保险法等。

（三）经济法的渊源

法的渊源，指的是法的来源或源头，一般有实质意义上的法的渊源和形式意义上的法的渊源之分。实质意义上的法的渊源指法的内容的来源，如法渊源于一定的经济或经济关系；形式意义上的法的渊源，也被称作法的效力渊源，指一定的国家机关依照法定职权和程序制定或认可的具有不同法的效力和地位的法的不同表现形式。通常所说的法的渊源主要指形式意义上的法的渊源,即法律规范借以表现和存在的外在形式。依据不同的标准可以对法的渊源作出分类,如根据其适用范围来分,有国内法渊源和国际法渊源;根据其表现形式来分,有制定法、习惯、判例、政策、学理等。在我国,法的渊源一般指形式意义上的法的渊源,主要表现为成文的制定法,至于判例、习惯、政策和学理能否成为法的渊源,历来争议颇多。

一般认为,经济法的渊源是指经济法规范借以表现或存在的形式,大致分为制定法、判例、政策、习惯、学说与法理等。在大陆法系国家,占主导地位的经济法渊源是成文化的单行法规,政策、习惯也可以作为经济法的渊源,而学说与法理在法律适用中仅具有一定的指导意义,不能作为经济法的直接渊源。在英美法系国家,判例法占据着第一重要的位置,单行法规等制定法地位举足轻重,学说与法理也能发挥一定的作用。与其他部门法领域不同的是,在经济法领域,鲜有成文的经济法典,更多的是经济单行法。

在我国,经济法的渊源主要是制定法,包括宪法、经济法律法规、行政规章等。具体而言,我国的经济法渊源除了宪法外,主要包括:法律、行政法规、地方性法规、自治法规、规章、国际条约或协定,以及其他辅助渊源。

(1) 法律。这里的法律指的是狭义的理解,即仅指全国人民代表大会及其常务委员会制定的规范性文件。此外,全国人民代表大会及其常务委员会作出的具有规范性的决议、决定、规定、办法以及立法解释等,也属于"法律"类经济法的渊源。在我国经济法的渊源中,其效力和地位仅次于宪法,是经济法的最主要的渊源。为了保护民事主体的合法权益,调整民事关系,维护社会和经济秩序,适应中国特色社会主义发展要求,弘扬社会主义核心价值观,根据宪法,第13届全国人民代表大会第3次会议于2020年5月28日制定并通过了《中华人民共和国民法典》(以下简称《民法典》)。

知识拓展(1-1)

与市场经济紧密相关的常见法律

(2) 行政法规。行政法规是指作为国家最高行政机关的国务院根据宪法和法律或者最高权力机关的授权而制定的规范性文件。在我国经济法的渊源中,行政法规的数量要远远多于法律,其效力和地位仅次于宪法和法律,是经济法的重要渊源。此外,国务院发布的规范性的决定和命令,和行政法规具有同等的法律效力,也属于经济法的渊源。

(3) 地方性法规。省、自治区、直辖市、经国务院批准的较大的市和设区的市的人民代表大会及其常委会可以根据本地方的具体情况和实际需要,在不同宪法、法律、行政法规相抵触的前提下,制定地方性法规。虽然地方性法规在效力上具有从属性,在适用范围上也具有地域局限性,但其是地方权力机关根据宪法的授权而制定的,同样具有法的效力,属于经济法的渊源。例如,为了加强电动自行车管理,引导文明出行,预防和减少交通事故、火灾事故,保障人民生命财产安全,根据《中华人民共和国道路交通安全法》《中华人民共和国产品质量法》《中华人民共和国道路交通安全法实施条例》等法律、行政法规,结合江苏省实际,江苏省第13届人民代表大会常务委员会第16次会议于2020年5月15日制定并通过了《江苏省电动自行车管理条例》。

(4) 自治法规。自治法规是民族自治地方(自治区、自治州、自治县)的权力机关所制定的特殊地方规范性法律文件(自治条例和单行条例)的总称。自治条例是民族自治地方根据自治权制定的综合的规范性法律文件;单行条例是根据自治权制定的调整某一方面事项的规范性法律文件。自治条例和单行条例可作为民族自治地方的司法依据。

自治区的自治条例和单行条例,报全国人民代表大会常务委员会批准后生效;自治州、自治县的自治条例和单行条例,报省或自治区人民代表大会常务委员会批准后生效,并报全国人民代表大会常务委员会备案。如《宁夏回族自治区畜禽屠宰管理条例》《湖北省恩施土家族苗族自治州自治条例》《内蒙古自治区鄂伦春自治旗自治条例》《广西壮族自治区巴马瑶族自治县自治条例》等。

(5) 规章。规章是行政性法律规范文件，依其制定机关不同，可分为部门规章和地方政府规章。规章的名称一般称“规定”、“办法”，但不得称“条例”。

部门规章是指国务院各部、委员会、中国人民银行、审计署和具有行政管理职能的直属机构，在本部门的权限范围内，根据法律和国务院的行政法规、决定、命令，制定的规范性文件，内容主要限于执行法律或者国务院的行政法规、决定、命令的事项。如中国人民银行制定的《支付结算办法》、财政部制定的《会计专业技术人员继续教育规定》等。没有法律或者国务院的行政法规、决定、命令的依据，部门规章不得设定减损公民、法人和其他组织权利或者增加其义务的规范，不得增加本部门的权力或者减少本部门的法定职责。

地方政府规章是指省、自治区、直辖市和设区的市、自治州的人民政府依照法定职权和程序，根据法律、行政法规和本省、自治区、直辖市的地方性法规，制定的规范性文件。没有法律、行政法规、地方性法规的依据，地方政府规章不得设定减损公民、法人和其他组织权利或者增加其义务的规范。

虽然规章不属立法的范畴，但其是在执行法律、行政法规和地方性法规的基础上制定施行的，也属经济法的渊源。

(6) 国际条约或协定。国际条约或协定是指我国作为国际法主体同外国或地区缔结的双边、多边协议和其他具有条约、协定性质的文件。上述文件生效以后，对缔约国的国家机关、团体和公民就具有法律上的约束力，因而，国际条约或协定便成为经济法的重要形式之一，如我国加入 WTO(世界贸易组织)与相关国家签订的协议、我国与有关国家签订的双边投资保护协定等。

(7) 其他辅助渊源。一般认为，经济法的辅助渊源主要包括习惯、司法解释、行业自治规则、判例和学说等。

习惯是指人们在长期的生产、生活中所形成的一种行为规范，可以成为经济法的辅助渊源。《民法典》第 10 条规定，处理民事纠纷，应当依照法律；法律没有规定的，可以适用习惯，但是不得违背公序良俗。

司法解释是指最高人民法院、最高人民检察院就司法实践中有关案件的审理和法律适用提出的具有普遍司法效力的指导性意见和法律解释。如最高人民法院发布的《关于审理民间借贷案件适用法律若干问题的规定》《关于审理不正当竞争民事案件应用法律若干问题的解释》《关于适用〈中华人民共和国公司法〉若干问题的规定(五)》等。这种解释主要针对具体的法律条文，通常是有关法律适用的普遍性指导意见，一般采取规范性文件的形式发布，对市场主体具有普遍的约束力，因而可作为经济法的辅助渊源。

行业自治规则是指市场主体就其组织、运作和内部关系而自主制定规则，如公司章程、交易所业务规则、行业规约、标准合同或条款等。这些规则只要为法律法规所认可，对相关市场主体产生拘束力，而且在各自范围内处于优先适用的地位，就可以作为经济法的辅助渊源。

判例和学说，依我国法制传统，不是我国法的渊源，但对立法和司法活动起着直接或间接的作用，可以作为经济法的间接渊源。

(四) 经济法的体系

经济法的体系是指经济法作为一个独立的法律部门，其内部具有逻辑联系的各项经济法律规范所组成的系统结构。依据一般的法学原理，一个部门法体系的构成主要取决于该部门法的调整对象，即该法所调整的社会关系。经济法的体系问题，学者们的认识也各不相同。本书从经济法而非经济法学的角度，并依据上述关于经济关系以及经济法调整的基本内容，将经济法的体系分为四部分。

(1) 市场主体法。市场主体法是调整在市场主体的设立、变更和消灭过程中发生的经济关系的法律规范总称,包括个人独资企业法、合伙企业法、公司法、企业破产法等。

(2) 市场规制法。市场规制法是调整在国家权力直接干预市场、调节市场结构、规范市场行为、维护市场秩序、保护和促进公平竞争的过程中产生的各种经济关系的法律规范的总称。简言之,市场规制法就是调整市场规制关系的法律规范的总称。市场规制法体系由三大部分所构成,即反垄断法、反不正当竞争法和消费者权益保护法。由于市场规制法与相关法律部门交叉,在涉及市场规制法体系的结构时,学界存在不同看法。

(3) 宏观调控法。宏观调控法是调整国家对国民经济和社会发展运行进行规划、调节和控制过程中发生的经济关系的法律规范的总称,包括计划法、财税法、金融法三大部分。财政税收法又包括流转税法、所得税法、税收征收管理法等,金融调控法包括银行法、证券法、保险法、票据法等。

(4) 社会保障法。社会保障法即国家为维护社会安定和经济稳步发展而制定的,保障社会成员基本生活需要和经济发展享受权而制定的各种法律规范的总称,包括劳动法、社会保险法等。

以上经济法体系划分采取的是四分法,在学界还有二分法、三分法,原因在于学者们采取的划分标准不同。

在我国,随着部门法划分界限的逐渐明确以及法学学科的不断发展,“经济法”这一概念的法学意义已经被特定化为与民商法相并列的经济法法律部门以及与其相对应的经济法学科,而不再是“调整经济法关系的法”或“与经济相关的法”这样的表面含义。

本书共由十七章构成。各章依次为:经济法导论、企业法律制度、公司法律制度、企业破产法律制度、合同法律制度、银行法律制度、证券法律制度、保险法律制度、票据法律制度、知识产权法律制度、市场规制法律制度、反倾销反补贴和保障措施法律制度、房地产法律制度、会计法律制度、税收法律制度、劳动合同法律制度、经济纠纷的解决。

严格地讲,传统的“经济法”这一名称已经不能完全涵盖本书的内容,因为从部门法意义上看,本书不仅包括经济法相关制度,而且还包括民法、商法和其他部门法的相关制度。本书的基本体系主要以“十四五”高等院校经管类专业核心课程“经济法”教学大纲为依据,这一体系内容不仅不可能完全依照经济法的体系内容而编写,而且也不可能仅局限于经济法的体系范围,有些章节还要涉及传统民商法中的有关法律制度,如合同法律制度。

需要说明的是,在市场经济发达的其他国家,商学院一般开设介绍“与工商管理专业有关的法律”的核心课程,即“商业的法律环境”或“商法与监管环境”。但是,基于约定俗成及本书适用对象的考量,仍称其为“经济法”,但这一称谓仅具“经济法”之表象,与部门法意义上的“经济法”有所不同。

第二节　经济法律关系

一、经济法律关系的概念

(一) 法律关系

经济法律关系是法律关系的一种表现形式。法律关系是指法律规范在调整人们行为过程中形成的权利义务关系。与其他社会关系相比,法律关系具有如下特征。

(1) 法律关系是根据法律规范建立的一种社会关系,具有合法性。人们按照法律规范的要

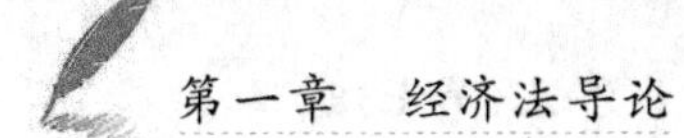

求行使权利、履行义务并由此而产生特定的法律上的联系，这既是一种法律关系，也是法律规范的实现状态。在此意义上，法律关系是人与人之间的合法(符合法律规范的)关系。这是法律关系与其他社会关系的根本区别。

(2) 法律关系是体现意志性的特种社会关系。因为法律关系是根据法律规范有目的、有意识地建立的，所以法律关系像法律规范一样必然体现国家的意志。在这个意义上，破坏了法律关系，其实也违背了国家意志。

(3) 法律关系是特定法律关系主体之间的权利和义务关系。法律关系是以法律上的权利、义务为纽带而形成的社会关系，它是法律规范的规定在事实社会关系中的体现。

(二) 经济法律关系

经济法律关系是指经济法律、法规对客观存在的经济关系进行调整之后形成的，由国家强制力保证其存在和运行的，经济权利与经济义务相统一的关系。从该定义，我们可以概括经济法律关系具有如下特点。

(1) 经济法律关系的参加者是法律主体。经济法律关系的参加者必须是法律主体，凡是非法律确认和保护的主体，非依法律规定的条件和程序设立的主体，均不能参加经济法律活动，也不能形成经济法律关系。

(2) 经济法律关系由经济法律规范所确认，并受经济法律规范的保护。可以说，经济法律关系的产生是国家运用经济法手段干预经济活动的必然反映，是国家干预经济关系为经济法律规范所确认的产物。

(3) 经济法律关系产生于特定经济活动中。经济法律关系产生于特定的经济活动之中，是特定的经济活动在法律上的反映。在非法律活动和非经济法律活动中不可能产生经济法律关系。经济法律关系产生的特定经济活动包括市场管理活动、宏观经济调控活动和可持续发展活动以及社会保障活动。

经济法律关系同一般法律关系一样，也是由主体、内容和客体三种要素构成的。

二、经济法律关系的主体

(一) 经济法律关系主体的概念

经济法律关系的主体，即经济法主体，是指在国家协调经济过程中依法独立享有经济法律权利，承担经济法律义务的当事人。经济法主体既是经济权利的享有者，又是经济义务的承担者，是经济法律关系中最积极、最活跃的因素，是构成经济法律关系的第一位要素。

在理解经济法主体的概念时，应当掌握以下三点：

(1) 经济法主体能以自己的名义，独立地参加经济法律关系。这就要求经济法主体具有相应的资格。即便是代表国家行使经济管理、经济协调权力的各国家机关，在法律程序上也并不是以国家的名义，而是以自己的名义，独立地进行经济法律行为。

(2) 经济法主体所享有的是经济法律权利，所承担的是经济法律义务。同一社会组织或公民可以成为多种法律关系的主体，区分其主体的种类，关键在于该主体所享有或承担的权利与义务的性质。凡是享有或承担经济法律权利或义务的，就是经济法主体。

(3) 经济法主体必须能够独立承担经济法律责任。这就要求经济法主体拥有相应的财产权。只有以必要的财产作为物质基础，经济法主体才能对自己的行为承担经济法律责任。

(二) 经济法律关系主体的资格

作为经济法主体的组织和个人，必须具有相应的主体资格。所谓经济法主体资格，通常是指当事人所具有的参加经济法律关系，享有经济权利和承担经济义务的资格与能力。也就是说，具有经济法主体资格的当事人,便具有享有经济权利的资格与承担经济义务的能力,可以参加经济法律关系;反之,就不能参加经济法律关系。

经济法主体资格不能由任何组织或个人随意确定,更不能由当事人自封,它只能由国家制定的经济法律、法规赋予或确定,具有法定性。经济法主体资格,以成立的合法性为基础和前提。即取得经济法主体资格的当事人必须是依照法律和一定程序成立的,包括:依照宪法和法律由国家各级权力机关批准成立;依照法律和法规由国家各级行政机关批准成立;依照法律、法规或章程由经济组织自身批准成立;依照法律、法规由主体自己向国家有关机关申请并经核准登记而成立;由法律、法规直接赋予一定身份而成立等各种情形。非法成立的组织,法律不会赋予其参加经济法律关系的主体资格。

依法成立的经济法主体只能在法律规定或认可的范围内参加经济法律关系,即经济法主体资格具有有限性,受法律规定或认可的活动范围限制。超越法律规定或认可的范围,则不再具有参加经济法律关系的主体资格。

(三) 经济法律关系主体的范围

经济法律关系主体的范围是由经济法调整对象的范围决定的。由经济法调整经济关系的广泛性所决定,在我国依法能够参加经济法律关系的主体范围亦十分广泛,包括国家机关、企事业单位、社会团体、企业的内部组织、农户、个体工商户和其他自然人等。

(1) 国家机关。国家机关是经济法律关系最重要的主体。直接参加经济法律关系的国家机关包括立法机关、司法机关和行政机关,主要是通过经济立法、经济司法和行政行为依法参加经济法律关系,行使经济权利和履行经济义务,实现其担负的组织和领导经济建设的职能。

(2) 社会组织。包括企业、公司、事业单位、社会团体等,又可进一步分为法人组织与非法人组织。它们应该能够独立或相对独立地支配一定的财产,享有财产所有权、经营权及其他财产权利。社会组织是经济法主体体系的主要组成部分,它们的素质及其活动状况,决定着我们的经济活力和法治水平,决定着市场经济的前途。

(3) 内部组织。主要是指企业、公司等经济组织的内部组织。但并非所有内部组织都可以成为经济法主体,可以成为经济法主体的内部组织,只是指那些在实行内部承包制、内部经济责任制中具有相对独立地位和利益的内部组织。这些组织不是法人,对外也不是独立的主体,在参加经济组织内部经济管理和经济协调关系时,经济法赋予它们一定的主体资格,以保护其合法权益。

(4) 个体工商户、农村承包户和其他自然人。经济法主体主要是组织,但参加生产经营管理关系的自然人及其组合的家庭,也可以成为经济法主体。

三、经济法律关系的内容

经济法律关系的内容是指经济权利和经济义务。

(一) 经济权利

经济权利是指经济法主体在国家协调经济运行过程中,依法具有的自己为或不为一定行为,以及要求他人为或不为一定行为的资格。它包括相互联系的三个方面的含义。

(1) 经济法主体在法定范围内根据自己的利益需要,有权按照自己的意志实施一定的经济行为,即可以有选择地作出一定行为或者不作出一定行为。比如,享有所有权的人,有权对自己所有的物进行占有、使用和处置,并从中取得合法权益。

(2) 经济法主体有权依法要求负有义务的人作出或不作出一定行为,以实现自己的经济权益。比如,注册商标所有人有权要求所有不特定的主体不要侵犯自己的注册商标专用权。

(3) 经济法主体在由于他人行为而使其权利不能实现或者受到损害时,有权依法请求国家有关机关给予强制力保护。比如,权利人的所有物被他人非法侵占时,所有权人有权请求人民法院令他人退还侵占物并赔偿其损失。

经济权利的本质就在于满足经济权利主体的经济利益,其中包括通过经济权利主体行使经济权利,实现国家利益、社会利益和自身利益。经济利益是经济权利的实质和核心内容,经济权利则是反映和确保一定经济利益的法律形式。法律赋予经济法主体一定的经济权利后,经济法主体就获得了意志和行为的自由,就可以按照自己的独立意志去支配自己的行为,以实现自身的利益。

(二) 经济义务

经济义务是相对经济权利而存在的。它是指经济法主体为了实现特定权利主体的权利,在法律规定的范围内所承担的实施或不实施某种经济行为的义务。经济义务是法律对经济法主体的行为给予一定程度的强行限制和约束,这种法定限制和约束是实现权利主体的经济权利并满足其经济利益所必需的。经济义务这一定义也包括相互联系的三个方面的含义。

(1) 义务人必须作出或者不作出一定的行为,其目的是为了实现对方的权利或不影响对方权利的实现。

(2) 义务是有限的而不是无限的。即负有义务的主体只需在法律规定的范围内为或不为一定行为,超越法律规定的限度,就不能约束经济法主体的自由。

(3) 经济义务主体应当自觉履行经济义务,如不依法履行经济义务,就应承担法律责任,受到相应的法律制裁。

经济权利和经济义务既是对立的,又是统一的;是完成一定经济任务、实现一定经济利益的必需;是同处于经济法律关系统一体中的两个方面。没有经济权利,就不会有经济义务。经济法主体一方享有经济权利,另一方必然要承担相对应的经济义务。没有经济义务,经济权利就不可能得以全面实现。

四、经济法律关系的客体

(一) 经济法律关系客体的概念

经济法律关系的客体,是指经济法律关系的主体享有的经济权利和承担的经济义务所共同指向的目标或对象。客体是确立权利义务关系性质和具体内容的客观依据,客体的确定与转移是经济法律关系形成和实现的客观标志,也是检验权利是否正确行使和义务是否完全履行的客观标准。如果没有客体,经济权利和经济义务就失去了既定目标,就难以落实,经济法主体的活动也就失去了意义。因此,经济法的客体是经济法律关系不可缺少的要素之一。经济法律关系的客体具有广泛性,可以从两方面来理解客体的这一特征。一方面,经济法律关系的客体种类是多种多样的。能够作为经济法律关系客体的,既有物,又有精神财富,也有各种经济行为。在物这一客体中,既有生产资料,又有消费资料;既有以实物形态出现的物,又有以货币形态出现的物。在精神财富这一客体中,既有专利,又有商标,还有其他专有技术。在经济行为这一客体中,既有经济管理行为,又有完成工作的行为和提供劳务的行为。另一方面,并非任何一种物均可作为任何一种经济法律关系的客体,法律对不同的经济法律关系所确定的客体范围也是不同的。如矿藏、水流等国有资源不能作为买卖关系的客体,但可以作为特别经营权的客体。

(二) 经济法律关系客体的分类

经济法律关系的客体多种多样,概括起来可以分为三大类:物、经济行为和智力成果。

(1) 物。物是指可以为人们控制和支配、有一定经济价值、以物质形态表现出来的物体。对于作为经济法律关系客体的物,可以根据实践的需要作不同的划分。比如,生产资料与生活资料;固定资产与流动资金;允许流通物与限制流通物;特定物与种类物;主物与从物;原物与衍生物等等。此外,货币和有价证券也都属于物一类。货币是充当一般等价物的特殊商品,在生产流通过程中,货币是以价值形态表现的资金;有价证券是指具有一定票面金额、代表某种财产权的凭证,股票、债券、汇票、支票、本票等都是有价证券。

(2) 经济行为。经济行为是指经济法主体为达到一定经济目的所进行的经济活动。它包括经济管理行为、完成一定工作的行为和提供一定劳务的行为。经济管理行为是指经济法管理主体行使管理权和经营管理权所指向的行为。如经济决策行为、经济命令行为、审查批准行为及经济监督检查行为等。所谓完成一定工作的行为,是指经济法主体的一方利用自己的资金和技术设备为对方完成一定的工作任务,而对方根据完成工作的数量和质量支付一定的报酬。比如,建筑安装、勘察设计和工程施工等。所谓提供一定劳务的行为,是指经济法主体的一方利用自己的设施和技术条件,为对方提供一定劳务或服务满足对方的需求,而对方支付一定的酬金。这种客体本身不是物,而是一种行为,但又往往折射为物。比如,仓储保管经济法律关系的客体,不是保管物,而是保管行为这种劳务。

完成一定的工作和提供一定的劳务虽属同类,但又不完全相同。完成一定的工作是指通过劳动最终表现为一定的客观物质成果;而提供一定的劳务,则是通过一定的行为最终体现为一定的经济效果。

(3) 智力成果。智力成果是指能为人们带来经济价值的独创的脑力劳动成果,如专利权、专有技术、著作权、商标等。随着经济的发展以及科学技术的进步,智力成果在社会财富中将日显重要,其成为经济法律关系的客体也就是一种必然。

第三节 与经济法相关的基础知识

一、民事主体

民事法律关系主体的类型包括:自然人、法人、非法人组织。

(一) 自然人

自然人是指基于自然规律而出生的人。

(1) 自然人的民事权利能力,是指自然人享有民事权利和承担民事义务的作为民事主体的地位或资格。自然人的民事权利能力,一般始于出生,终于死亡。但在特殊情况下,人没有出生,就有某种权利。例如,《民法典》规定,遗产分割时,应当保留胎儿的继承份额。在特殊情况下,人死亡之后还会有相应的权利。例如,《著作权法》规定,作者死亡后,仍然享有相应的著作权。

(2) 自然人民事行为能力,是指自然人作为民事主体以自己的行为独立地享有民事权利、承担民事义务的资格。根据《民法典》的规定,自然人的民事行为能力分为三种类型:

① 无民事行为能力(不满 8 周岁的未成年人、不能辨认自己行为的 8 周岁以上的未成年人以及不能辨认自己行为的成年人)。无民事行为能力人所实施的行为均不发生法律效力,除非是纯获利益的行为,如接受奖励、赠与、报酬。

② 限制民事行为能力(已满 8 周岁未满 18 周岁的未成年人和不能完全辨认自己行为的成年人)。限制民事行为能力人所实施的纯获利益的行为、与其年龄、智力、精神健康状况相适应的民事法律行为有效;超出民事行为能力范围而实施的合同行为为效力待定行为(其监护人追认的有效,否则无效);超出行为能力范围而实施的单方民事法律行为为无效行为(如限制行为能力人

所立的遗嘱无效)。

③ 完全民事行为能力(年满18周岁心智健全者;对已满16周岁未满18周岁的未成年人,如果以其自己的劳动收入为主要生活来源,视为完全民事行为能力人)。完全民事行为能力人所实施的行为是有效的行为,他要对该行为负责,他人无需为其承担责任。

(二) 法人

1. 法人的概念与特征

《民法典》第57条规定,法人是具有民事权利能力和民事行为能力、依法独立享有民事权利和承担民事义务的组织。作为法律拟制的、具有独立人格的主体,与自然人以及非法人组织相比较,法人的基本法律特征主要有以下几点:

(1) 作为一种社会组织,法人是一种独立的组织体。这是法人与自然人之间的最大区别。法人是社会组织,但不是任何组织都能取得法人资格,只有那些具备法定的条件,并得到法律认可或依法获得批准的社会组织,才能取得法人资格。法人必须是一个集合体,必须有稳定的、独立的组织机构,才能形成不同于其成员的法人意志,从而独立从事民事活动。

(2) 法人拥有独立的财产或者经费。法人必须拥有独立归其所有并由其支配的财产或者经费(这些财产或经费应当与国家的财产、他人的财产、成员的财产严格相分离),是法人作为独立主体存在的基础和前提条件,也是法人独立地享有民事权利和承担民事义务的物质基础。

(3) 法人具有独立的人格。法人的独立人格具体表现为:① 独立身份。能够以自己的名义独立参与民事活动、独立享有民事权利、承担民事义务。② 独立意志。可以自主决定自己的民事活动、支配自己的民事行为。法人的意志完全独立于成员的个人意志。③ 独立利益。这是其作为独立民事主体的内在要求。因此,法人均具有与其成员不完全相同的独立利益要求。④ 独立责任。法人应独立承担由自己活动所产生的财产责任。除法律另有规定外,法人的成员或创立人个人对法人的债务不承担责任,而应由法人以自己的财产承担民事责任。在这一点上,法人与非法人组织存在明显区别。非法人组织通常不能独立承担民事责任,其出资人或者设立人通常要对非法人组织的债务承担无限责任。

实务拓展(1-1)

公司人格否认的法律适用

现代公司法为了防止股东滥用公司有限责任和法人人格侵害债权人利益,又允许在特定条件下"刺破公司面纱",否定公司法人人格,要求股东与公司承担连带责任。

2. 法人的分类

基于不同的标准,可以将法人作不同的划分。在学理上,可以将法人分为社团法人与财团法人;营利法人与公益法人;本国法人与外国法人等。《民法典》将法人分为营利法人、非营利法人和特别法人。

知识拓展(1-2)

法人的分类

3. 法人的设立条件

法人的设立条件是指社会组织取得法人资格所必须具备的基本条件。依照《民法典》第58条的规定,法人设立的条件包括以下几项:

(1) 依法成立。所谓依法成立,是指法人的设立须符合法定条件和法定程序。一方面,法人须依法定条件设立,即法人的设立要有法律根据、符合法律规定的实质条件。另一方面,法人须依法定程序设立。如依法需要登记的,应当办理法人登记,登记机关应当依法及时公示法人登记的有关信息。如果法人的实际情况与登记的事项不一致的,不得对抗善意相对人。

(2) 应当有自己的财产或者经费。财产或经费是法人进行民事活动,独立承担民事责任的物质基础和基本保障。任何社会组织取得法人资格,都需要有与法人的设立宗旨、业务活动等相适应的财产或者经费。

(3) 应当有自己的名称、组织机构和住所。名称是一个社会组织特定化的必要条件。法人有自己的名称,才能以自己的名义进行民事活动,因此,法人必须有自己的名称,并且依法只能有一个名称。法人的组织机构是形成和执行法人的意志,对内管理法人事务,对外代表法人进行民事活动的常设机构。法人的住所是法人从事业务活动的地方。法人的场所可以有多处,但每个法人只能有一个住所。依照《民法典》第 63 条的规定,法人以其主要办事机构所在地为住所;依法需要办理法人登记的,应当将主要办事机构所在地登记为住所。

(4) 满足法律规定的其他条件。法人成立的具体条件和程序,依照法律、行政法规的规定。设立法人,法律、行政法规规定须经有关机关批准的,依照其规定。如《公司法》规定,设立公司必须依法制定公司章程。

4. 法人的民事能力

法人的民事权利能力是指法人作为民事主体,以自己的名义参与民事活动,独立享有民事权利并承担民事义务的资格。法人的民事权利能力的范围受制于自身性质的限制,取决于法律、法人章程的规定。

法人的民事行为能力是指法人通过自己的行为,为自己取得民事权利和承担民事义务的资格。法人的民事权利能力与民事行为能力均始于成立,终于终止,并且其民事行为能力不能超出其权利能力的范围。法人的民事行为能力通过法人的法定代表人或代理人的活动来实现。法人机关或代表人的行为即为法人的行为,法人应承担由此产生的一切民事法律后果。

法人的民事责任能力是指法人对自己实施违法行为造成的法律后果,应当承担相应民事责任的能力。一般认为,法人的民事责任能力具体体现在以下三个方面:

(1) 法人须对法定代表人的行为负责。《民法典》规定,法定代表人以法人名义从事的民事活动,其法律后果由法人承受。法人章程或者法人权力机构对法定代表人代表权的限制,不得对抗善意相对人。法定代表人因执行职务造成他人损害的,由法人承担民事责任。法人承担民事责任后,依照法律或者法人章程的规定,可以向有过错的法定代表人追偿。

法人对法定代表人所负的责任,包括越权行为的责任。《民法典》第 504 条规定:法人的法定代表人或者非法人组织的负责人超越权限订立的合同,除相对人知道或者应当知道其超越权限外,该代表行为有效,订立的合同对法人或者非法人组织发生效力。

(2) 法人对工作人员的职务行为负责。所谓职务行为是法人的工作人员在执行职务期间实施的民事行为。法人对其工作人员因执行法人交付的任务而所为的行为负责,其中也包括侵权行为所致的民事责任。

(3) 法人应负的非法活动责任。法人不得从事法律禁止的活动,损害国家利益或者社会公共利益,否则应依法承担相应的法律责任。

(三) 非法人组织

《民法典》第 102 条规定,非法人组织是不具有法人资格,但是能够依法以自己的名义从事民事活动的组织。非法人组织包括个人独资企业、合伙企业、不具有法人资格的专业服务机构等。所谓不能独立承担民事责任,是指当发生以该组织的资产不足以偿还其债务的情况时,由出资设立该组织的人或单位承担补充甚至连带责任,而不能仅以该组织的资产为限。《民法典》第 104 条规定,非法人组织的财产不足以清偿债务的,其出资人或者设立人承担无限责任。法律另有规定的,依照其规定。

非法人组织虽然不具有独立承担民事责任的能力,但也可以依法从事相应的活动,如合伙企业、个人独资企业、分公司等,也有权在营业执照明确的范围内从事经营。

二、民事权利

根据我国相关法律规定，民事主体依法享有人身权、财产权等多项民事权利。基于体系的考虑，本章只重点介绍财产权利的物权（其中的担保物权部分将在“第五章合同法律制度”部分阐述）和债权的相关知识，知识产权部分将在“第十章知识产权法律制度”部分阐述。

（一）物权

1. 物权的概念

一般认为，物权是指权利人依法对特定的物享有直接支配和排他的权利，包括所有权、他物权（用益物权和担保物权）和类物权。它主要反映权利人对物的静态归属和动态利用的一种法律关系。

物权的权利人是特定的，义务人是不特定的，义务内容是不作为，因而物权是一种绝对权。物权是排他性的权利，物权人有权排除他人对物上权利行使的干涉，可以对抗一切不特定的人；同一物上不许有内容不相容的物权并存。同一标的物上有数个相互冲突的权利并存时，具有较强效力的权利排斥具有较弱效力的权利的实现，物权的这种优先效力存在于先后成立的物权之间及物权与债权之间。

2. 物权的变动

物权的变动，是指物权的产生、变更和消灭的总称，其实质就是人与人之间关于物的归属和利用的法律关系的变化。导致物权发生变动的原因主要有：

（1）民事法律行为。这是物权变动的最常见的法律事实。例如，因买卖、互易、赠与、遗赠等行为取得所有权，通过物的所有人与其他人的设定行为为他人设定典权、抵押权、地役权、质权等他物权；因抛弃或撤销权的行使而消灭物权。

（2）民事法律行为以外的原因。这主要有：因取得时效取得物权；因公用征收或没收取得物权；因法律的规定取得物权（如留置权）；因附合、混合、加工取得所有权；因继承取得物权；因拾得遗失物、发现埋藏物取得所有权；因标的物的灭失、法定期间的届满、混同而消灭物权。

为保证交易的安全，物权变动时须遵循公示原则和公信原则。即，不动产物权的变动以登记为公示方法，动产物权的变动以交付为公示方法。物权的变动以登记或交付为公示方法，当事人如果信赖这种公示而为一定的行为（如买卖、赠与），那么，即使登记或交付所表现的物权状态与真实的物权状态不相符合，也不能影响物权变动的效力。公信原则包括两方面的内容：其一，记载于不动产登记簿的人推定为该不动产的权利人，动产的占有人推定为该动产的权利人；除非有相反的证据证明。其二，凡善意信赖公示的表象而为一定的行为，在法律上应当受到保护，保护的方式就是承认发生物权变动的效力。

实践中，物权变动与原因行为相区分。《民法典》第 215 条规定：“当事人之间订立有关设立、变更、转让和消灭不动产物权的合同，除法律另有规定或者合同另有约定外，自合同成立时生效；未办理物权登记的，不影响合同效力。”

3. 所有权

一般认为，所有权是所有权人依法按照自己的意志对其所有的物进行占有、使用、收益、处分，实现独占性地支配并排除他人非法干涉的永久性物权。它可分为国家所有权、集体所有权、私人所有权；不动产所有权和动产所有权。

所有权的取得方式可分为原始取得和继受取得。原始取得的依据主要包括：劳动生产、天然孳息、善意取得、没收、无主财产收归国有等；继受取得的依据主要包括：买卖、赠与、继承、遗赠、互易等。为了保护交易安全，《民法典》对善意取得作出了相应的规定。

善意取得也称即时取得,是指财产由无处分权的占有人转让给善意的第三人占有时,第三人依法取得该财产的所有权(或其他物权),原财产所有权人不得请求第三人返还财产,只能要求让与人赔偿损失的法律制度。该制度的目的在于保护交易安全,维护市场经济正常秩序。

依据《民法典》第311条的规定,善意取得应具备五个条件:(1)善意取得的标的物须为法律允许流通的财产,包括动产和不动产,但是,遗失物、漂流物、埋葬物或隐藏物、文物等不适用善意取得;(2)转让财产的让与人对财产无处分权,即占有财产并实施让与行为的让与人对该财产无处分权;(3)受让人受让财产时必须是善意的,即不知道或不应知道转让人是无处分权人;(4)受让人支付了合理的价格;(5)转让的财产完成了登记或交付(占有),即物权变动公示。

关于善意取得的法律后果,除了产生财产所有权变动即受让人取得所有权而原所有权人丧失所有权外,立法还规定了两点:一是原所有权人有权向无处分权人请求赔偿损失;二是善意受让人取得动产后,该动产上的原有权利(主要表现为抵押权、质权等)消灭,但善意受让人在受让时知道或者应当知道该权利的除外。

4. 用益物权

用益物权是对他人所有的物,在一定范围内依法进行占有、使用和收益的他物权。基于不同的历史文化传统与经济制度,各国的用益物权类型多有不同。在我国,主要有土地承包经营权、建设用地使用权、宅基地使用权、居住权、地役权。

(1)土地承包经营权

土地承包经营权就是农村集体经济组织成员对农民集体所有或者国家所有的,由农民集体经济组织使用的耕地、林地、草地以及其他用于农业的土地,依法进行承包并对承包的土地享有的占有、使用和收益的用益物权。

土地承包经营权可通过承包人与发包人之间订立承包经营合同取得,还可以通过土地承包经营权的流转取得。《民法典》规定:土地承包经营权人依照《中华人民共和国农村土地承包法》(以下简称《农村土地承包法》)的规定,有权将土地承包经营权采取转包、互换、转让等方式流转。流转的期限不得超过承包期的剩余期限。未经依法批准,不得将承包地用于非农建设。土地承包经营权人将土地承包经营权互换、转让,当事人请求登记的,应当向县级以上地方人民政府申请土地承包经营权变更登记;未经登记,不得对抗善意第三人。

通过招标、拍卖、公开协商等方式承包荒地等农村土地,依照农村土地承包法等法律和国务院的有关规定,其土地承包经营权可以转让、入股、抵押或者以其他方式流转。

同时,承包经营权还可以通过继承取得。农村土地承包法认可承包人应得的承包收益的继承,而有限地认可土地承包经营权的继承,即,以家庭承包方式取得的林地承包经营权,承包人死亡的,其继承人可以在承包期内继续承包;以招标、拍卖、公开协商等方式设立的承包经营权,承包人死亡的,其继承人可以在承包期内继续承包。

(2)建设用地使用权

建设用地使用权是指民事主体依法享有的,利用国有或集体土地建造建筑物、构筑物及其附属设施的用益物权。

在国家所有的土地上可通过划拨、出让、流转等方式设立建设用地使用权。

所谓土地划拨,是土地使用人只需按照一定程序提出申请,经主管机关批准即可取得土地使用权,而不必向土地所有人支付租金及其他费用。《民法典》规定:严格限制以划拨方式设立建设用地使用权。采取划拨方式的,应当遵守法律、行政法规关于土地用途的规定。根据《中华人民共和国土地管理法》(以下简称《土地管理法》)的有关规定,可以通过划拨方式取得的建设用地包括:国家机关用地和军事用地;城市基础设施用地和公益事业用地;国家重点扶持的能源、交通、水利等基础设施用地；法律、行政法规规定的其他用地。上述以划拨方式取得建设用地，须经县级以上地方人民政府依法批准。通过土地划拨及乡（镇）村建设用地程序取得的土地使用权，是无期限的，法律、行政法规另有规定除外。通过这种程序取得土地使用权的土地使用权人，除了法律规定的使土地使用权消灭的原因外，可以无期限地使用土地。

所谓土地出让是指国家以土地所有人身份将建设用地使用权在一定期限内让与土地使用者，并由土地使用者向国家支付建设用地使用权出让金的行为。建设用地使用权出让有三种形式：招标、拍卖和协议。《民法典》规定：工业、商业、旅游、娱乐和商品住宅等经营性用地以及同一土地有两个以上意向用地者的，应当采取招标、拍卖等公开竞价的方式出让。采取招标、拍卖、协议等出让方式设立建设用地使用权的，当事人应当采取书面形式订立建设用地使用权出让合同。

所谓建设用地使用权流转，是指土地使用人将建设用地使用权再转移的行为，如转让、互换、出资、赠与等。建设用地使用权转让、互换、出资或者赠与的，当事人应当采取书面形式订立相应的合同，合同的期限由当事人约定，但不得超过建设用地使用权的剩余期限，同时应当向登记机构申请变更登记。基于土地使用权流转的法律事实，新建设用地使用权人即取得原建设用地使用权人的建设用地使用权。

建设用地使用权转让、互换、出资或者赠与的，附着于该土地上的建筑物、构筑物及其附属设施一并处分。建筑物、构筑物及其附属设施转让、互换、出资或者赠与的，该建筑物、构筑物及其附属设施占用范围内的建设用地使用权一并处分。

其次，在集体所有的土地上设立的建设用地使用权，根据《民法典》的规定，集体所有的土地作为建设用地的，应当依照《土地管理法》等法律规定办理。

（3）宅基地使用权

宅基地使用权指的是农村集体经济组织的成员依法享有的在农民集体所有的土地上建造个人住宅的权利。根据《民法典》的规定，宅基地使用权人依法对集体所有的土地享有占有和使用的权利，有权利用该土地建造住宅及其附属设施。

（4）居住权

居住权是指居住权人为满足生活居住的需要，对他人所有的住房及其附属设施享有占有、使用的用益物权。居住权一般是无偿的（当事人另有约定的除外）、有期限的。根据《民法典》的规定，设立居住权，可以根据遗嘱或者遗赠，也可以按照合同约定。例如，某人在遗嘱中写明，其住宅由他的儿子继承，但应当让服务多年的保姆居住，直到保姆去世。设立居住权，应当向登记机构申请居住权登记，居住权自登记时起设立。《民法典》上的居住权，不包括因房屋租赁产生的居住权，不包括住旅馆等。居住权不得转让、继承。设立居住权的住宅不得出租，但是当事人另有约定的除外。居住权期限届满或者居住权人死亡的，居住权消灭。居住权消灭的，应当及时办理注销登记。

（5）地役权

地役权是指为使用自己不动产的便利或提高效益而在他人的不动产上设立的，利用他人不动产的他物权。

为使用自己不动产的便利而利用他人土地的当事人为地役权人，将自己的土地提供给他人利用的当事人为供役地权利人，获得便利的不动产为需役地，供他人利用的不动产为供役地。

地役权的成立，以需役地和供役地的存在为前提，但不以需役地和供役地相邻为必要。当事人之间可通过合同来设定地役权，也可以依法取得地役权。

地役权自地役权合同生效时设立。当事人要求登记的，可以向登记机构申请地役权登记；未经登记，不得对抗善意第三人。

土地所有权人享有地役权或者负担地役权的,设立土地承包经营权、宅基地使用权时,该土地承包经营权人、宅基地使用权人继续享有或者负担已设立的地役权。

需役地以及需役地上的土地承包经营权、建设用地使用权部分转让时,转让部分涉及地役权的,受让人同时享有地役权。

供役地以及供役地上的土地承包经营权、建设用地使用权部分转让时,转让部分涉及地役权的,地役权对受让人具有约束力。

(二) 债权

债是按照合同的约定或者依照法律的规定,在当事人之间产生的特定的权利和义务关系。一般认为,债是特定当事人之间请求为一定给付的民事法律关系。在债的法律关系中,一方享有请求对方为一定给付的权利,即债权,该方当事人称为债权人;另一方负有向对方为一定给付的义务,即债务,该方当事人称为债务人。债权是债的主要体现。当债和物权或物权关系相提并论时,也称债权或债权关系。债权是一种财产权,它所反映的是民事活动中的动态的财产流转关系。

一定法律事实的出现,会使债权债务关系消灭。该法律事实主要有债的履行、抵销、混同、提存、免除等。相关内容可参见“第五章合同法律制度”的相应阐述。

1. 债权法律关系

债是一种民事法律关系,因此作为债也应当具备法律关系成立必须具备的要素。债的要素包括债的主体、债的内容、债的客体(也称“标的”)。债的主体是指参与债的关系的当事人,债的内容是指债权和债务,债的标的是指债权债务所指向的对象。

在某些债中,主体一方是债权人,主体另一方是债务人;在另一些债中,债的相对人可能互为权利人和义务人,这主要体现在双务(双方都有义务)合同中,如买卖合同,购买人有获得购买物的权利,但也有支付价款的义务;相反,对于出卖人而言,其有获得价款的权利,也有给付出卖物的义务。

在债的内容中,债权的权能包括:(1) 给付请求权;(2) 给付受领权;(3) 债权保护请求权;(4) 处分权能。在债的法律关系中,债务的内容具有特定性,这种特定性是由当事人的约定或法律的规定形成的。债务不许永久存在,债务可以附随义务。

债的客体所表现的是给付。债权人请求的是给付,债务人所要做的也是给付,所以给付是债权债务的共同指向。

2. 债的发生原因

债的发生原因是指引起债产生的法律事实,具体如图 1-1 所示:

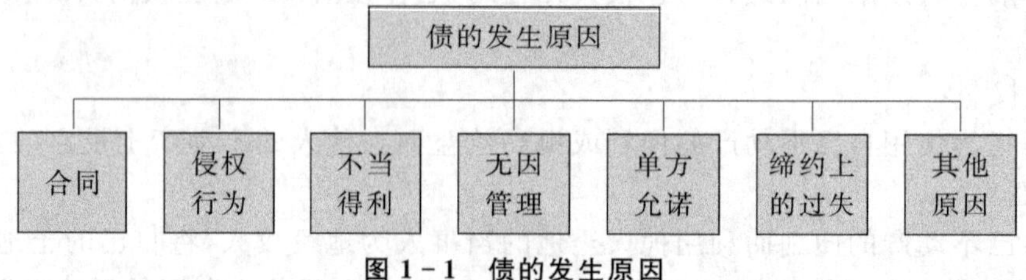

图 1-1 债的发生原因

(1) 合同。合同是民事主体之间设立、变更、终止民事法律关系的协议。基于合同产生的债的关系属于合同之债,它是当事人在平等基础上自愿设立的,是民事主体开展各种经济交往的法律表现,也是债的最常见、最主要的表现形式。因合同发生的当事人之间的权利义务关系可参见本书“第五章合同法律制度”的相关阐述。

（2）侵权行为。侵权行为是指不法侵害他人合法的民事权益，给他人造成损害，依法应承担民事责任的行为。所谓民事权益，包括生命权、健康权、姓名权、名誉权、荣誉权、肖像权、隐私权、婚姻自主权、监护权、所有权、用益物权、担保物权、著作权、专利权、商标专用权、发现权、股权、继承权等人身、财产权益。《民法典》专门规范了各类侵权行为的侵权责任。

知识拓展（1-3）

侵权行为

（3）不当得利。不当得利是指没有合法根据而获得利益并使他人利益遭受损失的事实。依法律规定，取得不当利益的一方应将不当利益返还给受害人，受害人有权请求受益人返还其所得利益。这样，在当事人之间便形成了以返还不当得利为内容的债权债务关系，即不当得利之债。

不当得利之债的构成要件有三个方面：① 得利无合法根据但行为合法；② 造成他人财产损失；③ 一方得利与另一方受损有因果关系。

（4）无因管理。无因管理是指没有法定的或约定的义务，为避免他人利益受损失而自愿为他人管理事务或提供服务的行为。无因管理行为发生后，管理人有权请求受益人偿付因管理事务所支付的必要费用，受益人负有偿还这种费用的义务。这样，在当事人之间就形成了以受益补偿为内容的债权债务关系，即无因管理之债。

知识拓展（1-4）

《民法典》关于不当得利和无因管理的规定

无因管理之债的构成要件有四个方面：① 客观上为他人谨慎管理了事务；② 主观上有为他人谋利益的意思；③ 无法定或约定的义务；④ 管理他人事务时支付了必要的费用。

（5）单方允诺。单方允诺是指表意人向相对人作出的为自己设定某种义务，使相对人取得某种权利的意思表示。在社会生活中较为常见的单方允诺有悬赏广告、设立幸运奖和遗赠等。《民法典》第 499 条规定，悬赏人以公开方式声明对完成特定行为的人支付报酬的，完成该行为的人可以请求其支付。

（6）缔约上的过失。缔约上的过失是指当事人在缔约过程中具有过失，从而导致合同不成立、无效、被撤销或不被追认，使他方当事人受到损害的情况。受害一方享有请求过失一方赔偿的权利，形成债的关系。

（7）其他原因。除上述原因外，其他法律事实（主要有拾得遗失物、抢救公物、抚养等）也可以引起债的发生。例如，因拾得遗失物，可在拾得人与遗失物的所有人之间产生债权债务关系；因防止、制止他人合法权益受侵害而实施救助行为，可在因此而受损的救助人与受益人之间产生债的关系。

3. 债的分类

基于不同的标准，可将债作不同的分类。

（1）法定之债与意定之债。法定之债是指债的发生及内容均由法律加以明确规定的债。不当得利之债、无因管理之债、侵权行为之债、缔约过失之债，都属于法定之债。意定之债，是指债的发生及内容完全由当事人依其自由意思加以决定的债。单方允诺属于意定之债。

（2）特定之债与种类之债。特定之债，是指以特定物为标的的债。特定物可以是依物的性质而特定，如某幅字画，也可以是依当事人的意思指定的物，如某房屋、某牌号的小车等，不能用其他的物来代替。种类之债，是指以种类物为标的的债。实践中，买卖、消费等合同大多以不特定物为标的物。

（3）简单之债与选择之债。简单之债，又称单纯之债，是指债的标的是单一的，当事人只能就该种标的履行的债。选择之债，是指债的关系成立时有数个标的，有选择权的当事人有权从数个标的中选择一个标的为给付的债。选择之债中没有多个债存在,而是只有一个债,但履行债的标的有多个,选择其一为给付即可。从选择之债的数种给付中确定一种给付,被称为选择之债的特定。经特定后,债务才能得到履行,所以选择之债的特定对于双方当事人极为重要。

(4) 按份之债与连带之债。根据债的主体多少,可将债分为单一之债和多数之债。如果债权人和债务人均为一人,则叫单一之债;如果债权人或债务人一方或双方为数个人,则叫多数之债。《民法典》规定了两种多数之债,即按份之债与连带之债。

按份之债,是指两个以上的债权人或债务人各自按照一定的份额(等份或不等份)享有债权或承担债务的债。两个以上的债权人各自就自己的债权份额享有请求权、受领权的,为按份债权;两个以上的债务人各自就自己的债务份额承担清偿义务的,为按份债务。多数之债,除法律有特别规定或者当事人有特别约定外,都属于按份之债。按份之债的主体仅在自己的份额内享有权利或承担义务,对其他债的当事人不发生影响。

连带之债,是指两个以上的债权人或债务人,对外享有连带债权或负有连带债务的债。在连带之债中,多数债权人中的任何一个人都有请求债务人清偿全部债务的权利,这种连带关系被称为连带债权;多数债务人中的任何一人都负有清偿全部债务的义务,这种连带关系被称为连带债务。在连带之债中,每一个债务人对债务均负全部的清偿义务,债权人有权请求任何一个债务人履行全部义务,因而所有债务人以其所有的财产作为债权人债权实现的责任财产。当其中一个债务人无力清偿债务时,债权人可以向其他债务人提出请求,这样对债权人非常有利。

知识拓展(1-5)

债的分类及其履行

三、民事法律行为

(一) 民事法律行为的概念和特征

《民法典》第 133 条规定,民事法律行为是民事主体通过意思表示设立、变更、终止民事法律关系的行为。作为一种以意思表示为核心要素的表示行为,民事法律行为具有以下特征:

(1) 民事法律行为是民事法律事实的一种。民事法律行为属于人的行的一种,属于民事法律事实,能够引起民事法律关系的变动。

(2) 民事法律行为是民事主体实施的以发生一定民事法律后果为目的的行为。民事法律行为是民事主体实施的行为,既不同于行政行为,也不同于刑事行为。民事法律行为是以发生一定民事法律后果为目的的行为,因而不同于事实行为。所以,只有民事主体以发生一定民事法律后果(设立、变更、终止民事法律关系)为目的而实施的行为,才可成为民事法律行为。

(3) 民事法律行为以意思表示为要素。民事法律行为是当事人实施的以发生一定民事法律后果为目的的行为,这种目的只是行为人内在的一种意愿或意思,行为人只有将这种内在的意愿表达出来,才能为他人所了解。这种内在意思的外部表达方式就是意思表示。换言之,意思表示是指行为人将进行民事法律行为,达到某种预期民事法律后果的内在意思表现于外的行为。意思表示是民事法律行为的核心,没有意思表示就不会有民事法律行为,这也是民事法律行为与非表意行为,如事实行为等相区别的重要标志。

(二) 民事法律行为的分类

从不同的角度,民事法律行为可作不同的分类。不同的民事法律行为在法律上具有不同的法律意义。

1. *单方民事法律行为和多方民事法律行为*

单方民事法律行为是根据一方当事人的意思表示而成立的民事法律行为。该民事法律行为仅有一方当事人的意思表示而无需他方的同意即可发生法律效力，如委托代理的撤销、债务的免除、无权代理的追认等；多方民事法律行为是两个以上的当事人意思表示一致而成立的民事法律行为。该民事法律行为的当事人有两个以上，不仅各自需要进行意思表示，而且意思表示还需一致，如合同行为等。

2. 有偿民事法律行为和无偿民事法律行为

有偿民事法律行为是指当事人互为给付一定代价（包括金钱、财产、劳务）的民事法律行为。无偿民事法律行为是指一方当事人承担给付一定代价的义务，而他方当事人不承担相应给付义务的民事法律行为。

3. 要式的民事法律行为和不要式法人民事法律行为

要式的民事法律行为是指法律规定必须采取一定的形式或者履行一定的程序才能成立的民事法律行为。不要式的民事法律行为是指法律不要求采取一定形式，当事人自由选择一种形式即可成立的民事法律行为。

4. 负担行为与处分行为

根据法律行为效果的不同，可以将法律行为分为负担行为与处分行为。负担行为是使一方相对于他方承担一定给付义务的法律行为。这种给付义务既可以是作为，也可以是不作为。因此负担行为产生的是债法上的法律效果，其中负有给付义务的主体是债务人。处分行为是直接导致权利发生变动的法律行为。这种变动既可以是权利的产生，也可以是权利的变更或者消灭。物权变动就是典型的处分行为。

5. 主民事法律行为和从民事法律行为

主民事法律行为是指无须其他法律行为的存在就可以独立成立的民事法律行为。从民事法律行为是指从属于其他法律行为而存在的民事法律行为。从民事法律行为的效力依附于主民事法律行为：主民事法律行为不成立，从民事法律行为则不能成立；主民事法律行为无效，则从民事法律行为亦当然不能生效。但是，主民事法律行为履行完毕，并不必然导致从民事法律行为的效力的丧失。

民事法律行为除以上分类外，还有双务的民事法律行为和单务的民事法律行为、独立的民事法律行为和辅助的民事法律行为等之分。

（三）民事法律行为的成立和生效

1. 民事法律行为的成立

具备民事法律行为的构成要素，民事法律行为方可成立。民事法律行为的成立仅解决民事法律行为是否存在这一事实认定。民事法律行为的一般成立要件为：(1) 行为人，即进行特定民事法律行为的民事主体，不同的民事法律行为对行为人的要求并不一致。(2) 意思表示，即表意人将其期望发生某种法律效果的内心意思以一定方式表现于外部的行为。不同的民事法律行为对意思表示的要求并不相同。(3) 标的，即意思表示的内容，是行为人实施民事法律行为欲达到的效果。没有标的，也就无意思表示的内容，民事法律行为也就不能成立。

实践中，一些特别的民事法律行为成立还需具备特有的条件。何种民事法律行为需要何种特别的成立条件，依民事法律行为的性质而有所不同。例如，要式行为的特别成立条件是须具备特别要求的形式，即，如若民事法律行为没有采用特定的形式，则民事法律行为不能成立。

2. 民事法律行为的生效

民事法律行为的生效是指已经成立的民事法律行为因为符合法律规定的有效要件而取得法律认可的效力。民事法律行为的成立和生效是两个不同的概念。民事法律行为的成立是民事法律行为生效的前提，已成立的民事法律行为能否发生法律效力取决于是否符合法律规定的条件，只有具备一定有效要件的民事法律行为，才能生效并产生预期的法律效果。民事法律行为的有效要件包括实质有效要件和形式有效要件。

(1) 民事法律行为的实质有效要件

① 行为人具有相应的民事行为能力。民事法律行为的行为人必须具有预见其行为性质和后果的相应的民事行为能力。就自然人而言，完全民事行为能力人可以自己的行为取得民事权利，履行民事义务；限制民事行为能力人只能从事与其年龄、智力和精神健康状况相当的民事法律行为，其他民事法律行为由其法定代理人代理，或者征得法定代理人同意下实施；无民事行为能力人不能独立实施民事法律行为，必须由其法定代理人代理。无民事行为能力人、限制民事行为能力人实施接受奖励、赠与、报酬等纯获益的民事法律行为时，他人不得以行为人无民事行为能力、限制民事行为能力为由，主张以上行为无效。

法人的民事行为能力是由法人核准登记的经营范围所决定的。但从维护相对人的利益和促进交易的角度出发，原则上认定法人超越经营范围从事的民事法律行为有效。基于《民法典》第505条的规定，当事人超越经营范围订立的合同的效力，应当依照《民法典》有关民事法律行为效力的规定确定，不得仅以超越经营范围确认合同无效。

② 意思表示真实。意思表示真实是指意思表示是行为人基于自己的利益在自觉、自愿的基础上作出的，且内在意思与其外部表示相一致。只有意思表示真实的民事法律行为，才能产生法律效力。当事人的意思与其表示不一致，或者当事人的意思不是自愿形成的，则该意思表示即为不真实。所谓意思与表示不一致，是指当事人希望发生某种法律效力的意思与其表达于外部的意思不相同，如虚假的意思表示、重大误解的意思表示等。所谓意思表示不自由，是指行为人的意思表示不是在自愿的基础上形成的。而是因受到不正当的干预所形成的，如受欺诈的意思表示、受胁迫的意思表示等。意思表示不真实的民事法律行为，可以撤销或宣告无效。

③ 不违反法律、行政法规的强制性规定，不违背公序良俗。这是指意思表示的内容不得与法律的强制性或禁止性规范相抵触，也不得滥用法律的授权性或任意性规定达到规避强制性或禁止性规范。不违背公序良俗是指法律行为在目的上和效果上不得有损社会经济秩序、社会公共秩序和社会公德，不得损害国家及各类社会组织和个人的利益。

(2) 民事法律行为的形式有效要件

这是指行为人的意思表示的形式必须符合法律的规定。《民法典》第135条规定："民事法律行为可以采用书面形式、口头形式或者其他形式；法律、行政法规规定或者当事人约定采用特定形式的，应当采用特定形式。"如果行为人进行某项特定的民事法律行为时，未能采用法律规定的特定形式的，则不能产生法律效力。

知识拓展(1-6)

民事法律行为的形式

(四) 无效的民事法律行为

1. 无效的民事法律行为的概念

无效的民事法律行为是指欠缺民事法律行为的有效要件，行为人设立、变更和终止权利义务的内容不发生法律效力的行为。

2. 无效的民事法律行为的种类

根据《民法典》的规定，无效的民事法律行为的种类主要有以下几种。

(1) 无民事行为能力人实施的民事法律行为

《民法典》第144条规定，无民事行为能力人实施的民事法律行为无效。需要提及的是，对于无民事行为能力人纯获利益的民事法律行为，如接受赠与的行为，不应认定为无效。

(2) 限制民事行为能力人不能独立实施的单方行为

依据《民法典》第145条第1款规定，限制民事行为能力人只能实施与其年龄、智力或者精神健康状况相适应的民事法律行为，其他民事法律行为应由其法定代理人代理或者征得法定代理人的同意。限制民事行为能力人实施的其不能独立实施的民事法律行为，应属于行为人不具有相应民事行为能力的行为，至于双方行为，即使限制民事行为能力人不能独立实施，也可经其法定代理人的追认而有效，因此，只有限制民事行为能力人实施的其依法不能独立实施的单方行为，才为无效民事法律行为。例如，限制民事行为能力人订立遗嘱的行为，就是无效民事法律行为。

（3）虚假的民事法律行为

《民法典》第146条第1款规定："行为人与相对人以虚假的意思表示实施的民事法律行有为无效。"当事人双方以虚假的意思表示实施民事法律行为，尽管双方存在着合意，但因该虚假的意思表示与表意人的内心意思不符，也即当事人并不存在效果意思，因此，虚假的民事法律行为为无效民事法律行为。但是，虚假的意思表示往往隐藏着真实的意思表示，被隐藏的民事法律行为是否有效，应依该民事法律行为是否符合有效条件加以认定。对此，《民法典》第146条第2款规定："以虚假的意思表示隐藏的民事法律行为的效力，依照有关法律规定处理。"

（4）恶意串通的民事法律行为

《民法典》第154条规定："行为人与相对人恶意串通，损害他人合法权益的民事法律行无效。"恶意串通的民事法律行为是指当事人双方故意合谋实施的损害他人合法权益的民事法律行为。这种行为虽然是当事人双方真实的意思表示，但因以损害他人合法权益为目的，因而是无效民事法律行为。在恶意串通的民事法律行为中，当事人双方须有共同的故意，并且当事人合谋的后果损害了他人的合法权益。

（5）违反法律、行政法规的强制性规定的民事法律行为

民事法律行为不得违反法律、行政法规的强制性规定，是民事法律行为的有效条件之一。对于强制性规定而言，有两种类型：一种是影响民事法律行为效力的效力性强制性规定；一种是不影响民事法律行为效力的管理性强制性规定。《民法典》第153条第1款规定："违反法律、行政法规的强制性规定的民事法律行为无效，但是该强制性规定不导致该民事法律行为无效的除外，"这表明：① 除全国人大及其常委会制定的法律和国务院制定的行政法规外，地方性法规和规章不得作为判断民事法律行为是否无效的规范依据；② 只有违反效力性强制规定的民事法律行为才无效，违反管理性强制规定的民事法律行为要视具体情况确定，而非一律无效。

实践中，在识别强制性规定时，应在考量强制性规定所保护的法益类型、违法行为的法律后果以及交易安全保护等因素的基础上认定其性质。下列强制性规定，应当认定为"效力性强制性规定"：强制性规定涉及金融安全、市场秩序、国家宏观政策等公序良俗的；交易标的禁止买卖的，如禁止人体器官、毒品、枪支等买卖；违反特许经营规定的，如场外配资合同；交易方式严重违法的，如违反招投标等竞争性缔约方式订立的合同；交易场所违法的，如在批准的交易场所之外进行期货交易。关于经营范围、交易时间、交易数量等行政管理性质的强制性规定，一般应当认定为"管理性强制性规定"。需要提及的是，违反规章一般情况下不影响合同效力，但该规章的内容涉及金融安全、市场秩序、国家宏观政策等公序良俗的，应当认定合同无效。人民法院在认定规章是否涉及公序良俗时，要在考察规范对象基础上，兼顾监管强度、交易安全保护以及社会影响等方面进行慎重考量。如《中华人民共和国城市房地产管理法》第54条规定："房屋租赁，出租人和承租人应当签订书面租赁合同，约定租赁期限、租赁用途、租赁价格、修缮责任等条款，以及双方的其他权利和义务，并向房产管理部门登记备案。"如果当事人未向房产管理部门登记备案，并不能认定该房屋租赁合同无效。

（6）违背公序良俗的民事法律行为

民事主体从事民事活动,不得违背公序良俗,这是民法的基本原则。当事人实施的民事法律行为违背了公序良俗,也就是违反了民法的基本原则,就会损害社会公共利益,因此,《民法典》第153条第2款规定:"违背公序良俗的民事法律行为无效。"实践中,某在校女大学生通过某网络借款平台与某放贷人约定,女大学生以裸照获得贷款,当违约不还款时,放贷人以公开裸体照片和与借款人父母联系的手段催逼借款人还款。因违背公序良俗,该约定应属无效。

知识拓展(1-7)

违背公序良俗的民事法律行为

3. 民事法律行为无效或者确定不发生效力的后果

民事法律行为无效或者确定不发生效力,行为人预期的法律效果不能实现,但并非不产生任何法律后果。依照《民法典》第157条的规定,民事法律行为无效、被撤销或者确定不发生效力后,发生如下法律后果:

(1) 返还财产。民事法律行为无效、被撤销或者确定不发生效力后,行为人因该行为取得的财产,应当予以返还;不能返还或者没有必要返还的,应当折价补偿。

(2) 赔偿损失。民事法律行为无效、被撤销或者确定不发生效力,有过错的一方应当赔偿对方由此所受到的损失;各方都有过错的,应当各自承担相应的责任。

(3) 其他法律后果。如果法律对民事法律行为无效、被撤销或者确定不发生效力后的法律后果另有规定的,则应当依照其规定。

(五) 可撤销的民事法律行为

1. 可撤销的民事法律行为的含义及特征

可撤销的民事法律行为是指因意思表示有缺陷,当事人可以请求人民法院或者仲裁机构予以撤销的民事法律行为。其具有以下特征:

(1) 可撤销的民事法律行为是意思表示有瑕疵的民事法律行为。从民事法律行为的生效条件来看,可撤销的民事法律行为在外观上具备民事法律行为的生效条件,只是欠缺意思表示真实这一生效条件。

(2) 可撤销的民事法律行为是可以撤销的民事法律行为。可撤销的民事法律行为从成立时起是有效的,只是因意思表示不真实,当事人可以撤销。民事法律行为被撤销的,该行为溯及行为开始时无效。

(3) 可撤销的民事法律行为是只有当事人才可以主张无效的民事法律行为。在可撤销的民事法律行为中,只有享有撤销权的当事人才能主张撤销民事法律行为而使之无效。当事人不主张民事法律行为无效的,人民法院或仲裁机构不能依职权主动确认其无效。

2. 可撤销的民事法律行为的类型

(1) 受欺诈的民事法律行为

欺诈,是指行为人故意告知虚假情况或者隐瞒真实情况,诱使他人作出错误意思表示的行为。在受欺诈的民事法律行为中,表意人须因受欺诈而陷入错误认识,并基于该错误认识作出违背其真实意思的表示而与欺诈人实施了民事法律行为。依照《民法典》的规定,受欺诈的民事法律行为包括两种情形:① 一方以欺诈手段,使对方在违背真实意思的情况下实施民事法律行为的,受欺诈方有权请求人民法院或者仲裁机构予以撤销;② 第三人实施欺诈行为,使一方在违背真实意思的情况下实施民事法律行为的。对于这种欺诈行为,对方知道或者应当知道该欺诈行为的,受欺诈方有权请求人民法院或者仲裁机构予以撤销。

(2) 受胁迫的民事法律行为

胁迫,是指行为人以给表意人本人或亲友的身体、生命、健康、自由、名誉、财产造成损害为要挟,以使表意人产生恐惧,并作出违背其真实意思的表示。在受胁迫的民事法律行为中,表意人须因受胁迫而产生恐惧，并因此作出违背其真实意思的表示而与胁迫人实施了民事法律行为。依照《民法典》第150条的规定，一方或者第三人以胁迫手段，使对方在违背真实意思的情况下实施的民事法律行为，受胁迫方有权请求人民法院或者仲裁机构予以撤销。

(3) 重大误解的民事法律行为

重大误解的民事法律行为是指行为人因对行为的性质，对方当事人以及标的物的品种，质量、规格和数量等认识错误，使自己的行为与自己的意思不一致并造成较大损失的民事法律行为。《民法典》第147条规定："基于重大误解实施民事法律行为的，行为人有权请求人民法院或者仲裁机构予以撤销。"所谓重大误解，是指一般人若知道该错误就不会实施该行为，并且实施该行为的结果给当事人造成重大损失。若仅为一般的误解，并未给当事人造成较大损失，则不为重大误解的民事法律行为。

(4) 显失公平的民事法律行为

显失公平的民事法律行为，是指一方在从事某种民事法律行为时因情况紧急或缺乏经验而作出了明显对自己有重大不利的行为。《民法典》第151条规定："一方利用对方处于危困状态、缺乏判断能力等情形，致使民事法律行为成立时显失公平的，受损害方有权请求人民法院或者仲裁机构予以撤销。"可见，显失公平的民事法律行为是使当事人双方的权利、义务明显不对等的行为，并且这种不对等是违反法律和交易习惯的。因此，只有依据实施民事法律行为当时的情况，社会公众认为是不公平的，获利的一方也明知不公平时，才可认定为不公平。

3. 可撤销的民事法律行为的撤销

(1) 撤销权的行使

可撤销的民事法律行为实施后，当事人一方享有撤销权。在可撤销的民事法律行为中，只有受到损害的一方即意思表示不真实的一方才享有撤销权。从性质上说，撤销权属于形成权，因为撤销权的行使是以一方的意思表示而使当事人之间的权利义务关系发生变动的。当事人行使撤销权，应向法院或仲裁机构提出撤销的请求，但其撤销的意思表示无须对方当事人同意。

当事人应当在规定期间内行使撤销权。撤销权的行使期间为除斥期间，当事人未在该期间内行使撤销权的，该权利消灭。依照《民法典》第152条的规定，有下列情形之一的，撤销权消灭：① 当事人自知道或者应当知道撤销事由之日起1年内，重大误解的当事人自知道或者应当知道撤销事由之日起90日内，没有行使撤销权；② 当事人受胁迫，自胁迫行为终止之日起1年内没有行使撤销权；③ 当事人知道撤销事由后明确表示或者以自己的行为表明放弃撤销权。当事人自民事法律行为发生之日起5年内没有行使撤销权的，撤销权消灭。

(2) 可撤销的民事法律行为被撤销的后果

可撤销的民事法律行为经当事人行使撤销权而被撤销的，则该行为自成立时起归于无效，发生与无效民事法律行为相同的法律后果。

(六) 效力待定的民事法律行为

1. 效力待定的民事法律行为的含义和特征

效力待定的民事法律行为，是指民事法律行为虽已成立，但是否生效尚不确定，只有经由特定当事人的行为，才能确定生效或不生效的民事法律行为。其具有以下特征：

(1) 效力待定的民事法律行为成立后，其效力处于不确定状态。效力待定的民事法律行为欠缺民事法律行为的生效条件，因而于民事法律行为成立时还不能生效，但又不是当然无效，其是有效还是无效处于不确定的状态。

(2) 效力待定的民事法律行为可以通过一定的事实予以补正而生效。效力待定的民事法律行为欠缺民事法律行为的生效条件，但这种欠缺是非实质性的，可以通过一定的事实加以补正。

效力待定的民事法律行为一旦经过补正,即成为有效民事法律行为。

(3) 效力待定的民事法律行为的效力只能通过当事人意思以外的事实加以补正。效力待定的民事法律行为所欠缺的事项,不能由行为人自己的意思来补正,只能由他人的行为补正。

2. 效力待定的民事法律行为的类型

《民法典》第 145 条、第 168 条、第 171 条规定了效力待定的民事法律行为。效力待定的民事法律行为主要有以下三种类型。

(1) 限制民事行为能力依法不能独立实施的民事法律行为

《民法典》第 145 条规定,限制民事行为能力人实施的纯获利益的民事法律行为或者与其年龄、智力、精神健康状况相适应的民事法律行为有效;实施的其他民事法律行为经法定代理人同意或者追认后有效。故限制民事行为能力人依法不能独立实施的民事法律行为属于效力待定的民事法律行为。法定代理的追认权性质上属于形成权。仅凭其单方面意思表示就可以使得效力待定的合同转化为有效合同。

法律在保护限制民事行为能力人合法权益的同时,为避免合同相对人的利益因为合同效力待定而受损,特别规定了相对人的催告权和善意相对人的撤销权。相对人可以催告法定代理人在 30 日内予以追认。法定代理人未作表示的,视为拒绝。合同被追认之前,善意相对人有撤销的权利。撤销应当以通知的方式作出。其中的"善意"是指相对人在订立合同时不知道与其订立合同的人欠缺相应的行为能力。

(2) 自己代理和双方代理的行为

所谓的自己代理是指代理人以被代理人名义与自己进行民事法律行为。例如,自然人甲委托乙购买无线鼠标,乙以甲的名义与自己订立合同,把自己的无线鼠标卖给甲。所谓的双方代理是指一人同时担任双方的代理人为同一民事法律行为。例如,甲受乙的委托购买笔记本电脑,又受丙的委托销售笔记本电脑,甲此时以乙丙双方的名义订立购销笔记本电脑的合同。

《民法典》第 168 条规定,代理人不得以被代理人的名义与自己实施民事法律行为,但是被代理人同意或者追认的除外。代理人不得以被代理人的名义与自己同时代理的其他人实施民事法律行为,但是被代理的双方同意或者追认的除外。

(3) 无权代理人实施的民事法律行为

根据《民法典》第 171 条的规定,行为人没有代理权、超越代理权或者代理权终止后,仍然实施代理行为,未经被代理人追认的,对被代理人不发生效力。若无权代理行为构成表见代理,则为有效的民事法律行为。

相对人可以催告被代理人自收到通知之日起 30 日内予以追认。被代理人未作表示的,视为拒绝追认。被代理人已经开始履行民事法律行为中设定的义务的,视为对民事法律行为的追认。民事法律行为被认之前,善意相对人有撤销的权利。撤销应当以通知的方式作出。行为人实施的行为未被追认的,善意相对人有权请求行为人履行债务或者就其受到的损害请求行为人赔偿,但是赔偿的范围不得超过被代理人追认时相对人所能获得的利益。相对人知道或者应当知道行为人无权代理的,相对人和行为人按照各自的过错承担责任。

需要提及的是,无权代理异于无权处分。实践中,如果以有处分权人的名义实施处分行为,则属于无权代理。无权处分行为,是指无权处分人在对他人财产(包括物和权利)没有处分权的情况下,以自己的名义所实施的以引起财产权利变动(权利转移或者设定负担)为目的的民事法律行为。如果无权处分行为符合侵权责任的构成要件,即使其处分行为经权利人追认而发生效力,也不能免除处分人的赔偿责任,权利人仍有赔偿损失请求权。实践中,在无权处分的情形,应当区分合同效力与物权变动的效力。依据《民法典》第 597 条规定,因出卖人未取得处分权致使标的物所有权不能转移的，买受人可以解除合同并请求出卖人承担违约责任。法律、行政法规禁止或者限制转让的标的物，依照其规定。

(七) 附条件和附期限的民事法律行为

1. 附条件的民事法律行为

这是指在民事法律行为中指定一定的条件，把该条件的成就（或发生）或不成就（或不发生）作为民事法律行为效力的发生或终止的根据。

民事法律行为中所附的条件可以是事件，也可以是行为，但是能够作为民事法律行为所附条件的事实必须具备以下条件：① 将来发生的事实，已发生的事实不能作为条件；② 不确定的事实，即条件是否必然发生，当事人不能肯定；③ 当事人任意选择的事实，而非法定的事实；④ 合法的事实，不得以违法或违背道德的事实作为所附条件；⑤ 所限制的是法律行为效力的发生或消灭，而不涉及法律行为的内容，即不与行为的内容相矛盾。

《民法典》第 159 条规定，附条件的民事法律行为，当事人为自己的利益不正当地阻止条件成就的，视为条件已成就；不正当地促成条件成就的，视为条件不成就。

2. 附期限的民事法律行为

这是指在民事法律行为中指明一定的期限，把期限的到来作为民事法律行为生效或终止的依据。期限是必然到来的事实，这与附条件的民事法律行为所附的条件不同。民事法律行为所附期限可以是明确的期限，如某年某月某日，也可以是不确定的期限，如"某人死亡之日"、"果实成熟之时"等。

《民法典》第 160 条规定，民事法律行为可以附期限，但是按照其性质不得附期限的除外。附生效期限的民事法律行为，自期限届至时生效。附终止期限的民事法律行为，自期限届满时失效。

四、代理

(一) 代理的概念和特征

代理是指代理人在代理权限内，以被代理人的名义与第三人实施民事法律行为，由此产生的法律后果直接由被代理人承担的一种法律制度。代理中涉及三方当事人：本人（被代理人）、代理人、第三人（相对人）。

代理具有以下特征：

(1) 代理人以被代理人的名义实施民事法律行为。根据《民法典》第 162 条的规定，代理人应以被代理人的名义实施代理行为。代理人如果以自己的名义实施民事法律行为，行为后果由自己承受，除非法律（《民法典》第 925 条、第 926 条）另有规定。代理人只有以被代理人的名义进行代理活动，才能直接为被代理人取得权利、设定义务。

(2) 代理人在代理权限内独立地为意思表示。依据《民法典》第 162 条的规定，代理人应在代理权限内实施代理行为。委托代理人应按照被代理人的委托行使代理权，法定代理人依照法律的规定行使代理权。

代理人在代理权限内，有权根据具体情况，独立地进行判断，并进行意思表示，完成代理事务。非独立进行意思表示的行为，不属代理行为，如传递信息、居间行为等均不属代理行为。

(3) 代理人直接向第三人进行意思表示。代理行为的目的在于与第三人设立、变更或终止权利义务关系。因此，只有代理人直接向第三人为意思表示，才能实现代理之目的。这使代理行为与其他委托行为，如代人保管物品等行为区别开来。

(4) 代理行为的法律效果直接归属于被代理人。代理行为是在代理人与第三人之间进行的，但却在被代理人与第三人之间设立、变更或终止了某种权利义务关系，因此，其法律后果当然也应由被代理人承担。该法律后果既包括对被代理人有利的法律后果,也包括不利的法律后果。这使代理行为与无效代理行为、冒名欺诈等行为区别开来。

(二) 代理的适用范围

《民法典》第161条规定,民事主体可以通过代理人实施民事法律行为。依照法律规定、当事人约定或者民事法律行为的性质,应当由本人亲自实施的民事法律行为,不得代理。一般认为,代理的事项一般仅限于民事法律行为中的财产行为。下列行为不能代理:① 违法行为不得代理;② 事实行为即非表意行为不得代理;③ 民事法律行为中的身份行为不得代理,如结婚、离婚、遗嘱等均不得代理;④ 依照法律规定或按照双方当事人的约定,应当由本人亲自进行的民事法律行为,不得代理。

(三) 代理的分类

根据《民法典》第163条规定,代理可分为委托代理和法定代理两类。

委托代理人按照被代理人的委托行使代理权。法定代理人依照法律的规定行使代理权。

1. 委托代理

这是基于被代理人的委托而发生的代理。被代理人的委托可以基于授权行为发生,也可依据合伙关系、职务关系等发生。委托代理中的授权行为一般以代理证书(亦称授权委托书)的形式表现。根据《民法典》第165条的规定,委托代理授权采用书面形式的,授权委托书应当载明代理人的姓名或者名称、代理事项、权限和期间,并由被代理人签名或者盖章。实际生活中,介绍信也被作为授权委托书使用,具有单独的证明力。实践中,代理人实施代理行为,只需出具授权委托书,即可表明其代理权的存在。授权委托书的各种事项应记载明确,授权委托书授权不明的,应作出不利于被代理人的解释;同时,被代理人应当对第三人承担民事责任,代理人负连带责任。

《民法典》第170条规定,执行法人或者非法人组织工作任务的人员,就其职权范围内的事项,以法人或者非法人组织的名义实施民事法律行为,对法人或者非法人组织发生效力。法人或者非法人组织对执行其工作任务的人员职权范围的限制,不得对抗善意相对人。这一规定将职务代理纳入委托代理的范畴。实践中,商店售货员出卖商品于顾客的行为、公司采购员以公司名义与第三人签订买卖合同的行为、公交车售票员售票予乘客的行为等,均为职务代理行为。

2. 法定代理

这是基于法律的直接规定而发生的代理。法定代理通常适用于被代理人是无行为能力人、限制行为能力人的情况。法律如此规定的目的在于保护处于特定情形下的民事主体的利益,维护交易安全。

(四) 代理权的行使

1. 代理权行使的一般要求

代理人行使代理权应以符合被代理人利益的方式亲自实施代理行为;同时,应谨慎、勤勉、忠实地处理好被代理人的事务以增进被代理人的福利。代理人不得利用代理权为自己牟取私利。

2. 代理权滥用的禁止

代理人不得滥用代理权。常见的代理权滥用的情况有:① 代理他人与自己进行民事活动;② 代理双方当事人进行同一民事行为;③ 代理人与第三人恶意串通,损害被代理人的利益。法律禁止代理权的滥用。滥用代理权的行为,视为无效代理。代理人滥用代理权给被代理人及他人造成损害的,应承担相应的赔偿责任。

(五) 无权代理

1. 无权代理的概念

无权代理是指行为人没有代理权而以他人名义进行的民事行为。无权代理并非代理的种表见代理实质上是无权代理,是广义无权代理的一种。如果无权代理行为均由被代理人追认决定其效力的话,会给善意第三人造成损害,因此,在表见的情形之下,规定由被代理人承担表见代理行为的法律后果,更有利于保护善意第三人的利益,维护交易安全,并以此强化代理制度的可信度。

2. 表见代理的构成要件

一般认为,构成表见代理应具备以下条件:

(1) 行为须符合代理的表面要件且行为人无代理权。即行为人须以被代理人的名义进行活动,与第三人缔结民事关系。无代理权是指实施代理行为时无代理权或者对于所实施的代理行为无代理权。

(2) 须有使第三人相信行为人具有代理权的事实或理由。这一要件是以行为人与被代理人之间存在某种事实上或者法律上的联系为基础的。这种联系是否存在或者是否足以使第三人相信行为人有代理权,应依一般交易情况而定。通常情况下,行为人持有被代理人发出的证明文件,如被代理人的介绍信、盖有合同专用章或者盖有公章的空白合同书,或者有被代理人向相对人所作法人授予代理权的通知或者公告,这些证明文件构成认定表见代理的客观依据。对上述客观依据,依《民法典》第 172 条的规定,第三人负有举证责任。在我国司法实践中,盗用他人的介绍信、合同专用章或者盖有公章的空白合同书签订合同的,一般不认定为表见代理,但被代理人应负举证责任,如不能举证则构成表见代理。对于借用他人介绍信、合同专用章或者盖有公章的空白合同书签订的合同,一般不认定为表见代理,由出借人与借用人对无效合同的法律后果负连带责任。

(3) 须第三人为善意且无过失。即第三人不知行为人所为的行为系无权代理行为。如果第三人出于恶意,即明知他人为无权代理,仍与其实施民事行为,不构成表见代理。《民法典》第 171 条第 4 款规定,相对人知道或者应当知道行为人无权代理的,相对人和行为人按照各自的过错承担责任。

(4) 须行为人与第三人之间的民事行为具备民事法律行为的有效要件。即行为人具有相应的民事行为能力、意思表示真实、内容不违背法律禁止性规定或者社会公共利益。

3. 表见代理的法律后果

(1) 表见代理成立,订立的合同有效,表见代理中的相对人不享有《民法典》第 171 条关于狭义无权代理产生的撤销权。

(2) 本人(被代理人)对相对人(善意第三人)承担民事责任。表见代理被认定成立后,其在法律上产生的后果同有权代理的法律后果一样,即由被代理人对代理人实施的代理行为承担民事责任。

(3) 代理人对本人(被代理人)承担民事赔偿责任。被代理人因表见代理成立而承担民事责任,因此给被代理人造成损失的,被代理人有权根据是否与代理人有委托关系、代理人是否超越代理权以及代理权是否已经终止等不同的情况,以及无权代理人的过错情况,依法请求无权代理人给予相应的赔偿。无权代理人应当赔偿给被代理人造成的损失。

(4) 无权代理人对被代理人的费用返还请求权。表见代理的法律后果使被代理人的利益受到损害时,无权代理人应依法赔偿。同时,并非所有的表见代理的法律后果都必然对被代理人不利,当表见代理的法律后果是使被代理人从中受益时,根据公平原则,权利义务应当对等,无权代理人有权要求被代理人支付因实施代理行为而支出的相关的合理费用。

五、诉讼时效

（一）诉讼时效的概念

诉讼时效，是指权利人不在法定期间内行使权利而失去诉讼保护的制度。前述“法定期间”即是诉讼时效期间。诉讼时效属于法律事实中的事件，是基于一定的事实状态在法律规定的一定期间内持续存在而当然发生不为当事人意志所决定的某种法律效果。民法上建立诉讼时效制度，目的在于维护社会经济秩序的稳定，避免时间过长导致举证困难，同时也有利于督促权利人及时行使权利。诉讼时效具有以下特征：

1. 有债权人不行使权利的事实状态存在，而且该状态持续了一段期间。

2. 诉讼时效期间届满时消灭的是胜诉权，并不消灭实体权利。这意味着：(1) 诉讼时效届满后，不影响债权人提起诉讼，即不丧失起诉权；义务人可以提出不履行义务的抗辩，但权利本身及请求权并不消灭。(2) 债权人起诉后，如果债务人主张诉讼时效的抗辩，法院在确认诉讼时效届满的情况下，应驳回其诉讼请求，即债权人丧失胜诉权；当事人未提出诉讼时效抗辩，人民法院不应对诉讼时效问题进行释明及主动适用诉讼时效的规定进行裁判。(3) 诉讼时效期间届满后，义务人同意履行的，不得以诉讼时效期间届满为由抗辩；义务人已自愿履行的，不得请求返还。

3. 诉讼时效具有法定性和强制性。《民法典》第 197 条规定：“诉讼时效的期间、计算方法以及中止、中断的事由由法律规定，当事人约定无效。当事人对诉讼时效利益的预先放弃无效。”

（二）诉讼时效的适用范围

诉讼时效并非适用于所有的请求权，根据《民法典》第 196 条规定，下列请求权不适用诉讼时效的规定：请求停止侵害、排除妨碍、消除危险；不动产物权和登记的动产物权的权利人请求返还财产；请求支付抚养费、赡养费或者扶养费；依法不适用诉讼时效的其他请求权。

《民法典》第 198 条规定，法律对仲裁时效有规定的，依照其规定；没有规定的，适用诉讼时效的规定。

（三）除斥期间

除斥期间是指法律规定某种权利预定存续的期间，债权人在此期间不行使权利，预定期间届满，便可发生该权利消灭的法律后果。如《民法典》第 152 条规定，当事人受胁迫，自胁迫行为终止之日起 1 年内没有行使撤销权，撤销权消灭。此处的“1 年”即为除斥期间。诉讼时效和除斥期间都是以一定的事实状态存在和一定期间的经过为条件而发生一定的法律后果，都属于法律事实中的事件。但两者有如下区别：(1) 适用对象不同。诉讼时效适用于债权请求权；除斥期间一般适用于形成权，如追认权、解除权、撤销权等。(2) 期间性质不同。诉讼时效是可变期间，可以因主客观原因中断、中止或延长；除斥期间是不变期间，不适用时效中断、中止和延长的规定。(3) 可以援用的主体不同。人民法院不能主动援用诉讼时效，诉讼时效须由当事人主张后，人民法院才能审查；除斥期间无论当事人是否主张，人民法院均应主动审查。(4) 法律效力不同。诉讼时效期间只是导致胜诉权的消灭，实体权利不消灭；除斥期间届满，实体权利消灭。

（四）诉讼时效的种类与起算

1. 诉讼时效的种类

诉讼时效的种类、期间都是法定的，不同的诉讼时效有不同的期间，不同的诉讼时效有不同的起算时间。根据《民法典》规定，诉讼时效有以下几种。

(1) 普通诉讼时效。除了法律有特别规定，民事权利适用普通诉讼时效期间。《民法典》第 188 条规定，向人民法院请求保护民事权利的诉讼时效期间为 3 年。法律另有规定的依照其规定。

(2) 特别诉讼时效。特别诉讼时效也称特殊诉讼时效,是指由民事单行法特别规定的仅适用于法律特殊规定的民事法律关系的诉讼时效。民事单行法规定的期间不为3年的诉讼时效,属于特殊诉讼时效。例如,《海商法》第257条、第260条、第263条,分别就海上货物运输向承运人要求赔偿的请求权、海上拖航合同的请求权、有关共同海损分摊的请求权,规定时效期间为1年。《民法典》第594条规定,因国际货物买卖合同和技术进出口合同争议提起诉讼或者申请仲裁的时效期间为4年。《保险法》第26条规定,人寿保险的被保险人或者受益人向保险人请求给付保险金的诉讼时效期间为5年。

(3) 最长诉讼时效。最长诉讼时效是指期间为20年的诉讼时效期间。根据《民法典》第188条的规定,权利被侵害超过20年的,人民法院不予保护。与其他诉讼时效相比,最长诉讼时效期间从权利被侵害时计算,而非从权利人知道或者应当知道之时起算。最长诉讼时效期间可以适用诉讼时效的延长,但不适用诉讼时效期间的中断、中止等规定。

2. 诉讼时效的起算

诉讼时效的起算是指诉讼时效期间开始计算的时点。《民法典》第188条第2款规定,诉讼时效期间自权利人知道或者应当知道权利受到损害以及义务人之日起计算。法律另有规定的,依照其规定。所谓知道是指权利人明确知悉其权利受到损害的事实和义务人;所谓应当知道是指根据客观事实,推定权利人知悉权利受到损害的事实和义务人。权利人于何时才为知道或者应当知道权利受到损害,在不同的情形下有不同的标准。

知识拓展(1-8)

诉讼时效的起算

(五) 诉讼时效期间的中止、中断和延长

1. 诉讼时效期间的中止

诉讼时效的中止是指在诉讼时效期间的最后6个月内,因法定事由的发生,致使权利人不能行使请求权,暂停计算时效期间,待中止的事由消除后,再继续计算诉讼时效期间的法律制度。

依照《民法典》第194条的规定,诉讼时效中止的法定事由包括:(1) 不可抗力;(2) 无民事行为能力人或者限制民事行为能力人没有法定代理人,或者法定代理人死亡、丧失民事行为能力、丧失代理权;(3) 继承开始后未确定继承人或者遗产管理人;(4) 权利人被义务人或者其他人控制;(5) 其他导致权利人不能行使请求权的障碍。

自中止时效的原因消除之日起满6个月,诉讼时效期间届满。

2. 诉讼时效期间的中断

诉讼时效的中断是指在诉讼时效进行中,因法定事由的发生,致使已经经过的诉讼时效期间全归无效,待中断时效的事由消除后,重新开始计算诉讼时效期间的法律制度。

依照《民法典》第195条的规定,发生下列四种情形之一的,诉讼时效中断,从中断、有关程序终结时起,诉讼时效期间重新计算:(1) 权利人向义务人提出履行请求;(2) 义务人同意履行义务;(3) 权利人提起诉讼或者申请仲裁;(4) 与提起诉讼或者申请仲裁具有同等效力的其他情形。

3. 诉讼时效期间的延长

诉讼时效期间的延长是指在诉讼时效期间届满后,权利人基于某种正当理由要求法院根据具体情况延长时效期间,经法院审查确认后决定延长的制度。所谓正当理由,是指权利人因有客观的障碍在法定期间内不能行使请求权的特殊情况。

实务拓展(1-2)

债权超过诉讼时效的补救方法

同步综合练习

一、名词解释题

法律关系　民事法律行为　无权代理　表见代理　诉讼时效　除斥期间

二、单项选择题

1. 根据我国相关法律规定，下列哪种情形不能形成法律关系？（　　）

A. 祁同伟在复旦大学附属华山医院进行泌尿外科手术

B. 许烨购买了甲公司生产的“喜洋洋”牌暖手宝，在正常使用过程中因暖手宝爆炸致残

C. 姬悦欲在某银行ATM机上取款1 500元，正常操作后，ATM机“吐”出钱款8 100元

D. 李登晖因购买毒品欠葛骏8万元人民币

2. 下列各项中，属于法律事实的是？（　　）

A. 甲想让乙给自己购买了一台计算机　　B. 甲委托乙修理一部手机

C. 甲看到乙发布的一则招聘广告　　D. 甲听说乙丢失了一辆自行车

3. 下列行为中，属于民事法律行为的是？（　　）

A. 甲殴打乙致伤的行为

B. 甲赠与乙1万元的行为

C. 甲为一香客，甲赴寺庙进香的行为

D. 甲有朋自远方来，甲不在，乙代为招待的行为

4. 任毅门前公路上有一泥沟。某日，一货车经过泥沟，由于颠簸掉落货物一件，被任毅拾得据为己有。任毅发现有利可图，遂将泥沟挖深半尺。次日，果然又拾得两袋车上颠落的货包。关于任毅行为的性质，下列哪一选项是正确的？（　　）

A. 无因管理和侵权行为　　B. 不当得利

C. 无因管理和不当得利　　D. 不当得利和侵权行为

5. 韩涵承包西瓜园，收获季节突然病故。好友魏来因联系不上韩涵家人，便主动为韩涵办理后事和照看西瓜园，并将西瓜卖出，获益5万元。其中，办理后事花费1万元、摘卖西瓜雇工费以及其他必要费用共5 000元。魏来认为自己应得劳务费5 000元。关于魏来的行为，下列哪一说法是正确的？（　　）

A. 5万元属于不当得利　　B. 应向韩涵家人给付3万元

C. 应向韩涵家人给付4万元　　D. 应向韩涵家人给付3.5万元

6. 下列情形中，属于有效民事法律行为的是？（　　）

A. 限制行为能力人甲临终立下遗嘱：“我死后，我的全部财产归大姐。”

B. 甲、乙双方约定，若乙将与甲有宿怨的丙殴伤，甲愿付乙酬金5 000元

C. 甲因妻子病重，急需医药费，遂向乙筹款。乙提出，可按市场价买下甲的祖传清代青花瓷瓶，甲应允

D. 甲要求乙为其债务提供担保，乙拒绝。甲向乙出示了自己掌握的乙虚开增值税发票的证据，并以检举相要挟。乙被迫为甲出具了担保函

7. 下列属于无效民事法律行为的是？（　　）

A. 买卖二手汽车的行为　　B. 买卖增值税发票的行为

C. 误将铜当做黄金购买的行为　　D. 低价购买他人珍贵邮票的行为

8. 甲公司员工马煌受公司委托从乙公司订购一批空气净化机，甲公司对净化机单价未作明

类，而仅仅具有代理的表象却因其欠缺代理权而不产生代理效力的行为。无权代理有广义和狭义之分。广义的包括狭义无权代理和表见代理。所谓狭义无权代理，是指行为人不仅没有代理权，也没有使第三人信其有代理权的表征，而以本人的名义所为之代理。在我国，无权代理一般指前者，包括根本未经授权的代理、超越代理权的代理和代理权终止后而为的代理三种情况。

2. 无权代理的法律后果

无权代理行为实施后，在被代理人与相对人、行为人与相对人、行为人与被代理人之间均发生一定的关系。

(1) 被代理人与相对人之间的关系

无权代理行为属于效力待定的民事法律行为，其是否对被代理人产生效力取决于被代理人是否追认。如果被代理人追认了无权代理行为，该行为即发生有权代理的后果，对被代理人产生效力；反之亦反。

相对人享有催告权和撤销权。《民法典》第 171 条第 2 款规定，相对人可以催告被代理人自收到通知之日起 30 日内予以追认。被代理人未作表示的，视为拒绝追认。行为人实施的行为被追认前，善意相对人有撤销的权利。撤销应当以通知的方式作出。

(2) 行为人与相对人之间的关系

在被代理人不追认无权代理行为时，无权代理的行为人应向相对人承担民事责任。依据《民法典》第 171 条第 3 款规定，行为人实施的行为未被追认的，善意相对人有权请求行为人履行债务或者就其受到的损害请求行为人赔偿，但是赔偿的范围不得超过被代理人追认时相对人所能获得的利益。

(3) 行为人与被代理人之间的关系

在被代理人未追认无权代理行为时，若该行为是为了使被代理人的利益免受损害而实施的，则行为人与被代理人之间可发生无因管理关系；若该行为损害了被代理人的利益，则其行为可构成侵权行为，行为人应向被代理人负赔偿责任。如果相对人知道或者应当知道行为人无权代理的，相对人和行为人按照各自的过错承担责任。

(六) 表见代理

1. 表见代理的概念与特征

表见代理是指没有代理权、超越代理权或者代理权终止后的无权代理人，以被代理人名义进行的民事行为在客观上使善意第三人(或相对人)相信其有代理权而实施的代理行为。例如，有些企业为了提高工作效率，将印章、合同章、单位的空白证明信、空白委托书、空白合同文本等交给代理人去办理某项业务，但是如果代理人办理的业务并非企业实际要求他办理的业务，或是虽为授权业务，但在价格、数量等方面超出了企业的实际授权，善意相对人并不知道，在这种情况下所为的民事行为，构成表见代理。企业不能以“实际未交代代理人为某项法律行为”为由，拒绝承担表见代理的责任。

《民法典》第 172 条确立了表见代理制度，规定：行为人没有代理权、超越代理权或者代理权终止后以被代理人名义订立合同，相对人有理由相信行为人有代理权的，该代理行为有效。

实践中，导致表见代理产生的情形主要有：被代理人对第三人表示已将代理权授予他人，而实际并未授权；被代理人将某种有代理权的证明文件(如盖有公章的空白介绍信、空白合同文本、合同专用章等)交给他人，他人以该种文件使第三人相信其有代理权并与之进行法律行为；代理授权不明；代理人违反被代理人的意思或者超越代理权，第三人无过失地相信其有代理权而与之进行法律行为；代理关系终止后未采取必要的措施而使第三人仍然相信行为人有代理权，并与之进行法律行为。

确限定。马煌与乙公司私下商定将净化机单价比正常售价提高 200 元,乙公司给马煌每台 100 元的回扣。商定后,马煌以甲公司名义与乙公司签订了买卖合同。对此,下列哪一选项是正确的? ( )

A. 该买卖合同以合法形式掩盖非法目的,因而无效

B. 马煌的行为属无权代理,买卖合同效力待定

C. 乙公司行为构成对甲公司的欺诈,买卖合同属可撤销合同

D. 马煌与乙公司恶意串通损害甲公司的利益,应对甲公司承担连带责任

9. 下列哪一情形构成重大误解,属于可撤销的民事法律行为? ( )

A. 甲立下遗嘱,误将乙的字画分配给继承人

B. 甲装修房屋,误以为乙的地砖为自家所有,并予以使用

C. 甲入住乙宾馆,误以为乙宾馆提供的茶叶是无偿的,并予以使用

D. 甲要购买电动车,误以为精神病人乙是完全民事行为能力人,并与之签订买卖合同

10. 甲与乙签订了一份房屋租赁合同。合同约定,在甲搬入新居后,将甲现居住的房屋出租给乙。这一民事法律行为属于? ( )

A. 附始期的民事法律行为　　B. 附终期的民事法律行为

C. 附延缓条件的民事法律行为　　D. 附解除条件的民事法律行为

11. 下列各项中,属于代理的是? ( )

A. 甲委托乙照看小孩　　B. 甲代替乙招待乙的朋友

C. 甲公司售票员向旅客售票　　D. 传达室张大爷将甲的信件送给甲

12. 张轶开一家小商店。某日,张轶因急事需要离开,遂叫来店看望自己的好友王五代为看店。恰好赵山到商店购物,王五将店里挂着的一套西服以市价卖给了赵山。不料,该西服是张轶的弟弟准备结婚用的,张轶赶紧找到赵山,请求退衣还款,赵山不同意,为此引发纠纷。下列说法正确的是? ( )

A. 王五的行为是无权代理,买卖行为无效

B. 王五的行为是表见代理,买卖行为有效

C. 西服买卖显失公平,赵山应该退衣还款

D. 西服买卖乘人之危,赵山应该退衣还款

13. 甲是乙公司采购员,已离职。丙公司是乙公司的客户,已被告知甲离职的事实,但当甲持乙公司盖章的空白合同书,以乙公司名义与丙公司洽购 100 吨白糖时,丙公司仍与其签订了买卖合同。根据《民法典》的规定,下列表述中,正确的是? ( )

A. 甲的行为构成无权代理,合同效力待定

B. 甲的行为构成无权代理,合同无效

C. 丙公司有权在乙公司追认合同之前,行使撤销权

D. 丙公司可以催告乙公司追认合同,如乙公司在 30 日内未作表示,合同有效

14. 甲委托同村的乙代为带回一匹马。但乙在牧区未遇上好马,担心甲家中活重,就未买马,自己带回良骡一口。甲将骡领回,并付给乙相应款项。下列说法中,正确的是? ( )

A. 甲的领骡行为是基于对乙表见代理的接受

B. 甲的领骡行为是基于对乙无权代理的追认

C. 甲的领骡行为是基于对乙委托代理的承受

D. 甲的领骡行为是基于与乙的买卖关系的受领

15. 张三和李仕受甲鞋店委托,去外地买一批皮鞋,其时,张三与某乡办鞋厂勾结,购进一批

劣质皮鞋，李仕并不知情。张三得了好处后，送了一条高档香烟给李仕，李仕因为张三是其师傅，也未多问。此案中，应由谁对甲鞋店负连带责任？（　）

A. 张三与李仕　　B. 张三与某乡办鞋厂

C. 李仕与某乡办鞋厂　　D. 张三、李仕和某乡办鞋厂

16. 下列案件中，不可以适用返还原物请求权的是？（　）

A. 王坤借用张兰的手表并将其卖给刘裴，刘裴不知情。张兰要求返还

B. 赵四偷了孙三的手表送给朋友杨五做生日礼物，杨坤不知情，孙三要求杨五返还

C. 甲捡到乙的手提电脑，并卖给不知情的丙，乙得知此事后立即向丙要求返还原物

D. 宋江借给钱申电视机一台，钱申谎称丢失，宋江要求钱申返还

17. 甲向乙借款 50 万元，双方约定 1 年后偿还。借款后，乙因与甲为好朋友，碍于情面，一直未向甲催要。至第 4 年，乙因资金周转困难，向甲要求还钱。甲拒绝归还，为此双方引起纠纷。对此下列表述正确的是？（　）

A. 乙对甲的债权诉讼时效中止，甲应向乙还钱

B. 乙对甲的债权诉讼时效未过，甲应向乙还钱

C. 乙对甲的债权诉讼时效中断，甲应向乙还钱

D. 乙对甲的债权诉讼时效已过，甲可以拒绝还钱

18. 能引起诉讼时效中止的原因是？（　）

A. 权利人向义务人明确主张其权利　　B. 不可抗力

C. 权利人向法院起诉请求保护其权利　　D. 义务人向权利人提供履行债务的保证

19. 下列行为中，能够引起诉讼时效中断的是？（　）

A. 在对方起诉后提起反诉　　B. 权利人申请仲裁后又撤回仲裁申请

C. 权利人起诉后又撤回起诉　　D. 权利人的起诉因不符合条件而被驳回

20. 甲向首饰店购买钻石戒指一枚，标签证明该钻石为天然钻石，买回后即被人告知实为人造钻石。甲遂多次与首饰店交涉，历时 1 年 3 个月，未果。现甲欲以欺诈为由诉请法院撤销该买卖关系，则甲的诉讼请求？（　）

A. 可以得到支持，因未过诉讼时效

B. 可以得到支持，因首饰店主观上存在欺诈故意

C. 可以得到支持，因双方系因重大误解订立合同

D. 不可以得到支持，因已超过行使撤销权的 1 年除斥期间

三、多项选择题

1. 下列社会现象中，属于一般意义上的经济法的调整对象的是？（　）

A. 国债的销售　　B. 丁企业要求债务人还债

C. 乙单位购买图书时得到的回扣　　D. 丙企业给农民工交纳劳动保险

E. 甲企业到市场监督管理部门办理股权变更登记

2. 下列事实，能成为民事法律行为所附条件的有？（　）

A. 太阳坠落　　B. 某人的死亡

C. 获得学士学位　　D. 某产品试产成功

E. 保险事故的发生

3. 村民甲因外出打工，将自己的一头水牛委托乙照料。乙因儿子结婚急需用钱，遂将该水牛以自己的名义按市价卖给陌生人丙。甲得知后，要求丙返还水牛。对此，下列判断正确的是？

（　）

A. 甲有权要求丙返还水牛
B. 乙、丙所订合同为无效合同
C. 乙卖牛的行为属于无权代理行为
D. 乙卖牛的行为属于无权处分行为
E. 丙已经取得水牛的所有权,理由是善意取得

4. 张聪到王珊家聊天,王珊去厕所时张聪帮其接听了刘五打来的电话。刘五欲向王珊订购一批货物,请张聪转告,张聪应允。随后张聪感到有利可图,没有向王珊转告订购之事,而是自己低价购进了刘五所需货物,以王珊名义交货并收取了刘五货款。关于张聪将货物出卖给刘五的行为的性质,下列哪些说法是正确的? ( )

A. 无权代理 B. 无因管理 C. 不当得利 D. 效力待定

5. 甲公司委托业务员乙到某地采购电视机,乙到该地发现丙公司的DVD机畅销,就用盖有甲公司公章的空白介绍信和空白合同与丙公司签订了购买500台DVD机的合同。双方约定货到付款。货到后,甲公司拒绝付款。下列表述正确的是? ( )

A. 甲公司有权拒付货款
B. 乙购买DVD机的行为没有代理权
C. 甲公司应接受货物并向丙公司付款
D. 若甲公司受到损失,有权向乙追偿
E. 乙购买DVD机的行为构成表见代理,产生有权代理的法律后果

6. 甲委托乙前往丙厂采购男装,乙觉得丙厂生产的女装质优价廉,便自作主张以甲的名义向丙订购。丙未问乙的代理权限,便与之订立了买卖合同,后引起纠纷。对此,下列说法正确的是? ( )

A. 丙有权撤销该买卖合同
B. 乙的行为属于无权代理
C. 甲有权追认该买卖合同
D. 丙有权催告甲追认该合同
E. 甲、丙之间的合同为有效合同

7. 甲与信用社签订借款合同,约定:若甲种植的油菜歉收,信用社则借给甲两千元。借款合同签订后,甲游手好闲,疏于对油菜耕作管理,结果油菜毫无收成。因此,甲与信用社的借款合同? ( )

A. 属于可变更、可撤销的合同
B. 条件成就,信用社应履行义务
C. 条件成就,但信用社不必履行义务
D. 条件不成就,信用社可拒绝履行义务
E. 条件不成就,双方借款合同不生效力

8. 下列哪些事由能引起诉讼时效中断? ( )

A. 出现不可抗力
B. 当事人一方提出请求
C. 义务人同意履行义务
D. 权利人死亡,而继承人尚未确定
E. 权利人丧失行为能力而又没有法定代理人

四、简答题

1. 如何理解经济法的概念和调整对象?
2. 简述经济法律关系主体、内容和客体。
3. 简述民事法律行为的生效要件。
4. 简述无权代理与表见代理的区别和联系。
5. 简述诉讼时效中止与中断的区别和联系。

五、案例分析题

案例一:李浩和王昆是邻居,李浩要去边疆地区支教1年,临行前将自己的电脑委托王昆保管。1个月后,李浩电告王昆说自己新买了一台电脑,委托其保管的电脑可以以适当的价格出售,但是显示器不要卖。张冲知道此事后,对王昆说自己想买,但希望王昆对李浩说电脑有毛病,以便以低价购买,王昆便按张冲的意思告诉了李浩,李浩同意低价出售,张冲便以较低的价格购

买了该电脑。过了一段时间王昆嫌显示器碍事，便以李浩的名义以合理价格卖给了赵仕，赵仕已经付钱，但是没有交货。李浩此时支教期满，回来后了解了真实情况，产生了纠纷。

请问：

1. 李浩能否要求张冲返还电脑？

2. 王昆向赵仕出售显示器的行为性质如何认定？

3. 若王昆以自己的名义将显示器卖给不知情的赵仕，但是没有交货，则此时王昆的行为性质如何认定？赵仕能否主张对显示器的所有权？

案例二：2017 年 10 月 6 日，王明欲出国学习两年，因办理出国手续一时钱不够用，遂向朋友苏畅借款 20 万元，并立字据约定王明在出国前将钱还清。但王明直到 2018 年 4 月 8 日出国，都一直没有还钱。此间，苏畅虽然经常来看望王明，但也对钱的事只字未提。王明在国外两年与苏畅也有过联系，但都没有说钱的事。2020 年 4 月 15 日，王明回国。5 月 1 日，苏畅因买房急需钱，找到王明，王明当即表示，全部钱款月底还清，朋友赖文在场见证。10 月 8 日，当苏畅再次来找王明要钱时，王明却称，他的一个律师朋友说他们之间的债务已超过 3 年的诉讼时效，可以不用还了。苏畅气愤不已，第 2 天就向法院提起了诉讼，请求王明偿还 20 万元的本金和利息。

请问：

1. 苏畅追要 20 万元借款的诉讼时效是否已经届满？

2. 王明在 2020 年 5 月 1 日还款的承诺有何种效力？

3. 苏畅能否通过诉讼取回王明欠他的钱款？

第二章　企业法律制度

第一节　企业法概述

一、企业的概念和分类

（一）企业的概念

企业是指依法设立的，以营利为目的从事商品生产经营和服务活动的，独立核算的经济组织。它有以下特征：

（1）企业是社会经济组织。企业作为一种社会经济组织，表明其主要从事经济活动，并有相应的财产。因此，企业是一定人员和一定财产的组合。

（2）企业是以营利为目的从事生产经营活动的社会经济组织。企业从事的生产经营活动是指创造社会财富的活动，包括生产、交易、服务等。企业从事生产经营活动是以营利为目的。企业在以营利为目的从事生产经营活动的过程中担负着重要的社会责任，即企业在谋取自身及其投资者最大经济利益的同时，从促进国民经济和社会发展的目标出发，为其他利害关系人履行某方面的社会义务，包括道德义务与法律义务。同时，企业营利的手段、利润的分配和使用还必须合法。

（3）企业是实行独立核算的社会经济组织。实行独立核算是指要单独计算成本费用，以收抵支，计算盈亏，对经济业务作出全面反映和控制。不实行独立核算的社会经济组织不能称其为企业。

（4）企业是依法设立的社会经济组织。企业通过依法设立，可以取得相应的法律地位，获得合法身份，得到国家法律的认可和保护。

（二）企业的分类

（1）按企业所有制的性质和形式不同，可将企业分为全民所有制企业、集体所有制企业、私营企业、混合所有制企业。采用这种划分方法除了可明确企业财产所有权的归属外，还可使国家对不同经济性质的企业采用不同的经济政策和监管办法。

（2）按出资者的身份不同，可将企业分为内资企业和外资企业。这样划分的目的是适应国家统计、宏观决策的需要，适应国家管理的需要。需要说明的是，《中华人民共和国外商投资法》（以下简称《外商投资法》）规定，国家对外商投资实行准入前国民待遇加负面清单管理制度。外商投资在准入后享受国民待遇，国家对内资和外资的监督管理，适用相同的法律制度和规则。外商投资企业（全部或者部分由外国投资者投资，依照中国法律在中国境内经登记注册设立的企业）的组织形式、组织机构，适用《中华人民共和国合伙企业法》（以下简称《合伙企业法》）、《中华人民共和国公司法》（以下简称《公司法》）等法律的规定。

知识拓展（2-1）

外商投资企业

（3）按企业的责任形式和法律地位，可将企业分为法人企业和非法人企业。法人企业主要有公司制企业、非公司制企业；非法人企业主要有个人独资企业、合伙企业等。这样划分能明确地反映出企业的法律地位及能力，不仅有利于国家管理，而且也有利于企业间的经济交往。

除上述分类外，企业还可依据其他标准进行分类，如：按企业规模大小的不同，可将企业分为大型企业、中型企业和小型企业；按企业的行政隶属关系的不同，可将企业分为中央企业、地方企业、乡镇企业等。

二、我国现行企业法律制度

企业法律制度是指关于企业设立、企业组织、企业运行和对企业实施管理的各种法律规范的总称。我国现行的有关企业的法律、法规主要有《个人独资企业法》《合伙企业法》《外商投资法》《公司法》《企业破产法》等。这些法律、法规针对我国企业的经济性质、法律地位、设立条件、组织机构、活动要求等分别作出了规定。

本章主要介绍《个人独资企业法》《合伙企业法》等有关法律的内容。公司法律制度将在第三章专门介绍。

第二节　个人独资企业法

一、个人独资企业的概念、法律特征

个人独资企业是指依照《个人独资企业法》在中国境内设立，由一个自然人投资，财产为投资人个人所有，投资人以其个人财产对企业债务承担无限责任的经营实体。个人独资企业具有以下特征：

(1) 个人独资企业是由一个自然人投资的企业。《个人独资企业法》规定，设立个人独资企业只能是一个符合法定条件的自然人。这里的自然人仅指中国公民。

(2) 个人独资企业的投资人对企业的债务承担无限责任。《个人独资企业法》规定，个人独资企业投资人对本企业的财产依法享有所有权，个人独资企业的投资人对企业出资的多少、是否追加资金或减少资金、采取什么样的经营方式等事项均有决定权，其有关权利可以依法进行转让或继承。个人独资企业财产不足以清偿债务的，投资人应当以其个人的其他财产予以清偿。如果个人独资企业投资人在申请企业设立登记时明确以其家庭共有财产作为个人出资的，应当依法以家庭共有财产对企业债务承担无限责任。

(3) 个人独资企业的内部机构设置简单，经营管理方式灵活。个人独资企业的投资人既是企业的所有者，又可以是企业的经营者，因此，其内部机构的设置较为简单，决策程序也较为灵活。

(4) 个人独资企业是非法人企业。个人独资企业由一个自然人出资，投资人对企业的债务承担无限责任，企业的责任即是投资人个人的责任，企业的财产即是投资人的财产。因此，个人独资企业不具有法人资格，也无独立承担民事责任的能力。但个人独资企业可以自己的名义从事民事活动。

二、个人独资企业的设立

(一) 个人独资企业的设立条件

《个人独资企业法》规定，设立个人独资企业应当具备下列条件。

(1) 投资人为一个自然人，且只能是符合条件的中国公民。个人独资企业的投资人为具有中国国籍的自然人，但法律、行政法规禁止从事营利性活动的人，不得作为投资人申请设立个人独资企业。根据我国有关法律、行政法规规定，国家公务员、党政机关领导干部、法官、检察官、商业银行工作人员等，不得作为投资人申请设立个人独资企业。

(2) 有合法的企业名称。个人独资企业的名称应当符合国家关于企业名称登记管理的有关规定，企业名称应与其责任形式及从事的营业相符合，可以叫厂、店、部、中心、工作室等，个人独资企业的名称中不得使用“有限”、“有限责任”或者“公司”字样。一般情况下，个人独资企业名称由“行政区划＋字号＋行业＋厂(店、部等)”构成，如苏州市馨源鲜花店。

(3) 有投资人申报的出资。《个人独资企业法》对设立个人独资企业的出资数额未作限制。设立个人独资企业可以用货币出资，也可以用实物、土地使用权、知识产权或者其他财产权利出资。采取实物、土地使用权、知识产权或者其他财产权利出资的，应将其折算成货币数额。投资人申报的出资额应当与企业的生产经营规模相适应。投资人可以个人财产出资，也可以家庭共有财产作为个人出资。以家庭共有财产作为个人出资的，投资人应当在设立(变更)登记申请书上予以注明。

(4) 有固定的生产经营场所和必要的生产经营条件。生产经营场所包括企业的住所和与生产经营相适应的处所。住所是企业的主要办事机构所在地，是企业的法定地址。从事临时经营、季节性经营、流动经营和没有固定门面的摆摊经营，不得登记为个人独资企业。

(5) 有必要的从业人员。即要有与其生产经营范围、规模相适应的从业人员。

(二) 个人独资企业的设立程序

(1) 提出申请。申请设立个人独资企业，应当由投资人或者其委托的代理人向个人独资企业所在地的登记机关提交设立申请书、投资人身份证明、生产经营场所使用证明等文件。委托代理人申请设立登记时，应当出具投资人的委托书和代理人的合法证明。个人独资企业设立申请书应当载明下列事项：① 企业的名称和住所；② 投资人的姓名和居所；③ 投资人的出资额和出资方式；④ 经营范围。

(2) 市场主体登记。登记机关应当在收到设立申请文件之日起 15 日内，对符合《个人独资企业法》规定条件的，予以登记，发给营业执照；对不符合《个人独资企业法》规定条件的，不予登记，并发给企业登记驳回通知书。个人独资企业营业执照的签发日期，为个人独资企业成立日期。在领取个人独资企业营业执照前，投资人不得以个人独资企业名义从事经营活动。

(3) 分支机构登记。个人独资企业设立分支机构，应当由投资人或者其委托代理人向分支机构所在地的登记机关申请登记，领取营业执照。分支机构经核准登记后，应将登记情况报该分支机构隶属的个人独资企业的登记机关备案。分支机构的民事责任由设立该分支机构的个人独资企业承担。

(4) 变更登记。个人独资企业存续期间登记事项发生变更的，应当在作出变更决定之日起 15 日内依法向登记机关申请办理变更登记。个人独资企业分支机构比照个人独资企业申请变更、注销登记的有关规定办理。

三、个人独资企业的事务管理

个人独资企业投资人可以自行管理企业事务，也可以委托或者聘用其他具有民事行为能力的人负责企业的事务管理。投资人委托或者聘用他人管理个人独资企业事务，应当与受托人或者被聘用的人签订书面合同。合同应订明委托的具体内容、授予的权利范围、受托人或者被聘用的人应履行的义务、报酬和责任等。受托人或者被聘用的人员应当履行诚信、勤勉义务，以诚实信用的态度对待投资人，对待企业，尽其所能依法保障企业利益，按照与投资人签订的合同负责个人独资企业的事务管理。

投资人对受托人或者被聘用的人员职权的限制，不得对抗善意第三人。所谓第三人是指除受托人或被聘用的人员之外与企业发生经济业务关系的人。所谓善意第三人是指第三人在就有关经济业务事项交往中，没有从事与受托人或者被聘用的人员串通，故意损害投资人利益的行为的人。个人独资企业的投资人与受托人或者被聘用的人员之间有关权利义务的限制只对受托人或者被聘用的人员有效，对第三人并无约束力，受托人或者被聘用的人员超出投资人的限制与善意第三人的有关业务交往应当有效。

《个人独资企业法》规定，投资人委托或者聘用的管理个人独资企业事务的人员不得从事下列行为：(1) 利用职务上的便利，索取或者收受贿赂；(2) 利用职务或者工作上的便利侵占企业财产；(3) 挪用企业的资金归个人使用或者借贷给他人；(4) 擅自将企业资金以个人名义或者以他人名义开立账户储存；(5) 擅自以企业财产提供担保；(6) 未经投资人同意，从事与本企业相竞争的业务；(7) 未经投资人同意，同本企业订立合同或者进行交易；(8) 未经投资人同意，擅自将企业商标或者其他知识产权转让给他人使用；(9) 泄露本企业的商业秘密；(10) 法律、行政法规禁止的其他行为。

四、个人独资企业的解散和清算

(一) 个人独资企业的解散

个人独资企业的解散是指个人独资企业终止活动使其民事主体资格消灭的行为。《个人独资企业法》第 26 条规定，个人独资企业有下列情形之一时，应当解散：(1) 投资人决定解散；(2) 投资人死亡或者被宣告死亡，无继承人或者继承人决定放弃继承；(3) 被依法吊销营业执照；(4) 法律、行政法规规定的其他情形。

(二) 个人独资企业的清算

个人独资企业解散的，应当进行清算。《个人独资企业法》规定：

个人独资企业解散，应由投资人自行清算或者由债权人申请人民法院指定清算人进行清算。投资人自行清算的，应当在清算前 15 日内书面通知债权人，无法通知的，应当予以公告。债权人应当在接到通知之日起 30 日内，未接到通知的应当在公告之日起 60 日内，向投资人申报其债权。

个人独资企业解散的，财产应当按照下列顺序清偿：(1) 所欠职工工资和社会保险费用；(2) 所欠税款；(3) 其他债务。个人独资企业财产不足以清偿债务的，投资人应当以其个人的其他财产予以清偿。

清算期间，个人独资企业不得开展与清算目的无关的经营活动。在按前述财产清偿顺序清偿债务前，投资人不得转移、隐匿财产。

个人独资企业解散后，原投资人对个人独资企业存续期间的债务仍应承担偿还责任，但债权人在 5 年内未向债务人提出偿债请求的，该责任消灭。

个人独资企业清算结束后，投资人或者人民法院指定清算人应当编制清算报告，并于 15 日内到登记机关办理注销登记。

第三节　合伙企业法

一、合伙企业法概述

(一) 合伙企业的概念

合伙，是指两个以上的人为着共同目的，相互约定共同出资、共同经营、共享收益、共担风险的自愿联合。

合伙企业，是指自然人、法人和其他组织按照《合伙企业法》在中国境内设立的普通合伙企业和有限合伙企业。

(二) 合伙企业的分类

合伙企业分为普通合伙企业和有限合伙企业。普通合伙企业由普通合伙人组成,合伙人对合伙企业债务承担无限连带责任。《合伙企业法》对普通合伙人承担责任的形式有特别规定的,从其规定。有限合伙企业由普通合伙人和有限合伙人组成,普通合伙人对合伙企业债务承担无限连带责任,有限合伙人以其认缴的出资额为限对合伙企业债务承担责任。

(三) 合伙企业法的概念及其适用

合伙企业法是指国家立法机关或者其他有权机关依法制定的、调整合伙企业合伙关系的各种法律规范的总称。目前,我国调整合伙企业各种经济关系的主要法律规范是《合伙企业法》。

在理解和掌握《合伙企业法》的适用时,需要注意以下两个问题:

第一,采取合伙制的非企业专业服务机构的合伙人承担责任形式的法律适用问题。《合伙企业法》规定,非企业专业服务机构依据有关法律采取合伙制的,其合伙人承担责任的形式可以适用《合伙企业法》关于特殊的普通合伙企业合伙人承担责任的规定。非企业专业服务机构,是指不采取企业(如公司制)形式成立的、不以营利为目的的、以自己专业知识提供特定咨询等方面服务的组织。如律师事务所、会计师事务所等专业服务机构。

第二,外国企业或者个人在中国境内设立合伙企业的管理办法问题。《合伙企业法》规定,外国企业或者个人在中国境内设立合伙企业的管理办法由国务院规定。《合伙企业法》没有禁止外国企业或者个人在中国境内设立合伙企业,但具体的诸如一些程序性的问题等,需要由国务院作出具体的规定。

二、普通合伙企业

(一) 普通合伙企业的概念

普通合伙企业,是指由普通合伙人组成,合伙人对合伙企业债务依法承担无限连带责任的一种合伙企业。普通合伙企业具有以下特点。

(1) 由普通合伙人组成。所谓普通合伙人,是指在合伙企业中对合伙企业的债务依法承担无限连带责任的自然人、法人和其他组织。《合伙企业法》规定,国有独资公司、国有企业、上市公司以及公益性的事业单位、社会团体不得成为普通合伙人。

(2) 合伙人对合伙企业债务依法承担无限连带责任,法律另有规定的除外。所谓无限连带责任,包括两个方面:一是当合伙企业财产不足以清偿其债务时,合伙人应以其在合伙企业出资以外的财产清偿债务;二是每一合伙人对企业债务都有清偿的义务,债权人可以就合伙企业财产不足以清偿的那部分债务,向任何一个合伙人要求全部偿还。

按照《合伙企业法》中"特殊的普通合伙企业"的规定,对以专业知识和专门技能为客户提供有偿服务的专业服务机构,可以设立为特殊的普通合伙企业。在这种特殊的普通合伙企业中,对合伙人在执业活动中因故意或者重大过失造成合伙企业债务的,该合伙人应当承担无限责任或者无限连带责任,其他合伙人以其在合伙企业中的财产份额为限承担责任;对合伙人在执业活动中非因故意或者重大过失造成的合伙企业债务以及合伙企业的其他债务,全体合伙人承担无限连带责任。对合伙人执业活动中因故意或者重大过失造成的合伙企业债务,以合伙企业财产对外承担责任后,该合伙人应当按照合伙协议的约定对给合伙企业造成的损失承担赔偿责任。

(二) 合伙企业的设立

1. 合伙企业的设立条件

根据《合伙企业法》的规定,设立合伙企业,应当具备下列条件。

(1) 有两个以上合伙人。合伙人是自然人的,应当具有完全民事行为能力。合伙企业合伙人至少为两人以上。对于合伙企业合伙人数的最高限额，《合伙企业法》未作规定，完全由设立人根据所设企业的具体情况决定。

关于合伙人的资格，《合伙企业法》作了以下限定：① 合伙人可以是自然人，也可以是法人或者其他经济组织。如何组成，除法律另有规定外，不受限制。② 合伙人是自然人的，应当具有完全民事行为能力。无民事行为能力人和限制民事行为能力人不得成为合伙企业的合伙人。③ 国有独资公司、国有企业、上市公司以及公益性的事业单位、社会团体不得成为普通合伙人。

(2) 有书面合伙协议。合伙协议，是指由各合伙人通过协商，共同决定相互间的权利义务，达成的具有法律约束力的协议。合伙协议应当依法由全体合伙人协商一致，以书面形式订立。合伙协议应当载明下列事项：合伙企业的名称和主要经营场所的地点；合伙目的和合伙经营范围；合伙人的姓名或者名称、住所；合伙人的出资方式、数额和缴付期限；利润分配、亏损分担方式；合伙事务的执行；入伙与退伙；争议解决办法；合伙企业的解散与清算；违约责任等。合伙协议经全体合伙人签名、盖章后生效。合伙人依照合伙协议享有权利、履行义务。修改或者补充合伙协议，应当经全体合伙人一致同意；但是，合伙协议另有约定的除外。合伙协议未约定或者约定不明确的事项，由合伙人协商决定；协商不成的，依照《合伙企业法》和其他有关法律、行政法规的规定处理。

(3) 有合伙人认缴或者实际缴付的出资。合伙协议生效后，合伙人应当按照合伙协议的规定缴纳出资。合伙人可以用货币、实物、知识产权、土地使用权或者其他财产权利出资，也可以用劳务出资。合伙人以实物、知识产权、土地使用权或者其他财产权利出资，需要评估作价的，可以由全体合伙人协商确定，也可以由全体合伙人委托法定评估机构评估。合伙人以劳务出资的，其评估办法由全体合伙人协商确定，并在合伙协议中载明。合伙人应当按照合伙协议约定的出资方式、数额和缴付期限，履行出资义务。以非货币财产出资的，依照法律、行政法规的规定，需要办理财产权转移手续的，应当依法办理。

(4) 有合伙企业的名称和生产经营场所。普通合伙企业应当在其名称中标明“普通合伙”字样，其中，特殊的普通合伙企业，应当在其名称中标明“特殊普通合伙”字样，合伙企业的名称必须和“合伙”联系起来，名称中必须有“合伙”二字。经企业登记机关登记的合伙企业主要经营场所只能有一个，并且应当在其企业登记机关登记管辖区域内。

(5) 法律、行政法规规定的其他条件。

2. 合伙企业的设立登记

合伙企业的设立登记程序如下：(1) 向企业登记机关提出申请，并提交全体合伙人签署的登记申请书、全体合伙人的身份证明、合伙协议、出资权属证明、经营场所证明以及其他文件。法律、行政法规规定设立合伙企业必须报经有关部门审批的，还应当提交有关批准文件。合伙协议约定或者全体合伙人决定，委托一名或者数名合伙人执行合伙事务的，还应当提交全体合伙人的委托书。(2) 企业登记机关应当自收到申请登记文件之日起 20 日内，作出是否登记的决定。对符合《合伙企业法》规定条件的，予以登记，发给营业执照；对不符合《合伙企业法》规定条件的，不予登记，并应当给予书面答复，说明理由。

合伙企业的营业执照签发日期，为合伙企业的成立日期。合伙企业领取营业执照前，合伙人不得以合伙企业的名义从事经营活动。合伙企业设立分支机构，应当向分支机构所在地企业登记机关申请登记，领取营业执照。

(三) 合伙企业财产

1. 合伙企业财产的构成

根据《合伙企业法》的规定，合伙人的出资、以合伙企业名义取得的收益和依法取得的其他财产,均为合伙企业的财产。从这一规定可以看出,合伙企业财产由以下三部分构成。

(1) 合伙人的出资。《合伙企业法》规定,合伙人可以用货币、实物、知识产权、土地使用权或者其他财产权利出资,也可以用劳务出资。这些出资形成合伙企业的原始财产。需要注意的是,合伙企业的原始财产是全体合伙人"认缴"的财产,而非各合伙人"实际缴纳"的财产。

(2) 以合伙企业名义取得的收益。合伙企业作为一个独立的经济实体,可以有自己的独立利益,因此,以其名义取得的收益作为合伙企业获得的财产,当然归属于合伙企业,成为合伙财产的一部分。以合伙企业名义取得的收益,主要包括合伙企业的公共积累资金、未分配的盈余、合伙企业债权、合伙企业取得的工业产权和非专利技术等财产权利。

(3) 依法取得的其他财产。即根据法律、行政法规的规定合法取得的其他财产,如合法接受赠与的财产等。

2. 合伙企业财产的性质

合伙企业的财产具有独立性和完整性两方面的特征。合伙人在合伙企业清算前,不得请求分割合伙企业的财产;但是,法律另有规定的除外。合伙人在合伙企业清算前私自转移或者处分合伙企业财产的,合伙企业不得以此对抗善意第三人。在确认善意取得的情况下,合伙企业的损失只能向合伙人进行追索,而不能向善意第三人追索。合伙企业也不能以合伙人无权处分其财产而对善意第三人的权利要求进行对抗,即不能以合伙人无权处分其财产而主张其与善意第三人订立的合同无效。

3. 合伙人财产份额的转让

合伙人财产份额的转让将会影响到合伙企业以及各合伙人的切身利益,因此,《合伙企业法》对合伙人财产份额的转让作了以下限制性规定。

(1) 除合伙协议另有约定外,合伙人向合伙人以外的人转让其在合伙企业中的全部或者部分财产份额时,须经其他合伙人一致同意。

(2) 合伙人之间转让在合伙企业中的全部或者部分财产份额时,应当通知其他合伙人。

(3) 合伙人向合伙人以外的人转让其在合伙企业中的财产份额的,在同等条件下,其他合伙人有优先购买权;但是,合伙协议另有约定的除外。

合伙人以外的人依法受让合伙人在合伙企业中的财产份额的,经修改合伙协议即成为合伙企业的合伙人,依照《合伙企业法》和修改后的合伙协议享有权利,履行义务。

(4) 合伙人以其在合伙企业中的财产份额出质的,须经其他合伙人一致同意;未经其他合伙人一致同意,其行为无效,由此给善意第三人造成损失的,由行为人依法承担赔偿责任。合伙人财产份额的出质,是指合伙人将其在合伙企业中的财产份额作为质押物来担保债权人债权实现的行为。

(四) 合伙事务执行

1. 合伙事务执行的形式

合伙人执行合伙企业事务,有全体合伙人共同执行合伙企业事务、委托一名或数名合伙人执行合伙企业事务两种形式:(1) 全体合伙人共同执行合伙企业事务是合伙企业事务执行的基本形式,也是在合伙企业中经常使用的一种形式。在采取这种形式的合伙企业中,按照合伙协议的约定,各个合伙人都直接参与经营,处理合伙企业的事务,对外代表合伙企业。(2) 委托一名或数名合伙人执行合伙企业事务,即由合伙协议约定或者全体合伙人决定委托一名或者数名合伙人执行合伙企业事务,对外代表合伙企业。未接受委托执行合伙企业事务的其他合伙人,不再执行合伙企业的事务。

根据《合伙企业法》的规定,除合伙协议另有约定外,合伙企业的下列事项应当经全体合伙人一致同意：(1) 改变合伙企业的名称；(2) 改变合伙企业的经营范围、主要经营场所的地点；(3) 处分合伙企业的不动产；(4) 转让或者处分合伙企业的知识产权和其他财产权利；(5) 以合伙企业名义为他人提供担保；(6) 聘任合伙人以外的人担任合伙企业的经营管理人员。

全体合伙人对合伙企业有关事项作出决议时，除《合伙企业法》另有规定或者合伙协议中另有约定外，经全体合伙人决定可以实行一人一票的表决办法。

2. 合伙人在执行合伙事务中的权利和义务

(1) 根据《合伙企业法》的规定，合伙人在执行合伙事务中的权利主要包括：① 合伙人平等享有合伙事务执行权；② 执行合伙事务的合伙人对外代表合伙企业；③ 不参加执行事务的合伙人有权监督执行事务的合伙人，检查其执行合伙企业事务的情况；④ 各合伙人有权查阅合伙企业的账簿和其他有关文件；⑤ 合伙人有提出异议权和撤销委托执行事务权。

在合伙人分别执行合伙事务的情况下，由于执行合伙事务的合伙人的行为所产生的亏损和责任要由全体合伙人承担，因此，《合伙企业法》规定，经合伙协议约定或者经全体合伙人决定，合伙人分别执行合伙企业事务时，合伙人可以对其他合伙人执行的事务提出异议。提出异议时，应暂停该项事务的执行。如果发生争议，可由全体合伙人共同决定。被委托执行合伙事务的合伙人不按照合伙协议或者全体合伙人的决定执行事务的，其他合伙人可以决定撤销该委托。

(2) 根据《合伙企业法》的规定，合伙人在执行合伙事务中的义务主要包括：① 由一名或者数名合伙人执行合伙企业事务的，应当依照约定向其他不参加执行事务的合伙人报告事务执行情况以及合伙企业的经营状况和财务状况；② 合伙人不得自营或者同他人合作经营与本合伙企业相竞争的业务；③ 除合伙协议另有约定或者经全体合伙人同意外，合伙人不得同本合伙企业进行交易；④ 合伙人不得从事损害本合伙企业利益的活动。

3. 合伙企业的损益分配

(1) 合伙损益分配原则

合伙损益，即合伙企业的利润或亏损。对合伙损益分配原则，《合伙企业法》作了原则规定，主要内容为：① 合伙企业的利润分配、亏损分担，按照合伙协议的约定办理；合伙协议未约定或者约定不明确的，由合伙人协商决定；协商不成的，由合伙人按照实缴出资比例分配、分担；无法确定出资比例的，由合伙人平均分配、分担。② 合伙协议不得约定将全部利润分配给部分合伙人或者由部分合伙人承担全部亏损。

(2) 合伙损益分配具体形式

合伙企业年度或者一定时期的利润分配或者亏损分担的具体方案，由全体合伙人协商决定或者按照合伙协议约定的办法决定。合伙损益分配的时间比较灵活，既可以按年度进行分配，也可以在一定时期内进行分配。合伙损益分配的具体方案应由全体合伙人共同决定。

4. 非合伙人参与经营管理

经全体合伙人同意，合伙企业可以聘任合伙人以外的人担任合伙企业的经营管理人员。被聘任的合伙企业的经营管理人员应当在合伙企业授权范围内履行职责，超越合伙企业授权范围从事经营活动，或者因故意或者重大过失，给合伙企业造成损失的，依法承担赔偿责任。

(五) 合伙企业与第三人的关系

合伙企业与第三人关系是指有关合伙企业的对外关系，涉及合伙企业对外代表权的效力、合伙企业和合伙人的债务清偿等问题。

1. 合伙企业对外代表权的效力

根据《合伙企业法》的规定，执行合伙企业事务的合伙人，对外代表合伙企业，可以取得合伙企业对外代表权的合伙人，主要有3种情况：(1) 由全体合伙人共同执行合伙企业事务的，全体合伙人都有权对外代表合伙企业，即全体合伙人都取得了合伙企业的对外代表权；(2) 由部分合伙人执行合伙企业事务的，只有受委托执行合伙企业事务的那一部分合伙人有权对外代表合伙企业，而不参加执行合伙企业事务的合伙人则不具有对外代表合伙企业的权利；(3) 由于特别授权在单项合伙事务上有执行权的合伙人，依照授权范围可以对外代表合伙企业。

执行合伙企业事务的合伙人，在取得对外代表权后，可以以合伙企业的名义进行经营活动，在其授权的范围内作出法律行为。这种行为对合伙企业有法律效力，由此而产生的收益应当归合伙企业所有，成为合伙财产的来源；由此而带来的风险，也应当由合伙人承担，构成合伙企业的债务。

合伙企业对合伙人执行合伙企业事务以及对外代表合伙企业权利的限制，不得对抗不知情的善意第三人。这里所说的"合伙人"，是指在合伙企业中有合伙事务执行权与对外代表权的合伙人。若第三人与合伙企业事务执行人恶意串通、损害合伙企业利益，则不属善意的情形。

2. 合伙企业和合伙人的债务清偿

(1) 合伙企业的债务清偿与合伙人的关系

① 合伙人的无限连带清偿责任。《合伙企业法》规定，合伙企业对其债务，应首先以其全部财产进行清偿。合伙企业财产不能清偿到期债务的，合伙人承担无限连带责任。所谓合伙人的无限责任，是指当合伙企业的全部财产不足以偿付到期债务时，各个合伙人承担合伙企业的债务不是以其投资额为限，而是以其自有财产来清偿合伙企业的债务。合伙人的连带责任，是指当合伙企业的全部财产不足以偿付到期债务时，合伙企业的债权人对合伙企业所负债务，可以向任何一个合伙人主张，该合伙人不得以其出资的份额大小、合伙协议有特别约定、合伙企业债务另有担保人或者自己已经偿付所承担的份额的债务等理由来拒绝。当然，合伙人由于承担连带责任，所清偿数额超过其应分担的比例时，有权向其他合伙人追偿。

② 合伙人之间的债务分担和追偿。以合伙企业财产清偿合伙企业债务时，其不足的部分，由各合伙人按照合伙企业分担亏损的比例，用其在合伙企业出资以外的财产承担清偿责任。关于合伙企业亏损分担的比例，合伙协议约定的，按照合伙协议约定的比例分担；合伙协议未约定或约定不明确的，由各合伙人协商决定；协商不成的，由合伙人按照实缴出资比例分担；无法确定出资比例的，由合伙人平均分担。

合伙人之间的分担比例对债权人没有约束力。债权人可以根据自己的清偿利益，请求全体合伙人中的一人或数人承担全部清偿责任，也可以按照自己确定的清偿比例向各合伙人分别追索。如果某一合伙人实际支付的清偿数额超过其依照既定比例所应承担的数额，该合伙人有权就超过部分向其他未支付或者未足额支付应承担数额的合伙人追偿。

(2) 合伙人的债务清偿与合伙企业的关系

为了保护合伙企业和其他合伙人的合法权益，同时也保护债权人的合法权益，《合伙企业法》作了如下规定：① 合伙人发生与合伙企业无关的债务，相关债权人不得以其债权抵销其对合伙企业的债务，也不得代位行使合伙人在合伙企业中的权利。② 合伙人的自有财产不足清偿其与合伙企业无关的债务的，该合伙人可以以其从合伙企业中分取的收益用于清偿；债权人也可以依法请求人民法院强制执行该合伙人在合伙企业中的财产份额用于清偿。

人民法院强制执行合伙人的财产份额时，应当通知全体合伙人，其他合伙人有优先购买权；其他合伙人未购买，又不同意将该财产份额转让给他人的，依照《合伙企业法》的规定为该合伙人办理退伙结算，或者办理削减该合伙人相应财产份额的结算。

(六) 入伙与退伙

1. 入伙

入伙，是指在合伙企业存续期间，合伙人以外的第三人加入合伙企业，从而取得合伙人资格。

新合伙人入伙时，应当经全体合伙人同意，并依法订立书面入伙协议。订立入伙协议时，原合伙人应当向新合伙人告知原合伙企业的经营状况和财务状况。入伙的新合伙人与原合伙人享有同等权利，承担同等责任。入伙协议另有约定的，从其约定。新合伙人对入伙前合伙企业的债务承担无限连带责任。

2．退伙

退伙，是指合伙人退出合伙企业，从而丧失合伙人资格。合伙人退伙，一般有两种原因：一是自愿退伙；二是法定退伙。

(1) 自愿退伙。自愿退伙是指合伙人基于自愿的意思表示而退伙。自愿退伙可以分为协议退伙和通知退伙两种。

关于协议退伙，《合伙企业法》规定，合伙协议约定合伙期限的，在合伙企业存续期间，有下列情形之一时，合伙人可以退伙：① 合伙协议约定的退伙事由出现；② 经全体合伙人一致同意；③ 发生合伙人难以继续参加合伙企业的事由；④ 其他合伙人严重违反合伙协议约定的义务。合伙人违反上述规定退伙的，应当赔偿由此给合伙企业造成的损失。

关于通知退伙，《合伙企业法》规定，合伙协议未约定合伙期限的，合伙人在不给合伙企业事务执行造成不利影响的情况下，可以退伙，但应当提前30日通知其他合伙人。由此可见，法律对通知退伙有一定的限制，即附有以下三项条件：① 必须是合伙协议未约定合伙企业的经营期限；② 必须是合伙人的退伙不给合伙企业事务执行造成不利影响；③ 必须提前30日通知其他合伙人。这三项条件必须同时具备，缺一不可。合伙人违反上述规定退伙的，应当赔偿由此给合伙企业造成的损失。

(2) 法定退伙。法定退伙是指合伙人因出现法律规定的事由而退伙。法定退伙分为当然退伙和除名两类。

关于当然退伙，《合伙企业法》规定，合伙人有下列情形之一的，当然退伙：① 作为合伙人的自然人死亡或者被依法宣告死亡；② 个人丧失偿债能力；③ 作为合伙人的法人或者其他组织依法被吊销营业执照、责令关闭、撤销或者被宣告破产；④ 法律规定或者合伙协议约定合伙人必须具有相关资格而丧失该资格；⑤ 合伙人在合伙企业中的全部财产份额被人民法院强制执行。当然退伙以退伙事由实际发生之日为退伙生效日。

实践中，合伙人被依法认定为无民事行为能力人或者限制民事行为能力人的，经其他合伙人一致同意，可以依法转为有限合伙人，普通合伙企业依法转为有限合伙企业。其他合伙人未能一致同意的，该无民事行为能力或者限制民事行为能力的合伙人退伙。

关于除名，《合伙企业法》规定，合伙人有下列情形之一的，经其他合伙人一致同意，可以决议将其除名：① 未履行出资义务；② 因故意或者重大过失给合伙企业造成损失；③ 执行合伙事务时有不正当行为；④ 发生合伙协议约定的事由。对合伙人的除名决议应当书面通知被除名人。被除名人接到除名通知之日，除名生效，被除名人退伙。被除名人对除名决议有异议的，可以自接到除名通知之日起30日内，向人民法院起诉。

(3) 退伙的效果。退伙的效果，是指退伙时退伙人在合伙企业中的财产份额和民事责任的归属变动。分为两类情况：一是财产继承；二是退伙结算。

关于财产继承，《合伙企业法》规定，合伙人死亡或者被依法宣告死亡的，对该合伙人在合伙企业中的财产份额享有合法继承权的继承人，按照合伙协议的约定或者经全体合伙人一致同意，从继承开始之日起，取得该合伙企业的合伙人资格。有下列情形之一的，合伙企业应当向合伙人的继承人退还被继承合伙人的财产份额：① 继承人不愿意成为合伙人；② 法律规定或者合伙协议约定合伙人必须具有相关资格，而该继承人未取得该资格；③ 合伙协议约定不能成为合伙人的其他情形。合伙人的继承人为无民事行为能力人或者限制民事行为能力人的,经全体合伙人一致同意,可以依法成为有限合伙人,普通合伙企业依法转为有限合伙企业。全体合伙人未能一致同意的,合伙企业应当将被继承合伙人的财产份额退还该继承人。根据这一法律规定,合伙人死亡时其继承人可依法定条件取得该合伙企业的合伙人资格:一是有合法继承权;二是有合伙协议的约定或者全体合伙人的一致同意;三是继承人愿意。死亡的合伙人的继承人取得该合伙企业的合伙人资格,从继承开始之日起获得。

关于退伙结算,除合伙人死亡或者被依法宣告死亡的情形外,《合伙企业法》对退伙结算作了以下规定:① 合伙人退伙,其他合伙人应当与该退伙人按照退伙时的合伙企业财产状况进行结算,退还退伙人的财产份额。退伙人对给合伙企业造成的损失负有赔偿责任的,相应扣减其应当赔偿的数额。退伙时有未了结的合伙企业事务的,待该事务了结后进行结算。② 退伙人在合伙企业中财产份额的退还办法,由合伙协议约定或者由全体合伙人决定,可以退还货币,也可以退还实物。③ 合伙人退伙时,合伙企业财产少于合伙企业债务的,退伙人应当依照法律规定分担亏损,即如果合伙协议约定亏损分担比例的,按照合伙协议的约定办理;合伙协议未约定或者约定不明确的,由合伙人协商决定;协商不成的,由合伙人按照实缴出资比例分担;无法确定出资比例的,由合伙人平均分担。

合伙人退伙以后,并不能解除对于合伙企业既往债务的连带责任。根据《合伙企业法》的规定,退伙人对基于其退伙前的原因发生的合伙企业债务,承担无限连带责任。

(七) 特殊的普通合伙企业

1. 特殊的普通合伙企业的概念

特殊的普通合伙企业,是指以专业知识和专门技能为客户提供有偿服务的专业服务机构。特殊的普通合伙企业名称中应当标明“特殊普通合伙”字样。

2. 特殊的普通合伙企业的责任形式

(1) 责任承担。《合伙企业法》规定:一个合伙人或者数个合伙人在执业活动中因故意或者重大过失造成合伙企业债务的,应当承担无限责任或者无限连带责任,其他合伙人以其在合伙企业中的财产份额为限承担责任。合伙人在执业活动中非因故意或者重大过失造成的合伙企业债务以及合伙企业的其他债务,由全体合伙人承担无限连带责任。

(2) 责任追偿。《合伙企业法》规定:合伙人执业活动中因故意或者重大过失造成的合伙企业债务,以合伙企业财产对外承担责任后,该合伙人应当按照合伙协议的约定对给合伙企业造成的损失承担赔偿责任。

3. 特殊的普通合伙企业的执业风险防范

特殊的普通合伙企业应当建立执业风险基金、办理职业保险。

执业风险基金,主要是指为了化解经营风险,特殊的普通合伙企业从其经营收益中提取相应比例的资金留存或者根据相关规定上缴至指定机构所形成的资金。执业风险基金用于偿付合伙人执业活动造成的债务。执业风险基金应当单独立户管理。

职业保险,又称职业责任保险,是指承保各种专业技术人员因工作上的过失或者疏忽大意所造成的合同一方或者他人的人身伤害或者财产损失的经济赔偿责任的保险。

三、有限合伙企业

(一) 有限合伙企业的概念及法律适用

1. 有限合伙企业的概念

有限合伙企业,是指由有限合伙人和普通合伙人共同组成,普通合伙人对合伙企业债务承担无限连带责任，有限合伙人以其认缴的出资额为限对合伙企业债务承担责任的合伙组织。

有限合伙企业与普通合伙企业和有限责任公司相比较，具有以下显著特征：(1) 在经营管理上。普通合伙企业的合伙人，一般均可参与合伙企业的经营管理。有限责任公司的股东有权参与公司的经营管理(含直接参与和间接参与)。而在有限合伙企业中，有限合伙人不执行合伙事务，而由普通合伙人从事具体的经营管理。(2) 在风险承担上。普通合伙企业的合伙人之间对合伙债务承担无限连带责任。有限责任公司的股东对公司债务以其各自的出资额为限承担有限责任。而在有限合伙企业中，不同类型的合伙人所承担的责任则存在差异，其中有限合伙人以其各自的出资额为限承担有限责任，普通合伙人之间承担无限连带责任。

知识拓展(2-2)

有限合伙企业中各合伙人的权利与义务

2. 有限合伙企业法律适用

在法律适用中，凡是《合伙企业法》中对有限合伙企业有特殊规定的，应当适用有关《合伙企业法》中对有限合伙企业的特殊规定。无特殊规定的，适用有关普通合伙企业及其合伙人的一般规定。

(二) 有限合伙企业设立的特殊规定

1. 有限合伙企业人数

《合伙企业法》规定：有限合伙企业由2个以上50个以下合伙人设立；但是，法律另有规定的除外。有限合伙企业至少应当有1个普通合伙人。按照规定，自然人、法人和其他组织可以依照法律规定设立有限合伙企业，但国有独资公司、国有企业、上市公司以及公益性的事业单位、社会团体不得成为有限合伙企业的普通合伙人。

在有限合伙企业存续期间，有限合伙人的人数可能发生变化。然而，无论如何变化，有限合伙企业中必须包括有限合伙人与普通合伙人两部分，否则，有限合伙企业应当进行组织形式变化。《合伙企业法》规定：有限合伙企业仅剩有限合伙人的，应当解散；有限合伙企业仅剩普通合伙人的，应当转为普通合伙企业。

2. 有限合伙企业名称

《合伙企业法》规定：有限合伙企业名称中应当标明"有限合伙"字样。为便于社会公众以及交易相对人对有限合伙企业的了解，有限合伙企业名称中应当标明"有限合伙"的字样，而不能标明"普通合伙"、"特殊普通合伙"、"有限公司"、"有限责任公司"等字样。

3. 有限合伙企业协议

有限合伙企业协议除符合普通合伙企业合伙协议的规定外，还应当载明下列事项：(1) 普通合伙人和有限合伙人的姓名或者名称、住所；(2) 执行事务合伙人应具备的条件和选择程序；(3) 执行事务合伙人权限与违约处理办法；(4) 执行事务合伙人的除名条件和更换程序；(5) 有限合伙人入伙、退伙的条件、程序以及相关责任；(6) 有限合伙人和普通合伙人相互转变程序。

4. 有限合伙人出资形式

《合伙企业法》规定：有限合伙人可以用货币、实物、知识产权、土地使用权或者其他财产权利作价出资。有限合伙人不得以劳务出资。

5. 有限合伙人出资义务

《合伙企业法》规定：有限合伙人应当按照合伙协议的约定按期足额缴纳出资；未按期足额缴纳的，应当承担补缴义务，并对其他合伙人承担违约责任。

6. 有限合伙企业登记事项

《合伙企业法》规定：有限合伙企业登记事项中应当载明有限合伙人的姓名或者名称及认缴的出资数额。

(三)有限合伙企业事务执行的特殊规定

1. 有限合伙企业事务执行人

《合伙企业法》规定:有限合伙企业由普通合伙人执行合伙事务。执行事务合伙人可以要求在合伙协议中确定执行事务的报酬及报酬提取方式。合伙事务执行人除享有一般合伙人相同的权利外,还有接受其他合伙人的监督和检查、谨慎执行合伙事务的义务,若因自己的过错造成合伙财产损失的,应向合伙企业或其他合伙人负赔偿责任。

2. 禁止有限合伙人执行合伙事务

《合伙企业法》规定,有限合伙人不执行合伙事务,不得对外代表有限合伙企业。有限合伙人的下列行为,不视为执行合伙事务:(1) 参与决定普通合伙人入伙、退伙;(2) 对企业的经营管理提出建议;(3) 参与选择承办有限合伙企业审计业务的会计师事务所;(4) 获取经审计的有限合伙企业财务会计报告;(5) 对涉及自身利益的情况,查阅有限合伙企业财务会计账簿等财务资料;(6) 在有限合伙企业中的利益受到侵害时,向有责任的合伙人主张权利或者提起诉讼;(7) 执行事务合伙人怠于行使权利时,督促其行使权利或者为了本企业的利益以自己的名义提起诉讼;(8) 依法为本企业提供担保。

另外,《合伙企业法》规定,第三人有理由相信有限合伙人为普通合伙人并与其交易的,该有限合伙人对该笔交易承担与普通合伙人同样的责任。有限合伙人未经授权以有限合伙企业名义与他人进行交易,给有限合伙企业或者其他合伙人造成损失的,该有限合伙人应当承担赔偿责任。

3. 有限合伙企业利润分配

《合伙企业法》规定:有限合伙企业不得将全部利润分配给部分合伙人;但是,合伙协议另有约定的除外。

4. 有限合伙人权利

(1) 有限合伙人可以同本企业进行交易。《合伙企业法》规定:有限合伙人可以同本有限合伙企业进行交易;但是,合伙协议另有约定的除外。有限合伙协议可以对有限合伙人与有限合伙企业之间的交易进行限定,如果有限合伙协议另有约定的,则必须按照约定的要求进行。普通合伙人如果禁止有限合伙人同本有限合伙企业进行交易,应当在合伙协议中作出约定。

(2) 有限合伙人可以经营与本企业相竞争的业务。《合伙企业法》规定,有限合伙人可以自营或者同他人合作经营与本有限合伙企业相竞争的业务;但是,合伙协议另有约定的除外。与普通合伙人不同,有限合伙人一般不承担竞业禁止义务。普通合伙人如果禁止有限合伙人自营或者同他人合作经营与本有限合伙企业相竞争的业务,应当在合伙协议中作出约定。

(四)有限合伙企业财产出质与转让的特殊规定

1. 有限合伙人财产份额出质

有限合伙人将在有限合伙企业中的财产份额出质,是指有限合伙人以其在合伙企业中的财产份额对外进行权利质押。《合伙企业法》规定:有限合伙人可以将其在有限合伙企业中的财产份额出质,但是合伙协议另有约定的除外。

2. 有限合伙人财产份额转让

《合伙企业法》规定:有限合伙人可以按照合伙协议的约定向合伙人以外的人转让其在有限合伙企业中的财产份额,但应当提前30日通知其他合伙人。

(五)有限合伙人债务清偿的特殊规定

《合伙企业法》规定:有限合伙人的自有财产不足清偿其与合伙企业无关的债务的,该合伙人可以以其从有限合伙企业中分取的收益用于清偿;债权人也可以依法请求人民法院强制执行该合伙人在有限合伙企业中的财产份额用于清偿。人民法院强制执行有限合伙人的财产份额时，应当通知全体合伙人。在同等条件下，其他合伙人有优先购买权。

（六）有限合伙企业入伙与退伙的特殊规定

1. 入伙

《合伙企业法》规定：新入伙的有限合伙人对入伙前有限合伙企业的债务，以其认缴的出资额为限承担责任。而在普通合伙企业中，新入伙的合伙人对入伙前合伙企业的债务承担连带责任。

2. 退伙

（1）有限合伙人当然退伙。《合伙企业法》规定，有限合伙人出现下列情形之一时，当然退伙：① 作为合伙人的自然人死亡或者被依法宣告死亡；② 作为合伙人的法人或者其他组织依法被吊销营业执照、责令关闭、撤销，或者被宣告破产；③ 法律规定或者合伙协议约定合伙人必须具有相关资格而丧失该资格；④ 合伙人在合伙企业中的全部财产份额被人民法院强制执行。

（2）有限合伙人丧失民事行为能力的处理。《合伙企业法》规定：作为有限合伙人的自然人在有限合伙企业存续期间丧失民事行为能力的，其他合伙人不得因此要求其退伙。

（3）有限合伙人继承人的权利。《合伙企业法》规定：作为有限合伙人的自然人死亡、被依法宣告死亡或者作为有限合伙人的法人及其他组织终止时，其继承人或者权利承受人可以依法取得该有限合伙人在有限合伙企业中的资格。

（4）有限合伙人退伙后的责任承担。《合伙企业法》规定：有限合伙人退伙后，对基于其退伙前的原因发生的有限合伙企业债务，以其退伙时从有限合伙企业中取回的财产承担责任。

（七）合伙人性质转变的特殊规定

《合伙企业法》规定，除合伙协议另有约定外，普通合伙人转变为有限合伙人，或者有限合伙人转变为普通合伙人，应当经全体合伙人一致同意。有限合伙人转变为普通合伙人的，对其作为有限合伙人期间有限合伙企业发生的债务承担无限连带责任。普通合伙人转变为有限合伙人的，对其作为普通合伙人期间合伙企业发生的债务承担无限连带责任。

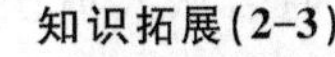

普通合伙企业与有限合伙企业差异

四、合伙企业解散和清算

（一）合伙企业解散

合伙企业解散，是指各合伙人解除合伙协议，合伙企业终止活动。根据《合伙企业法》的规定，合伙企业有下列情形之一的，应当解散：（1）合伙期限届满，合伙人决定不再经营；（2）合伙协议约定的解散事由出现；（3）全体合伙人决定解散；（4）合伙人已不具备法定人数满 30 天；（5）合伙协议约定的合伙目的已经实现或者无法实现；（6）依法被吊销营业执照、责令关闭或者被撤销；（7）法律、行政法规规定的其他原因。

（二）合伙企业清算

合伙企业解散的，应当进行清算。《合伙企业法》对合伙企业清算作了以下几方面的规定。

1. 确定清算人

合伙企业解散，应当由清算人进行清算。清算人由全体合伙人担任；经全体合伙人过半数同意，可以自合伙企业解散事由出现后 15 日内指定一个或者数个合伙人，或者委托第三人，担任清算人。自合伙企业解散事由出现之日起 15 日内未确定清算人的，合伙人或者其他利害关系人可以申请人民法院指定清算人。

清算人在清算期间执行下列事务：（1）清理合伙企业财产，分别编制资产负债表和财产清单；（2）处理与清算有关的合伙企业未了结事务；（3）清缴所欠税款；（4）清理债权、债务；（5）处理合伙企业清偿债务后的剩余财产;(6) 代表合伙企业参加诉讼或者仲裁活动。

2. 通知和公告债权人

清算人自被确定之日起10日内将合伙企业解散事项通知债权人,并于60日内在报纸上公告。债权人应当自接到通知书之日起30日内,未接到通知书的自公告之日起45日内,向清算人申报债权。债权人申报债权,应当说明债权的有关事项,并提供证明材料。清算人应当对债权进行登记。清算期间,合伙企业存续,但不得开展与清算无关的经营活动。

3. 财产清偿

合伙企业财产在支付清算费用后,按下列顺序清偿:(1) 合伙企业所欠招用的职工工资和劳动保险费用;(2) 合伙企业所欠税款;(3) 合伙企业的债务;(4) 返还合伙人的出资。

合伙企业财产按上述顺序清偿后仍有剩余的,按合伙协议约定的利润分配比例进行分配;合伙协议未约定利润分配比例的,由合伙人平均分配。合伙企业清算时,其全部财产不足清偿其债务的,由其合伙人以个人的财产,按照合伙协议约定的比例承担清偿责任;合伙协议未约定比例的,平均承担清偿责任。

4. 注销登记

清算结束,清算人应当编制清算报告,经全体合伙人签名、盖章后,在15日内向企业登记机关报送清算报告,申请办理合伙企业注销登记。

合伙企业注销后,原普通合伙人对合伙企业存续期间的债务仍应承担无限连带责任。

5. 合伙企业不能清偿到期债务的处理

合伙企业不能清偿到期债务的,债权人可以依法向人民法院提出破产清算申请,也可以要求普通合伙人清偿。合伙企业依法被宣告破产的,普通合伙人对合伙企业债务仍应承担无限连带责任。

同步综合练习

一、名词解释题

企业　个人独资企业　普通合伙　特殊的普通合伙　有限合伙　入伙　除名

二、单项选择题

1. 依据《个人独资企业法》的规定,下列不符合我国个人独资企业设立所应具备的条件的是（　　）

A. 投资人为一个自然人　　B. 有合法的企业名称

C. 有必要的从业人员　　D. 有投资人申报的不低于限额的出资

2. 张三是一鲁菜馆普通合伙人之一。因生意很兴隆,张三便和妻子在附近又开了一家鲁菜馆,主要由其妻照管。张三经常将客人介绍到自家开的鲁菜馆去,并骗客人说两家是连锁店。依《合伙企业法》有关规定,张三是否可以这样做?（　　）

A. 可以这样做　　B. 不可以这样做

C. 经多数合伙人同意可以这样做　　D. 经全体合伙人同意可以这样做

3. 依据《合伙企业法》的规定,以专业知识和专门技能为客户提供有偿服务的专业服务机构,可以设立（　　）

A. 个人合伙　　B. 普通合伙企业

C. 有限合伙企业　　D. 特殊的普通合伙企业

4. 某会计师事务所登记设立为特殊的普通合伙企业,其合伙人之一张四在一次执业过程中

因重大过失给客户造成损失，则下列说法中不正确的是　（　　）

A. 该损失应由张四一人独立承担

B. 其他合伙人对该债务以其在合伙企业中的财产为限承担责任

C. 对由此形成的会计师事务所的债务，由张四对该债务承担无限责任

D. 会计师事务所对该债务承担责任后，张四应按照合伙协议的约定对给会计师事务所造成的损失承担赔偿责任

5. 2019 年 1 月，甲、乙、丙设立一普通合伙企业。2020 年 2 月，甲与戊结婚。2020 年 5 月，甲因车祸去世。甲除戊外没有其他亲人，合伙协议对合伙人资格取得或丧失未作约定。下列哪一选项是正确的？　（　　）

A. 戊依法自动取得合伙人地位

B. 经乙、丙一致同意，戊取得合伙人资格

C. 合伙企业中甲的财产份额属于夫妻共同财产

D. 只能由合伙企业向戊退还甲在合伙企业中的财产份额

6. 甲、乙、丙、丁共同投资设立一家普通合伙企业，约定利润分配比例为 4∶3∶2∶1，现甲、乙欲退伙，丙、丁未就合伙企业的利润分配约定新的比例。依照法律规定，现合伙企业的利润在丙、丁之间如何分配？　（　　）

A. 全部利润平均分配

B. 全部利润按照 2∶1 的比例分配

C. 全部利润的 30％按照 2∶1 分配，其余部分平均分配

D. 合伙人协商决定，协商不成的，由合伙人按照实缴出资比例分配；无法确定出资比例的，由合伙人平均分配

7. 某合伙人欲以其在合伙企业中的财产份额出质。该合伙企业的其他合伙人中的 2/3 同意，1/3 反对。该出质行为　（　　）

A. 有效　　B. 无效　　C. 可撤销　　D. 效力待定

8. 甲、乙、丙为一合伙企业的合伙人，后甲退伙，丁同时入伙。甲退伙时分担了合伙债务。对甲退伙时合伙财产不足以清偿的债务应由　（　　）

A. 甲、乙、丙、丁承担连带责任

B. 甲、乙、丙承担连带责任，丁不承担责任

C. 乙、丙承担连带责任，甲、丁不承担责任

D. 乙、丙、丁承担连带责任，甲不承担责任

9. 李三为一有限合伙企业中的有限合伙人，根据《合伙企业法》的规定，李三的下列行为中，不符合法律规定的是　（　　）

A. 依法为本企业提供担保　　B. 对外代表有限合伙企业

C. 参与决定普通合伙人入伙　　D. 对企业的经营管理提出建议

10. 合伙人李甲在一普通合伙企业经营期间因交通事故而死亡，其子李乙尚未成年，则下列说法中不正确的是　（　　）

A. 李乙因此成为该合伙企业的合伙人

B. 全体合伙人未能一致同意将合伙企业转为有限合伙企业的，应当将李甲的财产份额退还给李乙

C. 经全体合伙人一致同意，从继承开始之日起，李乙取得该合伙企业的合伙人资格，但只能作为有限合伙人

D. 如果合伙协议约定所有的合伙人必须具有完全民事行为能力,则李乙不能取得合伙人资格,但可以要求企业退还李甲的财产份额

三、多项选择题

1. 下列关于个人独资企业表述正确的有 ( )

A. 个人独资企业解散后,即免除了对债权人的责任

B. 投资人对受托人或被聘用人员的职权限制,不得对抗善意第三人

C. 个人独资企业的财产归投资人个人所有,投资人对企业事务有绝对控制与支配权

D. 个人独资企业以经营的情况决定是以个人财产还是以家庭财产对外承担无限责任

E. 个人独资企业解散后,债权人在5年内未向债务人提出偿债请求,即免除了债务人的责任

2.《合伙企业法》规定,合伙企业应当经全体合伙人一致同意的事项有 ( )

A. 改变合伙企业的名称　　B. 改变合伙企业的经营范围

C. 处分合伙企业的财产　　D. 转让合伙企业的知识产权

E. 以合伙企业名义为他人提供担保

3. 味都大酒店是由甲、乙、丙三人创办的合伙企业,分配比例为4∶3∶3。2019年12月,乙不幸遇车祸身亡。乙家中有妻子梅熙和儿子东东(9周岁)。此时该酒店的净资产仍有近30万元,但甲、丙二人担心财产分割会影响该酒店的发展,遂主动与梅熙商量,希望其能入伙。对此事的说法,正确的是 ( )

A. 如果梅熙愿意入伙,则要对入伙以前酒店的债务负连带责任

B. 如果梅熙不愿意入伙,则可与东东共同继承属于乙的财产份额

C. 梅熙想让儿子东东一人代替丈夫成为酒店的合伙人,这种想法可以实现

D. 如果梅熙表示愿意入伙,则无需甲、丙的同意,当然地代替乙成为酒店的合伙人

E. 如果梅熙万念俱灰不愿意入伙也不愿意其子东东子继父业,则甲和丙可将属于乙的合伙企业财产份额以现金的方式支付给梅熙

4. 根据《合伙企业法》的规定,关于入伙与退伙,下列哪些选项是正确的? ( )

A. 若合伙人死亡或者被依法宣告死亡,其继承人自动取得合伙人资格

B. 有限合伙中的有限合伙人有权参与决定普通合伙人入伙、退伙等事宜

C. 若入伙协议约定新合伙人对入伙前合伙企业的债务不承担责任,该约定无效

D. 若合伙人在合伙企业中的全部财产份额被法院强制执行,其对此后合伙企业发生的债务不承担责任

四、简答题

1. 简述个人独资企业的特点。

2. 什么是合伙企业?合伙企业的设立条件是什么?

3. 合伙企业如何分配利润、分担亏损?

4. 如何理解普通合伙企业财产的范围、性质及转让?

五、案例分析题

案例一: 甲、乙、丙、丁四位合伙人签订书面协议,共同出资设立某普通合伙企业,合伙协议未约定利润分配比例,共同推举甲为合伙企业的事务执行人,对外代表合伙企业,丁为合伙企业的会计。同时协议还规定,甲代表合伙企业对外签订的合同总标的超过100万元的均先由全体合伙人一致同意方可实行。

企业经营一段时间后，丙将持有合伙企业财产份额的一部分转让给乙，并通知其他合伙人；将另一部分转让给A，并经其他合伙人一致同意。

甲代表合伙企业与B公司签订一份价值为200万元的供货合同。由B公司预付30万元的定金，合伙企业收到定金后1个月内发出全部货物。实际合同履行时，B公司按期支付30万元的定金，但合伙企业一直未能供货，合同手续齐全，过程合法。

B公司经过了解，发现合伙企业会计记录掩盖了严重亏损、无力履行合同的事实，从而引起纠纷。并出现以下分歧性意见：(1) 乙认为甲与B公司签订合同违反了合伙企业内部的规定，该合同无效，故合伙企业不承担违约责任。(2) 甲认为本企业不具备独立法人资格，会计记录真实与否无关紧要。(3) A认为该项合同是在自己入伙之前签订的，一切损失与自己无关。(4) 丁认为丙在向乙转让合伙企业的财产份额时，未经其他合伙人同意，合伙企业的所有损失应由丙一人承担。(5) B公司认为因为合伙企业违约给自己造成损失45万元，合伙企业除应向B公司双倍返还定金外，还应支付赔偿金45万元。

请问：以上观点是否正确？说明理由。

案例二：甲公民、乙企业、丙公司、丁公民、戊公民五位合伙人共同出资成立有限合伙企业，签订合伙协议如下：(1) 五位合伙人中甲以货币出资10万元，乙以商标权出资8万元，丙以厂房使用权作价出资6万元，丁和戊为有限合伙人，丁以专利技术和劳务出资，作价3万元，戊以祖传秘方配料作价3万元出资。(2) 确定甲为合伙企业事务的执行人，并规定甲对外代表合伙企业签订合同时，凡是标的超过4万元的，均应经全体合伙人一致同意。(3) 合伙企业名称为“珠峰户外用品销售公司”。在进行注册时，工商局指出协议有违法之处，经整改后，企业成立。该合伙企业成立经营一段时间后，乙提出将其持有合伙企业的全部财产份额转让给杨光，经全体合伙人同意，并在如实告知企业财务状况和经营情况的条件下杨光入伙。杨光入伙前该企业资产总额10万元，负债总额5万元。杨光入伙后，企业又经营了1年，亏损严重，决定清算。清算前企业总资产12万元，新发生的负债为15万元。总资产中含对刘祥的债权2万元。

在清算偿债过程中，出现以下争议：(1) 甲认为自己欠刘祥2万元，刘祥欠合伙企业2万元，彼此可以相互抵销；(2) 丙认为合伙企业全部负债中，欠宋某的4万元是因为甲违反合伙协议规定，私自签订合同标的为60万元的经济合同而形成的，虽然宋某不知道合伙企业的内部限制性规定，但甲的行为属于超越权限，该债务应由甲个人承担，与合伙企业无关；(3) 乙认为自己已经退伙，不再承担任何责任和义务；(4) 丁认为甲是合伙事务执行人，且出资额最大，合伙企业资产不足以偿还债务所形成的差额部分应由甲个人承担，与其他合伙人无关；(5) 杨光认为自己入伙时与乙签有个人协议，自己只对入伙后的债务承担责任，对其入伙前合伙企业的债务不承担责任。

请问：

1. 合伙协议有哪些违法之处？

2. 合伙企业清算时，各位合伙人的观点是否正确？请分析说明。

3. 若甲个人偿还了合伙企业资产不足抵债的差额部分后，还能否向其他合伙人追索多偿还的部分，为什么？

第三章　公司法律制度

第一节　公司法概述

一、公司概述

（一）公司的概念

一般认为，作为一种重要的企业组织形式，公司是指股东依法以投资方式设立，以营利为目的，以其认缴的出资额或认购的股份为限对公司承担责任，公司以其全部独立法人财产对公司债务承担责任的企业法人。根据《公司法》的规定，公司是指依照公司法在我国境内设立的有限责任公司和股份有限公司。

（二）公司的特征

公司不同于其他企业组织，也不同于其他社会组织。根据《公司法》的规定，公司具有以下法律特征。

1．公司依法设立

公司的依法设立包含以下的含义：(1) 公司设立应依据专门的法律，即公司法和其他有关特别法律、行政法规；(2) 公司的设立应符合公司法和其他特别法规定的实质要件；(3) 公司设立应遵循公司法及相关法律法规规定的程序，履行法定的申请、审批和登记手续，否则不能成立。

因此，公司的设立必须依法定条件、法定程序进行。如果公司的设立必须符合其他法律规定的，还应当依照其他法律规定，如商业银行法、保险法、证券法等。

2．公司是以营利为目的的经济组织

股东设立公司的目的是为了通过公司的经营活动获取利润，因此，以营利为目的是公司企业性的重要表现。公司为了满足股东营利性的要求，也必须最大限度地追求经济利益。同时，公司的营利目的不仅要求公司本身为营利而活动，而且要求公司有盈利时应当分配给股东。某些具有营利活动的组织，获得的盈利用于社会公益等其他目的，而不分配给投资者，则属于公益性法人，这种组织不能称之为公司。此外，公司的营利活动应当具有连续性和稳定性，一次性、间歇性的营利行为不构成界定公司所称的营利活动。

3．公司由股东投资行为设立

公司由股东的投资行为设立。股东投资行为形成的权利是股权。股权是一种独立的特殊权利，不同于所有权，也不同于经营权等他物权，更不同于债权。依据《公司法》第 4 条规定，公司股东依法享有资产收益、参与重大决策和选择管理者等权利。由于实践中的公司大多数是由多数股东组成的社团法人，所以典型的股权仍被视为具有社员权的性质。

4．公司具有独立法人资格

公司是具有法人地位的企业组织，这是公司与合伙，独资等企业组织形式的重要区别。公司具有法人地位的特征主要表现在以下三方面。

(1) 公司具有独立的财产。该财产最初由股东出资形成，并在经营过程中逐步通过盈利积累或其他途径形成，但是其又不同于公司股东财产，股东出资之后，只享有股权或股份，而对公司财产没有直接的支配权,公司对股东出资享有法律上的财产权。公司以其全部财产对外承担责任。

(2) 公司独立承担民事责任。公司独立承担民事责任包括以下含义:① 公司的责任与股东的责任相互独立,公司的债务不及于股东。股东只以其出资额或认购的股份为限对公司承担有限责任。② 公司的责任与公司管理人员和工作人员的责任是相互独立的,尽管公司管理人员和工作人员的行为代表公司进行活动,但是,不能要求公司管理人员和工作人员对公司的对外债务承担责任。③ 公司的责任与下属企业或其他组织的责任是相互独立的,各自的行为所产生的法律责任由各自承担,不及于其他企业或组织。

(3) 公司具有独立的组织机构。这些机构既包括管理机构,也包括业务机构。公司的股东会或股东大会、董事会、监事会等是依法设立的机构;公司的业务机构则可以根据公司的经营需要或者业务情况设立。公司设立的组织机构应当依照法律、公司章程或公司规章制度独立行使职权。

公司的独立法人人格和股东的有限责任使得股东可以通过设立公司或者购买公司的股权或者股份,获得公司的经营利润,同时又可以将投资风险降低到最低程度,即使公司经营亏损或者资不抵债,也不及于股东的其他财产。但是,在实践中,由于股东常常会滥用公司的独立法人人格和有限责任损害公司债权人利益和公共利益,为了阻止这种行为,公司法理论和立法实践就某些特定事项,否认公司的独立法人人格和股东的有限责任,要求股东直接负责清偿公司债务。这就是公司法理论所提及的公司法人人格否认制度,英美公司法理论称之为“刺破公司面纱”。

我国司法实践和《公司法》采纳了公司法人人格否认制度。2003 年 1 月 3 日最高人民法院公布的《关于审理与企业改制相关的民事纠纷案件若干问题的规定》第 35 条规定:“以收购方式实现对企业控股的,被控股企业的债务仍由其自行承担。但因控股企业抽逃资金、逃避债务,致使被控股企业无力偿还债务的,被控股企业的债务则由控股企业承担。”《公司法》第 20 条规定:“公司股东应当遵守法律、行政法规和公司章程依法行使股东权利……不得滥用公司法人独立地位和股东有限责任,损害公司债权人的利益……公司股东滥用公司法人独立地位和股东有限责任,逃避债务,严重损害债权人利益的,应当对公司债务承担连带责任。”同时,《公司法》第 63 条规定:“一人有限责任公司的股东不能证明公司财产独立于股东自己的财产的,应当对公司债务承担连带责任。”

知识拓展(3-1)

法人人格否认制度——法人独立承担民事责任的例外

(三) 公司的类型

根据不同的标准,可以对公司作出不同的划分。

1. *以公司资本结构和股东对公司债务承担责任方式为标准分类*

(1) 有限责任公司。又称有限公司,是股东以其认缴的出资额为限对公司承担责任,公司以其全部财产对公司的债务承担责任的企业法人。

(2) 股份有限公司。又称股份公司,是将其全部资本分为等额股份,股东以其认购的股份为限对公司承担责任,公司以其全部财产对公司的债务承担责任的企业法人。

(3) 无限公司。指由两个以上的股东组成,全体股东对公司的债务承担无限连带责任的公司。无限公司与合伙具有基本相同的法律属性,但不同的是有些国家规定无限公司可以具有法人资格。

(4) 两合公司。由负无限责任的股东和负有限责任的股东组成,无限责任股东对公司债务负无限连带责任,有限责任股东仅就其认缴的出资额为限对公司债务承担责任的公司。所谓“两合”,是指经营资本与管理劳务的结合,或是指无限责任股东与有限责任股东的结合。

(5) 股份两合公司。由负无限责任的股东和负有限责任的股东组成,资本分为等额股份的公司。其股东承担法律责任情况与两合公司相同,区别则在于公司的资本分为等额股份。

2. 以公司的信用基础为标准分类

(1) 资合公司。指以资本的结合作为信用基础的公司。此类公司仅以资本的实力取信于人,股东个人是否有财产、能力或信誉与公司无关。资合公司以股份有限公司为其著例,有限责任公司也在一定程度上具有资合公司的特点。

(2) 人合公司。人合公司是指以股东个人的财力、能力和信誉为信用基础的公司,其典型形式为无限公司。人合公司的财产及责任与股东的财产及责任没有完全分离,其不以自身资本为信用基础,所以,人合公司的信用依赖于股东个人,股东对公司债务承担无限连带责任,共同设立公司以相互信任为前提。

(3) 资合兼人合公司。资合兼人合公司是指同时以公司资本和股东个人信用作为公司信用基础的公司,其典型形式为两合公司和股份两合公司。一般认为,有限责任公司也具有人合性质。

3. 以公司组织关系为标准的分类

(1) 控制公司和附属公司。这是按公司外部组织关系所作的分类。在不同公司之间存在控制与依附关系时,处于控制地位的是控制公司,处于依附地位的则是附属公司。当控制与被控制关系是通过股权形式实现时,控制与被控制公司又被称为母子公司。母子公司之间虽然存在控制与被控制的组织关系,但它们都具有法人资格,在法律上是彼此独立的企业。《公司法》第 14 条第 2 款规定:“公司可以设立子公司,子公司具有法人资格,依法独立承担民事责任。”母公司以及直接或者间接依附于母公司的公司(子公司、孙公司等),以及存在连锁控制关系的公司,属于关联企业的范畴。母公司与子公司是由持股关系形成的。此外,公司之间还可能由于其他原因形成控制与依附关系,成为控制公司与附属公司。如表决权控制、人事关系契约关系(支配契约、康采恩契约等)、信贷及其他债务关系、婚姻、亲属关系等。所以,控制公司与附属公司的概念要大于母公司与子公司的概念。

(2) 本公司和分公司。分公司是公司依法设立的以本公司名义进行经营活动,其法律后果由本公司承担的分支机构。相对分公司而言,公司称为本公司或总公司。分公司其实只是公司的分支机构,并非真正意义上的公司。分公司没有独立的公司名称、章程,没有独立的财产,不具有法人资格,但可领取营业执照,进行经营活动,其民事责任由公司承担。分公司也需依法设立、登记,但其作为公司分支机构,设立程序比较简便。

知识拓展(3-2)

子公司与分公司的主要区别

4. 以国籍为标准的分类

根据《公司法》的规定,我国采用以公司注册登记地和设立依据法律地为结合标准确定公司的国籍。在中国境内成立的公司即为中国公司,即本国公司,依照外国法律在中国境外设立的公司是外国公司。外国公司在中国境内依法设立的分支机构,是外国公司的一个组成部分,不具有中国法人资格。外国公司对其分支机构在中国境内进行经营活动承担民事责任。外国公司的分支机构在中国境内从事生产经营活动必须遵守中国的法律,其合法权益受中国法律保护。

5. 以公司的组织机构和经营获得是否局限于一国为标准的分类

以公司的组织机构和经营活动是否局限于一国为标准,可以将公司分为国内公司和跨国公司。跨国公司往往并不是一个单独的公司,而是一个由控制公司与设在各国的众多附属公司形成的国际公司集团。

知识拓展(3-3)

各类公司的联系和区别

(四) 我国现行立法体系下的公司

我国现行的企业立法体系处于新旧并存、交错适用的状态,实践中的公司主要有:(1) 依《中华人民共和国全民所有制企业法》《中华人民共和国企业国有资产法》《中华人民共和国城镇集体所有制企业条例》《中华人民共和国乡村集体所有制企业条例》等法律、法规设立的名称中含有"公司"字样的企业；(2) 依《公司法》设立的公司。这种状况的解决需要对企业立法体系进行调整，通过法律的立废、修订、编纂等工作使之合理化、科学化。

二、公司法人财产权

(一) 公司法人财产

公司法人财产是指公司设立时，由股东投资以及公司成立后在经营过程中形成的财产的总和。公司法人财产与公司资本不是同一个概念。公司资本是股东出资构成的财产总额，其只是公司法人财产的一部分，公司法人财产还包括公司成立后在经营过程中积累或接受赠与等形成的财产；公司资本是一个确定不变的财产数额，一旦确定，非经法律程序，不能自然或随意改变，而公司法人财产则会随公司经营活动而不断变化；公司盈亏，尽管会导致法人财产的变化，但并不会自然导致资本数额的变化。

公司法人财产是独立的，即与公司股东的财产相区别。公司的财产来源于股东的投资，但股东一旦将财产投入公司，便丧失对该财产的直接支配权利，不得抽逃投资，或者占用、转移和支配公司的法人财产。股东通过隐匿、不公平交易、侵占等任何方式损害公司利益，进而损害公司债权人的利益，将会承担相应的法律责任。股东投入公司的财产是能够形成公司股权的财产，该财产不仅包括实际投入的财产，也包括承诺将要投入的财产。如果股东违反承诺，不向公司投入应当投入形成股权的财产，不仅公司有权追索，在公司不能履行对外债务时，公司的债权人也有权向股东进行追索。

(二) 公司法人财产权及其限制

公司是企业法人，具有独立的人格，享有对法人财产的支配权利，即依法对其财产行使占有、使用、收益、处分的权利。公司的法人财产应受到法律的保护。《公司法》第 3 条规定，公司享有法人财产权。公司以其全部财产对公司的债务承担责任。为了维持公司资本充实，保证公司债权人的利益，公司在行使法人财产权时，也将会受到一定的限制。这类限制主要有以下三方面。

(1) 对外投资的限制。《公司法》第 15 条规定："公司可以向其他企业投资；但是，除法律另有规定外，不得成为对所投资企业的债务承担连带责任的出资人。"同时，《公司法》第 16 条还规定，公司向其他企业投资，按照公司章程的规定由董事会或者股东会、股东大会决议；公司章程对投资的总额及单项投资的数额有限额规定的，不得超过规定的限额。

(2) 担保的限制。《公司法》第 16 条规定，公司为他人提供担保，按照公司章程的规定由董事会或者股东会、股东大会决议；公司章程对担保的总额或单项担保的数额有限额规定的，不得超过规定的限额。公司为公司股东或者实际控制人提供担保的，必须经股东会或者股东大会决议。接受担保的股东或者受实际控制人支配的股东不得参加表决。该项表决由出席会议的其他股东所持表决权的过半数通过。

(3) 借款的限制。一般情况下，除非公司章程有特别规定或经过股东会(股东大会)的批准同意，公司董事、经理不得擅自将公司资金借贷给他人。

三、股东资格

(一) 股东

股东是指持有公司股份或出资的人。在公司设立时因出资或认购股份而成为股东的，称之为原始股东；在公司成立之后，因依法转让、继承、赠与或法院强制执行等原因获得公司出资或股份而成为股东的，一般称之为继受股东；在公司成立之后，因公司增资而出资或认购股份成为股东的,针对原股东而言,一般称之为新股东。无论依据何种方式成为公司股东,除另有约定外,股东地位一律平等,即依据所持出资额或股份比例享有平等的权利和承担同等的义务。

股东可以是自然人,也可以是法人。但是,自然人作为发起人股东应具备完全行为能力;被依法禁止设立公司的自然人(如公务员等)不能作为公司的股东;法人作为公司股东,应当遵守法律、法规以及有关规定。如:根据《公司法》第 142 条第 1 款的规定,公司原则上不得收购本公司的股份,但是,在公司减资、与持有本公司股份的其他公司合并、将股份用于员工持股计划或者股权激励等情形除外;对公司发起人的国籍和住所有要求的,应当遵守有关规定。

(二) 股东资格的认定

股东资格,又称股东地位、股东身份,是投资人行使权利并承担股东义务的基础。在司法实践中,股东资格的确认经常是股东出资纠纷、股东名册记载纠纷、请求变更公司登记纠纷、股权转让纠纷及股东盈利分配请求权等纠纷判案的前提,且股东资格的确认常关涉股东、公司、债权人等各方利益的平衡。因此,股东资格的有无,意义重大。

知识拓展(3-4)

股东资格确认的标准

股东向公司认缴出资后,就成了公司的股东,具有相应的权利。公司应当向股东签发出资证明书,将股东的名称在相关文件上登记记载等。这些内容实际上也是公司对股东的义务。实践中,很多公司并未依法履行这些义务,这既侵害了股东的权益,也会对股权的稳定性产生影响。因此,当公司未尽上述义务时,股东有权提起诉讼要求公司履行该义务。

在商事实践中,由于各种原因公司相关文件中记名的人(名义股东)与真正投资人(实际出资人)相分离的情形并不鲜见,双方有时会就股权投资收益的归属发生争议。如果名义股东与实际出资人约定由名义股东出面行使股权,但由实际出资人享受投资权益时,这属于双方间的自由约定,根据缔约自由的精神,如无其他违法情形,该约定应有效,实际出资人可依照合同约定向名义股东主张相关权益。

《公司法》第 32 条第 2 款规定的"记载于股东名册的股东,可以依股东名册主张行使股东权利",是指名义股东(记名人)用股东名册的记名来向公司主张权利或向公司提出抗辩,该记名不是名义股东对抗实际出资人的依据,所以名义股东不能据此抗辩实际出资人。

根据《公司法》第 32 条第 3 款规定,出资人未在公司登记机关登记的,不得对抗第三人。但在名义股东与实际出资人就股东资格发生争议时,名义股东并不属于此处的"第三人",所以名义股东不得以该登记否认实际出资人的合同权利。

因此,《公司法解释(三)》规定:"实际出资人与名义股东因投资权益的归属发生争议,实际出资人以其实际履行了出资义务为由向名义股东主张权利的,人民法院应予支持。名义股东以公司股东名册记载、公司登记机关登记为由否认实际出资人权利的,人民法院不予支持。"

在实际出资人与名义股东间,实际出资人的投资权益应当依双方合同确定并依法保护。但如果实际出资人请求公司变更股东、签发出资证明书、记载于股东名册、记载于公司章程并办理公司登记机关登记等,此时实际出资人的要求就已经突破了前述双方合同的范围,实际出资人将从公司外部进入公司内部,成为公司的成员。此种情况,在有限责任公司的情形下,应当参照《公司法》第 71 条第 2 款规定,即有限责任股东向股东以外的人转让股权,应当经其他股东过半数同意。因此,《公司法解释(三)》规定:"实际出资人未经公司其他股东半数以上同意,请求公司变更股东、签发出资证明书、记载于股东名册、记载于公司章程并办理公司登记机关登记的,人民法院不予支持。"

《公司法》规定股东姓名或名称未在公司登记机关登记的,不得对抗第三人。所以第三人凭借对登记内容的信赖,一般可以合理地相信登记的股东(名义股东)就是真实的股东,可以接受该名义股东对股权的处分,实际出资人不能主张处分行为无效。但是实践中,有的情况下名义股东虽然是登记记载的股东,但第三人明知该股东不是真实的股东,股权应归属于实际出资人,在名义股东向第三人处分股权后如果仍认定该处分行为有效,实际上就助长了第三人及名义股东的不诚信行为。所以,实际出资人主张处分股权行为无效的,应按照《民法典》第311条规定的善意取得制度处理,即登记的内容构成第三人的一般信赖,第三人可以以登记的内容来主张其不知道股权归属于实际出资人,并进而终局地取得该股权。但实际出资人可以举证证明第三人知道或应当知道该股权归属于实际出资人。一旦证明,该第三人就不构成善意取得,处分股权行为的效力就应当被否定,其也就不能终局地取得该股权。

当然,在第三人取得该股权后,实际出资人基于股权形成的利益就不复存在,其可以要求作出处分行为的名义股东承担赔偿责任。

《公司法解释(三)》规定:“名义股东将登记于其名下的股权转让、质押或者以其他方式处分,实际出资人以其对于股权享有实际权利为由,请求认定处分股权行为无效的,人民法院可以参照《民法典》第311条的规定处理。名义股东处分股权造成实际出资人损失,实际出资人请求名义股东承担赔偿责任的,人民法院应予以支持。”

在实践中,原股东转让股权后,由于种种原因,股权所对应的股东名称未及时在公司登记机关进行变更,此时原股东又将该股权再次转让。这种情况下,第三人凭借对既有登记内容的信赖,一般可以合理地相信登记的股东(原股东)就是真实的股东,可以接受该股东对股权的处分,未登记记名的受让股东不能主张处分行为无效。但是,当确有证据证明第三人在受让股权时明知原股东已不是真实的股东,股权权属已归于受让股东,在原股东向该第三人处分股权后如果仍认定该处分行为有效,同样也会助长第三人及原股东的不诚信行为,这也是应当避免的。所以受让股东主张处分股权行为无效的,也应按照《民法典》第311条规定的善意取得制度来处理。

如果没有证据证明第三人知道上述情形,那么第三人可以取得该股权,受让股东的股权利益也不存在了,其可以要求原股东承担赔偿责任。而且,受让股东受让股权后之所以未及时在公司登记机关办理变更登记,常常是由于公司的管理层(如董事、高管人员)或实际控制人等未及时代表公司向登记机关申请且提供相应材料而造成,此时,该类人员对受让股东的损失也有过错,应当对受让股东承担相应的赔偿责任。受让股东有过失的,可以减轻上述人员的责任。

如未经他人同意,冒用他人名义出资并将该他人作为股东在公司登记机关登记的,则冒名登记行为人应当承担相应责任,被冒名者并不需要承担任何责任。

四、股东权利与义务

(一) 股东权利

1. 股东权利的概念

股东权利是指股东向公司出资或认购股份而对公司享有的权利,也称之为股东权或股权。股东权与公司法人财产权既有联系,又相区别。二者是公司成立之后分别由股东和公司各自享有的法定权利,各自权利的内容依据法律和公司章程而确定,相互具有排他性。股东可以通过行使股东权对公司管理者进行选择、决定公司重大事项、提出质询等,从而影响公司法人财产权的行使;公司也可以通过法人财产权的行使满足股东的利益要求,拒绝股东对公司经营管理活动的直接干预和不正当行为。

2. 股东权利的分类

依据不同的标准,可以对股东权进行不同的分类,主要有以下四类。

(1) 自益权和共益权。这是以股东权行使的目的是涉及股东个人利益还是全体股东共同利益为标准进行的分类。自益权是股东仅以个人利益为目的而行使的权利,即依法从公司取得利益、财产或处分自己股权的权利,主要为股利分配请求权、剩余财产分配权、新股认购优先权、股份质押权和股份转让权等。

共益权是股东依法参加公司事务的决策和经营管理的权利,它是股东基于公司利益同时兼为自己的利益而行使的权利,如股东大会参加权、提案权、质询权,在股东大会上的表决权、累积投票权,股东大会召集请求权和自行召集权,了解公司事务、查阅公司账簿和其他文件的知情权,提起诉讼权等权利。

(2) 单独股东权和少数股东权。这是按股权行使的条件不同进行的分类。单独股东权是每一单独股份均享有的权利,即只持有一股股份的股东也可以单独行使的权利,如自益权、表决权等;少数股东权是指须单独或共同持有占股本总额一定比例以上股份方可行使的权利,如请求召开临时股东会的权利等。

(3) 固有权和非固有权,又称法定股东权和非法定股东权。这是按股东权的重要程度、是否可由公司章程或股东大会决议加以限制或剥夺进行的分类。固有权是指股东依法享有、只能由其自愿放弃,不允许由公司章程或股东大会决议加以限制或剥夺的股东权利,一般共益权和特别股东权均属固有权。非固有权是指法律允许由公司章程或股东大会决议加以限制或剥夺的股东权利,如自益权中的一部分便为非固有权。

(4) 普通股东权和特别股东权。这是按照发行股份的不同性质进行的分类。普通股东权是指普通股股东所享有的权利;特别股东权是指特别股股东所享有的特别权利,如优先股股东所享有的各种优先权利。

3. 股东权利的内容

《公司法》第 4 条规定,公司股东依法享有资产收益、参与重大决策和选择管理者等权利,这是一种概括式的规定。实际上,有关股东权利的内容散见于《公司法》的相关条文之中,归纳主要有以下方面。

(1) 表决权。股东通过亲自出席或者委托代理人出席股东(大)会,对会议议决事项有表示同意或者表示不同意的权利。除优先股股东外,这是股东固有的权利。股东行使表决权时,一般是按照一股一票或者按照出资比例行使表决权。对于议决事项,一般按照代表多数股份或者多数出资额股东出席,并经过出席股份或者出资额多数通过为原则,公司法未对股东出席股东(大)会的具体人数作出规定。除章程另有规定外,一般事项的决议按简单多数通过为原则,特别事项的决议以绝对多数通过为原则。但是,在法律有规定的情况下,股东的表决权会受到一定的限制。如:《公司法》第 103 条第 1 款规定:“股东出席股东大会会议,所持每一股份有一票表决权。但是,公司持有的本公司股份没有表决权。”《公司法》第 16 条也规定,当公司为公司股东或者实际控制人提供担保时,必须经股东会或者股东大会决议,该股东或者受实际控制人支配的股东不得参加规定事项的表决。

(2) 选举权和被选举权。股东有权通过股东(大)会选举公司的董事或者监事,也有权在符合法定任职资格的条件下,被选举为公司的董事或者监事。为了保护中小股东的利益,《公司法》在股份有限公司中采用了累积投票制。《公司法》第 105 条规定:“公司股东大会选举董事、监事,可以根据公司章程的规定或者股东大会的决议,实行累积投票制。”累积投票制是指公司股东大会选举董事或者监事时,有表决权的每一股份拥有与应选董事或者监事人数相同的表决权,股东拥有的表决权可以集中使用。这就增加了中小股东选出代表其利益的董事、监事的机会。

(3) 依法转让出资额或者股份的权利。法律禁止股东出资获得公司股权后从公司抽逃投入资产,但允许股东为了转移投资风险或者收回投资并获得相应的利益而转让其出资或者股份。

(4) 知情权。股东有获取公司信息的权利。为此,《公司法》第 33 条规定,有限公司“股东有权查阅、复制公司章程、股东会会议记录、董事会会议决议、监事会会议决议和财务会计报告。股东可以要求查阅公司会计账簿”。《公司法》第 97 条规定，股份有限公司股东有权查阅公司章程、股东名册、公司债券存根、股东大会会议记录、董事会会议决议、监事会会议决议、财务会计报告。为了避免有限责任公司的股东滥用查阅权而影响公司的正常经营活动，防止股东泄露公司商业机密而损害公司的利益，《公司法》对有限责任公司的股东查阅公司会计账簿有一定的限制。《公司法》第 33 条规定，查阅股东应当向公司提出书面请求，说明目的。公司有合理根据认为股东查阅会计账簿有不正当目的，可能损害公司合法利益的，可以拒绝提供查阅，并应当自股东提出书面请求之日起 15 日内书面答复股东并说明理由。当公司拒绝提供查阅时，股东可以请求人民法院要求公司提供查阅。

法条链接(3-1)

《公司法解释(四)》第8条

(5) 建议和质询权。《公司法》规定，股份有限公司的股东有权对公司的经营提出建议和质询，股东会或者股东大会要求董事、监事、高级管理人员列席会议的，董事、监事、高级管理人员应当列席并接受股东质询。

(6) 新股优先认购权。公司发行新股时，股东有权以确定的价格按照持股比例优先购买公司所发行的新股。这种优先只是认购优先，而不是发行价格或其他条件上的优惠或者享有某种特殊权利。《公司法》第 34 条规定，股东按照实缴的出资比例分取红利；公司新增资本时，股东有权优先按照实缴的出资比例认缴出资。但是，全体股东约定不按照出资比例分取红利或者不按照出资比例优先认缴出资的除外。《公司法》第 133 条规定，公司发行新股时，股东大会应当对“向原有股东发行新股的种类及数额”事项作出决议。这表明，在有限责任公司中，股东有新股优先认购权，除非全体股东约定放弃；在股份有限公司中，股东则没有新股优先认购权，除非股东大会在发行新股时通过向原股东配售新股的决议。

(7) 股利分配请求权。股东有权按照出资比例或者股份比例请求分得股利。但是，《公司法》第 34 条规定，有限责任公司的全体股东可以约定不按照出资比例分取红利的除外。这也是尊重当事人自由意志的体现。

(8) 提议召开临时股东(大)会的权利。股东认为有必要时，有权提议召开临时会议。《公司法》规定，有限责任公司有代表 1/10 以上表决权的股东，可以提议召开临时股东会会议；股份有限公司有单独或者合并持有公司 10%以上股份的股东，有权请求召开临时股东大会。

(9) 临时提案权。《公司法》规定，股份有限公司有单独或者合计持有公司 3%以上股份的股东，可以在股东大会召开 10 日前提出临时提案并书面提交董事会；董事会应当在收到提案后 2 日内通知其他股东，并将该临时提案提交股东大会审议。临时提案的内容应当属于股东大会职权范围，并有明确议题和具体决议事项。

(10) 异议股东股份回购请求权。这是指股东(大)会作出对股东利害关系将产生实质性影响的决议时，对该决议有异议的股东，有权要求公司以公平价格回购其所持出资额或者股份，从而退出公司。《公司法》规定，有限责任公司的股东在出现下列情形之一时，对股东会该项决议投反对票的股东，可以请求公司按照合理的价格收购其股权：① 公司连续 5 年不向股东分配利润，而公司连续 5 年盈利，并符合《公司法》规定的分配利润条件的；② 公司合并、分立、转让主要财产的；③ 公司章程规定的营业期限届满或者章程规定的其他解散事由出现，股东会会议通过决议修改章程使公司存续的。

股份有限公司异议股东股份回购请求权只是限于股东大会作出的公司合并、分立决议持异议的情形。

(11) 申请法院解散公司的权利。《公司法》规定，公司经营管理发生严重困难，继续存续会使股东利益受到重大损失，通过其他途径不能解决的，持有公司全部股东表决权 10%以上的股东,可以请求人民法院解散公司。

(12) 公司剩余财产的分配请求权。公司终止后,向其全体债权人清偿债务之后尚有剩余财产的,股东有权请求分配。

此外,股东还有召集和主持股东(大)会、向人民法院提起诉讼等权利。

4. 股东权利的滥用禁止

根据《公司法》第20条的规定,公司股东应当遵守法律、行政法规和公司章程,依法行使股东权利,不得滥用股东权利损害公司或者其他股东的利益。公司股东滥用股东权利给公司或者其他股东造成损失的,应当依法承担赔偿责任。

《公司法》规定,公司的控股股东、实际控制人、董事、监事、高级管理人员不得利用其关联关系损害公司利益,违反规定给公司造成损失的,应当承担赔偿责任。所谓控股股东,是指其出资额占有限责任公司资本总额50%以上或者其持有的股份占股份有限公司股本总额50%以上的股东;出资额或者持有股份的比例虽然不足50%,但依其出资额或者持有的股份所享有的表决权已足以对股东会或者股东大会的决议产生重大影响的股东。实际控制人,是指虽不是公司的股东,但通过投资关系、协议或者其他安排,能够实际支配公司行为的人。关联关系,是指公司控股股东、实际控制人、董事、监事、高级管理人员与其直接或者间接控制的企业之间的关系以及可能导致公司利益转移的其他关系。但是,国家控股的企业之间不仅仅因为同受国家控股而具有关联关系。

5. 股东权益的保护

公司股东针对侵害自己或公司利益的行为,依法享有提起诉讼的权利。如表3-1所示,股东可通过直接诉讼和间接诉讼来维护合法权益。

表3-1 股东诉讼

<table>
<tr><th>类别</th><th colspan="2">内容</th></tr>
<tr><td rowspan="4">股东代表诉讼</td><td rowspan="3">本公司董事、监事、高级管理人员给公司造成损失</td><td>(1) 董事、高级管理人员给公司造成损失,有限责任公司股东、股份有限公司连续180日以上单独或者合计持有公司1%以上股份的股东通过监事会或者监事提起诉讼。根据《〈公司法〉解释(四)》规定,应当列公司为原告,依法由监事会主席或者不设监事会的有限责任公司的监事代表公司进行诉讼</td></tr>
<tr><td>(2) 监事给公司造成损失,有限责任公司股东、股份有限公司连续180日以上单独或者合计持有公司1%以上股份的股东通过董事会或者执行董事提起诉讼。根据《〈公司法〉解释(四)》规定,应当列公司为原告,依法由董事长或者执行董事代表公司进行诉讼</td></tr>
<tr><td>(3) 股东直接提起诉讼,适用于(1)、(2)拒绝提起诉讼,或者自收到请求之日起30日内未提起诉讼,或者情况紧急、不立即提起诉讼将会使公司利益受到难以弥补的损害的情形。根据《〈公司法〉解释(四)》规定,应当列公司为第三人参加诉讼</td></tr>
<tr><td>他人给公司造成损失</td><td>请求监事会或者监事、董事会或者董事向人民法院提起诉讼,或者股东直接向人民法院提起诉讼。根据《〈公司法〉解释(四)》规定,应当列公司为原告,依法由董事长或者执行董事代表公司进行诉讼</td></tr>
<tr><td>股东直接诉讼</td><td colspan="2">公司董事、高级管理人员违反法律、行政法规或者公司章程的规定,损害股东利益的,股东可以依法向人民法院提起诉讼</td></tr>
</table>

(1) 股东代表诉讼

股东代表诉讼,也称股东间接诉讼,是指当董事、监事、高级管理人员或者他人的违反法律、行政法规或者公司章程的行为给公司造成损失,公司拒绝或者怠于向该违法行为人请求损害赔偿时,具备法定资格的股东有权代表其他股东,代替公司提起诉讼,请求违法行为人赔偿公司损失的行为。股东代表诉讼的目的,是为了保护公司利益和股东的共同利益,而不仅仅是个别股东的利益。为保护个别股东利益而进行的诉讼是股东直接诉讼。

根据侵权人身份的不同与具体情况的不同，提起股东代表诉讼有以下几种程序。

① 股东对公司董事、监事、高级管理人员给公司造成损失行为提起诉讼的程序。按照《公司法》的规定，公司董事、监事、高级管理人员执行公司职务时违反法律、行政法规或者公司章程的规定，给公司造成损失的，应当承担赔偿责任。为了确保责任者真正承担相应的赔偿责任，《公司法》对股东代表诉讼做了如下规定：

a. 股东通过监事会或者监事提起诉讼。公司董事、高级管理人员执行公司职务时违反法律、行政法规或者公司章程的规定，给公司造成损失的，有限责任公司的股东、股份有限公司连续180日以上单独或者合计持有公司1%以上股份的股东，可以书面请求监事会或者不设监事会的有限责任公司的监事向人民法院提起诉讼。

b. 股东通过董事会或者董事提起诉讼。监事执行公司职务时违反法律、行政法规或者公司章程的规定，给公司造成损失的，有限责任公司的股东、股份有限公司连续180日以上单独或者合计持有公司1%以上股份的股东，可以书面请求董事会或者不设董事会的有限责任公司的执行董事向人民法院提起诉讼。

c. 股东直接提起诉讼。监事会、不设监事会的有限责任公司的监事，或者董事会、执行董事收到上述股东的书面请求后拒绝提起诉讼，或者自收到请求之日起30日内未提起诉讼，或者情况紧急、不立即提起诉讼将会使公司利益受到难以弥补的损害的，有限责任公司的股东、股份有限公司连续180日以上单独或者合计持有公司1%以上股份的股东，有权为了公司的利益以自己的名义直接向人民法院提起诉讼。

② 股东对他人给公司造成损失行为提起诉讼的程序。公司董事、监事、高级管理人员以外的他人侵犯公司合法权益，给公司造成损失的，有限责任公司的股东、股份有限公司连续180日以上单独或者合计持有公司1%以上股份的股东可以书面请求监事会或者监事、董事会或者董事向人民法院提起诉讼，或者直接向人民法院提起诉讼。提起诉讼的具体程序，依照上述股东对公司董事、监事、高级管理人员给公司造成损失行为提起诉讼的程序进行。

需要说明的是，《证券法》第44条、第94条对股东代表诉讼作了相应的规定。

《证券法》第44条规定，上市公司、股票在国务院批准的其他全国性证券交易场所交易的公司持有5%以上股份的股东、董事、监事、高级管理人员，将其持有的该公司的股票或者其他具有股权性质的证券（包括其配偶、父母、子女持有的及利用他人账户持有的股票或者其他具有股权性质的证券）在买入后6个月内卖出，或者在卖出后6个月内又买入，由此所得收益归该公司所有，公司董事会应当收回其所得收益。公司董事会不按照前述规定执行的，股东有权要求董事会在30日内执行。公司董事会未在上述期限内执行的，股东有权为了公司的利益以自己的名义直接向人民法院提起诉讼。

《证券法》第94条规定，投资者保护机构对损害投资者利益的行为，可以依法支持投资者向人民法院提起诉讼。发行人的董事、监事、高级管理人员执行公司职务时违反法律、行政法规或者公司章程的规定给公司造成损失，发行人的控股股东、实际控制人等侵犯公司合法权益给公司造成损失，投资者保护机构持有该公司股份的，可以为公司的利益以自己的名义向人民法院提起诉讼，持股比例和持股期限不受《公司法》规定的限制。

（2）股东直接诉讼

这是指股东对董事、高级管理人员损害股东利益行为提起的诉讼。《公司法》规定，公司董事、高级管理人员违反法律、行政法规或者公司章程的规定，损害股东利益的，股东可以依法向人民法院提起诉讼。

此外,为保护股东权益,《公司法》规定,公司股东会或股东大会、董事会的决议内容违反法律、行政法规的无效。股东会或股东大会、董事会的会议召集程序、表决方式违反法律、行政法规或者公司章程,或者决议内容违反公司章程的,股东可以自决议作出之日起60日内,请求人民法院撤销。股东据此规定提起诉讼的,人民法院可以应公司的请求,要求股东提供相应担保。

(二) 股东义务

股东义务主要有以下三个方面。

1. 出资义务,即按照法律和公司章程的规定,向公司按期足额缴纳出资。股东违反出资义务可能导致其股东权利受限甚至丧失股东资格。首先,公司有权通过章程或者股东(大)会决议对该类股东的利润分配请求权、新股优先认购权、剩余财产分配请求权等权利予以限制。其次,有限责任公司股东"未履行出资义务或者抽逃全部出资,经公司催告缴纳或者返还,其在合理期间内仍未缴纳或者返还出资",公司可以通过股东会决议"解除该股东的股东资格"。最后,如果公司章程或者股东(大)会决议对股东权利设置限制,法院可能在个案判决中认定未出资或出资不足之股东的股东权利应受限制。

2. 善意行使股权的义务。这项义务的主要含义是:股东不得滥用其权利。《公司法》第20条规定,公司股东应当遵守法律、行政法规和公司章程,依法行使股东权利,不得滥用股东权利损害公司或者其他股东的利益。公司股东滥用股东权利给公司或者其他股东造成损失的,应当依法承担赔偿责任。这是关于股东不得滥用权利的一般条款。某种行为是否属于滥用股东权利,须根据上述一般条款,依个案情节认定。

3. 公司出现解散事由后,股东有组织清算的义务。公司出现解散或者破产事由时应启动清算程序。清算的主要任务是,终结公司营业,清理财产,清偿债务,分配剩余财产。清算程序的结果是公司法人资格消灭。公司因破产而依《企业破产法》清算,为破产清算。因解散而依《公司法》清算,为非破产清算。公司出现解散事由后,应在规定时间内组织清算;有限责任公司股东直接组成清算组,股份有限公司的清算组由董事组成或者由股东大会确定的人员组成。有限责任公司股东、股份有限公司控股股东,未依法启动清算,损害债权人利益的,应承担相应的民事责任。破产清算自法院裁定宣告公司破产时开始,在法院控制之下,由破产管理人实施,公司股东无权参与。

五、公司法概述

(一) 公司法的概念

公司法是规定公司法律地位、调整公司组织关系、规范公司在设立、变更与终止过程中的组织行为的法律规范的总称。公司法的概念有广义与狭义之分。狭义的公司法,仅指专门调整公司问题的法典,如《公司法》。广义的公司法,除包括专门的公司法典外,还包括其他有关公司的法律、法规、行政规章、司法解释以及其他各法之中的调整公司组织关系、规范公司组织行为的法律规范,如《公司登记管理条例》《民法典》等法律规范中的相关规定。

《公司法》于1993年制定,历经修改,新《公司法》于2018年10月26日起施行。

(二) 公司法的特征

公司法是组织法与行为法的结合,在调整公司组织关系的同时,也对与公司组织活动有关的行为加以调整,如公司股份的发行和转让等,其组织法性质为公司法的本质特征。公司法规定公司的法律地位,规范股东之间、股东与公司之间的关系,调整公司的设立、变更与终止活动,规范公司内部组织机构的设置与运作,公司与其他企业间的控制关系以及法律责任等。

第二节　公司法的基本制度

一、公司的设立

公司设立，是指设立人依《公司法》规定在公司成立之前为组建公司进行的，目的在于取得公司主体资格的活动。

(一) 公司的设立与成立

公司的成立是指已经具备了法律规定的实质要件，完成设立程序、由主管机关发给营业执照而取得公司主体资格的一种法律事实。公司的成立与设立的区别主要有以下五点。

(1) 发生阶段不同。公司的设立和成立是取得公司主体资格过程中一系列连续行为的两个不同阶段：设立行为发生于营业执照颁发之前；成立则发生于被依法核准登记、签发营业执照之时。实质上，公司的成立是设立行为被法律认可后依法存在的一种法律后果。

(2) 行为性质不同。设立行为以发起人的意思表示为要素，受平等、自愿、诚实信用等民商法基本原则的指导。而公司的成立以主管机关发给营业执照为要素，发生在发起人与主管登记机关之间。

(3) 法律效力不同。公司在被核准登记之前，被称为设立中的公司，此时的公司尚不具备独立的主体资格，其内、外部关系一般被视为合伙。因此，在设立阶段的行为，如果公司最终未被核准登记，设立行为的后果类推适用有关合伙的规定，由设立人对设立行为负连带责任；如果公司被核准登记，发起人为设立所实施的法律行为，其后果原则上归属于公司。公司的成立则使公司成为独立的主体，公司成立后所实施行为的后果原则上由公司承担。

(4) 行为人不同。公司设立的当事人主要是发起人和认股人，而公司成立的当事人主要是申请人和有权批准成立的政府机关。

(5) 解决争议的依据不同。公司设立过程中，一般依发起人之间订立的设立协议来解决发起人之间的争议；但关于公司是否成立的争议，一般依据有关行政法规来解决。

(二) 公司设立的原则

公司设立的原则是指公司设立的基本依据及基本方式。概括而言，从罗马社会到近代工业社会，公司的设立先后经历了自由设立、特许设立、核准设立、单纯准则设立和严格准则设立等设立原则。

(1) 自由主义。又称放任主义，是指公司的设立依照事实而存在，而不是依法创设。不需要任何条件，也不必经过许可批准，是否设立、设立何种公司、怎样设立完全由设立人自由为之。

(2) 特许主义。特许主义是指公司成立须经由国家元首颁布命令，或基于立法机关立法予以特许。

(3) 核准主义。又称行政许可主义，是指公司的设立，必须依照法律，经国家主管机关批准。

(4) 准则主义。又称审批准则主义，是指公司设立的必要条件，由法律作出规定，凡具备法定条件的，不必经过国家主管机关批准，就可以设立公司。

(5) 严格准则主义。此原则是相对于单纯准则设立原则而言的，是对单纯准则设立原则的进一步完善。一方面用法律严格规定设立公司的条件和加重设立人的责任，另一方面加强法院和行政机关对公司的外部监督。

我国现行的公司设立原则是严格准则设立主义和核准设立主义的结合：一般有限责任公司、股份有限公司的设立采用严格准则设立主义；涉及国家安全、国计民生的特定行业、项目，采用核准设立主义原则。

(三) 公司设立的方式

公司设立的方式有发起设立和募集设立两种。

1. 发起设立

发起设立,是指由发起人认购应发行的全部股份而设立公司,原则上适用于任何公司。股份有限公司的设立既可以采取发起方式,也可采取募集方式。

2. 募集设立

募集设立,是指发起人认购公司应发行股份的一部分,其余部分向社会公开募集而设立公司。我国只有股份有限公司可采用此种设立方式。《公司法》规定,以募集设立方式设立股份有限公司的,发起人认购的股份不得少于公司股份总数的35%,其余股份应当向社会公开募集。

(四) 公司设立登记的机关

公司登记是指公司在设立、变更、终止时,依法在公司注册登记机关由申请人提出申请,主管机关审查无误后予以核准并记载法定登记事项的行为。公司登记须在国家规定的公司注册登记机关进行。依《公司登记管理条例》及相关法律文件的规定,我国的公司登记机关是国家市场监督管总局和地方各级市场监督管理局。

关于公司设立的条件、程序和效力将在本章的有限责任公司、股份有限公司两节分别做具体阐述,此处不赘述。

二、公司的名称和住所

(一) 公司的名称

公司名称是表示公司性质或特点并与其他公司相区别的标志。

根据《公司法》和《企业名称登记管理规定》及实施办法,我国的公司名称由以下部分组成。

(1) 公司类别:《公司法》第8条规定,公司名称中应标明"有限责任公司"或"股份有限公司"字样。

(2) 公司注册机关所在地的行政区划。如某市市场监督管理局注册,其名称中应包含"××市",但经国家市场监督管理总局核准,下列公司的名称可以不冠以公司注册地的行政区划:① 历史悠久,字号驰名的公司;② 经外商投资的有限责任公司;③ 可以申请在企业名称中使用"中国"、"中华"或者"国际"字样的全国性公司等。

(3) 公司所属行业或经营特点,如"××食品××公司"。

(4) 字号,即公司相互区别的文字符号。如"同仁堂"就属字号。

例如:"浙江康恩贝制药股份有限公司"是一个完整的公司名称。其中,公司类别是股份有限公司,行政区划是浙江,字号是康恩贝,公司所属行业是制药产业。

(二) 公司的住所

依照《公司法》第10条的规定,公司的住所是其主要办事机构所在地。公司住所是公司注册登记的事项之一。确定公司住所的主要法律意义有:

(1) 在民事诉讼中,可根据住所地来确定地域管辖,并作为确定文书送达的住所;

(2) 住所可作为确定债务履行地的依据;

(3) 住所是确定公司行政管辖机关的依据。

三、公司资本

(一) 概述

公司资本，又称股本或股份资本，是公司章程规定的，由股东出资构成的财产总额，它不同于公司资产。公司资本具有以下特征：(1) 公司资本仅指来源于全体股东出资构成的那部分公司资本，是股东对于公司的投资，具体表现为法律允许的货币、实物、知识产权、土地使用权等若干种形式。(2) 公司资本的数额是由公司章程规定，并经注册登记后确定的；(3) 公司资本的所有权归属于公司法人，而非公司股东。除非公司法人解散，否则公司可以无限期地拥有并使用这些财产。(4) 它是公司法人对外承担民事责任的财产担保。公司如果资不抵债，股东不承担大于公司资本的清偿责任。(5) 公司资本若欲变动其数额，须履行严格的法定增资或减资程序。

公司资本在公司存在及营运的整个过程中扮演着极其重要的角色。对公司而言，它既是公司获取独立人格的必备要件，又是公司得以营运和发展的物质基础；对股东而言，它既是股东出资和享有相应权益的体现，又是股东对公司承担有限责任的物质基础；对债权人而言，它是公司债务的总担保，是债权人实现其债权的重要保障。

为保证交易安全、维护债权人的利益，大陆法系国家的公司法确认了公司资本三原则，即资本确定原则、资本维持原则和资本不变原则。《公司法》的诸多规定体现了公司资本三原则。

(二) 股东出资制度

股东出资是指股东(包括发起人和认股人)在公司设立或者增加资本时，为取得股份或股权，根据协议的约定以及法律和章程的规定向公司交付财产或履行其他给付义务。出资是股东最基本最重要的义务，这种义务既是一种约定义务，同时也是一种法定义务。

1. 股东出资的形式

《公司法》第 27 条规定："股东可以用货币出资，也可以用实物、知识产权、土地使用权等可以用货币估价并可以依法转让的非货币财产作价出资；但是，法律、行政法规规定不得作为出资的财产除外。"除了货币以外，作为股东出资的财产须符合以下三个条件：(1) 可估价性；(2) 可转让性；(3) 法律不禁止。如股权、债权、采矿权等可作为非货币的出资方式。依据现行法规，股东或者发起人不得以劳务、信用、自然人姓名、商誉、特许经营权或者设定担保的财产等作价出资。

(1) 货币出资

货币出资是法律关系最为简单、当事人间最少发生争议和纠纷的出资形式，只要当事人按约定的金额和时间将货币交付与公司或汇入公司的设立账户，出资义务即为履行。

(2) 实物出资

实物出资即以民法上的物出资，包括房屋、车辆、设备、原材料、成品或半成品等。用于出资的实物首先应具有财产价值，因而才可能进行出资额和资本额的界定。其次，出资的实物可以是公司经营所需。

出资人以不享有处分权的财产出资，当事人之间对于出资行为效力产生争议的，人民法院可以参照《民法典》第 311 条关于无权处分的相关规定予以认定。

(3) 知识产权出资

包括著作权与工业产权，后者出资主要是指以商标权和专利权出资，也可以将服务标记、厂商名称出资，货源标记、原产地名称不能作为出资。工业产权属于无形资产，无论是专利权、商标权，还是其他工业产权，都具有其本身的财产价值。

(4) 土地使用权出资

在我国，土地使用权出资须满足以下法律要求：① 土地的出资是使用权的出资，而不是所有权的出资。② 依照《民法典》第 342 条、第 353 条的规定,通过招标、拍卖、公开协商等方式承包农村土地并经依法登记取得权属证书的农村土地承包经营权和建设用地使用权可以用于出资。③ 用于出资的土地使用权只能是出让土地的使用权或未设权利负担的土地使用权,出资人如果以划拨土地使用权出资,或者以设定权利负担的土地使用权出资,公司、其他股东或者公司债权人主张认定出资人未履行出资义务的,人民法院应当责令当事人在指定的合理期间内办理土地变更手续或者解除权利负担;逾期未办理或者未解除的,人民法院应当认定出资人未依法全面履行出资义务。

(5) 股权出资

出资人以其他公司股权出资的,该股权应当权属清楚、权能完整、依法可以转让。符合下列条件的,人民法院应当认定出资人已履行出资义务:① 出资的股权由出资人合法持有并依法可以转让;② 出资的股权无权利瑕疵或者权利负担;③ 出资人已履行关于股权转让的法定手续;④ 出资的股权已依法进行了价值评估。

股权出资不符合①、②、③项的规定,公司、其他股东或者公司债权人请求认定出资人未履行出资义务的,人民法院应当责令该出资人在指定的合理期间内采取补正措施,以符合上述条件;逾期未补正的,人民法院应当认定其未依法全面履行出资义务。

实践中,还应注意以下问题:出资人以非货币财产出资,未依法评估作价,公司、其他股东或者公司债权人请求认定出资人未履行出资义务的,人民法院应当委托具有合法资格的评估机构对该财产评估作价。评估确定的价额显著低于公司章程所定价额的,人民法院应当认定出资人未依法全面履行出资义务。

出资人以房屋、土地使用权或者需要办理权属登记的知识产权等财产出资,已经交付公司使用但未办理权属变更手续,公司、其他股东或者公司债权人主张认定出资人未履行出资义务的,人民法院应当责令当事人在指定的合理期间内办理权属变更手续;在前述期间内办理了权属变更手续的,人民法院应当认定其已经履行了出资义务;出资人可以主张自其实际交付财产给公司使用时享有相应股东权利。同时,出资人以前述规定的财产出资,已经办理权属变更手续但未交付给公司使用,公司或者其他股东可以主张其向公司交付,并在实际交付之前不享有相应股东权利。

出资人以符合法定条件的非货币财产出资后,因市场变化或者其他客观因素导致出资财产贬值,公司、其他股东或者公司债权人不应请求该出资人承担补足出资责任。但是,当事人另有约定的除外。

2. 出资的价值评估

对作为出资的非货币财产应当评估作价,核实财产,不得高估或者低估作价。法律、行政法规对评估作价有规定的,从其规定。土地使用权的评估作价,依照法律、行政法规的规定办理。土地使用权的价格由县级以上人民政府土地管理部门组织评估并报县级以上人民政府审核批准。国有资产评估,必须报同级国有资产管理行政主管部门确认资产评估结果。

3. 出资的履行

针对不同出资的特点,《公司法》规定了不同的履行出资的方式。

(1) 股东应当按期足额缴纳公司章程中规定的各自所认缴的出资额。股东以货币出资的,应当将货币出资足额存入有限责任公司在银行开设的账户;以非货币财产出资的,应当依法办理其财产权的转移手续。股东不按照前述规定缴纳出资的,除应当向公司足额缴纳外,还应当向已按期足额缴纳出资的股东承担违约责任。

(2) 以发起设立方式设立股份有限公司的,发起人应当书面认足公司章程规定其认购的股份,并按照公司章程规定缴纳出资。以非货币财产出资的,应当依法办理其财产权的转移手续。

发起人不依照前述规定缴纳出资的，应当按照发起人协议承担违约责任。

承担资产评估、验资或者验证的机构应当依法进行资产评估、验资或提供验证证明，如果提供虚假材料或者因过失提供有重大遗漏的报告的，应当依法承担相应的法律责任。因承担资产评估、验资或者验证的机构出具的评估结果、验资或者验证证明不实，给公司债权人造成损失的，除了能够证明自己没有过错之外，在其评估或者证明不实的金额范围内承担赔偿责任。

4. 股东出资责任

股东出资责任是指股东违反出资义务的法律后果。股东必须依法履行出资义务，违反出资义务的行为，在公司成立之前，属合同法上的违约行为，已足额交纳出资的股东可采取违约救济手段，并就其自身遭受的损失向未交纳出资的股东请求赔偿。在公司成立之后，则同时构成《公司法》上的违法行为和损害公司利益的行为，公司有权向其追究责任。公司法学理一般将股东的出资责任分为出资违约责任和资本充实责任。

(1) 出资违约责任

《公司法》规定，对股东出资违约责任的追究可以采取的救济手段主要有以下三种。

① 追缴出资。即公司对违反出资义务但仍有履行可能的股东要求其继续履行出资义务。经公司追缴，股东如仍不履行出资义务的，公司有权请求强制履行。追缴出资作为一种救济手段，常用于非货币出资的情形。

② 催告失权。又称失权程序，是指公司对于不履行出资义务的股东，可以催告其于一定期限内履行，逾期仍不履行的，即丧失或者限制其股东权利，其所认购的股份可另行募集。

依据《〈公司法〉司法解释(三)》的规定，有限责任公司的股东未履行出资义务或者抽逃全部出资，经公司催告缴纳或者返还，其在合理期间内仍未缴纳或者返还出资，公司可以股东会决议解除该股东的股东资格。股东未履行或者未全面履行出资义务或者抽逃出资，公司可以根据公司章程或者股东会决议对其利润分配请求权、新股优先认购权、剩余财产分配请求权等股东权利作出相应的合理限制。

③ 损害赔偿。股东的出资义务是一种债的义务，股东违反出资义务给公司和其他股东造成损失的，应承担损害赔偿责任。在公司成立的情况下，违反出资义务的股东应向公司承担损害赔偿责任，如果由于股东违反出资义务而导致公司不能成立或被撤销、解散的情况下，违约的股东应向其他守约的股东承担损害赔偿责任。

《〈公司法〉司法解释(三)》规定，股东未履行或者未全面履行出资义务，公司或者其他股东可以请求其向公司依法全面履行出资义务。

公司债权人可以请求未履行或者未全面履行出资义务的股东在未出资本息范围内对公司债务不能清偿的部分承担补充赔偿责任。未履行或者未全面履行出资义务的股东已经承担上述责任，其他债权人不应提出相同请求。

股东在公司设立时未履行或者未全面履行出资义务，依照上述规定提起诉讼的原告，可以请求公司的发起人与被告股东承担连带责任；公司的发起人承担责任后，可以向被告股东追偿。

股东在公司增资时未履行或者未全面履行出资义务，依照上述规定提起诉讼的原告，请求未尽公司法规定的忠实义务和勤勉义务而使出资未缴足的董事、高级管理人员承担相应责任的，人民法院应予支持；董事、高级管理人员承担责任后，可以向被告股东追偿。

公司债权人以登记于公司登记机关的股东未履行出资义务为由，请求其对公司债务不能清偿的部分在未出资本息范围内承担补充赔偿责任，股东不得以其仅为名义股东而非实际出资人为由进行抗辩。名义股东根据前述规定承担赔偿责任后，可以向实际出资人追偿。

(2) 资本充实责任

在股东不履行出资义务的情况下,《公司法》规定了资本充实责任,发起人既要对自己违反出资义务的行为承担出资责任,又要对公司资本的充实相互承担出资担保责任,通过在公司发起人之间建立起一种相互督促、相互约束的出资担保关系,达到资本充实的目的。需要说明的是,发起人股东的这一资本充实责任是法定责任,不得以发起人协议的约定、公司章程规定或股东会决议免除。资本充实责任具体可分为:

① 认购担保责任。即设立股份有限公司而发行股份的,如果其发行股份未被认购或认购后又取消的,则应由发起人共同认购。

② 缴纳担保责任。亦称出资担保责任,即股东虽认购股份但未缴纳股款或交付非现金出资标的,应由发起人承担连带缴纳股款或未交付的非现金出资财产价额的义务。公司发起人履行缴纳担保责任后,除非公司已对违反出资义务的股东采取了失权程序的救济手段外,其不能因此而取得代为履行部分的股权,而只能向违反出资义务的股东行使追偿权。

③ 差额填补责任。在公司成立时,如果出资的非货币财产价额显著低于章程所定价额时,发起人应对不足的差额部分承担连带填补责任。履行差额填补责任的发起人可向出资不实的股东行使求偿权。

根据《〈公司法〉司法解释(三)》的规定,公司成立后,公司、股东或者公司债权人以相关股东的行为符合下列情形之一且损害公司权益为由,请求认定该股东抽逃出资的,人民法院应予支持:① 制作虚假财务会计报表虚增利润进行分配;② 通过虚构债权债务关系将其出资转出;③ 利用关联交易将出资转出;④ 其他未经法定程序将出资抽回的行为。

公司的发起人、股东在公司成立后,抽逃其出资的,由公司登记机关责令改正,处以所抽逃出资金额5%以上15%以下的罚款。构成犯罪的,依法追究刑事责任。同时,公司或者其他股东可以请求抽逃出资的股东向公司返还出资本息,协助抽逃出资的其他股东、董事、高级管理人员或者实际控制人对此承担连带责任。公司债权人可以请求抽逃出资的股东在抽逃出资本息范围内对公司债务不能清偿的部分承担补充赔偿责任,协助抽逃出资的其他股东、董事、高级管理人员或者实际控制人对此承担连带责任。抽逃出资的股东已经承担上述责任,其他债权人不应提出相同请求。

第三人代垫资金协助发起人设立公司,双方明确约定在公司验资后或者在公司成立后将该发起人的出资抽回以偿还该第三人,发起人依照前述约定抽回出资偿还第三人后又不能补足出资,相关权利人可以请求第三人连带承担发起人因抽回出资而产生的相应责任。

有限责任公司的实际出资人与名义出资人订立合同,约定由实际出资人出资并享有投资权益,以名义出资人为名义股东,实际出资人与名义股东对该合同效力发生争议的,如无《民法典》规定的民事法律行为无效的情形,该合同有效。

上述规定的实际出资人与名义股东因投资权益的归属发生争议,实际出资人可以其实际履行了出资义务为由向名义股东主张权利。名义股东不应以公司股东名册记载、公司登记机关登记为由否认实际出资人权利。

实际出资人应经公司其他股东半数以上同意,请求公司变更股东、签发出资证明书、记载于股东名册、记载于公司章程并办理公司登记机关登记。

(三) 资本的增减

根据《公司法》的有关规定,我国按照资本确定、资本维持、资本不变三原则,要求公司必须保持注册资本的相对稳定,同时对公司增加或减少注册资本规定了具体的条件和程序。

1. 公司增加注册资本

公司增加注册资本是指在公司成立后，经权力机构决议，依法定程序在原有注册资本的基础上予以扩大，增加公司实有资本总额的法律行为。

有限责任公司增加注册资本的主要途径是股东增加出资，情况比较简单；股份有限公司可以通过发行新股来增加注册资本，也可以将公积金转为注册资本，情况比较复杂。下面主要介绍股份有限公司增加注册资本的程序和要求。

(1) 由股东大会作出决议。股份有限公司增加注册资本，应由董事会拟订增资方案并提交股东大会，由股东大会决议通过。

(2) 增量发行新股应符合法定条件。公司首次公开发行新股，应当符合下列条件：① 具备健全且运行良好的组织机构；② 具有持续经营能力；③ 最近 3 年财务会计报告被出具无保留意见审计报告；④ 发行人及其控股股东、实际控制人最近 3 年不存在贪污、贿赂、侵占财产、挪用财产或者破坏社会主义市场经济秩序的刑事犯罪；⑤ 经国务院批准的国务院证券监督管理机构规定的其他条件。上市公司发行新股，应当符合经国务院批准的国务院证券监督管理机构规定的条件，具体管理办法由国务院证券监督管理机构规定。

公开发行存托凭证的，应当符合首次公开发行新股的条件以及国务院证券监督管理机构规定的其他条件。

(3) 发行新股须进行审批。股东大会作出发行新股的决议后，董事会必须报国务院证券监督管理机构核准。

(4) 进行公告。公司经批准向社会公开发行新股时，必须公告新股招股说明书和财务会计报表及附表。

(5) 公积金转增资本。股份有限公司经股东大会决议将公积金转为资本时，按股东原有股份比例派送新股或增加每股面值。但用法定公积金转增资本时，所留存的该项公积金不得少于转增前公司注册资本的 25%。

(6) 变更登记。公司增加注册资本后，应依法向公司登记机关办理变更登记。

2. 公司减少注册资本

公司减少注册资本是指公司成立后，经权力机构决议，依法定程序使其注册资本在原有基础上进行削减的法律行为。其法定程序如下。

(1) 公司权力机构作出决议或决定。公司减少注册资本，在有限责任公司，须经代表 2/3 以上表决权的股东决议通过；在国有独资公司，必须由国有资产监督管理机构决定，其中，重要的国有独资公司的减资，由国有资产监督管理机构审核后，报本级人民政府批准。在股份有限公司，须经代表 2/3 以上表决权的股东决议通过。

(2) 编制表册。公司决议减少注册资本时，董事会必须编制资产负债表和财产清单。

(3) 通知和公告。应当注意的是，就增加注册资本这一事项，公司不必通知和公告债权人，但当公司减少其注册资本时，应当自作出减少注册资本决议之日起 10 日内通知已知债权人，并于 30 日内在报纸上公告。债权人自接到通知书之日起 30 日内，未接到通知书的自第一次公告之日起 45 日内，有权要求公司清偿债务或者提供相应的担保。

(4) 进行变更登记。公司减少注册资本时，公司章程原定的注册资本发生变化，须向原公司登记机关办理变更登记。办理登记时虚报注册资本的，责令改正，处以虚报注册资本金额 5%以上 15%以下的罚款。股份有限公司通过收购本公司股票的方式减少注册资本的，必须在 10 日内注销该部分股份，并依照法律、行政法规办理变更登记并公告。

四、公司章程

公司章程是规定公司的组织和行为的基本规则的重要文件,是由公司股东或发起人依法制定的。公司章程的记载事项分为:

第一,绝对必要事项,即每个公司章程都必须记载的事项。如公司名称、营业范围、资本总额、公司所在地等。对于绝对必要事项,缺少任何一项记载不合法,都会导致章程无效,而章程无效,会导致公司设立无效。

第二,相对必要事项,是指法律列举但由公司章程制定人选择记载于章程的事项。公司章程未记载该事项不影响章程的效力。如记载某一事项违法,也仅导致该事项无效。

第三,任意记载事项,是指法律并未规定但与公司营业有关,公司发起人决定将其记载于章程的事项。一旦记载,该事项发生效力。如记载违法,仅该事项无效,不导致章程无效。

公司章程应公开,公司章程的变更不得违反公司设立目的,必须经全体股东同意或者形成股东(大)会决议;公司章程变更后,必须及时办理变更登记手续,否则不得对抗善意第三人,同时,公司负责人应受处罚。

五、公司组织机构

公司组织机构是公司依法构建的,在公司经营活动中具有决策、执行和监督职能的公司机关的总和,一般包括股东(大)会、董事会、监事会。公司组织机构实际上是股东实现其盈利目的的重要工具,也是维系公司正常运营、实现公司盈利、保障股东和债权人权益的组织保障。

一般认为,股东(大)会是由公司全体股东组成的决定公司重大问题的最高权力机构,是股东表达其意志、利益和要求的主要场所和工具。

董事会是由董事组成的负责公司经营管理活动的合议制机构。作为合议制机构,公司的业务活动必须由全体董事组成的董事会议决议决定,任何一个董事都无权决定公司的事务,除非董事会授权。公司执行机构是指由公司高级职员组成的具体负责公司经营管理活动的一个执行性机构,其主要职责是贯彻执行董事会作出的决策。

为了防止公司董事、经理滥用权力,违反法律和公司章程,损害股东及公司的利益,客观上需要公司的监督机构对他们的活动及其组织的公司业务活动进行检查和监督。

不同的公司,其所处的环境和具备的条件不一,组织机构的构建也不相同。实践中,要根据实际情况,合理选择并构建适合于公司的组织机构。

《公司法》有关公司组织机构的规定,详见本章第三节、第四节有关组织机构的具体阐述,此处不赘述。

六、公司董事、监事、高级管理人员的资格和义务

(一) 董事、监事和高级管理人员的任职资格

《中华人民共和国公务员法》第 59 条规定,公务员不得违反有关规定从事或者参与营利性活动,在企业或者其他营利性组织中兼任职务。据此,公务员不能违规兼任公司的董事、监事及高级管理人员。

《公司法》第 146 条规定,下列人员不得担任公司的董事、监事和高级管理人员:(1) 无民事行为能力人或者限制民事行为能力人;(2) 因贪污、贿赂、侵占财产、挪用财产或者破坏市场经济秩序,被判处刑罚,执行期满未逾 5 年;(3) 担任破产清算的公司、企业的董事长或者厂长、经理,对该公司、企业的破产负有个人责任,自该公司、企业破产清算完结之日起未逾 3 年;(4) 担任因

违法被吊销营业执照、责令关闭的公司、企业的法定代表人，并负有个人责任的，自该公司、企业被吊销营业执照之日起未逾 3 年；(5) 个人所负数额较大的债务到期未清偿。

公司违反上述规定选举、委派董事、监事或者聘任高级管理人员的，该选举、委派或者聘任无效。董事、监事、高级管理人员在任职期间出现上述情形的，公司应当解除其职务。

此外，根据《公司法》第 51 条和第 117 条的规定，公司的董事和高级管理人员不得兼任监事。

(二) 董事、监事、高级管理人员的义务

(1) 忠实义务。忠实义务是指公司的董事、监事、高级管理人员应当忠实履行职责，维护公司利益。具体要求包括：① 不得利用自己的身份不当受益，如不得侵占公司财产，接受贿赂或者将他人与公司交易的佣金据为己有；② 不得擅自利用或处置公司财产，如不得将公司资金以个人名义存储，未经股东会或董事会同意，不得用公司财产为他人提供担保；③ 自我交易的规制，如未经股东会同意或违反公司章程，与本公司签订合同或进行交易；④ 与公司间不正当竞争的规制，如不得非法谋取属于公司的商业机会或者利用职务便利为他人或自己抢占、争夺属于公司的商业机会；⑤ 不得泄露公司秘密。董事、监事、高级管理人员违反忠实义务所得应当归公司所有。

(2) 勤勉义务。勤勉义务是指公司董事、监事、高级管理人员履行职责时，应尽与自己职责相当的合理注意义务，善意、谨慎地处理事务。

七、公司的财务会计制度与利润分配

(一) 公司财务会计的概念

公司财务会计是指以财务会计法规、会计准则为主要依据，以货币为主要表现形式，对公司的整个财务状况和经营活动进行确认、计量、核算和报告，为公司管理者和其他利害关系人定期提供公司财务会计信息的活动。

公司财务会计反映的财务信息包括公司的财务状况和经营活动，如资产负债表、利润表、现金流量表等。公司财务会计服务的对象是公司管理者和其他利害关系人。其他利害关系人是指公司股东、债权人、潜在投资者、潜在的交易方、政府财税机关等。公司财务会计是需要向外部公开的财务信息，这与公司的管理会计或考核指标数据等不同。

(二) 公司财务会计制度的法律意义

公司财务会计涉及公司股东、债权人、潜在投资者、潜在交易方、公司管理者、政府相关部门等的利益。因此，公司的财务会计制度具有重要意义，主要表现为以下三点。

(1) 有利于保护投资者和债权人的利益。普通投资者除通过参加股东(大)会决定一些重大事项外，一般不参与公司日常的生产经营，只能通过了解公司的生产经营活动和财务、会计状况，来维护自身的利益。公司资产是对债权人的担保，公司财务状况如何，直接影响其债权是否能得到清偿。公司财务、会计工作的规范化，可以保证公司正确核算经营成果，合理分配利润；可以保证公司资产的完整；使债权人的利益得到保护。

(2) 有利于吸收社会投资。投资者作出对公司是否投资的决定依赖于公司财务、会计信息的披露。公司财务、会计制度的规范化和公开化，可以使人们方便地了解公司的经营活动和盈利能力，有利于吸收社会投资。

(3) 有利于政府的宏观管理。健全的财务、会计制度有利于正确记录、反映公司的经营活动，有利于政府制定政策，实施管理。

(三) 公司财务会计报告

公司财务会计报告是反映公司某一特定日期的财务状况和某一期间的经营成果、现金流量等会计信息的书面文件。《公司法》规定,公司应当在每一会计年度终了时编制财务会计报告,并依法经会计师事务所审计。财务会计报告应当依照法律、行政法规和国务院财政部门的规定制作。公司的组织形式不同,财务会计报告的要求也有不同。

1. 公司财务会计报告的内容

公司财务会计报告一般主要包括以下内容。

(1) 资产负债表。资产负债表是根据"资产=负债+股东权益"这一基本平衡公式,依照一定的分类标准和次序,将公司在某一特定日期的资产、负债及股东权益各项目予以适当排列编制而成的报表。资产负债表反映公司在某一特定日期静态财务状况,因而学理上又称之为静态会计报表。它是最基本的,也是国际上通行的财务报表。

资产负债表可以提供以下几方面的信息:①反映公司资产的规模和资产构成情况。②反映公司的权益结构。公司的权益结构又称为财务结构,是指公司资金来源中借入资本与自有资本的比例关系。在不同的财务结构下,公司所承受的风险不同。自有资本比例高,说明公司财务基础比较稳固;借入资本比例高,说明公司负债经营程度高,因此风险较大。③通过资产构成与权益结构两方面信息的对比,反映公司的短期偿债能力和支付能力;通过前后期资产负债表的对比,揭示公司财务状况的变化。

(2) 利润表。利润表反映的是公司在一定经营期间的经营成果及其分配情况,反映了公司的长期偿债能力,也是缴纳国家各项税收的依据。

(3) 现金流量表。现金流量表是综合反映一定会计期间内现金和现金等价物来源和运用及其增减变动情况的报表。现金流量表反映的是公司在一定期间的现金和现金等价物流入和流出的会计报表,有利于判断公司的现金流量和资金周转情况。

(4) 附注。附注是对会计报表列示的内容的进一步说明,以便于向知晓公司财务会计信息的使用者提供更加全面的财务会计信息。

2. 财务会计报告的编制、验证与公示

《公司法》规定,公司应在每会计年度终了时制作财务会计报告。公司财务会计报告应当由董事会负责编制,并对其真实性、完整性和准确性负责。公司除法定的会计账簿外,不得另立会计账簿。对公司资产,不得以任何个人名义开立账户存储。

公司应当依法聘用会计师事务所对财务会计报告审查验证。公司聘用、解聘承办公司审计业务的会计师事务所,依照公司章程的规定,由股东会、股东大会或者董事会决定。公司股东会、股东大会或者董事会就解聘会计师事务所进行表决时,应当允许会计师事务所陈述意见。公司应当向聘用的会计师事务所提供真实、完整的会计凭证、会计账簿、财务会计报告及其他会计资料,不得拒绝、隐匿、谎报。监事会依照公司法赋予其的检查公司财务的职权,审核董事会提交股东会之前的会计表册。监事会认为必要时,可聘请公司之外的注册会计师对会计表册进行审阅,所需费用由公司负担。监事会审核后,以书面形式交与董事会。不论董事会对监事会的审核意见是否持有异议,都应将会计表册连同监事会审核报告一并交股东会。在股东会对会计表册表决前,董事会应将其置备于公司,以便股东查阅。会计表册一经股东会表决承认,会计表册的真实性、准确性、完整性应由公司对其负责,除非会计师事务所有重大过错。

对于公开发行证券的公司,其财务会计报告还应当依照规定进行审计。公开发行证券公司的年度报告中的财务会计报告必须经具有证券期货相关业务资格的会计师事务所审计,审计报告须由该所至少两名具有证券期货相关业务资格的注册会计师签字。已发行境内上市外资股及其衍生证券并在证券交易所上市的公司,还应进行境外审计。

公司应当依法披露有关财务会计资料。有限责任公司应当按照公司章程规定的期限将财务会计报告提交股东。股份有限公司的财务会计报告应当在召开股东大会年会的 20 日前置备于本公司，供股东查阅；公开发行股票的股份有限公司必须公告其财务会计报告。

（四）公司税后利润的分配

1. 公司税后利润的分配原则及分配顺序

（1）公司税后利润

依照《企业会计准则》的规定，公司利润是公司在一定期间的经营成果，包括营业利润、投资净收益和营业外收支净额。营业利润是营业收入减去营业成本、期间费用和各种流转税及附加税费的余额。投资净收益是公司对外投资收入减去投资损失后的余额。营业外收支净额是指与公司生产经营没有直接关系的各种营业外收入减营业外支出后的余额。公司税后利润则是指公司当年利润减除应纳所得税的余额。

（2）公司税后利润的分配原则和顺序

《公司法》对公司税后利润分配的规定，严格贯彻了兼顾股东、债权人、公司及社会公众利益的原则，明确公司税后利润首先用于弥补公司亏损，其次用于提留公司公积金，最后才能进行股息和红利的分配。基于上述原则，公司税后利润的分配顺序为：① 弥补以前年度的亏损，但不得超过税法规定的弥补期限；② 弥补在税前利润弥补亏损之后仍存在的亏损；③ 提取法定公积金；④ 提取任意公积金；⑤ 按股东的出资比例或股东持有的股份比例分配。

公司弥补亏损和提取公积金后所余税后利润，有限责任公司按照股东实缴的出资比例分配，但全体股东约定不按照出资比例分配的除外；股份有限公司按照股东持有的股份比例分配，但股份有限公司章程规定不按持股比例分配的除外。

公司股东会、股东大会或者董事会违反规定，在公司弥补亏损和提取法定公积金之前向股东分配利润的，股东必须将违反规定分配的利润退还公司。公司持有的本公司股份不得分配利润。

2. 公积金制度

公积金是公司在资本之外所保留的资金金额，又称为附加资本或准备金。公积金制度是各国公司法通常采用的一项强制性制度。

公积金分为盈余公积金和资本公积金两类。盈余公积金是从公司税后利润中提取的公积金，分为法定公积金和任意公积金两种。法定公积金按照公司税后利润的 10％提取，当公司法定公积金累计额为公司注册资本的 50％以上时可以不再提取。公司的法定公积金不足以弥补以前年度亏损的，在依照规定提取法定公积金之前，应当先用当年利润弥补亏损。任意公积金按照公司股东会或者股东大会决议，从公司税后利润中提取。资本公积金是直接由资本原因形成的公积金，股份有限公司以超过股票票面金额的发行价格发行股份所得的溢价款以及国务院财政部门规定列入资本公积金的其他收入，应当列为公司资本公积金。

公积金应当按照规定的用途使用，其用途主要如下：(1) 弥补公司亏损。公司的亏损按照国家税法规定可以用缴纳所得税前的利润弥补，超过用所得税前利润弥补期限仍未补足的亏损，可以用公司税后利润弥补；发生特大亏损，税后利润仍不足以弥补的，可以用公司的公积金弥补。但是，资本公积金不得用于弥补公司的亏损。(2) 扩大公司生产经营。公司可以根据生产经营的需要，用公积金来扩大生产经营规模。(3) 转增公司资本。公司为了实现增加资本的目的，可以将公积金的一部分转为资本。对用任意公积金转增资本的，法律没有限制，但用法定公积金转增资本时，《公司法》规定，转增后所留存的该项公积金不得少于转增前公司注册资本的 25％。

第三节 有限责任公司

一、有限责任公司的设立

根据《公司法》规定,设立有限责任公司,应当具备下列五个条件。

1. 股东符合法定人数

《公司法》规定有限责任公司由50个以下股东出资设立,取消了原有限责任公司股东最少为2人的下限,允许设立一人公司。

2. 有符合公司章程规定的全体股东认缴的出资额

有限责任公司的注册资本为在公司登记机关登记的全体股东认缴的出资额。法律、行政法规以及国务院决定对有限责任公司注册资本实缴、注册资本最低限额另有规定的,从其规定。例如《证券法》《商业银行法》《保险法》分别对设立证券公司、商业银行、保险公司规定了相应的最低注册资本。

《公司法》确立了认缴登记资本制,公司股东(发起人)自主约定认缴出资额、出资方式、出资期限等,并记载于公司章程。

股东出资将依照其认缴的出资额和出资时间进行登记,股东依据公司章程缴足认缴的出资后,直接由全体股东指定的代表或者共同委托的代理人申请登记即可,不需要进行验资。有限责任公司股东认缴出资额、公司实收资本不再作为登记事项。公司登记时,不需要提交验资报告。

3. 股东共同制定公司章程

公司章程是记载公司组织、活动基本准则的公开性法律文件。设立有限责任公司必须由股东共同依法制定公司章程。股东应当在公司章程上签名、盖章。公司章程对公司、股东、董事、监事、高级管理人员具有约束力。《公司法》第216条规定,高级管理人员,是指公司的经理、副经理、财务负责人,上市公司董事会秘书和公司章程规定的其他人员。

《公司法》规定,有限责任公司章程应当载明下列事项:(1) 公司名称和住所;(2) 公司经营范围;(3) 公司注册资本;(4) 股东的姓名或者名称;(5) 股东的出资方式、出资额和出资时间;(6) 公司的机构及其产生办法、职权、议事规则;(7) 公司法定代表人;(8) 股东会会议认为需要规定的其他事项。

4. 有公司名称,建立符合有限责任公司要求的组织机构

公司的名称起着主体识别的作用。有限责任公司必须有自己的名称,并且在名称中要标明"有限责任公司"或"有限公司"字样。同时,法律还对公司名称的合法性进行了两个方面的限制:(1) 公司名称不得使用含有有损于国家、社会公共利益的内容和文字;不得含有可能对公众造成欺骗性或者误解的文字;不得含有外国国家(地区)名称、国际组织名称的文字;不得使用政党名称、党政军机关名称、群众组织名称、社会团体名称及部队番号;不得使用汉语拼音字母(外文名称中使用的除外)、数字及其他法律、行政性法规规定禁止的内容。(2) 一个公司通常只能使用一个公司名称,在登记主管机关辖区内不得与登记注册的同行业公司名称相同或者近似。此外,公司名称应当申请名称的预先核准。预先核准的公司名称保留期为6个月,预先核准的公司名称在保留期内,不得用于从事经营,不得转让。

公司组织机构是公司的法人机关,是形成公司独立意志,代表法人进行各种活动的机构。公司股东通过公司的组织机构参与对公司的决策和管理。有限责任公司的组织机构一般包括:股东会、董事会、监事会等。

5. 有公司住所

公司住所的确定便于公司与其客户进行业务往来，也便于政府实施监管、征收税款、确定诉讼管辖、确定法律文书送达地址等。公司可以有多个经营场所，但是作为公司主要办事机构所在地住所只有一个，在章程中载明并予以登记。

有限责任公司成立后，应当向股东签发出资证明书。出资证明书是确认股东出资的凭证，应当载明下列事项：(1) 公司名称；(2) 公司成立日期；(3) 公司注册资本；(4) 股东的姓名或者名称、缴纳的出资额和出资日期；(5) 出资证明书的编号和核发日期。出资证明书由公司盖章。

有限责任公司应当置备股东名册。股东名册是公司为记载股东情况及其出资事项而设置的簿册，应记载下列事项：(1) 股东的姓名或者名称及住所；(2) 股东的出资额；(3) 出资证明书编号。记载于股东名册的股东，可以依股东名册主张行使股东权利。

公司应当将股东的姓名或者名称向公司登记机关登记；登记事项发生变更的，应当办理变更登记。股东未经登记或者变更登记的，不得对抗第三人。

二、组织机构

公司组织机构又称公司机关，是代表公司活动、行使相应职权的自然人或自然人组成的集合体。有限责任公司的组织机构包括股东会、董事会、监事会及高级管理人员，但其设置较股份有限公司灵活，如可依法以执行董事代替董事会，以 1 至 2 名监事代替监事会。此外，在一人有限责任公司、国有独资公司中的组织机构设置也有不同。

(一) 股东会

有限责任公司股东会由全体股东组成。股东会是公司的权力机构，行使下列职权：(1) 决定公司的经营方针和投资计划；(2) 选举和更换非由职工代表担任的董事、监事，决定有关董事、监事的报酬事项；(3) 审议批准董事会或者执行董事的报告；(4) 审议批准监事会或者监事的报告；(5) 审议批准公司的年度财务预算方案、决算方案；(6) 审议批准公司的利润分配方案和弥补亏损方案；(7) 对公司增加或者减少注册资本作出决议；(8) 对发行公司债券作出决议；(9) 对公司合并、分立、变更公司形式、解散和清算等事项作出决议；(10) 修改公司章程；(11) 公司章程规定的其他职权。对上述事项股东以书面形式一致表示同意的，可以不召开股东会会议，直接作出决定，并由全体股东在决定文件上签名、盖章。

股东会会议分为定期会议和临时会议。定期会议应当按照公司章程的规定按时召开。代表 1/10 以上表决权的股东，1/3 以上的董事，监事会或者不设监事会的公司的监事提议召开临时会议的，应当召开临时会议。

首次股东会会议由出资最多的股东召集和主持，依法行使职权。以后的股东会会议，公司设立董事会的，由董事会召集，董事长主持；董事长不能或者不履行职务的，由副董事长主持；副董事长不能或者不履行职务的，由半数以上董事共同推举一名董事主持。公司不设董事会的，股东会会议由执行董事召集和主持。董事会或者执行董事不能或者不履行召集股东会会议职责的，由监事会或者不设监事会的公司的监事召集和主持；监事会或者监事不召集和主持的，代表 1/10 以上表决权的股东可以自行召集和主持。

召开股东会会议，应当于会议召开 15 日以前通知全体股东，但公司章程另有规定或者全体股东另有约定的除外。股东会应当对所议事项的决定作成会议记录，出席会议的股东应当在会议记录上签名。

股东会会议由股东按照出资比例行使表决权，但公司章程另有规定的除外。股东会的议事方式和表决程序，除《公司法》有规定的外，由公司章程规定。

股东会会议作出修改公司章程、增加或者减少注册资本的决议,以及公司合并、分立、解散或者变更公司形式的决议,必须经代表2/3以上表决权的股东通过。

(二) 董事会和高级管理人员

有限责任公司设董事会(依法不设董事会者除外),其成员为3人至13人。两个以上的国有企业或者其他两个以上的国有投资主体投资设立的有限责任公司,其董事会成员中应当有公司职工代表;其他有限责任公司董事会成员中也可以有公司职工代表。董事会中的职工代表由公司职工通过职工代表大会、职工大会或者其他形式民主选举产生。董事会设董事长1人,可以设副董事长。董事长、副董事长的产生办法由公司章程规定。

董事任期由公司章程规定,但每届任期不得超过3年。董事任期届满,连选可以连任。董事任期届满未及时改选,或者董事在任期内辞职导致董事会成员低于法定人数的,在改选出的董事就任前,原董事仍应当依照法律、行政法规和公司章程的规定,履行董事职务。

董事会对股东会负责,行使下列职权:(1) 召集股东会会议,并向股东会报告工作;(2) 执行股东会的决议;(3) 决定公司的经营计划和投资方案;(4) 制订公司的年度财务预算方案、决算方案;(5) 制订公司的利润分配方案和弥补亏损方案;(6) 制订公司增加或者减少注册资本以及发行公司债券的方案;(7) 制订公司合并、分立、变更公司形式、解散的方案;(8) 决定公司内部管理机构的设置;(9) 决定聘任或者解聘公司经理及其报酬事项,并根据经理的提名决定聘任或者解聘公司副经理、财务负责人及其报酬事项;(10) 制定公司的基本管理制度;(11) 公司章程规定的其他职权。董事会会议由董事长召集和主持;董事长不能或者不履行职务的,由副董事长召集和主持;副董事长不能或者不履行职务的,由半数以上董事共同推举一名董事召集和主持。

董事会的议事方式和表决程序,除《公司法》有规定的外,由公司章程规定。董事会决议的表决,实行一人一票。董事会应当对所议事项的决定作成会议记录,出席会议的董事应当在会议记录上签名。

《公司法》第49条规定,有限责任公司可以设经理,由董事会决定聘任或者解聘。据此规定,在有限责任公司中,经理不再是必设机构而成为选设机构。公司章程可以规定不设经理,而设总裁、首席执行官等职务,行使公司的管理职权。《公司法》规定,在公司设经理时,经理对董事会负责,行使下列职权:(1) 主持公司的生产经营管理工作,组织实施董事会决议;(2) 组织实施公司年度经营计划和投资方案;(3) 拟订公司内部管理机构设置方案;(4) 拟订公司的基本管理制度;(5) 制定公司的具体规章;(6) 提请聘任或者解聘公司副经理、财务负责人;(7) 决定聘任或者解聘除应由董事会决定聘任或者解聘以外的负责管理人员;(8) 董事会授予的其他职权。经理列席董事会会议。公司章程对经理职权另有规定的,从其规定。

股东人数较少或者规模较小的有限责任公司,可以设一名执行董事,不设立董事会。执行董事可以兼任公司经理。执行董事的职权由公司章程规定。

(三) 监事会

有限责任公司设立监事会,其成员不得少于3人。股东人数较少或者规模较小的有限责任公司,可以设一至二名监事,不设立监事会。监事会应当包括股东代表和适当比例的公司职工代表,其中职工代表的比例不得低于1/3,具体比例由公司章程规定。监事会中的职工代表由公司职工通过职工代表大会、职工大会或者其他形式民主选举产生。监事会设主席一人,由全体监事过半数选举产生。监事会主席召集和主持监事会会议;监事会主席不能或者不履行职务的,由半数以上监事共同推举一名监事召集和主持监事会会议。董事、高级管理人员不得兼任监事。

监事的任期每届为3年。监事任期届满,连选可以连任。监事任期届满未及时改选,或者监事在任期内辞职导致监事会成员低于法定人数的,在改选出的监事就任前,原监事仍应当依照法律、行政法规和公司章程的规定，履行监事职务。

监事会、不设监事会的公司的监事行使下列职权：(1) 检查公司财务；(2) 对董事、高级管理人员执行公司职务的行为进行监督，对违反法律、行政法规、公司章程或者股东会决议的董事、高级管理人员提出罢免的建议；(3) 当董事、高级管理人员的行为损害公司的利益时，要求董事、高级管理人员予以纠正；(4) 提议召开临时股东会会议，在董事会不履行法律规定的召集和主持股东会会议职责时召集和主持股东会会议；(5) 向股东会会议提出提案；(6) 依照《公司法》第151条的规定，对董事、高级管理人员提起诉讼；(7) 公司章程规定的其他职权。监事可以列席董事会会议，并对董事会决议事项提出质询或者建议。监事会、不设监事会的公司的监事行使职权所必需的费用，由公司承担。

监事会、不设监事会的公司的监事发现公司经营情况异常，可以进行调查，必要时可以聘请会计师事务所等协助其工作，费用由公司承担。

监事会每年度至少召开一次会议，监事可以提议召开临时监事会会议。监事会的议事方式和表决程序，除《公司法》有规定的外，由公司章程规定。监事会决议应当经半数以上监事通过。监事会应当对所议事项的决定作成会议记录，出席会议的监事应当在会议记录上签名。

三、特殊的有限责任公司

(一) 一人有限责任公司

一人有限责任公司，是指只有一个自然人股东或者一个法人股东的有限责任公司。为维护债权人等利害关系人的权益，保障社会经济秩序，《公司法》对一人有限责任公司的设立和组织机构用专门一节作了特殊规定，以加强对其的监管，特殊规定以外的问题，则适用对有限责任公司的一般规定。

1. 股东的特别规定

《公司法》规定一个自然人只能投资设立一个一人有限责任公司，禁止其设立多个一人有限责任公司，而且该一人有限责任公司不能投资设立新的一人有限责任公司。

一人有限责任公司应当在公司登记中注明自然人独资或者法人独资，并在公司营业执照中载明。

2. 组织机构的特别规定

一人有限责任公司不设股东会。法律规定的股东会职权由股东行使，当股东行使相应职权作出决定时，应当采用书面形式，并由股东签字后置备于公司。

3. 审计的特别规定

一人有限责任公司应当在每一会计年度终了时编制财务会计报告，并经会计师事务所审计。这是为了防止股东既是出资人，又是经营管理者，缺乏监督而导致的财务会计资料不实的情况发生。

4. 有限责任的特别规定

为防止一人有限责任公司的股东滥用公司法人人格与有限责任制度，将公司财产混同于个人财产，抽逃资产，损害债权人的利益，《公司法》规定，一人有限责任公司的股东不能证明公司财产独立于股东自己财产的，应当对公司债务承担连带责任。

(二) 国有独资公司

国有独资公司，是指国家单独出资、由国务院或者地方人民政府委托本级人民政府国有资产监督管理机构履行出资人职责的有限责任公司。《公司法》对国有独资公司的设立和组织机构也以专门一节作了特殊规定，特殊规定以外的问题，则适用对有限责任公司的一般规定。

1. 章程制定的特别规定

国有独资公司章程由国有资产监督管理机构制定,或者由董事会制订报国有资产监督管理机构批准。

2. 组织机构的特别规定

(1) 国有独资公司不设股东会,由国有资产监督管理机构行使股东会职权。国有资产监督管理机构可以授权公司董事会行使股东会的部分职权,决定公司的重大事项,但公司的合并、分立、解散、增减注册资本和发行公司债券,必须由国有资产监督管理机构决定;其中,国务院有关规定确定的重要国有独资公司的合并、分立、解散、申请破产,应当由国有资产监督管理机构审核后,报本级人民政府批准。

(2) 国有独资公司董事会的特别规定。国有独资公司设立董事会,依照法律规定的有限责任公司董事会的职权和国有资产监督管理机构的授权行使职权。董事每届任期不得超过 3 年。董事会成员中应当有公司职工代表。董事会成员由国有资产监督管理机构委派;但是,董事会成员中的职工代表由公司职工代表大会选举产生。董事会设董事长一人,可以设副董事长。董事长、副董事长由国有资产监督管理机构从董事会成员中指定。

(3) 经营管理机关的特别规定。国有独资公司设经理,由董事会聘任或者解聘。国有独资公司经理的职权与普通有限责任公司相同。经国有资产监督管理机构同意,董事会成员可以兼任经理。

(4) 国有独资公司的董事长、副董事长、董事、高级管理人员任职的特别规定。国有独资公司的上述人员,未经国有资产监督管理机构同意,不得在其他有限责任公司、股份有限公司或者其他经济组织兼职。

(5) 国有独资公司监事会的特别规定。国有独资公司监事会成员不得少于 5 人,其中职工代表的比例不得低于 1/3,具体比例由公司章程规定。监事会成员由国有资产监督管理机构委派;但是,监事会中的职工代表由公司职工代表大会选举产生。监事会主席由国有资产监督管理机构从监事会成员中指定。国有独资公司监事会的职权范围小于普通有限责任公司的监事会,包括:检查公司财务;对董事、高级管理人员执行公司职务的行为进行监督,对违反法律、行政法规、公司章程或者股东会决议的董事、高级管理人员提出罢免的建议;当董事、高级管理人员的行为损害公司的利益时,要求董事、高级管理人员予以纠正;国务院规定的其他职权。

四、有限责任公司的股权转让

(一) 股权转让的概念和特征

股权转让是指有限责任公司的股东依照一定程序将自己持有的股权让与受让人,受让人取得该股权而成为公司股东或增加持有公司的出资额。股权转让具有以下特征:

(1) 股权转让是一种股权交易行为。转让人通过股权转让获得一定的对价收益或者将股权作为一种财产出资成为另一个公司的股东。

(2) 股权转让不改变公司的法人资格。股权转让只是股东发生变化,公司的法人资格不发生变化,公司的财产不发生变化,公司以其财产对外承担的责任也不发生变化。

(3) 股权转让是一种要式行为。非经法定转让程序不产生法律效力。

(二) 股权转让的限制

根据《公司法》的规定,有限责任公司的股东转让股权在一定条件下要受到一定法律限制。

(1) 有限责任公司的股东之间可以相互转让其全部或者部分股权。股东之间只要双方协商一致,即可转让。但是公司章程对股东之间股权转让另有规定的,应当从其规定。

(2) 股东向股东之外的人转让股权的限制。股东向股东以外的人转让股权,应当经其他股东过半数同意。股东应就其股权转让事项书面通知其他股东征求同意,其他股东自接到书面通知之日起满30日未答复的,视为同意转让。其他股东半数以上不同意转让的,不同意的股东应当购买该转让的股权;不购买的,视为同意转让。经股东同意转让的股权,在同等条件下,其他股东有优先购买权。两个以上股东主张行使优先购买权的,协商确定各自的购买比例;协商不成的,按照转让时各自的出资比例行使优先购买权。公司章程对股权转让另有规定的,从其规定。

(3) 人民法院强制执行的股权转让。人民法院依照法律规定的强制执行程序转让股东股权的,应当通知公司及全体股东,其他股东在同等条件下有优先购买权。其他股东自人民法院通知之日起满20日不行使优先购买权的,视为放弃优先购买权。

(三) 股权回购请求权

为维护少数股东权益,《公司法》设置了股东的股权回购请求权,即股东在一定条件下,可以请求公司按照合理价格收购其股权。《公司法》规定有下列情形之一的,对股东会该项决议投反对票的股东可以请求公司按照合理的价格收购其股权:(1) 公司连续5年不向股东分配利润,而公司该5年连续盈利,并且符合《公司法》规定的分配利润条件的;(2) 公司合并、分立、转让主要财产的;(3) 公司章程规定的营业期限届满或者章程规定的其他解散事由出现,股东会会议通过决议修改章程使公司存续的。

如果自股东会会议决议通过之日起60日内,股东与公司不能达成股权收购协议的,股东可以自股东会会议决议通过之日起90日内向人民法院提起诉讼,要求公司回购股权。

(四) 股权转让的程序

公司内部股东之间股权转让的,出让方与受让方签订股权转让协议,完成股权转让后,公司应当注销原股东的出资证明书,向受让股东重新签发出资证明书,由公司相应修改公司章程和股东名册中有关股东及其出资额的记载,但对公司章程的该项修改不需要再由股东会表决。

股东向股东之外的人转让股权的,除了新股东要提交主体资格证明或自然人身份证明,并向新股东签发出资证明之外,其他手续与前述转让手续相同。即使股东向股东之外的人转让股权,也无需经过股东会作出决议。

《〈公司法〉司法解释(三)》规定,股权转让后尚未向公司登记机关办理变更登记,原股东将仍登记于其名下的股权转让、质押或者以其他方式处分,受让股东以其对于股权享有实际权利为由,请求认定处分股权行为无效的,人民法院可以参照《民法典》第311条的规定处理。也就是说,如果第三方在受让原股东处分的股权时构成善意取得,则该第三方最终获得该股权;否则,原股东处分股权的行为无效。

如果原股东处分股权造成受让股东损失的,受让股东可以请求原股东承担赔偿责任;同时,受让股东还可以要求未及时办理变更登记有过错的董事、高级管理人员或者实际控制人承担相应责任。但是,受让股东对于未及时办理变更登记也有过错的,可以适当减轻前述董事、高级管理人员或者实际控制人的责任。

第四节　股份有限公司

一、股份有限公司的设立

股份有限公司的设立,可以采取发起设立或者募集设立的方式。根据《公司法》的规定,设立股份有限公司,应当具备下列条件。

(1) 发起人符合法定人数。发起人的法定人数为2人以上200人以下,且须有半数以上的发起人在中国境内有住所。发起人是指为设立公司而签署公司章程、向公司认购出资或者股份并履行公司设立职责的人,其主要特征是履行公司设立职责的股东。股份有限公司发起人承担公司筹办事务。发起人应当签订发起人协议,明确各自在公司设立过程中的权利和义务。

根据《公司法》第94条的规定,股份有限公司的发起人应当承担下列责任:① 公司不能成立时,对设立行为所产生的债务和费用负连带责任;② 公司不能成立时,对认股人已缴纳的股款,负返还股款并加算银行同期存款利息的连带责任;③ 在公司设立过程中,由于发起人的过失致使公司利益受到损害的,应当对公司承担赔偿责任。

同时,股份有限公司成立后,发起人未按照公司章程的规定缴足出资的,应当补缴;其他发起人承担连带责任。股份有限公司成立后,发现作为设立公司出资的非货币财产的实际价额显著低于公司章程所定价额的,应当由交付该出资的发起人补足其差额;其他发起人承担连带责任。

(2) 有符合公司章程规定的全体发起人认购的股本总额或者募集的实收股本总额。股份有限公司采取发起设立方式设立的,注册资本为在公司登记机关登记的全体发起人认购的股本总额。在发起人认购的股份缴足前,不得向他人募集股份。股份有限公司采取募集方式设立的,注册资本为在公司登记机关登记的实收股本总额。法律、行政法规以及国务院决定对股份有限公司注册资本实缴、注册资本最低限额另有规定的,从其规定。例如,《商业银行法》、《保险法》分别对商业银行和保险公司规定了最低注册资本要求,而且要求发起人必须在设立时实缴出资。

股份有限公司发起人的出资方式与有限责任公司股东相同。

(3) 股份发行、筹办事项符合法律规定。以发起设立方式设立股份有限公司的,发起人认足公司章程规定的出资后,应当选举董事会和监事会,由董事会向公司登记机关报送公司章程以及法律、行政法规规定的其他文件,申请设立登记。

以募集设立方式设立股份有限公司的,发起人认购的股份不得少于公司股份总数的35%;但法律、行政法规另有规定的,从其规定。发起人向社会公开募集股份,必须公告招股说明书,并制作认股书。认股书应当载明《公司法》第86条所列事项,由认股人填写认购股数、金额、住所,并签名、盖章。认股人按照所认购股数缴纳股款。

发起人向社会公开募集股份,应当由依法设立的证券公司承销,签订承销协议,应当同银行签订代收股款协议。代收股款的银行应当按照协议代收和保存股款,向缴纳股款的认股人出具收款单据,并负有向有关部门出具收款证明的义务。

发行股份的股款缴足后,必须经依法设立的验资机构验资并出具证明。发起人应当自股款缴足之日起30日内主持召开公司创立大会。创立大会由发起人、认股人组成。发行的股份超过招股说明书规定的,截止期限尚未募足的,或者发行股份的股款缴足后,发起人在30日内未召开创立大会的,认股人可以按照所缴股款并加算银行同期存款利息,要求发起人返还。

发起人应当在创立大会召开15日前将会议日期通知各认股人或者予以公告。创立大会应有代表股份总数过半数的发起人、认股人出席,方可举行。创立大会行使下列职权:① 审议发起人关于公司筹办情况的报告;② 通过公司章程;③ 选举董事会成员;④ 选举监事会成员;⑤ 对公司的设立费用进行审核;⑥ 对发起人用于抵作股款的财产的作价进行审核;⑦ 发生不可抗力或者经营条件发生重大变化直接影响公司设立的,可以作出不设立公司的决议。创立大会对上述事项作出决议,必须经出席会议的认股人所持表决权过半数通过。

发起人、认股人缴纳股款或者交付抵作股款的出资后,除未按期募足股份、发起人未按期召开创立大会或者创立大会决议不设立公司的情形外,不得抽回其股本。

董事会应于创立大会结束后30日内,依法向公司登记机关申请设立登记。

(4) 发起人制订公司章程,采用募集方式设立的须经创立大会通过。股份有限公司章程应当载明下列事项:① 公司名称和住所;② 公司经营范围;③ 公司设立方式;④ 公司股份总数、每股金额和注册资本;⑤ 发起人的姓名或者名称、认购的股份数、出资方式和出资时间;⑥ 董事会的组成、职权、任期和议事规则;⑦ 公司法定代表人;⑧ 监事会的组成、职权、任期和议事规则;⑨ 公司利润分配办法;⑩ 公司的解散事由与清算办法;⑪ 公司的通知和公告办法;⑫ 股东大会会议认为需要规定的其他事项。

此外,上市公司应在其公司章程中规定股东大会的召开和表决程序。包括通知、登记、提案的审议、投票、计票、表决结果的宣布、会议决议的形成、会议记录及其签署、公告等,还应在公司章程中规定股东大会对董事会的授权原则。授权内容应明确具体。

(5) 有公司名称,建立符合股份有限公司要求的组织机构。其内容参见有限责任公司设立的相关内容。

(6) 有公司住所。其内容参见有限责任公司设立的相关内容。

在设立股份有限公司的过程中,需要注意的是:有限责任公司变更为股份有限公司时,折合的实收股本总额不得高于公司净资产额。有限责任公司变更为股份有限公司,为增加资本公开发行股份时,应当依法办理。

二、股份有限公司的组织机构

(一) 股东大会

股份有限公司股东大会由全体股东组成。股东大会是公司的权力机构,依法行使职权,其职权范围与有限责任公司股东会相同。

股东大会分为年会与临时大会。股东大会年会应当每年召开一次。有下列情形之一的,应当在两个月内召开临时股东大会:(1) 董事人数不足《公司法》规定人数或者公司章程所定人数的 2/3 时;(2) 公司未弥补的亏损达实收股本总额 1/3 时;(3) 单独或者合计持有公司 10%以上股份的股东请求时;(4) 董事会认为必要时;(5) 监事会提议召开时;(6) 公司章程规定的其他情形。

上市公司的年度股东大会应当于上一会计年度结束后的 6 个月内举行。股东大会会议由董事会召集,董事长主持;董事长不能或者不履行职务的由副董事长主持;副董事长不能或者不履行职务的,由半数以上董事共同推举一名董事主持。董事会不能或者不履行召集股东大会会议职责的,监事会应当及时召集和主持;监事会不召集和主持的,连续 90 日以上单独或者合计持有公司 10%以上股份的股东可以自行召集和主持。

召开股东大会会议,应当将会议召开的时间、地点和审议的事项于会议召开 20 日前通知各股东;临时股东大会应当于会议召开 15 日前通知各股东;发行无记名股票的,应当于会议召开 30 日前公告会议召开的时间、地点和审议事项。

上市公司应在保证股东大会合法、有效的前提下,通过各种方式和途径,包括充分运用现代信息技术手段,扩大股东参与股东大会的比例。股东大会时间地点的选择应有利于让尽可能多的股东参加会议。

单独或者合计持有公司 3%以上股份的股东,可以在股东大会召开 10 日前提出临时提案并书面提交董事会;董事会应当在收到提案后 2 日内通知其他股东,并将该临时提案提交股东大会审议。临时提案的内容应当属于股东大会职权范围,并有明确议题和具体决议事项。股东大会不得对向股东通知中未列明的事项作出决议。无记名股票持有人出席股东大会会议的,应当于会议召开 5 日前至股东大会闭会时将股票交存于公司。

股东出席股东大会会议,所持每一股份有一表决权。股东可以委托代理人出席股东大会会议,代理人应当向公司提交股东授权委托书,并在授权范围内行使表决权。公司持有的本公司股份没有表决权。

上市公司董事会、独立董事和符合有关条件的股东可向上市公司股东征集其在股东大会上的投票权。投票权征集应采取无偿的方式进行,并应向被征集人充分披露信息。

股东大会决议的事项分为普通事项与特别事项两类。股东大会对普通事项作出决议,必须经出席会议的股东所持表决权过半数通过。股东大会对修改公司章程、增加或者减少注册资本,以及公司合并、分立、解散或者变更公司形式的特别事项作出决议,必须经出席会议的股东所持表决权的 2/3 以上通过。

《公司法》和公司章程规定公司转让、受让重大资产或者对外提供担保等事项必须经股东大会作出决议的,董事会应当及时召集股东大会会议,由股东大会就上述事项进行表决。

股东大会选举董事、监事,可以根据公司章程的规定或者股东大会的决议实行累积投票制。累积投票制的实施有利于中小股东按照其持股比例选举代表进入公司管理层,参与董事会的活动,保护其利益。根据《上市公司治理准则》的规定,控股股东控股比例在 30%以上的上市公司,应当采用累积投票制。采用累积投票制度的上市公司应在公司章程里规定该制度的实施细则。

股东大会应当对所议事项的决定作成会议记录,主持人、出席会议的董事应当在会议记录上签名。会议记录应当与出席股东的签名册及代理出席的委托书一并保存。

上市公司召开股东大会,还应当遵守中国证监会发布的《上市公司股东大会规则》。

(二) 董事会、经理

1. 董事会

股份有限公司设董事会,其成员为 5 人至 19 人。董事应根据公司和全体股东的最大利益,忠实、诚信、勤勉地履行职责。董事由股东大会选举产生。董事会成员中可以有公司职工代表。董事会中的职工代表由公司职工通过职工代表大会、职工大会或者其他形式民主选举产生。上市公司应在其公司章程中规定规范、透明的董事选聘程序,保证董事选聘公开、公平、公正,独立上市公司应和董事签订聘任合同,明确公司和董事之间的权利义务、董事的任期、董事违反法律法规和公司章程的责任以及公司因故提前解除合同的补偿等内容。公司法对股份有限公司董事的任期、董事会的职权与有限责任公司相同。董事会设董事长一人,可以设副董事长。董事长和副董事长由董事会以全体董事的过半数选举产生。董事长召集和主持董事会会议,检查董事会决议的实施情况。副董事长协助董事长工作,董事长不能或者不履行职务的,由副董事长履行职务;副董事长不能或者不履行职务的,由半数以上董事共同推举一名董事履行职务。

董事会会议应有过半数的董事出席方可举行。董事会作出决议必须经全体董事的过半数通过。董事会决议的表决实行一人一票。董事会会议应由董事本人出席,董事因故不能出席,可以书面委托其他董事代为出席,委托书中应载明授权范围。

董事会应当对会议所议事项的决定作成会议记录,出席会议的董事应当在会议记录上签名。董事应当对董事会的决议承担责任。董事会的决议违反法律、行政法规或者公司章程、股东大会决议,致使公司遭受严重损失的,参与决议的董事对公司负赔偿责任;但经证明在表决时曾表明异议并记载于会议记录的,该董事可以免除责任。

2. 经理

股份有限公司设经理,由董事会决定聘任或者解聘,其职权与有限责任公司经理相同。公司董事会可以决定由董事会成员兼任经理。为保证上市公司与控股股东在人员、资产、财务上严格分开，上市公司的总经理必须专职，总经理在集团等控股股东单位不得担任除董事以外的其他职务。

公司应当定期向股东披露董事、监事、高级管理人员从公司获得报酬的情况。公司不得直接或者通过子公司向董事、监事、高级管理人员提供借款。上市公司总经理及高层管理人员（副总经理、财务主管和董事会秘书）必须在上市公司领薪，不得由控股股东代发薪水。

（三）监事会

股份有限公司设立监事会，履行监督职称，其成员不得少于3人。监事会应当包括股东代表和适当比例的公司职工代表，其中职工代表的比例不得低于1/3，具体比例由公司章程规定。监事会中的职工代表由公司职工通过职工代表大会、职工大会或者其他形式民主选举产生。董事、高级管理人员不得兼任监事。上市公司的监事应具有法律、会计等方面的专业知识或工作经验。监事会的人员和结构应确保监事会能够独立有效地行使对董事、经理和其他高级管理人员及公司财务的监督和检查。

监事会设主席一人，可以设副主席。监事会主席和副主席由全体监事过半数选举产生。监事会主席召集和主持监事会会议；监事会主席不能或者不履行职务的，由监事会副主席召集和主持监事会会议；监事会副主席不能或者不履行职务的，由半数以上监事共同推举一名监事召集和主持监事会会议。

股份有限公司监事的任期、监事会的职权与有限责任公司相同。监事会行使职权所必需的费用，由公司承担。

监事会每6个月至少召开一次会议。监事可以提议召开临时监事会会议。监事会的议事方式和表决程序，除法律有规定的外，由公司章程规定。上市公司应在公司章程中规定规范的监事会议事规则。监事会会议应严格按规定程序进行。监事会应当对所议事项的决定作成会议记录，出席会议的监事应当在会议记录上签名。

三、上市公司

上市公司，是指其股票在证券交易所上市交易的股份有限公司。根据《公司法》以及有关规定，上市公司组织机构与活动原则的特别规定主要有以下几项。

(1) 增加股东大会特别决议事项。上市公司在1年内购买、出售重大资产或者担保金额超过公司资产总额30%的，应当由股东大会作出决议，并经出席会议的股东所持表决权的2/3以上通过。

(2) 上市公司设立独立董事。独立董事是指不在公司担任除董事之外的其他职务，并与其所受聘的上市公司及其主要股东不存在可能妨碍其进行独立客观判断的关系的董事。独立董事对上市公司及全体股东负有诚信与勤勉义务，应当认真履行职责，维护公司整体利益，尤其要关注中小股东的合法权益不受损害。独立董事应当独立履行职责，不受上市公司主要股东、实际控制人或者其他与上市公司存在利害关系的单位或个人的影响。

担任独立董事应当符合以下基本条件：① 根据法律、行政法规及其他有关规定，具备担任上市公司董事的资格；② 具有立法与有关规定要求的独立性；③ 具备上市公司运作的基本知识，熟悉相关法律、行政法规、规章及规则；④ 具有5年以上法律、经济或者其他履行独立董事职责必需的工作经验；⑤ 公司章程规定的其他条件。

下列人员不得担任独立董事：① 在上市公司或者其附属企业任职的人员及其直系亲属、主要社会关系（直系亲属是指配偶、父母、子女等；主要社会关系是指兄弟姐妹、岳父母、儿媳女婿、兄弟姐妹的配偶、配偶的兄弟姐妹等）；② 直接或间接持有上市公司已发行股份1%以上或者是上市公司前10名股东中的自然人股东及其直系亲属；③ 在直接或间接持有上市公司已发行股份5%以上的股东单位或者在上市公司前五名股东单位任职的人员及其直系亲属;④ 最近1年内曾经具有前三项所列举情形的人员;⑤ 为上市公司或者其附属企业提供财务、法律、咨询等服务的人员;⑥ 公司章程规定的其他人员;⑦ 中国证监会认定的其他人员。

独立董事每届任期与该上市公司其他董事任期相同,任期届满,连选可以连任,但是连任时间不得超过6年。独立董事应当积极履行职责,如果连续3次未亲自出席董事会会议,应由董事会提请股东大会予以撤换。

上市公司应当给予独立董事适当的津贴。津贴的标准由董事会制订预案,股东大会审议通过,并在公司年报中进行披露。除上述津贴外,独立董事不应从该上市公司及其主要股东或有利害关系的机构和人员取得额外的、未予披露的其他利益。

为保障独立董事正常履行职责,上市公司可以建立必要的独立董事责任保险制度,以降低可能引致的风险。

(3) 上市公司设立董事会秘书,负责公司股东大会和董事会会议的筹备、文件保管以及公司股权管理,办理信息披露事务等事宜。董事会秘书是上市公司高级管理人员。

(4) 增设关联关系董事的表决权排除制度。上市公司董事与董事会会议决议事项所涉及的企业有关联关系的,不得对该项决议行使表决权,也不得代理其他董事行使表决权。该董事会会议由过半数的无关联关系董事出席即可举行,董事会会议所作决议须经无关联关系董事过半数通过。出席董事会的无关联关系董事人数不足3人的,应将该事项提交上市公司股东大会审议。

此外,为促进上市公司建立、健全激励与约束机制,可以由上市公司以本公司股票为标的实行股权激励机制。股权激励计划的激励对象可以包括上市公司的董事、监事、高级管理人员、核心技术(业务)人员,以及公司认为应当激励的其他员工,但不应当包括独立董事。

第五节　公司股份与债券的发行和转让

有限责任公司和股份有限公司都可以依法发行公司债券,但只有股份有限公司才能发行股份。公司股份、债券的发行是其转让的前提。公司债券、股份的发行和转让都应符合法定的条件。

一、股份发行

股份有限公司的基本特征之一,便是注册资本划分为金额相等的股份。公司的股份采取股票的表现形式。股票是公司签发的证明股东所持股份的凭证。股份的发行,实行公平、公正的原则,同种类的每一股份应当具有同等权利。同次发行的同种类股票,每股的发行条件和价格应当相同;任何单位或者个人所认购的股份,每股应当支付相同价额。

股票发行价格可以按票面金额,也可以超过票面金额,但不得低于票面金额。因为低于票面金额发行股票,违背资本充实原则,使股票发行募集的资金低于公司相应的注册资本数额,出现资本虚增,会影响交易安全,危及债权人的利益。

股票采用纸面形式或者国务院证券监督管理机构规定的其他形式。目前我国上市公司股票的发行、交易均已通过计算机采用电子信息等无纸化方式进行。股票应当载明下列主要事项:(1) 公司名称;(2) 公司成立日期;(3) 股票种类、票面金额及代表的股份数;(4) 股票的编号。股票由法定代表人签名,公司盖章。股份有限公司成立后,即向股东正式交付股票。公司成立前不得向股东交付股票。

公司发行的股票，可以为记名股票，也可以为无记名股票。国务院可以对公司发行《公司法》规定以外的其他种类的股份，另行作出规定。发起人的股票，应当标明发起人股票字样。公司向发起人、法人发行的股票为记名股票，应当记载该发起人、法人的名称或者姓名，不得另立户名或者以代表人姓名记名。

公司发行记名股票的，应当置备股东名册，记载下列事项：(1) 股东的姓名或者名称及住所；(2) 各股东所持股份数；(3) 各股东所持股票的编号；(4) 各股东取得股份的日期。发行无记名股票的，公司应当记载其股票数量、编号及发行日期。

公司发行新股，依照公司章程的规定由股东大会或者董事会对下列事项作出决议：(1) 新股种类及数额；(2) 新股发行价格；(3) 新股发行的起止日期；(4) 向原有股东发行新股的种类及数额。

公司经国务院证券监督管理机构核准公开发行新股时，必须公告新股招股说明书和财务会计报告，并制作认股书。公司公开发行新股应当由依法设立的证券公司承销，签订承销协议，并同银行签订代收股款协议。公司发行新股，可以根据公司经营情况和财务状况，确定其作价方案。公司发行新股募足股款后，必须向公司登记机关办理变更登记，并公告。

二、股份转让

(一) 股份转让的限制

股份有限公司的股份以自由转让为原则，以法律限制为例外。具体限制如下。

(1) 转让场所的限制。《公司法》规定，股东持有的股份可以依法转让。股东转让其股份，应当在依法设立的证券交易场所进行或者按照国务院规定的其他方式进行。上市公司的股票，依照有关法律、行政法规及证券交易所交易规则上市交易。

(2) 发起人转让股份的限制。《公司法》规定，发起人持有的本公司股份，自公司成立之日起1年内不得转让。公司公开发行股份前已发行的股份，自公司股票在证券交易所上市交易之日起1年内不得转让。

(3) 董事、监事、高级管理人员转让股份的限制。根据《公司法》和《上市公司董事、监事和高级管理人员所持本公司股份及其变动管理规则》的规定，公司董事、监事、高级管理人员应当向公司申报所持有的本公司的股份及其变动情况，在任职期间每年转让的股份不得超过其所持有本公司股份总数的25%；所持本公司股份自公司股票上市交易之日起1年内不得转让。上述人员离职后半年内，不得转让其所持有的本公司股份；但是因司法强制执行、继承、遗赠、依法分割财产等导致股份变动的除外。上市公司董事、监事和高级管理人员所持股份不超过1 000股的，可一次全部转让，不受上述转让比例的限制。公司章程可以对公司董事、监事、高级管理人员转让其所持有的本公司股份作出其他限制性规定。

上市公司董事、监事和高级管理人员在下列期间不得买卖本公司股票：① 上市公司定期报告公告前30日内；② 上市公司业绩预告、业绩快报公告前10日内；③ 自可能对本公司股票交易价格产生重大影响的重大事项发生之日或在决策过程中，至依法披露后2个交易日内；④ 证券交易所规定的其他期间。

(4) 公司收购自身股票的限制。《公司法》规定，公司不得收购本公司股份。但是，有下列情形之一的除外：① 减少公司注册资本；② 与持有本公司股份的其他公司合并；③ 将股份用于员工持股计划或者股权激励；④ 股东因对股东大会作出的公司合并、分立决议持异议，请求公司收购其股份；⑤ 将股份用于转换上市公司发行的可转换为股票的公司债券；⑥ 上市公司为维护公司价值及股东权益所必需。公司因前述第①项、第②项规定的情形收购本公司股份的，应当经股东大会决议;公司因前述第③项、第⑤项、第⑥项规定的情形收购本公司股份的,可以依照公司章程的规定或者股东大会的授权,经 2/3 以上董事出席的董事会会议决议。公司依照前述规定收购本公司股份后,属于第①项情形的,应当自收购之日起 10 日内注销;属于第②项、第④项情形的,应当在 6 个月内转让或者注销;属于第③项、第⑤项、第⑥项情形的,公司合计持有的本公司股份数不得超过本公司已发行股份总额的 10%,并应当在 3 年内转让或者注销。上市公司收购本公司股份的,应当依照《证券法》的规定履行信息披露义务。上市公司因前述第③项、第⑤项、第⑥项规定的情形收购本公司股份的,应当通过公开的集中交易方式进行。

(5) 股票质押的限制。为防止变相违规收购本公司股份,公司不得接受本公司的股票作为质押权的标的。

(二) 股票转让的方式

(1) 记名股票转让。《公司法》规定,记名股票由股东以背书方式或者法律、行政法规规定的其他方式转让;转让后由公司将受让人的姓名或者名称及住所记载于股东名册。股东大会召开前 20 日内或者公司决定分配股利的基准日前 5 日内,不得进行股东名册的变更登记,但法律对上市公司股东名册变更登记另有规定的,从其规定。

(2) 无记名股票的转让。《公司法》规定,无记名股票的转让,由股东将该股票交付给受让人后即发生转让的效力。

(3) 上市公司股票的转让。《公司法》规定,上市公司的股票,依照有关法律、行政法规及证券交易所交易规则上市交易。

(三) 记名股票被盗、遗失或者灭失的处理

记名股票被盗、遗失或者灭失,股东可以依照《民事诉讼法》规定的公示催告程序,请求人民法院宣告该股票失效。人民法院宣告该股票失效后,股东可以向公司申请补发股票。

三、公司债券的发行与转让

(一) 公司债券的概念与特征

公司债券是指公司依照法定程序发行、约定在一定期限还本付息的有价证券。公司债券与公司股票有不同的法律特征:(1) 公司债券的持有人是公司的债权人,对于公司享有民法上规定的债权人的所有权利,而股票的持有人则是公司的股东,享有《公司法》所规定的股东权利;(2) 公司债券的持有人,无论公司是否有盈利,对公司享有按照约定给付利息的请求权,而股票持有人,则必须在公司有盈利时才能依法获得股利分配;(3) 公司债券到了约定期限,公司必须偿还债券本金,而股票持有人仅在公司解散时方可请求分配剩余财产;(4) 公司债券的持有人享有优先于股票持有人获得清偿的权利,而股票持有人必须在公司全部债务清偿之后,方可就公司剩余财产请求分配;(5) 公司债券的利率一般是固定不变的,风险较小,而股票股利分配的高低,与公司经营好坏密切相关,故常有变动,风险较大。

(二) 公司债券的种类

依照不同的标准,对公司债券可做不同的分类。

(1) 记名公司债券和无记名公司债券。记名公司债券是指在公司债券上记载债权人姓名或者名称的债券;无记名公司债券是指在公司债券上不记载债权人姓名或者名称的债券。区分记名公司债券和无记名公司债券的法律意义在于两者转让的要求不同。

(2) 可转换公司债券和不可转换公司债券。可转换公司债券是指可以转换成公司股票的公司债券。这种公司债券在发行时规定了转换为公司股票的条件与办法,当条件具备时,债券持有人拥有将公司债券转换为公司股票的选择权。

不可转换公司债券是指不能转换为公司股票的公司债券。凡在发行债券时未作出转换约定的，均为不可转换公司债券。

(三) 公司债券的发行

《公司法》规定，公司发行公司债券应当符合《证券法》规定的发行条件与程序。

发行公司债券的申请经国务院授权的部门核准后，应当公告公司债券募集办法。公司债券募集办法中应当载明下列主要事项：(1) 公司名称；(2) 债券募集资金的用途；(3) 债券总额和债券的票面金额；(4) 债券利率的确定方式；(5) 还本付息的期限和方式；(6) 债券担保情况；(7) 债券的发行价格、发行的起止日期；(8) 公司净资产额；(9) 已发行的尚未到期的公司债券总额；(10) 公司债券的承销机构。

公司以实物券方式发行公司债券的，必须在债券上载明公司名称、债券票面金额、利率、偿还期限等事项，并由法定代表人签名，公司盖章。

公司发行公司债券应当置备公司债券存根簿。公司债券，可以为记名债券，也可以为无记名债券。发行记名公司债券的，应当在公司债券存根簿上载明下列事项：(1) 债券持有人的姓名或者名称及住所；(2) 债券持有人取得债券的日期及债券的编号；(3) 债券总额，债券的票面金额、利率、还本付息的期限和方式；(4) 债券的发行日期。发行无记名公司债券的，应当在公司债券存根簿上载明债券总额、利率、偿还期限和方式、发行日期及债券的编号。上市公司经股东大会决议可以发行可转换为股票的公司债券，并在公司债券募集办法中规定具体的转换办法。上市公司发行可转换为股票的公司债券，应当报国务院证券监督管理机构核准。发行可转换为股票的公司债券，应当在债券上标明可转换公司债券字样，并在公司债券存根簿上载明可转换公司债券的数额。

(四) 公司债券的转让

《公司法》规定，公司债券可以转让，转让价格由转让人与受让人约定。公司债券在证券交易所上市交易的，按照证券交易所的交易规则转让。根据公司债券种类的不同，公司债券的转让有两种不同的方式。记名公司债券，由债券持有人以背书方式或者法律、行政法规规定的其他方式转让；转让后由公司将受让人的姓名或者名称及住所记载于公司债券存根簿，以备公司存查。无记名公司债券的转让，由债券持有人将该债券交付给受让人后即发生转让的效力；受让人一经持有该债券，即成为公司的债权人。发行可转换为股票的公司债券的，公司应当按照其转换办法向债券持有人换发股票，但债券持有人对转换股票或者不转换股票有选择权。

第六节　公司合并、分立、解散和清算

一、公司合并

(一) 公司合并的形式

公司合并是指两个以上的公司依照法定程序变为一个公司的行为。其形式有两种：一是吸收合并；二是新设合并。吸收合并是指一个公司吸收其他公司加入本公司，被吸收的公司解散。新设合并是指两个以上公司合并设立一个新的公司，合并各方解散。

(二) 公司合并的程序

(1) 签订合并协议。公司合并，应当由合并各方签订合并协议。合并协议应当包括以下主要内容：① 合并各方的名称、住所；② 合并后存续公司或新设公司的名称、住所；③ 合并各方的债权债务处理办法；④ 合并各方的资产状况及其处理办法；⑤ 存续公司或新设公司因合并而增资所发行的股份总额、种类和数量；⑥ 合并各方认为需要载明的其他事项。

(2) 编制资产负债表及财产清单。

(3) 作出合并决议。公司在签订合并协议并编制资产负债表及财产清单后,应当就公司合并的有关事项作出合并决议。

(4) 通知债权人。公司应当自作出合并决议之日起10日内通知债权人,并于30日内在报纸上公告。债权人自接到通知书之日起30日内,未接到通知书的自公告之日起45日内,可以要求公司清偿债务或者提供相应的担保。

(5) 依法进行登记。公司合并后,应当依法向公司登记机关办理相应的变更登记、注销登记、设立登记。

(三) 公司合并各方的债权、债务

公司合并时,合并各方的债权、债务,应当由合并后存续的公司或者新设的公司承继。

二、公司分立

(一) 公司分立的形式

公司分立是指一个公司依法分为两个以上的公司。公司分立的形式有两种:一是公司以其部分财产另设一个或数个新的公司,原公司存续;二是公司以其全部财产分别归入两个以上的新设公司,原公司解散。

(二) 公司分立的程序

公司分立的程序与公司合并的程序基本一样,要签订分立协议,编制资产负债表及财产清单,作出分立决议,通知债权人,办理市场主体变更登记等。

(三) 公司分立前的债务

公司分立前的债务由分立后的公司承担连带责任。但是,公司在分立前与债权人就债务清偿达成的书面协议另有约定的除外。

三、公司解散

(一) 公司解散的概念及其特征

公司解散是指公司因发生章程规定或法律规定的除破产以外的解散事由而停止业务活动,并进入清算的状态和过程。其特征为:

(1) 公司解散事由发生后,公司并未终止,仍然具有法人资格,可以自己的名义开展与清算有关的活动,直到清算完毕并注销后才消灭其主体资格。

(2) 除公司因合并或分立而解散,不必进行清算外,公司解散必须经过法定清算程序。

(3) 公司解散的目的是终止其法人资格。

(二) 公司解散的原因

《公司法》规定,公司解散的原因有以下5种情形:(1) 公司章程规定的营业期限届满或者公司章程规定的其他解散事由出现;(2) 股东会或者股东大会决议解散;(3) 因公司合并或者分立需要解散;(4) 依法被吊销营业执照、责令关闭或者被撤销;(5) 人民法院依法予以解散。

公司有上述第(1)项情形的,可以通过修改公司章程而存续。公司依照规定修改公司章程的,有限责任公司须经持有2/3以上表决权的股东通过,股份有限公司须经出席股东大会会议的股东所持表决权的2/3以上通过。

上述前三项原因都属于公司自愿解散,必须经过股东(大)会决议。后两项是公司外部原因,一般称之为强制解散。

(三) 强制解散

公司被吊销营业执照、责令关闭或者撤销,往往是因为公司行为违反了法律或者行政法规,是一种行政处罚措施,必须符合相关法律的规定。

《公司法》第 182 条规定,公司经营管理发生严重困难,继续存续会使股东利益受到重大损失,通过其他途径不能解决的,持有公司全部股东表决权 10%以上的股东,可以请求人民法院解散公司。很明显,人民法院强制解散公司是基于前述规定而采取的解决公司僵局的措施。

实践中,强制解散公司应符合以下条件:(1) 公司持续 2 年以上无法召开股东会或者股东大会,公司经营管理发生严重困难的;(2) 股东表决时无法达到法定或者公司章程规定的比例,持续 2 年以上不能作出有效的股东会或者股东大会决议,公司经营管理发生严重困难的;(3) 公司董事长期冲突,且无法通过股东会或者股东大会解决,公司经营管理发生严重困难的;(4) 经营管理发生其他严重困难,公司继续存续会使股东利益受到重大损失的情形。

股东提起解散公司诉讼应当以公司为被告。股东以知情权、利润分配请求权等权益受到损害,或者公司亏损、财产不足以偿还全部债务,以及公司被吊销企业法人营业执照未进行清算等为由,提起解散公司诉讼的,人民法院不予受理。

四、公司清算

(一) 清算的概念及其意义

公司的清算,是指公司被解散或被宣告破产后,依照法律规定了结其事务,收回其债权,清偿其债务并分配财产,最终使其消灭的法定程序。

公司清算是公司消灭的必经程序。公司只有通过清算程序,清查公司的财产,核实公司的债权和债务并作出妥善处理,以终结或解散公司现存的法律关系,处理公司的剩余财产,才能使被解散的公司丧失其法人人格。因此,除因合并或分立而解散外,其余原因导致的公司终止,均须经过清算程序。

公司清算对于维护债权人利益、保护投资人利益和其他利害关系人的利益等具有重要的意义。

(二) 清算的效力

进入清算程序后,公司便进入终止前的特殊阶段,即清算期间。在此期间,公司的权利能力和行为能力均出现重大变化。因此,清算的效力主要表现在以下方面。

(1) 公司仍具有法人资格,但其权利能力、行为能力受到限制。清算期间,在清算目的范围内,公司法人资格继续存在,只是其权利能力、行为能力有所限制。公司不得再进行新的经营活动,公司的全部活动应局限于清理公司已经发生但尚未了结的事务,包括清偿债务、实现债权以及处理公司内部事务。

(2) 公司的代表机构为清算组。清算期间,公司的董事会不再依其职责代表公司,公司的财产、印章、财务文件等均由清算组接管。在清算期间,清算组行使下列职权:清理公司财产,分别编制资产负债表和财产清单;通知、公告债权人;处理与清算有关的公司未了结的业务;清缴所欠税款以及清算过程中产生的税款;清理债权、债务;处理公司清偿债务后的剩余财产;并代表公司参与民事诉讼活动。在普通清算时,公司的董事一般担任清算人。此外,清算期间公司股东(大)会和监事会仍然存在,可以行使原有的职权,但以清算事务为限。此时,法律和公司章程关于监事的职权、股东(大)会召集程序、少数股东召集股东大会的请求、董事和监事的说明义务和忠实义务、董事与公司的关系、监事的停止请求权及股东账簿查阅权等规定仍然适用。

(3) 公司财产在未按法定程序清偿前,不得分配给股东。经过清理查实的公司财产,要依照法律规定的顺序分配。按照《公司法》第 186 条规定,公司财产必须先支付清算费用、职工工资、社会保险费用和法定补偿金、缴纳所欠税款、清偿公司债务,这之后如果还有剩余财产,才能对股东进行分配。

(4) 公司清算的最终结果导致公司法人资格消灭。清算结束后,公司所有事务均已了结,债务清偿完毕,这时公司财产已全部被分配。清算组织即可向公司登记机关申请公司注销,公司终止。

(三) 公司解散时的清算

1. 成立清算组

公司解散时,除因合并或者分立之外,应当依法进行清算。《公司法》规定,公司应当在解散事由出现之日起 15 日内成立清算组,开始清算。有限责任公司的清算组由股东组成,股份有限公司的清算组由董事或者股东大会确定的人员组成。逾期不成立清算组进行清算的,债权人可以申请人民法院指定有关人员组成清算组进行清算。人民法院应当受理该申请,并及时组织清算组进行清算。

2. 清算组的职权

《公司法》规定,清算组在清算期间行使下列职权:(1) 清理公司财产,分别编制资产负债表和财产清单;(2) 通知、公告债权人;(3) 处理与清算有关的公司未了结的业务;(4) 清缴所欠税款以及清算过程中产生的税款;(5) 清理债权、债务;(6) 处理公司清偿债务后的剩余财产;(7) 代表公司参与民事诉讼活动。

清算组在公司清算期间代表公司进行一系列民事活动,全权处理公司经济事务和民事诉讼活动。《公司法》规定,清算组成员应当忠于职守,依法履行清算义务。清算组成员不得利用职权收受贿赂或者其他非法收入,不得侵占公司财产。清算组成员因故意或者重大过失给公司或者债权人造成损失的,应当承担赔偿责任。

3. 清算工作程序

清算工作程序一般如下。

(1) 登记债权。清算组应当自成立之日起 10 日内通知债权人,并于 60 日内在报纸上公告。债权人应当自接到通知书之日起 30 日内,未接到通知书的自公告之日起 45 日内,向清算组申报其债权。债权人申报债权,应当说明债权的有关事项,并提供证明材料。清算组应当对债权进行登记。在申报债权期间,清算组不得对债权人进行清偿。

(2) 清理公司财产,制定清算方案。清算组应当对公司财产进行清理,编制资产负债表和财产清单,制定清算方案。清算方案应当报股东会、股东大会或者人民法院确认。清算组在清理公司财产、编制资产负债表和财产清单后,发现公司财产不足清偿债务的。应当依法向人民法院申请宣告破产。公司经人民法院裁定宣告破产后,清算组应当将清算事务移交给人民法院。

(3) 清偿债务。公司财产在分别支付清算费用、职工的工资、社会保险费用和法定补偿金,缴纳所欠税款,清偿公司债务后的剩余财产,有限责任公司按照股东的出资比例分配,股份有限公司按照股东持有的股份比例分配。清算期间,公司存续,但不得开展与清算无关的经营活动。公司财产在未按上述规定清偿前,不得分配给股东。

(4) 公告公司终止。公司清算结束后,清算组应当制作清算报告,报股东会、股东大会或者人民法院确认,并报送公司登记机关,申请注销公司登记,公告公司终止。

同步综合练习

一、名词解释题

公司　有限责任公司　一人有限责任公司　国有独资公司　股份有限公司　上市公司　外国公司　公司人格否认　发起设立　募集设立　董事会　独立董事　股东派生诉讼　公司债　公司债券　资本公积金

二、单项选择题

1. 甲、乙、丙三人出资成立一家有限责任公司，现丙与丁达成协议，将其在该公司拥有的全部股权作价20万元转让给丁。对此，甲、乙均表示同意转让，但均愿意购买，甲的出价为20万元，乙的出价为18万元。因公司章程对此未有规定，则丙所持股份应转让给　（　　）

A. 甲　　B. 乙　　C. 丁　　D. 甲和丁各一半

2. 下列关于一个自然人设立的一人有限责任公司转投资的表述，正确的是　（　　）

A. 一人公司可以再投资设立一人公司
B. 一人公司可以与他人共同设立合伙企业
C. 一人公司可以与他人共同设立有限责任公司
D. 一人公司不可以与他人共同设立股份有限公司

3. 下列关于有限责任公司股权继承的表述，正确的是　（　　）

A. 自然人股东死亡后，其合法继承人当然不能继承股东资格
B. 自然人股东死亡后，其合法继承人是否可以继承股东资格，取决于公司董事会的决定
C. 自然人股东死亡后，其合法继承人是否可以继承股东资格，由继承人与公司其他股东协商决定
D. 自然人股东死亡后，其合法继承人可以继承股东资格，但是，公司章程另有规定的除外

4. 行使派生诉权的股东应具备法定资格，按《公司法》的规定，下列有权行使派生诉权的股东是　（　　）

A. 有限责任公司的任何股东
B. 股份有限公司的任何股东
C. 股份有限公司持股1%以上的股东
D. 股份有限公司连续持股180日以上的股东

5. 根据《公司法》的有关规定，下列关于一人有限责任公司的表述中，正确的是　（　　）

A. 一个法人只能投资设立一个一人有限责任公司
B. 一人有限责任公司的股东不能基于公司章程的规定出资
C. 一个自然人投资设立的一人有限责任公司，不能投资设立新的一人有限责任公司
D. 债权人不能证明一人有限责任公司的财产与其股东自己的财产相混同的，有限责任公司的股东以其出资额为限对公司债务承担责任

6. 下列有关股份有限公司董事会的议事规则和表决程序的表述，正确的是　（　　）

A. 董事会作出决议，必须经全体董事的过半数通过
B. 董事会作出决议，必须经出席会议的董事过半数通过
C. 董事会会议应在符合章程规定的出席人数时方可举行
D. 董事因故不能出席会议时可以委托其愿意委托的任何人代其出席会议

7. 股东不按章程规定足额交纳出资的,除应当向公司补交外,还应当向谁承担违约责任? ( )

A. 公司　　B. 全体股东

C. 已按期足额交纳出资的股东　　D. 工商行政管理局

8. 公司法定公积金转增为资本时,所留存的该项公积金不得少于 ( )

A. 转增前公司注册资本的25%　　B. 转增后公司注册资本的25%

C. 转增前公司资产总量的25%　　D. 转增后公司资产总量的25%

9. 甲股份公司成立后,董事会对公司设立期间发生的各种费用如何承担发生了分歧。下列哪些项费用应当由发起人承担? ( )

A. 发起人蒋雯因公司设立事务而发生的宴请费用

B. 发起人李钰就自己出资部分所产生的验资费用

C. 发起人钟青为论证公司要开发的项目而产生的调研费用

D. 发起人缪毅值班时乱扔烟头将公司筹备组租用的房屋烧毁,筹备组为此向房主支付的5万元赔偿金

10. 公司在经营活动中可以自己的财产为他人提供担保。关于担保的表述中,下列哪一选项是正确的? ( )

A. 公司经理可以决定为本公司的客户提供担保

B. 公司董事长可以决定为本公司的客户提供担保

C. 公司董事会可以决定为本公司的股东提供担保

D. 公司股东会可以决定为本公司的股东提供担保

11. 甲公司出资20万元、乙公司出资10万元共同设立丙有限责任公司。丁公司系甲公司的子公司。在丙公司经营过程中,甲公司多次利用其股东地位通过公司决议让丙公司以高于市场同等水平的价格从丁公司进货,致使丙公司产品因成本过高而严重滞销,造成公司亏损。下列哪一选项是正确的? ( )

A. 丁公司应当对丙公司承担赔偿责任

B. 甲公司应当对乙公司承担赔偿责任

C. 甲公司应当对丙公司承担赔偿责任

D. 丁公司、甲公司共同对丙公司承担赔偿责任

12. 甲、乙、丙三人共同设立云台有限责任公司,出资比例分别为70%、25%、5%。自2014年开始,公司的生产经营状况严重恶化,股东之间互不配合,不能作出任何有效决议,甲提议通过股权转让摆脱困境被其他股东拒绝。下列哪一选项是正确的? ( )

A. 只有甲、乙可以向法院请求解散公司

B. 只有控股股东甲可以向法院请求解散公司

C. 甲、乙、丙中任何一人都可向法院请求解散公司

D. 不应解散公司,而应通过收购股权等方式解决问题

13. 王轶向银行申请贷款,需要他人担保。陈铠系甲有限公司的控股股东和董事长,是王轶多年好友。王轶求助于陈铠,希望得到甲公司的担保。甲公司章程规定,公司对外担保须经股东会决议。下列哪一选项是正确的? ( )

A. 甲公司可以为王轶提供担保,但须经股东会决议通过

B. 甲公司可以为王轶提供担保,但陈铠不得参加股东会表决

C. 甲公司不得为王轶提供担保,因为《公司法》禁止公司为个人担保

D. 甲公司不能为王轶提供担保，因为陈铠不能向甲公司提供反担保

14. 张舒系一有限责任公司的小股东，由于对公司的经营状况不满，想通过查阅公司账簿去深入调查公司经营出现的问题。下列哪一选项是错误的？（　　）

A. 张舒必须向公司提出书面申请

B. 若张舒聘请专业机构人员帮助查阅账簿，公司不得拒绝

C. 公司拒绝张舒查阅时，张舒只能请求法院要求公司提供查阅

D. 公司有权以可能会泄露公司商业秘密为由拒绝张舒的查账申请

15. 某公司注册资本为 500 万元，该公司年终召开董事会研究公司财务问题。在该董事会的决议内容中，下列哪一项是不合法的？（　　）

A. 公司合法转增部分的股本由各股东按原持股比例无偿取得

B. 为扩大生产，将该公司历年的法定公积金全部用于转增股本

C. 鉴于公司历年的法定公积金已达 300 万元，决定本年度不再提取法定公积金

D. 鉴于公司连年盈利，决定本年度税后利润依公司章程全部由股东按持股比例分配

16. 甲、乙、丙等六人计划出资成立一有限责任公司，经营房地产咨询业务，在深圳某区租赁了办公用房，一切准备就绪后商定为公司取一吉祥的名称，共有以下四名称，依法可以采用的是（　　）

A. 深圳大地发展公司　　B. 深圳旺地咨询有限责任公司

C. 中国大地发展有限公司　　D. 深圳 BLUE 房地产咨询公司

17. 甲股份有限公司的股票自 2020 年 2 月 1 日起公开上市交易。2020 年 8 月 1 日，该公司召开股东大会。该次股东大会通过的下列决议中，符合法律规定的是（　　）

A. 接受乙公司以其持有的甲公司股份作为质押担保

B. 公司董事持有的本公司股份自 2020 年 8 月 1 日起可随时转让

C. 公司收购本公司已发行股份的 4% 用于未来 1 年内奖励本公司职工

D. 公司董事会秘书持有的本公司股份自 2020 年 8 月 1 日起可随时转让

18. 某上市公司董事会秘书李仁执行公司职务时，违反公司章程的规定，给公司造成了损失。王萌是该公司连续 1 年持有 10% 股份的股东，欲起诉李仁。王萌的正确做法是（　　）

A. 王萌直接以公司的名义起诉李仁

B. 若王萌请求公司董事会起诉李仁的口头提议遭拒绝，可以自己的名义起诉李仁

C. 若王萌请求公司监事张正起诉李仁的书面提议遭拒绝，可以自己的名义起诉李仁

D. 如果情况紧急，不立即起诉，公司的损失将难以弥补，王萌可以自己的名义直接起诉李仁

19. 以下有关股东直接诉讼的表述中，正确的是（　　）

A. 控股股东不得成为股东直接诉讼的被告

B. 公司章程可以对股东直接诉权进行限制

C. 持有一定数额股份的股东才能行使股东直接诉权

D. 股东直接诉讼的被告可以是公司的董事和高级管理人员

20. 根据《公司法》规定，股份有限公司董事持有本公司股份（　　）

A. 在其任职期间不得转让

B. 在其任职后 3 年内不得转让

C. 在公司成立后 3 年内不得转让

D. 自公司股票在证券交易所上市交易之日起 1 年内不得转让

21. 甲、乙、丙、丁拟任A上市公司独立董事。根据上市公司独立董事制度的规定,下列选项中,不影响当事人担任独立董事的情形是 ( )

A. 丙正在担任B公司(A上市公司的附属企业)的法律顾问

B. 丁是持有A上市公司已发行股份2%的自然人股东

C. 甲之妻半年前卸任A上市公司之附属企业B公司总经理之职

D. 乙于1年前卸任C公司副董事长之职,C公司持有A上市公司已发行股份的7%

22. 甲、乙两公司与郑洲、张玢欲共同设立一有限公司,并在拟订公司章程时约定了各自的出资方式。下列有关各股东的部分出资方式中,符合公司法律制度规定的是 ( )

A. 甲公司以其获得的某知名品牌特许经营权评估作价20万元出资

B. 乙公司以其企业商誉评估作价30万元出资

C. 郑洲以其享有的某项专利权评估作价40万元出资

D. 张玢以其设定了抵押权的某房产作价50万元出资

三、多项选择题

1. 关于公司分配问题,下列陈述正确的是 ( )

A. 公司只能以货币形式向股东分红

B. 公司只能在弥补亏损和提取法定公积金后给股东分红

C. 除全体股东另有约定的外,有限公司股东按照认缴的出资比例分取红利

D. 除全体股东另有约定的外,有限公司股东按照实缴的出资比例分取红利

E. 除公司章程另有规定的外,股份公司股东按照持有的股份比例分取红利

2. 下列选项中,股东可以自决议作出之日起60天内请求人民法院撤销的情形有 ( )

A. 股东会决议内容违反法律法规

B. 股东会会议的决议内容违反公司章程

C. 董事会决议内容违反法律、行政法规

D. 股东大会的会议召集程序、表决方式违反公司章程

E. 股东会会议的召集程序和表决方式违反法律或行政法规

3. 有限责任公司监事会的法定职权有 ( )

A. 检查公司财务

B. 对董事、高级管理人员执行公司职务的行为进行监督

C. 对违反法律、行政法规的董事或高级管理人员提出罢免建议

D. 在董事会不履行召集和主持股东会会议职责时召集和主持股东会会议

E. 公司章程规定的其他职权

4. 甲、乙两人拟共同设立一注册资本为人民币100万元的有限责任公司,下列几个有关出资方式的方案,正确的是 ( )

A. 人民币20万元,厂房折价80万元

B. 人民币30万元,非专利技术折价70万元

C. 人民币60万元,高新技术折价40万元

D. 厂房折价80万元,商标权折价20万元

E. 人民币40万元,专利权折价30万元,机器设备30万元

5. 公司不得收购本公司股份,但有下列情形的除外 ( )

A. 减少公司注册资本

B. 将股份奖励给本公司职工

C. 与持有本公司股份的其他公司合并

D. 股东因对股东大会作出的公司合并、分立决议持异议而要求公司收购其股份的

E. 公司连续 5 年不向股东分配利润，而公司该五年连续盈利并符合法定的分配利润条件的

6.《公司法》对股份有限公司股东转让股份所作的限制有　（　　）

A. 未上市的股票未经股东大会的同意不得转让

B. 发起人持有的本公司股份，自公司成立之日起 1 年内不得转让

C. 公司董事在离职后半年内不得转让其所持有的本公司股份

D. 公司董事在任职期间每年转让的股份不得超过其所持有本公司股份总数的 25%

E. 公司公开发行股份前已发行的股份，自公司股票在证券交易所上市交易之日起 1 年内不得转让

7. 某有限责任公司监事会经股东举报，认为公司经营状况异常，并准备进行调查。对此，下列表述中正确的有　（　　）

A. 监事会的决议应当经半数以上监事通过方可

B. 监事会对公司经营状况的调查费用由公司负担

C. 监事会在必要的时候可以聘请会计师协助调查

D. 监事会有权提议召开临时股东会来处理调查结果

E. 监事会有权撤销违法履行职务的董事的任职资格

8. 下列有关有限责任公司出资的表述中，不正确的有　（　　）

A. 可以用货币估价的非货币财产均可以作为股东的出资

B. 公司全体股东的首次出资额不得低于注册资本的 30%

C. 注册资本为人民币 3 万元的有限责任公司，其注册资本必须一次缴足

D. 全体股东首次出资额以外的部分由股东自公司成立之日起 2 年内缴足，投资公司除外

9. 股东请求人民法院撤销股东会决议的情形包括　（　　）

A. 股东会的决议内容违反行政法规　B. 股东会的表决方式违反法律

C. 股东会的会议召集程序违反法律　D. 股东会的决议内容违反公司章程

10. 股东派生诉讼的特点有　（　　）

A. 股东为自己的利益以公司的名义对侵害人提起诉讼

B. 股东为公司的利益以自己的名义替代公司对侵害人提起诉讼

C. 股东的合法权益受到侵害，公司怠于或者拒绝追究侵害人责任

D. 公司的正当权益受到侵害，公司怠于或者拒绝追究侵害人责任

11. 某有限责任公司，经营医疗器械，总资产 1 000 万元，总负债 200 万元。公司股东会作出的下列决定不符合法律规定的有　（　　）

A. 投资 100 万元，与乙公司组成普通合伙企业

B. 发行 100 万元公司债券

C. 向某食品有限责任公司投资 150 万元

D. 减少注册资本 50 万元

12. 根据《公司法》规定，公司可购回本公司股份的情形包括　（　　）

A. 正常投资行为　B. 减少公司资本而注销股份

C. 本公司的股票是抵押权标的　D. 与持有本公司股票的其他公司合并

13. 某上市公司总股份为1.5亿股,该公司在股权分置改革时承诺3年内不增资扩股,其后该公司对章程进行了修改。关于修改后的章程内容,下列哪些是违法的? ( )

A. 任何时候公司都不得接受本公司的股票为质押物

B. 公司董事持有的本公司股份在离职后3年内不得转让

C. 公司在1年内回购本公司股份1 000万股用于实施股权激励,公司合计持有的本公司股份数占本公司已发行股份总额的12%

D. 公司监事持有的本公司股份在离职时经股东大会批准可以转让

14. 刘能是甲有限责任公司的董事长兼总经理。任职期间,多次利用职务之便,指示公司会计将资金借贷给一家主要由刘能的儿子投资设立的乙公司。对此,持有公司股权0.5%的股东王莽认为甲公司应该起诉乙公司还款,但公司不可能起诉,王莽便自行直接向法院对乙公司提起股东代表诉讼。下列哪些选项是正确的? ( )

A. 王莽应以甲公司的名义起诉,但无需甲公司盖章或刘能签字

B. 王莽不能直接提起诉讼,必须先向董事会或监事会提出请求

C. 王莽持有公司股权不足1%,不具有提起股东代表诉讼的资格

D. 王莽应以自己的名义起诉,但诉讼请求应是将借款返还给甲公司

15. 甲公司于2020年6月依法成立,现有数名推荐的董事人选,依照《公司法》规定,下列哪些人员不能担任公司董事? ( )

A. 徐达,2015年向他人借款100万元,为期2年,但因资金被股市套住至今未清偿

B. 王哲,因担任企业负责人犯重大责任事故罪于2013年5月被判处3年有期徒刑,2016年刑满释放

C. 张丽,与他人共同投资设立一家有限责任公司,持股70%,该公司长期经营不善,负债累累,于2018年被宣告破产

D. 赵滨,曾任某音像公司董事长,该公司因未经著作权人许可大量复制音像制品于2018年4月被市场监督管理部门吊销营业执照、责令关闭,赵滨负有个人责任

16. 华胜股份有限公司于2019年召开董事会临时会议,董事长甲及乙、丙、丁、戊等共五位董事出席,董事会中其余4名成员未出席。董事会表决之前,丁因意见与众人不合,中途退席,但董事会经与会董事一致通过,最后仍作出决议。下列哪些选项是错误的? ( )

A. 该决议是否有效取决于公司监事会的审查意见

B. 该决议是否有效取决于公司股东会的最终意见

C. 该决议有效,因其已由出席会议董事的过半数通过

D. 该决议无效,因丁退席使董事的同意票不足全体董事表决票的1/2

17. 疏运有限公司是一家拥有十辆货车的运输企业,甲是该公司股东。一日,该公司股东会决议将汽车全部卖掉转而从事广告制作,甲认为广告制作业没有前途而坚决反对,但因甲只有10%的股权,该决议仍得以通过。甲可以通过下列哪些方法来维护自己的权益? ( )

A. 将股权转让给他人,退出公司

B. 向法院起诉请求撤销该股东会决议

C. 要求公司以合理价格收购其持有的股权

D. 向法院起诉请求解散公司,并分配剩余财产

18. 甲公司因货款债务被乙公司申请法院强制执行,法院决定对甲公司所持丙有限责任公司的40万股股权予以强制执行。丁公司表示愿意受让该项股权,但丙公司其他四位股东除王怡外,李三、张四、刘六三位均不同意丁公司受让该项股权。下列哪些选项是正确的? ( )

A. 由于大部分股东不同意丁公司受让股权，因此法院不能强制执行甲公司所持有的丙公司的股权

B. 李三、张四和刘六反对丁公司受让甲公司的股权，因此应当购买该股权

C. 上述四位股东对该股权在同等条件下享有优先购买权

D. 上述四位股东在法定期限内不行使优先购买权，视为放弃

19. 甲、乙出资设立注册资本为400万元的丙有限责任公司，章程规定：甲以现金出资280万元；乙以现金出资40万元，专利作价40万元，机器设备作为实物出资作价40万元。公司成立后，甲按期足额缴纳现金280万元，乙只缴纳了20万元现金，其专利的实际市场价额为20万元，机器设备虽然已实际移交给公司，但该设备属于丁所有，系丁委托乙保管。下列哪些选项是正确的？（　　）

A. 丙公司应根据丁的请求向其返还机器设备

B. 乙应当履行其余20万元现金出资的义务，并应当向甲承担违约责任

C. 甲、乙达成协议，可以通过减少资本程序免除乙对差额部分的出资责任

D. 乙应当补足其专利权出资的实际价额与作价金额之间的差额，甲对此承担连带责任

20. 湘东船运有限公司共8个股东，除股东甲外，其余股东都已足额出资。某次股东会上，7个股东一致表决同意因甲未实际缴付出资，而不能参与当年公司利润分配。3个月后该公司船只燃油泄漏，造成沿海养殖户巨大损失，公司的全部资产不足以赔偿。甲向其他7个股东声明：自己未出资，也未参与分配，实际上不是股东，公司的债权债务与己无关。下列哪些选项是正确的？（　　）

A. 甲虽然没有实际缴付出资，但不影响股东地位

B. 甲的声明对内具有效力，但不能对抗善意第三人

C. 其他股东决议不给甲分配当年公司利润是符合公司法的

D. 就公司财产不足清偿的债务部分，只应由甲承担相应的责任，其他7个股东不承担责任

21. 甲乙二公司与刘贺、谢仁欲共同设立一注册资本为200万元的有限责任公司，他们在拟定公司章程时约定各自以如下方式出资。下列哪些出资是不合法的？（　　）

A. 甲公司以其企业商誉评估作价80万元出资

B. 乙公司以其获得的某知名品牌特许经营权评估作价60万元出资

C. 刘贺以保险金额为20万元的保险单出资

D. 谢仁以其设定了抵押担保的房屋评估作价40万元出资

四、简答题

1. 简述公司的概念和特征。
2. 简述公司法人人格否认原则适用的要件。
3. 简述股东的权利和义务。
4. 如何理解股东派生诉讼？
5. 简述公司的设立与成立的区别。
6. 公司资本与公司资产有何区别？
7. 如何理解股东的出资形式？
8. 简述公司章程的性质、内容和效力。
9. 简述公司税后利润分配的顺序。
10. 什么是有限责任公司？设立有限责任公司的条件是什么？
11. 简述一人有限责任公司的概念、特征及其设立条件。

12. 简述有限责任公司股东会、董事会、监事会的职权。

13. 简述有限责任公司股权转让的规则。

14. 什么是股份有限公司?和有限责任公司相比,有哪些不同?

15. 简述股份有限公司发起人在公司设立过程中应承担的法律责任。

16. 简述股份有限公司监事会的职权。

17. 简述公司债与公司股份的区别。

18. 什么是公司债券?和股票有哪些异同点?公司债券的发行条件是什么?

19. 简述公司法对股份有限公司股份转让的限制。

20. 试述公司解散制度。

五、案例分析题

案例一:甲、乙、丙共同出资设立一家有限责任公司,并共同制定了公司章程草案。该公司章程草案要点如下:(1) 公司注册资本总额为60万元。各方出资数额、出资方式以及缴付出资的时间分别为甲出资18万元,其中货币出资7万元、著作权作价出资11万元,首次货币出资2万元,其余货币出资和著作权出资自公司成立之日起1年内缴足;乙出资15万元,其中机器设备作价出资10万元、特许经营权出资5万元,自公司成立之日起6个月内一次缴足;丙以货币5万元、厂房作价22万元出资,首次货币出资3万元,其余出资自公司成立之日起3年内缴付。(2) 经理由董事会聘任,经理作为公司的法定代表人。在公司召开股东会会议时,出资各方行使表决权的比例为甲按照注册资本40%的比例行使表决权;乙、丙分别按照注册资本30%的比例行使表决权。(3) 公司分配红利时,出资各方依照以下比例进行分配,甲享有红利30%的分配权,乙享有红利35%的分配权,丙享有红利35%的分配权。

请问:

1. 公司章程草案中关于出资方式、出资数额、出资时间是否符合《公司法》的有关规定?请说明理由。

2. 经理作为公司的法定代表人是否符合《公司法》的有关规定?说明理由。

3. 公司章程规定的出资各方在公司股东会会议上行使表决权的比例是否符合《公司法》的有关规定?说明理由。

4. 公司章程规定的出资各方分红比例是否符合《公司法》的有关规定?说明理由。

案例二:以下是一食品有限责任公司的设立方案:股东为15个自然人;其中12人以现金入股31万元人民币,2个高级技师王仝、张冲以自己拥有的特殊劳动技能入股,折合为6万元人民币,赵四用自己的一项受专利法保护的专利技术入股,折合为11万元人民币。新公司不设监事。新公司以食品生产为主营业务。

该有限责任公司成立后,发现赵四的专利技术只值5万元人民币。

请问:

1. 该食品有限责任公司设立方案中有哪些内容不符合《公司法》的规定?

2. 专利技术入股应办理哪些手续?

3. 赵四名义上11万元人民币的出资,实际上只值5万元人民币,应如何处理?

案例三:2020年4月,扬子药品开求有限责任公司(以下简称扬子公司)与其他5家国内企业共同筹建鼎立中药股份有限公司(以下简称鼎立公司),资本总额确定为1 200万元;6家发起企业认购其中一部分,其余部分向社会公开募集。在发起过程中,由于扬子公司作为出资的厂房需要装修,发起人共同协商成立鼎立公司筹建处,并以筹建处的名义向中源装潢公司购买一批装饰材料。货款总价79万元。买卖双方约定,鼎立公司一经成立即向中源装潢公司付清全部货款。一周后，中源装潢公司按约将货物运至筹建处指定的仓库。后经证监会批准，扬子公司等6家发起企业发布招股说明书进行公开募股，但募股期届满未募集到足够资金，公司无法成立。

请问：

1. 中源装潢公司的装饰材料货款应由谁承担？

2. 6家发起企业应当承担哪些责任？

案例四：张一、王二、李三、赵四、刘五、高六、吴七共同发起设立世达股份有限公司，张一以专利权和专有技术出资，王二以其熟练运用该专利的劳务出资，李三以其信誉出资，赵四、刘五、高六和吴七以现金出资。世达股份有限公司于2020年3月5日成立，注册资本1 000万元。赵四实际出资100万元，但是其对债权人甲负债200万元逾期未还，债权人甲请求人民法院扣押赵四在世达公司的股份。高六经公司股东会同意，与公司从事一笔交易，股东会要求其将已经持有的公司全部股份设定为质权，以提供担保。

请问：

1. 公司设立过程中有哪些不符合现行法律规定的？

2. 本案该如何处理？

案例五：甲、乙在2020年3月2日设立A有限责任公司。2020年4月16日，甲、乙与丙、丁达成股权转让协议。该协议主要内容为：(1) 丙、丁以80万元人民币收购甲、乙持有A公司的全部股份。(2) 股权转让手续由丙、丁办理，甲、乙予以协助。(3) A有限责任公司在2020年4月16日之前对外所负债务由甲、乙承担。

请问：

1. 甲、乙与丙、丁签订的股权转让协议中有关A公司债务的约定是否有效？

2. 甲、乙与丙、丁签订的股权转让协议，在工商登记之前是否已经生效？

3. 如果丙、丁受让甲、乙股权之后，发现A有限责任公司实际资产仅为50万元人民币，而对外债务为70万元人民币，丙、丁是否要承担差额部分的债务？（不考虑甲、乙与丙、丁有关债务偿还条款）

4. A有限责任公司的对外70万元人民币债务该如何解决？

案例六：甲、乙两公司拟组建某酒店。乙公司要求引进丙公司参与该项目，但甲公司坚持只能与其中一家企业合作。于是，乙、丙两公司决定以乙的名义投资，但双方另外签订了一份协议，约定：酒店项目中属于乙公司享有的权利和承担的义务，由乙公司和丙公司共同享有和承担；在乙公司应向酒店投入的2 000万元出资中，1 000万元的贷款由双方共同偿还并支付利息，各承担50%；其余1 000万元，由乙公司与丙公司按40%和60%的比例分担。利润和亏损都由乙公司和丙公司各得一半。协议签订后，丙公司将600万元的资金交付乙方，作为对酒店的投资。而出资证明书、股东名册、工商登记均以乙公司的名义进行。随后，双方也按协议共享了对酒店的股权收益。

2016年起，酒店以设备陈旧需要改造为由连续3年不分配利润。于是，丙公司向法院提起诉讼，要求确认其在酒店中的股权。

请问：

1. 该隐名投资合同是否具有法律效力？

2. 该合同能对公司与其他股东产生效力吗？

3. 该合同能对公司、股东以外第三人产生效力吗？

第四章 企业破产法律制度

第一节 概 述

一、破产的概念与特征

破产是指对丧失清偿能力的债务人,在法院的审理与监督之下,强制清算其全部财产,公平清偿全体债权人的法律制度。破产是一种法律规定的清偿债务的特殊手段,其目的在于通过破产的程序使全体债权人获得公平受偿。破产一般是指破产清算程序,但在谈及破产法律制度时,通常是从广义上理解,不仅包括破产清算制度,而且包括以挽救债务人、避免破产为目的的重整、和解等法律制度。

破产清算是破产法的基本制度,它与相关的民事执行制度相比,具有以下特征。

(1) 民事执行程序中的债务人通常具有清偿能力,但拒不履行义务,所以需要强制执行。而破产程序中的债务人已无清偿能力,不能对债权人履行全部义务,故须以破产方式公平解决债务清偿问题。在民事执行中,强调债务人自动履行和债权人主动行使权利,而在破产程序中,因个别债权人的单独执行或债务人对个别债权人的自动履行违背对全体债权人公平清偿的原则,反为法律所禁止。

(2) 民事执行是为申请执行的个别债权人的利益进行的,破产清算则是为全体债权人的利益进行,前者的目的只为债的个别清偿,而后者则更强调清偿在债权人间的公平,解决多数债权人之间因债务人财产不足清偿而发生的矛盾。

(3) 破产是对债务人财产法律关系的全面清算与执行,破产宣告后,破产人为企业法人的,将终结其商事经营活动,并使其丧失民事主体资格。而民事执行的范围则仅限于与所执行债务相关的财产,且不涉及民事主体资格问题。此外,民事执行的对象范围广泛,既包括对财产的执行,也包括对行为的执行,而破产程序中执行的对象仅为财产。

同时,破产制度与民事诉讼与执行制度又有着密切的关系。《企业破产法》第 4 条规定:“破产案件审理程序,本法没有规定的,适用民事诉讼法的有关规定。”

二、《企业破产法》概述

破产法是规定在企业法人不能清偿到期债务,并且资产不足以清偿全部债务或者明显缺乏清偿能力时,人民法院强制对其全部财产清算分配、公平清偿债权人,或通过和解、重整延缓清偿债务,避免企业法人破产的法律规范的总称。企业破产法有广义与狭义之分。狭义的企业破产法仅指对企业法人破产清算的法律。广义的企业破产法还包括以避免企业法人破产为主要目的的各种和解与重整方面的法律规范。现代意义上的破产法通常是指广义企业破产法。

《企业破产法》适用于所有的企业法人,包括全民所有制企业、有限责任公司、股份有限公司等具有法人资格的企业。

第二节　破产申请和受理

一、破产界限

破产界限，也称破产的原因，是指法院据以宣告债务人破产的法律标准。《企业破产法》规定，企业法人不能清偿到期债务，并且资产不足以清偿全部债务或者明显缺乏清偿能力的，依照《企业破产法》规定清偿债务。

企业破产的实质标准是不能清偿到期债务，通常简称为不能清偿，要满足以下三个条件：一是债务人不能清偿的是已到期、债权人提出偿还要求的、无争议或已有确定名义（指已经生效的判决、裁决确定）的债务；二是债务人明显缺乏清偿债务的能力，即不能以财产、信用或能力等任何方式清偿债务；三是债务人对全部或者主要债务长期连续不能偿还，而非暂时的资金周转不灵。

二、企业破产申请和受理

（一）破产申请

破产申请，是指债权人或债务人向法院提出的宣告企业破产的请示。企业破产案件由债务人住所地人民法院管辖。债务人住所地是指债务人的主要办事机构所在地，债务人主要办事机构不明确的，由其注册地人民法院管辖。提出破产申请时，应当向人民法院提交破产申请书及有关证据。破产申请书应当载明下列事项：(1) 申请人、被申请人的基本情况；(2) 申请目的，即和解、重整或者破产清算；(3) 申请的事实和理由，包括债权债务的由来、债权的性质和数额、债权到期债务人不能清偿的事实理由等；(4) 人民法院认为应当载明的其他事项。债务人提出申请的，还应当向人民法院提交财产状况说明、债务清册、债权清册、有关财务会计报告、职工安置预案及职工工资的支付和社会保险费用的缴纳情况等。

（二）破产申请受理

债务人发生破产原因，可以向人民法院提出破产申请。债务人不能清偿到期债务，债权人可以向人民法院提出破产申请。

债权人提出破产申请的，人民法院应当自收到申请之日起 5 日内通知债务人。债务人对申请有异议的，应当自收到人民法院通知之日起 7 日内向人民法院提出。人民法院应当自异议期满之日起 10 日内裁定是否受理。除上述规定的情形外，人民法院应当自收到破产申请之日起 15 日内裁定是否受理。

人民法院受理破产申请的，应当自裁定作出之日起 5 日内送达申请人。人民法院裁定不受理破产申请的，应当自裁定出之日起 5 日内送达申请人并说明理由，申请人对不受理的裁定不服的，可自裁定送达之日起 10 日内向上一级人民法院提起上诉。人民法院受理企业破产申请后至破产宣告前，发现债务人不符合法律规定的受理条件的，应当裁定驳回破产申请。申请人对驳回破产申请的裁定不服的，可以在裁定送达之日起 10 日内向上一级人民法院提起上诉。人民法院应当自裁定受理破产申请之日起 25 日内通知已知债权人，并予以公告。

人民法院受理破产申请后，债务人对个别债权人的债务清偿无效。

三、债权申报

债权申报是指债务人的债权人在接到人民法院的破产申请受理裁定通知或者公告后，在法定期限内向人民法院申请登记债权，以取得破产债权人地位的行为。若未在法院期限内申报债权,则视为放弃债权。债权申报期限自人民法院发布受理破产申请公告之日起计算,最短不得少于 30 日,最长不得超过 3 个月。

第三节 债务人财产与管理人

一、债务人财产

(一) 债务人财产的概念

债务人财产是指在破产程序中被破产管理人依法管理的为债务人所拥有的全部财产。它不同于破产财产。破产财产是指在破产过程中扣押的,由管理人依照破产程序分配给债权人的全部财产。在破产宣告以前,债务人的财产管理都服从于债务清理和企业拯救这两个目的。只有在破产宣告以后,债务人财产才成为以清算分配为目的的破产财产。

管理人接管的财产通常不等同于债务人的财产,管理人接管的财产可能因为管理人行使撤销权或追回权而增加,也可能因为利害关系人向管理人主张别除权、取回权或抵销权而减少。

(二) 债务人财产的范围

根据《企业破产法》的规定,债务人财产的范围包括破产申请受理时属于债务人的全部财产,以及破产申请受理后至破产程序终结前债务人取得的财产两部分。

1. 破产申请受理时属于债务人的财产

主要包括以下情形:(1) 有形财产、无形财产、货币和有价证券、投资权益和债权。其中,无形财产包括土地使用权、知识产权、专有技术、特许经营权等。(2) 未成为担保物的财产和已成为担保物的财产。(3) 位于我国境内的财产和位于我国境外的财产。

2. 破产申请受理后至破产程序终结前债务人取得的财产

主要包括以下情形:(1) 程序开始后债务人财产的增值,包括孳息、经营收益和其他所得。例如,租金、利息、销售利润、股票红利、不动产升值、新投资、退税等。(2) 程序开始后收回的财产,如追收的债款、追回的被侵占财产、接受返还的财产、因错误执行而获得执行回转的财产等。(3) 债务人的出资人在尚未完全履行出资义务的情况下补交的出资。

二、与债务人财产相关的权利

(一) 撤销权和追回权

债务人在处于破产状态或者预期将处于破产状态的情况下从事的使破产财产不当减少或者不公平清偿的交易,具有恶化债务人的资产和信用,损害多数债权人和其他利益相关者的利益作用。破产法针对程序开始前的交易活动设立的撤销权和追回权,旨在对债务人财产加以保全和防止个别人抢先受偿,以满足利益相关者对于债务人的财产所存在的公平清偿和企业维持的合理预期。

1. 撤销权

撤销权指因债务人实施的减少债务人财产的行为危及债权人的债权时,管理人可以请求人民法院撤销该行为的权利。设立撤销权制度的目的在于恢复债务人财产,防止因债务人对财产的不当处理损害债权人的利益,最大限度地确保债权人债权的实现。

撤销权应由管理人行使并向人民法院提起,追回的财产并入债务人的财产。根据《企业破产法》的规定,管理人可以行使撤销权的情形主要有以下几种。

(1) 人民法院受理破产申请前 1 年内,涉及债务人财产的下列行为,管理人有权请求人民法院予以撤销:① 无偿转让财产的;② 以明显不合理的价格进行交易的;③ 对没有财产担保的债务提供财产担保的；④ 对未到期的债务提前清偿的；⑤ 放弃债权的。

（2）人民法院受理破产申请前6个月内，债务人有本法第2条第1款规定的情形，仍对个别债权人进行清偿的，管理人有权请求人民法院予以撤销。但是，个别清偿使债务人财产受益的除外。

需要说明的是，为了强化对债权人债权的保护，《企业破产法》规定涉及债务人财产的下列行为无效而非可撤销：（1）为逃避债务而隐匿、转移财产的。（2）虚构债务或者承认不真实的债务的。该行为自实施之日起就没有法律效力，如果据此取得财产，管理人有权予以追回。

2. 追回权

追回权是指因债务人，债务人企业的出资人、董事、管理人员的不当行为导致债务人财产遭受损害的，法律赋予管理人依法追回有关财产的权利。追回权的行使，既是管理人的权利也是管理人的义务。管理人通过行使追回权，使债务人财产增加，从而实现债权人利益的最大化。根据《企业破产法》的规定，管理人享有以下财产追回权：（1）因实施被人民法院撤销的行为或破产无效行为而取得的债务人的财产，管理人有权追回。（2）人民法院受理破产申请后，债务人的出资人尚未完全履行出资义务的，管理人应当要求该出资人缴纳所认缴的出资，而不受出资期限的限制。（3）债务人的董事、监事和高级管理人员利用职权从企业获取的非正常收入和侵占的企业财产，管理人应当追回。

（二）取回权

1. 取回权的概念与特征

取回权是指在破产程序中，财产权利人对属于自己的财产向管理人要求取回的权利。取回权有以下法律特征。

（1）取回权是对特定物的返还请求权。这种返还请求权应具备三项条件：① 以被请求人占有请求人财产的事实为前提。② 以特定物为请求标的。③ 以该物的原物返还为请求内容。缺乏这三项条件之一的，不构成取回权。至于被请求人占有财产的依据如何，在所不论。

（2）取回权是以物权为基础的请求权。也就是说，取回权的发生依据不是债的关系而是物权关系。取回权人是以物的所有人的身份提出权利请求的。若无物的所有权（或者由所有权派生的其他物权，如国有企业的经营管理权）作为权利基础，则不得主张取回权。

（3）取回权是在破产程序中行使的特别请求权。其特殊性表现为不参加债权申报和债权人会议，而由权利人个别行使权利。

（4）取回权标的物在被取回以前，视同为债务人财产，由管理人管理和支配。该财产若受到不法侵犯，管理人得请求法律保护。

2. 取回权的行使

根据《企业破产法》的规定，人民法院受理破产申请后，债务人占有的不属于债务人的财产，该财产的权利人可以通过管理人取回。实践中，作为取回权标的物的“不属于债务人的财产”主要包括：（1）合法占有的他人财产。即有合法根据而占有的属于他人的财产，包括共有财产、委托管理的财产、租赁财产、借用财产、加工承揽财产、寄存财产、寄售财产以及基于其他法律关系交破产人占有但未转移所有权的他人财产。（2）不法占有的他人财产。即无合法根据而占有的属于他人的财产。例如，非法侵占的财产、受领他人基于错误所为之给付而取得的财产、破产人据为己有的他人遗失财产。

实践中，人民法院受理破产申请时，出卖人已将买卖标的物向作为买受人的债务人发运，债务人尚未收到且未付清全部价款的，出卖人可以取回在运途中的标的物。但是，管理人可以支付全部价款，请求出卖人交付标的物。

破产宣告后,破产程序终结前,取回权人得随时向管理人请求取回财产。管理人收到取回权人的请求后,经证明属实的,应予以返还。

取回权标的物应当原物返还。取回权标的物因已经处分或者毁损灭失而不能原物返还的,应当折价返还。

管理人在处理以取回权为由提出的给付请求时,如果认为请求人缺乏权利根据,可以拒绝给付。由此发生争议的,请求人可以向受理破产案件的人民法院提起诉讼。

(三) 抵销权

抵销权,是指债务人在破产申请受理后,在立案前与债务人互负债务的债权人享有的不依破产程序,而以其对该债务人和所欠债务在对等数额内相互抵销的权利。破产法上的抵销,对不同种类的债务可以折价抵销,对未到期的债务,可以扣除期限利益后抵销。

抵销权是对破产债权人利益的一种特别保护措施,其实质是给予对破产人负有债务的债权人一种优先权,避免在破产宣告后,债权人对破产人所享有的债权只能从破产人得到不完全清偿,而债权人对破产人的债务却必须完全清偿的不公平现象的发生。

根据《企业破产法》的规定,抵销权的行使应当符合下列要求。

(1) 债权人的债权已经依法申报并得到确认。

(2) 主张抵销的债权债务均发生于破产申请受理之前。

(3) 抵销权只能由债权人行使,且债权人必须向管理人提出。

(4) 有下列情形之一的,不得主张抵销权:① 债务人的债务人在破产申请受理后取得他人对债务人的债权的。② 债权人已知债务人有不能清偿到期债务或者破产申请的事实,对债务人负担债务的;但是,债权人因为法律规定或者有破产申请 1 年前所发生的原因而负担债务的除外。③ 债务人的债务人已知债务人有不能清偿到期债务或者破产申请的事实,对债务人取得债权的;但是,债务人的债务人因为法律规定或者有破产申请 1 年前所发生的原因而取得债权的除外。

(四) 别除权

别除权指债权人享有的不依破产程序而能由破产财产中的特定财产单独优先受偿的权利。别除权以依合同约定或法律规定被设置了担保物权(抵押、质押、留置)的担保物为标的物,以实现债权为目的。别除权人有权就担保物单独优先受偿。当然,别除权人放弃优先受偿权利的,其债权作为普通债权,依破产清算程序行使权利。

债权人在破产程序中享有和行使别除权,需具备以下条件:(1) 有财产担保的权利应在破产宣告前依法成立并经申报和确认,即债权和担保权应合法成立并生效且债权已依法申报并获得确认;(2) 该权利的担保应为物权担保。《民法典》规定的典型的物权担保形式有抵押、质押和留置三种,因此,以这三种方式担保的债权可以构成别除权。

别除权人行使别除权,不受破产程序的约束。行使别除权的方法,依标的物的占有状态,分为两种情况:(1) 别除权人占有标的物的。按照《民法典》的规定,在质押的情况下,标的物应移交债权人占有;而留置则以债权人依合同占有标的物为前提。所以,在破产宣告时,质权人、留置权人是别除权标的物的实际占有人。他们行使别除权,可以不经管理人同意,而依《民法典》的规定,以标的物折价抵偿债务,或者将标的物拍卖、变卖后以价款偿还债务。(2) 别除权人未占有标的物的。根据《民法典》的规定,在抵押的情况下,标的物不转移占有。所以,在破产宣告时,抵押权人不是别除权标的物的实际占有人。此时,管理人依照《企业破产法》的规定,取得对抵押物的合法占有。在这种情况下,抵押权人要行使别除权,必须向管理人主张权利,经管理人同意,取得对抵押物的占有,然后按《民法典》的规定,以抵押物折价抵偿债务,或者以拍卖、变卖后的价款偿还债务。

实践中，别除权标的物折价或者拍卖、变卖后，其价款超过债权数额的部分，应当归入破产财产。其价款不足清偿全部债务的，不足清偿的部分作为破产债权，通过清算分配程序受偿。

如果别除权标的物对于破产企业的继续营业或者破产财产的整体变价具有重要意义，因而需要收回和列入破产财产，则管理人可以在被担保债权由该标的物所能实现的清偿范围内，提供相同数额的清偿或者替代担保，从而收回该标的物。

管理人可以通过清偿债务或者提供为债权人接受的担保，收回质物、留置物。

三、破产费用和共益债务

（一）破产费用

破产费用是指人民法院受理破产申请后，在破产程序进行中为全体债权人共同利益而必须支付的各项费用。人民法院受理破产申请后发生的下列费用属于破产费用：(1) 破产案件的诉讼费用；(2) 管理、变价和分配债务人财产的费用；(3) 管理人执行职务的费用、报酬和聘用工作人员的费用。

（二）共益债务

共益债务是指人民法院受理破产申请后，管理人为全体债权人的共同利益管理财产时所负担或产生的债务。

人民法院受理破产申请后发生的下列债务属于共益债务：(1) 因管理人或者债务人请求对方当事人履行双方均未履行完毕的合同所产生的债务；(2) 债务人财产受无因管理所产生的债务；(3) 因债务人不当得利所产生的债务；(4) 为债务人继续营业而应支付的劳动报酬和社会保险费用以及由此产生的其他债务；(5) 管理人或者相关人员执行职务致人损害所产生的债务；(6) 债务人财产致人损害所产生的债务。

（三）破产费用和共益债务的清偿

破产费用和共益债务的清偿，应遵循下列原则：(1) 随时清偿。即随时发生，随时清偿，并非与破产债权同时清偿。(2) 破产费用优先。当债务人财产不足以清偿所有破产费用和共益债务的，先行清偿破产费用。(3) 足额清偿。即破产费用和共益债务发生多少，就足额清偿多少，如果不能足额清偿的，管理人应当提请人民法院终结破产程序。人民法院应当自收到请求之日起15日内裁定终结破产程序，并予以公告。若债务人财产不足以清偿所有的破产费用和共益债务的，按照比例清偿。

四、管理人

（一）管理人的概念与组成

1. 管理人的概念

管理人，也称破产管理人，是人民法院依法受理破产申请的同时指定的全面接管破产企业并负责破产财产的保管、清理、估价、处理和分配，总管破产事务的人。破产管理人制度是企业破产法律制度中一项重要的内容。

管理人由人民法院指定。债权人会议认为管理人不能依法、公正执行职务或者有其他不能胜任职务情形的，可以申请人民法院予以更换。

2. 管理人的组成

管理人可以由有关部门、机构的人员组成的清算组或者依法设立的律师事务所、会计师事务所、破产清算事务所等社会中介机构担任。管理人除了可以由有关组织担任外，也可以由自然人担任。个人担任管理人的,应当参加执业责任保险。

管理人的报酬由人民法院确定。管理人是独立于债权人会议、法院、债务人之外的组织,管理人的破产管理是有偿的服务,管理人依法履行职责的同时理应获得相应的报酬。管理人的报酬属于破产费用,标准由人民法院确定。债权人会议对管理人的报酬有异议的,有权向人民法院提出,由人民法院决定是否需要对管理人的报酬进行调整。

不得担任管理人的情形包括:(1) 因故意犯罪受过刑事处罚;(2) 曾被吊销相关专业执业证书;(3) 与本案有利害关系;(4) 人民法院认为不宜担任管理人的其他情形。

(二) 管理人的职责及其限制

1. 管理人的职责

管理人依法执行职务,向人民法院报告工作,并接受债权人会议和债权人委员会的监督。根据《企业破产法》的规定,管理人履行下列职责:(1) 接管债务人的财产、印章和账簿、文书等资料;(2) 调查债务人财产状况,制作财产状况报告;(3) 决定债务人的内部管理事务;(4) 决定债务人的日常开支和其他必要开支;(5) 在第一次债权人会议召开之前,决定继续或者停止债务人的营业;(6) 管理和处分债务人的财产;(7) 代表债务人参加诉讼、仲裁或者其他法律程序;(8) 提议召开债权人会议;(9) 人民法院认为管理人应当履行的其他职责。

2. 对管理人履行职责的限制

在第一次债权人会议召开之前,管理人实施下列行为时,应当经人民法院许可:决定继续或者停止债务人的营业;涉及土地、房屋等不动产权益的转让;探矿权、采矿权、知识产权等财产权的转让;全部库存或者营业的转让;借款;设定财产担保;债权和有价证券的转让;履行债务人和对方当事人均未履行完毕的合同;放弃权利;担保物的取回(以债务清偿为条件);对债权人的利益有重大影响的其他财产处分行为。

第四节　债权人会议与重整、和解

一、债权人会议

(一) 债权人会议的组成

债权人会议是由申报债权的全体债权人组成的自治性组织,是表达债权人意志的机构。债权人会议是债权人行使破产参与权的场所,它本身不是执行机关,也不是民事权利主体,不能以其名义对外进行民事活动。但它可以协调、平衡债权人之间的利益关系,可以通过参与和监督破产程序,维护全体债权人的利益。

依法申报债权的债权人为债权人会议的成员,有权参加债权人会议,享有表决权。但是债权尚未确定的债权,除人民法院能够为其行使表决权而临时确定债权额的外,不得行使表决权;对债务人特定财产享有担保权的债权人,未放弃优先受偿权利的,其对通过和解协议和破产财产的分配方案的事项不享有表决权。

债权人会议应当有债务人的职工和工会的代表参加,对有关事项发表意见。

债权人会议设会议主席 1 人,由人民法院从有表决权的债权人中指定。

(二) 债权人会议的召集

第一次债权人会议由人民法院召集,自债权申报期限届满之日起 15 日内召开,由人民法院主持。第一次债权人会议以后的债权人会议,在人民法院认为必要时,或者管理人、债权人委员会、占债权总额 1/4 以上的债权人向债权人会议主席提议时召开。召开债权人会议,管理人应当提前 15 日将会议的时间、地点、内容、目的等事项通知已知的债权人。

(三) 债权人会议的职权

债权人会议依法行使下列职权:(1) 核查债权;(2) 申请人民法院更换管理人,审查管理人的费用和报酬;(3) 监督管理人;(4) 选任和更换债权人委员会成员;(5) 决定继续或者停止债务人的营业;(6) 通过重整计划;(7) 通过和解协议;(8) 通过债务人财产的管理方案;(9) 通过破产财产的变价方案;(10) 通过破产财产的分配方案;(11) 人民法院认为应当由债权人会议行使的其他职权。

(四) 债权人会议的决议

根据债权人会议议决事项的不同,债权人会议的决议分为普通决议与特别决议两类。

普通决议由出席会议的有表决权的债权人过半数通过,并且其所代表的债权额占无财产担保债权总额的半数以上。

特殊决议包括以下两种:(1) 通过和解协议草案的决议,由出席会议的有表决权的债权人过半数通过,并且其所代表的债权额占无财产担保债权总额的 2/3 以上;(2) 通过重整计划草案决议,按债权类型分组进行表决,由出席会议同一表决组的债权人过半数同意,并且其所代表的债权额占该组债权总额的 2/3 以上,为该组通过。各表决组均通过时,重整计划即为通过。

债权人会议通过债务人财产的管理方案以及破产财产的变价方案等事项时,经债权人会议表决未通过的,由人民法院裁定。债权人对人民法院作出的裁定不服的,可以自裁定宣布之日或者收到通知之日起 15 日内向人民法院申请复议。复议期间不停止裁定的执行。

债权人会议通过破产财产分配方案事项时,经 2 次表决仍未通过的,由人民法院裁定。债权额占无财产担保债权总额 1/2 以上的债权人对人民法院作出的裁定不服的,可以自裁定宣布之日或者收到通知之日起 15 日内向该人民法院申请复议。

(五) 债权人委员会

债权人会议可以根据实际情况决定设立债权人委员会,专门行使日常监督权。债权人委员会由债权人会议选任的债权人代表和 1 名债务人的职工代表或者工会代表组成。债权人委员会成员不得超过 9 人。选任的债权人委员会成员并非当然成为债权人委员会成员,债权人委员会成员还应当经人民法院书面决定认可才有效。

二、重整

重整是指当企业法人不能清偿到期债务时,应当事人的申请,在人民法院的主持下,由债务人与债权人达成协议,制定债务人重整计划,债务人继续营业,并在一定期限内清偿债务的制度。

(一) 重整申请

(1) 尚未进入破产程序时,债务人或者债权人可以直接向人民法院申请对债务人进行重整。

(2) 债权人申请对债务人进行破产清算的,在人民法院受理破产申请后、宣告债务人破产前,债务人或者出资额占债务人注册资本 10%以上的出资人,可以向人民法院申请重整。

(二) 重整期间

在重整期间,经债务人申请,人民法院批准,债务人可以在管理人的监督下自行管理财产和营业事务。在重整期间,对债务人的特定财产享有的担保权暂停行使;债务人的出资人不得请求投资收益分配;债务人的董事、监事、高级管理人员不得向第三人转让其持有的债务人的股权,但经人民法院同意的除外。

在重整期间,有下列情形之一的,经管理人或者利害关系人请求,人民法院应当裁定终止重整程序,并宣告债务人破产:(1) 债务人的经营状况或者财产状况继续恶化,缺乏挽救的可能性;

(2) 债务人有欺诈、恶意减少债务人财产或者其他显著不利于债权人的行为;(3) 由于债务人的行为致使管理人无法执行职务。

(三) 重整计划的制定

(1) 债务人自行管理财产和营业事务的,由债务人制作重整计划草案;管理人负责管理财产和营业事务的,由管理人制作重整计划草案。

(2) 债务人或者管理人应当自人民法院裁定债务人重整之日起 6 个月内,同时向人民法院和债权人会议提交重整计划草案。债务人或者管理人未按期提出重整计划草案的,人民法院应当裁定终止重整程序,并宣告债务人破产。

(四) 重整计划的批准

人民法院应当自收到重整计划草案之日起 30 日内召开债权人会议,对重整计划草案进行表决。出席会议的同一表决组的债权人过半数同意重整计划草案,并且其所代表债权额占该组债权总额的 2/3 以上的,即为该组通过重整计划草案。债务人或者管理人应当向债权人会议就重整计划草案作出说明,并回答询问。

各表决组均通过重整计划草案时,重整计划即为通过。自重整计划通过之日起 10 日内,债务人或者管理人应当向人民法院提出批准重整计划的申请。人民法院经审查认为符合规定的,应当自收到申请之日起 30 日内裁定批准,终止重整程序,并予以公告。

债权人参加讨论重整计划草案时,依照下列债权性质,分组进行表决:(1) 对债务人的特定财产享有担保权的债权;(2) 债务人所欠职工的工资和医疗、伤残补助、抚恤费用,所欠的应当划入职工个人账户的基本养老保险、基本医疗保险费用,以及法律、行政法规规定应当支付给职工的补偿金;(3) 债务人所欠税款;(4) 普通债权。重整计划不得规定减免债务人欠缴的上述第 2 项规定以外社会保险费用,该项费用的债权不参加重整计划草案的表决。

部分表决组未通过重整计划草案的,债务人或者管理人可以同其协商,该表决组可以在协商后再表决一次。若该组拒绝再次表决或者再次表决仍未通过的,但是重整计划草案符合法律规定条件的,债务人或者管理人可以申请人法院批准重整计划草案。人民法院经审查认为符合规定的,应当自收到申请之日起 30 日内裁定批准,并予以公告。人民法院裁定批准的重整计划对债务人和全体债权人均有约束力。债权人对债务人的保证人和其他连带债务人所享有的权利,不受重整计划的影响。

重整计划草案未获得通过且未依照法律的规定获得批准,或者已通过的重整计划未获得批准的,人民法院应当裁定终止重整程序,并宣告债务人破产。

(五) 重整计划的执行

(1) 经人民法院裁定批准的重整计划,对债务人和全体债权人均有约束力。

(2) 债权人未依照规定申报债权的,在重整计划执行期间不得行使权利;在重整计划执行完毕后,可以按照重整计划规定的同类债权的清偿条件行使权利。

(3) 债权人对债务人的保证人和其他连带债务人所享有的权利,不受重整计划的影响。

(4) 重整成功的,按照重整计划减免的债务,自重整计划执行完毕时起,债务人不再承担清偿责任。

三、和解

和解是指达到破产界限的债务人,为了避免破产清算,而与债权人会议达成协商解决债务的协议。

(一) 和解的提出

债务人可以直接向人民法院申请和解;也可以在人民法院受理破产申请后、宣告债务人破产前,向人民法院申请和解。

(二) 和解协议的通过

(1) 债权人会议通过和解协议的决议,由出席会议的有表决权的债权人过半数同意,并且其所代表的债权额占无财产担保债权总额的 2/3 以上。

(2) 债权人会议通过和解协议的,由人民法院裁定认可,并予以公告。和解协议草案经债权人会议表决未获得通过,或者已经债权人会议通过的和解协议未获得人民法院认可的,人民法院应当裁定终止和解程序,并宣告债务人破产。

(三) 和解协议的效力

(1) 经人民法院裁定认可的和解协议,对债务人和全体和解债权人均有约束力。

(2) 和解债权人未依照规定申报债权的,在和解协议执行期间不得行使权利;在和解协议执行完毕后,可以按照和解协议规定的清偿条件行使权利。

(3) 和解债权人对债务人的保证人和其他连带债务人所享有的权利,不受和解协议的影响。

(4) 和解协议无强制执行的效力,如债务人不履行和解协议,债权人不能请求人民法院强制执行,只能请求人民法院终止和解协议,宣告其破产。

第五节　破产清算

一、破产宣告

破产宣告是人民法院依据当事人的申请或法定职权裁定宣布债务人破产以清偿债务的活动。

有下列情形之一的,人民法院应当以书面裁定宣告债务人企业破产:(1) 企业不能清偿到期债务,又不具备法律规定不予宣告破产条件的;(2) 企业被人民法院依法裁定终止重整程序的;(3) 人民法院依法裁定终止和解协议执行的。

人民法院依法宣告债务人破产的,应当自裁定作出之日起 5 日内送达债务人和管理人,自裁定作出之日起 10 日内通知已知债权人,并予以公告。债务人被宣告破产后,债务人称为破产人,债务人财产称为破产财产,人民法院受理破产申请时对债务人享有债权称为破产债权。

破产宣告前,有下列情形之一的,人民法院应当裁定终结破产程序,并予以公告:(1) 第三人为债务人提供足额担保或者为债务人清偿全部到期债务的;(2) 债务人已清偿全部到期债务的。

二、破产财产的变价与分配

(一) 破产财产的变价

破产财产是指破产宣告时及破产程序终结前,破产人所有的供破产清偿的全部财产。管理人拟订破产财产的变价方案,并提交债权人会议讨论通过。管理人应当按照债权人会议通过的或者人法院依法裁定的破产财产变价方案,适时变价出售破产财产。变价出售破产财产应当通过拍卖方式进行。破产企业变价出售时应尽可能整体变价出售。破产企业中如果有依法不得自由流通或交易的财产,如黄金、白银等,按照国家规定,由有关部门收购或依有关法律规定处理。

(二) 破产财产的分配

1. 分配顺序

破产财产按照下列顺序进行分配：

(1) 优先清偿破产费用和共益债务。

(2) 在清偿破产费用和共益债务后，按照下列顺序清偿：① 所欠职工的工资和医疗、伤残补助、抚恤费用，所欠的应当划入职工个人账户的基本养老保险、基本医疗保险费用，以及法律、行政法规规定应当支付给职工的补偿金；② 破产人欠除前项规定以外社会保险费用、破产人所欠税款，如欠交的失业保险等；③ 普通破产债权。

2. 破产财产分配中的注意事项

(1) 在前一顺序的债权得到全额偿还之前，后一顺序的债权不予分配。破产财产不足以清偿同一顺序的清偿要求的，按照比例分配。

(2) 在清偿职工工资时，破产企业的董事、监事和高级管理人员的工资不能完全按破产人破产前其实际的工资清偿，而是按照该企业职工的平均工资计算。

(3) 下列不属于破产债权的，不予清偿：① 行政、司法机关对破产企业的罚款、罚金以及其他有关费用；② 人民法院受理破产申请后债务人未支付应付款项的滞纳金、债务利息；③ 债权人个人参加破产程序所支出的费用；④ 超过诉讼时效和强制执行期的债权。

3. 破产财产分配方案的实施

管理人拟订破产财产分配方案，经债权人会议通过后，由管理人将该方案提交人民法院裁定认可。分配方案经人民法院认可后，由管理人执行。

债权人未受领的破产财产分配额，管理人应当提存。债权人自最后分配公告之日起满 2 个月仍不领取的，视为放弃受领分配的权利，管理人或者人民法院应当将提存的分配额分配给其他债权人。

破产财产分配时，对于诉讼或者仲裁未决的债权，管理人应当将其分配额提存。自破产程序终结之日起满 2 年仍不能受领分配的，人民法院应当将提存的分配额分别给其他债权人。

三、破产程序的终结

破产程序的终结是指破产程序不可逆转地归于结束。一般认为，有下列情形之一应当终结破产程序：(1) 重整计划执行完毕；(2) 人民法院裁定认可和解协议；(3) 债务人有不予宣告破产的法定事由；(4) 债务人财产不足以清偿破产费用；(5) 破产人无财产可供分配；(6) 破产财产分配完毕。

人民法院自收到管理人终结破产程序的请求之日起 15 日内作出是否终结破产程序的裁定。管理人应当自破产程序终结之日起 10 日内，持人民法院终结破产程序的裁定，向登记机关办理注销登记。管理人于办理注销登记完毕的次日终止执行职务。但是存在诉讼或者仲裁未决情况的除外。

破产人的保证人和其他连带债务人，破产程序终结后，对债权人依照破产清算程序未受清偿的债权，依法继续承担清偿责任。

四、追加分配

(一) 追加分配的概念及特征

追加分配是在破产分配完成，破产程序终结以后，对于新发现的属于破产人而可用于破产分配的财产，由法院按照破产程序的有关规则对尚未获得满足的破产请求权进行清偿的补充性程序。

追加分配具有如下特点：(1) 用于追加分配的财产，是破产程序终结后新发现的财产；(2) 追加分配受法定除斥期间的限制；(3) 追加分配由法院负责实施；(4) 追加分配的方案应符合破产清算的有关规定。

(二) 追加分配的除斥期间

追加分配的除斥期间，是破产程序终结后连续计算的不能中断和不能延长的固定期间。在此期间内发现可供追加分配的财产的，应当予以追回并进行追加分配。按照《企业破产法》的规定，追加分配的除斥期间为 2 年。

(三) 追加分配的通知和公告

对有权参加分配的债权人应当通知，并对追加分配的时间和金额进行公告。未收到通知的债权人，认为自己有权参加追加分配的，可以向人民法院提出请求。

(四) 追加分配的方案

追加分配应依照破产法规定的顺序进行清偿。已经在清算分配中获得满足的顺位，不得参加追加分配。尚未获得完全清偿的请求权属于不同顺位的，应首先清偿在先顺位的请求权。同一顺位的请求权不能全部满足的，按比例清偿。实践中，可以根据最后分配的方案，确定应接受追加分配的债权人名单。

(五) 追加分配的财产范围

用于追加分配的财产，主要包括以下两类。

1. 发现有依照规定应当追回的财产的

这种情形包括：(1) 人民法院受理破产申请前 1 年内，债务人的财产处理行为依法被撤销所涉及的财产；(2) 人民法院受理破产申请前 6 个月内，债务人处于破产状态时对个别债权人清偿的数额；(3) 债务人为逃避债务而隐匿、转移的财产、虚构的债务或者承认不真实的债务；(4) 债务人的董事、监事和高级管理人员利用职权从企业获取的非正常收入和侵占的企业财产。

2. 发现破产人有应当供分配的其他财产的

相关情形如，有关部门发还的遗失财产、被盗财产，破产程序中因纠正错误支出收回的款项，因权利被承认追回的财产，债权人放弃的财产和破产程序终结后实现的债权、物上请求权等财产权利。

对破产程序终结后发现的破产财产，可以由破产人的上级主管部门或者投资权人追回后，交人民法院分配，也可以由破产债权人直接请求受理原破产案件的人民法院予以追回后进行分配。

(六) 小额财产的归属

如果追加财产的数额较少，不足以支付分配费用的，则不再进行追加分配，由人民法院将其上缴国库。

同步综合练习

一、名词解释题

破产　破产界限　管理人　债权人会议　撤销权　破产费用　共益债务

二、单项选择题

1. 根据《企业破产法》的规定，下列对破产申请人表述正确的是　　（　　）

A. 仅有债权人

B. 仅有债务人

C. 债务人的上级主管部门

D. 债权人和债务人均有权提出申请

2. 根据企业破产法律制度的规定,下列各项中,对企业破产有管辖权的是 ( )

A. 债务人住所地人民法院

B. 债权人所在地人民法院

C. 破产财产所在地人民法院

D. 债务合同履行地人民法院

3. 根据企业破产法律制度的规定,在破产程序中,当事人对人民法院作出的下列裁定,有权提出上诉的是 ( )

A. 宣告破产的裁定

B. 驳回破产申请的裁定

C. 终结破产程序的裁定

D. 撤销债权人会议决议的裁定

4. 甲企业与乙企业签订买卖合同,约定乙企业应于8月30日前交货,货到7日内甲企业付款。同年8月10日,甲企业被法院依法宣告破产,法院指定了破产管理人。对该合同的处理,下列选项正确的是 ( )

A. 不得继续履行

B. 由债权人会议决定解除还是继续履行

C. 由甲企业自主决定解除还是继续履行

D. 由管理人决定解除还是继续履行

5. 下列有关我国企业破产管理人的表述不准确的是 ( )

A. 管理人的报酬由人民法院确定

B. 管理人主要由政府有关部门派员组成

C. 债权人可以申请人民法院对管理人予以更换

D. 对管理人报酬有异议的,债权人会议可以向人民法院提出

6. 下列不属于破产费用范围的是 ( )

A. 破产案件诉讼费用

B. 管理人执行职务的费用

C. 管理、变价债务人财产的费用

D. 债务人财产受无因管理所产生的债务

7. 下列关于破产宣告表述正确的是 ( )

A. 破产宣告是债权人依法宣告债务人破产并实施清算的行为

B. 破产宣告是法院依法作出裁定,宣告债务人破产并实施清算的行为

C. 破产宣告后,对破产人的特定财产享有担保权的权利人,对该特定的财产享有普通债权人的权利

D. 破产宣告后,债务人的财产成为破产财产,在一定情况下,破产人仍可以对破产财产进行支配

8. 根据企业破产法律制度的规定,债权申报期限自人民法院发布受理破产申请公告之日起计算 ( )

A. 最短不得少于10日,最长不得超过1个月

B. 最短不得少于15日,最长不得超过3个月

C. 最短不得少于 30 日，最长不得超过 3 个月

D. 最短不得少于 30 日，最长不得超过 6 个月

三、多项选择题

1. 根据企业破产法律制度的规定，下列各项中，属于债权人会议职权的是 （　　）

A. 更换管理人

B. 选任和更换债权人委员会成员

C. 决定继续或者停止债务人的营业

D. 对破产申请受理前成立而债务人和对方当事人均未履行完毕的合同有权决定解除或者继续履行

2. 根据企业破产法律制度的规定，债权人申请对债务人进行破产清算的，在人民法院受理破产申请后、宣告债务人破产前，下列各项中，可以向人民法院申请重整的是 （　　）

A. 债务人

B. 占债权总额 1/4 以上的债权人

C. 出资额占债务人注册资本 10%以上的出资人

D. 占无财产担保债权总额 2/3 以上的债权人

3. 某公司因不能清偿到期债务申请破产，属于该公司破产债权的有 （　　）

A. 拖欠的税款 5 万元

B. 甲公司要求收回租赁给该破产公司的一套设备

C. 丁银行行使抵押权后仍有 20 万元债权未受清偿

D. 乙银行因派员参加破产程序花去的差旅费 3 万元

E. 丙银行给该破产公司的 40 万元贷款，但尚未到还款期

4. 根据企业破产法律制度的规定，人民法院裁定受理破产申请的，应当同时指定管理人。下列各项中，属于管理人职责的是 （　　）

A. 提议召开债权人会议

B. 拟订破产财产的分配方案

C. 决定债务人的内部管理事务

D. 代表债务人参加诉讼、仲裁

5. 人民法院于 2019 年 9 月 10 日受理债务人甲企业的破产申请，甲企业的下列行为中，管理人有权请求人民法院予以撤销的有 （　　）

A. 甲企业于 2019 年 3 月 1 日对应于 2019 年 10 月 1 日到期的债务提前予以清偿

B. 甲企业于 2019 年 2 月 1 日向乙企业无偿转让 10 万元的机器设备

C. 甲企业于 2018 年 9 月 1 日与其债务人丙企业签订协议，放弃其 15 万元债权

D. 甲企业于 2019 年 2 月 10 日将价值 25 万元的车辆作价 8 万元转让给丁企业

6. 根据《企业破产法》的规定，下列各项中，属于共益债务的有 （　　）

A. 管理人的报酬

B. 破产案件的诉讼费用

C. 管理人执行职务致人损害所产生的债务

D. 为债务人继续营业而支付的劳动报酬和社会保险费用

四、简答题

1. 简述破产的主要法律特征。

2. 如何理解企业破产的实质标准？

3. 破产申请书应当载明哪些事项?

4. 什么是破产管理人?其职权有哪些?

5. 债权人会议如何表决通过重整计划与和解协议?

6. 什么是破产费用?什么是共益债务?二者有什么区别?

7. 如何界定企业破产财产和破产债权?

8. 如何理解破产财产的清偿顺序?

五、案例分析题

案例一:某国有企业被人民法院宣告破产,有关清算情况如下:企业资产总额500万元,其中,已作为债务担保的厂房可变现价值80万元,该厂房所担保的债务金额50万元。企业负债总额700万元,其中,应交税金15万元,应付职工工资15万元、社会保险费5万元,应缴市场监督管理机关罚款5万元。破产费用共计20万元。

请问:

1. 该企业的破产财产是多少?

2. 破产债权是多少?

3. 应如何对破产财产进行分配?

案例二:2019年7月30日,人民法院受理了甲公司的破产申请,并同时指定了管理人。管理人接管甲公司后,在清理其债权债务过程中,有如下事项。

1. 2018年4月,甲公司向乙公司采购原材料而欠乙公司80万元货款未付。2019年3月,甲乙双方签订一份还款协议,该协议约定:甲公司于2019年9月10日前偿还所欠乙公司货款及利息共计87万元,并以甲公司所属一间厂房作抵押。还款协议签订后,双方办理了抵押登记。乙公司在债权申报期内就上述债权申报了债权。

2. 2018年6月,丙公司向A银行借款120万元,借款期限为1年。甲公司以所属部分设备为丙公司提供抵押担保,并办理了抵押登记。借款到期后,丙公司未能偿还A银行贷款本息。经甲公司、丙公司和A银行协商,甲公司用于抵押的设备被依法变现,所得价款全部用于偿还A银行,但尚有20万元借款本息未能得到清偿。

3. 2018年7月,甲公司与丁公司签订了一份广告代理合同,该合同约定:丁公司代理发布甲公司产品广告;期限2年;一方违约,应当向另一方承担违约金20万元。至甲公司破产申请被受理时,双方均各自履行了部分合同义务。

请问:

1. 管理人是否有权请求人民法院对甲公司将厂房抵押给乙公司的行为予以撤销?说明理由。

2. A银行能否将尚未得到清偿的20万元欠款向管理人申报普通债权,由甲公司继续偿还?说明理由。

3. 如果管理人决定解除甲公司与丁公司之间的广告代理合同,并由此给丁公司造成实际损失5万元,则丁公司可以向管理人申报的债权额应为多少?说明理由。

案例三:某公司于2019年2月1日被债权人申请破产,2019年4月1日人民法院依法宣告其破产。

企业破产时管理的财产评估变现价值为:(1) 房屋价值160万元,属于租用F公司的房屋;(2) 对外投资140万元;(3) 专利评估作价70万元;(4) 2017年12月1日破产企业主动放弃对E公司的到期债权100万元。

债权人申报的债权情况为:(1) A银行对该破产企业发放的贷款,本息260万元;(2) B公司

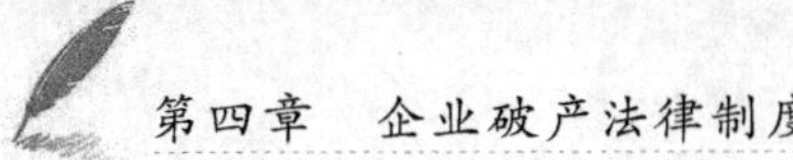

拥有到期债权 700 万元；(3) C 公司因为破产企业担保，替破产企业偿还债务本息共 350 万元；(4) D 公司因破产管理人解除合同造成直接损失 140 万元；(5) 欠税款 130 万元。

另外，发现该破产企业对 B 公司拥有债权 190 万元，发生破产费用 10 万元。

请问：

1. 哪些属于抵销权？金额为多少？
2. 哪些属于取回权？金额为多少？
3. 哪些属于撤销权？金额为多少？
4. 破产财产应按怎样的顺序分配？

第五章　合同法律制度

第一节　合同与合同法律制度概述

一、合同的概念与特征

合同也叫契约,《民法典》第 464 条第 1 款规定:"合同是民事主体之间设立、变更、终止民事法律关系的协议。"根据这条规定,合同具有以下法律特征:

(1) 合同是平等主体之间的民事法律关系。合同是平等当事人之间从事的民事法律行为,任何一方不论其所有制性质及行政地位,都不能将自己的意志强加给对方。非平等主体之间的合同不属于《民法典》中合同法律制度的调整对象。实践中,政府采购合同适用《民法典》中合同法律制度的规定。

(2) 合同是双方或者多方民事法律行为。首先,合同至少需要两个或两个以上的当事人;其次,合同是民事法律行为,故当事人的意思表示是合同的核心要素;最后,因为合同是双方或多方民事法律行为,因此合同成立不但需要当事人有意思表示,而且要求当事人之间的意思表示一致。

(3) 合同是当事人之间民事权利与义务关系的协议。首先,根据《民法典》的规定,虽然平等主体之间有关民事权利义务关系设立、变更、终止的协议均在《民法典》的调整范围,但根据《民法典》第 464 条第 2 款的规定,婚姻、收养、监护等有关身份关系的协议,适用有关该身份关系的法律规定;没有规定的,可以根据其性质参照适用合同法律制度的规定。其次,合同作为一种法律事实,是当事人自由约定、协商一致的结果。如果当事人之间的约定合法,则在当事人之间产生相当于法律的效力,当事人就必须按照约定履行合同义务。任何一方违反合同,都要依法承担违约责任。

(4) 合同以设立、变更或终止民事权利义务关系为目的和宗旨。合同是一种民事法律行为,是以协议的方式设立、变更、终止民事权利义务关系的法律事实。因此,不是以设立、变更、终止民事权利义务关系为目的的协议也不属于合同。因而,合同有别于好意施惠行为。

知识拓展(5-1)

好意施惠行为与合同的区分

二、合同的相对性

(一) 合同的相对性

合同不同于其他民事法律关系的重要特点就在于合同关系的相对性。所谓合同关系的相对性,主要是指合同关系只能发生在特定的合同当事人之间,只有合同当事人一方能够向另一方基于合同提出请求或提起诉讼;与合同当事人没有发生合同上权利义务关系的第三人,不能依据合同向合同当事人提出请求或提起诉讼,也不应承担合同的义务或责任;非依法律或合同规定,第三人不能主张合同上的权利。如表 5-1 所示,合同的相对性主要包含合同主体的相对性、合同内容的相对性、合同责任的相对性三个方面,广泛体现在合同的各项制度中。

表 5-1 合同的相对性

类别	内容
主体的相对性	合同关系只能发生在特定的主体之间,只有合同当事人一方能够向合同的另一方当事人基于合同提出请求或提起诉讼
内容的相对性	除法律、合同另有规定以外,只有合同当事人才能享有某个合同所规定的权利,并承担该合同规定的义务,任何第三人不能主张合同上的权利
责任的相对性	合同责任只能在特定的当事人之间发生,合同关系以外的人不负违约责任

1. 主体的相对性

指合同关系只能发生在特定的主体之间,只有合同当事人一方能够向合同的另一方当事人基于合同提出请求或提起诉讼。具体又包括:(1) 只有合同关系当事人相互之间才能提出合同上的请求,合同关系以外的第三人,不能依据合同提出请求或者提起诉讼。(2) 合同关系当事人不能向第三人提出合同上的请求及诉讼。

2. 内容的相对性

指除法律、合同另有规定以外,只有合同当事人才能享有基于合同所规定的权利,并承担该合同规定的义务,任何第三人不能主张合同上的权利。从合同内容的相对性原理,可以引出如下几项具体规则:(1) 合同规定由当事人享有的权利,原则上并不及于第三人。(2) 合同当事人无权为第三人设定合同上的义务。(3) 合同权利与义务主要对合同当事人产生约束力。

3. 责任的相对性

指合同责任只能在具有合同关系的当事人之间发生,合同关系以外的人不负违约责任。合同责任的相对性要求:(1) 违约当事人应对违约后果承担违约责任,违约当事人同样应当对履行辅助人的行为负责。(2) 在因第三人的行为造成债务不能履行的情况下,债务人仍应向债权人承担违约责任。(3) 债务人只能向合同中的债权人承担违约责任,而不应向国家或第三人承担违约责任。

(二) 合同相对性的例外

虽然合同关系具有相对性,但这种相对性在一定条件下也可能会因为“物权化”或者保障债权实现等原因而被打破。从《民法典》的规定来看,下列情形均属于合同相对性的例外:

(1)《民法典》第 522 条第 2 款“法律规定或者当事人约定第三人可以直接请求债务人向其履行债务,第三人未在合理期限内明确拒绝,债务人未向第三人履行债务或者履行债务不符合约定的,第三人可以请求债务人承担违约责任;债务人对债权人的抗辩,可以向第三人主张。”这一规定使第三人可以请求债务人承担违约责任。

(2)《民法典》第 535 条、第 536 条、第 538 条、第 539 条关于债的保全的规定突破了合同的相对性,使得债权人可以向合同关系以外的第三人提起诉讼,主张权利。

(3)《民法典》第 725 条“所有权让与不破租赁”的规定,使得租赁合同的承租人可以租赁合同对抗新的所有权人,突破合同的相对性。

(4)《民法典》第 791 条第 2 款、第 834 条关于分包人与承包人共同对发包人承担连带责任、单式联运合同中某一区段的承运人与总的承运人共同向托运人承担连带责任的规定也都突破了合同的相对性。因为实际上在这两种合同中,分包人与发包人,托运人与某一区段的承运人之间并无合同关系。

法条链接(5-1)

《民法典》关于合同相对性例外的规定

合同相对性规则要求在确立合同责任时必须首先明确合同关系的主体和内容,区分不同的合同关系及在这些关系中的主体,从而正确认定责任。

三、合同的分类

根据不同的标准,可将合同分为不同的种类。合同的分类有助于正确地运用法律处理合同纠纷。通常,对合同可以作以下分类。

(一) 有名合同与无名合同

根据《民法典》或者其他法律是否对合同规定有确定的名称与调整规则为标准,可将合同分为有名合同与无名合同。一般认为,有名合同是指《民法典》分则或其他法律规定有确定名称与规则的合同,又称典型合同。如《民法典》在分则中规定的19类合同(买卖合同,供用电、水、气、热力合同,赠与合同,借款合同,保证合同,租赁合同,融资租赁合同,保理合同,承揽合同,建设工程合同,运输合同,技术合同,保管合同,仓储合同,委托合同,物业服务合同,行纪合同,中介合同及合伙合同)、《保险法》所规定的保险合同等均属于有名合同。

无名合同是立法上尚未规定有确定名称与规则的合同,又称非典型合同,如家教、家政、美容、法律服务合同等。无名合同如经法律确认或在形成统一的交易习惯后,可以转化为有名合同。从这个意义上说,合同法律制度的历史是非典型合同不断在变成典型合同的过程。如,在我国旅游服务合同原为无名合同,《旅游法》制定并施行后就转化为有名合同。

区分两者的法律意义在于法律适用的不同。有名合同可直接适用《民法典》"典型合同"中关于该种合同的具体规定。基于《民法典》第467条第1款的规定,在无名合同因当事人意思表示不完备而出现纠纷时,适用《民法典》"第三编合同"通则的规定,并可以参照适用《民法典》"第三编合同"或者其他法律最相类似合同的规定。

(二) 单务合同与双务合同

根据合同当事人是否相互负有对价义务为标准,可将合同分为单务合同与双务合同。此处的对价义务并不要求双方的给付价值相等,而只是要求双方的给付具有相互依存、相互牵连的关系即可。单务合同是指仅有一方当事人承担义务的合同,如赠与合同。双务合同是指双方当事人互负对价义务的合同,如买卖合同、承揽合同、租赁合同等。区分两者的法律意义在于,因为双务合同中当事人之间的给付义务具有依存和牵连关系,因此双务合同中存在同时履行抗辩权和风险负担的问题,而这些情形并不存在于单务合同中。

(三) 有偿合同与无偿合同

根据合同当事人是否因给付取得对价为标准,可将合同分为有偿合同与无偿合同。有偿合同是指合同当事人为从合同中得到利益要支付相应对价给付(此给付并不局限于财产的给付,也包含劳务、事务等)的合同。买卖、租赁、雇佣、承揽、行纪合同等都属有偿合同。无偿合同是指只有一方当事人作出给付,或者虽然是双方作出给付但双方的给付间不具有对价意义的合同。赠与合同是典型的无偿合同,另外,委托合同、保管合同、自然人之间的借款合同如果没有约定利息和报酬的,也属于无偿合同。

(四) 诺成合同与实践合同

根据合同成立除当事人的意思表示以外,是否还要其他现实给付为标准,可以将合同分为诺成合同与实践合同。诺成合同是指当事人意思表示一致即可认定合同成立的合同。实践合同是指在当事人意思表示一致以外,尚须有实际交付标的物或者有其他现实给付行为才能成立的合同。确认某种合同属于实践合同必须法律有规定或者当事人之间有约定。常见的实践合同有保管合同、自然人之间的借贷合同、定金合同等。但赠与合同、质押合同不再是实践合同。

区分两者的法律意义在于:除了两种合同的成立要件不同以外,实践合同中作为合同成立要件的给付义务的违反不产生违约责任,而只是一种缔约过失责任。

（五）要式合同与不要式合同

根据合同的成立是否必须符合一定的形式为标准，可将合同分为要式合同与不要式合同。要式合同是按照法律规定或者当事人约定必须采用特定形式订立方能成立的合同。不要式合同是对合同成立的形式没有特别要求的合同。确认某种合同属于要式合同必须法律有规定或者当事人之间有约定。

（六）主合同与从合同

根据两个或者多个合同相互间的主从关系为标准，可将合同分为主合同与从合同。主合同是无须以其他合同存在为前提即可独立存在的合同。这种合同具有独立性。从合同，又称附属合同，是以其他合同的存在为其存在前提的合同。保证合同、定金合同、质押合同等相对于提供担保的借款合同即为从合同。

从合同的存在是以主合同的存在为前提的，故主合同的成立与效力直接影响到从合同的成立与效力，但是从合同的成立与效力不影响主合同的成立与效力。

（七）本合同（本约）与预备合同（预约）

根据订立合同是否有事先约定的关系，可分为本合同与预备合同。当事人约定将来订立一定合同的合同是预备合同。《民法典》第 495 条规定，当事人约定在将来一定期限内订立合同的认购书、订购书、预订书等，构成预约合同。当事人一方不履行预约合同约定的订立合同义务的，对方可以请求其承担预约合同的违约责任。而将来应订立的合同就是本合同。如约定将来要购买房地产开发商的商品房的合同是预备合同，而将来要买卖商品房的合同就是本合同。

（八）为自己订立的合同与为第三人利益订立的合同

根据订立的合同是为谁的利益，可分为为自己订立的合同与为第三人利益订立的合同。仅订约当事人享有合同权利和直接取得利益的合同是为自己订立的合同。订约的一方当事人不是为了自己，而是为第三人设定权利，使其获得利益的合同是为第三人利益订立的合同。在这种合同中，第三人既不是缔约人，也不通过代理人参加订立合同，但他可以直接享有合同的某些权利，可以直接基于合同取得利益，如为第三人利益订立的保险合同。

此外，合同还可分为书面合同、口头合同与其他形式合同，以及附条件合同与不附条件合同等。

四、合同法律制度概述

作为市场经济的基本法律制度，合同法律制度调整因合同产生的民事关系，主要规范合同的订立、合同的效力及合同的履行、保全、担保、变更、解除、违反合同的责任等问题。作为《民法典》的重要组成部分，合同法律制度主要通过任意性法律规范来引导当事人的行为或补充当事人意思的不完整，强制性规范被严格限制在合理与必要的范围之内。

合同法律制度与物权法律制度均属财产法范畴，其中物权法律制度主要调整财产归属及利用的财产关系，是从静态角度为财产关系提供法律保护，而合同法律制度则调整财产的流转关系，即商品交换关系，是从动态角度为财产关系提供法律保护。

一般认为，作为调整平等主体之间商品交换关系的法律规范，合同法律制度不调整以下社会关系：(1) 政府依法维护经济秩序的管理活动，适用有关行政法律；(2) 法人、其他组织的内部管理关系，适用有关公司、企业的法律；(3) 婚姻、收养、监护等有关身份关系的协议，适用有关该身份关系的法律规定；没有规定的，可以根据其性质参照适用《民法典》“第三编合同”规定。

第二节　合同的订立

一、合同订立程序

《民法典》第 471 条规定,当事人订立合同,可以采取要约、承诺方式或者其他方式。当事人通过要约、承诺方式达成意思表示一致,合同即可成立。

(一) 要约

1. 要约的概念和构成要件

根据《民法典》第 472 条的规定,要约是以订立合同为目的,要约人向受要约人发出的特定的意思表示。一项有效的要约应具备以下要件:

(1) 要约应当以明确的方式向受要约人发出。一方面,要约应采用明示的方式作出,不存在默示方式的要约。另一方面,要约应向受要约人发出。要约可以向特定的人、也可以向不特定的人发出,但要约原则上应向特定的人发出。

(2) 要约应当有相对人承诺即成立合同而受其约束的确定意思。一方面,要约应明确要约人与接到要约的人订立合同的明确意思。另一方面,要约应当有一经受要约人承诺即成立合同并受其约束的表示。

(3) 要约的内容确定,足以构成一个合同的内容。《民法典》第 472 条第 1 项规定,要约的内容应当具体确定。但具体确定到什么程度,应根据要约人所要成立的合同的内容来确定。

(4) 要约必须送达受要约人。要约是订立合同的一方当事人向受要约人发出的,要约应当送达受要约人。

2. 要约邀请

要约邀请也称要约引诱,是一方希望他人向自己发出要约的意思表示。要约与要约邀请在学理上有明显的区别:

(1) 要约是一方向另一方发出的以订立合同为目的的意思表示,应具备成立一个合同所应具有的内容。而要约邀请是一方向另一方发出的邀请其向自己发出要约的意思表示,不完全具备合同内容条款,否则就是一个要约而不是要约邀请。

(2) 要约一经生效,受要约人就取得承诺的资格,承诺生效后,合同就成立了。而要约邀请只产生对方向其发出要约的可能,对方发出要约的,还必须要约邀请人承诺才能成立合同。

(3) 要约人受其发出的生效要约的约束,不能随意单方消灭要约,否则就应对因此给对方造成的损失承担赔偿责任;要约人在接到受要约人的合格承诺时,合同成立,要约人应承担合同义务,违反义务时就应承担违约责任。而要约邀请对行为人不具有任何约束力。

此外,根据我国司法实践和理论,可从如下几方面来区分要约和要约邀请:

(1) 依法律规定作出区分。法律如果明确规定了某种行为为要约或要约邀请,即应按照法律的规定作出区分。《民法典》第 473 条规定,拍卖公告、招标公告、招股说明书、债券募集办法、基金招募说明书、商业广告和宣传、寄送的价目表等为要约邀请。商业广告和宣传的内容符合要约条件的,构成要约。

(2) 根据当事人的意愿来作出区分。此处所说的当事人的意愿,是指根据当事人已经表达出来的意思来确定当事人对其实施的行为主观上认为是要约还是要约邀请。具体而言,一方面,如果某项意思表示表明当事人不愿意接受要约的拘束力,则只是要约邀请,而不是要约。另一方面,当事人在其行为或提议中特别声明是要约还是要约邀请,则应根据当事人的意愿来作出区分。同时,当事人也可以对其所作的提议明确作出"任何人不得就提议作出承诺"或明确指出"无意使其提议具有法律拘束力",这样,他所作的提议可能是要约邀请,而不是要约。尤其应当看到,由于要约是旨在订立合同的意思表示,因此,要约中应包含明确的订约意图。而要约邀请人只是希望对方向自己提出订约的意思表示,所以,在要约邀请中订约的意图并不是很明确的。

(3) 根据订约提议的内容是否包含了合同的主要条款来确定该提议是要约邀请还是要约。要约邀请与要约之间最根本的区别就在于要约有成立合同的具体确定的内容,而要约邀请不必也不应具备满足合同成立的内容。要约的内容应如何明确,往往依据合同的内容和主要条款确定。要约的内容应当包含合同的主要条款,而要约邀请不必要包含合同的主要条款。但是,仅以是否包含合同的主要条款来作出区分是不够的。即使表意人提出了未来合同的主要条款,但如果他在提议中声明不受要约的拘束,或提出需要进一步协商,或提出需要最后确认等,都将难以确定他具有明确的订约意图,因此不能认为该意思表示是要约。

(4) 根据交易的习惯来区分。例如出租车司机将出租车停在路边招揽顾客,一般认为是要约而不是要约邀请;如果根据当地规定和习惯,出租车司机可以拒载,则此种招揽是要约邀请,如果不能拒载,则认为是要约。

要约与要约邀请在类型上也是不可能有固定区分的。因此,在区分要约和要约邀请时,应当综合各种因素考虑。

3. 要约生效的时间

《民法典》规定,要约以对话方式作出的,相对人知道其内容时生效。要约以非对话方式作出的,到达相对人时生效。以非对话方式作出的采用数据电文形式的要约,相对人指定特定系统接收数据电文的,该数据电文进入该特定系统时生效;未指定特定系统的,相对人知道或者应当知道该数据电文进入其系统时生效。当事人对采用数据电文形式的要约的生效时间另有约定的,按照其约定。

4. 要约的法律效力

要约的法律效力表现在两方面:

(1) 对要约人的效力。此种拘束力又称为要约的形式拘束力,是指要约一经生效,要约人即受到要约的拘束,不得随意撤销或对受要约人随意加以限制、变更和扩张。当然,法律允许要约人在要约到达之前、受要约人承诺之前可以撤回、撤销要约,同时要约人也可以在要约中预先声明不受要约效力的拘束,只要符合这些规定,则撤回或变更要约的内容是有效的。

(2) 对受要约人的效力。此种拘束力又称为要约的实质拘束力,即受要约人在要约生效时即取得依其承诺而成立合同的法律地位。具体表现在:① 要约生效以后,只有受要约人才享有对要约人作出承诺的权利。要约人确定了受要约人以后,受要约人才是有资格对要约人作出承诺的人。如果第三人代替受要约人作出承诺,此种承诺只能视为对要约人发出的要约,而不具有承诺的效力。② 承诺的权利也是一种资格,它不能作为承诺的标的,也不能由受要约人随意转让,否则承诺对要约人不产生效力。当然,如果要约人在要约中明确允许受要约人具有转让的资格,或者受要约人在转让承诺时征得了要约人的同意,则此种转让是有效的。③ 承诺权是受要约人享有的权利,但是否行使这项权利应由受要约人自己决定。受要约人在收到要约以后并不负有必须承诺的义务,即使要约人在要约中明确规定承诺人不作出承诺通知即为承诺,此种规定对受要约人也不产生效力。

5. 要约的撤回和撤销

要约撤回是指要约人在要约生效前,取消要约的意思表示。但撤回要约的通知应当在要约到达受要约人前或者与要约同时到达受要约人。可见,要约撤回权的行使时间是以要约的生效时间为分割点,在要约生效前,或在要约生效之时,要约可以撤回,而要约一旦生效,要约人的撤回权就消灭了。

要约撤销是指要约生效后,要约人取消要约使其效力归于消灭。撤销要约的意思表示以对话方式作出的,该意思表示的内容应当在受要约人作出承诺之前为受要约人所知道;撤销要约的意思表示以非对话方式作出的,应当在受要约人作出承诺之前到达受要约人。为了保护受要约人的利益,《民法典》规定以下两种情况下要约不得撤销:

(1) 要约人以确定承诺期限或者其他形式明示要约不可撤销。这里的承诺期限是受要约人作出承诺的权利期间,也是要约的有效期间,它是要约信用的体现,一经确定就不能变更,这与要约本身应具有法律效力是密不可分的;这里的其他形式可以是在要约中规定要约的不可撤销性或在特定时间内不可撤销,或是以其他文字表明要约具有不可撤销性。

(2) 受要约人有理由认为要约是不可撤销的,并已经为履行合同做了合理准备工作。首先,受要约人有理由认为要约是不可撤销的,即要约本身并不是不可撤销的,但从要约表面上来看,受要约人又能够认为它是不可撤销的;其次,受要约人在发出承诺之前已经为履行合同做了合理准备工作,这里只要已经着手准备,不管准备是否充分。

6. 要约的失效

根据《民法典》第478条,要约失效的原因主要有以下几种:

(1) 要约被拒绝。拒绝要约是指受要约人没有接受要约所规定的条件。拒绝的方式有多种,既可以是明确表示拒绝要约的条件,也可以在规定的时间内不作答复而拒绝。一旦拒绝,则要约失效。不过,受要约人在拒绝要约以后,也可以撤回拒绝的通知,但必须在撤回拒绝的通知先于或同时于拒绝要约的通知到达要约人处,撤回通知才能产生效力。

(2) 要约被依法撤销。要约在受要约人发出承诺通知之前,可由要约人撤销要约,一旦撤销,要约将失效。

(3) 承诺期限届满,受要约人未作出承诺。凡是在要约中明确规定了承诺期限的,则承诺必须在该期限内作出,超过了该期限,则要约自动失效。

(4) 受要约人对要约的内容作出实质性变更。受要约人对要约的实质性内容作出限制、更改或扩张从而形成新要约,既表明受要约人已拒绝了要约,同时也向要约人提出了一项新要约。如果在受要约人作出的承诺通知中,并没有更改要约的实质性内容,只是对要约的非实质性内容予以变更,而要约人又没有及时表示反对,则此种承诺不应视为对要约的拒绝。但如果要约人事先声明要约的任何内容都不得改变,则受要约人更改要约的非实质性内容,也会产生拒绝要约的效果。

(二) 承诺

1. 承诺的概念和构成要件

承诺是指受要约人同意接受要约的条件以缔结合同的意思表示。承诺一旦生效,合同即成立。承诺必须具备如下条件,才能产生法律效力。

(1) 承诺必须由受要约人向要约人作出。受要约人是要约人选择的,只有受要约人才有资格作出承诺。第三人不是受要约人,当然无资格向要约人作出承诺,否则视为发出要约。当然,在某些意外情况下,基于法律规定和要约人发出的要约规定,任何第三人可以对要约人作出承诺,则要约人应当受到承诺的拘束。承诺是对要约人发出的要约所作的答复,因此只有向要约人作出承诺,才能导致合同成立。如果向要约人以外的其他人作出承诺,则只能视为对他人发出要约,不能产生承诺效力。

(2) 承诺必须在规定的期限内达到要约人。承诺只有到达要约人时才能生效,而到达也必须具有一定的期限限制。如果要约规定了承诺期限，则应当在规定的承诺期限内到达。要约没有确定承诺期限的，承诺应当依照下列规定到达：① 要约以对话方式作出的，应当即时作出承诺，但当事人另有约定的除外。② 要约以非对话方式作出的，承诺应当在合理期限内到达。所谓合理期限，是指依通常情形可期待承诺到达的期间，一般包括要约到达受要约人的期间、受要约人作出承诺的期间、承诺通知到达要约人的期间。未能在合理期限内作出承诺并到达要约人，不能成为有效承诺。

要约以信件或者电报作出的，承诺期限自信件载明的日期或者电报交发之日开始计算。信件未载明日期的，自投寄该信件的邮戳日期开始计算。要约以电话、传真等快速通讯方式作出的，承诺期限自要约到达受要约人时开始计算。

如果要约已经失效，承诺人也不能作出承诺。对失效的要约作出承诺，视为向要约人发出要约，不能产生承诺效力。如果超过了规定的期限作出承诺，则视为承诺迟到，或称为逾期承诺。一般而言，逾期的承诺被视为一项新的要约。

(3) 承诺的内容必须与要约的内容一致。承诺的内容与要约的内容一致是指受要约人必须同意要约的实质性内容，而不得对要约的内容作出实质性更改，否则，不构成承诺，应视为对原要约的拒绝并作出一项新的要约，或称为反要约。承诺可以更改要约的非实质性内容，如要约人未及时表示反对，则承诺有效。

(4) 承诺的方式符合要约的要求。受要约人必须将承诺的内容通知要约人，但受要约人应采取何种通知方式，应根据要约的要求确定。如果要约规定承诺必须以一定的方式作出，否则承诺无效，那么承诺人作出承诺时，必须符合要约人规定的承诺方式，在此情况下，承诺的方式成为承诺生效的特殊要件。如果要约没有特别规定承诺的方式，则不能将承诺的方式作为有效承诺的特殊要求。根据《民法典》第 480 条的规定，承诺应当以通知的方式作出；但是，根据交易习惯或者要约表明可以通过行为作出承诺的除外。这意味着，如果根据交易习惯或者要约的内容并不禁止以行为承诺，则受要约人可通过一定的行为作出承诺。以行为作出承诺，绝不同于单纯的缄默或不行动。缄默或不行动都是指受要约人没有作任何意思表示，也不能确定其具有承诺的意思，因此不属于承诺。

2. 承诺生效的时间

以通知方式作出的承诺，生效的时间适用要约生效的时间的规定。承诺不需要通知的，根据交易习惯或者要约的要求作出承诺的行为时生效。

3. 承诺的法律效力

《民法典》第 483 条规定，承诺生效时合同成立，但是法律另有规定或者当事人另有约定的除外。

4. 承诺的撤回

承诺撤回是指承诺人在承诺发出之后、承诺生效前，通知要约人收回承诺，以取消承诺的意思表示。《民法典》第 485 条规定，承诺可以撤回，但撤回承诺的通知应当在承诺到达要约人前或者与承诺同时到达要约人。

承诺撤回是承诺人阻止承诺发生法律效力的一种行为，它是《民法典》规定的承诺消灭的唯一原因。撤回承诺应以通知的形式由承诺人向要约人发出，撤回通知应明确表明撤回承诺、不愿意成立合同的意思，否则不产生撤回承诺的效力。在承诺撤回通知的时间上，一般来说，撤回承诺的通知应当先于或同时于承诺到达要约人，才能发生防止承诺生效的效果。实践中，承诺撤回一般只适用于书面形式的承诺，对于口头形式的承诺，一经发出就到达要约人，根本就不存在撤回的时间可能。而对于电子数据方式的承诺，同样也不存在撤回的时间可能，因为承诺一经发出,对方的电子信箱就可以收到。

5. 承诺迟延

承诺迟延是指受要约人所作承诺未在承诺期限内到达要约人。它包括两种情况。

(1) 逾期承诺,是指受要约人在承诺期限届满后发出承诺而使承诺迟延或者在承诺期限内发出承诺,按照通常情形不能及时到达要约人的承诺。逾期承诺不符合有效承诺的全部要件,不能发生承诺的法律效力。根据《民法典》第486条规定,逾期承诺有两种效力:一是要约人及时通知承诺人,承认该承诺有效的,合同成立;二是如果要约人接到逾期承诺后未及时通知承诺人该承诺有效的,就只能作为一个新的要约,而不能认为是承诺。

(2) 承诺迟到,是指受要约人在承诺期限内发出承诺,但因其他原因而使承诺迟到。承诺迟到与逾期承诺不同,逾期承诺是在发出时就已超出承诺期限或者在承诺期限内发出承诺但按照通常情形不能及时到达要约人的承诺,而承诺迟到却是在承诺期限内发出,只是在到达要约人时超出承诺期限。《民法典》第487条规定,受要约人在承诺期限内发出承诺,按照通常情形能够及时到达要约人,但是因其他原因致使承诺到达要约人时超过承诺期限的,除要约人及时通知受要约人因承诺超过期限不接受该承诺的以外,该承诺有效。可见,在承诺迟到的情况下,要约人负有通知不接受承诺的义务,这必须具备三个要件:① 承诺在要约确定的承诺期限内发出;② 承诺非因受要约人原因在承诺期限内未到达要约人;③ 该承诺在承诺期限后到达要约人。要约人未及时通知受要约人承诺迟到并拒绝该承诺的,应认为承诺有效,承诺到达要约人之日,合同成立。

6. 承诺的变更

承诺应当与要约内容一致,但严格要求承诺与要约完全一致,会在一定程度上限制合同的成立。为了鼓励交易,承诺可以在有限的程度上对要约内容进行变更而不影响承诺的效力。承诺对要约内容的变更,有限制、有扩张,同时还包括形态变更、方法变更、内容变更。

(1) 实质性变更。实质变更要约的承诺实际上是受要约人对要约的否定,其实质为新要约,不产生成立合同的法律效力。要约的实质性内容应当是合同内容主要的部分。根据《民法典》第488条的规定,实质变更要约内容,是有关合同标的、数量、质量、价款或者报酬、履行期限、履行地点和方式、违约责任和解决争议方法等要约内容的变更。就具体合同而言,影响当事人主要权利义务的并不仅仅是这八种情形,只要是实质性改变当事人权利义务的要约内容的变更,均应作为实质性变更。

(2) 非实质性变更。何谓非实质性变更,《民法典》对此没有具体规定,一般认为,是指《民法典》规定的八种实质性变更之外的承诺对要约内容的变更。非实质性变更要约内容的,除要约人表示反对或者表明承诺不得对要约作出任何变更的以外,该承诺有效,合同的内容以承诺的内容为准。

(三) 合同成立的时间与地点

1. 合同成立的时间

由于合同订立方式的不同,合同成立的时间也有不同:

(1) 承诺生效时合同成立。这是大部分合同成立的时间标准。但是,法律另有规定或者当事人另有约定的除外。

(2) 当事人采用合同书形式订立合同的,自当事人均签名、盖章或者按指印时合同成立。在签名、盖章或者按指印之前,当事人一方已经履行主要义务,对方接受时,该合同成立。法律、行政法规规定或者当事人约定合同应当采用书面形式订立,当事人未采用书面形式但是一方已经履行主要义务,对方接受时,该合同成立。

（3）当事人采用信件、数据电文等形式订立合同要求签订确认书的，签订确认书时合同成立。当事人一方通过互联网等信息网络发布的商品或者服务信息符合要约条件的，对方选择该商品或者服务并提交订单成功时合同成立，但是当事人另有约定的除外。

2. 合同成立的地点

由于合同订立方式的不同，合同成立地点的确定标准也有不同：

（1）承诺生效的地点为合同成立的地点。这是大部分合同成立的地点标准。

（2）采用数据电文形式订立合同的，收件人的主营业地为合同成立的地点；没有主营业地的，其住所地为合同成立的地点。当事人另有约定的，按照其约定。

（3）当事人采用合同书形式订立合同的，最后签名、盖章或者按指印的地点为合同成立的地点，但是当事人另有约定的除外。

二、合同的内容与形式

（一）合同的内容

1. 合同条款

合同的内容，就是合同当事人的权利与义务，具体体现为合同的各项条款。根据《民法典》规定，在不违反法律强制性规定的情况下，合同条款可以由当事人自由约定，但一般包括以下条款：（1）当事人的姓名或者名称和住所；（2）标的，即合同双方当事人权利义务所共同指向的对象；（3）数量；（4）质量；（5）价款或者报酬；（6）履行期限、地点和方式；（7）违约责任；（8）解决争议的方法。

2. 合同条款的解释

当事人对合同条款的理解有争议的，应当按照合同所使用的词句，结合相关条款、行为的性质和目的、习惯以及诚信原则，确定争议条款的含义。合同文本采用两种以上文字订立并约定具有同等效力的，对各文本使用的词句推定具有相同含义。各文本使用的词句不一致的，应当根据合同的相关条款、性质、目的以及诚信原则等予以解释。

3. 合同的法律适用

涉外合同的当事人可以协议选择合同适用的法律。当事人没有选择的，适用履行义务最能体现该合同特征的一方当事人经常居所地法律或者其他与该合同有最密切联系的法律。在中华人民共和国境内履行的中外合资经营企业合同、中外合作经营企业合同、中外合作勘探开发自然资源合同，适用中华人民共和国法律。

4. 格式条款

格式条款是指一方当事人为了与不特定多数人订立合同需要重复使用而单方预先拟定，并在订立合同时不允许对方协商变更的条款。格式条款的适用可以简化签约程序，加快交易速度，减少交易成本。因此并非格式条款就是不公平的。但是，由于格式条款是由一方当事人拟定，且在合同谈判中不容对方协商修改，条款内容难免有不公平之处。所以《民法典》对格式条款的效力及解释作了特别规定，以保证合同相对人的合法权益。

（1）采用格式条款订立合同的，提供格式条款的一方应当遵循公平原则确定当事人之间的权利和义务，并采取合理的方式提示对方注意免除或者减轻其责任等与对方有重大利害关系的条款，按照对方的要求，对该条款予以说明。提供格式条款的一方未履行提示或者说明义务，致使对方没有注意或者理解与其有重大利害关系的条款的，对方可以主张该条款不成为合同的内容。

（2）有下列情形之一的，该格式条款无效：① 具有《民法典》规定的民事法律行为无效的情形;② 具有《民法典》第506条规定的免责条款无效的情形(造成对方人身损害的;因故意或者重大过失造成对方财产损失的);③ 提供格式条款一方不合理地免除或者减轻其责任、加重对方责任、限制对方主要权利;④ 提供格式条款一方排除对方主要权利。

(3) 对格式条款的理解发生争议的,应当按照通常理解予以解释。对格式条款有两种以上解释的,应当作出不利于提供格式条款一方的解释。格式条款和非格式条款不一致的,应当采用非格式条款。

5. 免责条款

免责条款是指合同当事人在合同中规定的排除或限制一方当事人未来责任的条款。基于合同自由原则,对双方当事人自愿订立的免责条款,尤其是事后订立的免责条款,法律原则上不加干涉。但如事先约定的免责条款明显违反诚实信用原则及社会公共利益的,则法律规定其为无效。《民法典》第506条规定,合同中的下列免责条款无效:造成对方人身伤害的;因故意或者重大过失造成对方财产损失的。

(二) 合同的形式

合同的形式,是指合同当事人意思表示一致的外在表现形式。当事人订立合同,可以采取书面形式、口头形式或者其他形式。合同形式在对于固定证据、警告当事人郑重其事、区分磋商与缔约两个阶段均有重要意义。口头形式的合同虽方便易行,但缺点是发生争议时难以举证确认责任,不够安全。书面形式是指以合同书、信件等各种有形地表现所载内容的合同形式。根据《民法典》规定,书面形式是合同书、信件、电报、电传、传真等可以有形地表现所载内容的形式。以电子数据交换、电子邮件等方式能够有形地表现所载内容,并可以随时调取查用的数据电文,视为书面形式。

三、缔约过失责任

(一) 缔约过失责任的概念和构成要件

在缔约过程中,双方当事人自要约生效开始到合同成立之前就负有先合同义务。如一方违反该义务,造成合同无效、不成立或被撤销,致使另一方受到损失,就应当承担相应的缔约过失责任。如擅自撤回要约的责任,未尽通知等义务给对方造成损失时的责任,合同不成立时的责任等。

缔约过失责任亦称缔约过错责任,是指当事人在订立合同过程中,缔约当事人一方因故意或者过失违背诚实信用原则所要求的先合同义务致使合同未成立,未生效、被撤销或无效,给他人造成信赖利益损失所应承担的民事责任。先合同义务是指法律为维护交易安全和保护缔约当事人各方的利益,基于诚实信用原则而赋予当事人在要约生效后、合同成立以前必须承担的义务。作为法定注意义务,先合同义务主要包括及时告知、如实说明、互相协助、相互保护、彼此忠实、相互保密等诚信义务。

一般认为,缔约过失责任的构成包括四个要件:(1) 在缔约过程中,缔约人实施了与诚实信用原则相违背的行为;(2) 缔约人在实施与诚实信用原则相违背的行为时主观上有过错(故意或过失);(3) 对方当事人遭受损失,即对方当事人因信赖合同的成立和有效而遭受的信赖利益损失,如订立合同的费用、准备履行的费用等,而不包括履行利益的损失;(4) 损失与缔约人的过错存在因果关系。

作为一种违反先合同义务的行为,缔约过失责任与违约责任是不同的,两者的区别主要表现在以下几个方面:(1) 性质不同。违约责任是因一方违反有效合同约定的义务而产生的责任,它是以有效合同关系的存在为前提的;而缔约过失责任的当事人之间并不存在合同关系,它是以违反合同法上的义务为前提的,是一种合同法上的责任。(2) 发生时间不同。违约责任发生于合同成立生效之后；缔约过失责任发生在合同订立过程中。(3) 归责原则不同。违约责任一般适用严格责任原则，除法定免责情形外，只要当事人违约就应当承担违约责任，而不必证明这种违约是由于当事人的主观过错造成的；缔约过失责任适用过错责任原则，即由于当事人主观上的故意或过失，造成缔约过程中对方的损失时，才承担损失赔偿责任。(4) 承担责任的方式不同。违约责任形式多样；缔约过失责任一般只有赔偿损失这种方式。(5) 赔偿范围不同。缔约过失责任赔偿的是信赖利益的损失；而违约责任赔偿的是可期待利益的损失。原则上，可期待利益的损失要大于信赖利益的损失。

(二) 承担缔约过失责任的情形

根据《民法典》第 500 条、第 501 条的规定，当具备以下四种情形时，当事人承担缔约过失责任。

(1) 假借订立合同，恶意进行磋商。这种缔约过失责任的构成要件是：① 恶意缔约人一方具有主观上损害对方或他人的利益的故意；② 恶意缔约人一方实施了恶意缔约行为；③ 因恶意缔约行为给相对人造成了信赖利益损失；④ 损失与恶意缔约行为之间具备相当的因果关系。

(2) 故意隐瞒与订立合同有关的重要事实或者提供虚假情况。这种缔约过失责任的构成要件是：① 一方实施了欺诈行为，即故意隐瞒了与订立合同有关的重要事实，或者提供虚假情况；② 因一方的欺诈致使合同无效或不成立；③ 另一方因此而受到损失。

(3) 泄露或者不正当使用在订立合同中知悉的商业秘密或者其他应当保密的信息，给对方造成损失。这种缔约过失责任的构成要件是：① 获悉商业秘密或者其他应当保密的信息；② 泄露或者不正当使用对方的商业秘密或者其他应当保密的信息；③ 对方因此而受到损失。

(4) 其他违背诚实信用原则的行为。实践中，主要包括：① 一方未尽通知、协助等义务，增加了对方的缔约成本而造成财产损失；② 一方未尽告知义务，而使对方遭受损失；③ 一方未尽照顾、保护义务，造成对方人身或财产损害等。

(三) 缔约过失责任的责任范围

不论属于哪种类型的缔约过失责任，责任人都应当向对方负赔偿责任，并且赔偿的损失主要是信赖利益损失而不是履行利益。一般情况下，信赖利益损失主要表现为为缔结合同而支出的各种费用不能得到补偿，这叫作直接损失或积极损失。它不包括因合同的成立和生效所获得的各种利益未能获得(如利润损失)。但在某些情况下，信赖利益损失除包括所受损失外，还包括所失利益，即因缔约过失而导致的缔约机会的损失。但对于信赖利益中所失利益的赔偿，必须限定在该利益是在可预见的范围内，且该损失与缔约过失之间有相当的因果关系。此外，对于信赖利益的赔偿应以不超过履行利益为限。

一般认为，其具体范围主要包括：(1) 缔约费用，即当事人为签订合同而支付的差旅费、邮寄费等必要费用；(2) 准备履约所支付的费用，包括车辆租赁费、贷款利息以及为履约已经支付的其他一切必要费用；(3) 受害人支出前述费用所失去的利息；(4) 所失利益，即因缔约过失而导致的与第三人另订合同的机会的丧失所产生的损失。需要说明的是，对所失利益的赔偿，必须限定在该利益是在可预见的范围内，且该损失与缔约过失之间有相当的因果关系。

实务拓展(5-1)

签订合同过程中的法律风险防范

第三节　合同的效力

一、合同成立与合同生效的联系与区别

合同的成立与合同生效是两个既有区别又有联系的概念。依法成立的合同,自成立时生效,但是法律另有规定或者当事人另有约定的除外。但是,合同成立与合同生效有显著区别,其主要表现为:

(1) 法律规则的判断标准不同。合同成立与否是事实问题,属于事实判断;而合同生效与否是法律价值判断问题,属于价值评价性判断,包括有效、无效、效力待定、可撤销等情形。

(2) 性质不同。合同成立的事实是当事人的意思表示一致,合同成立与否取决于当事人的意志,与国家意志无关;而合同生效的事实是由国家意志对当事人的意志作出肯定评价而产生的价值事实。

(3) 构成要件不完全相同。合同成立的标志是双方当事人通过要约、承诺达成意思表示一致。而合同生效分为几类,一是依法成立的合同,自成立时生效,即当事人意思表示一致,合同就成立,同时也生效。二是除具备双方当事人意思表示一致外,按法律、行政法规规定还应当办理批准、登记等手续生效的,履行法定手续时生效。三是合同虽然成立,但还必须具备双方当事人所约定的生效条件时或双方当事人所约定的生效期限届满时才能生效。

(4) 法律效力不同。合同成立的法律效力是要约人不得撤回要约,承诺人不得撤回承诺,但要约人与承诺人的权利义务仍未得到法律认可,仍处于不确定的状态,如果成立的合同无效或被撤销,那么它设定的权利义务关系对双方当事人就没有法律约束力;而合同生效是法律对当事人意思表示的肯定评价,表明当事人的意思表示符合国家意志,当事人设定的权利义务得到国家强制力的保护。

(5) 发生时间不完全相同。合同成立的时间以当事人意思表示一致为标志,承诺生效时合同成立;而合同生效的时间在大多数情况下为合同成立时,但法律、行政法规有特别规定(如法律、行政法规规定应当办理批准、登记手续的合同)或合同当事人另有约定的,依法律、行政法规的规定或当事人的约定。

(6) 法律后果不同。如果合同不成立,产生的法律责任只涉及如缔约过失责任、返还财产等民事责任而不产生其他法律责任;而无效合同不仅产生民事责任,而且还可能会引起行政责任或刑事责任。

显然,生效的合同必然已经成立;但成立了的合同未必就已经生效。

二、合同效力的类型

根据《民法典》的规定,合同的效力主要有四种类型,即有效的合同,无效的合同,可撤销的合同以及效力待定的合同。具体见表5-2。

表 5-2 合同效力的类型

<table>
<tr><th></th><th>有效的合同</th><th>无效的合同</th><th>可撤销的合同</th><th>效力待定的合同</th></tr>
<tr><td rowspan="5">具备的条件</td><td>行为人具有相应的民事行为能力</td><td>无民事行为能力人订立的合同</td><td>因重大误解订立的合同</td><td rowspan="2">限制民事行为能力人依法不能独立订立的合同</td></tr>
<tr><td>意思表示真实</td><td>行为人与相对人以虚假的意思表示订立的合同</td><td>因欺诈而订立的合同</td></tr>
<tr><td>不违反法律、行政法规的强制性规定，不违背公序良俗</td><td>行为人与相对人恶意串通，损害他人合法权益的合同</td><td>因胁迫而订立的合同</td><td rowspan="3">表见代理以外的欠缺代理权（含无权代理、自己代理和双方代理）而代理订立的合同</td></tr>
<tr><td rowspan="2">合同须具备法律所要求的形式</td><td>违反法律、行政法规的强制性规定的合同</td><td rowspan="2">在订立合同时显失公平的</td></tr>
<tr><td>违背公序良俗的合同</td></tr>
<tr><td>法律后果</td><td>有效的合同对当事人具有法律效力，能产生当事人预期的法律后果，当事人违约应承担违约责任</td><td>自始无法律约束力。合同被确认无效之后，将产生返还财产和赔偿损失等后果</td><td>被撤销之前，合同有效；被撤销之后，合同自始无法律约束力，将产生返还财产和赔偿损失等后果</td><td>合同已成立，但是否发生效力尚未确定，有待于其他行为或事实使之确定</td></tr>
</table>

各效力类型合同应具备的条件、产生的法律后果请参见本书“第一章第三节与经济法相关的基础知识中的民事法律行为”中的阐述，此处不赘。

第四节 合同的履行

合同的履行是生效合同所必然发生的法律行为，是实现合同利益的根本措施，也是合同关系消灭的正常原因，因此合同的履行是整个合同法律制度的核心内容。

一、合同履行的原则

（一）合同履行的一般原则

1. 全面履行原则

全面履行原则又叫适当履行原则或正确履行原则，是指合同当事人应在适当的时间、适当的地点，以适当的方式，按照合同中约定的数量和质量，履行合同中约定的义务。这项原则包括三个方面的具体内容：一是履行主体适当，即当事人一般应亲自履行合同，不能由第三人代为履行，但当事人另有约定的除外；二是标的适当，即当事人交付的标的物、提供的工作成果、提供的劳动应符合合同约定或交易惯例；三是履行方式和地点适当，即当事人应按合同约定的数量、质量、品种等全面履行。

2. 诚实信用原则

诚实信用原则是指合同当事人应根据诚实信用原则，履行合同约定之外的附随义务。附随义务是基于诚实信用原则而产生的一项合同义务，虽然当事人在合同中可能没有约定此义务，但任何合同的当事人在履行时都必须遵守。《民法典》规定的附随义务包括：(1) 通知义务；(2) 协助义务；(3) 保密义务；(4) 提供必要的条件；(5) 防止损失扩大。

3. 绿色原则

绿色原则是指当事人在履行合同过程中，应当避免浪费资源、污染环境和破坏生态。

4. 情事变更原则

根据《民法典》第 533 条的规定,情事变更原则是指在合同有效成立以后,尚未履行完毕之前,合同的基础条件发生了当事人在订立合同时无法预见的、不属于商业风险的重大变化,继续履行合同对于当事人一方明显不公平的,受不利影响的当事人可以与对方重新协商;在合理期限内协商不成的,当事人可以请求人民法院或者仲裁机构变更或者解除合同。这项原则是诚实信用原则在合同履行中的应用。适用情事变更原则应符合以下几个条件:

(1) 具有情事变更的客观事实。情事泛指作为法律行为成立基础或环境的一切客观事实;变更是指情事在客观上发生了重大异常变动。而情事变更不仅包括交易和经济情况的变化,也包括非经济事实的变化。

(2) 情事变更发生在合同成立生效以后,履行完毕以前。

(3) 情事变更非当事人所能预见,不属于商业风险。

(4) 情事变更不可归责于双方当事人,即双方当事人对于情事变更都没有过错。而不可归责于当事人的事由可分为不可抗力、意外事件和其他事件三种。

(5) 因情事变更而使原合同的履行显失公平。情事变更发生后通常造成当事人之间的利益失衡,如果继续履行合同,就会对当事人明显有失公平,违反了诚实信用原则和公平原则。

从效力上看,情事变更原则主要体现在以下两个方面:变更合同,从而使原合同在公平基础上得以履行;解除合同,彻底消除显失公平现象。

(二) 约定不明合同的履行原则

根据《民法典》第 510 条、第 511 条的规定,履行约定不明合同时应遵循以下原则。

(1) 合同生效后,当事人就质量、价款或者报酬、履行地点等内容没有约定或者约定不明确的,可以协议补充;不能达成补充协议的,按照合同相关条款或者交易习惯确定。

(2) 当事人就有关合同内容约定不明确,依据前述规定仍不能确定的,适用下列规定:

① 质量要求不明确的,按照强制性国家标准履行;没有强制性国家标准的,按照推荐性国家标准履行;没有推荐性国家标准的,按照行业标准履行;没有国家标准、行业标准的,按照通常标准或者符合合同目的的特定标准履行。

② 价款或者报酬不明确的,按照订立合同时履行地的市场价格履行;依法应当执行政府定价或者政府指导价的,依照规定履行。

③ 履行地点不明确,给付货币的,在接受货币一方所在地履行;交付不动产的,在不动产所在地履行;其他标的,在履行义务一方所在地履行。

④ 履行期限不明确的,债务人可以随时履行,债权人也可以随时请求履行,但是应当给对方必要的准备时间。

⑤ 履行方式不明确的,按照有利于实现合同目的的方式履行。

⑥ 履行费用的负担不明确的,由履行义务一方负担;因债权人原因增加的履行费用,由债权人负担。

(三) 电子合同的履行原则

根据《民法典》第 512 条的规定,履行通过互联网等信息网络订立的电子合同时应遵循以下原则:

(1) 电子合同的标的为交付商品并采用快递物流方式交付的,收货人的签收时间为交付时间。电子合同的标的为提供服务的,生成的电子凭证或者实物凭证中载明的时间为提供服务时间;前述凭证没有载明时间或者载明时间与实际提供服务的时间不一致的,以实际提供服务的时间为准。

(2) 电子合同的标的物为采用在线传输方式交付的，合同标的物进入对方当事人指定的特定系统且能够检索识别的时间为交付时间。

(3) 电子合同当事人对交付商品或者提供服务的方式、时间另有约定的，按照其约定。

(四) 执行政府定价或指导价合同的履行原则

执行政府定价或者政府指导价的，在合同约定的交付期限内政府价格调整时，按照交付时的价格计价。逾期交付标的物的，遇价格上涨时，按照原价格执行；价格下降时，按照新价格执行。逾期提取标的物或者逾期付款的，遇价格上涨时，按照新价格执行；价格下降时，按照原价格执行。

(五) 向第三人履行和由第三人履行

根据《民法典》第 522 条、第 523 条、第 524 条的规定：

(1) 当事人约定由债务人向第三人履行债务，债务人未向第三人履行债务或者履行债务不符合约定的，应当向债权人承担违约责任。

(2) 法律规定或者当事人约定第三人可以直接请求债务人向其履行债务，第三人未在合理期限内明确拒绝，债务人未向第三人履行债务或者履行债务不符合约定的，第三人可以请求债务人承担违约责任；债务人对债权人的抗辩，可以向第三人主张。

(3) 当事人约定由第三人向债权人履行债务，第三人不履行债务或者履行债务不符合约定的，债务人应当向债权人承担违约责任。

(4) 债务人不履行债务，第三人对履行该债务具有合法利益的，第三人有权向债权人代为履行；但是，根据债务性质、按照当事人约定或者依照法律规定只能由债务人履行的除外。债权人接受第三人履行后，其对债务人的债权转让给第三人，但是债务人和第三人另有约定的除外。

(六) 债务人提前履行债务或部分履行债务的处理原则

根据《民法典》第 530 条、第 531 条的规定：

(1) 债权人可以拒绝债务人提前履行债务，但是提前履行不损害债权人利益的除外。债务人提前履行债务给债权人增加的费用，由债务人负担。

(2) 债权人可以拒绝债务人部分履行债务，但是部分履行不损害债权人利益的除外。债务人部分履行债务给债权人增加的费用，由债务人负担。

二、双务合同履行中的抗辩权

所谓抗辩权，是指债务人根据法定事由对抗或拒绝债权人的请求权的权利，又称异议权。双务合同履行中的抗辩权，是指双务合同的一方当事人在法定条件下对抗另一方当事人的请求权，拒绝履行债务的权利，如表 5-3 所示，主要包括：同时履行抗辩权、先履行抗辩权和不安抗辩权。当事人可以根据对方违约的不同情形，选择适用不同的抗辩权，以维护自己的合法权益。

表 5-3 双务合同履行中的抗辩权

种类	内容
同时履行抗辩权	合同当事人互负债务，没有先后履行顺序的，应当同时履行，一方在对方履行之前有权拒绝其履行要求；一方在对方履行债务不符合约定时，有权拒绝其相应的履行要求
	效力：只是暂时阻止对方当事人请求权的行使。当对方当事人完全履行了合同义务，同时履行抗辩权即告消灭，主张抗辩权的当事人就应当履行自己的义务。当事人因行使同时履行抗辩权致使合同迟延履行的，迟延履行责任由对方当事人承担

(续表)

种类	内容
不安抗辩权	合同当事人互负债务,有先后履行顺序的,先履行的一方有确切证据证明另一方丧失履行债务能力时,在对方没有履行或者没有提供担保之前,有权中止合同履行的权利
	效力:(1) 中止履行,即先履行债务的当事人中止先为履行。如果对方当事人恢复了履行能力或提供了相应的担保后,先履行一方当事人“不安”的原因消除,应当恢复合同的履行。(2) 解除合同。中止履行合同后,如果对方在合理期限内未恢复履行能力并且未提供适当担保的,中止履行合同的一方可以解除合同
后履行抗辩权	合同当事人互负债务,有先后履行顺序,先履行一方未履行的,后履行一方有权拒绝其履行要求;先履行一方履行债务不符合约定的,后履行一方有权拒绝其相应的履行要求
	效力:只是暂时阻止了当事人请求权的行使。先履行一方的当事人如果完全履行了合同义务,则后履行抗辩权消灭,后履行当事人就应当按照合同约定履行自己的义务

(一) 同时履行抗辩权

1. 概念和性质

同时履行抗辩权又叫不履行抗辩权,是指双务合同的一方当事人在对方未为对待给付时,可以拒绝自己的给付的权利。《民法典》第525条规定,当事人互负债务,没有先后履行顺序的,应当同时履行。一方在对方履行之前有权拒绝其履行请求。一方在对方履行债务不符合约定时,有权拒绝其相应的履行请求。这里的同时履行是指合同没有约定,法律也没有规定,根据交易习惯也不能确定双务合同的哪一方当事人有先履行义务时,双方当事人应当同时履行合同义务。

同时履行抗辩权在性质上属于延期的抗辩权,而不是否定的或永久的抗辩权。行使同时履行抗辩权的根据是双务合同的牵连性。

2. 构成要件

(1) 必须发生在互为给付的同一双务有偿合同中。首先,双方当事人应当因同一合同互负债务,在履行上存在关联性;其次,当事人互负的债务应基于同一双务合同;此外,互负的两项债务间应有对价关系。

(2) 合同必须要求当事人同时履行。许多双务合同都对履行顺序作出约定;在法律没有规定、合同又没有约定的情况下,履行顺序可依交易习惯确立;当事人对履行顺序没有约定或者约定不明确,依交易习惯也不能确定的,当事人就应当同时履行合同。同时履行抗辩权是指没有先后顺序之分,应当在合理期间内互为履行,这个期间很短,但也不是指分秒不差地同时履行。

(3) 双方债务必须均已届清偿期。

(4) 对方当事人必须未履行债务或未提出履行债务。只有在对方当事人未履行债务时,才可以行使同时履行抗辩权,拒绝自己履行债务;此外,在对方当事人未适当履行债务时,也可以行使同时履行抗辩权,拒绝对方当事人相应的履行请求。

(5) 对方当事人的对待给付必须是可能履行的。如果对方当事人所负的债务已丧失了履行的可能性,那么双方债务同时履行的目的也就不可能实现,此时就应解除合同,而不发生同时履行抗辩权的问题。

3. 适用范围

《民法典》第525条对此没有具体规定。一般认为,同时履行抗辩权适用于买卖、互易、租赁、承揽、有偿委托、保险、雇佣等双务合同。此外,以下情况也可以行使同时履行抗辩权:一是可分之债;二是连带之债;三是为第三人利益订立的合同;四是原债务转化的损失赔偿之债;五是相互之间的返还义务；六是债权转让与债务转移。

4. 举证责任和效力

一方当事人行使同时履行抗辩权时，不负证明对方当事人未履行合同义务的举证责任，而对方当事人如果主张自己已履行了合同义务，就应负举证责任；但如果行使同时履行抗辩权的一方当事人主张对方当事人部分履行或履行不适当，就应负举证责任。

同时履行抗辩权的效力，在于使一方当事人在对方当事人未及时履行义务时，可以暂时也不履行自己的义务，但这并不能消灭对方当事人的请求，也不能消灭自己所负的债务；而当对方当事人提出履行时，同时履行抗辩权的效力就终止了，当事人必须履行自己的合同义务。

（二）先履行抗辩权

1. 概念和性质

先履行抗辩权又叫后履行抗辩权或先违约抗辩权，是指在双务合同中，约定有先后履行顺序的，负有先履行义务的一方当事人未依照合同约定履行债务，后履行义务的一方当事人可以依据对方的不履行行为，拒绝对方当事人请求履行的抗辩权。《民法典》第526条规定，当事人互负债务，有先后履行顺序，先履行一方未履行的，后履行一方有权拒绝其履行请求。先履行一方履行债务不符合约定的，后履行一方有权拒绝其相应的履行请求。先履行抗辩权在性质上属于延期的抗辩权，而不是否定的或永久的抗辩权。

2. 适用条件

（1）当事人必须基于同一双务合同互负债务。

（2）当事人履行必须有先后顺序。先后顺序也是按法律规定或当事人约定或交易习惯确定的。只有先履行一方不履行或不适当履行时，后履行一方才享有先履行抗辩权，可见，先履行抗辩权的主体不是双方当事人，而是负有后履行义务的一方当事人，负有先履行义务的一方当事人不享有这种抗辩权。

（3）先履行一方必须不履行合同义务或者履行合同义务不符合约定。先履行抗辩权的行使实质上是对先履行一方违约的抗辩，是在不终止合同效力的前提下，后履行一方为了保护自己的利益而采取的有力措施。

（4）先履行一方应当先履行的债务必须是可能履行的。如果先履行一方的债务已经不可能被履行了，那么后履行一方行使先履行抗辩权就失去了意义。

3. 适用情形

（1）先履行一方不履行债务，已到履行时间时，后履行一方就有不履行债务的权利。

（2）先履行一方履行债务完全不符合约定，实际构成不履行，已到履行时间时，后履行一方就有不履行债务的权利。

（3）先履行一方履行债务部分符合约定，构成部分不履行，已到履行时间时，后履行一方就有部分不履行相应债务的权利。

4. 效力

先履行抗辩权的效力，在于阻止对方当事人请求权的行使；而当对方当事人完全履行了合同债务时，先履行抗辩权就消灭了，当事人必须履行自己的合同债务。如果当事人行使先履行抗辩权致使合同迟延履行的，责任由对方当事人承担。

（三）不安抗辩权

1. 概念

不安抗辩权又叫保证履行抗辩权，是指当事人互负债务，有先后履行顺序的，先履行的一方当事人有确切证据证明另一方当事人丧失履行债务能力时，有中止合同履行的权利。《民法典》

第 527 条规定,应当先履行债务的当事人,有确切证据证明对方有下列情形之一的,可以中止履行:(1) 经营状况严重恶化;(2) 转移财产、抽逃资金,以逃避债务;(3) 丧失商业信誉;(4) 有丧失或者可能丧失履行债务能力的其他情形。当事人没有确切证据中止履行的,应当承担违约责任。

2. 适用条件

(1) 必须基于同一双务合同且具有对价关系的互负债务。

(2) 必须是负有先履行义务的一方当事人才有权行使不安抗辩权。不安抗辩权是负有先履行义务的一方当事人,在对方当事人有不能为对待给付的现实危险时,暂时中止自己给付的行为以维护自己的合法权益。

(3) 先履行义务的一方当事人必须有确切证据证明对方当事人有不能为对待给付的现实危险。如果合同有效成立后,后履行一方的财产状况恶化,且双方当事人在订立合同时并不能知道,导致后履行一方履行能力丧失或者其他情况,以致不能保证合同的履行,那么先履行一方有权行使不安抗辩权。

(4) 后履行一方在合理期限内未恢复履行能力且未提供适当担保。如果后履行一方提供适当担保,先履行一方的债权就不会受到损失,那么就不能行使不安抗辩权。

3. 适用情形

(1) 后履行一方经营状况严重恶化。此时后履行一方很有可能无力清偿债务,因此先履行一方可以行使不安抗辩权。

(2) 后履行一方转移财产、抽逃资金,以逃避债务。此时先履行一方如果仍按合同约定先履行给付义务,就有可能使自己的债权不能实现,造成自己的损失,因此先履行一方可以行使不安抗辩权。

(3) 后履行一方严重丧失商业信誉。严重丧失商业信誉的商家的履约能力必然受到影响,因此先履行一方可以行使不安抗辩权。

(4) 后履行一方有丧失或者可能丧失履行债务能力的其他情形。即只要后履行一方表现出丧失或者可能丧失履行债务能力的情形,先履行一方就可以行使不安抗辩权。

4. 行使不安抗辩权当事人的附随义务

《民法典》在赋予先履行一方享有不安抗辩权的同时,又为其规定了两项附随义务:(1) 通知义务。主张不安抗辩权的先履行一方应当及时通知对方,但无须征得对方的同意。(2) 举证义务。主张不安抗辩权的先履行一方应当举出对方有法定的不能履行债务或者有不能履行债务可能的某一情形存在的确切证据。有确切证据的,不安抗辩权主张成立;没有确切证据的,不安抗辩权主张不能成立,并构成违约。

5. 效力

当事人依法行使不安抗辩权中止履行的,应当及时通知对方。对方提供适当担保时,应当恢复履行。中止履行后,对方在合理期限内未恢复履行能力且未提供适当担保的,视为以自己的行为表明不履行主要债务,中止履行的一方可以解除合同并可以请求对方承担违约责任。据此,行使不安抗辩权的法律效力为:

(1) 暂时中止履行合同债务。不安抗辩权在性质上是一种延期抗辩权。如果后履行一方提供了适当担保或作了对待履行,不安抗辩权就消灭了,当事人就应当恢复履行自己的债务。

(2) 解除合同。主张不安抗辩权的先履行一方,在对方未在合理期限内恢复履行能力并且提供适当担保的情形下,就有权解除合同,消灭对方的请求权。此时,不安抗辩权就从延期抗辩权变成了永久抗辩权。

(3) 请求对方承担违约责任。中止履行的一方可以在解除合同的同时请求对方承担违约责任。

第五节　合同的保全

合同的保全是合同的一般担保，是指为了保护一般债权人不因债务人的财产不当减少而受损害，允许债权人干预债务人处分自己财产行为的法律制度。合同保全主要有代位权与撤销权。其中代位权是针对债务人消极不行使自己债权的行为，撤销权则是针对债务人积极侵害债权人债权实现的行为。两者或是为了实现债务人的财产权利，或是恢复债务人的责任财产，从而确保债权人债权的实现。

一、代位权

(一) 代位权的概念和特征

代位权，是指债务人怠于行使其对第三人(次债务人)享有的债权或者与该债权有关的从权利，危及债权人债权实现时，债权人为保障自己的债权，可以自己的名义代位行使债务人对次债务人的债权的权利。它具有以下特征：(1) 代位权是债权人代替债务人向次债务人主张权利。债权人代位权赋予债权人对次债务人主张债权的权利。因此，代位权体现了债权的对外效力。(2) 代位权是一种法定的权利。代位权是由法律直接规定的权利，不需要由当事人特别约定。(3) 代位权是债权人以自己的名义行使债权人的权利。代位权是债权人所享有的权利，必须以债权人的名义行使。(4) 代位权是通过债权人向法院请求的方式行使的。即只能通过诉讼的方式来行使代位权，通过起诉来请求法院保全债权。

(二) 代位权的构成要件

(1) 债权人与债务人之间、债务人与次债务人之间均存在合法的债权债务关系。这是首要条件。如果债权人对债务人不享有合法债权，债权人就不能行使代位权。

(2) 债务人怠于行使其债权或者与该债权有关的从权利并影响债权人的到期债权实现。这是实质要件。债务人怠于行使其债权或者与该债权有关的从权利并影响债权人的到期债权实现，是指债务人不履行其对债权人的到期债务，又不以诉讼方式或者仲裁方式向其债务人主张其享有的具有金钱给付内容的到期债权，致使债权人的到期债权未能实现。可见，债务人只有以诉讼或仲裁的方式向次债务人主张权利，才不构成“怠于行使”，而仅仅以私力救济方式主张权利，如直接向次债务人或其代理人主张权利，甚至包括向民间调解委员会或行政机关请求处理，都属于“怠于行使”。实践中，只要债务人未履行对债权人的债务，债权人的债权未能实现，就可视为债权人的债权受到了损害。

(3) 债务人的债权已到期。只有债务人的债权已到期，债权人才能代债务人行使，否则就会侵害次债务人的合法权益。债权人的债权到期前，债务人的债权或者与该债权有关的从权利存在诉讼时效期间即将届满或者未及时申报破产债权等情形，影响债权人的债权实现的，债权人可以代位向债务人的相对人请求其向债务人履行、向破产管理人申报或者作出其他必要的行为。

(4) 债务人的债权不是专属于债务人自身的债权。专属于债务人自身的债权，是指基于扶养关系、抚养关系、赡养关系、继承关系产生的给付请求权和劳动报酬、退休金、养老金、抚恤金、安置费、人寿保险、人身伤害赔偿请求权等权利。这意味着作为代位权客体的权利，不但仅仅限于债务人对次债务人所享有的债权，而且还必须是非专属于债务人自身的债权。

(三) 代位权的行使和效力

债权人行使代位权时,应注意:

(1) 债权人必须以自己的名义通过诉讼形式行使代位权。当债务人有多个债权人时,各债权人在符合法律规定的情况下都可以行使代位权,但如果其中某一债权人已经就这项债权行使了代位权,那么其他债权人就不能再就这项债权行使代位权。

(2) 代位权行使的范围应当以债权人的债权为限。债权人行使代位权的请求数额一般不能超过债务人所负债务额的范围,也不能超过次债务人对债务人所负债务额的范围。

(3) 次债务人对债务人的抗辩权可以向债权人主张。在代位权诉讼中,债权人是原告,次债务人是被告,债务人是第三人,而次债务人对债务人的一般抗辩事由,都可以直接向债权人主张。

(4) 在代位权诉讼中,债权人行使代位权的必要费用,由债务人负担。代位权诉讼由被告住所地人民法院管辖。

债权人代位权的行使,其效力涉及以下三个方面:

(1) 对债权人的效力。债权人与债务人、债务人与相对人之间相应的权利义务终止。债务人对相对人的债权或者与该债权有关的从权利被采取保全、执行措施,或者债务人破产的,依照相关法律的规定处理。

(2) 对债务人的效力。首先,债务人不能就其被债权人代位行使的权利作出处分,否则代位权根本不能得到行使,债权更得不到保障,如债权人行使代位权后,债务人又将债权让与第三债务人,债权人就可以对第三债务人主张让与行为无效。其次,如果债务人未参加代位权诉讼,判决的效力就只及于诉讼当事人即债权人与次债务人,因此当债权人败诉时,债务人就可另行对次债务人起诉;如果债务人参加诉讼,判决的效力也就及于债务人,但当债权人胜诉时,债务人不能基于判决请求次债务人执行。

(3) 对次债务人的效力。债务人对次债务人的权利,无论是自己行使还是由债权人代位行使,次债务人的法律地位及其利益都不受影响。因此,凡是次债务人可以对抗债务人的一切抗辩,都可以用来对抗债权人。但这种抗辩权一般以代位权行使之前所产生的为限。

二、撤销权

(一) 撤销权的概念和法律性质

撤销权又叫废罢诉权,是指债务人实施了减少财产行为并危及债权人债权实现时,债权人为保障自己的债权请求人民法院撤销债务人处分行为的权利。撤销权是一种法定权利,不需要当事人进行约定。但撤销权是附随于债权的权利,债权转让时它当然随之转让,债权消灭时它也归于消灭。

债权人行使撤销权,可请求受益人返还财产,恢复债务人责任财产的原状,因此撤销权兼有请求权和形成权的特点。

合同保全中的撤销权与可撤销合同中的撤销权不同,债权人撤销权是债权人请求人民法院撤销债务人与第三人之间的民事行为的权利,并不是针对意思表示不真实的合同而设定的。此种撤销权突破了合同相对性,其效力扩及到了第三人,而且其目的是为了维护债务人清偿债务的清偿能力。而可撤销合同中的撤销权是受害人请求撤销与相对人之间的合同关系的权利,是针对意思表示不真实的合同而设定的,其效力并没有扩及到了第三人,其目的也是为了消除当事人之间意思表示的瑕疵。当然,在撤销权的行使使已经产生的民事行为溯及既往地消灭方面,两者又是一致的。

撤销权与代位权都是法定权利,都属于债的保全的内容,并且都必须附随于债权而存在,但两者又有区别:代位权针对的是债务人不行使债权的消极行为,通过行使代位权旨在保持债务人的财产;而撤销权针对的是债务人不当处分财产的积极行为,通过行使撤销权旨在恢复债务人的财产。

(二) 撤销权的构成要件

1. 债权人对债务人存在有效的债权

撤销权中债权人的债权不一定到期,债权人在任何时候发现债务人实施了可以被撤销的行为,都可以请求撤销。

2. 债务人实施了一定的处分财产的行为

《民法典》第 538 条、第 539 条将可以撤销的债务人处分财产的行为限定在以下范围:① 以放弃债权、放弃债权担保、无偿转让财产等方式无偿处分财产权益或者恶意延长其到期债权的履行期限,影响债权人的债权实现的;② 以明显不合理的低价转让财产、以明显不合理的高价受让他人财产或者为他人的债务提供担保,影响债权人的债权实现,债务人的相对人知道或者应当知道该情形的。其中第②种处分行为不但要求有客观上对债权人造成损害的事实,还要求有受让人知道的主观要件。

这里应注意:能够成为撤销权标的的一般只能是法律上的处分行为,并且是有效的民事法律行为,如果是事实上的处分行为或无效的民事法律行为,就不适用撤销权;撤销权的标的行为,一般仅限于债务人的债权行为。

3. 债务人的行为有害于债权

这是撤销权构成的一个重要判断标准。否则,即使债务人实施减少其财产的处分行为,但其资力雄厚,足以清偿全部债权,债权人就不能行使撤销权。债务人的行为是否有害于债权,可从以下两方面判断:(1) 损害的具体状态。这种损害,不但包括实际造成损害而且包括可能造成损害。(2) 损害的判断标准。只有在债务人的处分行为损害到其履行债务的能力时,才会导致对债权人的损害。根据“谁主张、谁举证”的原则,债权人撤销权构成要件的存在应由债权人举证,但为了便于债权人举证,以支付不能作为认定标准比较可取。

4. 债权人行使撤销权应以其债权为限

只要行使撤销权的结果能够使债权人的债权得以保全,使债权人的债权完全实现,债权人就不能再对债务人其他处分财产的行为行使撤销权。

5. 撤销权应在法定期间内行使

《民法典》第 541 条规定:“撤销权自债权人知道或者应当知道撤销事由之日起 1 年内行使。自债务人的行为发生之日起 5 年内没有行使撤销权的,该撤销权消灭。”这里规定了两类期限:一是关于 1 年的规定,从债权人知道或应当知道撤销事由之日算起,这属于诉讼时效的规定,可适用时效的中止、中断、延长的规定;二是关于 5 年的规定,从债务人的行为发生之日算起,而不管债务人是否知道撤销事由的存在,这属于除斥期间的规定,不适用时效的中止、中断、延长的规定。

当债务人的处分行为符合上述条件时,债权人可以请求人民法院撤销债务人的处分行为。撤销权的行使范围以债权人的债权为限。

(三) 撤销权的行使和效力

撤销权的行使必须是由债权人以自己的名义通过诉讼方式请求人民法院撤销债务人不当处分财产的行为。撤销权诉讼由被告住所地人民法院管辖。在实践中应注意以下问题:(1) 撤销权诉讼的原告是享有撤销权的债权人。撤销权人为两个或者两个以上债权人以同一债务人为被告,就同一标的提起撤销权诉讼的,人民法院可以合并审理,也可以单独审理。(2) 债权人行使债权的相对人是债务人和第三人。在撤销权诉讼中,债务人是被告,受益人或受让人是第三人。

对债务人而言,影响债权人的债权实现的行为被撤销的,自始没有法律约束力;对受益人而言,行为被撤销后,应返还其财产和收益,原物无法返还的,应折价赔偿,有偿受让的,受让人有向债务人请求返还对价的权利;对其他债权人而言,可根据合同请求债务人清偿债务,而债务人恢复财产后,这些财产就成为债务人所有债权的共同担保,所有债权人应平等受偿。

此外,债权人因提起撤销权诉讼而发生的律师代理费、差旅费、通讯费、文印费等必要费用,应由债务人承担;如果第三人(受益人和受让人)也存在过错,就应适当分担这些费用,具体分担比例由法院根据第三人的过错大小确定。

一旦人民法院确认债权人的撤销权成立,债务人的处分行为即归于无效。债务人的处分行为无效的法律后果则是双方返还,受益人应当返还从债务人处获得的财产。因此撤销权行使的目的是恢复债务人的责任财产,债权人就撤销权行使的结果并无优先受偿权利。

第六节　合同的担保

一、合同担保概述

(一) 担保的概念与特征

一般认为,担保是指法律规定或者当事人约定的确保债务人履行债务,保障债权人的债权得以实现的法律措施。担保具有以下法律特征:

(1) 从属性。担保合同是主债权债务合同的从合同。主债权债务合同无效的,担保合同无效,但是法律另有规定的除外。担保合同被确认无效时,债务人、担保人(保证人)、债权人有过错的,应当根据其过错各自承担相应的民事责任。所谓担保合同,是指为促使债务人履行其债务,保障债权人的债权得以实现,而在债权人(同时也是担保权人)和债务人之间,或在债权人、债务人和第三人(担保人)之间协商形成的,当债务人不履行或无法履行债务时,以一定方式保证债权人债权得以实现的协议。担保合同旨在明确担保权人和担保人之间的权利、义务关系,保障债权人的债权得以实现。《民法典》规定,设立担保物权,应当依照本法和其他法律的规定订立担保合同。担保合同包括抵押合同、质押合同和其他具有担保功能的合同。

(2) 补充性。担保对债权人权利的实现仅具有补充作用,在主债权债务关系因适当履行而正常终止时,担保人并不实际履行担保义务。只有在主债务不能得到履行时,补充的义务才需要履行,使主债权得以实现,因此担保具有补充性,连带责任保证除外。

(二) 担保的方式

传统认为,典型的担保方式包括保证、定金、抵押、质押、留置,实践中,所有权保留、融资租赁、保理也具有担保功能,作为非典型担保保障特定债权的实现。

在立法体例上,《民法典》未设立独立的担保编,而是根据不同担保类型的特性,将其分布于不同章节。《民法典》"第二编物权""第三编合同"的相应章节分别规定了担保物权(抵押、质押、留置)、保证、定金;《民法典》"第三编合同"的相应章节规定了具有担保功能的非典型担保合同(所有权保留、融资租赁、保理)。本节主要阐述保证、定金和担保物权。

知识拓展(5-2)

非典型担保

《民法典》规定,第三人为债务人向债权人提供担保的,可以要求债务人提供反担保。反担保适用《民法典》和其他法律的规定。所谓的反担保是指为了换取担保人提供保证、抵押或质押等担保方式,而由债务人或第三人向该担保人提供的担保,该担保相对于原担保而言被称为反担保。反担保人可以是债务人,也可以是债务人之外的其他人。反担保方式可以是债务人提供的抵押或者质押，也可以是其他人提供的保证、抵押或者质押。留置和定金不能作为反担保方式。在债务人自己向原担保人提供反担保的场合，保证就不得作为反担保方式。

（三）共同担保中担保责任的承担

在同一债权上既有保证又有物的担保的，属于共同担保。《民法典》第392条规定，被担保的债权既有物的担保又有人的担保的，债务人不履行到期债务或者发生当事人约定的实现担保物权的情形，债权人应当按照约定实现债权；没有约定或者约定不明确，债务人自己提供物的担保的，债权人应当先就该物的担保实现债权；第三人提供物的担保的，债权人可以就物的担保实现债权，也可以请求保证人承担保证责任。提供担保的第三人承担担保责任后，有权向债务人追偿。

据此，物的担保和保证并存时，如果债务人不履行债务，则根据下列规则确定当事人的担保责任承担：① 根据当事人的约定确定承担责任的顺序。② 没有约定或者约定不明的，如果保证与债务人提供的物的担保并存，则债权人先就债务人的物的担保求偿。保证在物的担保不足清偿时承担补充清偿责任。③ 没有约定或者约定不明的，如果保证与第三人提供的物的担保并存，则债权人可以就物的担保实现债权，也可以要求保证人承担保证责任。根据该规定，第三人提供物的担保的，保证与物的担保居于同一清偿顺序，债权人既可以要求保证人承担保证责任，也可以对担保物行使担保物权。④ 没有约定或者约定不明的，如果保证与第三人提供的物的担保并存，其中一人承担了担保责任，则只能向债务人追偿，不能向另外一个担保人追偿。

二、保证

（一）保证与保证合同

1. 保证的概念

保证，是指第三人和债权人约定，当债务人不履行其债务时，该第三人按照约定履行债务或者承担责任的担保方式。第三人被称作保证人；债权人既是主债的债权人，也是保证合同中的债权人。保证是保证人与债权人之间的合同关系。

保证的方式有两种，即一般保证和连带责任保证。当事人在保证合同中对保证方式没有约定或者约定不明确的，按照一般保证承担保证责任。

2. 保证合同

保证合同是为保障债权的实现，保证人和债权人约定，当债务人不履行到期债务或者发生当事人约定的情形时，保证人履行债务或者承担责任的合同。保证合同是一种典型的单务合同、无偿合同、诺成合同和要式合同。

保证合同的内容一般包括被保证的主债权的种类、数额，债务人履行债务的期限，保证的方式、范围和期间等条款。保证合同可以是单独订立的书面合同，也可以是主债权债务合同中的保证条款。

保证合同是主债权债务合同的从合同。主债权债务合同无效的，保证合同无效，但是法律另有规定的除外。保证合同被确认无效后，债务人、保证人、债权人有过错的，应当根据其过错各自承担相应的民事责任。

在实践中要注意下列问题：(1) 保证人在债权人与被保证人签订的订有保证条款的主合同上，以保证人身份签字或者盖章的，保证合同成立。(2) 第三人单方以书面形式向债权人作出保证，债权人接收且未提出异议的，保证合同成立。(3) 主合同中虽然没有保证条款，但保证人在主合同上以保证人的身份签字或者盖章的，保证合同成立。

(二) 保证人

保证合同当事人为保证人和债权人。债权人可以是一切享有债权之人,自然人、法人或非法人组织均无不可。自然人、法人或者非法人组织均可以为保证人,保证人也可以为两人以上。但法律对保证人仍有相应的限制,这些限制主要有:

(1) 主债务人不得同时为保证人。如果主债务人同时为保证人,意味着其责任财产未增加,保证的目的落空。

(2) 机关法人不得为保证人,但是经国务院批准为使用外国政府或者国际经济组织贷款进行转贷的除外。

(3) 以公益为目的的非营利法人、非法人组织不得为保证人。

(4)《民法典》不禁止营利法人的分支机构及职能部门作为保证人。实践中,分支机构以自己的名义作为保证人,产生的民事责任由法人承担;也可以先以该分支机构管理的财产承担,不足以承担的,由法人承担。

(5) 保证人必须有代为清偿债务的能力。不具有完全代偿能力的主体,只要以保证人身份订立保证合同后,就应当承担保证责任。

(三) 保证方式

1. 一般保证和连带责任保证

根据保证人承担责任方式的不同,可以将保证分为一般保证和连带责任保证。所谓一般保证,是指当事人在保证合同中约定,债务人不能履行债务时,由保证人承担保证责任的保证。所谓连带责任保证,是指当事人在保证合同中约定保证人和债务人对债务承担连带责任的保证。连带责任保证的债务人不履行到期债务或者发生当事人约定的情形时,债权人可以请求债务人履行债务,也可以请求保证人在其保证范围内承担保证责任。

如果当事人在保证合同中对保证方式没有约定或者约定不明确的,按照一般保证承担保证责任。这两种保证之间最大的区别在于保证人是否享有先诉抗辩权,一般保证的保证人享有先诉抗辩权,连带责任保证的保证人则不享有。

所谓先诉抗辩权,是指一般保证的保证人在主合同纠纷未经审判或者仲裁,并就债务人财产依法强制执行仍不能清偿前,拒绝向债权人承担保证责任的权利。所谓不能清偿,是指对债务人的存款、现金、有价证券、成品、半成品、原材料、交通工具等可以执行的动产和其他方便执行的财产执行完毕后,债务仍未能得到清偿。但有下列情形之一的,保证人不得行使先诉抗辩权:① 债务人下落不明,且无财产可供执行;② 人民法院已经受理债务人破产案件;③ 债权人有证据证明债务人的财产不足以履行全部债务或者丧失履行债务能力;④ 保证人书面表示放弃先诉抗辩权的。

实践中,一般保证的保证人在主债权履行期间届满后,向债权人提供债务人可供执行财产的真实情况,债权人放弃或者怠于行使权利致使该财产不能被执行的,保证人在其提供可供执行财产的价值范围内免除保证责任。

2. 单独保证和共同保证

从保证人的数量划分,保证可以分为单独保证和共同保证。单独保证是指只有一个保证人担保同一债权的保证。共同保证是指数个保证人担保同一债权的保证。共同保证既可以在数个共同保证人与债权人签订一个保证合同时成立,也可以在数个保证人与债权人签订数个保证合同,但担保同一债权时成立。

按照保证人是否约定各自承担的担保份额,可以将共同保证分为按份共同保证和连带共同保证。按份共同保证是保证人与债权人约定按份额对主债务承担保证义务的共同保证;连带共同保证是各保证人约定均对全部主债务承担保证义务或保证人与债权人之间没有约定所承担保证份额的共同保证。

需要注意的是，连带共同保证的"连带"是保证人之间的连带，而非保证人与主债务人之间的连带，故称之为"连带共同保证"，而非"连带责任保证"。连带共同保证的债务人在主合同规定的债务履行期届满没有履行债务的，债权人可以请求债务人履行债务，也可以请求任何一个保证人承担全部保证责任。已经承担保证责任的保证人，有权向债务人追偿，或者请求承担连带责任的其他保证人清偿其应当承担的份额。

3. 普通保证和最高额保证

普通保证是指保证人和债权人约定，当债务人不履行到期债务时，保证人履行债务或者承担责任的行为。最高额保证是指保证人和债权人签订一个总的保证合同，为一定期限内连续发生的借款合同或同种类其他债权提供保证，只要债权人和债务人在保证合同约定的期限且债权额限度内进行交易，保证人则依法承担保证责任的保证行为。

作为保证的一种特殊形式，最高额保证通常适用于债权人与债务人之间具有经常性的、同类性质业务往来，多次订立合同而产生的债务。

(四) 保证责任

(1) 保证责任的范围。保证担保的责任范围包括主债权及其利息、违约金、损害赔偿金和实现债权的费用。当事人另有约定的，按照其约定。

(2) 主合同变更与保证责任承担。债权人和债务人未经保证人书面同意，协商变更主债权债务合同内容，减轻债务的，保证人仍对变更后的债务承担保证责任；加重债务的，保证人对加重的部分不承担保证责任。债权人和债务人变更主债权债务合同的履行期限，未经保证人书面同意的，保证期间不受影响。

(3) 主合同转让与保证责任承担。债权人转让全部或者部分债权，未通知保证人的，该转让对保证人不发生效力。保证人与债权人约定禁止债权转让，债权人未经保证人书面同意转让债权的，保证人对受让人不再承担保证责任。

债权人未经保证人书面同意，允许债务人转移全部或者部分债务，保证人对未经其同意转移的债务不再承担保证责任，但是债权人和保证人另有约定的除外。第三人加入债务的，保证人的保证责任不受影响。

(4) 保证期间与保证债务的诉讼时效。保证期间是确定保证人承担保证责任的期间，性质上属于除斥期间，不发生中止、中断和延长。债权人与保证人可以约定保证期间，但是约定的保证期间早于主债务履行期限或者与主债务履行期限同时届满的，视为没有约定；没有约定或者约定不明确的，保证期间为主债务履行期限届满之日起6个月。债权人与债务人对主债务履行期限没有约定或者约定不明确的，保证期间自债权人请求债务人履行债务的宽限期届满之日起计算。

债权人没有在保证期间主张权利的，保证人免除保证责任。主张权利的方式在一般保证中表现为对债务人提起诉讼或者申请仲裁，在连带责任保证中表现为向保证人请求承担保证责任。

一般保证的债权人在保证期间届满前对债务人提起诉讼或者申请仲裁的，从保证人拒绝承担保证责任的权利消灭之日起，开始计算保证债务的诉讼时效。连带责任保证的债权人在保证期间届满前请求保证人承担保证责任的，从债权人请求保证人承担保证责任之日起，开始计算保证债务的诉讼时效。

(5) 保证人的抗辩权与保证责任的承担。抗辩权是指债权人行使债权时，债务人根据法定事由对抗债权人行使请求权的权利。保证人可以主张债务人对债权人的抗辩。债务人放弃抗辩的，保证人仍有权向债权人主张抗辩。债务人对债权人享有抵销权或者撤销权的，保证人可以在相应范围内拒绝承担保证责任。

(6) 保证责任与共同担保。在同一债权上既有保证又有物的担保的,属于共同担保。该种情形下,保证人应依据《民法典》第392条的规定承担保证责任,即,被担保的债权既有物的担保又有人的担保的,债务人不履行到期债务或者发生当事人约定的实现担保物权的情形,债权人应当按照约定实现债权;没有约定或者约定不明确,债务人自己提供物的担保的,债权人应当先就该物的担保实现债权;第三人提供物的担保的,债权人可以就物的担保实现债权,也可以请求保证人承担保证责任。提供担保的第三人承担担保责任后,有权向债务人追偿。

(7) 保证人的追偿权。保证人承担保证责任后,除当事人另有约定外,有权在其承担保证责任的范围内向债务人追偿,享有债权人对债务人的权利,但是不得损害债权人的利益。

三、定金

(一) 定金的概念及种类

定金,系以确保合同的履行为目的,由当事人一方在合同订立前后,合同履行前预先交付于另一方的金钱或者其他代替物的法律制度。按照定金的目的和功能,可以把定金分为立约定金、成约定金、证约定金、违约定金、解约定金等。我国关于定金的性质属于任意性规定,当事人可以自主确定定金的性质。

(1) 立约定金。当事人约定以交付定金作为订立主合同担保的,给付定金的一方拒绝订立主合同的,无权请求返还定金;收受定金的一方拒绝订立合同的,应当双倍返还定金。

(2) 成约定金。当事人约定以交付定金作为主合同成立或者生效要件的,给付定金的一方未支付定金,但主合同已经履行或者已经履行主要部分的,不影响主合同的成立或者生效。

(3) 证约定金。它是指以交付事实作为当事人之间存在合同关系的证明的定金。证约定金不是合同成立的必备要件,合同是否成立与定金的交付没有关系。事实上,证约定金是一般定金都具有的共性,大多数情况下,定金的证约性质不因当事人专门约定而产生和独立存在,而是由违约定金、解约定金和成约定金所派生。

(4) 解约定金。定金交付后,交付定金的一方可以按照合同的约定以丧失定金为代价而解除主合同,收受定金的一方可以双倍返还定金为代价而解除主合同。对解除主合同后责任的处理,适用《民法典》的规定。

(5) 违约定金。违约定金即定金设立目的是为了保证合同得以履行。在定金给付后,一方应履行债务而未履行的,受定金罚则约束。《民法典》规定的定金原则上属于违约定金。

(二) 定金的生效与法律效力

定金应当以书面形式约定。当事人在定金合同中应当约定交付定金的期限。定金合同是实践性合同,定金合同自实际交付定金时成立。

定金的效力表现为以下几个方面:

(1) 定金一旦交付,定金所有权发生移转。当定金由给付定金方转移至收受定金方时,定金所有权即发生移转,此为货币的特点决定的。

(2) 给付定金一方不履行约定的债务的,无权请求返还定金;收受定金的一方不履行约定的债务的,应当双倍返还定金。当事人一方不完全履行合同的,应当按照未履行部分所占合同约定内容的比例,适用定金罚则。

(3) 在迟延履行或者有其他违约行为时,并不能当然适用定金罚则。只有因当事人一方迟延履行或者有其他违约行为,致使合同目的不能实现,才可以适用定金罚则。当然,法律另有规定或者当事人另有约定的除外。

(4) 当事人约定的定金数额不得超过主合同标的额的20%。如果超过20%的,超过部分不产生定金的效力。实际交付的定金数额多于或者少于约定数额的,视为变更约定的定金数额。

(5) 因不可抗力、意外事件致使主合同不能履行的,不适用定金罚则。因合同关系以外第三人的过错,致使主合同不能履行的,适用定金罚则。受定金处罚的一方当事人,可以依法向第三人追偿。

(6) 当事人既约定违约金,又约定定金的,一方违约时,对方可以选择适用违约金或者定金条款。定金不足以弥补一方违约造成的损失的,对方可以请求赔偿超过定金数额的损失。

四、抵押

(一) 抵押的概念与特征

抵押,是指债务人或者第三人不转移对财产的占有,将该财产作为债权的担保。债务人不履行到期债务或者发生当事人约定的实现抵押权的情形时,债权人有权依法以该财产折价或者以拍卖、变卖该财产的价款优先受偿。抵押中提供财产担保的债务人或者第三人为抵押人,债权人为抵押权人,提供担保的财产为抵押财产(亦称抵押物)。

抵押权作为担保物权的一种,具有以下特征。

(1) 抵押权具有从属性。担保合同是主债权债务合同的从合同。主债权债务合同无效,担保合同无效,但法律另有规定的除外。抵押权也不例外,抵押权以主债成立为前提,随主债的转移而转移,并随主债的消灭而消灭。抵押权不得与债权分离而单独转让或者作为其他债权的担保。债权转让的,担保该债权的抵押权一并转让,但法律另有规定或者当事人另有约定的除外。

(2) 抵押权具有不可分性。抵押权的不可分性是指债权的全部及部分的担保效力及于抵押物的全部及部分。具体表现为:① 主债权未受全部清偿的,抵押权人可以就抵押物的全部行使其抵押权。② 担保物一部分灭失,残存部分仍担保债权全部。抵押物被分割或者部分转让的,抵押权人就分割或转让后的抵押物行使抵押权。换言之,抵押物的全部,担保债权的各部分;抵押物的各部分,担保债权的全部。③ 主债务被分割或者部分转让的,抵押人仍以其抵押物担保数个债务人履行债务。但是,第三人提供抵押,未经其书面同意,债权人允许债务人转移全部或者部分债务的,抵押人不再承担相应的担保责任。

(3) 抵押权具有物上代位性。担保期间,担保财产毁损、灭失或者被征收等,担保物权人可以就获得的保险金、赔偿金或者补偿金等优先受偿。被担保债权的履行期未届满的,也可以提存该保险金、赔偿金或者补偿金等。

(4) 抵押权不是移转标的物占有的担保物权。是否移转标的物的占有是抵押权与质权的重要区别。由于抵押权的设定不需要移转的公示方法,而必须采取登记或其他方法进行公示。

(二) 抵押权的设定

1. 抵押权设定方式

抵押权的设定应当由双方当事人签订抵押合同。抵押合同应当采用书面形式,内容一般包括下列条款:被担保债权的种类和数额;债务人履行债务的期限;抵押财产的名称、数量等情况;担保的范围。

抵押权人在债务履行期限届满前,与抵押人约定债务人不履行到期债务时抵押财产归债权人所有的,只能依法就抵押财产优先受偿。

2. 抵押当事人

抵押当事人包括抵押人和抵押权人。抵押权人就是指债权人。抵押人即抵押财产的所有人,既可能是债务人,也可能是第三人。抵押人必须对设定抵押的财产享有所有权或处分权。

3. 抵押物

抵押物是抵押权的标的物,是指抵押人用以设定抵押权的财产。(1) 抵押物必须是可以转让的物,凡是法律禁止流通或强制执行的财产不得作为抵押物。(2) 抵押标的物必须特定。如果抵押标的物没有约定或者约定不明,当事人可以对抵押合同进行补正。无法补正的,抵押合同不成立。(3) 抵押权设定前为抵押物的从物的,抵押权的效力及于抵押物的从物。但是,抵押物与其从物为两个以上的人分别所有时,抵押权的效力不及于抵押物的从物。(4) 抵押物因附合、混合或者加工使抵押物的所有权为第三人所有的,抵押权的效力及于补偿金;抵押物所有人为附合物、混合物或者加工物的所有人的,抵押权的效力及于附合物、混合物或者加工物;第三人与抵押物所有人为附合物、混合物或者加工物的共有人的,抵押权的效力及于抵押人对共有物享有的份额。(5) 在共有关系中就共同财产设定抵押,法律规定:如果是按份共有,则按份共有人以其共有财产中享有的份额设定抵押;如果是共同共有,共同共有人应当征得其他共有人的同意才能设定抵押,否则抵押无效,但是其他共有人知道或者应当知道而未提出异议的视为同意。

根据《民法典》的规定,可以作为抵押物的财产有以下几种。

(1) 建筑物和其他土地附着物。地上定着物包括尚未与土地分离的农作物,但当事人以农作物和与其尚未分离的土地使用权同时抵押的,土地使用权部分的抵押无效。因为种植农作物的土地属于耕地的范畴,根据法律规定,不属于可以抵押的财产。

(2) 建设用地使用权。对于建筑物和建设用地使用权的抵押,结合《民法典》的规定,要注意几点:第一,以建筑物抵押的,该建筑物占用范围内的建设用地使用权同时抵押。以建设用地使用权抵押的,该土地上的建筑物一并抵押。抵押人未依据前述规定一并抵押的,未抵押的财产视为一并抵押。第二,建设用地使用权抵押后,该土地上新增的建筑物不属于抵押财产。该建设用地使用权实现抵押权时,应当将该土地上新增的建筑物与建设用地使用权一并处分。但是,新增建筑物所得的价款,抵押权人无权优先受偿。第三,乡镇、村企业的建设用地使用权不得单独抵押。以乡镇、村企业的厂房等建筑物抵押的,其占用范围内的建设用地使用权一并抵押。

(3) 海域使用权。

(4) 生产设备、原材料、半成品、产品。经当事人书面协议,企业、个体工商户、农业生产经营者可以将现有的以及将有的生产设备、原材料、半成品、产品抵押,债务人不履行到期债务或者发生当事人约定的实现抵押权的情形,债权人有权就抵押财产确定时的动产优先受偿。基于《民法典》第 411 条的规定,该抵押财产自下列情形之一发生时确定:债务履行期限届满,债权未实现;抵押人被宣告破产或者解散;当事人约定的实现抵押权的情形;严重影响债权实现的其他情形。

(5) 正在建造的建筑物、船舶、航空器。实践中,依法获准尚未建造的或者正在建造中的房屋或者其他建筑物,当事人办理了抵押物登记的,也可以依法成为抵押物。

(6) 交通运输工具。

(7) 法律、行政法规未禁止抵押的其他财产。

抵押人可以将前述第 1～7 项所涉及的财产一并抵押。

根据《民法典》的规定,下列财产不得抵押。

(1) 土地所有权。在我国,土地归国家所有和集体所有,而不能为私人财产。土地所有权不得抵押,也就是不能以国家或集体所有的土地抵押,否则抵押合同无效。

(2) 宅基地、自留地、自留山等集体所有土地的使用权,但是法律规定可以抵押的除外。这里的例外主要是:第一,根据《民法典》第 342 条的规定,以招标、拍卖、公开协商等方式承包农村土地,经依法登记取得权属证书的,可以依法抵押土地承包经营权。第二,《民法典》第 398 条规定,乡镇、村企业的建设用地使用权不得单独抵押。以乡镇、村企业的厂房等建筑物抵押的,其占用范围内的建设用地使用权一并抵押。《民法典》第 418 条规定，以集体所有土地的使用权依法抵押的，实现抵押权后，未经法定程序，不得改变土地所有权的性质和土地用途。

(3) 学校、幼儿园、医疗机构等为公益目的成立的非营利法人的教育设施、医疗卫生设施和其他公益设施。实践中，如果学校、幼儿园、医疗机构等为公益目的的成立的非营利法人，以其教育设施、医疗卫生设施和其他社会公益设施以外的财产为自身债务设定抵押的，人民法院可以认定抵押有效。

(4) 所有权、使用权不明或者有争议的财产。所有权、使用权不明或者有争议，无法确定是否有处分权，因此不得抵押。

(5) 依法被查封、扣押、监管的财产。但是已经设定抵押的财产被采取查封、扣押等财产保全或者执行措施的，不影响抵押权的效力。

(6) 法律、行政法规规定不得抵押的其他财产。如以法定程序确认为违法、违章的建筑物。

4. 抵押登记

抵押登记的效力有两种情形。

(1) 登记是抵押权的设立条件。《民法典》第 402 条规定，以建筑物和其他土地附着物、建设用地使用权，海域使用权、正在建造的建筑物抵押的，应当办理抵押登记。抵押权自登记时设立。

实践中，以登记作为设立条件的抵押应当注意以下几个问题：① 对上述财产进行抵押的，必须履行登记手续，才能设立抵押权。② 抵押物登记记载的内容与抵押合同约定的内容不一致的，以登记记载的内容为准。③ 对上述财产设定抵押，如果当事人未办理登记，虽然抵押权没有设立，但是抵押合同已经生效。④ 以尚未办理权属证书的财产抵押的，只要当事人在一审法庭辩论终结前能够提供权利证书或者补办登记手续的，法院可以认定抵押有效。

(2) 登记为对抗第三人的效力。根据《民法典》第 403 条规定，以动产抵押的，抵押权自抵押合同生效时设立；未经登记，不得对抗善意第三人。因此，以动产(包括但不限于生产设备、原材料、半成品、产品，正在建造的船舶、航空器，交通运输工具等)设定抵押，当事人是否进行抵押登记，不影响抵押权的设立。如果没有登记，不能对抗善意第三人。

同时，以动产抵押的，不得对抗正常经营活动中已经支付合理价款并取得抵押财产的买受人。

(三) 抵押权的效力

抵押权的效力主要体现为抵押关系当事人的权利义务。

1. 抵押人的权利

(1) 抵押物的占有权。抵押设定以后，除法律和合同另有约定以外，抵押人有权继续占有抵押物，并有权取得抵押物的孳息。因此原则上抵押权的效力不及于抵押物的孳息。但是，债务人不履行到期债务或者发生当事人约定的实现抵押权的情形，致使抵押财产被人民法院依法扣押的，自扣押之日起抵押权人有权收取该抵押财产的天然孳息或者法定孳息，但抵押权人未通知应当清偿法定孳息的义务人的除外。

(2) 抵押人对抵押物的收益权。抵押权设立前，抵押财产已经出租并转移占有的，原租赁关系不受该抵押权的影响。抵押权设立以后，抵押人有权将抵押物出租。实践中，抵押人将已抵押的财产出租时，如果抵押人未书面告知承租人该财产已抵押的，抵押人对出租抵押物造成承租人的损失承担赔偿责任；如果抵押人已书面告知承租人该财产已抵押的，抵押权实现造成承租人的损失，由承租人自己承担。抵押人将已抵押的财产出租的，抵押权实现后，租赁合同对受让人不具有约束力。

(3) 抵押人对抵押物设定多项抵押的权利。抵押人可以就同一抵押物设定多个抵押权，但不得超出余额部分。在同一抵押物上有数个抵押权时，各个抵押权人应按照法律规定的顺序行使抵押权。

(4) 抵押人对抵押物的处分权。抵押设定以后,抵押人并不丧失对抵押物的所有权。抵押期间,抵押人可以依法处分(包括但不限于转让、继承、赠与等)抵押物,抵押权不受影响。实践中,应注意:① 抵押期间,当事人对转让抵押财产另有约定的,按照其约定。② 抵押人转让抵押财产的,应当及时通知抵押权人。抵押权人能够证明抵押财产转让可能损害抵押权的,可以请求抵押人将转让所得的价款向抵押权人提前清偿债务或者提存。转让的价款超过债权数额的部分归抵押人所有,不足部分由债务人清偿。③ 抵押权不得与债权分离而单独转让或者作为其他债权的担保。债权转让的,担保该债权的抵押权一并转让,但是法律另有规定或者当事人另有约定的除外。

2. 抵押人的义务

抵押人的主要义务是妥善保管抵押物。抵押人的行为足以使抵押财产价值减少的,抵押权人有权请求抵押人停止其行为。抵押财产价值减少的,抵押权人有权请求恢复抵押财产的价值,或者提供与减少的价值相应的担保。抵押人不恢复抵押财产的价值,也不提供担保的,抵押权人有权请求债务人提前清偿债务。

3. 抵押权人的权利

(1) 保全抵押物。在抵押期间,抵押权人虽未实际占有抵押物,但法律为了抵押权人的利益,赋予其保全抵押物的权利。如果抵押物受到抵押人或第三人的侵害,抵押权人有权请求停止侵害、恢复原状、赔偿损失。如果因抵押人的行为使抵押物价值减少,抵押权人有权请求抵押人恢复抵押物的价值,或者提供与减少的价值相当的担保。

(2) 放弃抵押权或者变更抵押权的顺位。《民法典》规定,抵押权人可以放弃抵押权或者抵押权的顺位。抵押权人与抵押人可以协议变更抵押权顺位以及被担保的债权数额等内容。但是,抵押权的变更,未经其他抵押权人书面同意的,不得对其他抵押权人产生不利影响。债务人以自己的财产设定抵押,抵押权人放弃该抵押权、抵押权顺位或者变更抵押权的,其他担保人在抵押权人丧失优先受偿权益的范围内免除担保责任,但是其他担保人承诺仍然提供担保的除外。

(3) 优先受偿权。在债务人不履行到期债务或者发生当事人约定的实现抵押权的情形时,抵押权人可以与抵押人协议以抵押财产折价或者以拍卖、变卖该抵押财产所得的价款优先受偿。抵押期间,抵押财产毁损、灭失或者被征收等,抵押权人可以就获得的保险金、赔偿金或者补偿金等优先受偿。被担保债权的履行期限未届满的,也可以提存该保险金、赔偿金或者补偿金等。

抵押权人与抵押人未就抵押权实现方式达成协议的,抵押权人可以请求人民法院拍卖、变卖抵押财产。抵押物折价或者拍卖、变卖该抵押物的价款不足清偿债权的,不足清偿的部分由债务人按普通债权清偿。

(四) 抵押权的实现

根据《民法典》的规定,担保物权的担保范围包括主债权及其利息、违约金、损害赔偿金、保管担保财产和实现担保物权的费用。当事人另有约定的,按照其约定。

债务人不履行到期债务或者发生当事人约定的实现抵押权的情形,抵押权人可以与抵押人协议以抵押财产折价或者以拍卖、变卖该抵押财产所得的价款优先受偿。协议损害其他债权人利益的,其他债权人可以请求人民法院撤销该协议。抵押权人与抵押人未就抵押权实现方式达成协议的,抵押权人可以请求人民法院拍卖、变卖抵押财产。抵押财产折价或者变卖的,应当参照市场价格。

债务人不履行到期债务或者发生当事人约定的实现抵押权的情形,致使抵押财产被人民法院依法扣押的,自扣押之日起,抵押权人有权收取该抵押财产的天然孳息或者法定孳息,但是抵押权人未通知应当清偿法定孳息义务人的除外。前述规定的孳息应当先充抵收取孳息的费用。

抵押财产折价或者拍卖、变卖后，其价款超过债权数额的部分归抵押人所有，不足部分由债务人清偿。

实践中，抵押物折价或者拍卖、变卖所得的价款，当事人没有约定的，清偿顺序如下：① 实现抵押权的费用；② 主债权的利息；③ 主债权。

如果在同一物上并存数个抵押权或并存数个物权（包括一项抵押权），会产生优先受偿权的位序问题。关于优先受偿权位序，采取法定主义，由法律明确规定。

1. 多个抵押权并存时的清偿顺序

同一财产向两个以上债权人抵押的，拍卖、变卖抵押财产所得的价款按照以下规定清偿：(1) 抵押权已登记的，按照登记的时间先后确定清偿顺序。(2) 抵押权已登记的先于未登记的受偿。(3) 抵押权未登记的，按照债权比例清偿。

2. 与其他物权并存时的清偿顺序

当抵押权与其他物权并存时，也存在位序问题：

(1) 同一财产既设立抵押权又设立质权的，拍卖、变卖该财产所得的价款按照登记、交付的时间先后确定清偿顺序。

(2) 动产抵押担保的主债权是抵押物的价款，标的物交付后 10 日内办理抵押登记的，该抵押权人优先于抵押物买受人的其他担保物权人受偿，但是留置权人除外。

(3) 同一动产上已经设立抵押权或者质权，该动产又被留置的，留置权人优先受偿。

(4) 抵押权与其他权利并存。根据《民法典》第 807 条规定，发包人未按照约定支付价款的，承包人可以催告发包人在合理期限内支付价款。发包人逾期不支付的，除根据建设工程的性质不宜折价、拍卖外，承包人可以与发包人协议将该工程折价，也可以请求人民法院将该工程依法拍卖。建设工程的价款就该工程折价或者拍卖的价款优先受偿。

3. 对恶意抵押的限制

债务人有多个普通债权人的，在清偿债务时，债务人与其中一个债权人恶意串通，将其全部或者部分财产抵押给该债权人，因此丧失了履行其他债务的能力，损害了其他债权人的合法权益，该抵押行为无效。

（五）最高额抵押

最高额抵押是指为担保债务的履行，债务人或者第三人对一定期间内将要连续发生的债权提供担保财产的，债务人不履行到期债务或者发生当事人约定的实现抵押权的情形，抵押权人有权在最高债权额限度内就该担保财产优先受偿的一种担保。

最高额抵押权的设定不以已经存在的债权为前提，而是对将来发生的债作担保。最高额抵押权设立前已经存在的债权，经当事人同意，可以转入最高额抵押担保的债权范围。

抵押权人的债权在下列情况下确定：① 约定的债权确定期间届满；② 没有约定债权确定期间或者约定不明确，抵押权人或者抵押人自最高额抵押权设立之日起满 2 年后请求确定债权；③ 新的债权不可能发生；④ 抵押权人知道或者应当知道抵押财产被查封、扣押；⑤ 债务人、抵押人被宣告破产或者被解散；⑥ 法律规定债权确定的其他情形。

最高额抵押担保的债权确定前，部分债权转让的，最高额抵押权不得转让，但是当事人另有约定的除外。最高额抵押担保的债权确定前，抵押权人与抵押人可以通过协议变更债权确定的期间、债权范围以及最高债权额。但是，变更的内容不得对其他抵押权人产生不利影响。

实践中，抵押权人实现最高额抵押权时，如果实际发生的债权余额高于最高限额的，以最高限额为限，超过部分不具有优先受偿的效力；如果实际发生的债权余额低于最高限额的，以实际发生的债权余额为限对抵押物优先受偿。

五、质押

(一) 质押概述

所谓质押,指债务人或者第三人将其动产或权利移交债权人占有,将该财产(动产或权利)作为债的担保,当债务人不履行到期债务或者发生当事人约定的实现质权的情形时,债权人有权依法以该财产变价优先受偿。前述债务人或者第三人为出质人,债权人为质权人,交付的动产或权利为质押财产(亦称质押物)。质押分为动产质押与权利质押。

质权是一种担保物权,同样具备担保物权的特征,即从属性、不可分性、物上代位性。但与抵押权相比,有一定的区别:(1) 抵押的标的物既可以是动产也可以是不动产。质押的标的物则不包括不动产,质押分为动产质押和权利质押,用于质押的标的物可以是动产或者权利。(2) 抵押权的设定不要求移转抵押物的占有;质权的设定必须移转占有。(3) 由于抵押权设定不移转占有,因此抵押人可以继续对抵押物占有、使用、收益,甚至一定限度内的处分;由于质押移转标的物的占有,因此质押人虽然享有对标的物的所有权,但不能直接对质押物进行占有、使用、收益。

(二) 动产质押

动产质押,是以动产作为标的物的质押。

1. 动产质押的设定

设定动产质押,出质人和质权人应当以书面形式订立质押合同。质押合同是诺成合同,并不以质物占有的移转作为合同的生效要件。质押合同的内容应当包括如下条款:被担保债权的种类和数额;债务人履行债务的期限;质押财产的名称、数量等情况;担保的范围;质押财产交付的时间、方式。

质权人在债务履行期限届满前,与出质人约定债务人不履行到期债务时质押财产归债权人所有的,只能依法就质押财产优先受偿。

出质人与质权人可以协议设立最高额质权。最高额质权除适用动产质押的有关规定外,参照适用最高额抵押权的有关规定。

质权自出质人交付质押财产时设立。因此,只有出质人将出质的动产移交给债权人占有,债权人才能取得质权。实践中,对于动产质押中标的物移转占有要注意以下几点:(1) 标的物的占有移转是质权设立的条件,而非动产质押合同的生效条件。(2) 债务人或者第三人未按质押合同约定的时间移交质物的,质权不成立,由此给质权人造成损失的,出质人应当根据其过错承担赔偿责任。(3) 出质人代质权人占有质物的,质权没有设立。(4) 出质人以间接占有的财产出质的,书面通知送达占有人时视为移交。占有人收到出质通知后,仍接受出质人的指示处分出质财产的,该行为无效。(5) 质押合同中对质押的财产约定不明,或者约定的出质财产与实际移交的财产不一致的,以实际交付占有的财产为准。

2. 动产质押的标的物

动产质押的标的物必须具备下列条件:(1) 可让与性。法律禁止流通的物,不能作为质押的标的。(2) 特定化。动产质押的标的物必须特定化,因此如果将金钱以特户、封金、保证金等形式特定化后,也可以作为动产质押的标的物。(3) 出质人有处分权。但出质人以其不具有所有权但占有的动产出质的,法律保护善意质权人的权利。善意质权人行使质权给动产所有人造成损失的,由出质人承担赔偿责任。动产质权的效力及于质物的从物。但是从物未随同质物移交质权人占有的,质权的效力不及于从物。

3. 动产质权的效力

出质人交付质押财产时设立质权。在质权存续期间,质权人享有的权利、承担的义务主要有以下几种。

(1) 占有并妥善保管质押财产。因保管不善致使质押财产毁损、灭失的，质权人应当承担赔偿责任。质权人的行为可能使质押财产毁损、灭失的，出质人可以请求质权人将质押财产提存，或者请求提前清偿债务并返还质押财产。因不可归责于质权人的事由可能使质押财产毁损或者价值明显减少，足以危害质权人权利的，质权人有权请求出质人提供相应的担保；出质人不提供的，质权人可以拍卖、变卖质押财产，并与出质人协议将拍卖、变卖所得的价款提前清偿债务或者提存。

(2) 收取质押财产的孳息，但是合同里有约定的除外。所收取的孳息应当先充抵收取孳息的费用。

(3) 经出质人同意使用、处分质押财产。质权人在质权存续期间，未经出质人同意，擅自使用、处分质押财产，造成出质人损害的，应当承担赔偿责任。

(4) 经出质人同意转质。质权人在质权存续期间，未经出质人同意转质，造成质押财产毁损、灭失的，应当承担赔偿责任。质权人在质权存续期间，为担保自己的债务，经出质人同意，以其所占有的质物为第三人设定质权的，应当在原质权所担保的债权范围之内，超过的部分不具有优先受偿的效力。转质权的效力优于原质权。

(5) 放弃质权。质权人可以放弃质权。债务人以自己的财产出质，质权人放弃该质权的，其他担保人在质权人丧失优先受偿权益的范围内免除担保责任，但是其他担保人承诺仍然提供担保的除外。

(6) 返还质押财产。债务人履行债务或者出质人提前清偿所担保的债权的，质权人应当返还质押财产。

4. 动产质权的实现

债务人不履行到期债务或者发生当事人约定的实现质权的情形，质权人可以与出质人协议以质押财产折价，也可以就拍卖、变卖质押财产所得的价款优先受偿。质押财产折价或者变卖的，应当参照市场价格。

出质人可以请求质权人在债务履行期限届满后及时行使质权；质权人不行使的，出质人可以请求人民法院拍卖、变卖质押财产。

质押财产折价或者拍卖、变卖后，其价款超过债权数额的部分归出质人所有，不足部分由债务人清偿。

(三) 权利质押

权利质押指以可转让的权利为标的物的质权。《民法典》将权利质押与动产质押共同规定在质押中，仅就权利质押作了一些特殊规定，未对权利质押的一般问题作出规定。因此，权利质押本身未作特殊规定的，应适用动产质押的有关规定。

根据《民法典》的规定，债务人或者第三人有权处分的下列权利可以出质：(1) 汇票、支票、本票；(2) 债券、存款单；(3) 仓单、提单；(4) 可以转让的基金份额、股权；(5) 可以转让的注册商标专用权、专利权、著作权等知识产权中的财产权；(6) 现有的以及将有的应收账款；(7) 法律、行政法规规定可以出质的其他财产权利。

权利质权因为出质的权利标的不同，其设立条件也不同。

(1) 有价证券的质押。以汇票、支票、本票、债券、存款单、仓单、提单出质的，质权自权利凭证交付质权人时设立；没有权利凭证的，质权自办理出质登记时设立。法律另有规定的，依照其规定。

实践中，对于这类权利质押，应注意以下几点：① 必须在汇票、支票、本票上背书记载“质押”字样，否则不能对抗善意第三人。② 以公司债券出质的，出质人与质权人应背书记载“质押”字样,否则不能对抗公司和第三人。③ 以存款单出质的,签发银行核押后又受理挂失并造成存款流失的,应当承担民事责任。④ 以票据、债券、存款单、仓单、提单出质的,质权人再转让或者质押的无效。⑤ 汇票、支票、本票、债券、存款单、仓单、提单的兑现日期或者提货日期先于主债权到期的,质权人可以兑现或者提货,并与出质人协议将兑现的价款或者提取的货物提前清偿债务或者提存。

(2) 可以转让的基金份额、股权的质押。以基金份额、股权出质的,质权自办理出质登记时设立。基金份额、股权出质后,不得转让,但是出质人与质权人协商同意的除外。出质人转让基金份额、股权所得的价款,应当向质权人提前清偿债务或者提存。

(3) 知识产权的质押。以注册商标专用权、专利权、著作权等知识产权中的财产权出质的,质权自办理出质登记时设立。知识产权中的财产权出质后,出质人不得转让或者许可他人使用,但是出质人与质权人协商同意的除外。出质人转让或者许可他人使用出质的知识产权中的财产权所得的价款,应当向质权人提前清偿债务或者提存。

(4) 应收账款的质押。以应收账款出质的,质权自办理出质登记时设立。应收账款出质后,不得转让,但是出质人与质权人协商同意的除外。出质人转让应收账款所得的价款,应当向质权人提前清偿债务或者提存。实践中,可以公路桥梁、公路隧道或者公路渡口等不动产收益权作为应收账款出质。

(5) 依法可以质押的其他权利。

六、留置

留置权是指债权人合法占有债务人的动产,在债务人不履行到期债务时债权人有权依法留置该财产,并有权就该财产优先受偿的权利。债权人为留置权人,占有的动产为留置财产。

1. 留置权的特征

(1) 留置权属于担保物权,因此具有担保物权的从属性、不可分性和物上代位性等担保物权的特征。

(2) 留置权属于法定的担保物权。留置权只有在符合法律规定的条件时产生,并非依当事人约定产生。但当事人可以通过合同约定排除留置权的适用。法律规定或者当事人约定不得留置的动产,不得留置。

2. 留置权的成立条件

(1) 债权人占有债务人的动产。原则上动产应当属于债务人所有。留置的财产为可分物的,留置财产的价值应当相当于债务的金额。但根据《民法典》的规定,留置权也可以善意取得。即如果债权人合法占有债务人交付的动产时,不知债务人无处分该动产的权利,债权人仍可以行使留置权。

(2) 占有的动产与债权属于同一法律关系,但法律另有规定的除外。《民法典》规定,债权人留置的动产,应当与债权属于同一法律关系,但企业之间留置的除外。从《民法典》的规定来看,我国留置权的适用范围大大扩大,一方面不再局限于特定的合同关系,其他的债权债务关系,如不当得利、无因管理等法律关系也可以产生留置权。另一方面,对于企业之间的留置权的行使,可以不以同一债权债务关系为要件。

(3) 债权已届清偿期且债务人未按规定期限履行义务。

3. 留置权的效力

留置权人在占有留置财产期间内,除了留置财产本身以外,留置权的效力还及于从物、孳息和代位物。留置财产为不可分物的,留置权人可以就其留置财产的全部行使留置权。在留置权存续期间，留置权人享有的权利和义务主要有以下几种。

(1) 留置标的物。债权人在其债权没有得到清偿时，有权留置债务人的财产，并给债务人确定一个履行期限。留置权人与债务人应当约定留置财产后的债务履行期限；没有约定或者约定不明确的，留置权人应当给债务人 60 日以上履行债务的期限，但是鲜活易腐等不易保管的动产除外。

(2) 妥善保管留置财产。因保管不善致使留置财产毁损、灭失的，留置权人应当承担赔偿责任。留置权人对留置财产丧失占有或者留置权人接受债务人另行提供担保的，留置权消灭。

(3) 收取留置财产的孳息。所收取的孳息应当先充抵收取孳息的费用。

4. 留置权的实现

债务人逾期未履行的，留置权人可以与债务人协议以留置财产折价，也可以就拍卖、变卖留置财产所得的价款优先受偿。留置财产折价或者变卖的，应当参照市场价格。

债务人可以请求留置权人在债务履行期限届满后行使留置权；留置权人不行使的，债务人可以请求人民法院拍卖、变卖留置财产。

留置财产折价或者拍卖、变卖后，其价款超过债权数额的部分归债务人所有，不足部分由债务人清偿。

同一动产上已经设立抵押权或者质权，该动产又被留置的，留置权人优先受偿。

第七节　合同的变更和转让

依法成立的合同受法律保护，对当事人具有法律约束力。当事人应当按照合同约定履行自己的义务，不得擅自变更或者解除合同。如果在合同订立之后，因为各种原因使得合同内容或者合同主体发生了变更，则为合同的变更与转让。

一、合同的变更

《民法典》所称合同的变更是指合同内容的变更，不包括合同主体的变更。合同主体的变更属于合同的转让。合同是双方当事人合意的体现，因此经当事人协商一致，当然可以变更合同。但法律、行政法规规定变更合同应当办理批准、登记等手续的，应当办理相应手续。《民法典》规定，当事人对合同变更的内容约定不明确的，推定为未变更。

除了双方通过合意变更合同以外，还存在法定变更的情形，即一方当事人单方通知对方变更合同的权利。如《民法典》分则第 777 条、第 829 条的规定。

合同的变更，仅对变更后未履行的部分有效，对已履行的部分无溯及力。

二、合同的转让

合同的转让，即合同主体的变更，指当事人将合同的权利和义务全部或者部分转让给第三人。合同的转让分为债权的转让和债务的转让，当事人一方经对方同意，也可以将自己在合同中的权利和义务一并转让给第三人，即合同的概括移转。

依照法律、行政法规的规定，合同的转让应当办理批准等手续的，应当依照规定办理相应手续。

(一) 合同债权的转让

1. 债权转让的概念及条件

债权转让，是指债权人将合同的权利全部或者部分转让给第三人的法律制度。其中债权人是转让人，第三人是受让人。《民法典》规定，债权人转让债权，未通知债务人的，该转让对债务人不发生效力。债权转让的通知不得撤销，但是经受让人同意的除外。根据该规定，债权转让不以债务人的同意为生效条件,但是要对债务人发生效力,则必须通知债务人。

2. 禁止债权转让的情形

根据《民法典》的规定,下列情形的债权不得转让:(1) 根据合同性质不得转让,主要指基于当事人特定身份而订立的合同,如出版合同、赠与合同、委托合同、雇佣合同等。(2) 按照当事人约定不得转让。当事人约定非金钱债权不得转让的,不得对抗善意第三人。当事人约定金钱债权不得转让的,不得对抗第三人。(3) 依照法律规定不得转让。

3. 债权转让的效力

对债权人而言,如果是全部转让的情形,原债权人脱离债权债务关系,受让人取代债权人地位;如果是部分转让情形,原债权人就转让部分丧失债权。

对受让人而言,债权人转让债权的,受让人取得与债权有关的从权利,如抵押权,但该从权利专属于债权人自身的除外。受让人取得从权利不因该从权利未办理转移登记手续或者未转移占有而受到影响。对债务人而言,债权人债权的转让,不得损害债务人的利益,不应影响债务人的权利:(1) 债务人接到债权转让通知后,债务人对让与人的抗辩可以向受让人主张,如提出债权无效、诉讼时效已过等事由的抗辩。(2) 债务人接到债权转让通知时,债务人对让与人享有债权,且债务人的债权先于转让的债权到期或者同时到期的,债务人可以向受让人主张抵销。(3) 债务人的债权与转让的债权是基于同一合同产生的,债务人可以向受让人主张抵销。(4) 因债权转让增加的履行费用,由让与人负担。

(二) 合同债务的承担

债务承担是指在不改变债的内容的前提下,债权人、债务人通过与第三人订立转让债务的协议,将债务全部或者部分转让给第三人承担的法律事实。

《民法典》规定,债务人将债务的全部或者部分转移给第三人的,应当经债权人同意。债务人或者第三人可以催告债权人在合理期限内予以同意,债权人未作表示的,视为不同意。债务人转移债务的,新债务人可以主张原债务人对债权人的抗辩;原债务人对债权人享有债权的,新债务人不得向债权人主张抵销。新债务人应当承担与主债务有关的从债务,但该从债务专属于原债务人自身的除外。

债务承担除了《民法典》规定的免责的债务承担以外,还有并存的债务承担,即第三人以担保为目的加入债的关系,而与原债务人共同承担同一债务。《民法典》第522条规定,第三人与债务人约定加入债务并通知债权人,或者第三人向债权人表示愿意加入债务,债权人未在合理期限内明确拒绝的,债权人可以请求第三人在其愿意承担的债务范围内和债务人承担连带债务。由于并存的债务承担并不使得原债务人脱离债的关系,因此原则上不以债权人的同意为必要。

(三) 合同债权债务的概括移转

合同权利义务的概括移转,是指合同一方当事人将自己在合同中的权利和义务一并转让的法律制度。《民法典》规定,当事人一方经对方同意,可以将自己在合同中的权利和义务一并转让给第三人。概括移转有意定的概括移转和法定的概括移转两种情形。意定的概括移转基于转让合同的方式进行。而法定的概括移转往往是因为某一法定事实的发生而导致。最典型的就是作为法人的合同当事人发生合并或分立时,就会有法定的概括移转的发生。《民法典》第67条规定,法人合并的,其权利和义务由合并后的法人享有和承担。法人分立的,其权利和义务由分立后的法人享有连带债权,承担连带债务,但是债权人和债务人另有约定的除外。据此,作为法人的当事人订立合同后合并的,由合并后的法人行使合同权利,履行合同义务。作为法人的当事人订立合同后分立的,除债权人和债务人另有约定的以外,由分立的法人对合同的权利和义务享有连带债权,承担连带债务。

第八节　合同的权利义务终止

合同的权利义务终止即合同的终止，是指因发生法律规定或当事人约定的情况，使当事人之间的权利义务关系消灭，而使合同终止法律效力。

一、合同终止的原因

根据《民法典》第557条的规定，合同终止的原因有：(1) 债务已经履行；(2) 合同解除；(3) 债务相互抵销；(4) 债务人依法将标的物提存；(5) 债权人免除债务；(6) 债权债务同归于一人，即混同；(7) 法律规定或者当事人约定终止的其他情形。

(一) 合同的解除

合同的解除，是指合同有效成立以后，没有履行或者没有完全履行之前，双方当事人通过协议或者一方行使解除权的方式，使得合同关系终止的法律制度。合同的解除，分为约定解除与法定解除两种情况。

1. 合同解除的方式

(1) 约定解除

当事人约定解除合同包括两种情况：

① 协商解除。协商解除是指合同生效后，未履行或未完全履行之前，当事人以解除合同为目的，经协商一致，订立一个解除原来合同的协议，使合同效力消灭的行为。

② 约定解除权。解除权可以在订立合同时约定，也可以在履行合同的过程中约定，可以约定一方解除合同的权利，也可以约定双方解除合同的权利。《民法典》规定，当事人可以约定一方解除合同的事由。解除合同的事由发生时，解除权人可以解除合同。法律规定或者当事人约定解除权行使期限，期限届满当事人不行使的，该权利消灭。法律没有规定或者当事人没有约定解除权行使期限，自解除权人知道或者应当知道解除事由之日起1年内不行使，或者经对方催告后在合理期限内不行使的，该权利消灭。

(2) 法定解除

法定解除是指根据法律规定而解除合同。《民法典》规定，有下列情形之一的，当事人可以解除合同：① 因不可抗力致使不能实现合同目的；② 在履行期限届满前，当事人一方明确表示或者以自己的行为表明不履行主要债务；③ 当事人一方迟延履行主要债务，经催告后在合理期限内仍未履行；④ 当事人一方迟延履行债务或者有其他违约行为致使不能实现合同目的；⑤ 法律规定的其他情形。

以持续履行的债务为内容的不定期合同，当事人可以随时解除合同，但是应当在合理期限之前通知对方。

根据《民法典》第533条的规定，当事人基于情事变更请求人民法院变更或者解除合同的，人民法院或者仲裁机构应当结合案件的实际情况，根据公平原则变更或者解除合同。

2. 合同解除的程序

当事人协商一致，可以解除合同。

当事人一方依法主张解除合同的，应当通知对方。合同自通知到达对方时解除；通知载明债务人在一定期限内不履行债务则合同自动解除，债务人在该期限内未履行债务的，合同自通知载明的期限届满时解除。对方对解除合同有异议的，任何一方当事人均可以请求人民法院或者仲裁机构确认解除行为的效力。

当事人一方未通知对方,直接以提起诉讼或者申请仲裁的方式依法主张解除合同,人民法院或者仲裁机构确认该主张的,合同自起诉状副本或者仲裁申请书副本送达对方时解除。

依照法律、行政法规的规定,合同的解除应当办理批准等手续的,应当依照规定办理相应手续。

3. 合同解除的后果

合同解除后,尚未履行的,终止履行;已经履行的,根据履行情况和合同性质,当事人可以请求恢复原状或者采取其他补救措施,并有权请求赔偿损失。

合同因违约解除的,解除权人可以请求违约方承担违约责任,但是当事人另有约定的除外。

主合同解除后,担保人对债务人应当承担的民事责任仍应当承担担保责任,但是担保合同另有约定的除外。

合同解除的,该合同的权利义务关系终止。合同的权利义务终止,不影响合同中有关结算和清理条款以及解决争议方法条款的效力。

(二) 抵销

抵销是双方当事人互负债务时,一方通知对方以其债权充当债务的清偿或者双方协商以债权充当债务的清偿,使得双方的债务在对等额度内消灭的行为。抵销分为法定抵销与约定抵销。抵销具有简化交易程序,降低交易成本,提高交易安全性的作用。

1. 法定抵销

《民法典》规定,当事人互负到期债务,该债务的标的物种类、品质相同的,任何一方可以将自己的债务与对方的到期债务抵销;但是,根据债务性质、按照当事人约定或者依照法律规定不得抵销的除外。法定抵销中的抵销权性质上属于形成权,因此当事人主张抵销的,应当通知对方。通知自到达对方时生效。抵销不得附条件或者附期限。

2. 约定抵销

《民法典》规定,当事人互负债务,标的物种类、品质不相同的,经协商一致,也可以抵销。

(三) 提存

1. 提存的概念

提存是指非因可归责于债务人的原因,导致债务人无法履行债务或者难以履行债务的情况下,债务人将标的物交由提存机关保存,以终止合同权利义务关系的行为。《民法典》第 571 条规定,债务人将标的物或者将标的物依法拍卖、变卖所得价款交付提存部门时,提存成立。提存成立的,视为债务人在其提存范围内已经交付标的物。

2. 提存的原因

《民法典》规定,有下列情形之一,致使难以履行债务的,债务人可以将标的物提存,若标的物不适于提存或者提存费用过高的,债务人依法可以拍卖或者变卖标的物,将所得的价款提存:① 债权人无正当理由拒绝受领;② 债权人下落不明;③ 债权人死亡未确定继承人、遗产管理人,或者丧失民事行为能力未确定监护人;④ 法律规定的其他情形。

3. 提存的法律后果

标的物提存后,债务人应当及时通知债权人或者债权人的继承人、遗产管理人、监护人、财产代管人。标的物提存后,毁损、灭失的风险由债权人承担。提存期间,标的物的孳息归债权人所有。提存费用由债权人负担。

债权人可以随时领取提存物。但是,债权人对债务人负有到期债务的,在债权人未履行债务或者提供担保之前,提存部门根据债务人的要求应当拒绝其领取提存物。债权人领取提存物的权利,自提存之日起 5 年内不行使而消灭,提存物扣除提存费用后归国家所有。但是,债权人未履行对债务人的到期债务,或者债权人向提存部门书面表示放弃领取提存物权利的,债务人负担提存费用后有权取回提存物。此处规定的"5 年"为不变期间,不适用诉讼时效中止、中断或者延长的规定。

(四) 免除与混同

债权人免除债务人部分或者全部债务的,合同的权利义务部分或者全部终止,但是债务人在合理期限内拒绝的除外。

债权和债务同归于一人,即债权债务混同时,合同的权利义务终止,但是损害第三人利益的除外。

二、合同终止的法律后果

债权债务终止时,债权的从权利同时消灭,但是法律另有规定或者当事人另有约定的除外。债权债务终止后,当事人应当遵循诚信等原则,根据交易习惯履行通知、协助、保密、旧物回收等义务。

第九节　违约及其救济

一、违约行为

违约行为是指合同生效以后,合同目的尚未实现之前,合同当事人违反法定或约定义务不履行或者不完全履行合同的一种状态。

如图 5－1 所示,我国将违约行为区分为预期违约和实际违约两种类型。预期违约又可以分为明示毁约、默示违约两类。实际违约一般又可分为不履行、不能履行、不适当履行、加量给付及根本违约五类。

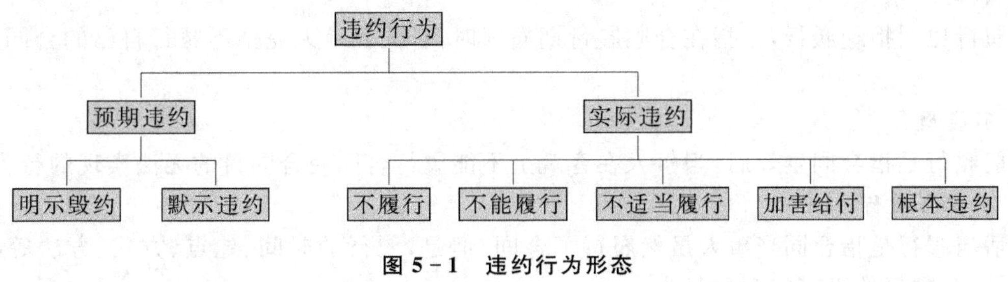

图 5－1　违约行为形态

(一) 预期违约

1. 概念

预期违约又叫先期违约,是指当事人一方在合同规定的履行期到来之前,明示或者默示其将不履行合同,由此在当事人之间发生一定的权利义务关系的一项合同法律制度。《民法典》第 578 条规定,当事人一方明确表示或者以自己的行为表明不履行合同义务的,对方可以在履行期届满之前请求其承担违约责任。

预期违约行为发生在合同依法成立以后、履行期到来之前,它具有以下特点:(1) 预期违约行为表现为未来不履行义务,而不表现为现实地违反义务。(2) 预期违约行为侵害的是期待债权,而不是现实的债权。(3) 预期违约在补救方式上也不同于实际违约。在明示毁约中,由于合同尚未到履行期,所以债权人为了争取对方继续履行合同,可以不顾对方的毁约表示,而等履行期到来后请求对方继续履行。如果对方仍不履行,那么预期违约就已转化为实际违约,此时债权人可采取实际违约的补救方式。

2. 种类及构成要件

明示毁约是指当事人一方明确表示不履行合同义务,其构成要件为:① 毁约方必须向对方作出不履行债务的明确表示。表示的方式既可以是口头的,也可以是书面的。表示的内容既可以是直接拒绝履行合同义务,也可以是以其他借口拒绝履行合同义务。② 毁约方必须是在合同履行期到来以前,作出拒绝履行义务的表示。如果在履行期到来后才提出毁约,就构成实际违约。而且毁约方所作的意思表示必须明确包括将要毁约的内容,而不能仅仅是表示履行的困难和不愿意履行。③ 毁约方必须表示不履行合同的主要义务。毁约方拒绝履行应当对对方从合同履行中获得的利益有重大影响,导致其合同目的的落空。如果仅仅是拒绝履行合同的部分内容,并且不妨碍债权人追求的根本目的,就不能构成预期违约。④ 明示毁约必须无正当理由。如果提出毁约有正当理由,就不能构成明示毁约。所谓正当理由,包括债务人享有法定的解除权;债务人因合同具有显失公平的原因而享有撤销权;合同关系自始不存在、条件不成熟;因不可抗力致使合同不能履行;合同本身具有无效因素等。

默示毁约是指当事人一方以自己的行为表明不履行合同义务,其构成要件为:① 一方预见另一方在履行期到来时,将不履行或不能履行合同。一方之所以作出如此预见,是因为另一方自己的行为的产生,如经营状况严重恶化,转移财产、抽逃资金以逃避债务,丧失商业信誉等。② 一方的预见有确切的证据。一方预见另一方在履行期到来时不会或不能履约,毕竟只是一种主观臆断,为了平衡双方当事人的利益,一方必须借助一定的证据来说明自己判断的恰当性。③ 被请求提供履行担保的一方不能在合理期间内提供充分的担保。在一方预见到另一方将不履行或不能履行合同后,必须向对方提出提供履行担保的请求,并且只有在另一方在合理期间内未提供担保后,才构成默示毁约。

(二) 实际违约

1. 不履行

不履行也叫拒绝履行,是指在合同履行期届满时,合同当事人完全不履行自己的合同义务的行为。

2. 不能履行

不能履行是指合同生效后,当事人在客观上不能履行合同使合同目的无法实现的行为。

3. 不适当履行

不适当履行是指合同当事人虽然履行了合同,但是,履行的时间、地点、方式、方法等与合同约定不符,合同目的没有实现的行为。

4. 加害给付

加害给付是指当事人不适当的履行造成了对方当事人人身或其他财产损害的一种行为。

5. 根本违约

根本违约是指当事人一方迟延履行债务或者有其他违约行为,致使不能实现合同目的。构成要件包括:第一,违约的后果使另一方蒙受损害,以至于实际上剥夺了他根据合同规定有权期待的利益。第二,违约方预知,而且一个通常的人处于相同情况下也预知会发生根本违约的结果。如果违约方或者通常的人在此情况下不能预见到违约行为的严重后果,就不构成根本违约,即采用主客观相结合的方式确定根本违约。《民法典》规定了根本违约制度,但未使用预见性理论来规定根本违约的构成,而是规定“当事人一方迟延履行债务或者有其他违约行为,致使不能实现合同目的的”就构成根本违约。

二、违约责任

首先需要说明的是，违约救济是一个比违约责任外延更大的概念，违约责任均可纳入违约救济的范畴之中，但违约救济自身又包含一些无法纳入违约责任范畴的内容，如合同解除、物的返还请求权、不当得利返还请求权等。违约救济是违约责任的上位概念，二者是包容关系。限于篇幅，本部分只阐述违约救济的重要内容之一——违约责任。

(一) 违约责任的概念与特征

违约责任也称为违反合同的民事责任，是指合同当事人因违反合同义务所承担的责任。一般认为，违约责任具有以下特点：

(1) 违约责任以合同的有效存在为前提。

(2) 违约责任是合同当事人不履行合同义务所产生的财产责任。如果当事人违反的不是合同义务，而是法律规定的其他义务，则应负其他责任。《民法典》第 996 条规定，因当事人一方的违约行为，损害对方人格权并造成严重精神损害，受损害方选择请求其承担违约责任的，不影响受损害方请求精神损害赔偿。

(3) 违约责任具有相对性。由于合同关系具有相对性，因此违约责任也具有相对性，即违约责任只能在特定的当事人之间即合同关系的当事人之间发生。当事人一方因第三人的原因造成违约的，应当依法向对方承担违约责任。当事人一方和第三人之间的纠纷，依照法律规定或者按照约定解决。

(4) 违约责任具有任意性。合同当事人可以在法律、法规规定的范围内，对一方的违约责任作出事先安排，如可事先约定违约金的数额或幅度，可事先确定损失赔偿的数额或计算方法。同时，为了保障合同当事人设定的违约责任的公正合理，对不符合法律法规规定的违约责任，将会被宣告无效或被撤销。

知识拓展(5-3)

有关惩罚性赔偿责任的法律规定

(5) 违约责任主要是一种损失补偿责任。法律确定违约责任的重要目的之一是弥补或补偿因违约方的违约行为所造成的损害后果，补偿受害人的损失，因此除法律另有规定外，违约责任具有补偿性而不具有惩罚性。一般通过支付违约金、赔偿金和其他方式来体现，使受害人的实际损失得到全部补偿或部分补偿。

(二) 违约责任的归责原则

违约责任的归责原则，是指合同当事人违约时，确定其承担民事责任的根据和标准。各国合同法律制度规定的违约责任的归责原则主要有过错责任原则、过错推定原则和严格责任原则三种。归责原则决定着违约责任的构成要件、举证责任、赔偿范围等诸多方面。《民法典》采用的是以严格责任原则为主、以过错责任原则和过错推定原则为辅的归责原则。

1. 严格责任原则

严格责任原则又称无过错责任原则，是指不论违约方主观上是否有过错，只要其有不履行或不完全履行合同义务的行为，就应当承担违约责任。它以违约行为与违约后果之间因果关系作为承担违约责任的要件，违约方只有具备法定抗辩理由时，才能免除违约责任。《民法典》对违约责任主要适用严格责任原则。

2. 过错责任原则

过错责任原则是指一方违约不履行或者不完全履行合同时，应当以主观上存在过错作为承担违约责任的要件和确定责任大小的依据。根据这一原则，确定违约责任，当事人不仅要有违约行为，而且主观上还要有过错。《民法典》对于缔约过失、无效合同、可撤销合同以及少数合同适用过错责任原则。如《民法典》第 824 条规定,在运输过程中旅客自带物品毁损、灭失,承运人有过错的,应当承担损害赔偿责任;《民法典》第 841 条规定,因托运人托运货物时的过错造成多式联运经营人损失的,即使托运人已经转让多式联运单据,托运人仍然应当承担损害赔偿责任。

3. 过错推定责任原则

过错推定责任原则是指在发生了违约行为之后,法律直接推定违约行为人在主观上有过错,从而应承担违约责任的一种归责原则。根据这一原则,违约人只有证明自己没有过错,才能免除责任。《民法典》在少数合同中规定了过错推定原则。如《民法典》第 897 条规定,保管期内,因保管人保管不善造成保管物毁损、灭失的,保管人应当承担赔偿责任。但是,无偿保管人证明自己没有故意或者重大过失的,不承担赔偿责任。

(三) 违约责任的一般构成要件

当事人承担违约责任的条件是归责原则的具体化。违约责任的具体形式很多,每一种责任形式都有自己的构成要件。违约责任的一般构成要件是指所有的违约责任形式都应具备的要件。根据《民法典》确定的严格责任归责原则,违约责任的一般构成要件有两个。

1. 当事人有违约行为

即当事人有不履行或不完全履行合同义务的行为。其具体变现形式前已述及。

2. 抗辩免责事由不成立

即违约方的违约行为发生的原因既不属于当事人依法约定的免责条款规定的事由,也不属于法定的抗辩免责事由。法定的抗辩免责事由主要有三种情形:

(1) 不可抗力。所谓不可抗力,是指不能预见、不能避免且不能克服的客观情况。常见的不可抗力主要有:① 自然灾害,如地震、台风、洪水、海啸等。② 政府行为。政府行为一定是指当事人在订立合同以后发生,且不能预见的情形。③ 社会异常形象,如罢工骚乱等。不可抗力虽为合同的免责事由,但有关不可抗力的具体事由很难由法律作出具体列举式的规定,因此根据合同自由原则,当事人可以在订立不可抗力条款时,具体列举各种不可抗力的事由。

不可抗力发生后对当事人责任的影响,要注意几点:① 不可抗力并非当然免责,要根据不可抗力对合同履行的影响决定。《民法典》规定,因不可抗力不能履行合同的,根据不可抗力的影响,部分或者全部免除责任,但是法律另有规定的除外。② 当事人迟延履行后发生不可抗力的,不能免除责任。③ 不可抗力事件发生后,主张不可抗力一方要履行两个义务,一是及时通报合同不能履行或者需要迟延履行、部分履行的事由;二是取得有关不可抗力的证明。

因不可抗力不能履行合同的,应当及时通知对方,以减轻可能给对方造成的损失,并应当在合理期限内提供证明。

(2) 依法行使抗辩权。即当事人因依法行使同时履行抗辩权、不安抗辩权、后履行抗辩权而没有履行合同义务的,不承担违约责任。

(3) 符合可撤销合同要件的合同,当事人一方已向人民法院或仲裁机构请求撤销的情况下没有履行的,不承担违约责任。

需要注意的是,受害人过错(受害人对违约行为或者违约损害后果的发生或者扩大存在过错)可以成为违约方全部或者部分免除责任的依据。实践中,当事人可以在订立合同时约定免责条款以排除或者限制其将来可能发生的违约责任。但是,合同中的免责造成对方人身伤害、因故意或者重大过失造成对方财产损失的违约责任的免责条款无效,当事人对此类损失仍应当承担赔偿责任。

(四) 承担违约责任的主要方式

《民法典》规定的承担违约责任的方式主要有:继续履行、补救措施、赔偿损失、违约金。

1. 继续履行

继续履行又称实际履行，是指债权人在债务人不履行合同义务时，可请求人民法院或者仲裁机构强制债务人按照原合同所约定的主要条件继续完成合同义务的行为。

《民法典》规定，当事人一方未支付价款、报酬、租金、利息，或者不履行其他金钱债务的，对方可以请求其支付。

当事人一方不履行非金钱债务或者履行非金钱债务不符合约定的，对方可以请求履行，但是有下列情形之一的除外：(1) 法律上或者事实上不能履行；(2) 债务的标的不适于强制履行或者履行费用过高；(3) 债权人在合理期限内未请求履行。有前述规定的除外情形之一，致使不能实现合同目的的，人民法院或者仲裁机构可以根据当事人的请求终止合同权利义务关系，但是不影响违约责任的承担。

2. 补救措施

补救措施是指债务人履行合同义务不符合约定，债权人在请求人民法院或者仲裁机构强制债务人实际履行合同义务的同时，可根据合同履行情况请求债务人采取的补救履行措施。

《民法典》规定，当事人一方不履行债务或者履行债务不符合约定，根据债务的性质不得强制履行的，对方可以请求其负担由第三人替代履行的费用。

履行不符合约定的，应当按照当事人的约定承担违约责任。对违约责任没有约定或者约定不明确，依据《民法典》第510条的规定仍不能确定的，受损害方根据标的的性质以及损失的大小，可以合理选择请求对方承担修理、重作、更换、退货、减少价款或者报酬等违约责任。

当事人一方不履行合同义务或者履行合同义务不符合约定的，在履行义务或者采取补救措施后，对方还有其他损失的，应当赔偿损失。

3. 赔偿损失

赔偿损失是指合同当事人由于不履行合同义务或者履行合同义务不符合约定，给对方造成财产上的损失时，由违约方以其财产赔偿对方所蒙受的财产损失的一种违约责任形式。赔偿损失可以与实际履行、解除合同、补救措施并用。实践中，应把握以下原则。

(1) 完全赔偿原则。完全赔偿原则是指因违约方的违约行为使受害人遭受的全部损失，都应由违约方负赔偿责任。即违约方不仅应赔偿对方因其违约而引起的现实财产的减少，而是应赔偿对方因合同履行而得到的履行利益。这是对受害人利益实行全面、充分保护的有效措施。从公平和等价交换原则看，由于违约方的违约而使受害人遭受损失，违约方也应以自己的财产赔偿全部损失。当然，这种赔偿应限制在法律规定的合理范围内。

根据《民法典》第584条的规定，损失赔偿额应当相当于因违约所造成的损失，包括合同履行后可以获得的利益。这里的损失仅指财产损失。也就是说，违约方不仅应赔偿受害人遭受的全部实际损失，还应赔偿可得利益损失，即包括合同履行后可以获得的利益损失。

实际损失是现存利益的损失，厘清实际损失的关键是要界定可得利益。可得利益是合同履行后债权人可以实现或者取得的收益，它具有以下特点：① 未来性。可得利益不是现实的利益，而是一种未来的利益，它必须是经过合同违约方履行后才能获得的利益。② 期待性。可得利益是当事人订立合同时可以预见的利益，可得利益的损失也是合同当事人能够预见到的损失。③ 一定的现实性。尽管可得利益并非订立合同时就可实际享有的利益，但这种利益并不是臆想的，如果合同违约方不违约，是非违约方可以得到的利益。

(2) 合理预见原则。完全赔偿原则是：对非违约方的有力保护，但应将这种损失赔偿限制在合理的范围内。根据《民法典》第584条的规定，损失赔偿额不得超过违约一方订立合同时预见到或者应当预见到的因违约可能造成的损失。这就是合理预见原则，又叫可预见性规则，主要包括以下内容:① 预见的主体是违约方;② 预见的时间是合同订立时;③ 预见的内容是违反合同可能造成的财产损失的范围;④ 判断违约方能否预见的标准采用主观和客观相结合的标准,即通常以同类型的社会一般人的预见能力为标准。

(3) 减轻损失原则。减轻损失原则是指在一方违约并造成损失后,受害人必须采取合理措施以防止损失的扩大,否则受害人应对扩大部分的损失负责,违约方此时也有权请求从损失赔偿金额中扣除本可避免的损失部分。《民法典》第 591 条规定,当事人一方违约后,对方应当采取适当措施防止损失的扩大;没有采取适当措施致使损失扩大的,不得就扩大的损失请求赔偿。当事人因防止损失扩大支出的合理费用,由违约方承担。减轻损失原则的构成要件是:① 损失的发生由违约方所致,受害人对此没有过错;② 受害人未采取合理措施防止损失扩大;③ 受害人的不当行为造成损失扩大。

(4) 损益相抵原则。损益相抵原则是指受害人基于损失发生的同一原因而获得利益时,应将所受利益从所受损失中扣除,以确定损失赔偿范围。这是确定赔偿责任范围的重要规则。根据这一规则,违约既使受害人遭受了损失,又使受害人获得了利益时,法院应责令违约方赔偿受害人全部损失与受害人所得利益的差额,但并不是减轻违约方本应承担的责任。

《民法典》没有规定损益相抵原则,但基于诚实信用原则和公平原则,一般认为应承认此原则。损益相抵原则的构成要件是:① 违约损失赔偿之债已经成立。只有构成违约损失赔偿之债时,才有必要确定损失赔偿范围,而损益相抵恰恰是限制损失赔偿范围的因素。② 违约行为造成了损失和收益。即损失和收益是同一违约行为的不同结果。

(5) 责任相抵原则。责任相抵原则是指按照债权人与债务人各自应负的责任确定责任范围。《民法典》第 592 条规定,当事人双方都违反合同的,应当各自承担相应的责任。当事人一方违约造成对方损失,对方对损失的发生有过错的,可以减少相应的损失赔偿额。责任相抵原则的构成要件是:① 当事人双方都违反合同。即适用前提是双方当事人都存在违约行为。这是客观要件,只要客观上具有违约行为,而不管主观上是否存在过错。② 双方各自承担相应的责任。在当事人双方都违约的情况下,其各自承担与其违约行为相对应的违约责任,不能相互替代。

(6) 惩罚性赔偿原则。这个问题在本节“二、违约责任”中的“(一)违约责任的概念与特征”已述及,此处不赘。

4. 违约金

违约金是按照当事人约定或者法律规定,一方当事人违约时应当根据违约情况向对方支付的一定数额的货币。

根据《民法典》第 585 条的规定,当事人可以约定一方违约时应当根据违约情况向对方支付一定数额的违约金,也可以约定因违约产生的损失赔偿额的计算方法。约定的违约金低于造成的损失的,人民法院或者仲裁机构可以根据当事人的请求予以增加;约定的违约金过分高于造成的损失的,人民法院或者仲裁机构可以根据当事人的请求予以适当减少。当事人就迟延履行约定违约金的,违约方支付违约金后,还应当履行债务。

当事人在合同中既约定违约金,又约定定金的,一方违约时,对方可以选择适用违约金或者定金条款。

知识拓展(5-4)

违约责任与侵权责任的区别及竞合

(五) 违约责任与侵权责任的竞合

所谓责任竞合,是指由于某种法律事实的出现而导致两种或两种以上的责任产生,这些责任彼此之间是相互冲突的。在民法中,责任竞合主要表现为违约责任和侵权责任的竞合。

《民法典》第 186 条规定,因当事人一方的违约行为,损害对方人身权益、财产权益的,受损害方有权选择请求其承担违约责任或者侵权责任。因此，在发生违约责任和侵权责任的竞合的情况下，允许受害人选择一种责任提起诉讼。实践中，违约责任和侵权责任在归则原则、诉讼管辖、责任构成要件、免责条件、举证责任、时效期限、责任形式、损失赔偿的范围、对第三人的责任等方面存在着区别，受害人选择不同的责任，将影响到对其利益的保护和对不法行为人的制裁。

债权人向人民法院起诉时作出选择后，在一审开庭以前又变更诉讼请求的，人民法院应当准许。但如对方当事人对变更后的诉讼请求提出管辖权异议，经审查异议成立的，人民法院应当驳回起诉。

同步综合练习

一、名词解释题

合同的相对性　要约邀请　无权处分　无权代理　表见代理　不安抗辩权　预期违约　根本违约　债务承担　先诉抗辩权　抵押　留置

二、单项选择题

1. 2020 年 4 月 11 日，甲公司以信件方式向乙公司发出出售 100 吨大米的要约，要求乙公司在收信后 10 日内予以答复。4 月 18 日信件寄至乙公司。乙公司于 4 月 25 日寄出承诺信件，表示接受甲公司在信件中的要约内容，但务必请附上植物检疫证书。4 月 30 日信件寄至甲公司。5 月 1 日，甲公司打电话回复乙公司，同意乙公司附上植物检疫证书的请求。该承诺何时生效？（　　）

A. 4 月 18 日　　B. 4 月 25 日　　C. 4 月 30 日　　D. 5 月 1 日

2. 甲打算卖房，问乙是否愿买，乙一向迷信，就跟甲说："如果明天早上 7 点你家屋顶上来了喜鹊，我就出 10 万块钱买你的房子。"甲同意。乙回家后非常后悔。第二天早上 7 点差几分时，恰有一群喜鹊停在甲家的屋顶上，乙正要将喜鹊赶走，甲不知情的儿子拿起弹弓把喜鹊打跑了，至 7 点再无喜鹊飞来。关于甲、乙之间的房屋买卖合同，下列哪一选项是正确的？（　　）

A. 合同尚未成立　　B. 合同无效
C. 乙有权拒绝履行该合同　　D. 乙应当履行该合同

3. 甲公司委托业务员张仝到某地采购一批等离子电视机，张仝到该地后意外发现当地乙公司的液晶电视机很畅销，就用盖有甲公司公章的空白介绍信和空白合同书与乙公司签订了购买 200 台液晶电视机的合同，并约定货到付款。货到后，甲公司拒绝付款。下列表述中，不正确的是（　　）

A. 甲公司有权拒绝付款
B. 甲公司应接受货物并向乙公司付款
C. 张仝无权代理签订购买液晶电视机合同
D. 若甲公司因该液晶电视机买卖合同受到损失，有权向张仝追偿

4. 李浩是天天食品有限公司的推销员，因违反财务纪律被天天食品有限公司解聘。天天食品有限公司要求李浩交回其所持有的已加盖公司公章的空白合同书和介绍信，李浩谎称这些材料已经遗失。后李浩持天天食品有限公司的空白合同书和介绍信，以天天食品有限公司的名义与太阳副食品商场签订了一份销售合同。假设签订合同时，太阳副食品商场已经知道李浩被天天食品有限公司解聘。关于此合同的效力，正确的说法是（　　）

A. 此合同无效
B. 合同对天天食品有限公司不发生效力

C. 太阳副食品商场有权在天天食品有限公司追认前撤销合同

D. 太阳副食品商场有权催告天天食品有限公司在30日内对合同追认

5. 下列情形中属于效力待定合同的是 ( )

A. 5周岁的儿童因发明创造而接受奖金

B. 12周岁的少年出售劳力士金表给40岁的刘灿

C. 成年人甲误将本为复制品的油画当成真品购买

D. 出租车司机借抢救重伤员急需出租车之机将打车价格提高5倍

6. 甲公司拖欠乙银行贷款,甲公司与丙公司约定由丙公司承担向乙银行还款责任。甲公司与丙公司的约定 ( )

A. 无需乙银行同意　　B. 需甲、乙、丙三方共同订立协议

C. 需乙银行同意　　D. 乙银行需要通过诉讼确认其效力

7. 甲与乙签订买卖合同,合同规定,甲先交付货物,但在交货前夕,甲派员调查乙的偿付能力,有确切证据证明乙负债累累,丧失支付能力。甲遂暂时不向乙交付货物,甲的行为是 ( )

A. 违约行为　　B. 行使先履行抗辩权

C. 行使不安抗辩权　　D. 行使同时履行抗辩权

8. 法人或其他组织的法定代表人、负责人超越权限订立的合同,除相对人知道或者应当知道其超越权限的以外,该代表行为 ( )

A. 效力待定　　B. 无效　　C. 有效　　D. 可撤销

9. 下列主张能够得到法律支持的是 ( )

A. 甲工厂拖欠了王师傅3个月工资,导致王师傅一家不能交付房租,房主决定向王师傅工厂直接追讨王师傅拖欠的房租

B. 李四请求张三偿还已经到期尚未支付的500元种子钱,张三说要等儿子支付赡养费后才有钱,李四想直接向张三的儿子要钱

C. 由于乙公司不能支付货款,致使丙公司不能向原材料供应方丁公司支付购货款,丙公司又未向乙公司追讨,丁公司决定直接起诉乙公司

D. 由于乙公司不能支付货款,致使丙公司不能向原材料供应方丁公司支付购货款,丁公司决定根据其与丙公司的仲裁合同,向仲裁委员会提出以乙公司为被申请人的仲裁

10. 甲公司与乙公司签订电脑买卖合同,合同约定由丙公司代替甲公司向乙公司支付电脑价款,但丙公司在该合同履行期限内未向乙公司支付电脑价款。对此,下列叙述正确的是 ( )

A. 丙公司应向乙公司承担违约责任

B. 甲公司应向乙公司承担违约责任

C. 甲公司与乙公司签订的电脑买卖合同无效

D. 乙公司可选择甲公司或丙公司承担违约责任

11. 甲公司在2017年至2019年间连续与乙公司签订了三份煤炭买卖合同,并按照合同的约定分别向乙公司的六个子公司发运了货物,但乙公司及其六个子公司迄今未支付货款。关于本案,下列哪一选项是正确的? ( )

A. 甲公司只能请求乙公司付款,无权请求乙公司的六个子公司付款

B. 甲公司只能请求乙公司的六个子公司付款,无权请求乙公司付款

C. 甲公司有权请求乙公司及其六个子公司对所欠货款承担连带责任

D. 甲公司只能选择乙公司付款,但可请求其六个子公司承担补充付款责任

12. 某乙欠某甲2万元。某乙有一辆面包车价值4万元,现某乙将该车赠与丙,某甲发现某

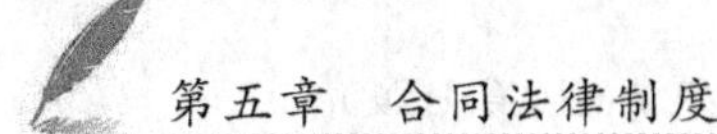

乙无其他值钱的东西，这一赠与会影响某乙偿还债务，于是向法院起诉主张权利，法院应认定（　　）

A. 该赠与无效　　B. 该赠与有效

C. 该赠与部分有效、部分无效　　D. 该赠与的效力待定

三、多项选择题

1. 个体工商户马玥挂靠甲公司并以甲公司的名义对外进行经营活动。2020 年 6 月 28 日，马玥参加滨海市经贸委组织的贸易洽谈会，因其未带甲公司的合同专用章，便借用乙公司的合同专用章，与丙电扇厂签订了一份购买 100 台电扇的购销合同。此后，马玥以甲公司的名义向丙电扇厂电汇了 1 万元定金。丙电扇厂如期交货。后马玥未付丙电扇厂剩余货款。根据上述情况，丙电扇厂应该起诉的被告是（　　）

A. 乙公司　　B. 滨海市经贸委　　C. 马玥　　D. 甲公司

2. 王姝没有经过李瑗授权便以李瑗名义与他人订立合同，其效力（　　）

A. 李瑗追认后，则合同有效

B. 未经李瑗追认，则对其不生效

C. 李瑗如果不追认，应由王姝承担其行为责任

D. 即使李瑗不承认，也应由王姝、李瑗二人承担连带责任

3. 甲、乙二人是好友，现年均为 17 岁，甲已经参加工作，乙还在高中读书。乙继承了巨额遗产，欲委托甲投资，遂与甲订立合同，约定乙出资 5 万元，委托甲投资，投资所得收益甲可取得 20%。关于此合同的效力，正确的说法是（　　）

A. 乙的父母追认时，合同有效

B. 甲、乙的父母均追认时，合同有效

C. 在乙的父母追认之前，甲有权撤销合同

D. 甲可催告乙的父母在 1 个月内追认合同，如到期乙的父母未作表示，则合同无效

4. 甲委托乙采购茶叶，并给了乙一份无期限限制的授权委托书。10 月份，甲通知乙取消委托，并要求乙交回授权委托书，乙因故未交。11 月，乙以甲的代理人的名义与丙订立了一份价值 10 万元的茶叶订购合同，在这一实例中，下列表述哪些是正确的？（　　）

A. 如果丙能提供甲的授权委托书，乙的代理行为有效，甲应履行与丙的合同

B. 如果丙不能提供甲的授权委托书，乙的代理行为属于无权代理行为，若经甲追认可发生效力

C. 如果丙不能提供甲的授权委托书，丙可以催告甲在一个月内予以追认，若甲在此期限内未作表示，视为拒绝追认

D. 若丙明知乙的代理权已终止而仍与之订立该合同，由此给甲造成损失，则只能由丙对甲承担责任

5. 2019 年 8 月，甲厂与乙商场签订了一份购销合同，合同约定，甲厂应在当年 12 月底供应乙商场 100 台空调，乙商场在验收合格后 7 日内支付货款若干。同年 10 月，甲厂被丙公司兼并，并办理了注销登记。同年 12 月底，乙商场按照原合同约定来甲厂提货，方得知上述事实，于是找到丙公司，请求丙公司履行合同。丙公司以合同系甲厂所签、与己无关为由加以拒绝。乙商场遂以丙公司为被告诉至人民法院。本案正确的判断是（　　）

A. 丙公司的理由成立

B. 丙公司兼并甲厂，导致甲厂的债权、债务由丙公司概括承受

C. 丙公司应按照甲厂与乙商场之间的约定向乙商场交付货物

D. 乙商场应依合同约定向丙公司支付货款

6. 某公司为纪念2020年某项体育比赛,特生产纪念手机2 020部,每部售价2.02万元。其广告宣称,限量发行,纪念手机上镶有进口天然钻石。后经查实,钻石为人造钻石,每粒售价仅为100元,手机成本约2 000元。购买者因此有权主张 ( )

A. 该合同无效　　B. 解除该合同

C. 该公司承担违约责任　　D. 赔偿损失

7. 甲为乙在银行的贷款提供保证,在保证合同上约定甲的保证是一般保证,因此 ( )

A. 在贷款到期时,银行可以直接请求甲偿还贷款

B. 乙住所变更,银行无法找到乙时,可以直接请求甲承担责任

C. 在贷款到期时,银行应先向乙书面要求,乙仍然不还款时,银行才有权请求甲承担保证责任

D. 甲认为只有在银行对乙提起诉讼或仲裁,并且经过强制执行仍然不能履行债务时,他才负有保证责任

E. 甲书面向银行表示放弃法律所规定的拒绝履行保证义务的权利的,银行就可以在贷款到期乙没有履行债务时,直接请求甲承担责任

8. 甲公司向某银行贷款100万元,乙公司以其所有的一栋房屋作抵押担保,并完成了抵押登记。现乙公司拟将房屋出售给丙公司,通知了银行并向丙公司告知了该房屋已经抵押的事实。乙、丙订立书面买卖合同后到房屋管理部门办理过户手续。下列哪些说法是正确的? ( )

A. 不论银行是否同意转让,房屋管理部门应当准予过户,但银行仍然对该房屋享有抵押权

B. 如丙公司代为清偿了甲公司的银行债务,则不论银行是否同意转让,房屋管理部门均应当准予过户

C. 如丙公司向银行承诺代为清偿甲公司的银行债务,则不论银行是否同意转让,房屋管理部门均应当准予过户

D. 如甲公司清偿了银行债务,则不论银行是否同意,房屋管理部门均应当准予过户

四、简答题

1. 简述合同成立与合同生效的区别与联系。
2. 缔约过失责任和违约责任有何不同?
3. 什么是不安抗辩权,其构成要件是什么?
4. 简述代位权的构成要件。
5. 简述撤销权的构成要件。
6. 简述违约及其救济。
7. 合同解除的法定条件是什么?

五、案例分析题

案例一:爱阅读网是一家国内知名的图书电子商务网站,营业地点在北京,2020年5月25日下午,家住上海的张滢,在爱阅读网浏览,发现了一本自己很喜欢的在售新书《斯蒂夫·乔布斯传》,价格为39元,不含运费,于是立即注册后在该网站下订单如下:《斯蒂夫·乔布斯传》1本,运费为5元,并选择货到付款的支付方式,送货地址和时间等也进行了相关填写。订单提交后,张滢的手机在当天下午15:10收到该网站发来的短信:"尊敬的客户,订单11105734经过系统审核已经生成,并已经安排配货,将于5月26日发货,如需查询或修改订单信息,可登录我的账户办理,感谢您的订购(爱阅读网)",15:12分,张滢收到爱阅读网发来的电子邮件,内容与他收到的手机短信内容相同。

请问：

1. 结合本案例说明要约邀请和要约的具体内容。

2. 张滢与爱阅读网之间的合同是否成立？

3. 如果合同成立，请说明该合同成立的时间和地点。

案例二：甲企业向乙企业发出传真订货，该传真列明了所需货物的种类、数量、质量、供货时间、交货方式等，并要求乙在7日内报价。乙接受甲传真中列明的条件并按时报价，也要求甲在7日内回复。甲按期复电同意其价格，并要求签订书面合同。

乙在未签订书面合同的情况下按甲提出的条件发货，甲收到后未提出异议，也未付货款。后因市场发生变化，该货物价格下降，甲遂向乙提出：由于双方未签订书面合同，买卖关系不能成立，故乙应尽快取回货物。乙不同意甲的意见，请求其偿付货款。随后，乙发现甲放弃其对关联企业的到期债权，并向其关联企业无偿转让财产致使自己的货款无法得到清偿，遂向人民法院提起诉讼。

请问：

1. 甲传真订货、乙报价、甲回复报价行为的法律性质是什么？

2. 买卖合同是否成立？说明理由。

3. 对甲放弃到期债权、无偿转让财产的行为，乙可以向人民法院提出何种权利请求？对乙行使该权利的期限法律有何规定？

案例三：甲公司与乙工厂洽商成立一个新公司，双方草签了合同，甲公司要将合同带回本部加盖公章，临行前，甲公司法定代表人提出乙工厂须先征用土地并培训职工后甲公司方能在合同上签字盖章。乙工厂出资500万元征用土地并培训职工，工作接近完成时甲公司提出因市场行情变化，无力出资设立新公司，请求终止与乙工厂的合作。乙工厂遂起诉到人民法院。

请问：

1. 甲公司与乙工厂之间的合同是否成立，为什么？

2. 甲公司应承担什么责任，为什么？

3. 乙工厂能否请求甲公司赔偿500万元的损失，为什么？

案例四：甲公司因转产致使一台价值1 000万元的精密机床闲置。该公司董事长王哲与乙公司签订了一份机床转让合同。合同规定，精密机床作价950万元，甲公司于10月31日前交货，乙公司在收货后10天内付清款项。在交货日前，甲公司发现乙公司经营状况恶化，通知乙公司中止交货并请求乙公司提供担保，乙公司予以拒绝。又过了1个月，甲公司发现乙公司的经营状况进一步恶化，于是提出解除合同。乙公司遂向法院起诉。法院查明：(1) 甲公司股东会决议规定，对精密机床等重要资产的处置应经股东会特别决议；(2) 甲公司的机床原由丙公司保管，保管期限至10月3日，保管费50万元。11月5日，甲公司将机床提走，并约定10天内付保管费，如果10天内不付保管费，丙公司可对该机床行使留置权。现丙公司请求对该机床行使留置权。

请问：

1. 甲公司与乙公司之间转让机床的合同是否有效，为什么？

2. 甲公司中止履行的理由能否成立，为什么？

3. 甲公司能否解除合同，为什么？

4. 甲公司请求乙公司提供担保时，乙公司即予以提供了相应的担保，甲公司应负什么义务？

5. 若法院查明，乙公司实际上并不存在经营状况恶化的情形，则甲公司应负什么责任？

6. 丙公司是否享有留置权，为什么？

7. 丙公司能否行使留置权，为什么？

第六章　银行法律制度

第一节　银行法概述

一、银行概述

(一) 银行的概念

在我国，银行是指通过存款、贷款、汇兑、储蓄等业务，承担信用中介的金融机构。银行是金融机构之一，而且是最主要的金融机构。

(二) 银行业分类

根据我国银行业的现状，银行业可以概括为以下四类。

(1) 中央银行，即中国人民银行，是指我国政府组建的，负责控制国家货币供给、信贷条件以及监管金融体系的特殊国家机关。中国人民银行是我国最高的货币金融管理机构，在我国金融体系中居于主导地位。

(2) 监管机构，即中华人民共和国银行保险监督管理委员会，简称中国银保监会，是国务院直属事业单位。该机构的主要职责是，依照法律法规统一监督管理银行业和保险业，保护金融消费者合法权益，维护银行业和保险业合法、稳健运行，防范和化解金融风险，维护金融稳定等。

(3) 自律组织，即中国银行业协会，是指在我国境内注册的各商业银行、政策性银行自愿结成的非营利性社会团体，经中国人民银行批准并在民政部门登记注册，是我国银行业的自律组织。

知识拓展(6-1)

非银行金融机构

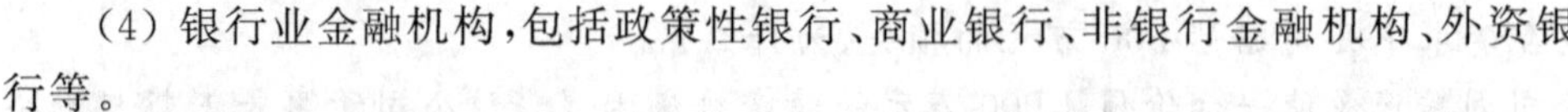

(4) 银行业金融机构，包括政策性银行、商业银行、非银行金融机构、外资银行等。

(三) 银行的作用

银行是经营货币的企业，它的存在方便了社会资金的筹措与融通：一方面，银行以吸收存款的方式，把社会上闲置的货币资金和小额货币节余集中起来，然后以贷款的形式借给需要补充货币的人去使用，在这里，银行充当贷款人和借款人的中介；另一方面，银行为商品生产者和商人办理货币的收付、结算等业务，充当支付中介。总之，银行起信用中介作用。

二、银行法的定义和调整对象

银行法是指有关银行组织和银行业务活动的法律规范的总称。银行法的基本内容包括金融组织法和银行业务法。金融组织法用来规范银行的性质、地位、组织体系、管理体制、职责权限等；银行业务法用来规范银行的从业范围以及在业务活动中当事人的权利义务等。

根据本书对银行法下的定义，银行法的调整对象主要包括：

(1) 银行组织关系。银行组织关系是指在银行的设立、变更、接管、终止过程中发生的组织管理关系以及银行内部组织机构设置和确认内部各部门之间权限过程中发生的组织管理关系，包括银行的财务预算关系、会计核算关系等。

(2) 银行经营业务关系。银行经营业务关系是指银行之间以及银行与其客户之间，在经营货币或其他信用业务等活动中所形成的经济关系。如投资关系、贷款关系、存款关系等。

(3) 银行管理关系。银行管理关系是指国家金融主管机关和其他国家经济管理机关在对银行行为进行纵向的监督管理和宏观调控过程中形成的社会关系。比如,政府对存款、贷款和利率的管理关系、货币和外汇管理关系等。

三、银行法的基本原则

银行法的基本原则是指有关银行立法、执法以及从事银行金融活动时必须遵守的最基本的准则。具体而言有以下四个基本原则。

(1) 维护货币政策的稳定,保证货币政策的实现。国家通过控制信用货币的供应量来间接控制社会总需求,进而实现对市场经济的宏观调控。通常而言,货币的投放会促使经济增长速度加快,但如果投放过量,易造成需求过量、通货膨胀,增加投资成本,从而导致供求总量失去平衡,国民经济也就无法协调发展。因此,经济健康协调增长需要维护货币政策的稳定,保证货币政策的实现。

(2) 促进资金安全和有效流动。银行开展业务的前提是维护其资金运行的安全性、流动性和效益性。实现银行资金的安全运行是银行的立足之本,是存款人利益保障的首要前提。另外,货币的流动性是货币在经济中周转速度的体现,利率低时,资金使用的成本较低,货币的需求量就会增加,货币的流动性就相对增强;而利率高时,资金使用的成本提高,货币的需求量就会减少,货币的流动性就会相对降低。流动性是实现资金效益性的前提之一,辩证地看,只有有效益的资金流动才是有效活动,也才能从根本上保障资金安全。

(3) 维护银行客户的合法权益。银行金融活动涉及多方主体的利益,在这些主体中,银行的客户是最基础的主体,处于核心地位。银行法明确银行要维护金融活动中客户的合法权益,这也是世界各国银行法的共同特征。把维护银行客户合法权益确立为我国银行法的一项基本原则,目的是以法的形式强制性地要求各类银行必须以维护其客户的合法权益为经营宗旨。

(4) 维护国家主权,尊重国际惯例。建立市场经济体制要求对外开放,加强国际经济交流与合作。加入世贸组织以后,国内的银行必然越来越多地加入到国际金融活动中去。因此,我国的银行立法,一方面要大胆借鉴成熟市场经济国家的银行立法经验,采纳国际银行立法的通例,培育开放型的金融市场;另一方面,又要求我们从中国的实际出发,着眼于维护国家主权,促进本国经济发展,对外债、外汇、外资银行及我国驻外银行分支机构进行必要的监督管理。

四、银行法的体系

银行法的体系是指银行法的内部结构。按照本书对银行法所下的定义,从银行法的调整对象来说,银行法的体系包括以下几个方面。

(一) 银行组织法

银行组织法,是指确认我国银行体系中所有银行以及从事某些银行业务的非银行金融机构的法律地位,调整其组织内部各部门之间的组织管理关系和经营协作关系的法律规范的总称。银行组织法的作用是规定银行等金融机构的法律主体资格,赋予不同银行参加金融活动时各自的权利、义务,确定银行组织机构的形式和经营规则等。

(二) 银行业务法

银行业务法,是指调整银行之间以及银行与客户之间,在经营货币或其他信用业务等活动中所形成的经济关系的法律规范的总称。银行业务关系是一种横向的平等主体之间的经济关系,主要包括存款业务关系、贷款业务关系、结算业务关系等。这种业务关系的一方是银行,另一方是其服务的对象,包括自然人、法人(包括银行)和国家等。

(三) 银行管理法

银行管理法,是指调整国家中央银行和有关国家经济管理机关对银行业进行监督管理和宏观调控过程中形成的社会关系的法律规范的总称。银行管理法通过明确银行管理的目标,确定管理机构的职责权限,规范其管理手段等,贯彻国家货币政策,规范金融秩序。

银行组织法、银行业务法和银行管理法相互协调配合,共同构成了我国银行法体系不可分割的有机整体。

第二节 中央银行法律制度

一、中央银行与中央银行法的概念

中央银行,是指由政府组建的,负责控制国家货币供给、信贷条件以及监管金融体系的特殊国家机关。我国的中央银行是中国人民银行。它是我国最高的货币金融管理机构,在我国金融体系中居于主导地位。

中央银行法,是指按照国家意志,规定有关调整中央银行的组织活动及其关系的法律规范。中央银行法是经济法中一个重要的组成部分,它是宏观经济调控法、公共服务法和金融业监管法。

二、中国人民银行的法律地位

中国人民银行是我国的中央银行,其在国务院领导下,制定和执行货币政策,防范和化解金融风险,维护金融稳定。中国人民银行代表国家进行金融调控与管理,是具有国家机关性质的特殊金融机构。

根据《中华人民共和国人民银行法》(以下简称《人民银行法》)的规定,中国人民银行的法律地位如下:(1) 中国人民银行是政府的银行。中国人民银行是国务院领导下的政府的金融管理机构,具有国家机关的性质,是特殊的金融机构,其全部资本由国家出资,属于国家所有。(2) 中国人民银行是发行的银行。中国人民银行是全国的货币发行机关,它根据国家的授权,负责货币的发行。(3) 中国人民银行是银行的银行。中国人民银行与商业银行之间是特殊业务关系。中国人民银行在我国银行体系中居于领导地位。中国人民银行作为中央银行,其业务对象是商业银行,是商业银行存款准备金的最终保管者和最后贷款人。(4) 中国人民银行是依法享有相对独立权的国务院职能部门。依据《人民银行法》的规定,中国人民银行在国务院领导下依法独立执行货币政策,履行职责,开展业务,不受地方政府、各级政府部门、社会团体和个人的干涉。

三、中国人民银行的组织机构

(一) 领导机构

根据《人民银行法》的规定,中国人民银行设行长一人,副行长若干人。中国人民银行行长的人选,根据国务院总理的提名,由全国人民代表大会决定;全国人民代表大会闭会期间,由全国人民代表大会常务委员会决定,由中华人民共和国主席任免。中国人民银行副行长由国务院总理任免。中国人民银行实行行长负责制。

(二) 咨询议事机构

中国人民银行设立的咨询议事机构是货币政策委员会。根据《人民银行法》的规定,中国人民银行设立货币政策委员会。货币政策委员会的职责、组成和工作程序,由国务院规定,报全国人民代表大会常务委员会备案。尽管货币政策委员会是中国人民银行的内设机构,但其职责、组成和工作程序,都是由国务院直接作专门规定。在一般情况下,这样的机构多直接对国务院负责。因此,货币政策委员会地位要高于中国人民银行内设的一般职能机构。

(三) 中国人民银行的分支机构

《人民银行法》规定:中国人民银行根据履行职责的需要设立分支机构,作为中国人民银行的派出机构。中国人民银行对分支机构实行集中统一领导和管理。中国人民银行的分支机构根据中国人民银行的授权,负责本辖区的金融监督管理,承办有关业务。

中国人民银行分支机构包括:中国人民银行各级分支行及其办事处;中国人民银行在国外代表处;中国人民银行直属的造币公司、印钞厂等企业法人。中国人民银行的各级分支行及其办事处,不是独立法人,而是中国人民银行的派出机构。

四、中国人民银行的职责和业务

(一) 中国人民银行的职责

根据《人民银行法》的规定,中国人民银行履行下列职责:发布和履行与其职责有关的命令和规章;依法制定和执行货币政策;发行人民币,管理人民币流通;监督管理银行间同业拆借市场和银行间债券市场;实施外汇管理,监督管理银行间外汇市场;监督管理黄金市场;持有、管理、经营国家外汇储备、黄金储备;经理国库;维护支付、清算系统的正常运行;指导、部署金融业反洗钱工作,负责反洗钱的资金监测;负责金融业的统计、调查、分析和预测;作为国家的中央银行,从事有关的国际金融活动;国务院规定的其他职责。

(二) 中国人民银行的业务

中国人民银行的业务是指由《人民银行法》规定,中国人民银行作为中央银行实施货币政策和金融监管的需要可以经营的业务,是中央银行职能的具体表现。中国人民银行的业务与商业银行及其他金融机构相比,其特点是:(1) 与国家宏观经济政策密切相关;(2) 不以营利为目的。

中国人民银行的业务范围包括:(1) 为执行货币政策经营的业务;(2) 为加强对金融业的监督管理而经营的业务;(3) 为对金融机构、政府部门和其他机构提供服务而经营的业务。

具体包括:(1) 中国人民银行为执行货币政策可以运用下列货币政策工具:要求金融机构按照规定的比例交存存款准备金;确定中央银行基准利率;为在中国人民银行开立账户的金融机构办理再贴现;向商业银行提供贷款。(2) 为金融机构提供的服务,包括开立账户,提供结算和清算服务以及对商业银行提供贷款;为政府部门和其他机构提供的服务,包括经理国库业务和代理债券业务。

五、中国人民银行的货币政策

货币政策是中央银行为实施既定的经济目标而采取的各种控制、调节货币供应量和信用总量的方针、政策、措施的总称。

(一) 货币政策的目标

根据《人民银行法》的规定,货币政策的最终目标是保持货币币值的稳定,并以此促进经济增长。

(二) 货币政策的工具

根据《人民银行法》的规定,中国人民银行为执行货币政策,可以运用下列货币政策工具:法定存款准备金、中央银行贷款、再贴现利率、公开市场操作、中央银行外汇操作、贷款限额、中央银行贷款利率。

(三) 我国的货币政策

我国的法定货币是人民币,以人民币支付我国境内的一切公共的和私人的债务,任何单位和个人不得拒收。人民币属信用货币。

我国货币发行原则:(1) 集中统一发行原则;(2) 经济发行原则,即货币发行只能根据国民经济发展需要,不能搞财政发行,应杜绝用货币发行的办法解决财政赤字问题;(3) 计划发行原则。

中国人民银行对人民币发行的管理是通过划分发行库与业务库来组织实施的。

六、中国人民银行的金融监督管理

金融监督管理是指我国的金融管理部门依照国家的法律、行政法规和规章,对金融机构及其经营活动实行外部监督、稽核、检查和对其违法行为进行处罚,以维护金融秩序、保证金融业的安全稳健运行。

中国人民银行对金融机构的监督管理,主要包括以下内容。

(1) 依法监测金融市场的运行情况,对金融市场实施宏观调控,促进其协调发展。考虑到与国务院银行业监督管理机构的职能相协调,《人民银行法》规定,人民银行不再直接审批、监管金融机构。同时,中国人民银行作为中央银行必须依法履行宏观调控的职能,因此,《人民银行法》强化了其在执行货币政策以及防范和化解金融风险、维护金融稳定方面的作用。

(2) 对金融机构进行检查监督。货币政策和银行监督职能分离以后,中央银行为了更好地制定和执行货币政策,仍然必须拥有对商业银行以及其他所有在中央银行开户的金融机构必要的"检查权"。《人民银行法》明确了中国人民银行有权对金融机构、其他单位和个人与执行货币政策相关的下列九种行为直接进行检查监督:① 执行有关存款准备金管理规定的行为;② 与中国人民银行特种贷款有关的行为;③ 执行有关人民币管理规定的行为;④ 执行有关银行间同业拆借市场、银行间债券市场管理规定的行为;⑤ 执行有关外汇管理规定的行为;⑥ 执行有关黄金管理规定的行为;⑦ 代理中国人民银行经理国库的行为;⑧ 执行有关清算管理规定的行为;⑨ 执行有关反洗钱规定的行为。

(3) 根据执行货币政策和维护金融稳定的需要,可以建议国务院银行业监督管理机构对银行业金融机构进行检查监督。它表明了人民银行在通常情况下不会对银行业金融机构进行全面的、日常性的监督检查,但如果为了实施货币政策和维护金融稳定,人民银行需要对银行业金融机构进行监督检查时,则可以建议国务院银行业监督管理机构对其进行监督检查。它体现了人民银行与国务院银行业监督管理机构之间的分工以及配合工作。人民银行的此种建议权被严格限定在实施货币政策和维护金融稳定需要的基础上,这也是为了防止人民银行滥用权力。同时,为了保证建议权的落实,法律也规定,国务院银行业监督管理机构应当在30日内对人民银行建议的事项予以回复。

(4) 当银行业金融机构出现支付困难,可能引发金融风险时,为了维护金融稳定,中国人民银行经国务院批准,有权对银行业金融机构进行检查监督。该职权亦是对人民银行所拥有的监督检查权的进一步扩充,赋予人民银行不需通过国务院银行业监督管理机构,而直接对银行业金融机构进行检查监督的权力。但这种监督检查权也有严格的限制,即仅在"银行业金融机构出现支付困难,可能引发金融风险,为了维护金融稳定的目的,且经由国务院批准"的情况下。

(5) 根据履行职责的需要,有权要求银行业金融机构报送必要的资产负债表、利润表以及其他财务会计、统计报表和资料;与国务院银行业监督管理机构、国务院其他金融监督管理机构建立监督管理信息共享机制。金融机构的会计报表等资料是其各项业务活动和财务收支情况的综合反映,是考核其贯彻金融方针、政策,检查其业务工作和财务成果的重要依据。通过分析、运用会计报表及相关资料,不仅对于金融监管至关重要,也可以为货币政策、宏观调控政策的实施提供基本数据。我国目前实行的是分业监管模式,各金融管理部门自成体系,这种监管模式对各监管部门的工作协调要求较高。如果各金融管理部门之间协调不好,既容易形成监管真空,又容易形成重复监管,加大金融管理成本,阻碍金融业的健康发展。所以建立的信息共享机制就是必要的协调机制之一。

(6) 负责统一编制全国金融统计数据、报表,并按照国家有关规定予以公布。金融是现代经济的核心,金融统计作为国家管理金融经济活动的重要工具,其全面、准确、及时与否,直接关系到一国中央银行能否正确制定和使用货币政策以及反馈货币政策的效果。同时,统计工作又是国民经济和社会发展中一项非常重要的基础性工作。有关部门公布的统计数据是国民经济和社会发展的"晴雨表",是国家制定宏观调控政策的重要参考,是把握国情国力、掌控经济运行的基本依据。通过统一编制全国金融统计数据和报表,一方面,可以反映金融市场运行实际水平和发展趋势,为人民银行本身及其他部门制定正确的经济政策提供重要依据;另一方面,能够为社会公众、其他市场主体制定业务政策、计划、决策提供有益的参考。

(7) 建立、健全本系统的稽核、检查制度,加强内部的监督管理。近 20 年来,在世界范围内,中央银行制度出现了更大独立性、更大透明度以及金融监管职能剥离的趋势。随着中国人民银行在货币政策、宏观调控职能行使方面的自由裁量权的增强,如何加强中国人民银行的内部监督管理也成为重要问题。

第三节　政策性银行法律制度

一、政策性银行概述

(一) 政策性银行的概念和特征

政策性银行,是指由政府创立或担保,以贯彻国家产业政策和区域发展政策为目的,具有特殊的融资原则,不以营利为目标的金融机构。其特征有:(1) 政策性银行的资本金多由政府财政拨付;(2) 政策性银行经营时主要考虑国家的整体利益、社会效益,不以营利为目标;(3) 政策性银行有其特定的资金来源,主要依靠发行金融债券或向中央银行举债,一般不面向公众吸收存款;(4) 政策性银行有特定的业务领域,不与商业银行竞争。

社会经济均衡发展的要求是政策性银行产生的基础。例如,农业、公共产业、区域开发等领域,投资规模大、建设周期长、经营风险高,商业银行的营利性决定了对这方面的贷款投放较为有限;而这些领域的发展对社会经济的发展具有举足轻重的作用,必须获得充分的资金支持和保障,政策性银行由此诞生。1994 年,我国建立了国家开发银行、中国进出口银行和中国农业发展银行三家政策性银行。为加强对政策性银行的监管,督促其落实国家战略和政策,规范其经营行为,防控金融风险,2017 年 11 月 15 日,中国银监会发布了《国家开发银行监督管理办法》《中国进出口银行监督管理办法》《中国农业发展银行监督管理办法》,自 2018 年 1 月 1 日起施行。

(二)政策性银行的法律地位

我国的政策性银行是国务院全资设立的、直属于国务院领导的政策性金融机构。其基于政府的特定政策目标而设立,受政府部门的宏观决策与管理行为的左右,与政府之间保持某种依存关系,是为政府特定经济政策、产业政策服务的金融机构。

(三)政策性银行的组织体制

我国政策性银行的组织体制,采取了单元制和分支行制相结合的组织形式。国家开发银行和中国进出口银行采用单元制,中国农业发展银行采用分支行制。

二、政策性银行业务法

(一)政策性银行业务的基本原则

政策性银行应当坚持依法合规经营、审慎稳健发展,遵守国家法律法规、银行业金融机构审慎经营规则,强化资本约束,实现长期可持续发展。

(二)国家开发银行的业务

作为开发性金融机构,根据《国家开发银行监督管理办法》的规定,国家开发银行应当认真贯彻落实国家经济金融方针政策,充分运用服务国家战略、依托信用支持、市场运作、保本微利的开发性金融功能,发挥中长期投融资作用,加大对经济社会重点领域和薄弱环节的支持力度,促进经济社会持续健康发展。

国家开发银行应当坚守开发性金融定位,根据依法确定的服务领域和经营范围开展业务,以开发性业务为主,辅以商业性业务;应当遵守市场秩序,与商业性金融机构建立互补合作关系,积极践行普惠金融,可通过与其他银行业金融机构合作,开展小微企业金融服务等经济社会薄弱环节的金融服务。

(三)中国进出口银行的业务

作为政策性金融机构,根据《中国进出口银行监督管理办法》的规定,中国进出口银行应当依托国家信用,紧紧围绕国家战略,充分发挥政策性金融机构在支持国民经济发展方面的重要作用,重点支持外经贸发展、对外开放、国际合作、"走出去"等领域。

中国进出口银行应当坚守政策性金融定位,根据依法确定的服务领域和经营范围开展政策性业务和自营性业务;应当坚持以政策性业务为主体开展经营活动,遵守市场秩序,与商业性金融机构建立互补合作关系;应当创新金融服务模式,发挥政策性金融作用,加强和改进普惠金融服务,可通过与其他银行业金融机构合作的方式开展小微企业金融服务。

(四)中国农业发展银行的业务

作为政策性金融机构,根据《中国农业发展银行监督管理办法》的规定,中国农业发展银行应当依托国家信用,服务经济社会发展的重点领域和薄弱环节,比如维护国家粮食安全、脱贫攻坚、实施乡村振兴战略、促进农业农村现代化、改善农村基础设施建设等领域,在农村金融体系中发挥主体和骨干作用。

中国农业发展银行应当坚守政策性金融定位,根据依法确定的服务领域和经营范围开展政策性业务和自营性业务;应当坚持以政策性业务为主体开展经营活动,遵守市场秩序,与商业性金融机构建立互补合作关系;应当创新金融服务模式,发挥政策性金融作用,加强和改进农村地区普惠金融服务,可通过与其他银行业金融机构合作的方式开展小微企业金融服务和扶贫小额信贷业务。

第四节　商业银行法律制度

一、商业银行概述

(一) 商业银行的概念和特征

商业银行是以经营工商业存贷款为主要业务，并以获取利润为目的的货币经营企业。其特征如下：(1) 商业银行是以营利为目的的企业。(2) 商业银行是以金融资产和金融负债为经营对象，经营的是特殊商品——货币和货币资本，经营内容包括货币收付、借贷以及各种与货币运动有关的或者与之相联系的金融服务。(3) 与专业银行相比，商业银行的业务更综合，功能更全面。

(二) 商业银行的法律地位

根据《商业银行法》的规定，商业银行是指依照《商业银行法》和《公司法》设立的吸收公众存款、发放贷款、办理结算等业务的企业法人。商业银行以效益性、安全性、流动性为经营原则，实行自主经营、自担风险、自负盈亏、自我约束。商业银行依法开展业务，不受任何单位和个人干涉。商业银行以其全部法人财产独立承担民事责任。

二、商业银行的设立、变更和终止

(一) 商业银行的设立

商业银行的设立是指创办人依照法定程序，组建商业银行并使之取得法律关系主体资格的行为。根据《商业银行法》的规定，设立商业银行，应当经国务院银行业监督管理机构审查批准。未经国务院银行业监督管理机构批准，任何单位和个人不得从事吸收公众存款等商业银行业务，任何单位不得在名称中使用“银行”字样。银行业是国家特许经营的行业。只有经依法批准并领取经营许可证后，才能够设立商业银行。

1. 设立商业银行的条件

根据《商业银行法》的规定，设立商业银行，应当具备下列条件：(1) 有符合《商业银行法》和《公司法》规定的章程。(2) 有符合《商业银行法》规定的注册资本最低限额。设立全国性商业银行的注册资本最低限额为10亿元人民币。设立城市商业银行的注册资本最低限额为1亿元人民币，设立农村商业银行的注册资本最低限额为5 000万元人民币。注册资本应当是实缴资本。国务院银行业监督管理机构根据审慎监管的要求可以调整注册资本最低限额，但不得少于前款规定的限额。(3) 有具备任职专业知识和业务工作经验的董事长(行长)、总经理和其他高级管理人员。(4) 有健全的组织机构和管理制度。(5) 有符合要求的营业场所、安全防范措施和与业务有关的其他设施。

2. 设立商业银行的程序

根据《商业银行法》的规定，商业银行的设立分为四个步骤。

(1) 设立申请。设立商业银行，申请人应当向国务院银行业监督管理机构提出申请。《商业银行法》规定，设立商业银行，申请人应当向国务院银行业监督管理机构提交下列文件、资料：① 申请书，申请书应当载明拟设立的商业银行的名称、所在地、注册资本等；② 可行性研究报告；③ 国务院银行业监督管理机构规定提交的其他文件、资料。

《商业银行法》规定，设立商业银行的申请经审查符合本法规定的，申请人应当填写正式申请表，并提交下列文件、资料：① 章程草案；② 拟任职的董事、高级管理人员的资格证明；③ 法定验资机构出具的验资证明；④ 股东名册及其出资额、股份；⑤ 持有注册资本5%以上的股东的资信证明和有关资料;⑥ 经营方针和计划;⑦ 营业场所、安全防范措施和与业务有关的其他设施的资料;⑧ 国务院银行业监督管理机构规定的其他文件、资料。

(2) 设立审批。设立审批的机构为国务院银行业监督管理机构及其分支机构。

(3) 设立登记。经批准设立的商业银行,由国务院银行业监督管理机构颁发经营许可证,并凭该许可证向工商行政管理部门办理登记,领取营业执照。

(4) 公告。《商业银行法》规定:经批准设立的商业银行及其分支机构,由国务院银行业监督管理机构予以公告。商业银行及其分支机构自取得营业执照之日起无正当理由超过6个月未开业的,或者开业后自行停业连续6个月以上的,由国务院银行业监督管理机构吊销其经营许可证,并予以公告。

(二) 商业银行的变更

《商业银行法》规定,商业银行有下列变更事项之一的,应当经国务院银行业监督管理机构批准:(1) 变更名称;(2) 变更注册资本;(3) 变更总行或者分支行所在地;(4) 调整业务范围;(5) 变更持有资本总额或者股份总额5%以上的股东;(6) 修改章程;(7) 国务院银行业监督管理机构规定的其他变更事项。此外,更换董事、高级管理人员时,应当报经国务院银行业监督管理机构审查其任职资格。

商业银行的分立、合并,适用《公司法》的规定。商业银行的分立、合并,应当经国务院银行业监督管理机构审查批准。商业银行应当依照法律、行政法规的规定使用经营许可证。禁止伪造、变造、转让、出租、出借经营许可证。

(三) 商业银行的终止

《商业银行法》规定,商业银行因解散、被撤销和被宣告破产而终止。商业银行的终止是指商业银行在组织上的解体和主体资格丧失,亦即从法律上消灭了其独立的人格。商业银行终止的法定原因有:(1) 解散,即商业银行因分立、合并,或者出现公司章程规定的解散事由而主动申请消灭其主体资格的行为。商业银行因分立、合并引起的解散在法律上称为相对终止;因公司章程规定的解散事由而引起的解散称为绝对终止。(2) 撤销,是指商业银行因为实施了严重违反我国法律法规的行为,严重损害国家、集体、社会公众利益,而依法被国务院银行业监督管理机构勒令停止,强制取消其主体资格的行为。在法律上因被撤销而引起的终止称为强制终止。(3) 破产,是指商业银行无力清偿到期债务,经债权人和债务人向人民法院申请宣告破产,以商业银行的全部资产清偿债务的行为。这也属于强制终止的范畴。

三、商业银行的业务范围

《商业银行法》规定,商业银行可以经营下列部分或者全部业务:(1) 吸收公众存款;(2) 发放短期、中期和长期贷款;(3) 办理国内外结算;(4) 办理票据贴现;(5) 发行金融债券;(6) 代理发行、代理兑付、承销政府债券;(7) 买卖政府债券;(8) 从事同业拆借;(9) 买卖、代理买卖外汇;(10) 从事银行卡业务;(11) 提供信用证服务及担保;(12) 代理收付款项及代理保险业务;(13) 提供保管箱服务;(14) 经国务院银行业监督管理机构批准的其他业务。经营范围由商业银行章程规定,报国务院银行业监督管理机构批准。商业银行经中国人民银行批准,可以经营结汇、售汇业务。

四、商业银行业务基本规则

(一) 存款业务的基本规则

商业银行办理个人储蓄存款业务,应当遵循存款自愿、取款自由、存款有息和为存款人保密的原则。除法律另有规定外，商业银行有权拒绝任何单位或者个人查询、冻结和扣划个人储蓄存款。对于单位存款，除法律、行政法规另有规定外，商业银行有权拒绝任何单位或者个人查询；除非法律另有规定，有权拒绝任何单位和个人冻结及扣划。商业银行应当按照中国人民银行规定的存款利率的上下限，确定存款利率，并予以公告；应当按照中国人民银行的规定，向中国人民银行缴纳存款准备金，留足备用金。商业银行应当保证存款本金和利息的支付，不得拖延、拒绝支付存款本金和利息。

（二）贷款业务的基本规则

商业银行根据国民经济和社会发展的需要，在国家产业政策指导下开展贷款业务。具体业务规则如下。

（1）严格资格审查。商业银行贷款，应当对借款人的借款用途、偿还能力、还款方式等情况进行严格审查。商业银行贷款，应当实行审贷分离、分级审批的制度。

（2）担保规则。商业银行贷款，借款人应当提供担保。商业银行应当对保证人的偿还能力，抵押物、质物的权属和价值以及实现抵押权、质权的可行性进行严格审查。经商业银行审查、评估，确认借款人资信良好，确能偿还贷款的，可以不提供担保。

（3）合同规则。商业银行贷款，应当与借款人订立书面合同。合同应当约定贷款种类，借款用途、金额、利率、还款期限、还款方式、违约责任和双方认为需要约定的其他事项。

（4）利率规则。商业银行应当按照中国人民银行规定的贷款利率的上下限，确定贷款利率。

（5）禁止向关系人贷款规则。商业银行不得向关系人发放信用贷款；向关系人发放担保贷款的条件不得优于其他借款人同类贷款的条件。关系人是指：① 商业银行的董事、监事、管理人员、信贷业务人员及其近亲属；② 前项所列人员投资或者担任高级管理职务的公司、企业和其他经济组织。

（三）资产负债比例规则

商业银行开展各种业务，包括贷款业务，都应当遵守有关资产负债比例管理的规定：（1）资本充足率不得低于8%；（2）流动性资产余额与流动性负债余额的比例不得低于25%；（3）对同一借款人的贷款余额与商业银行资本余额的比例不得超过10%；（4）国务院银行业监督管理机构对资产负债比例管理的其他规定。

（四）同一借款人贷款规则

为了使商业银行分散风险，《商业银行法》规定：商业银行对同一借款人的贷款余额与商业银行资本余额的比例不得超过10%。这里的同一借款人指同一个自然人或者同一个法人。

（五）同业拆借规则

同业拆借是银行之间利用资金融通过程中的时间差、空间差和行际差来调剂资金头寸的一种短期借贷行为。它是商业银行支持资金正常周转，实现流动性的一种重要的借款业务。

同业拆借，应当遵守中国人民银行的规定。禁止利用拆入资金发放固定资产贷款或者用于投资。拆出资金限于交足存款准备金、留足备付金和归还中国人民银行到期贷款之后的闲置资金。拆入资金用于弥补票据结算、联行汇差头寸的不足和解决临时性周转资金的需要。

（六）工作人员行为规则

商业银行的工作人员应当遵守法律、行政法规和其他各项业务管理的规定，不得有下列行为：（1）利用职务上的便利，索取、收受贿赂或者违反国家规定收受各种名义的回扣、手续费；（2）利用职务上的便利，贪污、挪用、侵占本行或者客户的资金；（3）违反规定徇私向亲属、朋友发放贷款或者提供担保；（4）在其他经济组织兼职；（5）违反法律、行政法规和业务管理规定的其他行为。

五、商业银行的监督管理

(一) 商业银行的监督管理概述

《商业银行法》规定:商业银行依法接受国务院银行业监督管理机构的监督管理,但法律规定其有关业务接受其他监督管理部门或者机构监督管理的,依照其规定。应当注意的是,尽管国务院银行业监督管理机构承担监管商业银行的主要职责,但其他国家机关,如审计部门、财政部门等,也分别从不同的角度依法对商业银行实施监督管理。《商业银行法》规定,商业银行应当依法接受审计机关的审计监督。

(二) 国务院银行业监督管理机构的稽核与检查

报表稽核和现场检查,是银行业监督管理机构对商业银行进行日常监督管理的基本手段。通过报表稽核和现场检查,银行业监督管理机构能够准确了解商业银行的经营状况,及时发现问题,并采取相应的监管措施。《商业银行法》规定:商业银行应当定期向国务院银行业监督管理机构、中国人民银行报送资产负债表、损益表以及其他财务会计报表和资料。国务院银行业监督管理机构有权依法随时对商业银行的存款、贷款、结算、呆账等情况进行检查监督。检查监督时,检查监督人员应当出示合法的证件。商业银行应当按照国务院银行业监督管理机构的要求,提供财务会计资料、业务合同和有关经营管理方面的其他信息。

(三) 对商业银行内部控制制度的要求

国务院银行业监督管理机构对商业银行的监督管理,应当遵守不干涉其正常经营的原则,但商业银行基本的内部控制制度,必须纳入商业银行立法和国务院银行业监督管理机构监管的范畴。《商业银行法》对商业银行的内部控制制度,着重从以下三个方面做了规定。

(1) 建章建制。《商业银行法》规定:商业银行应当按照有关规定,制定本行的业务规则,建立、健全本行的业务管理、现金管理和安全防范制度。商业银行贷款,应当实行审贷分离、分级审批的制度。

(2) 内部稽核检查。《商业银行法》规定:商业银行应当建立、健全本行对存款、贷款、结算、呆账等各项情况的稽核、检查制度。商业银行对分支机构应当进行经常性的稽核和检查监督。

(3) 财会制度。商业银行应当依照法律和国家统一的会计制度以及国务院银行业监督管理机构的有关规定,建立、健全本行的财务会计制度,应当按照国家有关规定,真实记录并全面反映其业务活动和财务情况,编制年度财务会计报告,及时向国务院银行业监督管理机构和财政部门报送会计报表。

(四) 国务院银行业监督管理机构对商业银行的接管

接管是当金融机构已经或者可能发生信用危机,严重影响存款人利益时,由国务院银行业监督管理机构派遣人员进驻并在一定期限内行使其经营管理权的制度。《商业银行法》对国务院银行业监督管理机构接管商业银行,作了明确规定。

(1) 接管的前提和目的。国务院银行业监督管理机构对商业银行实行接管的前提是,商业银行已经或者可能发生信用危机,严重影响到存款人的利益。接管的目的是对被接管的商业银行采取必要措施,以保护存款人的利益,恢复商业银行的正常经营能力。

(2) 接管的性质。接管是国务院银行业监督管理机构对特定商业银行所采取的一种短期的、强制性的监管补救措施。国务院银行业监督管理机构是否接管,并不取决于被接管商业银行的意志。接管表现为国务院银行业监督管理机构派遣人员进驻被接管的商业银行,在接管期限内行使其经营管理权。被接管的商业银行的债权债务关系不因接管而变化。

(3) 接管的实施。接管由国务院银行业监督管理机构决定并组织实施。国务院银行业监督管理机构接管决定，应当载明下列内容：被接管的商业银行的名称；接管理由；接管组织；接管期限。接管决定由国务院银行业监督管理机构予以公告。接管自接管决定实施之日起开始。自接管之日起，由接管组织行使商业银行的经营管理权。接管期限届满，国务院银行业监督管理机构可以决定延期，但接管期限最长不得超过2年。有下列情形之一的，接管终止：接管决定规定的期限届满或者国务院银行业监督管理机构决定的接管延期届满；接管期限届满，被接管的商业银行已恢复正常经营能力；接管期限届满前，被接管的商业银行被合并或者被依法宣告破产。

第五节　外资银行法律制度

一、外资银行的概念

根据《中华人民共和国外资银行管理条例》（以下简称《外资银行管理条例》）的规定，外资银行是指依照我国有关法律、法规，经批准在我国境内设立的金融机构，包括：① 1家外国银行单独出资或者1家外国银行与其他外国金融机构共同出资设立的外商独资银行；② 外国金融机构与中国的公司、企业共同出资设立的中外合资银行；③ 外国银行分行；④ 外国银行代表处。前述第①项至第③项所列机构统称外资银行营业性机构。

外国金融机构，是指在我国境外注册并经所在国家或者地区金融监管当局批准或者许可的金融机构。外国银行，是指在我国境外注册并经所在国家或者地区金融监管当局批准或者许可的商业银行。

二、外资银行的设立

根据《外资银行管理条例》的规定，设立外资银行及其分支机构，应当经银行业监督管理机构审查批准。

（一）最低注册资本与营运资金

外商独资银行、中外合资银行的注册资本最低限额为10亿元人民币或者等值的自由兑换货币。注册资本应当是实缴资本。外商独资银行、中外合资银行在我国境内设立的分行，应当由其总行无偿拨给人民币或者自由兑换货币的营运资金。外商独资银行、中外合资银行拨给各分支机构营运资金的总和，不得超过总行资本金总额的60%。外国银行分行应当由其总行无偿拨给不少于2亿元人民币或者等值的自由兑换货币的营运资金。

国务院银行业监督管理机构根据外资银行营业性机构的业务范围和审慎监管的需要，可以提高注册资本或者营运资金的最低限额，并规定其中的人民币份额。

（二）申请设立外资银行的条件

根据《外资银行管理条例》第9条规定，设立外商独资银行、中外合资银行的股东或者拟设分行、代表处的外国银行应当具备下列条件：

（1）具有持续盈利能力，信誉良好，无重大违法违规记录。

（2）拟设外商独资银行的股东、中外合资银行的外方股东，或者拟设分行、代表处的外国银行，具有从事国际金融活动的经验。

（3）具有有效的反洗钱制度。

（4）拟设外商独资银行的股东、中外合资银行的外方股东，或者拟设分行、代表处的外国银行，受到所在国家或者地区金融监管当局的有效监管，并且其申请经所在国家或者地区金融监管当局同意。

(5) 国务院银行业监督管理机构规定的其他审慎性条件。

三、外资银行的业务范围

根据《外资银行管理条例》规定,外商独资银行、中外合资银行按照国务院银行业监督管理机构批准的业务范围,可以经营下列部分或者全部外汇业务和人民币业务:(1) 吸收公众存款;(2) 发放短期、中期和长期贷款;(3) 办理票据承兑与贴现;(4) 代理发行、代理兑付、承销政府债券;(5) 买卖政府债券、金融债券,买卖股票以外的其他外币有价证券;(6) 提供信用证服务及担保;(7) 办理国内外结算;(8) 买卖、代理买卖外汇;(9) 代理收付款项及代理保险业务;(10) 从事同业拆借;(11) 从事银行卡业务;(12) 提供保管箱服务;(13) 提供资信调查和咨询服务;(14) 经国务院银行业监督管理机构批准的其他业务。

外国银行分行按照国务院银行业监督管理机构批准的业务范围,可以经营上述除第(11)项以外的部分或者全部外汇业务以及对除中国境内公民以外客户的人民币业务。外国银行分行可以吸收中国境内公民每笔不少于50万元人民币的定期存款。

外商独资银行、中外合资银行、外国银行分行经中国人民银行批准,可以经营结汇、售汇业务。外商独资银行、中外合资银行的分支机构在总行授权范围内开展业务,其民事责任由总行承担。外国银行分行及其分支机构的民事责任由其总行承担。外国银行代表处可以从事与其代表的外国银行业务相关的联络、市场调查、咨询等非经营性活动。外国银行代表处的行为所产生的民事责任,由其所代表的外国银行承担。

四、外资银行的监督管理

(1) 利率管理。外资银行营业性机构的存款、贷款利率及各种手续费率应当按照有关规定确定。

(2) 存款准备金制度。外资银行营业性机构经营存款业务,应当按照中国人民银行的规定交存存款准备金。

(3) 持有一定比例的生息资产。外国银行分行应当按照国务院银行业监督管理机构的规定,持有一定比例的生息资产。

(4) 资本充足率。外国银行分行营运资金加准备金等项之和中的人民币份额与其人民币风险资产的比例不得低于8%。资本充足率持续符合所在国家或者地区金融监管当局以及国务院银行业监督管理机构规定的外国银行,其分行不受前述规定的限制。国务院银行业监督管理机构可以要求风险较高、风险管理能力较弱的外国银行分行提高资本充足率。

(5) 流动资产。外国银行分行应当确保其资产的流动性。流动性资产余额与流动性负债余额的比例不得低于25%。外国银行分行境内本外币资产余额不得低于境内本外币负债余额。

(6) 计提呆账准备金。外资银行营业性机构应当按照规定计提呆账准备金。

(7) 报告跨境大额资金流动和资产转移情况。外资银行营业性机构应当按照国务院银行业监督管理机构的有关规定,向其所在地的银行业监督管理机构报告跨境大额资金流动和资产转移情况。

(8) 财务报表。外资银行营业性机构应当聘请在我国境内依法设立的会计师事务所对其财务会计报告进行审计,并应当向其所在地的银行业监督管理机构报告。解聘会计师事务所的,应当说明理由。外资银行营业性机构应当按照规定向银行业监督管理机构报送财务会计报告、报表和有关资料。外国银行代表处应按照规定向银行业监督管理机构报送资料。

(9) 公司治理监管。外商独资银行、中外合资银行应当设置独立的内部控制系统、风险管理系统、财务会计系统、计算机信息管理系统。

外国银行在中华人民共和国境内设立的外商独资银行、中外合资银行的董事长、高级管理人员和外国银行分行的高级管理人员不得相互兼职。外国银行代表处及其工作人员，不得从事任何形式的经营性活动。

在我国境内设立 2 家及 2 家以上分行的外国银行，应当授权其中 1 家分行对其他分行实施统一管理。

(10) 关联交易监管。外国银行在我国境内设立的外商独资银行、中外合资银行与外国银行分行之间进行的交易必须符合商业原则，交易条件不得优于与非关联方进行交易的条件。外国银行对其在我国境内设立的外商独资银行与外国银行分行之间的资金交易，应当提供全额担保。

(11) 其他监管。国务院银行业监督管理机构对外国银行在我国境内设立的分行实行合并监管。国务院银行业监督管理机构根据外资银行营业性机构的风险状况，可以依法采取责令暂停部分业务、责令撤换高级管理人员等特别监管措施。

同步综合练习

一、名词解释题

中央银行　政策性银行　商业银行　外资银行　同业拆借

二、单项选择题

1. 中国人民银行不能从事的业务是 （　　）
   A. 再贴现　B. 经理国库　C. 公开市场业务　D. 向地方政府贷款
2. 下列行为不违反人民币管理规定的是 （　　）
   A. 王五在一次买卖中因疏忽收到了一张面值 50 元的假币
   B. 李三用几十张面值 1 角的人民币制作成一条工艺帆船
   C. 郑七在挂历上印制面值 100 元的人民币图案并予以销售
   D. 张六在清明时节，为纪念去世的亲人，在亲人墓前焚烧了一捆面值 10 元的人民币
3. 货币政策委员会能提出的建议不包括 （　　）
   A. 货币政策的制定和调整　B. 依法监管金融市场
   C. 货币政策工具的运用　D. 有关货币政策的重要措施
4. 根据《商业银行法》规定，不得担任商业银行的董事和高级管理人员的情形是 （　　）
   A. 张三因犯有交通肇事罪被判处刑罚
   B. 赵四个人所负数额较大的债务到期未清偿
   C. 王九曾担任因经营不善而破产清算的公司的经理
   D. 李七曾担任因违法被吊销营业执照的公司的法定代表人
5. 商业银行破产清算时，在支付清算费用、所欠职工工资和劳动保险费用后，应当优先支付的是 （　　）
   A. 税款　B. 个人储蓄存款的本息
   C. 国家机关的存款　D. 享有优先权的债权人的债务
6. 下列关于设立外资银行的表述，错误的是 （　　）
   A. 申请者须有中方股东
   B. 申请者在中国境内已设立代表机构 2 年以上
   C. 申请者所在国家或地区有完善的金融监管制度

D. 申请者提出设立申请前1年年末总资产不少于100亿美元

7. 以下关于外资金融机构的表述,错误的是 ( )

A. 外资金融机构不能经营人民币业务

B. 外资金融机构应确保其资产的流动性

C. 外资金融机构应按照规定计提呆账准备金

D. 外资金融机构经营存款业务,应该缴存存款准备金

三、多项选择题

1. 中国人民银行在办理业务时,受到的法定限制是 ( )

A. 对政府财政透支　B. 向商业银行贷款　C. 向地方政府贷款

D. 在公开市场上买卖国债　E. 对金融机构的账户透支

2. 中国人民银行可采用的货币政策工具包括 ( )

A. 存款准备金　B. 中央银行基准利率　C. 再贴现

D. 向商业银行提供贷款　E. 公开市场业务

3. 下列有关商业银行接管的表述,符合《商业银行法》规定的有 ( )

A. 接管的期限最长不超过2年

B. 非经接管程序,商业银行不得解散或破产

C. 商业银行的接管组织为国务院银行业监督管理机构

D. 实行接管后,商业银行的债权债务由接管组织概括承受

E. 自接管之日起,由接管组织行使商业银行的经营管理权力

4. 中国人民银行不得从事下列业务 ( )

A. 商业银行资金短缺时,对其给予透支

B. 地方政府资金短缺时,对其进行贷款

C. 国家财政预算资金不足时,对其给予透支

D. 国家重要机关需要贷款时,对其给予担保

E. 商业银行资金短缺时,对其进行票据再贴现

5. 依照《人民银行法》规定,中国人民银行履行下列职责 ( )

A. 经理国库　B. 发行人民币　C. 审批、监管金融机构

D. 依法制定和执行货币政策　E. 指导、部署金融业反洗钱工作

6.《商业银行法》中的"关系人"包括 ( )

A. 商业银行的董事　B. 商业银行的监事　C. 商业银行董事的近亲属

D. 商业银行监事的近亲属　E. 商业银行的董事担任高级管理职务的公司

四、简答题

1. 依据我国现行相关法规,如何理解我国的金融组织机构?

2. 简述中国人民银行的法律地位。

3. 简述中国人民银行的法定货币政策目标与主要的货币政策工具。

4. 中国人民银行的职责有哪些? 主要业务有哪些? 有哪些业务限制?

5. 试述中国人民银行对商业银行的监督职能。

6. 简述政策性银行的概念和特征。

7. 设立商业银行需具备什么条件? 如何理解商业银行的基本职能?

8. 简述商业银行贷款经营的基本规则。

五、案例分析题

案例一：2020 年 5 月 12 日，某市拟新成立一家城市商业银行的方案报请中国人民银行批准，该方案部分内容如下：

（1）该城市商业银行筹资 1 亿元人民币作为注册资本，成立时筹措 5 000 万元人民币，待批准成立后 3 个月内筹足剩余的 5 000 万元人民币。

（2）该城市商业银行准备设立 2 个分支机构，总行主管管理工作，主要业务由分支机构承担，各分支机构实行独立核算，对各自的经营业务承担民事责任，总行拨付给 2 个分支机构的营运资金总额为 6 500 万元人民币。

为尽快产生效益，发起人还计划在银行成立后将进行两笔业务：一笔是购买政府债券 1 000 万元人民币；另一笔是向该城市商业银行股东之一的本市太平洋超市提供 100 万元人民币的信用贷款，该太平洋超市的董事长兼任该商业银行的董事。

请问：

1. 以上设立方案哪些不符合《商业银行法》的规定，为什么？

2. 发起人计划在银行成立后将进行的两笔业务是否符合《商业银行法》的规定，为什么？

案例二：2019 年 3 月，甲银行向乙银行拆入资金 2 000 万元人民币，此时股票市场和房地产市场十分火暴，甲银行见有利可图，随后将拆入资金的一半投资于股票市场，另一半借贷给某房地产公司用以房地产开发。直到 2019 年 10 月，甲银行才向乙银行归还该笔拆入款。

请问：

1. 甲银行在拆入资金的使用上有哪些违法之处？

2.《商业银行法》对拆入资金的用途有哪些特别规定？

案例三：甲市某机械生产企业在一周内分三次从同一商业银行设在该市的三家支行各获得 200 万元、300 万元、400 万元的贷款，并从该银行设在该市的分行获得 100 万元贷款。这些贷款到期后经该商业银行多次催还，均无着落，该商业银行诉至法院。经查，这些贷款中的一半已被该企业投资于房地产，另一半则转贷给房地产公司，以牟取高额利息，现因房地产市场不景气，资金无法收回。商业银行在发放贷款时，也未要求该企业提供任何担保，贷款手续亦由各分、支行长一手办理，也未按照规定向有关机构报备贷款情况。

请问：

1. 借款企业存在哪些违法行为？

2. 该商业银行在发放贷款时存在哪些违法行为？

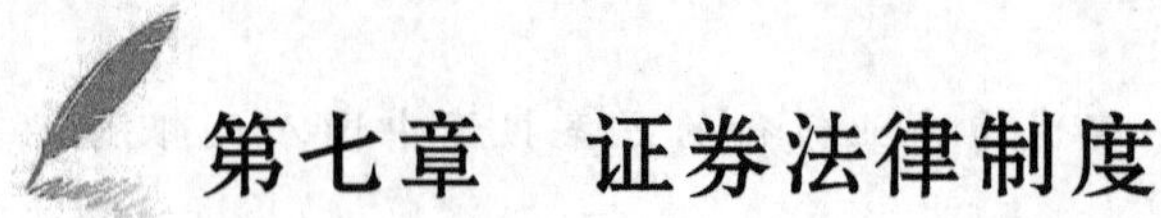

第七章 证券法律制度

第一节 证券法概述

一、证券的概念、种类及特征

(一) 证券的概念和种类

证券是指记载并代表特定民事权利的书面凭证,即记载并代表一定权利的文书。所谓"记载"与"书面凭证",说明特定的民事权利是通过文字或通用符号而不是以图画或其他非通用符号记载于特定物质载体之上;所谓"特定民事权利",说明可为证券所记载并代表的不是所有的民事权利,而是某种特定范围或具有某种特定性质的民事权利;所谓"代表",说明这种对权利的文字记载在一定法律环境下,不仅是对人或对事单纯地表示或证明该权利,而且这种记载特定权利的书面本身就是权利的象征物或代表者。

从广义上讲,证券包括资本证券、货币证券和货物证券。《证券法》上所规范的证券仅为资本证券。

按照不同的标准,可以对资本证券作多种分类。我国目前证券市场上发行和流通的资本证券主要包括股票、债券、证券投资基金份额、存托凭证以及经国务院依法认定的其他证券。

1. 股票

股票是指股份有限公司签发的证明股东权利义务的要式有价证券。目前,我国发行的股票按照投资主体的不同可分为国家股、法人股、内部职工股和社会公众个人股;按照股东权益和风险大小,可以分为普通股、优先股及普通和优先混合股;按照认购股票投资者身份和上市地点的不同,可以分为境内上市内资股(A 股)、境内上市外资股(B 股)和境外上市外资股(包括 H 股、N 股、S 股)。股票具有权利性、非返还性、风险性和流通性等特点。

2. 债券

债券是指企业、金融机构或政府为募集资金向社会公众发行的、保证在规定的时间内向债券持有人还本付息的有价证券。根据发行人的不同,债券可分为以下三大类:(1) 企业、公司债券,是指一般企业和公司发行的债券;(2) 金融债券,是指银行和非银行金融机构为筹集资金补偿流动资金的不足而发行的债券;(3) 政府债券,是指政府或政府授权的代理机构基于财政或其他目的而发行的债券,包括国库券、财政证券、建设公债、特种国债、保值公债等。由于债券是一种到期还本付息的有价证券,因而它具有风险性小和流通性强的特点。

3. 证券投资基金份额

证券投资基金份额是指证券投资基金发起人向社会公众发行的,表明持有人对其基金享有收益分配权和其他相关权利的有价证券。投资者按其所持基金份额在基金中所占的比例来分享基金盈利,同时分担基金亏损。

4. 存托凭证

存托凭证,又称存券收据或存股证,是指在一国证券市场流通的代表外国公司有价证券的可转让凭证,由存托人签发,以境外证券为基础在境内发行,代表境外基础证券权益的证券。属公司融资业务范畴的金融衍生工具。存托凭证一般代表公司股票,但有时也代表债券。

5. 经国务院依法认定的其他证券

经国务院依法认定的其他证券是指立法上尚未规定,但具有证券性质和特点,需将其纳入证券范畴的证券品种。这是一条弹性规定,用以应对不断发展的证券市场的需要。

(二) 证券的特征

证券法规定的证券,具有以下三个方面的法律特征:(1) 证券是具有投资属性的凭证。就证券的持有人而言,无论其购买证券还是在证券市场上转让证券,几乎都是以追求投资回报最大化为目的,或者说都是把自己对证券的投入或回收的资金作为投资资本来看待。所以,证券是投资者权利的载体,投资者的权利是通过证券记载,并凭借证券获取相应收益的。(2) 证券是证明持券人拥有某种财产权利的凭证。证券体现一定的财产权利。证券是一种有待证实的资本,证券虽然可以在兑现前为持券人带来不特定的或约定的收益,但是证券本金的投资回报还须视股票市场行情状况或义务人的经济状况而定。(3) 证券是一种可以流通的权利凭证。证券是一种可流通的权利凭证,是指证券具有可转让性和变现性,其持有者可以随时将证券转让出售,以实现自身权利。

二、证券市场

证券市场作为金融市场的重要组成部分,它是股票、债券、存托凭证、基金份额等有价证券及其衍生产品(如期货、期权等)发行和交易的场所,其实质是通过各类证券的发行和交易以募集和融通资金并取得预期利益。在现代市场经济中,证券市场是完整市场体系的重要组成部分,它不仅反映和调节货币资金的运动,而且对整个经济的运行具有重要影响。证券市场由证券发行市场和证券流通市场两部分组成。

(一) 证券发行市场

证券发行市场又被称为一级市场,是指通过发行证券进行筹资活动的市场。其功能在于一方面为资本的需求者提供募集资金的渠道,另一方面为资本的供应者提供投资的场所。通过证券发行市场,投资者的闲散资金转化为生产资本。发行市场主要由证券发行人、认购人和中介人组成。其中证券发行人包括政府、金融机构、公司和公共机构(如基金会等);认购人即投资者,包括机构和个人两类;中介人指证券公司和为证券发行服务的注册会计师机构、律师机构和资产评估机构等。

(二) 证券流通市场

证券流通市场又被称为二级市场,是指对已发行的证券进行买卖、转让和流通的市场。其功能在于为证券持有人提供随时转让所持证券进行变现的机会,同时为新的投资者提供投资机会。通过证券流通市场,投资者持有的证券实现了流通。

证券交易场所(证券交易所、国务院批准的其他全国性证券交易场所)为证券集中交易提供场所和设施,组织和监督证券交易;按照国务院规定设立的区域性股权市场为非公开发行证券的发行、转让提供场所和设施。

三、证券法的概念、适用范围及基本原则

(一) 证券法的概念及适用范围

证券法是规范证券发行与交易的法律。证券法的概念有狭义和广义之分。狭义的证券法指《证券法》。广义的证券法除《证券法》外,还包括其他法律中有关证券管理的规定,国务院颁发的有关证券管理的行政法规,证券管理部门发布的部门规章,地方立法部门颁布的有关证券管理的

地方性法规和规章等。证券交易所等有关证券自律性组织依法制定的业务规则和行业活动准则等对我国证券市场的规范运作也起到重要的调整作用。

《证券法》对我国证券的发行、交易、投资者保护以及证券交易、中介机构和监督管理等内容作出了详细的规定。《证券法》以及其他法律中有关证券管理的规定,国务院和政府有关部门发布的有关证券方面的法规、规章以及规范性文件,共同构成了我国的证券法律体系。

《证券法》的调整范围,是指在中华人民共和国境内,股票、公司债券、存托凭证和国务院依法认定的其他证券的发行和交易。《证券法》未规定的,适用《公司法》和其他法律、行政法规的规定。政府债券、证券投资基金份额的上市交易,适用《证券法》;其他法律、行政法规另有规定的,适用其规定。资产支持证券、资产管理产品发行、交易的管理办法,由国务院依照《证券法》的原则规定。

在中华人民共和国境外的证券发行和交易活动,扰乱中华人民共和国境内市场秩序,损害境内投资者合法权益的,依照《证券法》有关规定处理并追究法律责任。

(二)证券法的基本原则

根据《证券法》的规定,在证券活动和证券管理中应坚持如下原则。

1. 公开、公平、公正原则

公开原则是指市场信息要公开。在内容上,凡是可能影响投资者决策的信息都应当公开,如公司章程、招股说明书、有关财务会计资料等。公开的形式包括向社会公告,将有关信息刊登在报纸或刊物上,将有关资料置备于有关场所,供公众随时查阅等。公开的信息必须及时、准确、真实、完整。公平原则是指所有市场参与者都具有平等的地位,其合法权益都应受到公平的保护。他们在证券发行和交易中应当机会均等、待遇相同。公正原则是指在证券发行和交易的有关事务处理上,要在坚持客观事实的基础上,做到一视同仁,对所有证券市场参与者都要给予公正的待遇,尤其是证券监管机关要坚持公正原则。

2. 自愿、有偿、诚实、信用原则

自愿是指当事人有权按照自己的意愿参与证券发行与证券交易活动,其他人不得干涉,也不得采取欺骗、威吓或胁迫等手段影响当事人决策。在市场交易活动中,任何一方都不得把自己的意志强加给对方。有偿是指在证券发行和交易活动中,一方当事人不得无偿占有他方当事人的财产和劳动。诚实是指要客观真实,不欺人、不骗人。信用是指遵守承诺,并及时、全面地履行承诺。

3. 保护投资者合法权益的原则

保护投资者的合法权益是《证券法》的立法宗旨之一。证券市场的发展必须依靠社会公众的支持,投资者的热情和信心是证券市场稳健发展的重要保证。为了切实保护投资者的合法权益,《证券法》设专章规定了投资者保护制度,并作出了一系列的制度安排,包括投资者适当性管理制度、证券公司与普通投资者发生纠纷的自证清白制度、股东权利代为行使征集制度、上市公司现金分红制度、公司债券持有人会议制度与受托管理人制度、先行赔付的赔偿机制、普通投资者与证券公司纠纷的强制调解制度、代表人诉讼制度等。此外,国家设立证券投资者保护基金、投资者保护机构、中小投资者服务中心加强投资者保护。《证券法》中的一些具体规则,诸如发行保荐、控股股东、实际控制人、高管人员诚信义务与责任、关联融资、担保的限制、信息披露、禁止证券欺诈行为等,均贯彻了保护投资者的合法权益原则。

知识拓展(7-1)

投资者保护

证券市场主体是证券市场的参与者,除证券发行人之外,主要指提供集中交易场所的证券交易所和为证券活动提供各种服务的证券机构或中介机构,包括证券公司、证券交易场所、证券登记结算机构、证券服务机构、证券业协会等。它们是筹资者与投资者之间的桥梁,对证券市场的发展具有举足轻重的作用。

4. 合法原则

遵守法律、法规是我们在一切社会活动中都必须遵守的原则。《证券法》第5条规定:“证券的发行、交易活动必须遵守法律、行政法规;禁止欺诈、内幕交易和操纵证券市场的行为。”

5. 分业经营、分业管理的原则

《证券法》第6条规定:证券业和银行业、信托业、保险业分业经营、分业管理。这一原则的目的在于禁止证券业与银行业、信托业、保险业之间业务混合,禁止银行、信托、保险等机构从事高风险的证券业务,以利于实现金融业管理的规范化,降低银行、信托和保险资金的风险。

6. 国家统一监管与行业自律原则

制约和化解市场风险,维护市场正常秩序,必须对证券市场进行监管。各国对证券市场的监管包括由政府设立证券监管部门进行监管和由证券经营机构等成立自律性组织进行监管两种模式。我国实行政府统一监管与行业自律相结合的模式。国务院证券监督管理机构依法对全国证券市场实行集中统一监督管理。国务院证券监督管理机构根据需要可以设立派出机构,按照授权履行监督管理职责。在国家对证券发行、交易活动实行集中统一监督管理的前提下,依法设立证券业协会,实行自律性管理。

第二节 证券市场主体

一、证券公司

(一) 证券公司的设立

1. 证券公司的概念

证券公司是指依照《公司法》的规定并经国务院证券监督管理机构批准而成立的专门经营证券业务的营利法人。

2. 证券公司的设立

证券公司的设立应具备下列条件,并经国务院证券监督管理机构批准:(1) 有符合法律、行政法规规定的公司章程;(2) 主要股东及公司的实际控制人具有良好的财务状况和诚信记录,最近3年无重大违法违规记录;(3) 有符合《证券法》规定的公司注册资本;(4) 董事、监事、高级管理人员、从业人员符合《证券法》规定的条件;(5) 有完善的风险管理与内部控制制度;(6) 有合格的经营场所、业务设施和信息技术系统;(7) 法律、行政法规和经国务院批准的国务院证券监督管理机构规定的其他条件。

未经国务院证券监督管理机构批准,任何单位和个人不得以证券公司名义开展证券业务活动。

(二) 证券公司的业务范围

经国务院证券监督管理机构核准,取得经营证券业务许可证,证券公司可以经营下列部分或者全部证券业务:(1) 证券经纪;(2) 证券投资咨询;(3) 与证券交易、证券投资活动有关的财务顾问;(4)证券承销与保荐;(5) 证券融资融券;(6) 证券做市交易;(7) 证券自营;(8) 其他证券业务。

证券公司经营前述第(1)项至第(3)项业务的,注册资本最低限额为人民币5 000万元;经营第(4)项至第(8)项业务之一的,注册资本最低限额为人民币1亿元;经营第(4)项至第(8)项业务中两项以上的,注册资本最低限额为人民币5亿元。证券公司的注册资本应当是实缴资本。

国务院证券监督管理机构根据审慎监管原则和各项业务的风险程度，可以调整注册资本最低限额，但不得少于前款规定的限额。

证券公司经营证券资产管理业务的，应当符合《中华人民共和国证券投资基金法》等法律、行政法规的规定。除证券公司外，任何单位和个人不得从事证券承销、证券保荐、证券经纪和证券融资融券业务。

(三) 对证券公司的监管

证券公司应当依法审慎经营，勤勉尽责，诚实守信。证券公司的业务活动，应当与其治理结构、内部控制、合规管理、风险管理以及风险控制指标、从业人员构成等情况相适应，符合审慎监管和保护投资者合法权益的要求。证券公司依法享有自主经营的权利，其合法经营不受干涉。但是，由于其在证券市场中的特殊地位，《证券法》对其规定了较为周密的监管制度，其主要内容如下。

(1) 证券公司变更证券业务范围，变更主要股东或者公司的实际控制人，合并、分立、停业、解散、破产，应当经国务院证券监督管理机构核准。

(2) 国务院证券监督管理机构应当对证券公司净资本和其他风险控制指标作出规定。证券公司除依照规定为其客户提供融资融券外，不得为其股东或者股东的关联人提供融资或者担保。

(3) 证券公司的董事、监事、高级管理人员，应当正直诚实、品行良好，熟悉证券法律、行政法规，具有履行职责所需的经营管理能力。证券公司任免董事、监事、高级管理人员，应当报国务院证券监督管理机构备案。

有《公司法》第 146 条规定的情形或者下列情形之一的，不得担任证券公司的董事、监事、高级管理人员：① 因违法行为或者违纪行为被解除职务的证券交易场所、证券登记结算机构的负责人或者证券公司的董事、监事、高级管理人员，自被解除职务之日起未逾 5 年；② 因违法行为或者违纪行为被吊销执业证书或者被取消资格的律师、注册会计师或者其他证券服务机构的专业人员，自被吊销执业证书或者被取消资格之日起未逾 5 年。

(4) 证券公司从事证券业务的人员应当品行良好，具备从事证券业务所需的专业能力。因违法行为或者违纪行为被开除的证券交易场所、证券公司、证券登记结算机构、证券服务机构的从业人员和被开除的国家机关工作人员，不得招聘为证券公司的从业人员。国家机关工作人员和法律、行政法规规定的禁止在公司中兼职的其他人员，不得在证券公司中兼任职务。

(5) 证券公司从每年的业务收入中提取交易风险准备金，用于弥补证券经营的损失，其提取的具体比例由国务院证券监督管理机构会同国务院财政部门规定。

(6) 证券公司应当建立健全内部控制制度，采取有效隔离措施，防范公司与客户之间、不同客户之间的利益冲突。证券公司必须将其证券经纪业务、证券承销业务、证券自营业务、证券做市业务和证券资产管理业务分开办理，不得混合操作。

(7) 证券公司从事证券融资融券业务，应当采取措施，严格防范和控制风险，不得违反规定向客户出借资金或者证券。证券公司的自营业务必须以自己的名义进行，不得假借他人名义或者以个人名义进行。证券公司的自营业务必须使用自有资金和依法筹集的资金。证券公司不得将其自营账户借给他人使用。

(8) 证券公司客户的交易结算资金应当存放在商业银行，以每个客户的名义单独立户管理。证券公司不得将客户的交易结算资金和证券归入其自有财产。禁止任何单位或者个人以任何形式挪用客户的交易结算资金和证券。证券公司破产或者清算时，客户的交易结算资金和证券不属于其破产财产或者清算财产。非因客户本身的债务或者法律规定的其他情形，不得查封、冻结、扣划或者强制执行客户的交易结算资金和证券。

(9) 证券公司办理经纪业务,应当置备统一制定的证券买卖委托书,供委托人使用。采取其他委托方式的,必须作出委托记录。客户的证券买卖委托,不论是否成交,其委托记录应当按照规定的期限,保存于证券公司。

(10) 证券公司接受证券买卖的委托,应当根据委托书载明的证券名称、买卖数量、出价方式、价格幅度等,按照交易规则代理买卖证券,如实进行交易记录;买卖成交后,应当按照规定制作买卖成交报告单交付客户。证券交易中确认交易行为及其交易结果的对账单必须真实,保证账面证券余额与实际持有的证券相一致。

(11) 证券公司办理经纪业务,不得接受客户的全权委托而决定证券买卖、选择证券种类、决定买卖数量或者买卖价格。证券公司不得允许他人以证券公司的名义直接参与证券的集中交易。证券公司不得对客户证券买卖的收益或者赔偿证券买卖的损失作出承诺。证券公司的从业人员不得私下接受客户委托买卖证券。

(12) 证券公司应当建立客户信息查询制度,确保客户能够查询其账户信息、委托记录、交易记录以及其他与接受服务或者购买产品有关的重要信息。证券公司应当妥善保存客户开户资料、委托记录、交易记录和与内部管理、业务经营有关的各项信息,任何人不得隐匿、伪造、篡改或者毁损。上述信息的保存期限不得少于20年。

(13) 证券公司应当按照规定向国务院证券监督管理机构报送业务、财务等经营管理信息和资料。国务院证券监督管理机构有权要求证券公司及其主要股东、实际控制人在指定的期限内提供有关信息、资料。证券公司及其主要股东、实际控制人向国务院证券监督管理机构报送或者提供的信息、资料,必须真实、准确、完整。

(14) 国务院证券监督管理机构认为有必要时,可以委托会计师事务所、资产评估机构对证券公司的财务状况、内部控制状况、资产价值进行审计或者评估。具体办法由国务院证券监督管理机构会同有关主管部门制定。

(15) 证券公司的治理结构、合规管理、风险控制指标不符合规定的,国务院证券监督管理机构应当责令其限期改正;逾期未改正,或者其行为严重危及该证券公司的稳健运行、损害客户合法权益的,国务院证券监督管理机构可以区别情形,对其采取下列措施:① 限制业务活动,责令暂停部分业务,停止核准新业务;② 限制分配红利,限制向董事、监事、高级管理人员支付报酬、提供福利;③ 限制转让财产或者在财产上设定其他权利;④ 责令更换董事、监事、高级管理人员或者限制其权利;⑤ 撤销有关业务许可;⑥ 认定负有责任的董事、监事、高级管理人员为不适当人选;⑦ 责令负有责任的股东转让股权,限制负有责任的股东行使股东权利。

证券公司整改后,应当向国务院证券监督管理机构提交报告。国务院证券监督管理机构经验收,治理结构、合规管理、风险控制指标符合规定的,应当自验收完毕之日起3日内解除对其采取的前款规定的有关限制措施。

(16) 证券公司的股东有虚假出资、抽逃出资行为的,国务院证券监督管理机构应当责令其限期改正,并可责令其转让所持证券公司的股权。在前述规定的股东按照要求改正违法行为、转让所持证券公司的股权前,国务院证券监督管理机构可以限制其股东权利。

(17) 证券公司的董事、监事、高级管理人员未能勤勉尽责,致使证券公司存在重大违法违规行为或者重大风险的,国务院证券监督管理机构可以责令证券公司予以更换。

(18) 证券公司违法经营或者出现重大风险,严重危害证券市场秩序、损害投资者利益的,国务院证券监督管理机构可以对该证券公司采取责令停业整顿、指定其他机构托管、接管或者撤销等监管措施。

(19) 在证券公司被责令停业整顿、被依法指定托管、接管或者清算期间,或者出现重大风险时,经国务院证券监督管理机构批准,可以对该证券公司直接负责的董事、监事、高级管理人员和其他直接责任人员采取以下措施:① 通知出境入境管理机关依法阻止其出境;② 申请司法机关禁止其转移、转让或者以其他方式处分财产,或者在财产上设定其他权利。

二、证券交易所

(一) 证券交易所的概念

证券交易所是为证券集中交易提供场所和设施,组织和监督证券交易,实行自律管理的法人。证券交易所有公司制和会员制之分。我国的证券交易所是不以营利为目的,仅为证券的集中和有组织的交易提供场所、设施,并履行国家有关法律、法规、规章、政策规定的职责,实行自律性管理的会员制的事业法人。目前,我国有两家证券交易所,即 1990 年 12 月设立的上海证券交易所和 1991 年 7 月设立的深圳证券交易所。证券交易所的设立和解散由国务院决定。

(二) 证券交易所的职能

根据《证券法》的相关规定,证券交易所具有以下职能。

1. 为证券交易各方提供优良的服务

证券交易所是一个交易场所,为交易集中进行提供客观环境,这是其最为基本的功能。场所和设施是进行证券集中交易活动的基本物质条件,没有场所和设施就失去了交易活动的空间和手段。证券交易所应为各方提供场地(交易大厅)、设施(通信系统、电子计算机等),以及其他交易活动中的相关服务。

2. 提供持续性的证券交易市场

提供持续性的证券交易市场对于证券的发行具有重要意义。它一方面创造出具有市场性和流动性的投资工具,对证券发行起着保障性的重要功能,为证券变现创造必要的市场,使持有证券的投资者可以随时出售证券,收回投资并获取收益。另一方面使证券抵押贷款成为可能。若以上市证券抵押贷款,贷款方因证券可随时变现而增加了贷款的安全性,同时借款方以上市证券作抵押可即时取得贷款。创造持续性市场应具备若干条件,包括:(1) 上市公司拥有大量股东,已具备证券交易的主体规模;(2) 上市公司规模、信誉与营业水准适应证券交易需要;(3) 上市证券具有一定的收益性和投机获利性;(4) 必要且适当的信用交易形式,可以提高交易量、交易频率和交易速度,减少交易价格波动。证券交易所是标准的持续性市场。

3. 形成公平合理的证券交易价格

证券交易价格不是人为订立的,它是在证券交易中通过交易双方以公开竞价的方式实现的。合理价格的形成取决于证券发行和投资者投资之间的供求关系。当证券供应不足时,必然引起需求增加,促使证券价格上扬;当需求不足时,也将引起价格下滑。此外,在价格的形成过程中,人为因素可能会对证券价格的合理性产生影响,证券投机活动可以使证券价格高于或低于投资价格。真正合理的证券价格是在自由的市场中,依据证券供求关系,由交易双方通过协商形成。证券交易所在提供交易场所和业务服务的同时还应实行自律管理,限制和约束证券交易所中操纵市场、过度投机等不良市场行为,维护公平、公正、公开的市场秩序,为形成合理的证券交易价格营造客观环境。

4. 预测经济发展动态,提供交易信息

证券交易所是一国金融形势的灵敏“温度计”,证券交易所能直接或间接地反映出货币供应量的变动趋势,尤其是在银根紧缩或松动时,证券交易所内证券价格就会剧烈波动。证券交易所作为公开的市场,采用先进证券行情显示系统,能及时地提供关于成交情况和市场价格水平报告等大量的详细资料,以供交易双方参考。证券交易所内汇集了许多有经验、有学识的证券业者,他们与工商企业接触频繁，可以分析了解各公司的发展动态；同时，工商企业的股东掌握公司发展信息，从事证券交易，为证券交易所商情分析提供了广泛的资料，证券交易所也就成为商情分析最完备和最有成效的机构。由于股票价格的高低取决于企业未来的盈利前景，企业的盈利又与整个国民经济的发展变化相关，证券交易所内股票价格的基本走势，可以反映经济发展的基本趋势，因而证券交易所被称为一国金融形势和整个国民经济形势变化的"晴雨表"或"温度计"。

（三）证券交易所的职责

证券交易所履行自律管理职能，应当遵守社会公共利益优先原则，维护市场的公平、有序、透明。

1. 提供证券交易的场所和设施

场所和设施是进行证券交易活动的基本物质条件，没有场所和设施就失去了交易活动的空间和手段。完备的市场设施是准确、高效地执行交易委托，迅速、及时、持续地向投资者提供市场行情信息的基本保证。证券交易所如不能提供交易场所和设施，就不可能占有交易市场的核心地位，也就失去了设立证券交易所的必要。

2. 制定证券交易的业务规则

对于证券交易的基本规则，有关证券立法一般都有规定，但多数具体的运作规则，各国的证券立法一般均规定由证券交易所制定。《证券法》规定，证券交易所依照法律、行政法规和国务院证券监督管理机构的规定，制定上市规则、交易规则、会员管理规则和其他有关业务规则，并报国务院证券监督管理机构批准。

3. 管理和公布市场信息

证券市场的信息公开有多个环节，而证券交易所公开证券交易的信息即是其中之一。证券交易所应当实时公布证券交易即时行情，并按交易日制作证券市场行情表，记载下述事项：(1) 上市证券的名称；(2) 开市、最高、最低及收市价格；(3) 与前一交易日收市价比较后的涨跌情况；(4) 成交量、值的分计及合计；(5) 股价指数及其涨跌情况；(6) 证监会要求公开的其他事项。证券交易所应当就其市场内的成交情况编制日报表、周报表、月报表和年报表，并及时向社会公布。证券交易所及其会员应当妥善保管证券交易中产生的委托资料、交易记录、清算文件等，并制定相应的查询的保密措施。重要文件的保存期应当不少于 20 年。

4. 组织、监督证券交易

(1) 采取技术性停牌和临时停市措施。因不可抗力、意外事件、重大技术故障、重大人为差错等突发性事件而影响证券交易正常进行时，为维护证券交易正常秩序和市场公平，证券交易所可以按照业务规则采取技术性停牌、临时停市等处置措施，并应当及时向国务院证券监督管理机构报告。因该突发性事件导致证券交易结果出现重大异常，按交易结果进行交收将对证券交易正常秩序和市场公平造成重大影响的，证券交易所按照业务规则可以采取取消交易、通知证券登记结算机构暂缓交收等措施，并应当及时向国务院证券监督管理机构报告并公告。

(2) 办理上市证券的终止上市事务。上市公司的证券因法定原因，经法定程序终止上市时，证券交易所应按规定办理终止上市的具体事务。

(3) 对证券交易进行监控。证券交易所应当具备用于证券交易监督管理的实时监控系统，并按照证券监督管理部门的要求提供交易信息，防止市场价格暴涨暴跌，限制过分投机，适时执行涨跌停板制度，即每日市价涨(跌)到上(下)限时，就自动停止上涨(下跌)。

(4) 对会员进行监督管理。证券交易所应当制定具体的会员管理规则，其内容包括：① 取得会员资格的条件和程序；② 席位管理；③ 与证券交易和清算业务有关的会员内部监督管理、风险控制、电脑系统的标准及维护等方面的要求；④ 会员的业务报告制度；⑤ 会员所派出市代表在交易场所的行为规则;⑥ 会员及其出市代表违法、违规行为的处罚;⑦ 其他需要在会员管理规则中规定的事项。

证券交易所有权对违反法律、法规、章程、业务规则或者违背诚实信用原则的行为,给予处罚。处罚包括以下几种:① 口头警告;② 罚款;③ 书面通报;④ 暂停参加场内交易;⑤ 开除会籍。

(5) 对上市公司进行监督管理。证券交易所依法对上市公司实施监管,设立上市公司档案资料,并根据国家有关法律、法规、规章对股东持股数量及其买卖行为的限制规定,对上市公司股东在交易过程中的持股变动情况进行即时统计和监督。上市公司股东因持股数量变动而产生信息披露义务的,证券交易所应当在其履行披露义务之前,限制其继续交易该股票,督促其即时履行披露义务,并立即向证监会报告。证券交易所应当采取必要措施,保证上市公司董事、监事、高级管理人员不得转让本人持有的本公司股票。证券交易所应当根据有关法律、法规的规定制定具体的上市规则。证券交易所应当与上市公司订立上市协议,确定相互间的权利义务关系。上市协议的内容与格式应当符合国家有关法律、法规、规章、政策的规定,并报证监会备案。

三、证券登记结算机构

(一) 证券登记结算机构的概念与设立

证券登记结算机构是指为证券交易提供集中登记、存管与结算服务,不以营利为目的的法人。

设立证券登记结算机构必须经国务院证券监督管理机构批准,并应当具备下列条件:(1) 自有资金不少于2亿元人民币;(2) 具有证券登记、存管和结算服务所必需的场所和设施;(3) 国务院证券监督管理机构规定的其他条件。证券登记结算机构的名称中应当标明“证券登记结算”字样。

(二) 证券登记结算机构的职能

证券登记结算机构履行下列职能:(1) 证券账户、结算账户的设立;(2) 证券的存管和过户;(3) 证券持有人名册登记;(4) 证券交易的清算和交收;(5) 受发行人的委托派发证券权益;(6) 办理与上述业务有关的查询、信息服务;(7) 国务院证券监督管理机构批准的其他业务。

在证券交易所或者国务院批准的其他全国性证券交易场所交易的证券,应当全部存管在证券登记结算机构。证券登记结算机构不得挪用客户的证券。

(三) 证券登记结算机构的责任

证券登记结算机构的责任包括:(1) 证券登记结算机构应当向证券发行人提供证券持有人名册及有关资料;应当根据证券登记结算的结果,确认证券持有人持有证券的事实,提供证券持有人登记资料;应当保证证券持有人名册和登记过户记录真实、准确、完整,不得隐匿、伪造、篡改或者毁损。(2) 证券登记结算机构应当妥善保存登记、存管和结算的原始凭证及有关文件和资料。其保存期限不得少于20年。(3) 证券登记结算机构应当采取下列措施保证业务的正常进行——具有必备的服务设备和完善的数据安全保护措施;建立完善的业务、财务和安全防范等管理制度;建立完善的风险管理系统。(4) 证券登记结算机构应当设立证券结算风险基金,用于垫付或者弥补因违约交收、技术故障、操作失误、不可抗力造成的证券登记结算机构的损失。(5) 证券登记结算机构作为中央对手方提供证券结算服务的,是结算参与人共同的清算交收对手,进行净额结算,为证券交易提供集中履约保障。证券登记结算机构为证券交易提供净额结算服务时,应当要求结算参与人按照货银对付的原则,足额交付证券和资金,并提供交收担保。在交收完成之前,任何人不得动用用于交收的证券、资金和担保物。结算参与人未按时履行交收义务的，证券登记结算机构有权按照业务规则处理前款所述财产。(6) 证券登记结算机构按照业务规则收取的各类结算资金和证券，必须存放于专门的清算交收账户，只能按业务规则用于已成交的证券交易的清算交收，不得被强制执行。

四、证券服务机构

证券服务机构是指依法设立的从事证券服务业务的法人机构。主要包括证券投资咨询公司、信用评级机构、会计师事务所、资产评估机构、律师事务所、证券信息公司等。《证券法》规定，会计师事务所、律师事务所以及从事证券投资咨询、资产评估、资信评级、财务顾问、信息技术系统服务的证券服务机构，应当勤勉尽责、恪尽职守，按照相关业务规则为证券的交易及相关活动提供服务。同时应遵守以下规则。

(1) 从事证券投资咨询服务业务，应当经国务院证券监督管理机构核准；未经核准，不得为证券的交易及相关活动提供服务。从事其他证券服务业务，应当报国务院证券监督管理机构和国务院有关主管部门备案。

(2) 证券投资咨询机构及其从业人员从事证券服务业务不得有下列行为：① 代理委托人从事证券投资；② 与委托人约定分享证券投资收益或者分担证券投资损失；③ 买卖本证券投资咨询机构提供服务的证券；④ 法律、行政法规禁止的其他行为。有前述所列行为之一，给投资者造成损失的，应当依法承担赔偿责任。

(3) 证券服务机构应当妥善保存客户委托文件、核查和验证资料、工作底稿，以及与质量控制、内部管理、业务经营有关的信息和资料，任何人不得泄露、隐匿、伪造、篡改或者毁损。上述信息和资料的保存期限不得少于 10 年，自业务委托结束之日起算。

(4) 证券服务机构为证券的发行、上市、交易等证券业务活动制作、出具审计报告及其他鉴证报告、资产评估报告、财务顾问报告、资信评级报告或者法律意见书等文件，应当勤勉尽责，对所依据的文件资料内容的真实性、准确性、完整性进行核查和验证。其制作、出具的文件有虚假记载、误导性陈述或者重大遗漏，给他人造成损失的，应当与委托人承担连带赔偿责任，但是能够证明自己没有过错的除外。

五、证券业协会

(一) 证券业协会的性质与机构设置

1991 年 8 月 28 日，我国成立了中国证券业协会。它是我国证券发展史上第一个全国性的证券行业自律性管理组织，是证券经营机构依法自行组织的自律性会员组织，具有独立的社团法人资格。按照《证券法》的规定，证券业协会是证券业的自律性组织，是社团法人。证券公司应当加入证券业协会。

证券业协会的权力机构是全体会员组成的会员大会。证券业协会设理事会，理事会成员依章程的规定由选举产生。证券业协会的章程由会员大会制定，并报国务院证券监督管理机构备案。

(二) 证券业协会的职责

证券业协会履行下列职责：(1) 教育和组织会员及其从业人员遵守证券法律、行政法规，组织开展证券行业诚信建设，督促证券行业履行社会责任；(2) 依法维护会员的合法权益，向证券监督管理机构反映会员的建议和要求；(3) 督促会员开展投资者教育和保护活动，维护投资者合法权益；(4) 制定和实施证券行业自律规则，监督、检查会员及其从业人员行为，对违反法律、行政法规、自律规则或者协会章程的，按照规定给予纪律处分或者实施其他自律管理措施；(5) 制定证券行业业务规范，组织从业人员的业务培训；(6) 组织会员就证券行业的发展、运作及有关内容进行研究,收集整理、发布证券相关信息,提供会员服务,组织行业交流,引导行业创新发展;(7) 对会员之间、会员与客户之间发生的证券业务纠纷进行调解;(8) 证券业协会章程规定的其他职责。

六、证券监督管理机构

(一) 证券监督管理机构的性质

《证券法》规定:国务院证券监督管理机构(中国证券监督管理委员会)依法对我国证券市场实行监督管理。中国证券监督管理委员会是全国证券市场的主管部门,它根据国务院的授权履行行政监管职能,依法对全国证券市场进行集中统一监管,维护证券市场公开、公平、公正,防范系统性风险,维护投资者合法权益,促进证券市场健康发展。

(二) 证券监督管理机构的职责

《证券法》规定,国务院证券监督管理机构在对证券市场实施监督管理中履行下列职责:(1) 依法制定有关证券市场监督管理的规章、规则,并依法进行审批、核准、注册,办理备案;(2) 依法对证券的发行、上市、交易、登记、存管、结算等行为,进行监督管理;(3) 依法对证券发行人、证券公司、证券服务机构、证券交易场所、证券登记结算机构的证券业务活动,进行监督管理;(4) 依法制定从事证券业务人员的行为准则,并监督实施;(5) 依法监督检查证券发行、上市、交易的信息披露;(6) 依法对证券业协会的自律管理活动进行指导和监督;(7) 依法监测并防范、处置证券市场风险;(8) 依法开展投资者教育;(9) 依法对证券违法行为进行查处;(10) 法律、行政法规规定的其他职责。

国务院证券监督管理机构依法履行职责时,有权采取下列措施:(1) 对证券发行人、证券公司、证券服务机构、证券交易场所、证券登记结算机构进行现场检查。(2) 进入涉嫌违法行为发生场所调查取证。(3) 询问当事人和与被调查事件有关的单位和个人,要求其对与被调查事件有关的事项作出说明;或者要求其按照指定的方式报送与被调查事件有关的文件和资料。(4) 查阅、复制与被调查事件有关的财产权登记、通讯记录等文件和资料。(5) 查阅、复制当事人和与被调查事件有关的单位和个人的证券交易记录、登记过户记录、财务会计资料及其他相关文件和资料;对可能被转移、隐匿或者毁损的文件和资料,可以予以封存、扣押。(6) 查询当事人和与被调查事件有关的单位和个人的资金账户、证券账户、银行账户以及其他具有支付、托管、结算等功能的账户信息,可以对有关文件和资料进行复制;对有证据证明已经或者可能转移或者隐匿违法资金、证券等涉案财产或者隐匿、伪造、毁损重要证据的,经国务院证券监督管理机构主要负责人或者其授权的其他负责人批准,可以冻结或者查封,期限为 6 个月;因特殊原因需要延长的,每次延长期限不得超过 3 个月,冻结、查封期限最长不得超过 2 年。(7) 在调查操纵证券市场、内幕交易等重大证券违法行为时,经国务院证券监督管理机构主要负责人或者其授权的其他负责人批准,可以限制被调查的当事人的证券买卖,但限制的期限不得超过 3 个月;案情复杂的,可以延长 3 个月。(8) 通知出境入境管理机关依法阻止涉嫌违法人员、涉嫌违法单位的主管人员和其他直接责任人员出境。

为防范证券市场风险,维护市场秩序,国务院证券监督管理机构可以采取责令改正、监管谈话、出具警示函等措施。

国务院证券监督管理机构依法履行职责,被检查、调查的单位和个人应当配合,如实提供有关文件和资料,不得拒绝、阻碍和隐瞒。

国务院证券监督管理机构工作人员必须忠于职守、依法办事、公正廉洁,不得利用职务便利牟取不正当利益,不得泄露所知悉的有关单位和个人的商业秘密。国务院证券监督管理机构工作人员在任职期间，或者离职后在《中华人民共和国公务员法》规定的期限内，不得到与原工作业务直接相关的企业或者其他营利性组织任职，不得从事与原工作业务直接相关的营利性活动。

第三节　证券发行

一、证券发行的基本条件

公开发行证券，必须符合法律、行政法规规定的条件，并依法报经国务院证券监督管理机构或者国务院授权的部门注册；未经依法注册，任何单位和个人不得公开发行证券。

有下列情形之一的，为公开发行：(1) 向不特定对象发行证券；(2) 向特定对象发行证券累计超过 200 人，但依法实施员工持股计划的员工人数不计算在内；(3) 法律、行政法规规定的其他发行行为。非公开发行证券，不得采用广告、公开劝诱和变相公开方式。

发行人申请公开发行股票、可转换为股票的公司债券，依法采取承销方式的，或者公开发行法律、行政法规规定实行保荐制度的其他证券的，应当聘请证券公司担任保荐人。保荐人应当遵守业务规则和行业规范，诚实守信，勤勉尽责，对发行人的申请文件和信息披露资料进行审慎核查，督导发行人规范运作。

(一) 股票发行的基本条件

1. 股票发行的概念和种类

股票发行是指符合发行条件的股份有限公司，以筹集资金为目的，依法定程序，以同一条件向特定或不特定的公众招募或出售股票的行为。股票发行是股份发行的表现形式。

股票发行人必须是具有股票发行资格的股份有限公司，包括已成立的股份有限公司和经核准拟设立的股份有限公司。股票发行一般有两种：(1) 为设立新公司而首次发行股票，即设立发行；(2) 为扩大已有的公司规模而发行新股，即增资发行。

2. 股票发行的条件

(1) 设立发行股票的条件。设立发行或称首次发行，是指发起人通过发行公司股票来募集经营资本，成立股份有限公司的行为。设立股份有限公司公开发行股票，应当符合《公司法》规定的条件和经国务院批准的国务院证券监督管理机构规定的其他条件，向国务院证券监督管理机构报送募股申请和下列文件：① 公司章程；② 发起人协议；③ 发起人姓名或者名称，发起人认购的股份数、出资种类及验资证明；④ 招股说明书；⑤ 代收股款银行的名称及地址；⑥ 承销机构名称及有关的协议。依照本法规定聘请保荐人的，还应当报送保荐人出具的发行保荐书。法律、行政法规规定设立公司必须报经批准的，还应当提交相应的批准文件。

(2) 发行新股的条件。股份有限公司成立后，基于增资目的可再次申请公开发行股票。公开发行新股，应当符合下列条件：① 具备健全且运行良好的组织机构；② 具有持续经营能力；③ 最近 3 年财务会计报告被出具无保留意见审计报告；④ 发行人及其控股股东、实际控制人最近 3 年不存在贪污、贿赂、侵占财产、挪用财产或者破坏社会主义市场经济秩序的刑事犯罪；⑤ 经国务院批准的国务院证券监督管理机构规定的其他条件。

上市公司发行新股，应当符合经国务院批准的国务院证券监督管理机构规定的条件，具体管理办法由国务院证券监督管理机构规定。公开发行存托凭证的，应当符合首次公开发行新股的条件以及国务院证券监督管理机构规定的其他条件。

公司公开发行新股，应当报送募股申请和下列文件：① 公司营业执照；② 公司章程；③ 股东大会决议；④ 招股说明书或者其他公开发行募集文件；⑤ 财务会计报告；⑥ 代收股款银行的名称及地址。依法聘请保荐人的,还应当报送保荐人出具的发行保荐书。依法实行承销的,还应当报送承销机构名称及有关的协议。

公司对公开发行股票所募集资金,必须按照招股说明书或者其他公开发行募集文件所列资金用途使用;改变资金用途,必须经股东大会作出决议。擅自改变用途,未作纠正的,或者未经股东大会认可的,不得公开发行新股。

(二) 公司债券发行的基本条件

公司债券是指公司依照法定程序发行的、约定在一定期限内还本付息的有价证券。发行公司债券的具体条件如下:(1) 具备健全且运行良好的组织机构;(2) 最近 3 年平均可分配利润足以支付公司债券 1 年的利息;(3) 国务院规定的其他条件。

公开发行公司债券筹集的资金,必须按照公司债券募集办法所列资金用途使用;改变资金用途,必须经债券持有人会议作出决议。公开发行公司债券筹集的资金,不得用于弥补亏损和非生产性支出。

上市公司发行可转换为股票的公司债券,除应当符合上述规定的条件外,还应当遵守《证券法》关于公开发行新股的条件。但是,按照公司债券募集办法,上市公司通过收购本公司股份的方式进行公司债券转换的除外。

申请公开发行公司债券,应当向国务院授权的部门或者国务院证券监督管理机构报送下列文件:(1) 公司营业执照;(2) 公司章程;(3) 公司债券募集办法;(4) 国务院授权的部门或者国务院证券监督管理机构规定的其他文件。依法聘请保荐人的,还应当报送保荐人出具的发行保荐书。

有下列情形之一的,不得再次公开发行公司债券:(1) 对已公开发行的公司债券或者其他债务有违约或者延迟支付本息的事实,仍处于继续状态;(2) 违反本法规定,改变公开发行公司债券所募资金的用途。

二、发行公告

发行公告是指发行人在证券发行前必须依法进行向社会公众公告其招股说明书等募集文件的活动。发行人报送的证券发行申请文件,应当充分披露投资者作出价值判断和投资决策所必需的信息,内容应当真实、准确、完整。为证券发行出具有关文件的证券服务机构和人员,必须严格履行法定职责,保证所出具文件的真实性、准确性和完整性。发行人依法申请公开发行证券所报送的申请文件的格式、报送方式,由依法负责注册的机构或者部门规定。国务院证券监督管理机构或者国务院授权的部门依照法定条件负责证券发行申请的注册。

发行人申请首次公开发行股票的,在提交申请文件后,应当按照国务院证券监督管理机构的规定预先披露有关申请文件。

按照国务院的规定,证券交易所等可以审核公开发行证券申请,判断发行人是否符合发行条件、信息披露要求,督促发行人完善信息披露内容。依照前述规定参与证券发行申请注册的人员,不得与发行申请人有利害关系,不得直接或者间接接受发行申请人的馈赠,不得持有所注册的发行申请的证券,不得私下与发行申请人进行接触。

国务院证券监督管理机构或者国务院授权的部门应当自受理证券发行申请文件之日起 3 个月内,依照法定条件和法定程序作出予以注册或者不予注册的决定,发行人根据要求补充、修改发行申请文件的时间不计算在内。不予注册的,应当说明理由。

证券发行申请经注册后,发行人应当依照法律、行政法规的规定,在证券公开发行前公告公开发行募集文件,并将该文件置备于指定场所供公众查阅。发行证券的信息依法公开前,任何知情人不得公开或者泄露该信息。发行人不得在公告公开发行募集文件前发行证券。

国务院证券监督管理机构或者国务院授权的部门对已作出的证券发行注册的决定，发现不符合法定条件或者法定程序，尚未发行证券的，应当予以撤销，停止发行。已经发行尚未上市的，撤销发行注册决定，发行人应当按照发行价并加算银行同期存款利息返还证券持有人；发行人的控股股东、实际控制人以及保荐人，应当与发行人承担连带责任，但是能够证明自己没有过错的除外。

股票的发行人在招股说明书等证券发行文件中隐瞒重要事实或者编造重大虚假内容，已经发行并上市的，国务院证券监督管理机构可以责令发行人回购证券，或者责令负有责任的控股股东、实际控制人买回证券。

三、证券承销

证券承销业务采取代销或者包销方式。证券代销是指证券公司代发行人发售证券，在承销期结束时，将未售出的证券全部退还给发行人的承销方式。证券包销分两种情况：一是证券公司将发行人的证券按照协议全部购入，然后再向投资者销售，当卖出价高于购入价时，其差价归证券公司所有；当卖出价低于购入价时，其损失由证券公司承担。二是证券公司在承销期结束后，将售后剩余证券全部自行购入。在这种承销方式下，证券公司要与发行人签订合同，在承销期内，是一种代销行为；在承销期满后，是一种包销行为。股票发行采取溢价发行的，其发行价格由发行人与承销的证券公司协商确定。股票依法发行后，发行人经营与收益的变化，由发行人自行负责；由此变化引致的投资风险，由投资者自行负责。

证券公司承销证券，应当对公开发行募集文件的真实性、准确性、完整性进行核查；发现有虚假记载、误导性陈述或者重大遗漏的，不得进行销售活动；已经销售的，必须立即停止销售活动，并采取纠正措施。证券公司承销证券，不得有下列行为：(1) 进行虚假的或者误导投资者的广告宣传或者其他宣传推介活动；(2) 以不正当竞争手段招揽承销业务；(3) 其他违反证券承销业务规定的行为。证券公司有前述所列行为，给其他证券承销机构或者投资者造成损失的，应当依法承担赔偿责任。

向不特定对象发行证券聘请承销团承销的，承销团应当由主承销和参与承销的证券公司组成。

证券的代销、包销期限最长不得超过 90 日。证券公司在代销、包销期内，对所代销、包销的证券应当保证先行出售给认购人，证券公司不得为本公司预留所代销的证券和预先购入并留存所包销的证券。股票发行采用代销方式，代销期限届满，向投资者出售的股票数量未达到拟公开发行股票数量 70%的，为发行失败。发行人应当按照发行价并加算银行同期存款利息返还股票认购人。公开发行股票，代销、包销期限届满，发行人应当在规定的期限内将股票发行情况报国务院证券监督管理机构备案。

第四节　证券交易

一、概述

证券交易当事人依法买卖的证券，必须是依法发行并交付的证券。非依法发行的证券，不得买卖。

公开发行的证券，应当在依法设立的证券交易所上市交易或者在国务院批准的其他全国性证券交易场所交易。非公开发行的证券，可以在证券交易所、国务院批准的其他全国性证券交易场所、按照国务院规定设立的区域性股权市场转让。

依法发行的股票、公司债券及其他证券,法律对其转让期限有限制性规定的,在限定的期限内,不得转让。

二、证券上市

申请证券上市交易,应当向证券交易所提出申请,由证券交易所依法审核同意,并由双方签订上市协议。证券交易所根据国务院授权的部门的决定安排政府债券上市交易。

申请证券上市交易,应当符合证券交易所上市规则规定的上市条件。证券交易所上市规则规定的上市条件,应当对发行人的经营年限、财务状况、最低公开发行比例和公司治理、诚信记录等提出要求。

上市交易的证券,有证券交易所规定的终止上市情形的,由证券交易所按照业务规则终止其上市交易。证券交易所决定终止证券上市交易的,应当及时公告,并报国务院证券监督管理机构备案。

对证券交易所作出的不予上市交易、终止上市交易决定不服的,可以向证券交易所设立的复核机构申请复核。

三、信息披露

信息披露亦称"信息公开",是指发行人及法律、行政法规和国务院证券监督管理机构规定的其他信息披露义务人为保障投资者利益和接受社会公众的监督而依照法律规定公开或公布或自愿公开其有关信息和资料的行为。实行信息披露,可以了解上市公司的经营状况、财务状况及其发展趋势,从而有利于证券主管机关对证券市场的管理,引导证券市场健康、稳定地发展;有利于社会公众依据所获得的信息,及时采取措施,作出正确的投资选择;也有利于上市公司的广大股东及社会公众对上市公司进行监督。

知识拓展(7-2)

信息披露

信息披露的基本要求是真实性、准确性、完整性和及时性。信息披露义务人,应当及时依法履行信息披露义务。信息披露义务人披露的信息,应当真实、准确、完整,简明清晰,通俗易懂,不得有虚假记载、误导性陈述或者重大遗漏。证券同时在境内境外公开发行、交易的,其信息披露义务人在境外披露的信息,应当在境内同时披露。除依法需要披露的信息之外,信息披露义务人可以自愿披露与投资者作出价值判断和投资决策有关的信息,但不得与依法披露的信息相冲突,不得误导投资者。发行人及其控股股东、实际控制人、董事、监事、高级管理人员等作出公开承诺的,应当披露。不履行承诺给投资者造成损失的,应当依法承担赔偿责任。

信息披露义务人披露的信息应当同时向所有投资者披露,不得提前向任何单位和个人泄露。但是,法律、行政法规另有规定的除外。任何单位和个人不得非法要求信息披露义务人提供依法需要披露但尚未披露的信息。任何单位和个人提前获知的前述信息,在依法披露前应当保密。

依法披露的信息,应当在证券交易场所的网站和符合国务院证券监督管理机构规定条件的媒体发布,同时将其置备于公司住所、证券交易场所,供社会公众查阅。

国务院证券监督管理机构对信息披露义务人的信息披露行为进行监督管理。证券交易场所应当对其组织交易的证券的信息披露义务人的信息披露行为进行监督,督促其依法及时、准确地披露信息。

(一) 公开发行申请文件

发行人报送的证券发行申请文件,应当充分披露投资者作出价值判断和投资决策所必需的信息，内容应当真实、准确、完整。为证券发行出具有关文件的证券服务机构和人员，必须严格履行法定职责，保证所出具文件的真实性、准确性和完整性。

(二) 公开报告

1. 定期报告

上市公司、公司债券上市交易的公司、股票在国务院批准的其他全国性证券交易场所交易的公司，应当按照国务院证券监督管理机构和证券交易场所规定的内容和格式编制定期报告，并按照以下规定报送和公告：(1) 在每一会计年度结束之日起 4 个月内，报送并公告年度报告，其中的年度财务会计报告应当经符合《证券法》规定的会计师事务所审计；(2) 在每一会计年度的上半年结束之日起 2 个月内，报送并公告中期报告。

发行人的董事、高级管理人员应当对证券发行文件和定期报告签署书面确认意见。发行人的监事会应当对董事会编制的证券发行文件和定期报告进行审核并提出书面审核意见。监事应当签署书面确认意见。

发行人的董事、监事和高级管理人员应当保证发行人及时、公平地披露信息，所披露的信息真实、准确、完整。董事、监事和高级管理人员无法保证证券发行文件和定期报告内容的真实性、准确性、完整性或者有异议的，应当在书面确认意见中发表意见并陈述理由，发行人应当披露。发行人不予披露的，董事、监事和高级管理人员可以直接申请披露。

2. 临时报告

当发生可能对上市公司、股票在国务院批准的其他全国性证券交易场所交易的公司的股票交易价格、上市交易公司债券的交易价格产生较大影响、而投资者尚未得知的重大事件时，公司应当立即将有关该重大事件的情况向国务院证券监督管理机构和证券交易场所报送临时报告，并予公告，说明事件的起因、目前的状态和可能产生的法律后果。

所谓重大事件是指下列情况：(1) 公司的经营方针和经营范围的重大变化；(2) 公司的重大投资行为，公司在 1 年内购买、出售重大资产超过公司资产总额的 30%，或者公司营业用主要资产的抵押、质押、出售或者报废一次超过该资产的 30%；(3) 公司订立重要合同、提供重大担保或者从事关联交易，可能对公司的资产、负债、权益和经营成果产生重要影响；(4) 公司发生重大债务和未能清偿到期重大债务的违约情况；(5) 公司发生重大亏损或者重大损失；(6) 公司生产经营的外部条件发生的重大变化；(7) 公司的董事、1/3 以上监事或者经理发生变动，董事长或者经理无法履行职责；(8) 持有公司 5%以上股份的股东或者实际控制人持有股份或者控制公司的情况发生较大变化，公司的实际控制人及其控制的其他企业从事与公司相同或者相似业务的情况发生较大变化；(9) 公司分配股利、增资的计划，公司股权结构的重要变化，公司减资、合并、分立、解散及申请破产的决定，或者依法进入破产程序、被责令关闭；(10) 涉及公司的重大诉讼、仲裁，股东大会、董事会决议被依法撤销或者宣告无效；(11) 公司涉嫌犯罪被依法立案调查，公司的控股股东、实际控制人、董事、监事、高级管理人员涉嫌犯罪被依法采取强制措施；(12) 国务院证券监督管理机构规定的其他事项。

公司的控股股东或者实际控制人对重大事件的发生、进展产生较大影响的，应当及时将其知悉的有关情况书面告知公司，并配合公司履行信息披露义务。

投资者尚未得知的，发生可能对上市交易公司债券的交易价格产生较大影响的重大事件是指：(1) 公司股权结构或者生产经营状况发生重大变化；(2) 公司债券信用评级发生变化；(3) 公司重大资产抵押、质押、出售、转让、报废；(4) 公司发生未能清偿到期债务的情况；(5) 公司新增借款或者对外提供担保超过上年末净资产的 20%；(6) 公司放弃债权或者财产超过上年末净资产的 10%；(7) 公司发生超过上年末净资产 10%的重大损失；(8) 公司分配股利，作出减资、合并、分立、解散及申请破产的决定,或者依法进入破产程序、被责令关闭;(9) 涉及公司的重大诉讼、仲裁;(10) 公司涉嫌犯罪被依法立案调查,公司的控股股东、实际控制人、董事、监事、高级管理人员涉嫌犯罪被依法采取强制措施;(11) 国务院证券监督管理机构规定的其他事项。

(三) 违规信息披露的法律后果

信息披露义务人未按照规定披露信息,或者公告的证券发行文件、定期报告、临时报告及其他信息披露资料存在虚假记载、误导性陈述或者重大遗漏,致使投资者在证券交易中遭受损失的,信息披露义务人应当承担赔偿责任;发行人的控股股东、实际控制人、董事、监事、高级管理人员和其他直接责任人员以及保荐人、承销的证券公司及其直接责任人员,应当与发行人承担连带赔偿责任,但是能够证明自己没有过错的除外。

四、限制或禁止的交易行为

(一) 一般规定

(1) 依法发行的证券,《公司法》和其他法律对其转让期限有限制性规定的,在限定的期限内不得转让。上市公司持有5%以上股份的股东、实际控制人、董事、监事、高级管理人员,以及其他持有发行人首次公开发行前发行的股份或者上市公司向特定对象发行的股份的股东,转让其持有的本公司股份的,不得违反法律、行政法规和国务院证券监督管理机构关于持有期限、卖出时间、卖出数量、卖出方式、信息披露等规定,并应当遵守证券交易所的业务规则。

(2) 证券交易场所、证券公司和证券登记结算机构的从业人员,证券监督管理机构的工作人员以及法律、行政法规规定禁止参与股票交易的其他人员,在任期或者法定限期内,不得直接或者以化名、借他人名义持有、买卖股票或者其他具有股权性质的证券,也不得收受他人赠送的股票或者其他具有股权性质的证券。任何人在成为前述所列人员时,其原已持有的股票或者其他具有股权性质的证券,必须依法转让。实施股权激励计划或者员工持股计划的证券公司的从业人员,可以按照国务院证券监督管理机构的规定持有、卖出本公司股票或者其他具有股权性质的证券。

(3) 证券交易场所、证券公司、证券登记结算机构、证券服务机构及其工作人员应当依法为投资者的信息保密,不得非法买卖、提供或者公开投资者的信息。证券交易场所、证券公司、证券登记结算机构、证券服务机构及其工作人员不得泄露所知悉的商业秘密。

(4) 为证券发行出具审计报告或者法律意见书等文件的证券服务机构和人员,在该证券承销期内和期满后6个月内,不得买卖该证券。除前述规定外,为发行人及其控股股东、实际控制人,或者收购人、重大资产交易方出具审计报告或者法律意见书等文件的证券服务机构和人员,自接受委托之日起至上述文件公开后5日内,不得买卖该证券。实际开展上述有关工作之日早于接受委托之日的,自实际开展上述有关工作之日起至上述文件公开后5日内,不得买卖该证券。

(5) 上市公司、股票在国务院批准的其他全国性证券交易场所交易的公司持有5%以上股份的股东、董事、监事、高级管理人员,将其持有的该公司的股票或者其他具有股权性质的证券在买入后6个月内卖出,或者在卖出后6个月内又买入,由此所得收益归该公司所有,公司董事会应当收回其所得收益。但是,证券公司因购入包销售后剩余股票而持有5%以上股份,以及有国务院证券监督管理机构规定的其他情形的除外。前述所称董事、监事、高级管理人员、自然人股东持有的股票或者其他具有股权性质的证券,包括其配偶、父母、子女持有的及利用他人账户持有的股票或者其他具有股权性质的证券。公司董事会不按照前述规定执行的,股东有权要求董事会在30日内执行。公司董事会未在上述期限内执行的,股东有权为了公司的利益以自己的名义直接向人民法院提起诉讼。公司董事会不按照前述的规定执行的,负有责任的董事依法承担连带责任。

(6) 通过计算机程序自动生成或者下达交易指令进行程序化交易的，应当符合国务院证券监督管理机构的规定，并向证券交易所报告，不得影响证券交易所系统安全或者正常交易秩序。

(二) 禁止的交易行为

根据《证券法》的规定，禁止的交易行为主要包括内幕交易行为、利用未公开信息交易行为、操纵证券市场行为、编造传播虚假信息或者误导性信息行为、损害客户利益行为和其他禁止的交易行为。

证券交易场所、证券公司、证券登记结算机构、证券服务机构及其从业人员对证券交易中发现的禁止的交易行为，应当及时向证券监督管理机构报告。

1. 内幕交易行为

内幕交易是指知悉证券交易内幕信息的知情人和非法获取内幕信息的人，利用内幕信息进行证券交易的活动。

证券交易内幕信息的知情人包括：(1) 发行人及其董事、监事、高级管理人员；(2) 持有公司5%以上股份的股东及其董事、监事、高级管理人员，公司的实际控制人及其董事、监事、高级管理人员；(3) 发行人控股或者实际控制的公司及其董事、监事、高级管理人员；(4) 由于所任公司职务或者因与公司业务往来可以获取公司有关内幕信息的人员；(5) 上市公司收购人或者重大资产交易方及其控股股东、实际控制人、董事、监事和高级管理人员；(6) 因职务、工作可以获取内幕信息的证券交易场所、证券公司、证券登记结算机构、证券服务机构的有关人员；(7) 因职责、工作可以获取内幕信息的证券监督管理机构工作人员；(8) 因法定职责对证券的发行、交易或者对上市公司及其收购、重大资产交易进行管理可以获取内幕信息的有关主管部门、监管机构的工作人员；(9) 国务院证券监督管理机构规定的可以获取内幕信息的其他人员。

证券交易活动中，涉及发行人的经营、财务或者对该发行人证券的市场价格有重大影响的尚未公开的信息，为内幕信息。《证券法》规定的，应当公开，可能对上市公司、股票在国务院批准的其他全国性证券交易场所交易的公司的股票交易价格、上市交易公司债券的交易价格产生较大影响、而投资者尚未得知的重大事件属于内幕信息。

证券交易内幕信息的知情人和非法获取内幕信息的人，在内幕信息公开前，不得买卖该公司的证券，或者泄露该信息，或者建议他人买卖该证券。持有或者通过协议、其他安排与他人共同持有公司5%以上股份的自然人、法人、非法人组织收购上市公司的股份，《证券法》另有规定的，适用其规定。

内幕交易行为给投资者造成损失的，应当依法承担赔偿责任。利用未公开信息进行交易给投资者造成损失的，应当依法承担赔偿责任。

2. 利用未公开信息交易行为

利用未公开信息交易行为是指特定主体利用因职务便利获取的内幕信息以外的其他未公开的信息，违反规定，从事与该信息相关的证券交易活动，或者明示、暗示他人从事相关交易活动。特定主体是指证券交易场所、证券公司、证券登记结算机构、证券服务机构和其他金融机构的从业人员、有关监管部门或者行业协会的工作人员。《证券法》第54条规定，禁止证券交易场所、证券公司、证券登记结算机构、证券服务机构和其他金融机构的从业人员、有关监管部门或者行业协会的工作人员，利用因职务便利获取的内幕信息以外的其他未公开的信息，违反规定，从事与该信息相关的证券交易活动，或者明示、暗示他人从事相关交易活动。

利用未公开信息进行交易给投资者造成损失的，应当依法承担赔偿责任。

3. 操纵证券市场行为

操纵证券市场行为是指行为人背离市场自由竞价和供求关系原则，以各种不正当的手段，影响证券市场价格或者证券交易量，制造证券市场假象，以引诱他人参与证券交易，为自己牟取不正当利益或者转嫁风险的行为。

《证券法》第55条规定,禁止任何人以下列手段操纵证券市场,影响或者意图影响证券交易价格或者证券交易量:(1) 单独或者通过合谋,集中资金优势、持股优势或者利用信息优势联合或者连续买卖;(2) 与他人串通,以事先约定的时间、价格和方式相互进行证券交易;(3) 在自己实际控制的账户之间进行证券交易;(4) 不以成交为目的,频繁或者大量申报并撤销申报;(5) 利用虚假或者不确定的重大信息,诱导投资者进行证券交易;(6) 对证券、发行人公开作出评价、预测或者投资建议,并进行反向证券交易;(7) 利用在其他相关市场的活动操纵证券市场;(8) 操纵证券市场的其他手段。

操纵证券市场行为给投资者造成损失的,应当依法承担赔偿责任。

4. 编造传播虚假信息或者误导性信息行为

编造传播虚假信息或者误导性信息行为是指在证券交易活动中编造、传播虚假信息或误导性信息,扰乱证券市场的行为。根据《证券法》第56条的规定:

(1) 禁止任何单位和个人编造、传播虚假信息或者误导性信息,扰乱证券市场。

(2) 禁止证券交易场所、证券公司、证券登记结算机构、证券服务机构及其从业人员,证券业协会、证券监督管理机构及其工作人员,在证券交易活动中作出虚假陈述或者信息误导。在证券交易活动中作出虚假陈述或者信息误导的,承担相应的法律责任;属于国家工作人员的,还应当依法给予处分。

(3) 各种传播媒介传播证券市场信息必须真实、客观,禁止误导。传播媒介及其从事证券市场信息报道的工作人员不得从事与其工作职责发生利益冲突的证券买卖。传播媒介及其从事证券市场信息报道的工作人员违反该规定,从事与其工作职责发生利益冲突的证券买卖的,没收违法所得,并处以买卖证券等值以下的罚款。编造、传播虚假信息或者误导性信息,扰乱证券市场的,依法承担相应的法律责任。

编造、传播虚假信息或者误导性信息,扰乱证券市场,给投资者造成损失的,应当依法承担赔偿责任。

5. 损害客户利益行为

损害客户利益行为是指证券公司及其从业人员在证券交易及相关活动中,诱骗投资者买卖证券以及其他违背投资者真实意愿、损害其利益的行为。《证券法》第57条规定,禁止证券公司及其从业人员从事下列损害客户利益的行为:(1) 违背客户的委托为其买卖证券;(2) 不在规定时间内向客户提供交易的确认文件;(3) 未经客户的委托,擅自为客户买卖证券,或者假借客户的名义买卖证券;(4) 为牟取佣金收入,诱使客户进行不必要的证券买卖;(5) 其他违背客户真实意思表示,损害客户利益的行为。违反前述规定给客户造成损失的,应当依法承担赔偿责任。

6. 其他禁止的交易行为

任何单位和个人不得违反规定,出借自己的证券账户或者借用他人的证券账户从事证券交易。禁止投资者违规利用财政资金、银行信贷资金买卖证券。

国有独资企业、国有独资公司、国有资本控股公司买卖上市交易的股票,必须遵守国家有关规定。

第五节 上市公司收购

一、概述

投资者可以采取要约收购、协议收购及其他合法方式收购上市公司。

（一）上市公司收购的概念

上市公司收购是指，投资者依法定程序收购股份有限公司已经发行上市的股份，以达到对该公司控股或兼并目的的行为。实施收购行为的投资者被称为收购人，作为收购目标的上市公司被称为被收购公司或“目标公司”。

（二）上市公司收购的方式

按照《证券法》的规定，投资者可以采取要约收购、协议收购及其他合法方式收购上市公司。采取要约收购方式的，收购人必须遵守《证券法》规定的程序和法则，在收购期限内，不得卖出被收购公司的股票，不得采取要约规定以外的形式和超出要约的条件买卖被收购公司的股票。

采取协议收购方式的，收购人可以依照法律、行政法规的规定同被收购公司的股东达成收购协议，以协议方式进行股权转让。以协议方式收购上市公司时，达成协议后，收购人必须在 3 日内将该收购协议向国务院证券监督管理机构及证券交易所作出书面报告，并予以公告。在未作出公告前不得履行收购协议。

（三）权益公开规则和慢走规则

1. 权益公开规则

权益公开又称权益披露，它是指任何人在直接或间接持有某一上市公司发行在外的股份达到一定比例，或者在其达到该法定比例后又发生一定比例的增减变化时，均须依法定程序公开披露其持股权益的制度。它包括持股信息公开和持股变动公开。

(1) 持股信息公开。通过证券交易所的证券交易，投资者持有或者通过协议、其他安排与他人共同持有一个上市公司已发行的有表决权股份达到 5%时，应当在该事实发生之日起 3 日内，向国务院证券监督管理机构、证券交易所作出书面报告，通知该上市公司，并予公告。

(2) 持股变动公开。① 投资者持有或者通过协议、其他安排与他人共同持有一个上市公司已发行的有表决权股份达到 5%后，其所持该上市公司已发行的有表决权股份比例每增加或者减少 5%，应当依照规定进行报告和公告。② 投资者持有或者通过协议、其他安排与他人共同持有一个上市公司已发行的有表决权股份达到 5%后，其所持该上市公司已发行的有表决权股份比例每增加或者减少 1%，应当在该事实发生的次日通知该上市公司，并予公告。

2. 慢走规则

慢走规则又称为台阶规则，是指投资者通过证券交易所的股票交易持有，或者通过协议或其他安排与他人共同持有某一上市公司已发行有表决权股份比例达到 5%以上时，每增加或减少持有股份的一定比例时，均须暂停买卖该公司的股票，进行权益披露，且在法定期限内不得再买卖该种股票。慢走规则的作用在于使投资人对上市公司上市股份的买卖过程依法发生停顿，并依法进行信息披露，从而保护中小股东的利益，避免市场过度震荡。依法律规定，慢走规则体现在以下两种情形。

(1) 通过证券交易所的证券交易，投资者持有或者通过协议、其他安排与他人共同持有一个上市公司已发行的有表决权股份达到 5%时，应当在该事实发生之日起 3 日内，不得再行买卖该上市公司的股票，但国务院证券监督管理机构规定的情形除外。

(2) 投资者持有或者通过协议、其他安排与他人共同持有一个上市公司已发行的有表决权股份达到 5%后，其所持该上市公司已发行的有表决权股份比例每增加或者减少 5%，应当依照规定进行报告和公告，在该事实发生之日起至公告后 3 日内，不得再行买卖该上市公司的股票，但国务院证券监督管理机构规定的情形除外。

违反规定买入上市公司有表决权的股份的，在买入后的 36 个月内，对该超过规定比例部分的股份不得行使表决权。

二、要约收购与协议收购

(一) 要约收购

1. 要约收购的概念

学理认为,要约收购是收购人在证券交易所的集中竞价系统之外,直接向股东发出要购买其手中持有股票的一种收购方式。投资者选择向被收购公司的所有股东发出收购其所持有的全部股份要约的,称为全面要约;投资者选择向被收购公司所有股东发出收购其所持有的部分股份要约的,称为部分要约。

法条链接(7-1)

《证券法》关于要约收购的规定

2. 要约收购的适用条件

(1) 持股比例达到30%。投资者通过证券交易所的证券交易持有,或者通过协议、其他安排与他人共同持有一个上市公司的股份达到30%(含直接持有和间接持有)。

(2) 继续增持股份。在前一个条件下,投资者继续增持股份时,即触发依法向上市公司所有股东发出收购上市公司全部或者部分股份的要约的义务。

只有在上述两个条件同时具备时,才适用要约收购。

收购人应当公平对待被收购公司的所有股东。持有同一种类股份的股东应当得到同等对待。

3. 收购要约的期限

收购要约约定的收购期限不得少于30日,并不得超过60日。

4. 收购要约的撤销

在收购要约确定的承诺期限内,收购人不得撤销其收购要约。投资者持有或者通过协议、其他安排与他人共同持有该上市公司30%以上的股份,其发出收购要约已经将收购的有关信息作了披露,这些经披露的信息对该上市公司的股票交易将发生重要影响。如果收购人撤销收购要约,会对该上市公司的股票交易产生新的影响,有可能损害中小股东的利益。因此,《证券法》规定在收购要约确定的承诺期限内,收购人不得撤销其收购要约。

5. 收购要约的变更

收购人需要变更收购要约的,应当及时公告,载明具体变更事项,且不得存在下列情形:(1) 降低收购价格;(2) 减少预定收购股份数额;(3) 缩短收购期限;(4) 国务院证券监督管理机构规定的其他情形。

(二) 协议收购

协议收购是指收购人在证券交易所之外,通过与被收购公司的股东协商一致达成协议,受让其持有的上市公司的股份而进行的收购。

以协议方式收购上市公司时,收购协议的各方应当获得相应的内部批准(如股东大会、董事会等)。收购协议达成后,收购人必须在3日内将该收购协议向国务院证券监督管理机构及证券交易所作出书面报告,并予公告。

法条链接(7-2)

《证券法》关于协议收购的规定

采取协议收购方式的,协议双方可以临时委托证券登记结算机构保管协议转让的股票,并将资金存放于指定的银行。

采取协议收购方式的,收购人收购或者通过协议、其他安排与他人共同收购一个上市公司已发行的有表决权股份达到30%时,继续进行收购的,应当依法向该上市公司所有股东发出全面收购上市公司全部或者部分股份的要约。但是,经国务院证券监督管理机构免除发出要约的除外。如果收购人依照上述规定触发以要约方式收购上市公司股份,应当遵守前述有关要约收购的规定。

三、上市公司收购的法律后果

收购期限届满，被收购公司股权分布不符合上市条件的，该上市公司的股票应当由证券交易所依法终止上市交易；其余仍持有被收购公司股票的股东，有权向收购人以收购要约的同等条件出售其股票，收购人应当收购。收购行为完成后，被收购公司不再具备股份有限公司条件的，应当依法变更企业形式。

在上市公司收购中，收购人持有的被收购的上市公司的股票，在收购行为完成后的 18 个月内不得转让。

收购行为完成后，收购人与被收购公司合并，并将该公司解散的，被解散公司的原有股票由收购人依法更换。

收购行为完成后，收购人应当在 15 日内将收购情况报告国务院证券监督管理机构和证券交易所，并予公告。上市公司分立或者被其他公司合并，应当向国务院证券监督管理机构报告，并予公告。

同步综合练习

一、名词解释题

要约收购　协议收购　内幕交易　信息披露　操纵市场　证券公司　证券交易所

二、单项选择题

1. 下列表述正确的是（　　）
   A. 国家机关工作人员可以在证券公司中兼任职务
   B. 证券公司从事证券融资融券业务可以向客户出借资金或者证券
   C. 上市交易的证券，有证券交易所规定的终止上市情形的，由证券交易所按照业务规则终止其上市交易
   D. 公司不按照规定公开其财务状况，或者对财务会计报告作虚假记载，可能误导投资者的，由中国证监会决定暂停其股票上市
2. 下列人员中不属于知悉证券交易内幕信息的知情人员的是（　　）
   A. 持有公司 3%以上股份的股东
   B. 发行股票公司的控股公司的高级管理人员
   C. 发行人及其董事、监事、经理及有关高级管理人员
   D. 证券监管机构工作人员以及由于法定的职责对证券交易进行管理的其他人员
3. 以下说法，不正确的是（　　）
   A. 投资者保护机构对损害投资者利益的行为，可以依法支持投资者向人民法院提起诉讼
   B. 证券交易所履行自律管理职能，应当遵守社会公共利益优先原则，维护市场的公平、有序、透明
   C. 证券公司除依照规定为其客户提供融资融券外，不得为其股东或者股东的关联人提供融资或者担保
   D. 因违法行为或者违纪行为被开除的证券服务机构的从业人员和被开除的国家机关工作人员，可以招聘为证券交易所的从业人员
4. 下列信息中不属于内幕信息的是（　　）

A. 公司债务担保的重大变更
B. 公司股权结构的重大变化
C. 公司分配股利或者增资的计划
D. 公司营业用主要资产的抵押、出售或者报废一次超过该资产的15%

5. 以下有关证券公司的说法,不正确的是 ( )
A. 证券公司不得允许他人以证券公司的名义直接参与证券的集中交易
B. 证券公司可以对客户证券买卖的收益或者赔偿证券买卖的损失作出承诺
C. 证券公司从事证券业务的人员应当品行良好,具备从事证券业务所需的专业能力
D. 证券公司办理经纪业务,不得接受客户的全权委托而决定证券买卖、选择证券种类、决定买卖数量或者买卖价格

6. 下列关于要约收购的表述正确的是 ( )
A. 要约收购不必公开进行
B. 要约收购的期间法律作了明确规定
C. 要约收购可以对目标公司的股东实行区别待遇
D. 要约收购期间要约人可以以超出要约的条件买卖目标公司的股票

三、多项选择题

1. 公开发行公司债券必须符合的条件是 ( )
A. 具备健全且运行良好的组织机构
B. 最近3年平均可分配利润足以支付公司债券1年的利息
C. 国务院规定的其他条件
D. 债券持有人不得少于1万人
E. 债券的利率不低于年利率10%

2. 中国证监会依法履行职责时,有权采用的措施是 ( )
A. 进入违法行为发生场所调查取证
B. 询问与被调查事件有关的单位和个人
C. 查阅、复制与被调查事件有关的文件资料
D. 如有需要,可自行决定冻结与被调查事件有关的资金
E. 如有需要,可自行决定封存与被调查事件有关的文件资料

3. 公司首次公开发行新股,应当符合的条件是 ( )
A. 具备健全且运行良好的组织机构
B. 具有持续经营能力
C. 最近3年财务会计报告被出具无保留意见审计报告
D. 发行人及其控股股东、实际控制人最近3年不存在贪污、贿赂、侵占财产、挪用财产或者破坏社会主义市场经济秩序的刑事犯罪
E. 经国务院批准的国务院证券监督管理机构规定的其他条件

4. 飞天证券公司及其工作人员的下列行为中,违反《证券法》的是 ( )
A. 公司将其自营账户暂时借给他人使用
B. 公司为某客户买卖证券提供融资融券服务
C. 公司将证券经纪业务与自营业务混合操作
D. 公司与某客户签订协议,对证券买卖的收益率作出承诺
E. 业务员张琪在办理经纪业务过程中接受某客户的全权委托而决定证券买卖

四、简答题

1. 简述证券的概念与特征。
2. 简述股票的概念与特征。
3. 简述公司债券的概念与特征。
4. 如何理解《证券法》的基本原则？
5. 股票交易有哪些限制性规定？
6. 简述《证券法》规定的禁止交易行为。
7. 简述要约收购的基本规则。

五、案例分析题

案例一：2020 年 5 月 20 日，甲公司总裁 A 先生打电话给公司董事 B 先生，通知他两天之内将召开一次特别董事会。这时，B 先生正住在某饭店。虽然董事会还有两天才召开，他已经获悉了有关公司合并的传闻。他在饭店里给他的父亲 C 先生、他的儿子 D 先生和他的秘书 E 小姐打了电话，建议他们指示各自的经纪人关注甲公司的股票，并暗示他们应该买进该公司的股票。除 C 先生外，D 先生、E 小姐都在 2020 年 5 月 21 日至 22 日，大量买进了甲公司的股票。2020 年 5 月 29 日，甲公司向证券市场公布了其与太平洋公司合并的消息。

请问：

1. B 先生是否为知悉证券交易内幕信息的知情人员，为什么？
2. B 先生的行为是否构成内幕交易，为什么？

案例二：甲股份有限公司（以下简称甲）公开发行股票 6 000 万股，每股面值 1 元。2020 年 5 月 10 日，甲与乙证券公司（以下简称乙）订立了新股发行承销协议。协议约定，乙作为主承销商与丙证券公司（以下简称丙）组成承销团包销。后乙与丙签订了分销协议，约定各自销售的比例为 70%、30%。承销过程中，丙为了顺利完成销售任务，对认股人作出了招股说明书内容以外的承诺。后来乙发现甲招股说明书及其有关宣传资料中有重大遗漏，并立即通知甲与丙，乙、丙停止了销售活动，同时和甲协商重新制作招股说明书及宣传资料并发出要约。由此给乙、丙分别造成 8 万元、4 万元的损失。

请问：

1. 本案中乙作为主承销商有哪些义务？
2. 什么是承销协议？本案中丙就其承诺应承担怎样的法律后果？
3. 本案中乙、丙的损失由谁承担责任？

案例三：刘舒为甲公司的董事。甲公司与乙公司签订一购销合同，甲公司在预先支付了数额巨大的货款后得知，乙公司已经严重亏损，资不抵债，没有任何履约能力，且甲公司的预付款已被当地银行划走抵充银行欠款。刘舒得知这一消息后，认为此次公司损失巨大，必定会影响本公司股票价格。他首先将自己手中的本公司股票抛售，还建议好友王钰等人也抛出该股票。半月后，甲乙公司购销合同事宜通过媒体向社会公布，消息一出，甲公司股价跌落 50%。

请问：

1. 刘舒的行为是什么违法行为？
2. 我国法律规定的该违法行为的主体包括哪些人？
3. 依据《证券法》，应对刘舒如何处理？

案例四：朱贝等四人采取向亲戚朋友借用居民身份证等方法，申请开立了近 300 个股票交易卡，分别在数个证券公司开设交易账户，炒作在深圳证券交易所上市的某公司股票（以下称 J 股票）。2020 年 4 至 5 月间，朱贝在低位大量买进 J 股票，其中 4 月初建仓买进 500 万股，4 月底加仓买进350万股,5月再次加仓买进500多万股,使其掌控的各账户J股票持仓量占J股票流通总股本的35%。同年6月3日起,朱贝指挥操盘手,利用对敲的交易手法,即使用不同的账户对股票作价格、数量相近,方向相反的交易,拉高股票价格,在不到两个月内使该股票价格由每股14元附近升至100多元。尔后,朱贝大量抛售J股票,获利近1亿元,整个炒作运用资金共9亿多元。此后,J股票价格先是由于朱贝的强大抛售而触发连连暴跌,后又由于证券监管部门对某公司立案调查的消息公布而触发连续多个跌停板,从100多元最低跌至8元,前期跟风买进的投资者遭受重大损失。

请问:

1. 朱贝的行为构成《证券法》禁止的哪一种行为,为什么?

2. 朱贝应承担什么法律责任?

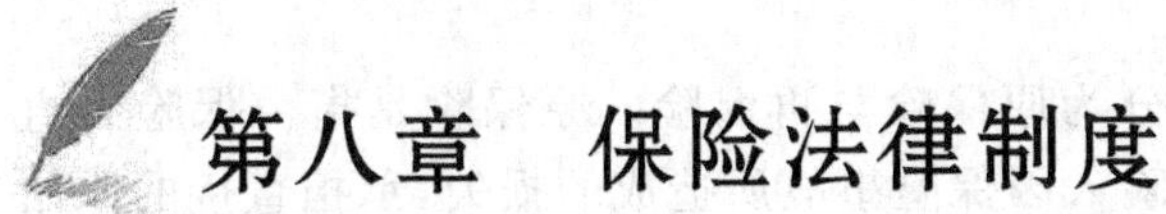

第八章 保险法律制度

第一节 保险及保险法概述

一、保险的概念和种类

(一) 保险的概念

从经济关系的角度来看,保险是一种分散危险、消化损失的经济补偿制度。从法律角度看,保险是指投保人根据合同约定,向保险人支付保险费,保险人对于合同约定的可能发生的事故因其发生所造成的财产损失承担赔偿保险金责任,或者当被保险人死亡、伤残、疾病,或者达到合同约定的年龄、期限时承担给付保险金责任的商业保险行为。

作为一种具有经济补偿功能的商事法律行为,保险必须以存在不确定的危险为前提,以多数人的互助共济为基础,以对危险事故所致损失进行补偿为目的。

(二) 保险的种类

根据不同的标准,可将保险作不同的划分,常见的分类方法和保险种类如下。

1. 根据保险标的的不同划分

保险标的是指作为保险对象的财产及其利益或者人的寿命和身体。依保险标的不同,将保险分为财产保险和人身保险。财产保险是以财产及其有关利益为保险标的的保险,包括财产损失保险、责任保险、信用保险、保证保险等。人身保险是以人的寿命和身体为保险标的的保险,包括人寿保险、健康保险、意外伤害保险等。当人们遭受不幸事故或因疾病、年老以致丧失工作能力、伤残、死亡或年老退休后,根据保险合同的规定,保险人对被保险人或受益人给付保险金或年金,以解决病、残、老、死所造成的经济困难。

2. 根据实施形式的不同划分

依实施形式不同,可将保险分为自愿保险和强制保险。自愿保险是指根据投保人与保险人双方在平等互利原则的基础上签订保险合同而产生的保险。强制保险亦称法定保险,是指以国家颁布法律、法令的形式强制实行的保险。我国的旅客意外伤害保险和机动车船保险即属强制保险之列。

3. 根据保险利益的基本分类来划分

保险利益可以分为具体性保险利益和抽象性保险利益,以此为基础,保险可分为损失补偿性保险和定额给付性保险。

损失补偿性保险是以具体性保险利益投保而订立保险合同。在当事人没有特别约定的情况下,所有财产保险合同和人身保险合同中有关医疗费用、丧葬费用、债务保证的保险,都属于损失补偿性保险。在这种保险中,保险人只负责赔偿被保险人所实际遭受的损失,而不是按照签订合同时合同中约定的保险金额进行赔偿。

定额给付性保险是以抽象性保险利益投保而订立保险合同,保险赔偿的范围是当事人在保险合同中的约定。现在一般的人寿保险合同都属于定额给付性保险合同。

4. 根据保险人承担责任的次序不同来划分

根据保险人承担责任的次序不同,可将保险分为原保险与再保险。原保险是指由保险人直接承保业务并与投保人签订保险合同,对于被保险人因保险事故所造成的损失,承担直接的原始赔偿责任的保险。再保险是指对原保险的保险责任再予以承保的保险。具体地说,再保险是保险人通过订立合同,将自己已承保的风险,全部或部分地转移给一个或几个其他保险人,以降低自己所面临的风险的保险行为,其中分出自己承保业务的保险人被称为原保险人,接受再保险业务的保险人被称为再保险人。

5. 根据保险次数的不同划分

按照保险的次数划分,保险可分为单保险和复保险。单保险是指投保人对于同一保险标的、同一保险利益、同一保险事故,与一个保险人订立保险合同的行为。复保险,或称重复保险,是指投保人对于同一保险标的、同一保险利益、同一保险事故,与数个保险人分别订立数个保险合同的行为。

6. 根据保险保障范围的不同划分

依保险保障的范围不同,可将保险分为财产保险、责任保险、保证保险和人身保险。责任保险是指以被保险人的民事赔偿责任为保险标的的一种保险,包括公众责任保险、雇主责任保险、职业责任保险和产品责任保险等。保证保险是指由保险人为被保险人向权利人提供担保,保证被保险人作为或不作为的一种保险,包括雇员忠诚保险、履约保险、信用保险等。保证保险实际上是一种由保险人充任保证人的担保业务。财产保险和人身保险见前述,只不过此处的财产保险是指最初意义上的有形财产的保险。

7. 根据保险的目的和功能的不同划分

根据保险的目的和功能不同,可将保险分为商业保险、社会保险和政策性保险。商业保险是指保险公司按照商业经营的原则所经营的各种保险。商业保险以营利为目的,进行独立经济核算。社会保险是国家为实现某种社会政策或保障公民利益而采取的一种经济补偿手段。它是在既定的社会政策下,由国家通过立法手段对全体社会公民强制征缴保险费,形成保险基金,用以对其中因年老、疾病、生育、伤残和失业而导致丧失劳动能力或失去工作机会的成员提供基本生活保障的一种社会保障制度,对象为全体公民,目的在于保障社会成员的基本生活。社会保险不以营利为目的,运行中若出现赤字,国家财政将给予支持。政策性保险是国家为了体现一定的国家政策,如产业政策、国际贸易政策等,通常以国家财政为后盾,举办一些不以营利为目的的保险。常见的政策性保险有出口信用保险、投资保险等。

此外,按照保险是否具有涉外因素,可将保险分为国内保险和涉外保险。按照保险标的的价值划分,保险可分为定值保险和不定值保险。

二、保险法的概念

在我国,保险法有广义、狭义之分。广义的保险法是指调整保险关系的法律规范的总称,包括商业保险法和社会保险法;狭义的保险法是指调整民商事保险关系的法律规范的总称。

我国专门调整商业保险的法律是《保险法》,专门调整社会保险的法律是《中华人民共和国社会保险法》(以下简称《社会保险法》)。

三、保险法的基本原则

保险法的基本原则,是贯穿整个保险立法,集中体现保险法区别于其他法律的特征,对各项保险制度和保险规范起统帅和指导作用的立法方针,主要有最大诚信原则、保险利益原则、近因原则、损失补偿原则等四项。

(一) 最大诚信原则

保险是特殊的民事活动，在保险法律关系中，要求当事人具有较一般民事活动更为严格的诚信程度，即要求当事人具有"最大诚信"，这就是保险法的最大诚信原则。

1. 确立最大诚信原则的原因

确立最大诚信原则主要是基于以下三个方面的原因：其一，保险合同是射幸合同。如果合同当事人欠缺最大诚信，就难以维持保险合同的运行与操作。其二，保险标的非常广泛，投保人对保险标的的危险状况最了解。而保险人只能依赖于投保人的告知和陈述确定自己是否承保及确定何种费率。其三，保险合同是格式合同，其条款往往由保险人单方拟订，具有较高的技术性，普通投保人要充分了解并掌握这种合同真实意思是很困难的。因此，如保险人不本着最大诚信原则去履行保险合同的义务，投保人依合同享有的权利往往会落空。

2. 最大诚信原则的内容

最大诚信原则的内容主要是当事人的告知、保证、弃权与禁止反言。

知识拓展(8-1)

《保险法》关于告知的规定

(1) 告知。告知是指投保人在订立保险合同时应当将与保险标的有关的重要事实如实向保险人陈述。投保人不履行如实告知义务将承担相应的法律后果。

(2) 保证。保证是指投保人在保险合同中向保险人作出的履行某种特定义务的承诺，或担保某一事项的真实性。如果投保人违反保证义务，保险人即可取得解除合同的权利或不负赔偿责任。

知识拓展(8-2)

《保险法》关于弃权与禁止反言的规定

(3) 弃权与禁止反言。弃权是指保险人放弃因投保人或被保险人违反告知义务或保证而产生的保险合同解除权。禁止反言是指保险人既然放弃自己的权利，将来不得反悔再向对方主张已经放弃的权利。

3. 最大诚信原则的效力

最大诚信原则更多地体现在对投保人或被保险人的不当行为的约束。当投保人违反该原则时，保险人可以解除合同或者请求确认合同无效，但不能强制对方履行某项义务或要求对方赔偿损失。

(二) 保险利益原则

为区别保险和赌博，确定损失补偿性保险的赔偿范围、防止不当得利和道德风险，各国保险法均确立了保险利益原则，将保险利益视为保险合同的法定生效要件。

保险利益又称可保利益，是指投保人对保险标的具有法律上承认的利益。投保人对保险标的之合法的利益，包括财产利益和人身利益；根据损失可否以金钱计算，又区分为抽象性保险利益和具体性保险利益。

保险利益具有以下特征：(1) 保险利益是为法律所认可的利益。保险利益必须符合法律规定，为法律所认可并受法律保护。(2) 保险利益是能够确定的利益。一方面，保险利益一般是能够以货币形式估价的；另一方面，保险利益不是当事人主观估价的，而是客观上的利益，包括现有利益和期待利益。(3) 保险利益一般是经济上的利益。当事人的精神痛苦、人格利益、刑事处罚等非经济上的利益，不能构成保险利益。

财产保险和人身保险中的保险利益，其构成要件有所不同。

财产保险的保险利益是指投保人对保险标的所具有的某种确定的、合法的经济利益，包括现有利益、基于现有利益而产生的期待利益和基于某一法律上的权利基础而产生的期待利益三种。一般认为，保险标的在因发生保险事故而受损的时刻，当事人必须具有保险利益。通常，下列人对于如下财产及其利益有保险利益:(1) 财产所有人对其所有的财产;(2) 财产的他物权人对相应的他人财产;(3) 财产的使用人对使用的财产;(4) 民事侵权行为人对其承担的损害赔偿责任;(5) 合同当事人对其因违约行为而承担的损害赔偿责任;(6) 债权人对其债权;(7) 保险人对保险标的的保险责任。

人身保险的保险利益是指投保人对于被保险人的生命或身体所具有的利害关系,即投保人对于被保险人将因保险事故的发生而遭受损失,因保险事故的不发生而维持原有的利益。一般认为,人身保险的保险利益,应取决于具有法定的关系或被保险人的同意。根据《保险法》的规定,投保人对下列人员具有保险利益:(1) 本人;(2) 配偶、子女、父母;(3) 除第 2 项之外与投保人有抚养、赡养或扶养关系的家庭成员、近亲属;(4) 与投保人有劳动关系的劳动者。同时,被保险人同意投保人为其订立合同的,视为投保人对被保险人具有保险利益。

与财产保险不同,人身保险只要求投保人在保险合同成立之日具有保险利益,至于保险事故发生时,投保人对被保险人是否仍具有保险利益则不问。

(三) 近因原则

所谓近因,并非指时间上最接近损失的原因,而是指直接促成结果的原因,效果上有支配力或有效的原因,也即必要原因。适用近因原则一方面可以克服漫无边际地对保险人滥施责任;另一方面也可有效地避免保险人推卸责任。

(四) 损失补偿原则

损失补偿原则是指当保险事故发生使投保人或被保险人遭受损失时,保险人必须在责任范围内对投保人或被保险人所受的实际损失进行补偿。

损失补偿原则的目的在于保护投保人或被保险人的合法权益,弥补受害人的损失,禁止被保险人或受益人因保险合同的存在而获得超出其损失的利益。

损失补偿原则包括两层含义:其一,被保险人在保险事故发生后,有权依保险合同从保险人处获得全面、充分的赔偿;其二,保险赔偿以被保险人的实际损失为限,被保险人不能因获得保险赔偿而获得额外利益。

作为保险法的一项基本原则,损失补偿原则的适用也受到一定的限制。根据《保险法》的规定,在出现以下情形时不能适用补偿原则:(1) 人身保险。一般认为,损失补偿原则不适用于人身保险,保险代位原则也同样不适用于人身保险。(2) 法律和保险合同对赔偿金额的限制。根据保险业务的需要,法律和保险合同往往通过规定最高赔偿限额、免赔额和被保险人自负额,来限制补偿原则的适用。(3) 比例承保、定值保险和重置成本保险的约定。在约定了比例承保的保险合同中,保险人在保险事故发生时,只按约定的比例赔偿被保险人的经济损失,被保险人不能获得全面、充分的赔偿。在定值保险中,当保险事故发生时,保险人依约定的保险价值为基础,向被保险人计付赔偿金,而不问保险标的在保险事故发生时的实际价值。在重置成本保险中,重置成本保险以超过当时市价的财产重置价作为保险金额,从而突破了实际损失的限制。

第二节 保险合同

一、保险合同的概念和种类

(一) 保险合同的概念

保险合同是投保人与保险人约定保险权利义务关系的协议。保险合同具有以下四项特征。

(1) 保险合同是附合合同。所谓附合合同,也称格式合同、标准合同或定式合同,是指由一方预先拟定合同的条款，对方只能表示接受或不接受，即订立或不订立合同，而不能就合同的条款内容与拟定方进行协商的合同。保险合同的条款是由保险人单方面预先制订而成立的标准化合同。其特征是，在订立保险合同时，投保人只能被动地服从、接受或者拒绝保险人所提出的条件，所以，其具有较强的附合性。保险合同的附合性显然是对合同自由的一种限制，它使得投保人处于不利的地位。为了对这种情形加以平衡，在对保险合同的文义进行解释时，通常采取不利于保险人的解释原则。

知识拓展(8-3)

《保险法》《民法典》关于格式合同的规定

(2) 保险合同是射幸合同。射幸合同是指当事人一方或双方的给付义务，取决于合同成立后偶然事件的发生。保险合同的目的在于使保险人在特定不可预料或不可抗力的事故发生时，对被保险人履行给付义务，所以也是射幸合同的一种。保险合同的这种射幸性质是由保险事故的发生具有偶然性特点决定的，即保险人承保的危险或者保险合同约定的给付保险金的条件的发生与否，均是不确定的。

(3) 保险合同是双务、有偿合同。保险合同属于双务合同，即在保险合同中，投保人负有依照合同的约定交纳保险费的义务，而保险人则负有按约定的条件支付保险金的义务。保险合同的有偿性，是指被保险人或者受益人所获得的保险赔偿或者给付是以投保人交纳保险费为对价的；相应的，保险人所收取的保险费则是以今后可能赔偿或者给付保险金为对价的。

(4) 保险合同是诺成合同。保险合同属诺成合同，只要双方当事人意思表示一致，保险合同即可成立生效。即使保险事故发生在保险单或者暂保单签发之前，亦不影响保险合同的拘束力。

(二) 保险合同的种类

根据不同的标准，保险合同可以分为不同类型。主要有如下六类。

1. 根据保险标的的不同划分

保险标的是指作为保险对象的财产及其有关利益或者人的寿命和身体。根据保险标的的不同，分为人身保险合同、财产保险合同。人身保险合同是指以人的寿命和身体为保险标的的合同。财产保险合同是指以财产及其有关利益为保险标的的合同。

2. 根据保险价值在保险合同中是否预先确定划分

根据保险价值在保险合同中是否预先确定，分为定值保险合同、不定值保险合同。定值保险合同是指载明保险双方约定保险价值的合同。不定值保险合同是指保险双方未在合同中事先确定价值，需在保险事故发生后确定保险价值的合同。

3. 根据保险金额与保险价值的关系划分

根据保险金额与保险价值的关系，分为足额保险合同、不足额保险合同、超额保险合同。足额保险合同是指保险金额等于保险价值的合同。保险事故发生时，如果保险标的全部损失，保险人按保险金额全部赔偿；如果部分损失，保险人按实际损失额赔偿。足额保险合同的被保险人既可以获得充分的保险保障，也不会多支付不必要的保险费。不足额保险合同是指保险金额低于保险价值的合同。出现不足额保险时，保险人对被保险人损失的赔偿责任仅以保险金额为限，超出保险金额以外的部分，保险人不负赔偿责任，视作被保险人自保。不足额保险合同中，除合同另有约定外，保险人按保险金额与保险价值之间的比例负赔偿责任。超额保险合同是指保险金额大于财产价值的保险合同。《保险法》规定：保险金额不得超过保险价值；超过保险价值的，超过部分无效。

4. 根据保险标的状况不同划分

根据保险标的状况不同，分为个别保险合同、集合保险合同、总括保险合同。个别保险合同又称单独保险合同，是指以一人或者一物为保险标的的保险合同。集合保险合同是指以集合多数性质相似的保险标的而订立一个保险合同,合同对每一保险标的分别订有各自的保险金额。在保险事故发生时,保险人对每一保险标的在其保险金额限度内根据实际损失或者保险金额承担给付保险金的责任。总括保险合同是指以可变动的多数人或者物的集体为标的的保险合同。保险人对承保的多数保险标的只确定一个保险金额,而不分别规定保险金额。保险事故发生时,保险人在保险金额的限度内承担保险责任。

5. 根据保险人的情况不同划分

根据保险人的情况不同,分为单保险合同、复保险合同。单保险合同是指投保人对同一保险标的就同一保险利益、同一保险事故、同一保险期间与一个保险人订立的合同。复保险合同是指投保人对同一保险标的、同一保险利益、同一保险事故分别向两个以上保险人订立的保险合同。根据《保险法》的规定,复保险是指投保人对同一保险标的、同一保险利益、同一保险事故分别与两个以上保险人订立保险合同,且保险金额总和超过保险价值的保险。复保险的各保险人赔偿保险金的总和不得超过保险价值。除合同另有约定外,各保险人按照其保险金额与保险金额总和的比例承担赔偿保险金的责任。复保险的投保人可以就保险金额总和超过保险价值的部分,请求各保险人按比例返还保险费。

6. 根据保险人所负责任的次序不同划分

根据保险人所负责任的次序不同,分为原保险合同、再保险合同。原保险合同是指保险人对被保险人直接承担保险责任的合同。再保险合同,是指保险人将其承担的保险业务,以分保的形式,部分转移给其他保险人的合同。再保险合同与原保险合同之间的关系为:(1) 再保险合同以原保险合同的存在为前提,但是,再保险合同又具有独立性,再保险合同有自己独立的当事人和保险标的;(2) 再保险合同的保险责任以原保险合同的责任为限,原保险合同终止时,再保险合同也应终止。

二、保险合同的主体

(一) 保险合同的当事人

(1) 保险人。保险人亦称承保人,是与投保人订立保险合同,并根据保险合同收取保险费,在保险事故发生时承担赔偿或者给付保险金责任的人。保险人是合同的一方当事人,也是经营保险业务的人。

(2) 投保人。投保人亦称要保人,是与保险人订立保险合同并按照保险合同负有支付保险费义务的人。投保人是保险合同的一方当事人。

(二) 保险合同的关系人

(1) 被保险人。被保险人是其财产或者人身受保险合同保障,享有保险金请求权的人。被保险人可以是投保人,但是以下几种情况下,投保人与被保险人并非同一人:① 为他人利益订立保险合同的。如果投保人以他人的利益订立保险合同,那么合同上的保险赔偿请求权应归于此他人,此他人被称为被保险人。② 保险利益转移后,受让人及继承人可以是被保险人。③ 责任保险合同的受害人。为了保护受侵害的第三人,一般认为,受侵害的第三人可以直接向保险人请求赔偿,无须投保人(被保险人)的通知。此时,受害人应为实质上的被保险人。

(2) 受益人。受益人是由被保险人或投保人在保险合同中指定的享有保险金请求权的人。受益人的受益权具有以下特点:① 受益人由被保险人或投保人指定,但投保人指定受益人必须征得被保险人同意。② 受益人本身具有不确定性。③ 受益人享受的受益权是一种期待利益,只有在保险事故发生后才能享受。④ 受益权不能继承,受益人可以放弃受益权但不能行使出售、转让等任何处分的权利。⑤ 被保险人或投保人可变更受益人,但投保人变更受益人须征得被保险人同意而无须征得保险人同意，只要通知保险人即可。⑥ 受益权只能由受益人独享，具有排他性，其他人都无权剥夺或分享受益人的受益权。受益人领取的保险金不是遗产，无需交遗产税，不用抵偿被保险人生前债务。⑦ 受益人先于被保险人死亡、受益人放弃或丧失受益权且无其他受益人时，保险金可依法作为被保险人的遗产处理。

（三）保险合同的辅助人

保险合同的辅助人是协助保险合同当事人办理保险合同有关事项的人。保险合同的辅助人一般包括保险代理人、保险经纪人、保险公估人。

（1）保险代理人。保险代理人是根据保险代理合同或授权书，向保险人收取保险代理手续费，并以保险人的名义代为办理保险业务的人。对保险代理人的含义可理解为：① 保险代理人既可以是法人，也可以是自然人。② 要有保险人的委托授权，其授权形式一般采用书面授权即委托授权书的形式，有明示授权、默示授权、追认。③ 以保险人的名义办理保险业务，而不是以自己的名义。④ 向保险人收取代理手续费。⑤ 代理行为所产生的权利和义务的后果直接由保险人承担。

（2）保险经纪人。保险经纪人是基于投保人的利益，为投保人与保险人订立保险合同提供中介服务，并依法收取佣金的人。保险经纪人本质上是投保人的代理人。但是，如果保险经纪人也有为保险人代收保险费的情况，这时也同时为保险人的代理人，投保人在将保险费交付经纪人时，也发生保险费已交付的效力。

（3）保险公估人。保险公估人是指专门从事保险标的的查验、评估及保险事故的认定、估损、理算等业务，并据此向当事人委托方收取合理费用的机构或个人。保险公估人作为一种特殊的中介机构，发挥着专业技术服务功能、保险信息沟通功能和风险管理咨询功能。保险公估人出具的公估报告书，一般是作为理赔的参考依据，其本身并不具有法律权威性。

三、保险合同的订立、变更、解除和终止

（一）保险合同的订立程序和形式

1. 保险合同的订立程序

保险合同的订立一般也经过投保（要约）和承保（承诺）两个阶段。

（1）投保。投保人提出保险请求，简称投保。投保是投保人单方的意思表示，非经保险人接受，不产生保险的效力。投保人向保险人索取并如实填具投保单，如实回答保险人所需了解的重要事项，认可保险人规定的保险费率和相应的保险条款后，将投保单交付于保险人，构成投保，即产生合同要约的效力。

（2）承保。承保是保险人承诺投保人的保险要约的行为。保险人收到投保人填具的投保单后，经必要的审核，与投保人协商保险条件，在投保单上签字盖章就构成承保。

保险合同成立后，保险人应当及时签发保险单或保险凭证。保险单或保险凭证是保险合同已经成立的书面证明。保险单应载明保险合同的全部内容，保险凭证实际是简化了的保险单，保险凭证没有载明的内容，以同一险种的保险单的内容为准。如保险人未签发保险单或保险凭证，仍应承担保险合同中规定的义务。

2. 保险合同的形式

（1）投保单。投保单又称要保书，是指投保人向保险人提出订立保险合同的书面文件。投保人填写的投保单一经保险人签章，便成为保险合同的重要组成部分。

（2）保险单。保险单是指投保人与保险人之间订立保险合同的正式书面证明。但是保险合同的存在与否不以保险人是否出具保险单为准，只要投保人的要约经保险人承诺后，即使保险事

故发生在保险单签发之前,保险合同依然有效,保险人应负赔偿责任。除非当事人双方事先约定出具保险单为保险合同生效的条件,保险人才可免负赔偿责任。

(3) 保险凭证。保险凭证是一种简化了的保险单,也称小保单,是指除保险单以外的由保险人签发的,表明其接受投保人申请、与之签订保险合同,交由投保人收执的书面凭证。

(4) 暂保单。暂保单又称临时契约,是指保险人在签发正式保险单前出具给投保人的、用于证明存在保险合同的一种临时凭证。暂保单的内容比较简单,有效期限一般以30天为限,当正式保单出立后,暂保单就自动失效。

(5) 批单。批单是指为了对保险合同进行修改、补充或增删内容而由保险人出立的一种凭证。批单的法律效力高于保险单,当批单内容与保险单不相一致时,以批单内容为准,如多次批改,应以最后一次批改为准。

3. 订立保险合同应注意的问题

订立保险合同,保险人就保险标的或者被保险人的有关情况提出询问的,投保人应当如实告知。投保人故意或者因重大过失未履行前款规定的如实告知义务,足以影响保险人决定是否同意承保或者提高保险费率的,保险人有权解除合同。该合同解除权,自保险人知道有解除事由之日起,超过30日不行使而消灭。自合同成立之日起超过2年的,保险人不得解除合同;发生保险事故的,保险人应当承担赔偿或者给付保险金的责任。

投保人故意不履行如实告知义务的,保险人对于合同解除前发生的保险事故,不承担赔偿或者给付保险金的责任,并不退还保险费。

投保人因重大过失未履行如实告知义务,对保险事故的发生有严重影响的,保险人对于合同解除前发生的保险事故,不承担赔偿或者给付保险金的责任,但应当退还保险费。

保险人在合同订立时已经知道投保人未如实告知的情况的,保险人不得解除合同;发生保险事故的,保险人应当承担赔偿或者给付保险金的责任。

采用保险人提供的格式条款订立的保险合同中的下列条款无效:(1) 免除保险人依法应承担的义务或者加重投保人、被保险人责任的;(2) 排除投保人、被保险人或者受益人依法享有的权利的。

(二) 保险合同的内容

保险合同的内容是指为确定投保人、保险人、被保险人和受益人的权利义务而在保险合同中加以记载的事项。保险合同的内容可分为主要事项和特约事项,均由当事人双方约定并记载在保险合同中,对当事人具有同等的约束力。

1. 保险合同的内容

保险合同的内容包括:(1) 保险人名称和住所;(2) 投保人、被保险人名称和住所,以及人身保险的受益人的名称和住所;(3) 保险标的;(4) 保险责任和责任免除;(5) 保险期间和保险责任开始时间;(6) 保险价值;(7) 保险金额;(8) 保险费以及支付办法;(9) 保险金赔偿或者给付办法;(10) 违约责任和争议处理;(11) 订立合同的年、月、日。

2. 保险合同的特约事项

特约事项是指投保人与保险人在保险合同的主要事项之外,特别约定的其他事项。通常包括附带条款、保证条款和附加条款。

(三) 保险合同的生效与解释

1. 保险合同的生效

一般认为,法律对保险合同的生效有规定的,依规定;没有规定的,依当事人之间的约定;法律既无规定当事人之间又无特别约定的,保险合同生效于保险合同成立之时。

2. 保险合同的解释

保险合同的解释方法主要有:(1) 文字解释原则。该原则指要严格按条款的文字本身所表达的意思来解释。(2) 附加条款优于标准条款解释原则。在保险合同中,基本条款是保险人事先印制的。如当事人需要变更合同的条款,可以采用在正文上批注、加贴批注、书写、打字等方式规定附加条款。在这几种文字形式发生矛盾时,解释应当遵循批注优于正文、后批优于前批、加贴批注优于正文批注、书写优于打印、打印优于复印原则。(3) 疑义的利益解释原则。保险人与投保人、被保险人或受益人对于保险合同的条款的理解发生争议时,人民法院或仲裁机关应当作出有利于被保险人和受益人的解释。

(四) 索赔和理赔

1. 保险索赔

保险索赔是指被保险人或受益人在保险标的因保险事故发生而造成财产损失或人身伤亡,或依照保险合同的约定,在一定的法律事实出现时,请求保险人赔偿损失或给付保险金的意思表示。保险索赔应遵循下列程序。

(1) 向保险人发出出险通知和提出索赔申请。保险索赔应首先及时把保险事故发生的时间、地点、原因、情况及有关合同的单证、保险标的、保险期限等事项告知保险人,以便于保险人迅速地调查、核实,确认保险事故发生的原因、造成的损失。被保险人、受益人得知保险事故发生造成损害后,应在保险索赔的时效内,向保险人提出损失赔偿或保险金给付的请求。

(2) 提供索赔单证。保险事故发生后,依照保险合同请求保险人赔偿或者给付保险金时,投保人、被保险人或者受益人应当向保险人提供其所能提供的与确认保险事故的性质、原因、损失程度等有关的证明和资料。

(3) 领取赔偿金或保险金。保险人对索赔资料进行审查后,对于符合合同规定的,投保人、被保险人或受益人可以领取保险赔偿金或保险金。

权利人应在法律规定的期限内行使索赔权,人寿保险以外的其他保险的被保险人或者受益人,对保险人请求赔偿或者给付保险金的权利,自其知道保险事故发生之日起 2 年不行使而消灭;人寿保险的被保险人或者受益人对保险人请求给付保险金的权利,自其知道保险事故发生之日起 5 年不行使而消灭。

2. 保险理赔

保险理赔是指保险人应被保险人、受益人的请求,以保险合同为依据,核定保险责任并进行保险赔偿或保险金给付的行为,是保险人履行保险合同的一种体现。任何单位和个人不得非法干预保险人履行赔偿或者给付保险金的义务,也不得限制被保险人或者受益人取得保险金的权利。

保险人收到被保险人或者受益人的赔偿或者给付保险金的请求后,应当及时作出核定;情形复杂的,应当在 30 日内作出核定,但合同另有约定的除外。保险人应当将核定结果通知被保险人或者受益人;对属于保险责任的,在与被保险人或者受益人达成赔偿或者给付保险金的协议后 10 日内,履行赔偿或者给付保险金义务。保险合同对赔偿或者给付保险金的期限有约定的,保险人应当按照约定履行赔偿或者给付保险金义务。保险人未及时履行前款规定义务的,除支付保险金外,应当赔偿被保险人或者受益人因此受到的损失。对不属于保险责任的,保险人应当自作出核定之日起 3 日内向被保险人或者受益人发出拒绝赔偿或者拒绝给付保险金通知书,并说明理由。保险人自收到赔偿或者给付保险金的请求和有关证明、资料之日起 60 日内,对其赔偿或者给付保险金的数额不能确定的,应当根据已有证明和资料可以确定的数额先予支付;保险人最终确定赔偿或者给付保险金的数额后,应当支付相应的差额。

保险理赔应遵循下列程序:(1) 立案检验。(2) 核定责任。(3) 计算并支付赔偿金或保险金。(4) 进行损余处理和行使代位求偿权。这是发生在财产保险合同中,保险事故发生后,保险人已支付了全部保险金额,并且保险金额等于保险价值的,受损保险标的的全部权利归于保险人;保险金额低于保险价值的,保险人按照保险金额与保险价值的比例取得受损保险标的的部分权利。同时,《保险法》规定,因第三者对保险标的的损害而造成保险事故的,保险人自向被保险人赔偿保险金之日起,在赔偿金额范围内代位行使被保险人对第三者请求赔偿的权利。

(五) 保险合同的变更

在保险合同有效期内,投保人和保险人经协商同意,可以变更保险合同的有关内容。变更保险合同的,应当由保险人在原保险单或者其他保险凭证上批注或者附贴批单,或者由投保人和保险人订立变更的书面协议。

(六) 保险合同的解除和终止

保险合同的解除是指保险合同成立后,当事人因一定事由解除双方的权利义务关系,使保险合同自始无效的法律行为。保险合同成立后,除法律规定或保险合同约定不许解除外,投保人可以解除合同。而保险人只能在法律规定或保险合同约定的情况下才可解除保险合同。

保险合同的终止是指某种法定或约定事由的出现,致使保险合同当事人权利义务归于消灭。保险合同终止的原因有以下三个方面。

(1) 因期限届满而终止,即在保险合同规定的期限内,未发生保险事故,则期限届满,保险合同即告终止,也被称为保险合同的自然终止。

(2) 因履行而终止,即在保险合同的有效期内,发生了保险事故,保险人承担了赔偿或给付保险金的责任,保险合同即告终止。《保险法》规定:保险标的发生部分损失的,在保险人赔偿后30日内,投保人可以终止合同;除合同约定不得终止合同的以外,保险人也可以终止合同。保险人终止合同的,应当提前15日通知投保人,并将保险标的未受损失部分的保险费,扣除自保险责任开始之日起至终止合同之日止期间的应收部分后,退还投保人。

(3) 因解除而终止,即合同双方协议解除或一方当事人行使解除权解除合同导致合同效力的终止。

第三节 人身保险合同

一、人身保险合同概述

(一) 人身保险合同的概念

人身保险合同,是指当事人以人的寿命和身体作为保险标的而订立的保险合同。按照人身保险合同,保险人有权向投保人收取保险费,并于被保险人死亡、伤残或保险期限届满时向受益人或被保险人给付保险金。

(二) 人身保险合同的特征

除具有保险合同的一般特征外,人身保险合同还具有以下特征。

(1) 保险标的不可估价。人身保险合同以人的生命或身体为保险标的。人的身体和生命不是商品,不具有商品价值,不能用货币来估价。所以,相对于财产保险合同而言,人身保险合同中当事人可以自由约定保险金额,且由于不存在保险价值的约定,不发生重复保险和超额保险的问题。

(2) 保险金一般实行定额给付。在保险事故发生时,除对医疗费用支出可以按实际损失补偿外,保险金给付均采用定额方式,即保险人仅按保险合同中约定的保险金额给付保险金。

(3) 保险期限较长。人身保险合同的有效期限一般较长。除个别的保险合同外,投保人可以任意选择中长期保险期限,且在期满后还可以办理续保手续。

(4) 当事人可以指定受益人。在人身保险合同中,除投保人、保险人、被保险人之外,还可以存在受益人。一般由被保险人直接指定,也可以由投保人在经得被保险人同意后指定。

(5) 人身保险具有储蓄功能。人身保险合同不仅具有经济保障作用,还有储蓄功能。如生存保险合同、两全保险合同,在合同到期后,被保险人均可以要求保险人给付相当于各期保险费之和加利息的保险金。

(三) 人身保险合同的类型

人身保险合同主要有人寿保险合同、意外伤害保险合同和健康保险合同三种类型。人寿保险合同,是指当事人以被保险人的生存和死亡作为保险事故而订立的保险合同,它又可以细分为生存保险合同、死亡保险合同和两全保险合同三类。意外伤害保险合同,是指当事人以被保险人因在保险期内遭受意外伤害造成死亡或残废为保险事故而订立的保险合同。这种保险可以由保险人单独承保,也可以作为人寿保险的附加责任而承保。健康保险合同,也称疾病保险合同,是指当事人以被保险人需要支出医疗费、护理费、因疾病造成残废以及因疾病或意外伤害暂时不能工作而减少劳动收入为保险事故而订立的保险合同。投保人可以单独投保健康保险,也可以将其作为人寿保险或意外伤害保险的附加责任进行投保。

二、人身保险合同的效力

人身保险合同成立生效之后,对保险人、投保人、被保险人、受益人发生法律约束力。

(一) 对保险人的效力

保险人的主要义务为依法或依约定向被保险人或受益人给付保险金,该义务应当在保险事故发生时或保险期限届满时履行。当被保险人死亡之后,如果合同没有指定受益人,或受益人先于被保险人死亡又没有其他受益人,或受益人依法丧失受益权或放弃受益权又没有其他受益人的,保险金作为被保险人的遗产,保险人应当向被保险人的继承人给付保险金。与财产保险不同,人身保险的被保险人如因第三人的原因而发生死亡、伤残等保险事故,保险人在向被保险人或受益人履行给付保险金义务之后,不享有对第三人的代位求偿权。

(二) 对投保人的效力

投保人的主要义务是向保险人交纳保险费。投保人应当按照合同约定的方式和时间履行该义务。在人身保险合同成立生效后,如投保人不愿交纳或拒绝交纳保险费,保险人不得以诉讼方式要求投保人履行义务。

(三) 对被保险人的效力

在合同没有规定受益人的情况下,被保险人享有保险金给付请求权。在保险合同的有效期内,被保险人行为对保险合同的效力有重大影响。在以死亡为给付条件的合同中,自合同成立之日起 2 年内,被保险人如自杀,保险人可以不承担保险责任。被保险人如果故意犯罪导致其自身伤残或死亡的,保险人也不承担保险责任。

(四) 对受益人的效力

受益人根据保险合同可以享有受益权。当合同指定多数人为受益人时,各受益人按照合同规定的份额享有受益权;如果多数受益人之间存在顺位差异,只有顺位在前的全部受益人放弃或丧失受益权或死亡时,后顺位的受益人才可行使受益权。但受益人如果故意造成被保险人死亡、伤残、疾病的,或者故意杀害被保险人未遂的,丧失受益权。

三、人身保险合同的终止

人身保险合同一般因出现下列事由而终止:(1) 合同已经履行;(2) 保险期限届满;(3) 合同被解除。

在人身保险合同中,投保人享有法定的任意单方解除权,保险人则只有在具备法定事由时才享有解除权,即:(1) 投保人申报的被保险人年龄不实且被保险人的真实年龄超出合同约定的限制;(2) 投保人因未按期交纳保费而导致合同效力中止后,投保人未与保险人就恢复合同效力达成协议。保险人行使解除权还受期间的限制。因投保人违反如实告知义务解除合同的期间为自合同成立之日起 2 年,因投保人欠交保费而解除合同的期间为自合同效力中止之日起 2 年。

第四节　财产保险合同

一、财产保险合同的概念和种类

(一) 财产保险合同的概念

财产保险合同是以投保人或被保险人对某项财产及其有关利益为标的而订立的保险合同。

(二) 财产保险合同的种类

财产保险合同分为有形财产保险合同和无形财产保险合同两大类,具体又可分为财产损失保险合同、责任保险合同、信用保险合同、保证保险合同等。

1. 财产损失保险合同

财产损失保险合同,是指以补偿财产的损失为目的的保险合同。在该合同项下,投保人按照约定向保险人支付保险费,在被保险财产发生保险事故时,保险人按照约定向被保险人支付保险金。财产损失保险合同标的是除农作物、牲畜以外的一切动产和不动产。在我国,依照投保标的的不同,财产损失保险合同又可分为以下四种:(1) 企业财产保险合同,即以国家、企事业单位所有或经营的财产为保险标的的保险合同。(2) 家庭财产保险合同,即以家庭或公民个人所有的财产为保险标的的保险合同。(3) 运输工具保险合同,即以船舶、飞机、机动车辆等运输工具为保险标的的保险合同。(4) 运输货物保险合同,即以运输过程中的货物为保险标的的保险合同,包括海上运输货物保险合同、陆上运输货物保险合同、航空运输货物保险合同、邮包保险合同等。

2. 责任保险合同

责任保险合同是指以被保险人对第三者所负的赔偿责任为保险标的而成立的保险合同。《保险法》规定,保险人对责任保险的被保险人给第三者造成的损害,可以依照法律的规定或合同的约定,直接向该第三者赔偿保险金。责任保险合同通常分为以下四种:

(1) 产品责任保险合同,即以投保人因其产品的质量缺陷致使产品使用者或消费者遭受人身伤亡或财产损失而依法应承担的赔偿责任为保险标的的保险合同。

(2) 雇主责任保险合同,即以投保人(雇主)对雇佣人在雇佣期间因人身伤害依法应承担的赔偿责任为保险标的的保险合同。

(3) 公众责任保险合同,即以投保人因意外事故造成第三者人身伤亡或财产损失而依法应承担的赔偿责任为保险标的的保险合同。

(4) 职业责任保险合同,即以投保人因职业工作中的过失致使他人遭受人身伤亡或财产损失而依法应承担的赔偿责任为保险标的的保险合同。

3. 信用保险合同

信用保险合同又称商业信用保险合同,是指保险人对被保险人信用放贷或信用售货提供担保而与投保人订立的保险合同。当债务人不清偿或不能清偿时,由保险人负责赔偿。信用保险合同主要包括出口信用保险合同、国外投资信用保险合同和国内商业信用保险合同。

4. 保证保险合同

保证保险合同,是指保险人向被保证人提供担保而成立的保险合同。当被保证人的行为或不行为致使权利人遭受经济损失,由保险人负赔偿责任。保证保险合同主要有忠诚保证保险合同和确实保证保险合同两种。

二、财产保险合同的主要内容

(一) 保险标的

在我国,财产保险合同的保险标的范围主要包括以下三种。

1. 可保财产

凡承保人依法可以承保的财物即为可保财产。可保财产,在保险单内可作概括性规定,也可列举财产细目,分项规定其保险金额。可保财产分为两种:(1) 一般的可保财产,即企事业单位的固定资产、流动资产和建设工程,个人的房屋、家具、电器用品等生活资料,以及汽车、飞机、轮船等;(2) 特约的可保财产。市场价格变化大或无固定价格的稀有、珍贵财产,如金银、首饰、珠宝、古玩、古画、邮票、艺术品、稀有金属等,原则上不属可保财产,但可由投保人与保险人约定作为特保财产投保。

2. 预期利益

预期利益包括:(1) 因现有利益而产生的期待利益。如货物的托运人对货物到达目的地后应得的利润、收入可作为运输货物保险合同的保险标的;(2) 因合同而产生的利益。如卖方出售货物后,对方及时支付货款而取得的利益,可作为保证保险合同的保险标的。

3. 消极利益

消极利益是指免除由于事故的发生而增加的额外支出。如出于被保险人的行为以致他人的财物或人身受到损害时,为承担经济赔偿责任需支付的费用,可作为责任保险合同的保险标的。

值得注意的是,对于价值的评估没有客观标准、损失率难以预测、道德危险大的物品,一般不能作为财产保险合同的保险标的,投保人非法占有、使用的财产,也不能成为财产保险合同的保险标的。

(二) 保险金额

保险金额,是指投保人对保险标的的实际投保金额,是保险人承担赔偿责任的最高限额和计算保险费的依据。

财产保险合同的保险金额是按保险标的的实际价值确定的,保险金额一般不得高于保险财产的实际价值。

根据保险金额与保险财产实际价值的关系,可将保险金额分为三种情况。

1. 足额保险

足额保险是指保险金额相当于财产实际价值的保险。足额保险是一种比较理想的保险,被保险人所具有的保险标的的价值,可得到完全的保护,在保险标的发生损失时,能够按实际损失如实得到赔偿。

2. 不足额保险

不足额保险是指保险金额低于财产实际价值的保险。《保险法》规定,保险金额低于保险价值的,除合同另有约定外,保险人按照保险金额与保险价值的比例承担赔偿责任。

3. 超额保险

超额保险是指保险金额大于财产实际价值的保险。《保险法》规定,保险金额不得超过保险价值;超过保险价值的,超过的部分无效。

(三) 保险责任

财产保险合同中保险责任的范围,主要包括:(1) 因自然灾害造成的损失。自然灾害是指不可预见、不能避免并不能克服的客观情况。在财产保险中,凡雷电、暴雨、龙卷风、洪水、海啸、地震、泥石流等自然现象所造成的损失,保险人均负赔偿责任,但是否构成上述自然灾害,应以气象、地质等专业部门的标准为准。(2) 因意外事件造成的损失。意外事件,是指损害结果的发生,不是行为人出于故意或过失,而是由于不能抗拒或者不能预见的原因所引起的事件。在财产保险中,凡火灾、爆炸、空中运行物的坠落等意外事件所造成的损失,保险人均负责赔偿。

(四) 除外责任

在财产保险合同中,除了明确规定的保险责任以外,还须对保险人不承保的危险事故作为除外责任明列于合同之中。

(1) 投保人或被保险人、受益人的故意行为。《保险法》规定:投保人、被保险人或者受益人故意制造保险事故的,保险人有权解除保险合同,不承担赔偿或者给付保险金的责任,除本法另有规定外,也不退还保险费。但如果保险事故的发生,是因投保人或被保险人、受益人以外的人故意造成的,保险人仍需负赔偿责任。

(2) 因财产本身缺陷、保管不善而致损失,如变质、霉烂、受潮、虫咬以及自然磨损与按规定的正常消耗。

(3) 堆放在露天或在罩棚下的保险财产,以及有芦席、布、草、纸板、塑料布做棚顶的罩棚,由于暴风、暴雨等造成的损失。

(4) 战争、军事行动或暴力行为。

(5) 核子辐射和污染。

(6) 因遭受保险责任内的灾害或事故造成停工、停业等的一切间接损失,主要指工资、利润、收益等。

三、财产保险合同的效力

财产保险合同的效力,是指保险合同成立后所发生的法律后果,表现为保险当事人的权利和义务。因财产保险合同为双务合同,当事人之间权利义务相互对应,因此,除对有关保险人的一些特殊权利作单独介绍外,以下仅从当事人一方的义务方面阐述。

(一) 投保人、被保险人的义务

投保人、被保险人依约承担以下义务。

(1) 依约支付保险费。向保险人支付保险费是投保人的主要义务。不论投保人是为自己利益还是为他人利益订立合同,均应按约定的期限和方式向保险人支付保险费。在保险合同成立后,投保人拒绝支付保险费的,保险人有权选择解除合同或终止合同。

(2) 维护保险标的的安全。被保险人应当遵守国家有关消防、安全等方面的法律规定以及当事人之间的约定,维护保险标的的安全。保险人为维护保险标的的安全,在经得被保险人同意后,可以直接采取安全预防措施。投保人如果违反该义务,保险人有权要求增加保险费或解除合同。

(3) 及时发出危险增加的通知。如果在合同成立后,保险标的的危险程度明显增加,为保障保险人的利益,法律要求投保人应及时向保险人发出危险增加的通知。

(4) 采取补救措施避免损失扩大。在保险事故发生后,投保人、被保险人有义务采取必要措施减少或者防止损失的进一步扩大。违反该义务而导致损失的扩大,保险人可不予承担赔偿责任。因采取施救措施所发生的费用由保险人负担。当然,投保人采取的措施应当是合理的、必要的。

(5) 及时发出保险事故通知。保险事故发生后,投保人、被保险人有义务及时将保险事故发生的情况通知保险人,以便于保险人及时调查、取证、确定责任。如保险事故实际并未发生,投保人、被保险人谎报发生了保险事故,保险人有权解除合同,并不予退还保险费。

(6) 协助。在保险人依合同约定对保险标的进行防损检查,或在保险事故发生后保险人核实损害、调查取证时,投保人应当提供一切必要的协助。

(7) 不得放弃对第三人的索赔权。在保险事故发生后,如存在第三人应对保险标的损失负赔偿责任的情形,投保人、被保险人不得放弃对该第三人的索赔权。如在保险人给付保险赔偿金之前放弃索赔权,保险人不承担赔偿保险金的责任;如在给付保险赔偿金之后放弃索赔权,该行为无效。

(二) 保险人的义务

保险人的义务主要是在保险事故发生后,依约向被保险人承担赔偿损失的责任。保险人收到被保险人或者受益人的赔偿或者给付保险金的请求后,应当及时作出核定,并将核定结果通知被保险人或者受益人;对属于保险责任的,在与被保险人或者受益人达成有关赔偿或者给付保险金额的协议后10日内,履行赔偿或者给付保险金义务。保险合同对保险金额及赔偿或者给付期限有约定的,保险人应当依照保险合同的约定,履行赔偿或者给付保险金义务。保险人未及时履行前款规定义务的,除支付保险金外,应当赔偿被保险人或者受益人因此受到的损失。

保险人自收到赔偿或者给付保险金的请求和有关证明、资料之日起60日内,对其赔偿或者给付保险金的数额不能确定的,应当根据已有证明和资料可以确定的最低数额先予支付;保险人最终确定赔偿或者给付保险金的数额后,应当支付相应的差额。保险人的先予支付义务,可以最大限度减少被保险人的损失,帮助被保险人恢复生产或方便生活。

保险人的赔偿责任范围为保险金额限度内保险事故所发生的实际损失。实际损失不包括施救费用、查明保险事故原因的费用、因第三人提起仲裁或诉讼而发生的仲裁或诉讼费用等。

四、保险人的代位求偿权

保险人的代位求偿权,是指在保险事故因第三人造成时,保险人在向被保险人赔偿后依法取得的向该第三人求偿的权利。代位求偿权仅存在于财产保险合同中。

1. 代位求偿权的理论依据

财产保险的目的是使被保险人因保险事故所受损失得到补偿,被保险人所能获得的补偿应当以其所受到的实际损失为限,而不能因投保而获得额外的利益。《保险法》正是基于避免被保险人因财产保险关系而获得额外利益而规定了保险人的代位求偿权。

2. 代位求偿权的成立条件

一般认为,保险人的代位求偿权需具备以下三个条件:(1) 需第三人与保险人同时对被保险人因保险事故的发生所受损失负有赔偿责任;(2) 被保险人没有放弃对第三人的赔偿请求权;(3) 保险人已经向被保险人支付了保险赔偿金。

3. 代位求偿权的效力

保险人的代位求偿权具有以下效力:(1) 保险人得直接向第三人请求赔偿;(2) 被保险人放弃对第三人的赔偿请求权的行为无效;(3) 被保险人负辅助保险人行使求偿权的义务;(4) 被保

险人就未从保险人取得赔偿的部分损失对第三人仍享有赔偿请求权。

4. 代位求偿权的限制

除被保险人的家庭成员或者组成人员作为第三人故意造成保险事故外,保险人不得对被保险人的家庭成员或其组成人员行使代位求偿权。

保险人取得保险标的的权利。保险事故发生后,保险人如果已经向被保险人支付了全部保险金额,并且保险金额与保险价值相等的,则保险人取得保险标的的全部权利;如保险金额低于保险价值的,则保险人可以按照保险金额与保险价值的比例取得保险标的的部分权利。法律赋予保险人依上述条件取得保险标的的权利,目的在于防止被保险人因财产保险关系而谋取超出其保险金额之外的利益。

五、财产保险合同的转让、变更和终止

财产保险合同的转让,是指被保险人将保险合同的权利义务转让给第三人的行为。这种转让实际上是保险合同的主体一方的变更。转让的原因一般是保险标的的所有权发生转移。

保险标的转让的,保险标的的受让人承继被保险人的权利和义务。保险标的转让的,被保险人或者受让人应当及时通知保险人,但货物运输保险合同和另有约定的合同除外。因保险标的的转让导致危险程度显著增加的,保险人自收到前款规定的通知之日起30日内,可以按照合同约定增加保险费或者解除合同。保险人解除合同的,应当将已收取的保险费,按照合同约定扣除自保险责任开始之日起至合同解除之日止应收的部分后,退还投保人。被保险人、受让人未履行前述规定的通知义务的,因转让导致保险标的危险程度显著增加而发生的保险事故,保险人不承担赔偿保险金的责任。

财产保险合同的变更,是指在保险合同有效期内合同内容的变更,分法定变更和协议变更两种。协议变更是指当事人协商变更合同的内容。法定变更指在发生法定事由时,当事人一方变更合同内容。保险人单方变更保险合同的法定事由有:投保人、被保险人不履行对保险标的的安全保障义务而致保险标的危险程度增加;在合同有效期内,保险标的危险程度增加。投保人变更保险合同的法定事由有:保险标的的保险价值明显减少;据以确定保险费率的有关情况发生变化,保险标的危险程度减少。

财产保险合同的终止,是指财产保险合同的权利义务关系归于消灭。导致财产保险合同终止的原因主要有:(1) 保险合同的有效期届满;(2) 保险合同已经全部履行;(3) 出现法定事由时当事人依法终止合同;(4) 保险合同被依法解除。

同步综合练习

一、名词解释题

暂保单　保险利益　复保险　再保险　责任保险　保险代位权

二、单项选择题

1. 在一份保险合同履行过程中,当事人就合同中的"意外伤害"条款的含义产生了不同的理解。投保人认为其所受伤害应属于赔付范围,保险公司则认为该伤害不属于赔付范围,两种理解各有其理。在此情形下,法官应当如何理解该条款的含义? (　　)

A. 按照法理进行解释　　B. 按照公平原则进行解释

C. 按照通常含义进行解释　　D. 按照对有利于投保人的原则进行解释

2. 周钰于2020年4月10日与某保险公司订立了人寿保险合同,并于当天交纳了全部保险

费，次日向保险公司索要保险单未果。4 月 11 日，周钰在游泳时溺水身亡。该合同将产生的法律后果是　（　　）

A. 因保险人未签发保险单而无效

B. 因保险人未签发保险单而解除

C. 因保险人未签发保险单而撤销

D. 虽然保险人未签发保险单，但该合同仍有效，保险人应承担给付责任

3. 2018 年，赵宇为其母田莎投保了人寿险，经田莎同意，受益人为赵宇。2019 年赵宇回娘家看望其母，不料同时发生煤气中毒，经抢救无效，赵宇、田莎相继死亡。关于本案，下列说法正确的是　（　　）

A. 保险金作为赵宇的遗产，由赵宇的继承人继承

B. 保险金作为田莎的遗产，由田莎的继承人继承

C. 保险金由田莎的继承人和赵宇的继承人共同继承

D. 赵宇已死亡，无受益人，保险公司可不承担给付保险金的责任

4. 李郎为其子投保了以死亡为给付保险金条件的人身保险，期限 5 年，保险费已一次交清。两年后其子因抢劫罪被判处死刑并已执行。李郎要求保险公司履行赔偿义务。对此，保险公司应　（　　）

A. 依照合同规定给付保险金

B. 可以解除合同，但应全额返还保险费

C. 可以不承担给付保险金的义务，也不返还保险费

D. 根据李郎已付保险费，按照保险单的现金价值予以返还

5. 甲为自己向保险公司投保了以死亡为给付保险金条件的人寿险，1 年后，甲自杀身亡。保险公司　（　　）

A. 应按保险合同给付保险金

B. 不支付保险金，但应全额退还保险费

C. 不支付保险金，但应退还一半保险费

D. 不支付保险金，但应按照保险单退还现金价值

6. 王工为自己花 8 万元购买的二手汽车投保盗窃险，保险金额为该汽车的出厂价 20 万元。合同生效的次日，该汽车被盗，王工请求保险公司赔偿。下列说法正确的是　（　　）

A. 保险公司应不予赔偿　　　　B. 保险公司应赔偿 20 万元

C. 保险公司应赔偿 8 万元　　　　D. 保险公司和王工各承担 10 万元

7. 小李为自己的一幅名人字画购买了盗窃险，后来他把该字画卖给了朋友小王。根据《保险法》的规定，下列表述正确的是　（　　）

A. 保险合同继续有效，小李仍为被保险人

B. 不需要通知保险公司，保险合同即自行变更

C. 自小李通知保险公司之日起，保险合同变更

D. 在小李通知保险公司，保险公司同意的情况下，保险合同才依法变更

8. 某保险公司为某厂承保了企业财产保险，后该厂仓库屋顶大面积塌落，造成损失 50 万元，该厂及时通知保险公司，并附省气象台 9 级台风证明，认为是暴风所致。后经勘查认定仓库屋顶塌落的真正原因是仓库年久失修，勘查费用为 500 元。下列有关该案的处理方式哪一种是正确的？　（　　）

A. 保险公司只负责赔偿 50 万元

B. 保险公司只负责给付核实费用500元

C. 该厂无权请求赔偿,并应自行承担勘查费用500元

D. 保险公司负责赔偿该厂损失及核实费用共500 500元

9. 吴钰为其家庭财产投保了火灾险,但未投保盗窃险。某日吴钰家失火,部分财产被抢救出来,露天堆放。因忙于救火无人看管,又有部分财产被盗。吴钰向保险公司索赔。下列有关该案的处理方式哪一种是正确的? ( )

A. 近因无法确定,无法估算理赔额

B. 盗窃是近因,保险公司不应赔偿吴钰的损失

C. 火灾是近因,保险公司应赔偿因火灾和被盗引起的全部保险财产的损失

D. 因火灾引起的损失,保险公司应予以赔偿;因盗窃引起的损失,保险公司不应赔偿

10. 刘彬以其使用了2年的原价20万元的汽车投保,保险费为5 000元,保险金额15万元。一日,刘彬不慎撞车,发生修理费3万元。保险公司应赔偿刘彬 ( )

A. 5 000元　　B. 3万元　　C. 15万元　　D. 20万元

三、多项选择题

1. 陈辉为其父向保险公司投两全保险,保险合同成立后,陈辉发现将自己父亲年龄申报有误。就有关错误的情况以及由此产生的法律后果,下列表述正确的是 ( )

A. 如果陈辉申报的其父年龄不真实,致使陈辉实付的保险费多于应付保险费的,保险公司应将多收的保险费退还投保人

B. 如果陈辉申报的其父年龄不真实,致使陈辉实付的保险费多于应付保险费的,陈辉无权请求保险公司退还多收的保险费

C. 如果陈辉申报的其父年龄不真实,致使陈辉实付的保险费少于应付保险费的,保险公司有权更正并要求陈辉补交保险费

D. 如果陈辉父亲的真实年龄不符合合同约定的年龄限制,保险公司可以解除合同,并且不退还保险费,但自合同成立之日起逾2年的除外

E. 如果陈辉申报的其父年龄不真实,致使陈辉实付的保险费少于应付保险费的,保险公司有权在给付保险金时按照实付保险费与应付保险费的比例支付

2. 在保险实务中,每一保险合同均包含有除外责任条款,虽其因保险险别而有所不同,但有些条款则是各类保险所共同的。下列情形中,哪些是财产保险合同所均应包括的除外条款? ( )

A. 因核辐射所导致的损失

B. 因被保险人履行道义上的义务所导致的损失

C. 因被保险人过失行为所导致的损失

D. 因被保险人故意制造保险事故所导致的损失

E. 因物品的自然损耗或者内在的固有瑕疵所导致的损失

3. 张古就其价值20万元的汽车投保,约定保险金为20万元,保险期限为1年。3个月后,张古在驾驶中与酒后驾车的李裴相撞,事后鉴定李裴负有全责。李裴当场赔付5 000元,张古修车花费2万元。对此,下列判断正确的是 ( )

A. 保险公司应赔付2万元保险金

B. 保险公司应赔付15 000元保险金

C. 保险金赔付后,张古免除李裴债务的行为无效

D. 即使张古放弃向李裴追偿,保险公司仍应赔付保险金

E. 保险公司自事故发生之日起,取得对李裴的代位求偿权

四、简答题

1. 简述保险的基本原则。
2. 简述保险合同成立与生效的联系与区别。
3. 简述导致保险合同解除的原因。
4. 简述财产保险与人身保险的联系与区别。
5. 简述投保人、保险代理人的权利和义务。

五、案例分析题

案例一：某厂于2020年4月9日向保险公司投保，4月11日上午双方达成一致，保险公司签发了保险单，保险单记载保险期限为2020年4月12日零时至2021年4月11日24时。当日下午，由于电路起火，该厂部分厂房被烧毁。经查，火灾发生的原因属于保险人承保的危险范围。

请问：

1. 保险合同何时生效，为什么？
2. 保险公司是否承担赔偿责任，为什么？

案例二：某厂女工王莲于2010年6月22日为贺花投保（贺花与王莲为婆媳关系）。经贺花同意后购买10年期简易人身保险15份，指定受益人为贺花之孙、王莲之子A，时年2岁。保险费按月从王莲的工资中扣交。交费20个月后，王莲与被保险人之子B离婚，法院判决A随B共同生活。离婚后王莲仍自愿按月从自己工资中扣交这笔保险费，从未间断。2013年2月20日被保险人贺花病故，4月王莲向保险公司申请给付保险金。与此同时，B提出被保险人是其母亲，指定受益人A又随自己共同生活，应由他作为监护人领取这笔保险金。王莲则认为投保人是她，交费人也是她，而且她是受益人A的母亲，也是A合法的监护人，这笔保险金应由她领取。保险公司则以王莲因离婚而对贺花无保险利益为由拒绝给付保险金。

请问：

1. 王莲要求给付保险金的请求是否合理，为什么？
2. B要求给付保险金的请求是否合理，为什么？
3. 保险公司拒付理由是否成立，为什么？
4. 本案应当如何处理，为什么？

第九章　票据法律制度

第一节　票据法概述

一、票据概述

（一）票据的概念和特性

票据是出票人依法出具的约定由自己或委托他人无条件支付一定金额，并可供流通转让的有价证券。一般认为，票据具有以下特性：

（1）票据是金钱债权证券。票据所代表的财产权利，是金钱给付请求权，属于债权，持票人只能请求票据债务人给付票面记载的金钱。

（2）票据是设权证券。票据权利的产生基于票据本身的作成，有票据即有票据权利，无票据即无票据权利，此为设权证券。

（3）票据是文义证券。票据上的权利义务、票据债权人与债务人、票据权利有效期等，均由票据上依法记载的文字的含义来确定，任何人都不得以票据文义之外的因素认定或改变票据权利义务及票据债权人、债务人等。

（4）票据是要式证券。票据必须具备法定格式才能有效。除票据法另有规定者外，不具备法定格式的，不发生票据的效力。

（5）票据是完全有价证券。作成票据，票据权利始得发生；持有票据，就有票据上的权利；行使票据权利，以提示票据为必要；转让票据上的权利，须转让票据。因此，票据为完全有价证券。

（6）票据是无因证券。所谓无因证券，又叫“不要因证券”，是指证券效力与作成证券的原因完全分离，证券权利的存在和行使，不以作成证券的原因为要件的一类证券。

（二）票据的功能

（1）支付功能。在交易中以票据代替货币，不但可用于同城或异地贸易，在国际贸易中，更是被普遍使用。这可减少甚至杜绝大量使用货币带来的不方便和不安全因素。

（2）汇兑功能。票据的使用，使得在异地能够凭借汇票在付款人处兑取货币，或者向他人进行各种支付，解决了在异地贸易中用货币支付费时费力且不安全的问题。票据因而成为极佳的汇兑工具。

（3）信用功能。票据法上的信用，是指当事人签发票据，约定期限，另为付款或由他人代为付款，把将来可以取得的货币，作为现在的货币使用，实现了人的资金信用票据化，票据即成为信用工具。

（4）结算功能。债权人可以签发票据，指定自己的债务人向自己的债权人无条件支付一定金额，由此消灭相互之间的债权债务，此为票据结算。现在各国都广泛实行了票据交换制度，设立票据交换中心或票据交换场所，以利于票据结算。

（5）融资功能。票据可以有偿转让，实现资金周转。持票人急需现金时，可持票向银行请求贴现，也可以背书方式将票据卖给他人，满足需要。

二、票据法概述

(一) 票据法的概念和特点

票据法是调整票据关系的法律规范的总称。它具有以下特点：

(1) 强行性。票据的种类由法律直接规定，不允许当事人自由创设；票据是严格的要式证券，各种票据行为是严格的要式行为。

(2) 技术性。票据法是为实现票据的支付、汇兑、流通、结算等经济技术功能而创设的，具有高度的技术性。

(3) 国际性。由于票据具有较强的支付、汇兑、流通、结算等功能，随着国际贸易的深入发展，票据法出现了国际统一立法，即《统一汇票和本票法公约》和《统一支票法公约》，使票据法具有了很强的国际性。

(二) 票据关系的概念和特点

票据关系，即票据法律关系，它是指票据当事人之间基于票据行为所发生的票据权利义务关系。它具有如下特点：

(1) 票据关系是票据权利义务关系。票据关系当事人为票据权利义务而实施票据行为，票据权利义务成为票据关系的内容，因此，该法律关系是票据权利义务关系。

(2) 票据关系是票据行为所生权利义务关系。票据行为是票据法规定的能够发生票据关系的法律行为，包括出票、背书、承兑、保证、参加承兑等。票据行为之外的行为，无论其是否合法，票据法上纵有规定，也不能发生票据权利义务，不是发生票据关系的法律事实。

(3) 票据关系具有无因性。票据关系中，票据债务人负担无条件支付票面金额的义务，自有其原因或说是基础，比如买方为支付价款而向卖方出票，买卖关系就是票据关系的基础关系。票据法为鼓励人们使用票据，最大限度地保障票据的安全性、可信度，把票据关系与其基础关系之间的联系一刀切断，使票据关系成为独立于基础关系的法律关系。而且，只要票据关系无瑕疵，基础关系纵然无效，票据权利仍然有效。

三、票据权利

(一) 票据权利的概念和特点

票据权利，是指持票人享有的请求票据债务人支付票据金额的权利，包括付款请求权和追索权。

(1) 票据权利享有者，是合法持票人。凡以出票、背书等票据行为和继承等合法方式取得票据者，均为合法持票人，依票据之持有而享有票据权利。不法取得票据者，不得享有票据权利。

(2) 票据权利是票据金额给付请求权。只有经过请求票据债务人付款，票据债务人满足此请求，兑付票面金额，将票面金额交付持票人，持票人才取得金钱。

(3) 票据权利是请求票据债务人支付票据金额的权利。票据债务人是在票据上签章的人。具体讲，有出票人、背书人、保证人、承兑人、付款人。

(4) 票据权利是二次性权利。持票人得请求票据上记载的付款人支付票面金额，此为付款请求权。当付款请求权不能实现时，持票人得向背书人、出票人追索票面金额及有关费用，此为追索权。

(二) 票据权利的行使和保全

1. 票据权利的行使

票据权利的行使，是指票据权利人向票据债务人提示票据并请求履行票据债务的行为，即行使付款请求权请求付款和行使追索权进行追索。

2. 票据权利的保全

票据权利人为防止票据权利消灭所进行的行为,叫作票据权利的保全。

为防止票据权利因时效期间届满而消灭,就应当采取必要行为以保全权利。保全行为有提示票据、作成拒绝证明、起诉、中断时效等等。其中,作成拒绝证明是指持票人向票据上记载的承兑人或付款人提示票据请求承兑或请求付款,遭到拒绝时,请求拒绝之人出具拒绝承兑或拒绝付款的书面证明。

3. 票据权利行使和保全的处所与时间

《票据法》第16条规定:持票人对票据债务人行使票据权利,或者保全票据权利,应当在票据当事人的营业场所和营业时间内进行,票据当事人无营业场所的,应当在其住所进行。

(三) 票据权利的消灭

票据权利的消灭包括付款请求权消灭和追索权消灭。票据权利可基于付款人的付款、被追索人清偿票据债务及追索费用、票据时效期间届满、保全手续欠缺、票据灭失等票据法上的原因而消灭,同时抵销、混同、提存、免除等民法上一般债权的消灭事由也可使票据权利消灭。

四、票据行为

(一) 票据行为的概念和特点

票据行为,是指以发生票据权利义务为目的而依照《票据法》所实施的法律行为。它具有以下特点。

(1) 要式性。票据行为的要式性主要表现在三个方面:一是必须以书面形式进行,二是行为人必须签章,三是必须遵循法定的款式。

行为人违反票据行为的要式性规定,除法律有特殊规定外,一律为无效;符合法定形式的才发生票据行为的效力。如背书行为,只可在票据背面书写特定文字并签名,如果在正面进行,就不构成背书。

(2) 无因性。票据行为仅以签名加交付为成立要件,实施票据行为的原因对票据行为毫无影响。比如,因买卖支付价款而由买受人签发一张银行承兑汇票给出卖人后,即使买卖行为后因法定原因而无效,也不影响出票行为本身的效力;如果出卖人将该汇票背书转让的,受让人仍然可以取得完整的票据权利。

(3) 文义性。票据行为的内容,仅依票据文义确定。即使该记载与行为人的真实意思或者实际情形不符,也依该记载来确定,不允许当事人以票据之外的证明方法对票据文义予以变更或补充。

(4) 独立性。票据上有数个票据行为的,各个票据行为独立生效,互不影响,一行为的无效,不致使其他的有效行为变为无效,有效行为的行为人仍须就票据文义负其责任。比如,民事行为能力欠缺者实施的票据签名虽然无效,但其他人的签名仍然有效;票据有伪造、变造的,伪造、变造行为不影响其他真实签名的效力;票据债务人之保证人,就其在票据上的签名和记载事项负担保证责任,保证行为不因被保证债务的无效而无效。

(二) 票据行为的种类

一般认为,票据行为包括出票、背书、承兑、参加承兑、保证五种。五种票据行为中,出票、背书为各种票据都适用的行为;承兑、参加承兑是汇票特有行为;保证是汇票、本票都适用的行为。

《票据法》对出票、背书、承兑三种行为有其定义,对参加承兑未作规定,虽规定了票据保证制度,但未给保证定义。依《票据法》,出票是指出票人签发票据并将其交付给收款人的票据行为。

背书是指在票据背面或者粘单上记载有关事项并签章的票据行为。承兑是指汇票付款人承诺在汇票到期日支付汇票金额的票据行为。保证是票据债务人之外的人为担保债务的履行而在票据上记载担保文字并签名的票据行为。

第二节 票据抗辩与补救

一、票据抗辩

(一) 票据抗辩的概念

票据抗辩即票据抗辩权，是指票据债务人依照《票据法》享有的、因法定事由的存在而对抗持票人，拒绝履行票据债务的权利。

票据抗辩权是与票据权利对立存在的一种权利，它的权利人是票据债务人，持票人无此种权利；它的作用是对抗持票人，拒绝履行票据债务；它的权源是《票据法》的规定，与票据持有无涉；它的行使以《票据法》规定的抗辩事由的存在为要件。

(二) 票据抗辩权的行使条件

1. 对物抗辩权的行使条件

对物抗辩权，是票据债务人因票据行为不合法或者票据权利不存在，得对任何持票人行使的抗辩权，分为任何票据债务人的对物抗辩权和特定票据债务人的对物抗辩权。下面分述其行使条件，也就是抗辩事由。

(1) 任何票据债务人的对物抗辩权的行使条件

① 票据上的记载事项不符合《票据法》的规定。《票据法》规定了五种因记载事项不合法而致无效的票据：一是票据上无签章；二是票据上的签章不合法定条件；三是票据金额记载不合法；四是票据上有不合法之更改；五是票据上欠缺绝对必要记载事项。② 定期票据未到期。③ 票据权利已经消灭。

(2) 特定票据债务人的对物抗辩权的行使条件

票据有效，但某一票据行为不合法的，受其不利影响的直接当事人依法不负票据责任，得以此作为抗辩事由，对抗任何持票人。不是该不合法行为直接相对人的其他票据债务人，不得主张这种抗辩权。所谓特定票据债务人，就是有效票据上某一不合法行为的直接相对人。特定票据债务人得行使对物抗辩权的情形主要有以下几种：① 无权代理和越权代理；② 签章人为民事行为能力欠缺者；③ 票据伪造、变造；④ 票据权利行使和保全手续欠缺；⑤ 票据权利因时效期间届满而消灭；⑥ 对不得转让的票据背书转让的。

2. 对人抗辩权的行使条件

对人抗辩权，是指票据债务人因特定持票人的票据权利无合法基础，得对抗其请求而不履行债务的权利。这类抗辩权的特点是，票据债务人仅能对特定的持票人抗辩。一旦发生票据易手，票据债务人即不得以与原应受抗辩的持票人之间的抗辩事由，对抗善意受让票据之人。

(1) 任何票据债务人的对人抗辩权的行使条件

有下列条件之一的，任何被请求的票据债务人均可对请求付款的票据债权人抗辩：① 票据债权人丧失受偿能力；② 持票人取得票据欠缺合法形式，不具备受领资格，如背书不连续的持票人；③ 持票人不是真正票据权利人，不具备实质的受领资格，例如，拾得未记载收款人名称的空白授权票据，冒填收款人而骗取票面金额的，虽有形式合法的必要记载事项，但持票人并无实质受领资格。

(2) 特定票据债务人的对人抗辩权的行使条件

① 直接当事人之间的原因关系无效。② 直接当事人之间的票据行为无效。③ 持票人从被请求的票据债务人手中无对价或以不相当之代价取得票据。如,甲乙订立买卖合同,甲向乙授票而为预付价款,乙受票后不提供货物仍要甲付款,甲可对乙进行抗辩。④ 持票人无偿地从未付对价的前手受取票据。依《票据法》第 11 条规定,因税收、继承、赠与等无偿取得票据的,所享有的票据权利不得优于其前手的权利。如果持票人的前手因未付代价或代价不相当而应受抗辩,持票人即应继受其前手的权利瑕疵,未收得对价的票据债务人得向无偿取得之持票人抗辩,即使持票人不知情,也不能幸免。⑤ 直接当事人之间有特约而违反特约的。⑥ 当事人之间的票据债务已因清偿、抵销、免除等而消灭,但因故未记载于票据上。⑦ 持票人恶意取得票据的。依《票据法》第 12 条第 1 款之规定,明知前手是以欺诈、偷盗或者胁迫等手段取得票据,出于恶意取得票据的,不得享有票据权利。

二、票据抗辩的补救

票据抗辩的补救即票据抗辩权的限制,是指《票据法》规定的票据债务人对特定持票人不得抗辩的限制,又称"抗辩的切断"。

票据抗辩权限制的基本原理,就是将抗辩事由限定在票据债务人与其直接相对人之间,善意受让票据的持票人,不受票据债务人与其直接相对人之间的抗辩事由的影响。

票据抗辩权的限制,仅发生于与"人的抗辩"有联系的场合。从"物的抗辩"来说,由于票据权利不存在或者无效,票据债务人得对任何持票人行使票据抗辩权,因此,《票据法》对物的抗辩不加限制。从"人的抗辩"来说,特定票据债务人对特定持票人进行抗辩,或因直接当事人之间的原因关系无效,或因持票人恶意取得票据,无一不是持票人对票据债务人无合法票据权利的抗辩,他们之间存在直接的个人之间的抗辩事由,自不应限制票据债务人的抗辩。

《票据法》第 13 条规定,票据债务人不得以自己与出票人或者与持票人的前手之间的抗辩事由,对抗持票人。但是,持票人明知存在抗辩事由而取得票据的除外。此即抗辩限制的规定。

第三节　汇票、本票与支票

一、汇票

(一) 汇票概述

1. 汇票的概念

汇票是出票人签发的,委托付款人在见票时或者在指定日期无条件支付确定的金额给收款人或者持票人的票据。在汇票法律关系中享有票据权利和承担票据责任者,被称为汇票当事人。其中,享有票据权利者被称为汇票权利人,承担汇票责任者被称为汇票债务人。根据各当事人参与汇票活动时间的不同,可分为基本当事人与非基本当事人两种。汇票的基本当事人是指基于最初的汇票行为而明确的当事人,包括出票人、收款人和(受托)付款人,其名称或商号均记载于汇票的正面。汇票的非基本当事人包括被背书人和保证人。

我国现行的汇票均由商业银行总行统一印制,票面上印刷有"银行汇票""银行承兑汇票""商业承兑汇票"字样。持票人可以将该汇票通过设质背书进行质押,用以担保主债务的履行;还可以选择汇票作为远期付款的工具,在汇票付款的期限未到之前,持票人可以通过转让汇票取得现款。

2. 汇票的种类

(1) 即期汇票和远期汇票

这是按汇票付款时间的不同而定的。即期汇票是指以持票人提示日为到期日，持票人持票到银行或其他委托付款人的营业点，后者见票必须付款的一种汇票。即期汇票权利人可以随时行使自己的票据权利，在此之前无须提前通知付款人准备履行义务。远期汇票是指约定一定的期日付款的汇票，可分为定日付款汇票、出票后定期付款汇票、见票后定期付款汇票等三种形式。

(2) 记名汇票与无记名汇票

记名汇票是指在票据上记载收款人的姓名或商号的汇票。无记名汇票是指在票据上不记载收款人的姓名，凡持票人都可以享有票据权利，直接向付款人请求承兑和请求付款的汇票。

(3) 银行汇票与商业汇票

银行汇票是指汇款人将确定的款项交存所选定的银行，由银行签发给汇款人持往异地办理转账结算或提取现金的票据。商业汇票是由出票人签发的，委托付款人在指定日期无条件支付确定的金额给收款人或者持票人的票据。按承兑人的不同，商业汇票分为商业承兑汇票和银行承兑汇票。

(二) 汇票的票据行为

1. 出票

出票是指出票人依照《票据法》的要求记载汇票所必须记载的事项，签署自己的姓名、加盖单位公章(或者与银行约定的财务章)，然后交付给收款人的票据行为。由于票据的背书、保证、承兑、付款和追索等行为都产生在出票行为之后，所以人们将出票行为称为基础票据行为，由出票行为陆续产生之后的各种票据权利义务。

根据出票时汇票上的记载事项对出票行为效力的影响，可以将其分为绝对必要记载事项、相对必要记载事项和任意记载事项，此外还有禁止记载事项。绝对必要记载事项，是《票据法》规定票据上必须记载，否则就不能使票据生效的事项。包括：票据文句、无条件支付的委托、确定的金额、付款人名称、收款人名称、出票日期、出票人签章。相对必要记载事项，是指《票据法》规定应当记载，但如果不记载时，法律另行拟制，推定效果，不致票据无效的事项。比如，《票据法》规定：未记载付款日期的汇票，付款日期为见票即付；汇票上未记载付款地的，付款人的营业场所、住所或者经常居住地为付款地；汇票上未记载出票地的，出票人的营业场所、住所或者经常居住地为出票地。任意记载事项是指《票据法》允许当事人按其意思记载或者不记载，但一经记载亦发生票据效力的事项。禁止记载事项，是指《票据法》禁止记载于票据上，如果记载了也不发生票据效力或者使票据无效的事项。

2. 背书

背书是指在票据背面或者粘单上记载有关事项并签章的票据行为。它可以分为转让背书与非转让背书。转让背书是以转让票据权利为目的的背书，转让人为背书人，受让人为被背书人。《票据法》第27条规定：持票人可以将汇票权利转让给他人或者将一定的汇票权利授予他人行使，此种行为应当背书并交付汇票。被背书人可以以背书的连续证明自己是合法的票据持有人，从而享有完整的票据权利。非转让背书包括授权背书和质押背书。根据《票据法》规定，以背书转让的汇票，后手(在票据签章人之后签章的其他票据债务人)应当对其直接前手背书的真实性负责。背书不得附有条件；背书时附有条件的，所附条件不具有汇票上的效力。将汇票金额的一部分转让的背书或者将汇票金额分别转让给二人以上的背书无效。背书人在汇票上记载“不得转让”字样，其后手再背书转让的，原背书人对后手的被背书人不承担保证责任。背书记载“委托收款”字样的，被背书人有权代背书人行使被委托的汇票权利。但是，被背书人不得再以背书转让汇票权利。汇票可以设定质押；质押时应当以背书记载“质押”字样。被背书人依法实现其质权时，可以行使汇票权利。背书人以背书转让汇票后,即承担保证其后手所持汇票承兑和付款的责任。

3. 承兑

承兑是指汇票付款人承诺在到期日支付汇票金额的票据行为。《票据法》规定的三种票据中只有商业汇票才有承兑制度,承兑后,承兑人就成为该汇票的主债务人。

定日付款或者出票后定期付款的汇票,持票人应当在汇票到期日前向付款人提示承兑。见票后定期付款的汇票,持票人应当自出票日起 1 个月内向付款人提示承兑。汇票未按照规定期限提示承兑的,持票人丧失对其前手的追索权。

4. 保证

汇票保证是指汇票除主债务人及连带债务人以外的第三人以承担无条件付款为目的,在汇票上签章及记载必要事项的票据行为。其中担保汇票付款者为保证人,被担保的汇票债务人为被保证人。汇票保证以担保汇票付款、增强信用为目的,有利于保障交易安全。

保证人在汇票上签章即构成保证责任,保证人应当与被保证人对持票人承担连带责任,汇票到期后,被保证人为主债务人的,不能付款时,持票人有权向保证人请求付款,保证人应当无条件付款;当汇票被付款人拒付,持票人向连带债务人追索,为被追索的连带债务人担保的保证人承担连带无条件付款责任。保证人清偿汇票债务后,代替被追索的债务人取得汇票权利,可以行使持票人对被保证人及其前手的追索权。

根据《票据法》规定,汇票的债务可以由保证人承担保证责任。保证人由汇票债务人以外的他人担当。保证人为二人以上的,保证人之间承担连带责任。保证人对合法取得汇票的持票人所享有的汇票权利,承担保证责任。但是,被保证人的债务因汇票记载事项欠缺而无效的除外。被保证的汇票,保证人应当与被保证人对持票人承担连带责任。汇票到期后得不到付款的,持票人有权向保证人请求付款,保证人应当足额付款。保证人清偿汇票债务后,可以行使持票人对被保证人及其前手的追索权。保证不得附有条件;附有条件的,不影响对汇票的保证责任。

5. 付款

付款是债务人将票面金额无条件付给持票人的票据行为,是持票人实现经济利益的行为。

根据《票据法》第 53 条规定:"持票人应当按照下列期限提示付款:见票即付的汇票,自出票日起 1 个月内向付款人提示付款;定日付款、出票后定期付款或者见票后定期付款的汇票,自到期日起 10 日内向承兑人提示付款。"

(三) 汇票的追索权

1. 汇票追索的原因

汇票追索的原因主要包括拒绝付款或附加条件,汇票被拒绝承兑,承兑人或付款人死亡、逃匿,承兑人或付款人被依法宣告破产或被责令终止业务活动。

2. 追索权的行使

追索权的行使是指,持票人承兑汇票或请求付款受到拒绝时,以及具有其他不能行使请求付款权的情形时,有权向前背书人以及汇票的出票人请求偿还汇票上的金额,在行使追索权前,将不能行使请求付款权的事实书面告诉其前手及所有汇票债务人的一种票据行为。其内容应当记明汇票的主要记载事项,并说明该汇票已经不能得到付款的情况。持票人行使追索权时,应当提供被拒绝承兑或者被拒绝付款的有关证明。

3. 追索对象

《票据法》第 68 条第 1 款规定:"汇票的出票人、背书人、承兑人和保证人对持票人承担连带责任。"上述人员对持票人受到拒绝承兑或拒绝付款承担无条件地给付汇票全部金额的责任,持票人可以按《票据法》第 68 条第 2 款、第 3 款的规定,自由选择对自己有利的追索对象。

4. 再追索

再追索是指当被追索人清偿债务时，应收取持票人提示的汇票原件和有关拒绝证明，并出具所收到已经支付利息和费用的收据。被追索者清偿债务后，与持票人享有同一(追索)权利，如果其还有前手的，依法再向前手债务人行使追索权。依此顺序，直至该汇票的债权债务关系因履行或其他法定原因而消灭为止。但是，持票人为出票人的，对其前手无追索权；持票人为背书人的，对其后手无追索权。

再追索的内容包括已清偿的全部金额，该金额自清偿日起至再追索清偿日止按照中国人民银行规定的同期贷款利率计算的利息和发出通知的费用，以及其他必要的费用。

二、本票

(一) 本票的概念和特点

本票，是指出票人签发的，承诺自己在见票时无条件支付确定的金额给持票人的票据。

(1) 本票是自付票据。本票由出票人承担付款责任，基本法律关系的当事人仅为出票人和持票人两方。当事人少，票据权利义务关系就简明一些，票据权利的行使也要简便一些。例如，不需第三人即付款人承兑即可直接请求付款，无需担心票据不获承兑等。

(2) 本票以出票人为当然的主债务人。本票出票人对持票人负无条件付款责任。各国票据法公认，本票出票人的付款责任，为绝对责任。到期不付款者，持票人得请求法院强制执行。

(3) 本票为预约支付票据。本票的出票人，承诺于到期日由自己无条件支付票据金额，属于一种“预约支付”，因此本票是预约支付票据。

(4) 本票是无需承兑但需见票的票据。本票均不需承兑，但见票后定期付款的本票，以“见票”为必要程序。《票据法》第 79 条规定：本票的持票人未按照规定的期限提示见票的，丧失对出票人以外的前手的追索权。

所谓见票，是一种程序，即本票的出票人因持票人按规定的期限提示本票，请求确定付款日期，在本票上签名并记载见票文义和时间的行为，它是本票特有的一种现象。汇票虽然也有见票后定期付款的种类，但它通过提示承兑的程序，有效地确定票据付款日，不必为见票手续。本票无承兑程序，以见票来确定付款日期。支票是见票即付的票据，自然无需见票后另定付款日，不存在见票程序。

(5) 本票的出票人仅负付款责任而无承兑担保责任。本票无需承兑，出票人即没有承兑担保责任。

(6) 本票的背书人负担保付款责任。本票依背书转让的，背书人对被背书人负有担保付款的责任，持票人到期不获付款时，有权利保全手续的，对前手得行使追索权。

(二) 见票

见票是指本票的出票人因持票人的提示，为确定见票后定期付款本票的到期日，在本票上记载见票字样及日期，并且签名的行为。

见票的效力表现在两个方面：(1) 确定到期日。(2) 保全追索权。持票人提示见票，见票人可能予以“签见”，也可能拒绝见票。签见的，发生到期日确定之效果；拒绝见票的，持票人得在规定的期限内作成拒绝证书，以便行使追索权。如果持票人未在规定期限内提示见票的，丧失对前手的追索权。

三、支票

支票，是指出票人签发的，委托办理支票存款业务的银行或者其他金融机构在见票时无条件

支付确定的金额给收款人或者持票人的票据。与汇票、本票相比较,支票有下列特点:

(1) 付款人资格有限制。支票的付款人,限于出票人开立存款账户的银行和其他金融机构。

(2) 支票的出票人与付款人之间须有资金关系。汇票的出票人与付款人之间,不必先有资金关系。本票是出票人付款,无资金关系可言。

(3) 支票的出票人与付款人之间先有支付委托合同。只有在银行开户,与开户行订有支付委托合同的存款人,才能从开户行或信用社买得空白支票凭证,在使用支票时签发。

(4) 支票为见票即付的票据。

(5) 支票无需承兑或见票,提示票据就是请求付款。

(6) 支票的主债务人是出票人。

(7) 支票的出票人负担付款保证责任。

(8) 支票无需保证。

(9) 支票可为空白授权出票。依《票据法》第 85 条、第 86 条的规定,支票出票时,金额、收款人名称均可空白,由出票人授权持票人补记。汇票和本票则不得签发空白票据。

(10) 支票有无记名式。《票据法》不允许汇票和本票采用无记名方式,却认可支票的无记名方式。在《统一汇票和本票法公约》和《统一支票法公约》中,亦如此。

(11) 支票有划线制度。在支票法中,有划线支票的规定。划线支票的收款人仅限于银行或付款人的客户,安全性较大。汇票和本票均不得划线。

(12) 支票信用作用弱而支付功能强。支票为见票即付票据,提示付款的期限极短,一般在十数天。按照《票据法》第 91 条的规定,除异地使用的支票由中国人民银行另定外,同城使用的支票,提示付款的期限为自出票日起 10 日内。由于付款提示期限短,出票人自收款人处得到信用的时间就很短,支票的信用功能就很弱。

(13) 支票仅限一份,不得有复本和誊本。在外国票据法上,汇票可有复本与誊本,本票可有誊本,支票却仅限一份,不准使用复本和誊本。《票据法》未认可复本与誊本制度,支票也仅一式一份。支票有"存根",存根只供出票人留存备查和记账使用,不是支票的复本或誊本。

四、《票据法》对本票、支票准用汇票规范的规定

《票据法》第 80 条规定:本票的背书、保证、付款行为和追索权的行使,除本票一章规定外,适用本法第二章有关汇票的规定。本票的出票行为,除本票一章规定外,适用本法第 24 条关于汇票的规定。

《票据法》第 93 条规定:支票的背书、付款行为和追索权的行使,除支票一章规定外,适用本法第二章有关汇票的规定。支票的出票行为,除支票一章规定外,适用本法第 24 条、第 26 条关于汇票的规定。

同步综合练习

一、名词解释题

票据　票据行为　背书　保证　票据权利　票据抗辩　追索权　汇票　本票　支票

二、单项选择题

1. 甲在一张承兑汇票上签署"保证"字样,并记载自己为保证人,但是没有记载被保证人名称。则下列说法正确的是　(　　)

A. 该汇票无效　　B. 出票人为被保证人

C. 承兑人为被保证人　　　　D. 甲的票据保证行为无效

2. 蓝精灵公司与格格巫公司订立合同，从格格巫公司获得汇票一张，并将此汇票背书给税务局缴纳税款。后格格巫公司与蓝精灵公司之间的合同因故被撤销，税务局向格格巫公司提示付款被拒绝。则下列说法正确的是　（　）

A. 格格巫公司不能拒付，因为税务局是善意持票人

B. 格格巫公司不能拒付，因为合同被撤销不影响票据的效力

C. 格格巫公司有权拒付，因为税务局无偿取得票据，票据权利不优于前手

D. 格格巫公司有权拒付，因为格格巫公司与蓝精灵公司之间的合同被撤销，该汇票也就失效

3. 甲公司与乙公司虚立买卖合同一份，并以该合同为基础开立商业汇票一张。银行审查合同和收取保证金后，与甲公司签订承兑协议，并在汇票上签章承兑。随后乙公司将汇票向某信用社贴现。两公司负责人分得票据款项后潜逃，公司处于歇业倒闭状态。如信用社向承兑银行提示付款，则　（　）

A. 银行不能对信用社拒付，因为信用社是善意持票人

B. 银行应当拒付，因为本案涉嫌犯罪，应当先处理刑事部分

C. 银行可以拒付，理由是两公司恶意串通损害第三人利益，汇票自始无效

D. 银行可以拒付，理由是银行承兑是被欺诈而为的行为，属于无效票据行为

4. 一汇票的到期日为2019年4月16日，持票人提示付款被拒绝，后因持票人的原因，该汇票被搁置，直至2019年12月11日。对此，下列说法正确的是　（　）

A. 该汇票已经作废　　　　B. 持票人的追索权消灭

C. 持票人有权行使追索权　　　　D. 持票人的票据权利已经消灭

5. 可以取得票据权利的是　（　）

A. 票据有承兑人签章，但无出票人签章

B. 取得金额未填写的空白支票，持票人将金额填写完整

C. 明知票据系偷盗而来，仍从盗窃人手中以低价取得票据

D. 明知甲、乙间合同已经解除，乙应当返还票据，仍然从乙处受让票据

6. 对票据代理关系认定正确的是　（　）

A. 甲向其开户银行乙作委托收款背书，甲、乙之间构成票据代理

B. 丙应甲的请求，以丙的名义签发金额为2万元的汇票一份给乙，丙的行为构成票据代理

C. 甲将自己的印鉴交给乙，让乙代自己签发一份支票，乙用甲的印鉴签发了支票，乙的行为构成票据代理

D. 甲一时无法找到自己的印鉴，便委托丙代作承兑，丙在汇票上记载："承兑人：甲，代理人：丙。"并加盖了丙的印章和有关人员的私章，甲、丙之间构成票据代理

7. 甲从乙处购买钢材，为支付货款，甲将其从丙处受让的汇票一份背书转让给乙，该背书记载："货物验收后，同意付款。"根据《票据法》的规定，下列说法正确的是　（　）

A. 该背书不具有《票据法》上的效力

B. 该记载不具有《票据法》上的效力

C. 如货物经检验合格，该记载产生《票据法》上的效力

D. 该记载在承兑前有法律效力，在承兑后无法律效力

8. 某人将汇票无偿背书转让给他人，但同时记载不担保该汇票获得付款。根据《票据法》的

规定,下列说法正确的是 ( )

A. 这是附条件背书,背书无效

B. 此记载有效,后手不能向该背书人追索

C. 此记载无效,后手对该背书人享有追索权

D. 无偿转让票据的,背书人无担保后手汇票权利实现的义务

9. 一汇票金额为15万元,甲、乙二人在汇票上签章保证。甲注明保证金额为10万元,乙注明保证金额为5万元。则 ( )

A. 保证无效,甲、乙不承担票据保证责任

B. 保证有效,甲、乙按其记载承担保证责任

C. 保证有效,甲、乙对15万元承担连带责任

D. 保证无效,甲、乙按其过错对票据权利人承担责任

三、多项选择题

1. 康辉公司在与海亚公司交易中获汇票一份,付款人为某银行。康辉公司请求承兑时,该银行在汇票上签注:"承兑。海亚公司款到后支付。"根据《票据法》,该银行的行为后果是 ( )

A. 该银行已经承兑,应承担付款责任

B. 如果该银行事后拒绝付款,应当承担票据责任

C. 应视为该银行拒绝承兑,该银行不承担付款责任

D. 海亚公司向该银行付款后,该银行才承担付款责任

2. 2020年3月27日,甲签发支票向乙支付货款,但甲填写的出票日期为2020年4月8日。由于货物数量未最终核定,支票金额未填写。乙将支票背书给丙,嘱咐丙补填金额不可超过12万元。丙将金额记载为25万元,后背书转让给丁。丁向银行提示付款。银行以甲的账户余额不足支付为由退票。丁以甲、乙、丙为被告向法院起诉,要求他们连带承担票据责任。根据《票据法》的规定,下列说法中正确的有 ( )

A. 丙无权将金额填写为25万元

B. 虽然甲签发出票日期与实际不符,但该支票有效

C. 乙将金额空白支票背书转让给丙,该转让行为有效

D. 虽然甲交付给乙金额空白的支票,但该出票行为有效

3. 不符合《票据法》规定的有 ( )

A. 记载出票日与实际的出票日不符

B. 不记载收款人名称,只填写持票人

C. 把出票申请人当做银行汇票的出票人

D. 在银行汇票上记载见票后30日内付款

E. 出票时注明以某账户资金为限承担责任

四、简答题

1. 对人抗辩有哪些类型?

2. 依《票据法》原理,一切票据债务人可以主张的对物抗辩主要包括哪些?

3. 票据行为的特征有哪些?

4. 简述汇票背书的种类及其法律意义。

5. 简述支票的特点。

五、案例分析题

案例一:甲受乙欺诈,开出一份以乙为收款人、形式要件具备的汇票。乙为清偿债务,将汇票

背书给丙。

请问：

1. 该汇票是否有效，为什么？

2. 丙是否享有票据权利，为什么？

3. 如果甲在出票时未写明出票日期，该汇票是否有效？

4. 如果乙在背书时未写明背书日期，其行为对票据有什么影响？

案例二：2020 年 1 月 15 日，红太阳公司和黄月亮公司签订买卖合同，合同约定：红太阳公司向黄月亮公司开出 30 万元的银行承兑汇票作为预付款，其余货款待货物交付验收后结算；票据不得转让；承兑银行为 A 银行，到期日为 2020 年 4 月 1 日。2020 年 1 月 20 日，红太阳公司开出汇票，A 银行作了承兑。同年 2 月 1 日，蓝天公司向黄月亮公司催要欠款，黄月亮公司将该汇票背书转让给蓝天公司，蓝天公司随后将汇票向 B 银行贴现。后红太阳公司发现黄月亮公司产品存在质量问题而拒绝提货，至 2020 年 3 月 29 日双方协商未果，红太阳公司行使单方解除权解除合同，并通知 A 银行不得支付该汇票金额。2020 年 4 月 1 日汇票到期，B 银行向 A 银行提示付款，A 银行以红太阳公司通知银行止付为由拒绝支付。

请问：

1. 黄月亮公司背书转让汇票给蓝天公司的行为是否有效，为什么？

2. A 银行的拒付理由是否成立？A 银行是否存在抗辩事由？

3. 在 A 银行拒付的情况下，B 银行怎样利用《票据法》上的条款维护自己的利益？

案例三：A 公司为支付货款，于 2020 年 3 月 1 日向 B 公司签发一张金额为 50 万元、见票后 1 个月付款的银行承兑汇票。B 公司取得汇票后，将汇票背书转让给 C 公司。C 公司在汇票的背面记载“不得转让”字样后，将汇票背书转让给 D 公司。D 公司将汇票背书转让给 E 公司，但 D 公司在汇票粘单上记载“只有 E 公司交货后，该汇票才发生背书转让效力”。后 E 公司又将汇票背书转让给 F 公司。2020 年 3 月 25 日，F 公司持汇票向承兑人甲银行提示承兑，甲银行以 A 公司未足额交存票款为由拒绝承兑，且于当日签发拒绝证明。

2020 年 3 月 27 日，F 公司向 A、B、C、D、E 公司同时发出追索通知。B 公司以 F 公司应先向 C、D、E 公司追索为由拒绝承担担保责任；C 公司以自己在背书时记载“不得转让”字样为由拒绝承担担保责任。

请问：

1. D 公司背书所附条件是否具有票据上的效力？简要说明理由。

2. B 公司拒绝承担担保责任的主张是否符合法律规定？简要说明理由。

3. C 公司拒绝承担担保责任的主张是否符合法律规定？简要说明理由。

案例四：李四与王五签订了一份货物买卖合同。李四从王五处购买价值 10 万元的货物，为付货款，李四开具了一份票面金额为 10 万元的汇票交付王五。汇票承兑后，王五将汇票背书转让给赵六。在赵六将汇票背书转让给孙三时，孙三要求赵六提供保证，赵六请王五（前背书人）在票据上保证后，孙三将汇票背书转让给黄二。黄二请求付款人付款时，发现付款人逃匿。

请问：

1. 该汇票上的保证是否有效，为什么？

2. 黄二可向哪些人行使什么权利？

3. 若李四与王五签订的合同被认定为无效，李四是否可以以此作为对抗其他人（除王五外）的抗辩事由，为什么？

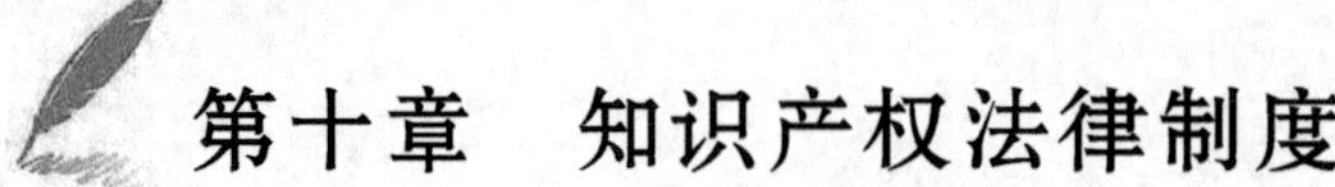

第十章　知识产权法律制度

第一节　知识产权法概述

一、知识产权概述

(一) 知识产权的概念

知识产权是指智力成果的创造人对所创造的智力成果和工商活动的行为人对所拥有的标记依法所享有的权利的总称。

(二) 知识产权的特征

知识产权是一种与物权、债权并列的独立的民事权利,具有如下特征。

(1) 知识产权的无形性。知识产权的客体是智力成果或具有财产价值的标记,是一种没有形体的财富。知识产权客体的非物质性,是知识产权的本质属性,这是其与其他有形财产所有权最根本的区别。

(2) 知识产权的法定性。知识产权的法定性是指知识产权的范围和产生由法律规定。知识产权的法定性是由无形性决定的。由于其没有形体,因此其可以同时为多个主体所共同占有,很难为拥有者所完全控制,因此,知识产权必须通过法律加以确认。

(3) 知识产权的专有性。专有性即排他性。知识产权的专有性主要体现在两个方面:一是知识产权为权利人所独占,权利人垄断这种专有权并受到严格保护,没有法律规定或未经权利人许可,任何人不得使用权利人的知识产品;二是对同一项知识产品,不允许有两个或两个以上的主体同时对同一属性的知识产品享有权利。

(4) 知识产权的地域性。知识产权作为专有权在空间上的效力并不是无限的,而要受到地域的限制,其效力仅限于本国境内。按照一国法律获得承认和保护的知识产权,只能在该国发生法律效力。

(5) 知识产权的时间性。知识产权作为一种民事权利,有时间上的限制。即知识产权只有在法律规定的期限内受到保护,一旦超过法律规定的有效期限,这一权利就自行消灭,而其客体就会成为整个社会的共同财富,为全人类所共同使用。

(三) 知识产权的分类

1. 著作权和工业产权

这种分类方法以对知识的消费方式为标准。这里的著作权是广义的,包括著作权和邻接权,其保护对象是满足人类精神需要和审美要求的知识类型,包括文学、艺术和科学作品,表演艺术家的演出,录音制品和广播电视节目等。

工业产权是指著作权以外的知识产权。其保护对象的内容已超出“工业”的范围,主要是指以实现人类的衣、食、住、行等生产、生活的功能,满足以物质消费为目的的知识类型;同时还有以实现规范市场经济秩序功能为目的的符号、标记类型的知识,如工商业标记等。

2. 创造性智力成果权和工商业标记权

这种分类方法以知识产权价值的来源为标准。创造性智力成果权的价值直接来源于对该成果的商业性利用。工商业标记本身不是其财产价值的源泉，它的价值来源于所标记的商品或服务，来源于它所标记的工商业主体的商业信誉。

二、知识产权法的概念

知识产权法是指由国家制定或认可的，用以调整自然人、法人及其他社会组织和国家因知识产权的归属、利用和保护而产生的社会关系的法律规范的总称。

从体系范围而言，知识产权法有广义、狭义之分。狭义的知识产权法，即传统意义上的知识产权法，包括著作权（含邻接权）、专利权、商标权三个主要组成部分。广义的知识产权法包括涉及著作权、邻接权、商标权、商号权、商业秘密权、产地标记权、专利权、集成电路布图设计权等各种权利的法律规范的总称。

现代知识产权法体系可由如下权利构成：著作权、专利权、商标权、反不正当竞争权等。

本章主要介绍著作权法、专利法、商标法等法律、法规的内容，反不正当竞争法将在本书第十一章阐述，本章不再赘述。

第二节　著作权法

著作权是我国民事主体享有的一项基本权利。著作权法是指调整因文学、艺术和科学作品的创作和使用而产生的人身关系和财产关系的法律规范的总称。为了保护著作权，我国制定并修改了《著作权法》。

一、著作权的概念

著作权亦称版权，是指作者及其他著作权人对其创作的文学、艺术和科学作品依法享有的权利。著作权包括人身权和财产权两个方面的内容。人身权是指作者享有的与其人身密不可分的权利，又称精神权利，它表现为作者对其作品的发表权、署名权、修改权和保护作品完整权。财产权是指作者及其他著作权人依法对其作品享有的使用和获得报酬的权利，它表现为著作权人以复制、出租、表演、播放、信息网络传播、展览、发行、摄制电影、电视或者改编、翻译、注释、汇编等方式使用作品，并由此获得报酬的权利。著作权人可以全部或部分转让上述财产权，并依照约定或著作权法的规定获得报酬。

著作权属于民事权利，是知识产权的重要组成部分。著作权除了具有知识产权所共有的特征，即具有专有性、地域性、时间性等特征外，与其他知识产权相比，还具有以下特征：

(1) 著作权因作品的创作完成而自动产生。专利权、商标权的取得必须经过申请、审批、登记和公告，即必须以行政确认程序来确认权利的取得和归属。而著作权因作品的创作完成而自动产生，一般不必履行任何形式的登记或注册手续，也不论其是否已经发表。

(2) 著作权突出对人身权的保护。著作权与作品的创作者密切相关，因此，在著作权中，保护作者对作品的人身权利是其重要的内容。著作权中作者的发表权、署名权、修改权、保护作品完整权等人身权利，永远归作者享有，不能转让，也不受著作权保护期限的限制。

二、著作权的主体与权利归属

(一) 著作权的主体

著作权的主体又称著作权人，是指依法对文学、艺术和科学作品享有著作权的人。根据《著作权法》的规定，著作权人包括作者以及其他依法享有著作权的自然人、法人或者非法人组织。

1. 作者

作者是指文学、艺术和科学作品的创作人。根据《著作权法》的规定,作者按照以下标准进行认定:(1) 创作作品的自然人是作者。这是作者最基本的认定原则。创作是指直接产生文学、艺术和科学作品的智力活动。为他人创作进行组织工作,提供咨询意见、物质条件,或者进行其他辅助工作,均不视为创作。(2) 由法人或者非法人组织主持,代表法人或者非法人组织意志创作,并由法人或者非法人组织承担责任的作品,法人或者非法人组织视为作者。(3) 在作品上署名的自然人、法人或者非法人组织为作者,且该作品上存在相应权利,但有相反证明的除外。相反证明的主张者可以是作品的真实作者,也可以是有利害关系或者无利害关系的第三人。相反证明的主张者应就其相反证明主张提供与作品署名事实相反的证据。

2. 作者以外其他依法享有著作权的自然人、法人或者非法人组织

作者以外其他依法享有著作权的自然人、法人或者非法人组织,简称其他著作权人。其他著作权人取得著作权主要有以下两种情况。

(1) 因合同而取得著作权。包括三种情况:一是依委托合同取得著作权。《著作权法》规定,受委托创作的作品,著作权的归属由委托人和受托人通过合同约定。合同未作明确约定或者没有订立合同的,著作权属于受托人。如合同约定著作权由委托人享有,委托人即成为著作权的主体。二是依转让合同取得著作权。著作权人可以将其享有的著作权中的财产权利的全部或者部分转让给他人,著作财产权的受让人取得著作权后,即成为著作权主体。三是依许可使用合同取得著作权。著作权人许可作者以外的他人行使著作权中的财产权的,该接受许可的人在著作权许可使用合同的有效期内,依照约定取得著作权中的部分或者全部财产权,即成为著作权的主体。

(2) 因继受而取得著作权。包括两种情况:一是依继承或者接受遗赠而取得著作权。一般认为,自然人所享有的著作权中的财产权利可作为遗产,在自然人死亡后由其继承人继承。实践中,著作权属于自然人的,自然人死亡后,其作品著作权中的财产权利在《著作权法》规定的保护期内,依照《民法典》中继承法律制度的规定转移,由该自然人的法定继承人或者遗嘱继承人或者受遗赠人享有。据此,因继承或者接受遗赠而取得著作权中财产权的人,即成为著作权的主体。二是依承受而取得著作权。《著作权法》规定:著作权属于法人或者非法人组织的,法人或者非法人组织变更、终止后,其作品著作权中的财产权利在《著作权法》规定的保护期内,由承受其权利义务的法人或者非法人组织享有。没有承受其权利义务的法人或者非法人组织的,由国家享有。据此,因承受权利义务而取得著作权中财产权的法人或者非法人组织或者国家,即成为著作权的主体。

(二) 著作权的归属

1. 著作权归属的一般原则

《著作权法》规定:著作权属于作者,法律另有规定的除外。这是关于著作权归属的一般原则。

2. 演绎作品著作权的归属

演绎作品是指改编、翻译、注释、整理、汇编已有作品而产生的作品。演绎作品的著作权由改编、翻译、注释、整理、汇编人享有,但其行使著作权时不得侵犯原作品的著作权。演绎作品的作者仅对演绎部分享有著作权,对被演绎的作品不享有著作权,并且无权阻止他人对同一原作进行演绎。

3. 合作作品著作权的归属

合作作品是指两人以上合作创作的作品。合作作品的著作权由合作作者共同享有。没有参加创作的人,不能成为合作作者。合作作品的著作权由合作作者通过协商一致行使;不能协商一致,又无正当理由的,任何一方不得阻止他方行使除转让、许可他人专有使用、出质以外的其他权

利，但是所得收益应当合理分配给所有合作作者。

合作作品可以分割使用的，作者对各自创作的部分可以单独享有著作权，但行使著作权时不得侵犯合作作品整体的著作权。合作作品不可以分割使用的，其著作权由各合作作者共同享有，通过协商一致行使；合作作者对著作权的行使如果不能协商一致，任何一方无正当理由不得阻止他方行使除转让以外的其他权利，但是所得收益应当合理分配给所有合作作者。

4. 汇编作品著作权的归属

汇编作品是指汇编若干作品、作品的片段或者不构成作品的数据或者其他材料，对其内容的选择或者编排体现独创性的作品。汇编作品的著作权由汇编人享有，但行使著作权时，不得侵犯原作品的著作权。由法人或者非法人单位组织人员进行创作，提供资金或者资料等创作条件，并承担责任的百科全书、辞书、教材、大型摄影画册等编辑作品，其整体著作权归法人或者非法人单位所有。

5. 视听作品著作权的归属

视听作品是指电影、电视、录像作品和以类似摄制电影的方法创作的作品。视听作品中的电影作品、电视剧作品的著作权由制作者享有，但编剧、导演、摄影、作词、作曲等作者享有署名权，并有权按照与制作者签订的合同获得报酬。前述规定以外的视听作品的著作权归属由当事人约定；没有约定或者约定不明确的，由制作者享有，但作者享有署名权和获得报酬的权利。视听作品中的剧本、音乐等可以单独使用的作品的作者有权单独行使其著作权。著作权人许可他人将其作品摄制成电影、电视、录像作品的，视为已同意对其作品进行必要的改动，但是这种改动不得歪曲篡改原作品。

6. 职务作品著作权的归属

职务作品是指自然人为完成法人或者非法人组织工作任务所创作的作品。职务作品的著作权由作者享有，但法人或者非法人组织有权在其业务范围内优先使用。作品完成 2 年内，未经单位同意，作者不得许可第三人以与单位使用的相同方式使用该作品。作品完成 2 年内，如单位在其业务范围内不使用，作者可以要求单位同意由第三人以与单位使用的相同方式使用，单位没有正当理由不得拒绝。在作品完成 2 年内，经单位同意，作者许可第三人以与单位使用的相同方式使用作品所获报酬，由作者与单位按约定的比例分配。作品完成 2 年后，单位可以在其业务范围内继续使用。上述作品完成 2 年的期限，自作者向单位交付作品之日起计算。

根据《著作权法》的规定，有下列情形之一的职务作品，作者享有署名权，著作权的其他权利由法人或者非法人组织享有，法人或者非法人组织可以给予作者奖励：(1) 主要是利用法人或者非法人组织的物质技术条件创作，并由法人或者非法人组织承担责任的工程设计图、产品设计图、地图、示意图、计算机软件等职务作品；(2) 报社、期刊社、通讯社、广播电台、电视台的工作人员创作的职务作品；(3) 法律、行政法规规定或者合同约定著作权由法人或者非法人组织享有的职务作品。

7. 委托作品著作权的归属

委托作品是指受他人委托而创作的作品。委托作品著作权的归属由委托人和受托人通过合同约定。合同未作明确约定或者没有订立合同的，著作权属于受托人。对于委托作品著作权属于受托人的情形，委托人在约定的使用范围内享有使用作品的权利；双方没有约定使用作品范围的，委托人可以在委托创作的特定目的范围内免费使用该作品。

8. 美术作品著作权的归属

美术作品包括绘画、书法、雕塑、建筑等作品。美术作品原件所有权的转移，不改变作品著作权的归属，不视为作品著作权的转移，但美术、摄影作品原件的展览权由原件所有人享有。作者将未发表的美术、摄影作品的原件所有权转让给他人,受让人展览该原件不构成对作者发表权的侵犯。

9. 作者身份不明的作品著作权的归属

作者身份不明的作品,由作品原件的合法持有人行使除署名权以外的著作权。作者身份确定后,由作者或者其继承人行使著作权。

三、著作权的客体

著作权的客体是指《著作权法》保护的对象,即作品,是指文学、艺术和科学领域内具有独创性并能以一定形式表现的智力成果。其构成要件如下。

(1) 作品必须是一种智力创作成果。作品首先是一种智力成果,作品是自然人智力劳动的结果。其次,作品是一种创作成果。

(2) 具有独创性。独创性亦称原创性,是指作品由作者独立构思和创作而成,而不是抄袭、剽窃、篡改他人作品。其含义有二:① 作品系独立创作完成,而非剽窃之作;② 作品必须体现作者的个性,属于作者智力劳动创作结果,即具有创作性。独创性存在于作品的表达之中,作品中所包含的思想并不要求必须具有独创性。作品的表达是作品形式和作品内容的有机整体。

(3) 可复制性。即作品必须可以通过某种有形形式复制,从而被他人所感知。

《著作权法》所称的作品,包括下列形式的作品:文字作品;口述作品;音乐、戏剧、曲艺、舞蹈、杂技艺术作品;美术、建筑作品;摄影作品;视听作品;工程设计图、产品设计图、地图、示意图等图形作品和模型作品;计算机软件;符合作品特征的其他智力成果。

著作权人应依法行使著作权,国家对作品的出版、传播依法进行监督管理。不受《著作权法》保护的对象主要包括:法律、法规,国家机关的决议、决定、命令和其他具有立法、行政、司法性质的文件,及其官方正式译文;单纯事实消息;历法、通用数表、通用表格和公式。

四、著作权的内容

著作权的内容是指著作权人享有的权利。根据《著作权法》的规定,著作权包括两个方面的内容,即著作人身权和著作财产权。

(一) 著作人身权

著作人身权又称精神权利,是指作者基于作品的创作而依法享有的以精神利益为内容的权利。著作人身权具有永久性、不可分割性和不可剥夺性的特点。

根据《著作权法》的规定,著作人身权包括以下内容:(1) 发表权。即决定作品是否公之于众的权利。(2) 署名权。即表明作者身份,在作品上署名的权利。(3) 修改权。即修改或者授权他人修改作品的权利。(4) 保护作品完整权。即保护作品不受歪曲、篡改的权利。

(二) 著作财产权

著作财产权,是指著作权人自己使用或者授权他人以一定方式使用作品并获取财产利益的权利。其主要表现为使用权、许可使用权、转让权和获得报酬权。著作财产权可以转让、继承或放弃。

(1) 使用权。使用权是指著作权人以复制、发行、出租、展览、放映、广播、网络传播、改编、翻译、汇编等方式使用自己作品的权利。其具体包括:① 复制权。即以印刷、复印、拓印、录音、录像、翻录、翻拍、数字化等方式将作品制作一份或者多份的权利。② 发行权。即以出售或者赠与方式向公众提供作品的原件或者复制件的权利。③ 出租权。即有偿许可他人临时使用视听作品、计算机软件的原件或者复制件的权利,计算机软件不是出租的主要标的的除外。④ 展览权。即公开陈列美术作品、摄影作品的原件或者复制件的权利。⑤ 表演权。即公开表演作品,以及用各种手段公开播送作品的表演的权利。⑥ 放映权。即通过放映机、幻灯机等技术设备公开再现美术、摄影、电影和视听作品等的权利。⑦ 广播权。即以有线或者无线方式公开传播或者转播作品，以及通过扩音器或者其他传送符号、声音、图像的类似工具向公众传播广播作品的权利，但不包括信息网络传播权。⑧ 信息网络传播权。即以有线或者无线方式向公众提供作品，使公众可以在其个人选定的时间和地点获得作品的权利。⑨ 摄制权。即以摄制视听作品的方法将作品固定在载体上的权利。⑩ 改编权。即改变作品，创作出具有独创性的新作品的权利。⑪ 翻译权。即将作品从一种语言文字转换成另一种语言文字的权利。⑫ 汇编权。即将作品或者作品的片段通过选择或者编排，汇集成新作品的权利。

(2) 许可使用权。许可使用权是指著作权人依法享有的许可他人使用作品并获得报酬的权利。使用他人作品，应当同著作权人订立许可使用合同，但属于法定使用许可情形的除外。使用许可合同未明确许可的权利，未经著作权人同意，另一方当事人不得行使。

(3) 转让权。转让权是指著作权人依法享有的转让使用权中一项或多项权利并获得报酬的权利。转让的标的不能是著作人身权，只能是著作财产权中的使用权。转让作品使用权的，应当订立书面合同。转让合同中未明确约定转让的权利，未经著作权人同意，另一方当事人不得行使。

(4) 获得报酬权。获得报酬权是指著作权人依法享有的因作品的使用或转让而获得报酬的权利。获得报酬权通常是从使用权、许可使用权或转让权中派生出来的财产权，但获得报酬权有时又具有独立存在的价值。如在法定许可使用的情况下，他人使用作品可以不经著作权人同意，但必须按规定支付报酬。此时著作权人享有的获得报酬权就是独立存在的。

五、著作权的保护期限和限制

(一) 著作权的保护期限

著作权保护期限是指著作权人依法取得的著作权的有效期限。在保护期内，著作权人的著作权受法律保护；超过保护期，该作品即进入公有领域，作者或者其他著作权人不再享有专有使用权。根据《著作权法》的规定，著作权的保护期限具体规定如下。

1. 著作人身权的保护期限

作者的署名权、修改权、保护作品完整权的保护期不受限制。发表权的保护期与著作财产权保护期相同。

2. 著作财产权的保护期限

(1) 自然人的作品，其发表权、著作权中的财产权的保护期为作者终生及其死亡后 50 年，截止于作者死亡后第 50 年的 12 月 31 日；如果是合作作品，截止于最后死亡的作者死亡后第 50 年的 12 月 31 日。

(2) 法人或者非法人组织的作品、著作权(署名权除外)由法人或者非法人组织享有的职务作品，其发表权的保护期为 50 年，截止于作品创作完成后第 50 年的 12 月 31 日；著作权中的财产权的保护期为 50 年，截止于作品首次发表后第 50 年的 12 月 31 日，但作品自创作完成后 50 年内未发表的，不再保护。

(3) 视听作品，其发表权的保护期为 50 年，截止于作品创作完成后第 50 年的 12 月 31 日；著作权中的财产权的保护期为 50 年，截止于作品首次发表后第 50 年的 12 月 31 日，但作品自创作完成后 50 年内未发表的，不再保护。

(二) 著作权的限制

著作权的限制主要是针对著作权人所享有的财产权利的限制。著作权人依法享有的人身权利不受任何限制。根据《著作权法》的规定，著作权的限制主要体现在以下两个方面。

1. 合理使用

合理使用是指根据法律的明文规定,不必征得著作权人同意而无偿使用他人已发表作品的行为。合理使用一般只限于为个人消费或公益性使用等目的少量使用他人作品的行为,可以不经著作权人许可,不向其支付报酬,但应当指明作者姓名或者名称、作品名称,并且不得影响该作品的正常使用,也不得不合理地损害著作权人的合法权益。

2. 法定许可使用

法定许可使用是指依照法律的明文规定,不经著作权人同意而有偿使用他人已经发表作品的行为。法定许可使用的情形主要包括:为实施义务教育和国家教育规划而编写出版教科书,可以不经著作权人许可,在教科书中汇编已经发表的作品片段或者短小的文字作品、音乐作品或者单幅的美术作品、摄影作品、图形作品,但应当按照规定向著作权人支付报酬,指明作者姓名或者名称、作品名称,并且不得侵犯著作权人依照《著作权法》享有的其他权利。前述规定适用于对与著作权有关的权利的限制。

法条链接(10-1)

《著作权法》关于权利限制的规定

六、邻接权

邻接权,也被称为与著作权有关的权利,是指作品的传播者所享有的权利。邻接权与作品的著作权不同,两者的区别主要表现在以下三个方面:一是权利主体不同。著作权的主体为创作作品的作者和作者以外依法取得著作权的公民、法人或者其他组织;邻接权的主体则是作品的传播者。二是权利内容不同。著作权的内容包括著作人身权和著作财产权;邻接权体现的主要是作品传播者对其传播劳动及传播作品的过程中投入资金的回报所享有的权利。三是权利对象不同。著作权的对象是作品;邻接权的对象则为作品的传播行为。

根据《著作权法》的规定,邻接权主要包括:出版者对其出版的图书和报刊享有的权利;表演者对其表演享有的权利;录音录像制作者对其制作的录音录像制品享有的权利;广播电台、电视台对其制作的广播、电视节目享有的权利。

第三节　专利法

专利权是指专利权人在法定期限内对其发明创造所享有的独占权。专利法是指调整因确认发明创造的所有权和因发明创造的实施而产生的各种社会关系的法律规范的总称。为了鼓励发明创造,促进科学技术的发展,我国制定并修改了《专利法》。

一、专利权的主体

专利权的主体是指具体参加特定的专利权法律关系并享有专利权的人。根据《专利法》的规定,发明人或者设计人、职务发明创造的单位、外国人和外国企业或者外国其他组织都可以成为专利权的主体。

(一) 发明人或者设计人

《专利法》所称发明人或者设计人,是指对发明创造的实质性特点作出创造性贡献的人。在完成发明创造过程中,只负责组织工作的人、为物质技术条件的利用提供方便的人或者从事其他辅助工作的人,不是发明人或者设计人。

发明人或者设计人一般具有以下特征:(1) 发明人或者设计人为自然人。(2) 发明人或者设计人的认定不受其民事行为能力的限制。(3) 发明人或者设计人必须是对发明创造的实质性特点作出创造性贡献的人。

(二) 职务发明创造的单位

职务发明创造是指发明人或者设计人执行本单位的任务,或者主要是利用本单位的物质技术条件所完成的发明创造。凡是不能被证明为职务发明创造的,为非职务发明创造。

根据《专利法》及其实施细则的规定,发明人或者设计人作出的发明创造,凡符合下列条件之一的,均属于职务发明创造:(1) 在本职工作中作出的发明创造。(2) 履行本单位交付的本职工作之外的任务所作出的发明创造。(3) 退职、退休或者调动工作后1年内作出的,与其在原单位承担的本职工作或者原单位分配的任务有关的发明创造。(4) 主要利用本单位的物质技术条件完成的发明创造。

对于职务发明创造,申请专利的权利属于该单位,申请被批准后,该单位为专利权人。该单位可以依法处置其职务发明创造申请专利的权利和专利权,促进相关发明创造的实施和运用。对于非职务发明创造,申请专利的权利属于发明人或者设计人,申请被批准后,该发明人或者设计人为专利权人。利用本单位的物质技术条件所完成的发明创造,单位与发明人或者设计人订有合同,对申请专利的权利和专利权的归属作出约定的,从其约定。

(三) 外国人、外国企业或者外国其他组织

外国人、外国企业或者外国其他组织在我国申请和取得专利权,依照有关规定,应按照以下情况办理:(1) 在中国有经常居所或者营业所的外国人、外国企业或者外国其他组织在中国申请专利的,根据《巴黎公约》的规定和国际惯例,享有与我国国民同等的待遇。(2) 在中国没有经常居所或者营业所的外国人、外国企业或者外国其他组织在中国申请专利的,依照其所属国同中国签订的协议或者共同参加的国际条约,或者依照互惠原则,根据《专利法》的规定处理。(3) 在中国没有经常居所或者营业所的外国人、外国企业或者外国其他组织在中国申请专利和办理其他专利事务的,应当委托国务院专利管理机关指定的专利代理机构办理。

二、专利权的客体

专利权的客体,是指可以获得专利法保护的发明创造。《专利法》规定的发明创造是指发明、实用新型和外观设计。

(一) 发明

发明是指对产品、方法或者其改进所提出的新的技术方案。发明必须是一种技术方案,是发明人将自然规律在特定技术领域进行运用和结合的结果,而不是自然规律本身。同时,发明通常是自然科学领域的智力成果,文学、艺术和社会科学领域的成果也不能构成专利法意义上的发明。发明分为产品发明、方法发明两种形式。

发明专利的保护期为20年,自申请日起计算。

(二) 实用新型

实用新型是指对产品的形状、构造或者其结合所提出的适于实用的新的技术方案。实用新型具有如下特征:(1) 实用新型是一种新的技术方案,是发明的一部分;(2) 实用新型仅限于产品,不包括方法;(3) 实用新型要求产品必须是具有固定的形状、构造的产品,气态、液态、凝胶状或颗粒粉末状的物质或者材料,不属于实用新型的产品范围。

实用新型专利保护期为10年,自申请日起计算。

(三) 外观设计

外观设计是指对产品的整体或者局部的形状、图案或者其结合以及色彩与形状、图案的结合所作出的富有美感并适于工业应用的新设计。外观设计具有如下特征:(1) 外观设计必须与产品相结合;(2) 外观设计必须能在产业上应用,外观设计必须能够用于生产经营目的的制造或生产;(3) 外观设计富有美感,外观设计包含的是美术思想,即解决产品的视觉效果问题,而不是技术思想,这一点与实用新型相区别。

外观设计的专利保护期为15年,自申请日起计算。

(四) 不授予专利权的对象

根据《专利法》的规定,下列情况不授予专利权:违反法律、社会公德或妨害公共利益的发明创造;违反法律、行政法规的规定获取或者利用遗传资源,并依赖该遗传资源完成的发明创造;科学发现;智力活动的规则和方法;疾病的诊断和治疗方法;动物和植物品种,但是对于动物和植物品种的生产方法可以依法授予专利权;原子核变换方法以及用原子核变换方法获得的物质;对平面印刷品的图案、色彩或者二者的结合作出的主要起标识作用的设计。

三、授予专利权的条件

授予专利权的发明和实用新型,应当具备新颖性、创造性和实用性。授予专利权的外观设计,应当同申请日以前在国内外出版物上公开发表过或者国内公开使用过的外观设计不相同和不相近似,并不得与他人在先取得的合法权利相冲突。

(一) 新颖性

新颖性,是指在申请日以前没有同样的发明或者实用新型在国内外出版物上公开发表过、在国内公开使用过或者以其他方式为公众所知,也没有同样的发明或者实用新型由他人向国务院专利行政部门提出过申请并且记载在申请日以后公布的专利申请文件中。但申请专利的发明创造在申请日以前6个月内,有下列情形之一的,不丧失新颖性:(1) 在国家出现紧急状态或者非常情况时,为公共利益目的首次公开的。(2) 在中国政府主办或者承认的国际展览会上首次展出的。(3) 在规定的学术会议或者技术会议上首次发表的。(4) 他人未经申请人同意而泄露其内容的。

(二) 创造性

创造性,是指同申请日以前已有的技术相比,该发明有突出的实质性特点和显著的进步,该实用新型有实质性特点和进步。

(三) 实用性

实用性,是指该发明或者实用新型能够制造或者使用,并且能够产生积极效果。

四、专利权的内容和限制

(一) 专利权人的权利

1. 独占实施权

发明和实用新型专利权被授予后,除《专利法》另有规定的以外,任何单位或者个人未经专利权人许可,都不得实施其专利,即不得为生产经营目的制造、使用、许诺销售、销售、进口其专利产品,或者使用其专利方法以及使用、许诺销售、销售、进口依照专利方法直接获得的产品。

外观设计专利权被授予后,任何单位或者个人未经专利权人许可,都不得实施其专利,即不得为生产经营目的制造、许诺销售、销售、进口其外观设计专利产品。

2. 实施许可权

实施许可权是指专利权人可以许可他人实施其专利技术并收取专利使用费。专利权人自愿以书面方式向国务院专利行政部门声明愿意许可任何单位或者个人实施其专利,并明确许可使用费支付方式、标准的,由国务院专利行政部门予以公告,实行开放许可。开放许可声明被公告撤回的,不影响在先给予的开放许可的效力。实行开放许可的专利权人可以与被许可人就许可使用费进行协商后给予普通许可，但不得就该专利给予独占或者排他许可。许可他人实施专利的，当事人应当订立书面合同。

3．转让权

专利权可以转让。转让专利权的，当事人应当订立书面合同并依法办理相应的登记手续。

4．标示权

标示权是指专利权人享有的在其专利产品或者该产品的包装上标明专利标记和专利号的权利。

（二）专利权人的义务

专利权人的义务主要是缴纳专利年费。未按规定缴纳年费的，可能导致专利权终止。同时，申请专利和行使专利权应当遵循诚实信用原则。不得滥用专利权损害公共利益或者他人合法权益。滥用专利权，排除或者限制竞争，构成垄断行为的，依照《中华人民共和国反垄断法》处理。

（三）专利权的限制

1．指定许可

国有企业事业单位的发明专利，对国家利益或者公共利益具有重大意义的，国务院有关主管部门和省、自治区、直辖市人民政府报经国务院批准，可以决定在批准的范围内推广应用，允许指定的单位实施，由实施单位按照国家规定向专利权人支付使用费。

2．强制许可

强制许可亦称非自愿许可，是指国务院专利行政部门依照法律规定，不经专利权人的同意，直接许可具备实施条件的申请者实施发明或实用新型专利的一种行政措施。其目的是为了促进获得专利的发明创造得以实施，防止专利权人滥用专利权，维护国家利益和社会公共利益。《专利法》将强制许可分为三类：不实施时的强制许可，根据公共利益需要的强制许可，从属专利的强制许可。

3．不视为侵犯专利权的行为

根据《专利法》的规定，有下列情形之一的，不视为侵犯专利权：(1) 专利产品或者依照专利方法直接获得的产品，由专利权人或者经其许可的单位、个人出售后，使用、许诺销售、销售、进口该产品的。(2) 在专利申请日前已经制造相同产品、使用相同方法或者已经做好制造使用的必要准备，并且仅在原有范围内继续制造、使用的。(3) 临时通过中国领陆、领水、领空的外国运输工具，依照其所属国同中国签订的协议或者共同参加的国际条约，或者依照互惠原则，为运输工具自身需要而在其装置和设备中使用有关专利的。(4) 专为科学研究和实验而使用有关专利的。(5) 为提供行政审批所需要的信息，制造、使用、进口专利药品或专利医疗器械的，以及专门为其制造、进口专利药品或者专利医疗器械的。

第四节　商标法

商标权是指商标所有人对法律确认并给予保护的商标享有的权利。商标法是指调整商标的组成、注册、使用、管理和商标专用权的保护等的法律规范的总称。为加强商标管理，保护商标专用权，促使生产者、经营者保证商品质量和服务质量，维护商标信誉，我国制定并修改了《商标法》。

一、商标

（一）商标的概念及其特征

商标是商品的生产者、经营者或者服务的提供者为了表明自己、区别他人在其商品或者服务项目上使用的显著标记,即由文字、图形、字母、数字、三维标志、颜色组合和声音等,以及上述要素的组合所构成的标志。商标应具有显著特征、便于识别商品或服务,并不得与他人在先取得的合法权利冲突。在先权利是指在申请商标注册之前的合法权利,其内容具体包括但不限于下列权利:著作权、地理标志权、商号权、外观设计专利权、姓名权、肖像权、商品化权。

商标具有如下特征:

(1) 商标主要是由文字、图形或文字与图形结合而组成的标记。商标的构成具有多样性,凡能够将一企业的商品或者服务与另一企业的商品或者服务加以区别的任何标志或者标志的组合,均能构成一项商标。

(2) 商标是使用于商品或者服务上的显著标记。商标依附于商品或者服务而存在,其使用具有商业意义和商业价值。

(3) 商标是代表特定商品生产者、经销者或者服务提供者的专用符号。商标具有识别性和表彰性功能。

(4) 商标是附于商品表面或包装,或标于与所提供的服务相关的物品上的具有显著特征的简洁符号。

(二) 商标的分类

根据不同的划分标准,可以将商标分成不同的种类。

(1) 根据商标标示对象的不同,可将商标分为商品商标和服务商标。商品商标是用于生产销售的商品上的标记。服务商标是用于服务行业,以便与其他服务行业相区别的标记。

(2) 根据商标是否登记注册,可将商标划分为注册商标和未注册商标。注册商标是指已经在商标注册主管机关获准注册的商标。未注册商标是指已经使用但未经商标注册主管机关获准注册的商标。

世界上对商标的保护有两种做法,一是注册保护,另一种是使用保护。在实行注册保护制度的国家,只有注册商标方可取得商标权,未注册商标不能取得商标权,但这并不意味着未注册商标不受法律保护。在我国,未注册商标中,除驰名商标受法律特别保护外,其他商标使用人不享有法律赋予的商标权,但受到相关民事法律、反不正当竞争法的保护。对未注册商标,使用人所享有的利益仍被承认。实践中,未注册商标的所有者可以反对他人抢注,如果抢注人以不正当手段抢先注册,先用人可以通过商标异议或者撤销程序维护自己的利益,但是不能根据《商标法》禁止他人模仿、仿冒其商标。在采用使用原则取得商标权的国家,仅凭使用商标的事实即可取得商标权。

(3) 根据商标的构成要素,可将商标分为文字商标、图形商标、字母商标、数字商标、三维标志商标、颜色组合商标、组合商标、声音商标。

① 文字商标是由纯文字构成的商标,既可以是中文,也可以是外文。中文包括汉字、汉语拼音和少数民族文字。

② 图形商标是由纯图形构成的商标。

③ 字母商标是由纯字母构成的商标。

④ 数字商标是由纯数字构成的商标。

⑤ 三维标志商标,即立体商标,是指由长宽高三维组成的商标。三维标志往往表现为商品的外形或商品的包装特有的形状,如某酒瓶的包装。

⑥ 颜色组合商标是指由几种不同的颜色按照一定的规则组合而成的商标,但单一的颜色不得作为商标。

⑦ 组合商标是指由各种符号要素组合而成的商标。此类商标往往图文并茂,表形表意结合。

⑧ 声音商标是指由足以使相关消费者区别商品或服务来源的声音构成的商标。声音商标

是以听觉而非视觉的方法作为区别商品或服务的交易来源。该商标识别性的判断，须具有足以使消费者认识，彰显商品或服务来源，并藉以与他人的商品或服务相区别，方可准予注册。实践中，以声音标志申请商标注册的，应当在申请书中予以声明，提交符合要求的声音样本，对申请注册的声音商标进行描述，说明商标的使用方式。对声音商标进行描述，应当以五线谱或者简谱对申请用作商标的声音加以描述并附加文字说明；无法以五线谱或者简谱描述的，应当以文字加以描述；商标描述与声音样本应当一致。

(4) 根据商标具有的特殊作用，可将商标分为证明商标、集体商标。证明商标是指由对某种商品或者服务具有监督能力的组织所控制，而由该组织以外的单位或者个人使用于其商品或者服务，用以证明该商品或者服务的原产地、原料、制造方法、质量或者其他特定品质的标志。集体商标是指以团体、协会或者其他组织名义注册，专供该组织成员在商事活动中使用以表明使用者在该组织中的成员资格的标志。

(5) 根据商标的目的和功能的不同，可将商标分为等级商标和防卫商标。等级商标是指同一经营者对同类商品因规格、质量不同而使用的系列商标，其作用在于区别同一经营者的不同规格、不同质量的同类商品。等级商标可以一并申请注册，一并转让或许可他人使用，其中某一个商标被注销或撤销，不影响其他商标的存在，因而等级商标中的系列商标具有相对的独立性。防卫商标是指为了防止他人的使用或注册而对自己的核心商标所进行的注册，包括联合商标和防御商标两种形式。联合商标是指注册人在同一商品上注册若干个近似商标，包括正商标[①]和其余的联合商标。其主要目的在于保护正商标，防止他人影射和搭便车。防御商标是指为防止他人注册，驰名商标的所有权人在不同类别的商品或服务上注册的商标。最早注册的是正商标，以后再注册在不同类别的商品上的商标为防御商标。其目的在于保护驰名商标的声誉，防止商标被淡化、弱化。

(6) 根据商标在相关市场上的知名度，可将商标分为驰名商标、著名商标和知名商标。

驰名商标是指由知识产权局认定的在市场上享有较高声誉并为相关公众[②]所熟知的商标。国家知识产权局依据当事人申请，结合处理案件的需要，负责在商标注册审查、商标争议处理和查处商标违法案件过程中认定和保护驰名商标。认定驰名商标，应当考虑下列因素：① 相关公众对该商标的知晓程度；② 该商标使用的持续时间；③ 该商标的任何宣传工作的持续时间、程度和地理范围；④ 该商标作为驰名商标受保护的记录；⑤ 该商标驰名的其他因素。国家知识产权局认定驰名商标后，应当将认定结果通知有关部门及申请人，并予以公告。

《商标法》第 13 条规定："为相关公众所熟知的商标，持有人认为其权利受到侵害时，可以依照本法规定请求驰名商标保护。"在商标注册审查、市场监督管理部门查处商标违法案件过程中，当事人依照《商标法》第 13 条规定主张权利的，知识产权局根据审查、处理案件的需要，可以对商标驰名情况作出认定。在商标争议处理过程中，当事人依照《商标法》第 13 条规定主张权利的，商标评审委员会根据处理案件的需要，可以对商标驰名情况作出认定。在商标民事、行政案件审理过程中，当事人依照《商标法》第 13 条规定主张权利的，最高人民法院指定的人民法院根据审理案件的需要，可以对商标驰名情况作出认定。生产、经营者不得将"驰名商标"字样用于商品、商品包装或者容器上，或者用于广告宣传、展览以及其他商业活动中。

---

① 正商标是指最先创设使用的商标。相对于可以只注册不使用的联合商标和防御商标而言，企业必须履行实际使用义务的主要商标。例如某公司因其"乐口福"享有盛名而又申请注册了"乐福口""口福乐""口乐福"等商标。在这组近似商标中，"乐口福"为正商标，其余则为联合商标。

② 相关公众包括与使用商标所标示的某类商品或者服务有关的消费者，生产前述商品或者提供服务的其他经营者以及经销渠道中所涉及的销售者和相关人员等。

著名商标是指由省级知识产权管理部门认可的,在该行政区划范围内具有较高声誉和市场知名度的商标。知名商标是指由市一级知识产权管理部门认可的,在该行政区划范围内具有较高声誉和市场知名度的商标。

二、商标权

(一)商标权的概念

商标权是指商标所有人对其商标拥有的独占的、排他的权利。由于我国在商标权的取得方面实行的是注册原则,因此,商标权实际上是因商标所有人申请,经政府主管部门确认的专有权利,即因商标注册而产生的权利。从权利的性质上看,商标权与所有权一样,属于绝对权的范围,即权利主体对其注册商标享有完全的使用权和排他的权利。从权利的特征上看,商标权与一般知识产权一样,具有无形性、法定性、专有性、地域性和时间性。

(二)商标权的主体

商标权的主体是指通过法定程序,在自己生产、制造、加工、拣选、经销的商品或者提供的服务上享有商标专用权的人。根据《商标法》的规定,商标权的主体范围包括:自然人、法人或者其他组织。两个以上自然人、法人或者其他组织可以共同向知识产权局申请注册同一商标,共同享有和行使该商标专用权。

(三)商标权的客体

商标权的客体是指经知识产权局核准注册的商标,即注册商标。申请注册的商标应当具备以下条件:

(1)商标应当具备显著性。《商标法》规定,申请注册的商标应当有显著特征,便于识别,并不得与他人在先取得的合法权利相冲突。商标具备的这种显著性,可以通过两种方式产生:一是商标本身具有显著性;二是通过长期的使用获得商标的显著性。

(2)商标应当符合规定的要求。《商标法》规定,任何能够将自然人、法人或者其他组织的商品与他人的商品区别开的标志,包括文字、图形、字母、数字、三维标志、颜色组合和声音等,以及上述要素的组合,均可以作为商标申请注册。由此可见,气味标志不能成为注册商标。

根据《商标法》的规定,下列标志不得作为商标使用:

(1)同中华人民共和国的国家名称、国旗、国徽、国歌、军旗、军徽、军歌、勋章等相同或者近似的,以及同中央国家机关的名称、标志、所在地特定地点的名称或者标志性建筑物的名称、图形相同的。

(2)同外国的国家名称、国旗、国徽、军旗等相同或者近似的,但经该国政府同意的除外。

(3)同政府间国际组织的名称、旗帜、徽记等相同或者近似的,但经该组织同意或者不易误导公众的除外。

(4)与表明实施控制、予以保证的官方标志、检验印记相同或者近似的,但经授权的除外。

(5)同"红十字"、"红新月"的名称、标志相同或者近似的。

(6)带有民族歧视性的。

(7)带有欺骗性,容易使公众对商品的质量等特点或者产地产生误认的。

(8)有害于社会主义道德风尚或者有其他不良影响的。

(9)县级以上行政区划的地名或者公众知晓的外国地名,不得作为商标。但是,地名具有其他含义或者作为集体商标、证明商标组成部分的除外;已经注册的使用地名的商标继续有效。

下列标志不得作为商标注册:仅有本商品的通用名称、图形、型号的;仅直接表示商品的质量、主要原料、功能、用途、重量、数量及其他特点的;其他缺乏显著特征的。前述所列标志经过使用取得显著特征,并便于识别的,可以作为商标注册。同时,作为商标的标志不得与他人在先取得的合法权利相冲突。在先取得的合法权利是指在商标注册申请人提出商标申请以前,他人已经依法取得或者依法享有并受法律保护的权利。通常包括著作权、专利权、姓名权、肖像权、商号权、地理标志权、域名权等。

同时,根据《商标法》的规定,申请注册商标时,还应注意:

以三维标志申请注册商标的,仅由商品自身的性质产生的形状、为获得技术效果而需有的商品形状或者使商品具有实质性价值的形状,不得注册。

就相同或者类似商品申请注册的商标是复制、摹仿或者翻译他人未在中国注册的驰名商标,容易导致混淆的,不予注册并禁止使用。

就不相同或者不相类似商品申请注册的商标是复制、摹仿或者翻译他人已经在中国注册的驰名商标,误导公众,致使该驰名商标注册人的利益可能受到损害的,不予注册并禁止使用。

未经授权,代理人或者代表人以自己的名义将被代理人或者被代表人的商标进行注册,被代理人或者被代表人提出异议的,不予注册并禁止使用。就同一种商品或者类似商品申请注册的商标与他人在先使用的未注册商标相同或者近似,申请人与该他人具有前述规定以外的合同、业务往来关系或者其他关系而明知该他人商标存在,该他人提出异议的,不予注册。

商标中有商品的地理标志(标示某商品来源于某地区,该商品的特定质量、信誉或者其他特征,主要由该地区的自然因素或者人文因素所决定的标志),而该商品并非来源于该标志所标示的地区,误导公众的,不予注册并禁止使用。但是,已经善意取得注册的继续有效。

(四)商标权取得的原则及程序

1. 商标权取得的原则

(1) 注册原则。如果商标所有人不向知识产权局提出注册申请,即使其商标经过长期使用,也同样不能获得商标权。未注册商标虽然被法律允许使用,但大多处于无法律保障的状态,只有在被他人以不正当手段抢先注册,且自己的商标已经使用并有一定影响,商标所有人才可依据《商标法》的规定对抗抢注者。

(2) 自愿注册原则。商标所有人自行决定是否申请商标注册,不注册的商标也可以使用,但商标所有人不享有商标权。对涉及人们健康的极少数商品实行强制注册,如烟草制品(主要指卷烟、雪茄烟、有包装的烟丝)。

(3) 以使用在先为补充的申请在先原则。对于两个或两个以上的申请人,在同一种或类似商品上申请注册相同或近似的商标时,准予先申请人的注册,驳回后申请人的申请。同一天申请的,初步审定并公告使用在先的商标。但对于无法确定先使用人的,由各申请人自行协商,不愿协商或协商不成的,商标局通知各申请人以抽签方式确定一个申请人,驳回其他人的注册申请。

(4) 优先权原则。商标注册申请人自其商标在外国第一次提出商标申请之日起 6 个月内,又在中国就相同商品以同一商标提出商标注册申请的,依照该外国同中国签订的协议或者共同参加的国际条约,或者按照相互承认的优先权原则,可以享有优先权。商标在中国政府主办的或承认的国际展览会展出的商品上首次使用的,自该商品展出之日起 6 个月内,该商标的注册申请人可以享有优先权。

2. 商标权取得的程序

商标权的取得可分为原始取得和继受取得。

商标权的原始取得应按照商标注册程序办理。首次申请商标注册,申请人应当提交申请书、商标图样、证明文件并交纳申请费。商标局对受理的商标注册申请,依法进行审查,对符合规定的,予以初步审定并予以公告,对不符合规定的,予以驳回并书面通知申请人。不以使用为目的的恶意商标注册申请,应当依法予以驳回。对初步审定的商标,自公告之日起3个月内,相关当事人可提出异议。当事人对公告期满无异议的,予以核准注册,发给商标注册证,并予公告。

继受取得应按合同转让和继承注册商标的程序办理。

(五) 商标权的内容

商标权是指商标所有人依法对其注册商标所享有的占有、使用、收益和处分的权利。

(1) 专用权。专用权是指商标权主体对其注册商标依法享有的自己在指定商品或服务项目上独占使用的权利。注册商标的专用权以核准注册的商标和核定使用的商品为限。

(2) 使用许可权。使用许可权指注册商标所有人有权将其对注册商标的专用权许可他人行使。商标的使用许可的类型主要有独占使用许可、排他使用许可、普通使用许可等。许可他人使用商标要订立合同。被许可人必须具备使用注册商标的主体资格。许可他人使用注册商标的,许可人应当自商标使用许可合同签订之日起3个月内将合同副本报送知识产权局备案。被许可人必须在商标上标明自己的名称和产地,保证与许可人的商品质量一致,接受许可人的监督。

(3) 转让权。商标转让权是指商标权人依法享有的将其注册商标依法定程序和条件,转让给他人的权利。转让注册商标的,转让人和受让人应当签订转让协议,并共同向知识产权局提出申请。转让注册商标经核准后,予以公告,受让人自公告之日起享有商标专用权。受让人应当保证使用该注册商标的商品质量。注册商标的转让不影响转让前已经生效的商标使用许可合同的效力,但商标使用许可合同另有约定的除外。

(4) 续展权。续展权是指商标权人在其注册商标有效期届满前,依法享有申请续展注册,从而延长其注册商标保护期的权利。注册商标的有效期为10年,自核准注册之日起计算。注册商标有效期满,应当在期满前12个月内申请续展注册;在此期间未能提出申请的,可以给予6个月的宽展期。每次续展注册的有效期为10年,自该商标上一届有效期满次日起计算。宽展期满仍未提出申请的,注销其注册商标。

(5) 标示权。商标注册人使用注册商标,有权标明“注册商标”字样或者注册标记。在商品上不便标明的,可以在商品包装或者说明书以及其他附着物上标明。

(6) 禁止权。商标禁止权是指商标权人依法享有的禁止他人不经过自己的许可而使用注册商标和与之相近似的商标的权利。

同时,根据《商标法》的规定,商标注册人在使用商标时应承担以下义务:不得擅自改变注册商标,需要改变其标志的,应当重新提出注册申请;不得自行改变注册商标的注册人名义、地址或者其他注册事项,否则由地方知识产权局责令限期改正,期满不改正的,由知识产权局撤销其注册商标;不得自行转让注册商标,转让注册商标应通过商标主管机关核准;注册商标必须使用,连续3年停止使用的,注册商标由商标局撤销其商标注册。

三、商标权法律保护

注册商标专用权是指注册商标的所有人对其所有的注册商标享有独占的使用权,未经其许可,任何人都不得在同一种商品或者类似商品上使用与其注册商品相同或者近似的商标。注册商标的专用权以核准注册的商标和核定使用的商品或服务为限。当他人侵害了注册商标专用权时,注册商标专用权人有权采取措施。

实践中,侵犯注册商标专用权的行为(商标侵权行为)主要表现形式有:

(1) 未经商标注册人的许可,在同一种商品上使用与其注册商标相同的商标的。

(2) 未经商标注册人的许可,在同一种商品上使用与其注册商标近似的商标,或者在类似商品上使用与其注册商标相同或者近似的商标,容易导致混淆的。

(3) 销售侵犯注册商标专用权的商品的。

(4) 伪造、擅自制造他人注册商标标识或者销售伪造、擅自制造的注册商标标识的。

(5) 未经商标注册人同意，更换其注册商标并将该更换商标的商品又投入市场的(反向假冒)。

(6) 故意为侵犯他人商标专用权行为提供便利条件，帮助他人实施侵犯商标专用权行为的。

(7) 给他人的注册商标专用权造成其他损害的。实践中，主要包括：① 在同一种或者类似商品上，将与他人注册商标相同或者近似的标志作为商品名称或者商品装潢使用，误导公众的；② 故意为侵犯他人注册商标专用权行为提供仓储、运输、邮寄、隐匿等便利条件的；③ 将与他人注册商标相同或者近似的文字作为企业的字号在相同或者类似商品上突出使用，容易使相关公众产生误认的；④ 复制、摹仿或者翻译他人注册的驰名商标或其主要部分在不相同或者不相类似商品上作为商标使用，误导公众，致使该驰名商标注册人的利益可能受到损害的；⑤ 将与他人注册商标相同或者相近似的文字注册为域名，并且通过该域名进行相关商品交易的电子商务，容易使相关公众产生误认的。

行为人侵犯他人注册商标专用权的，应当视其情节依法承担相应的法律责任，包括民事责任、行政责任甚至刑事责任。

同步综合练习

一、名词解释题

知识产权　职务作品　委托作品　发表权　信息网络传播权　邻接权　著作权的合理使用　职务发明　实用新型　集体商标　证明商标　驰名商标

二、单项选择题

1. 以下使用作品的行为，可以不经著作权人许可且不必支付报酬的是　（　　）

A. 将少数民族文字作品翻译成汉字出版发行

B. 将他人已出版的教材复制后卖给学生

C. 为介绍某一作品而适当引用

D. 为“希望工程”捐款的义演表演已发表作品

2. 作家甲创作了一首新歌，歌手乙进行了演唱，唱片公司丙录制成 CD 唱片，网站丁未经甲、乙、丙许可，将该 CD 盘全部歌曲上传至网络。下列表述正确的是　（　　）

A. 丁侵犯了甲、乙、丙的信息网络传播权

B. 丁侵犯了甲、乙、丙的表演权

C. 丁侵犯了乙、丙的播放权

D. 丁侵犯了甲、乙的发表权

3. 医药公司甲发明了一种治疗流行感冒的新药并已被授予发明专利权，制药厂乙未经授权制造了该新药，药店丙销售乙制造的新药，研究所丁为检验药品疗效自行少量生产该新药，患者戊购买该药品自用。以下说法正确的是　（　　）

A. 丁的行为构成侵权

B. 戊的行为构成侵权

C. 乙、丙的行为侵犯了甲的专利权

D. 乙的行为侵犯了甲的专利权，丙不构成侵权

4. 依《商标法》规定，下列哪项不可以作为商标提出注册申请的是　（　　）

A. 海浪的声音　B. 玫瑰花的气味　C. 鸟鸣的声音　D. 风景图片

三、多项选择题

1. 盛典公司是一家主营会展的企业,该公司经营10年来积累了各种资源,其中属于著作权保护对象的有 ( )

A. 客户名单　　B. 产品报价单　　C. 固定资产

D. 员工上岗手册　　E. 公司业务指南

2. 下列各项中,依法可以申请方法专利的是 ( )

A. 食品真空保鲜的方法　　B. 一种菜肴的烹饪方法　　C. 高血压针灸疗法

D. 西红柿新品种的培育方法　　E. 变魔术的方法　　F. 豆丹高产养殖方法

3. 花果山市出产的鸭梨营养丰富,口感独特,远近闻名。当地有关单位拟对其采取的保护措施中,不合法的有 ( )

A. 将"花果山"申请注册为集体商标,使用于鸭梨上

B. 将"花果山"申请注册为证明商标,使用于鸭梨上

C. 将鸭梨的形状申请注册为立体商标,使用于鸭梨上

D. 将鸭梨的形状申请注册为立体商标,使用于雪花梨上

E. 对猴山市某厂在其生产的水果罐头上已经善意注册并长期使用的"花果山"商标禁止其继续使用

四、简答题

1. 简述知识产权的法律特征。
2. 简述著作权的内容及其限制。
3. 简述专利侵权行为的概念、特征及其保险形式。
4. 简述对驰名商标保护的措施。

五、案例分析题

甲公司为国内生产数控机床的公司,拥有与数控机床有关的多项发明专利技术。2017年4月,甲公司与外国乙公司分别签订了商标使用许可合同和著作权使用许可合同。根据商标使用许可合同,甲公司获得了乙公司的A注册商标的独占使用权,核准使用的商品为数控机床。根据著作权许可使用合同,甲公司获得乙公司的B软件在中国内地地区的专有使用权,但合同没有约定甲公司是否可以许可第三人使用该软件。

2018年7月,甲公司与丙公司签订代销合同,约定丙公司以自己的名义试销贴有A注册商标的数控机床10台,销售价格为每台15万元,每销售一台收取代销费2万元。

2019年3月,丙公司以每台15万元的价格向丁公司销售了3台数控机床。丁公司收到3台数控机床后,自己使用一台,将其余两台出租给其他公司。

2019年8月,丙公司未经甲公司同意,将其余7台数控机床的A注册商标清除,更换为自己的C注册商标,并以每台15万元的价格卖出了5台。

请问:

1. 丁公司出租数控机床的行为是否侵犯甲公司的专利权?说明理由。
2. 丁公司出租数控机床的行为是否侵犯乙公司的著作权?说明理由。
3. 根据甲、乙之间的著作权使用许可合同,乙公司是否可以在中国内地地区使用B软件?说明理由。
4. 甲公司是否可以许可第三人在中国内地地区使用B软件?说明理由。
5. 丙公司更换A注册商标的行为是否侵犯乙公司的商标权?说明理由。

第十一章　市场规制法律制度

第一节　市场规制法概述

一、市场规制法的概念

市场秩序即市场参与者按照特定的市场交易规则安排行为而产生的个人利益与公共利益之间的协调状态。市场规制法就是调整国家在调控市场秩序的过程中所发生的社会关系的法律规范的总称。

作为调整市场规制关系的法律规范的总和，市场规制法应该以国家对市场的直接干预理论为理论基础。国家对市场的直接干预的法律形式，表现为公法规范的市场规制法。由于市场失灵，国家依法干预市场活动能够在一定程度上提高交易的效率。实践表明，国家干预也并非没有缺陷，若政府干预失灵（如干预过度、滥用干预权等）同样也会妨碍交易的正常进行，由此产生政府规制的失败问题。针对政府干预失败，需要建立政府干预的规范，其中包括约束政府干预经济的权力，规范政府干预的行为，推进管理民主化和法制化。市场规制法就是建立在对市场失灵和政府失灵进行双调整基础上的法律，其本质就是国家权力对市场交易活动的依法适度干预。

市场规制关系是指在国家规制市场过程中所形成的社会关系。这种社会关系有以下三个特征：(1) 市场规制关系发生在国家规制市场的过程中。这种社会关系的形成必须以存在国家对市场的管理和国家实际实施了管理行为为前提，这是市场规制关系与其他管理关系的一个重要区别。(2) 市场规制关系的一方是国家或其代表机关，而且市场规制关系的当事人之间地位不平等。国家或其代表机关是依法执行职权，具有相当的权威，并总是以管理者的身份出现；而相对人则是处于被管理者的地位，对管理者的命令、决定和处理意见负有无条件执行的义务。这是市场规制关系与市场主体之间所形成的市场关系的根本区别。(3) 市场规制关系具有强制性。即市场规制关系的发生是不依当事人的意志为转移的，而在其产生过程之中或产生之后，都没有协商的余地，相对人必须服从和执行。

二、市场规制法的特征

市场规制法的主要特征包括如下四项。

(1) 市场规制法调整的对象是市场规制关系。如前所述，这种关系与其他社会关系有本质的区别。

(2) 市场规制法缺乏统一的法典。市场规制法的内容不仅有民法规范、经济法规范，还有行政法规范；不仅有实体法规范，还有程序法规范。其中任何一个方面的规范又具有十分丰富的内容。由于市场规制关系涉及的内容太多，因此要将其统一成市场规制法典，几乎没有可能。

(3) 市场规制法的法律、规范体系庞大。市场规制法的有关法律、法规到底有多少，没有人进行过专门统计。但市场规制法的体系包括了民法、经济法当中的大部分内容和行政法中的部分内容却是不可否认的事实。而且，随着现代社会市场经济的发展，市场规制法的体系必然还会不断发展。

(4) 市场规制法具有多层次性和综合性。所谓多层次性,就是指市场规制法是由众多的不同层次的法律、法规构成。从规制的具体对象上看,可分为市场主体法、市场客体法及市场行为法;从内容上看,可以分为实体法规范和程序法规范;从效力上看,既包括国家法律,也包括国务院的行政法规,还包括一些地方法规和规章等。所谓综合性,实质是市场规制法的内容涉及面很广,而市场规制行为涉及各个方面,往往需要各方面的配合协调。如市场规制部门之间在管理过程中的相互分工和相互配合,市场规制部门与地方政府及行业管理部门等的协调。市场规制是一项复杂的社会工程。

三、市场规制法的地位

市场规制法调整的是国家基于公权力与市场主体发生的市场秩序规制关系。市场规制法作为一种对建立在传统私法上的市场秩序进行矫正的法,在本质上属于经济法的范畴,是经济法体系中的一个十分重要的部门经济法。

四、市场规制法的体系

一般认为,市场规制法分为四个类型,即市场主体规制法、市场客体规制法、市场交易行为规制法和专门市场规制法。这四种类型的法律反映了现代市场规制法律规范体系的基本结构。

(一) 市场主体规制法

市场主体是构成市场的首要条件。然而,市场是以商品生产和交换为内容的,因此,并不是所有的人都能成为市场主体。国家对市场主体进行规制,目的就是要将市场主体与非市场主体及市场不同类型的主体加以区分,并根据他们的不同特点赋予进入市场或退出市场的不同条件或资格,从而保证交易安全,稳定市场秩序。对市场主体规制的内容主要包含在我国的公司法、企业法以及市场主体登记(企业登记)等规范性文件之中。

(二) 市场客体规制法

市场客体是市场赖以形成的物的要素。对市场客体的规制主要包括交易商品范围的规制,商品质量规制以及特殊商品的规制等内容。在现代社会经济生活中,市场客体的规制已越来越为人们所重视。市场客体规制法主要有产品质量法、食品安全法、药品规制法、烟草专卖法、建筑法等规制法律制度。

(三) 市场交易行为规制法

由于市场交易行为是市场要素之间发生联系的纽带,因而市场行为的规范化,历来被看成是决定市场秩序的重要条件。对市场交易行为的规制,既是市场规制的核心,又是市场秩序能否形成和发挥作用的关键,在市场规制中具有决定性的意义。市场交易行为规制法是市场规制法中内容最为丰富、涉及面最广、执法难度最大的部分。具体包括:计量法、价格法、广告法、反不正当竞争法、反垄断法及消费者保护法等规制法律制度。

(四) 专门市场规制法

虽然任何市场规制都包含市场主体规制、交易对象规制和市场行为规制等基本内容,但是,由于一些市场具有鲜明的个性,法律必须采用特别的方法或专门的对策加以调整和控制,从而就会形成专门市场规制法。如针对集贸市场、药品市场、食品市场、证券市场、期货市场、房地产市场、劳动力市场、资本市场、知识产权市场等的不同特点,我国颁布了调整这些特定市场关系的专门的法律和行政法规。本章我们主要介绍市场交易行为规制法。

第二节　反垄断法

一、垄断的概念和分类

垄断是指少数企业凭借雄厚的经济实力对生产和市场进行控制，并在一定的市场领域内从实质上限制竞争的一种市场状态。垄断由自由竞争发展而来，是竞争参与者在取得支配地位后向排斥和限制他人竞争转化而形成的。垄断与市场经济自由公平原则背道而驰，窒息了市场竞争的活力，阻碍了经济持久健康发展。

垄断可根据市场占有的情况，分为独占垄断、寡头垄断和联合垄断。独占垄断也被称为完全垄断，是指一家企业对整个行业的生产、销售和价格有完全的排他性的控制能力，在该行业内不存在任何竞争。寡头垄断，是指市场上只有为数不同的企业生产、销售某种特定的产品或者服务，每个企业都占有一定的市场份额，对价格实施了排他性的控制，但它们相互之间又存在一定的竞争。联合垄断，是指多个相互间有竞争关系并有相当经济实力的企业，通过限制竞争协议等形式，联合控制某一行业市场的状态。

垄断也可根据产生的原因，分为经济性垄断、国家垄断、行政垄断和自然垄断。经济性垄断又称市场垄断，是指市场主体通过自身的力量设置市场障碍而形成的垄断，这是一般的垄断。国家垄断，是指国家出于保护目的，对某一行业市场的生产、销售等进行直接控制，不允许其他市场主体进入该市场领域的情况。行政垄断，是指由政府行政机构违法设置市场障碍而形成的垄断，如在计划经济向市场经济转轨时期，一些地方和部门的保护主义就是典型行政性垄断。自然垄断，是指由于市场的自然条件原因而产生的独占经营，即某些行业不适合竞争经营，否则将导致社会资源的浪费或市场秩序的混乱，如公用事业。

二、反垄断法的概念、调整对象和范围

反垄断法是调整国家在制止市场主体以控制市场为目的的反竞争行为过程中所发生的经济关系的法律规范的总和。作为维护正当竞争的法，反垄断法所规范的重心在于反竞争的垄断行为而非垄断状态。《反垄断法》调整的主要是具有竞争关系的经营者之间的法律关系。

反垄断法所禁止的并不是所有的垄断行为，只是法律特定的垄断行为。只有当企业从获取超额垄断利润或者排挤竞争对手等目的出发，占有较高的市场份额，并滥用这种市场优势实施反竞争的行为时，才被视为垄断，才需要依《反垄断法》加以制止。对于农业生产者及农村经济组织在农产品生产、加工、销售、运输、储存等经营活动中实施的联合或者协同行为给予特别保护，免于《反垄断法》的规制，这不仅有利于疏导农业生产风险，促进我国农业的规模化经营，同时也是符合国际惯例的。此外，有些垄断如知识产权垄断，其市场进入障碍既非垄断者自身力量形成，也不是行政力量制造，而是由法律所赋予的权利。

三、反垄断法所规制的垄断行为

《反垄断法》将各种垄断行为分为垄断协议，滥用市场支配地位，经营者集中，滥用行政权力排除、限制竞争四类。

（一）垄断协议

1. 垄断协议的含义

垄断协议是指两个或两个以上的经营者以协议、决议或其他联合方式实施的限制竞争行为。

垄断协议可以表现为企业间限制竞争的合同或协议、企业团体的决议及企业间的协同行为等形式。构成垄断协议应具备的要件为:(1) 协议或者协同行为由多个独立主体构成。垄断协议必须发生在两个或两个以上的有竞争关系的经营者之间,具有“多个主体共同行为”的特征。同时,参加联合的主体应是在事实上具有独立性的主体,否则不能认定为限制竞争行为的联合主体。(2) 经营者之间存在通谋或协同一致的行为。这种通谋或协同一致的行为,可以表现在各方签署形成的协议、合同、备忘录中,也可以表现在企业团体的决定或决议中,还可以是行为人之间协同一致的行为。

2. 垄断协议的分类

一般认为,垄断协议主要有横向垄断协议、纵向垄断协议与行业协会组织的垄断协议三种表现形式。

所谓横向垄断协议是指两个或两个以上因经营同类产品或服务而在生产或销售过程中处于同一经营阶段的同业竞争者之间的垄断协议。《反垄断法》禁止具有竞争关系的经营者达成以下具有横向垄断性质的协议:(1) 固定或者变更商品价格;(2) 限制商品的生产数量或者销售数量;(3) 分割销售市场或者原材料采购市场;(4) 限制购买新技术、新设备或者限制开发新技术、新产品;(5) 联合抵制交易;(6) 国务院反垄断执法机构认定的其他垄断协议。

纵向垄断协议是指两个或两个以上在同一产业中处于不同阶段而有买卖关系的企业间的垄断协议。《反垄断法》禁止以下具有纵向垄断性质的协议:(1) 固定向第三人转售商品的价格;(2) 限定向第三人转售商品的最低价格;(3) 国务院反垄断执法机构认定的其他垄断协议。

此外,《反垄断法》第 16 条规定:行业协会不得组织本行业的经营者从事依法禁止的垄断行为。

3. 垄断协议的除外适用

在实践中,经营者达成的某些协议虽然具有限制竞争的效果,但整体上有利于技术进步、经济发展和社会公共利益。因此,各国反垄断法又大都规定在一定情况下,对经营者达成的这类协议予以豁免。根据《反垄断法》第 15 条的规定,经营者能够证明所达成的协议属于下列情形之一的,不适用关于禁止垄断协议的规定:(1) 为改进技术、研究开发新产品的;(2) 为提高产品质量,降低成本,增进效率,统一产品规格、标准或者实行专业化分工的;(3) 为提高中小经营者经营效率,增强中小经营者竞争力的;(4) 为实现节约能源、保护环境、救灾救助等社会公共利益的;(5) 因经济不景气,为缓解销售量严重下降或者生产明显过剩的;(6) 为保障对外贸易和对外经济合作中的正当利益的;(7) 法律和国务院规定的其他情形。属于前五种情形之一而不适用关于横向垄断协议和纵向垄断协议规定的,经营者还应当证明所达成的协议不会严重限制相关市场的竞争,并且能够使消费者分享由此产生的利益。

4. 垄断协议的法律责任

垄断协议被普遍认为是垄断行为中危害性最大的一种反竞争行为,因此对它的处罚最为严厉。大多数市场经济国家对垄断协议的法律责任除包括损害赔偿的民事责任外,还有严厉的罚款的行政责任,甚至处以罚金、拘役的刑事责任。《反垄断法》第 46 条规定:经营者违反《反垄断法》规定,达成并实施垄断协议的,由反垄断执法机构责令停止违法行为,没收违法所得,并处上一年度销售额 1%以上 10%以下的罚款;尚未实施所达成的垄断协议的,可以处 50 万元以下的罚款。经营者主动向反垄断执法机构报告达成垄断协议的有关情况并提供重要证据的,反垄断执法机构可以酌情减轻或者免除对该经营者的处罚。行业协会违反《反垄断法》规定,组织本行业的经营者达成垄断协议的,反垄断执法机构可以处 50 万元以下的罚款;情节严重的,社会团体登记管理机关可以依法撤销登记。

（二）滥用市场支配地位

1. 市场支配地位的含义及认定

市场支配地位是指经营者在相关市场内具有能够影响控制商品价格、数量或者其他交易条件，或者能够阻碍、影响其他经营者进入相关市场能力的市场地位。

根据《反垄断法》第 18 条规定，认定经营者具有市场支配地位，应当依据下列因素：(1) 该经营者在相关市场的市场份额，以及相关市场的竞争状况；(2) 该经营者控制销售市场或者原材料采购市场的能力；(3) 该经营者的财力和技术条件；(4) 其他经营者对该经营者在交易上的依赖程度；(5) 其他经营者进入相关市场的难易程度；(6) 与认定该经营者市场支配地位有关的其他因素。此外，《反垄断法》第 19 条还规定，有下列情形之一的，可以推定经营者具有市场支配地位：(1) 一个经营者在相关市场的市场份额达到 1/2 的；(2) 两个经营者在相关市场的市场份额合计达到 2/3 的；(3) 三个经营者在相关市场的市场份额合计达到 3/4 的。

有(2)项、(3)项规定的情形，其中有的经营者市场份额不足 1/10 的，不应当推定该经营者具有市场支配地位。被推定具有市场支配地位的经营者，有证据证明不具有市场支配地位的，不应当认定其具有市场支配地位。

2. 滥用市场支配地位的表现形式

滥用市场支配地位是指具有一定的市场支配地位的企业滥用市场优势地位，对其他主体进行不公平的交易或者排除竞争对手的行为。认定滥用市场支配地位的行为需要考虑两个要素：一是取得特定市场的支配地位，二是滥用支配力量妨碍竞争。

首先是关于特定市场的支配地位认定（具体的认定标准前已述及）。需要说明的是，这里的特定市场是指相关产品市场和相关地域市场。相关产品就是所有销售者向共同的购买者销售的具有竞争性的产品，包括相同的产品或在价格、质量、用途等方面可替代的产品；相关地域是指消费者能够有效地选择各类竞争产品，供应商能够有效地供应产品的一定区域。这里的支配地位是指企业拥有的市场控制力（支配力），是企业及其联合体在特定市场上具有的控制价格或排除竞争的能力。

其次是滥用市场支配地位妨碍竞争的认定。通常的行为表现有：(1) 不正当地确定、维持、变更商品价格。这种行为既损害了消费者的权益，将消费者享有的部分福利转移到垄断厂商，也妨碍了其他竞争者的进入，对竞争构成实质性的限制。(2) 差别对待。处于支配地位的企业在向条件相同的交易对象提供商品时，没有正当理由却在价格或其他交易条件上给予明显的区别对待，从而限制了交易对象之间的竞争。(3) 强制交易。处于支配地位的企业采取利诱、胁迫或其他不正当的方法，迫使其他企业违背真实意愿与之交易或者促使其他企业从事限制竞争的行为。(4) 掠夺性定价。处于市场支配地位的企业以排挤竞争对手为目的，以低于成本的价格销售商品。(5) 独家交易。处于市场支配地位的企业要求经销商在特定市场内只经销自己的商品，不得经销其他企业的同种或同类商品。独家交易又称排他性交易行为。

《反垄断法》采用列举方式规定了七种滥用市场支配地位的行为：(1) 以不公平的高价销售商品或者以不公平的低价购买商品；(2) 没有正当理由，以低于成本的价格销售商品；(3) 没有正当理由，拒绝与交易相对人进行交易；(4) 没有正当理由，限定交易相对人只能与其进行交易或者只能与其指定的经营者进行交易；(5) 没有正当理由搭售商品，或者在交易时附加其他不合理的交易条件；(6) 没有正当理由，对条件相同的交易相对人在交易价格等交易条件上实行差别待遇；(7) 国务院反垄断执法机构认定的其他滥用市场支配地位的行为。

3. 滥用市场支配地位的法律责任

《反垄断法》第 47 条规定：经营者违反《反垄断法》规定，滥用市场支配地位的，由反垄断执法机构责令停止违法行为,没收违法所得,并处上一年度销售额1%以上10%以下的罚款。

经营者实施滥用市场支配地位行为,给他人造成损失的,依法承担民事责任。

(三) 经营者集中

1. 经营者集中的含义

经营者集中是指经营者通过合并及购买股权或资产等方式进行的企业经营行为,其核心是指两个或两个以上企业以一定的方式或手段所形成的企业间的资产、营业和人员的整合。《反垄断法》第20条规定了经营者集中的三种情况:(1) 经营者合并。经营者合并是指两个或两个以上的企业通过订立合并协议,根据相关法律合并为一家企业的法律行为。通过证券交易所进行股票收购而形成的企业合并也属于反垄断法中所指的经营者合并。(2) 经营者通过取得股权或者资产的方式取得对其他经营者的控制权。(3) 经营者通过合同等方式取得对其他经营者的控制权或者能够对其他经营者施加决定性影响。例如委托经营、联营,或者通过合同控制其他经营者的人事、财务安排或其他重要决策,也属于经营者集中的方式之一。

经营者集中可以形成一定的规模经济,但经济力量过度集中又使市场竞争主体数量减少,市场结构发生变化,对市场竞争产生不利影响。在认定经营者集中时,应当考虑下列因素:(1) 参与集中的经营者在相关市场的市场份额及其对市场的控制力。(2) 相关市场的市场集中度。(3) 经营者集中对市场进入、技术进步的影响。(4) 经营者集中对消费者和其他有关经营者的影响。(5) 经营者集中对国民经济发展的影响。

经营者集中是否涉嫌垄断,可以根据经营者集中前后的市场份额变化及对竞争的影响情况作出判断。当经营者集中行为违反法律规定,危及市场竞争,损害社会公共利益时,应予禁止。在我国现阶段,有益于提高效率的经营者集中仍然可以合法进行,政策上予以促进和鼓励。应该从我国现阶段经济发展的实际情况出发,既要防止经营者过度集中形成垄断,又要有利于国内企业通过依法集中做大做强,发展规模经济,提高产业集中度,增强竞争力。

2. 经营者集中的申报制度

《反垄断法》第21条规定:经营者集中达到国务院规定的申报标准的,经营者应当事先向国务院反垄断执法机构申报,未申报的不得实施集中。《反垄断法》第22条规定,经营者集中有下列情形之一的,可以不向国务院反垄断执法机构申报:(1) 参与集中的一个经营者拥有其他每个经营者50%以上有表决权的股份或者资产的;(2) 参与集中的每个经营者50%以上有表决权的股份或者资产被同一个未参与集中的经营者拥有的。

3. 经营者集中的审查与决定

国务院反垄断执法机构应当自收到经营者提交的符合规定的文件、资料之日起30日内,对申报的经营者集中进行初步审查,作出是否实施进一步审查的决定,并书面通知经营者。国务院反垄断执法机构作出决定前,经营者不得实施集中。国务院反垄断执法机构作出不实施进一步审查的决定或者逾期未作出决定的,经营者可以实施集中。

国务院反垄断执法机构决定实施进一步审查的,应当自决定之日起90日内审查完毕,作出是否禁止经营者集中的决定,并书面通知经营者。作出禁止经营者集中的决定,应当说明理由。审查期间,经营者不得实施集中。有下列情形之一的,国务院反垄断执法机构经书面通知经营者,可以延长前款规定的审查期限,但最长不得超过60日:(1) 经营者同意延长审查期限的;(2) 经营者提交的文件、资料不准确,需要进一步核实的;(3) 经营者申报后有关情况发生重大变化的。国务院反垄断执法机构逾期未作出决定的,经营者可以实施集中。

经营者集中具有或者可能具有排除、限制竞争效果的,国务院反垄断执法机构应当作出禁止经营者集中的决定。但是,经营者能够证明该集中对竞争产生的有利影响明显大于不利影响,或者符合社会公共利益的，国务院反垄断执法机构可以作出对经营者集中不予禁止的决定。对不予禁止的经营者集中，国务院反垄断执法机构可以决定附加减少集中对竞争产生不利影响的限制性条件。国务院反垄断执法机构应当将禁止经营者集中的决定或者对经营者集中附加限制性条件的决定，及时向社会公布。对外资并购境内企业或者以其他方式参与经营者集中，涉及国家安全的，除依照本法规定进行经营者集中审查外，还应当按照国家有关规定进行国家安全审查。

4. 经营者违法集中的法律责任

《反垄断法》第48条规定：经营者违反《反垄断法》规定实施集中的，由国务院反垄断执法机构责令停止实施集中、限期处分股份或者资产、限期转让营业以及采取其他必要措施恢复到集中前的状态，可以处50万元以下的罚款。

经营者违反《反垄断法》的规定实施集中，给他人造成损失的，依法承担民事责任。

(四) 滥用行政权力排除、限制竞争

1. 滥用行政权力排除、限制竞争的含义

滥用行政权力排除、限制竞争亦称行政垄断或行政性垄断，是指拥有行政权力的政府机关以及其他依法具有管理公共事务职能的组织滥用行政权力，排除、限制竞争的各种行为。行政垄断是政府违背市场规律及行政规范，参与市场竞争、干涉市场主体行为、分享市场资源、破坏经济自由的不正常状况。

判断是否构成滥用行政权力排除、限制竞争，一般应考虑以下因素：(1) 从行为的实施者来看，必须是行政机关或者依照法律、法规授权具有管理公共事务职能的其他组织。这两类主体的特点是均拥有一定的行政权力。(2) 行为主体实施了“滥用行政权力”的行为。(3) 该行为产生了破坏市场机制、损害公平竞争秩序、排除或者限制竞争的严重后果。

与经济垄断相比，滥用行政权力排除、限制竞争特点明显：(1) 实施主体为行政机关和法律、法规授权的具有管理公共事务职能的组织，而非经营者；(2) 形成滥用行政权力排除、限制竞争的凭借力量是行政权力，而非经济优势；(3) 滥用行政权力排除、限制竞争有抽象与具体之分，既存在强制买卖、限制市场准入等通过具体行政行为而实施的垄断，也存在制定含有排除或者限制竞争内容的一般规定等通过抽象行政行为而实施的垄断；(4) 滥用行政权力排除、限制竞争的强制性较经济垄断明显；(5) 本质上，滥用行政权力排除、限制竞争是一种滥用行政权力的行政违法行为。

2. 滥用行政权力排除、限制竞争的表现形式

滥用行政权力排除、限制竞争的行为方式多种多样，《反垄断法》重点约束的主要有以下几类：(1) 地区封锁。地方政府及其职能部门通过行政权力建立市场壁垒，禁止外地产品流入本地市场，禁止本地资源流出，对不同的地区经营者差别对待，实行地方保护主义。(2) 强制交易。这是指中央政府部门、地方政府及其他依法具有管理公共事务职能的组织，利用行政权力强制安排市场交易活动，限制和排斥竞争、妨碍公平交易的行为。(3) 强制经营者实施危害竞争的垄断行为。这是指行政管理者为了本地区或本部门的利益，违背经营者的意愿，强制其从事有利于本地区、本部门的垄断行为。(4) 制定含有限制竞争内容的行政法规、行政命令等。这是指行政机关利用行政权力，通过制定行政法规、规章或者发布具有普遍约束力的决定、命令，将其有限制竞争性质的条款或内容包含其中，要求相对人执行以达到限制竞争之目的。

法条链接(11-1)

《反垄断法》关于滥用行政权力排除、限制竞争的规定

关于滥用行政权力排除、限制竞争，《反垄断法》的规定主要有以下条款。

3. 滥用行政权力排除、限制竞争的法律责任

《反垄断法》第51条规定：行政机关和法律、法规授权的具有管理公共事务职能的组织滥用行政权力，实施排除、限制竞争行为的，由上

级机关责令改正;对直接负责的主管人员和其他直接责任人员依法给予处分。反垄断执法机构可以向有关上级机关提出依法处理的建议。法律、行政法规对行政机关和法律、法规授权的具有管理公共事务职能的组织滥用行政权力实施排除、限制竞争行为的处理另有规定的,依照其规定。

四、反垄断法的实施

(一) 反垄断法主管机关

《反垄断法》的执法采用的是二元执法体制,即分别设立反垄断委员会和反垄断执法机构。

国务院设立反垄断委员会,负责组织、协调、指导反垄断工作,履行下列职责:(1) 研究拟订有关竞争政策;(2) 组织调查、评估市场总体竞争状况,发布评估报告;(3) 制定、发布反垄断指南;(4) 协调反垄断行政执法工作;(5) 国务院规定的其他职责。国务院反垄断委员会的组成和工作规则由国务院规定。

国务院规定的承担反垄断执法职责的机构依照本法规定,负责反垄断执法工作。国务院反垄断执法机构根据工作需要,可以授权省、自治区、直辖市人民政府相应的机构,依照本法规定负责有关反垄断执法工作。

(二) 对涉嫌垄断行为的调查

1. 调查采取的措施

反垄断执法机构依法对涉嫌垄断行为进行调查。对涉嫌垄断行为,任何单位和个人有权向反垄断执法机构举报。反垄断执法机构应当为举报人保密。举报采用书面形式并提供相关事实和证据的,反垄断执法机构应当进行必要的调查。

反垄断执法机构调查涉嫌垄断行为,可以采取下列措施:(1) 进入被调查的经营者的营业场所或者其他有关场所进行检查;(2) 询问被调查的经营者、利害关系人或者其他有关单位或者个人,要求其说明有关情况;(3) 查阅、复制被调查的经营者、利害关系人或者其他有关单位或者个人的有关单证、协议、会计账簿、业务函电、电子数据等文件、资料;(4) 查封、扣押相关证据;(5) 查询经营者的银行账户。

采取这些措施,应当向反垄断执法机构主要负责人书面报告,并经批准。

2. 执法机构和被调查经营者的权利与义务

反垄断执法机构调查涉嫌垄断行为,执法人员不得少于二人,并应当出示执法证件。执法人员进行询问和调查,应当制作笔录,并由被询问人或者被调查人签字。反垄断执法机构及其工作人员对执法过程中知悉的商业秘密负有保密义务。

被调查的经营者、利害关系人或者其他有关单位或者个人应当配合反垄断执法机构依法履行职责,不得拒绝、阻碍反垄断执法机构的调查。被调查的经营者、利害关系人有权陈述意见。反垄断执法机构应当对被调查的经营者、利害关系人提出的事实、理由和证据进行核实。

3. 调查的中止和终止

反垄断执法机构对涉嫌垄断行为调查核实后,认为构成垄断行为的,应当依法作出处理决定,并可以向社会公布。

对反垄断执法机构调查的涉嫌垄断行为,被调查的经营者承诺在反垄断执法机构认可的期限内采取具体措施消除该行为后果的,反垄断执法机构可以决定中止调查。中止调查的决定应当载明被调查的经营者承诺的具体内容。

反垄断执法机构决定中止调查的,应当对经营者履行承诺的情况进行监督。经营者履行承诺的,反垄断执法机构可以决定终止调查。有下列情形之一的,反垄断执法机构应当恢复调查:

(1) 经营者未履行承诺的;(2) 作出中止调查决定所依据的事实发生重大变化的;(3) 中止调查的决定是基于经营者提供的不完整或者不真实的信息作出的。

第三节　反不正当竞争法

一、不正当竞争的概念和特征

不正当竞争有广义和狭义之分。广义的不正当竞争,泛指一切违反商业道德和善良风俗,特别是违反有关法律而从事商品生产、经营的行为,包括垄断、限制竞争和以不正当手段从事竞争三种行为。狭义的不正当竞争一般指除垄断和限制竞争以外的以不正当手段从事竞争的行为。《反不正当竞争法》第 2 条规定,"本法所称的不正当竞争行为,是指经营者在生产经营活动中,违反本法规定,扰乱市场竞争秩序,损害其他经营者或者消费者的合法权益的行为。"基于此,不正当竞争行为具有以下法律特征。

(1) 主体的特定性。不正当竞争的行为人应为经营者,即从事商品生产、经营或者提供服务(以下简称商品包括服务)的自然人、法人和非法人组织;非经营者不构成不正当竞争的行为主体。

知识拓展(11-1)

不正当竞争与正当竞争、不平等竞争、垄断的区别

(2) 领域的限定性。不正当竞争是经营者在从事商品生产、经营或者提供服务中实施的;在其他领域实施的同类行为,也不构成不正当竞争。

(3) 性质的违法性。不正当竞争的行为直接违反《反不正当竞争法》的禁止性规定,或者违背了自愿、平等、公平、诚信的原则,以及相关法律和商业道德。

(4) 结果的有害性。不正当竞争行为的实施客观上扰乱市场竞争秩序,损害其他经营者或者消费者的合法权益。

不正当竞争不同于正当竞争、不平等竞争、垄断。

二、不正当竞争行为的表现形式

根据《反不正当竞争法》第 6 条至第 12 条的规定,不正当竞争行为主要有以下七种。

(一) 仿冒混淆行为

仿冒混淆行为是指经营者冒用他人商品的标识或名义于自己的商品,足以引人误认为是他人的商品或者与他人存在特定联系,以谋取非法利益的行为。仿冒混淆行为即典型的"搭便车",旨在诱使消费者误认、误购,牟取非法利益,既剥夺了被冒用的经营者的市场份额、损害其利益,又蒙骗消费者、损害其合法权益,破坏市场公平竞争秩序。

仿冒混淆行为主要表现为以下几个方面:

(1) 经营者擅自使用与他人有一定影响的商品名称、包装、装潢等相同或近似的标识;

(2) 擅自使用他人有一定影响的企业名称(包括简称、字号等)、社会组织名称(包括简称等)、姓名(包括笔名、艺名、译名等);

(3) 擅自使用他人有一定影响的域名主体部分、网站名称、网页等;

(4) 其他足以引人误认为是他人商品或者与他人存在特定联系的混淆行为。

(二) 商业贿赂行为

商业贿赂行为是指经营者采用财物或者其他手段贿赂相关单位或者个人,以谋取交易机会或者竞争优势的行为。

实践中,商业贿赂行为的构成要件为:

(1) 交易中附加给付。包括给付财物或通过其他手段输送利益。财物是指现金和实物;其他手段是指提供国内外各种名义的旅游、考察等给付财物以外的其他利益。

(2) 给付主体为经营者或其工作人员。商业贿赂是以谋取交易机会或者竞争优势为目的而做附加给付,一般是作为交易方的经营者所为;但若"经营者的工作人员进行贿赂的,应当认定为经营者的行为",除非经营者有证据证明该工作人员的行为与为经营者谋取交易机会或者竞争优势无关。

(3) 给付对象为与交易相关的单位或者个人,包括:① 交易相对方的工作人员;② 受交易相对方委托办理相关事务的单位或者个人;③ 利用职权或者影响力影响交易的单位或者个人。

(4) 给付方式为在账外暗中进行。经营者在交易活动中,可以以明示方式向交易相对方支付折扣,或者向中间人支付佣金。经营者向交易相对方支付折扣、向中间人支付佣金的,应当如实入账。接受折扣、佣金的经营者也应当如实入账。折扣和佣金在账外暗中给付的,涉嫌不正当竞争,而以明示方式、给付方与接受方均如实入账的,则属正当商业手段。

需要提及的是,折扣即让利,是指经营者在销售商品时,给予对方的价格优惠,包括支付价款时对价款总额按一定比例即时予以扣除,以及支付价款总额后再按一定比例予以退还两种形式;佣金是指经营者在市场交易中给予为其提供服务的具有合法经营资格的中间人的劳务报酬。

(三) 虚假宣传行为

虚假宣传行为,是指经营者对其商品或帮助其他经营者作虚假或者引人误解的商业宣传,欺骗、误导消费者的行为。

《反不正当竞争法》第 8 条规定,"经营者不得对其商品的性能、功能、质量、销售状况、用户评价、曾获荣誉等作虚假或者引人误解的商业宣传,欺骗、误导消费者。经营者不得通过组织虚假交易等方式,帮助其他经营者进行虚假或者引人误解的商业宣传"。据此,虚假宣传行为可以分为以下三类。

(1) 欺骗型虚假宣传。即虚假的商业宣传,是指在商业宣传中无中生有、虚构根本不存在的事实或观点欺骗消费者。欺骗型虚假宣传的内容本身就是虚假的,其行为形式可以分为以下四种:① 所宣传的商品或者服务不存在,即虚构了商品或服务本身的;② 对商品的有关信息(包括商品的性能、功能、质量、销售状况、用户评价、曾获荣誉等)作虚假宣传的;③ 宣传中使用虚构、伪造或者无法验证的信息(如科研成果、统计资料、调查结果、文摘、引用语等)作证明材料的;④ 虚构使用商品或者接受服务的效果的。

(2) 误导型虚假宣传。即引人误解的商业宣传,指对商品或服务的情况作使购买者容易产生错误理解的宣传,诱使购买者对商品或服务产生不切实际的错误理解,从而影响消费者选择的虚假宣传。误导型虚假宣传的内容也许是真实的,或者部分内容是真实的,但是由于巧妙的措辞、隐瞒的暗示、投机的省略、断章取义的引用以及采用刁钻的表现角度等,使宣传内容表达不确切、不明白而藏有陷阱,具有极大的迷惑性和误导性。该行为形式又可分为以下三种:① 对商品作片面的宣传或者对比的;② 将科学上未定论的观点、现象等当做定论的事实用于商品宣传的;③ 以歧义性语言或者其他引人误解的方式进行商品宣传的。

但是,以明显的夸张方式宣传商品,不足以造成相关公众误解的,不构成误导型的虚假宣传。

(3) 帮他人虚假宣传。即经营者通过组织虚假交易等方式,帮助其他经营者进行虚假或者引人误解的商业宣传。如电商利用网络平台,聘请工作人员从事网络刷单,在未收到货物的情况下给商品好评,替商家虚构交易记录,为商家进行虚假宣传提供便利,欺骗误导消费者。

(四) 侵犯商业秘密的行为

所谓商业秘密,是指不为公众所知悉、具有商业价值并经权利人采取相应保密措施的技术信息、经营信息等商业信息。商业秘密具有如下特征：① 无形性，即商业秘密以技术信息和经营信息的形式表现和存在，包括设计、程序、产品配方、制作工艺、制作方法、管理诀窍、客户名单，货源情报、产销策略、物流及供应链信息、招投标中的标底及标书内容等信息。② 商业性，即具有确定的可应用性，能为权利人带来现实的或者潜在的经济利益或者竞争优势。③ 秘密性，即该信息是不能从公开渠道直接获取因而不为社会公众所知悉。④ 保密性，即权利人为之采取了相应保密措施来维持这种秘密性，包括订立保密协议，建立保密制度及采取其他合理的保密措施。

侵犯商业秘密行为是指经营者及相关非经营者非法获取和非法披露、使用或者允许他人使用权利人的商业秘密的行为。该行为应从以下两方面认定。

(1) 行为主体为非权利人，可以是经营者，也可以是经营者以外其他自然人、法人和非法人组织，与经营者相关的非经营者(如员工、前员工、第三人等)也可以成为该行为的主体。这里所谓权利人，是指依法对商业秘密享有所有权或者使用权的自然人、法人和非法人组织，包括商业秘密的所有权人和使用权人。

(2) 行为形式表现为非法获取、非法披露与使用、非法允许他人使用权利人的商业秘密。包括：① 以盗窃、贿赂、欺诈、胁迫、电子侵入或者其他不正当手段获取权利人的商业秘密；② 披露、使用或者允许他人使用以前项手段获取的权利人的商业秘密；③ 违反保密义务或者违反权利人有关保守商业秘密的要求，披露、使用或者允许他人使用其所掌握的商业秘密；④ 教唆、引诱、帮助他人违反保密义务或者违反权利人有关保守商业秘密的要求，获取、披露、使用或者允许他人使用权利人的商业秘密。

经营者以外的其他自然人、法人和非法人组织实施前述所列违法行为的，视为侵犯商业秘密。第三人明知或者应知商业秘密权利人的员工、前员工或者其他单位、个人实施前述①～④项所列违法行为，仍获取、披露、使用或者允许他人使用该商业秘密的，视为侵犯商业秘密。

实践中，通过自行开发研制或者反向工程等方式获得的商业秘密，不认定为《反不正当竞争法》规定的侵犯商业秘密行为。所谓反向工程是指通过技术手段对从公开渠道取得的产品进行拆卸、测绘、分析等而获得该产品的有关技术信息。例如，花铎自筹资金开办了一家机械配件厂。不久，他发现市场上销售一种新型煤气灶具，就购买了一台，利用在大学学到的机械知识和原理，将此灶具拆开研究，分析出该灶具的工艺流程和生产方法。然后花铎按照自己研究出来的技术方案自行生产了灶具。此例中的花铎就是运用反向工程获取了原灶具的技术秘密。根据《最高人民法院关于审理不正当竞争民事案件应用法律若干问题的解析》的规定，该行为不属于不正当竞争。但是，当事人以不正当手段知悉了他人的商业秘密之后，又以反向工程为由主张获取行为合法的，该主张不能成立。

在侵犯商业秘密的民事审判程序中，商业秘密权利人提供初步证据，证明其已经对所主张的商业秘密采取保密措施，且合理表明商业秘密被侵犯，涉嫌侵权人应当证明权利人所主张的商业秘密不属于本法规定的商业秘密。商业秘密权利人提供初步证据合理表明商业秘密被侵犯，且提供以下证据之一的，涉嫌侵权人应当证明其不存在侵犯商业秘密的行为：① 有证据表明涉嫌侵权人有渠道或者机会获取商业秘密，且其使用的信息与该商业秘密实质上相同；② 有证据表明商业秘密已经被涉嫌侵权人披露、使用或者有被披露、使用的风险；③ 有其他证据表明商业秘密被涉嫌侵权人侵犯。

(五) 不正当有奖销售行为

不正当的有奖销售行为是指经营者违反诚实公平竞争原则，利用物质、金钱或其他经济利益引诱购买者与之交易，排挤竞争对手的不正当竞争行为。这类行为包括：① 所设奖的种类、兑奖条件、奖金金额或者奖品等有奖销售信息不明确,影响兑奖;② 采用谎称有奖或者故意让内定人员中奖的欺骗方式有奖销售;③ 抽奖式的有奖销售(凡以抽签、摇号等带有偶然性的方法决定购买者是否中奖的,均属于抽奖方式;但经政府或者政府有关部门依法批准的有奖募捐及其他彩票发售活动不在此列),最高奖的金额超过5万元。

(六) 诋毁商誉行为

诋毁商誉也称商业诽谤,是指经营者通过编造、传播虚假信息或者误导性信息,损害竞争对手的商业信誉、商品声誉的行为。

构成诋毁商誉的行为必须是:(1) 行为对象是同业竞争者且行为人具有诋毁竞争对手、削弱对手竞争能力的故意。(2) 行为损害了竞争对手的商业信誉和商品声誉。商业信誉是社会对经营者商业道德,商品品质、价格、服务等方面的积极评价;商品声誉是社会对特定商品品质、性能的赞誉。(3) 行为人采用了编造、传播虚假信息或者误导性信息的手段。如果经营者所发布的对竞争对手不利的信息属于客观事实,则不构成诋毁商誉的行为。

(七) 妨碍、破坏网络产品或服务正常运行的行为

妨碍、破坏网络产品或服务正常运行的行为也称网络恶意竞争行为,是指经营者利用技术手段,通过影响用户选择或者其他方式,实施妨碍、破坏其他经营者合法提供的网络产品或者服务正常运行的行为。根据《反不正当竞争法》第12条的规定,该行为表现为:(1) 未经其他经营者同意,在其合法提供的网络产品或者服务中插入链接、强制进行目标跳转;(2) 误导、欺骗、强迫用户修改、关闭、卸载其他经营者合法提供的网络产品或者服务;(3) 恶意对其他经营者合法提供的网络产品或者服务实施不兼容;(4) 其他妨碍、破坏其他经营者合法提供的网络产品或者服务正常运行的行为。

三、对涉嫌不正当竞争行为的监督、调查与司法救济

(一) 社会监督

国家鼓励、支持和保护一切组织和个人对不正当竞争行为进行社会监督。

对涉嫌不正当竞争行为,任何单位和个人有权向监督检查部门举报,监督检查部门接到举报后应当依法及时处理。监督检查部门应当向社会公开受理举报的电话、信箱或者电子邮件地址,并为举报人保密。对实名举报并提供相关事实和证据的,监督检查部门应当将处理结果告知举报人。

(二) 对涉嫌不正当竞争行为的调查

(1) 调查机构。县级以上人民政府履行市场监督管理职责的部门对不正当竞争行为进行查处;相关法律、行政法规规定由其他部门查处的,依照其规定。

(2) 调查措施。监督检查部门调查涉嫌不正当竞争行为,可以采取下列措施:① 进入涉嫌不正当竞争行为的经营场所进行检查;② 询问被调查的经营者、利害关系人及其他有关单位、个人,要求其说明有关情况或者提供与被调查行为有关的其他资料;③ 查询、复制与涉嫌不正当竞争行为有关的协议、账簿、单据、文件、记录、业务函电和其他资料;④ 查封、扣押与涉嫌不正当竞争行为有关的财物;⑤ 查询涉嫌不正当竞争行为的经营者的银行账户。

(3) 调查规则。① 采取上述调查措施,应当向监督检查部门主要负责人书面报告,并经批准;采取第④项、第⑤项措施的,应当向设区的市级以上人民政府监督检查部门主要负责人书面报告,并经批准。② 监督检查部门调查涉嫌不正当竞争行为,应当遵守《中华人民共和国行政强制法》和其他有关法律、行政法规的规定,并应当将查处结果及时向社会公开。③ 监督检查部门及其工作人员对调查过程中知悉的商业秘密负有保密义务。④ 监督检查部门调查涉嫌不正当

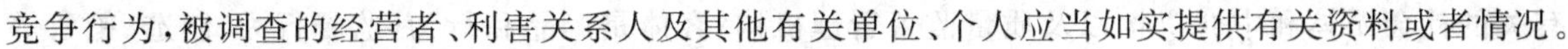

竞争行为，被调查的经营者、利害关系人及其他有关单位、个人应当如实提供有关资料或者情况。

（三）司法救济

经营者的合法权益受到不正当竞争行为损害的，可以向人民法院提起诉讼。当事人对监督检查部门作出的决定不服的，可以依法申请行政复议或者提起行政诉讼。

四、不正当竞争行为的法律责任

经营者违反《反不正当竞争法》的规定实施不正当竞争行为应承担相应法律责任。该法律责任包括民事责任、行政责任和刑事责任三种。

（一）民事责任

经营者实施不正当竞争行为，给他人造成损害的，应当依法承担民事责任。因不正当竞争行为受到损害的经营者的赔偿数额，按照其因被侵权所受到的实际损失确定；实际损失难以计算的，按照侵权人因侵权所获得的利益确定。经营者恶意实施侵犯商业秘密行为，情节严重的，可以在按照前述方法确定数额的1倍以上5倍以下确定赔偿数额。赔偿数额还应当包括经营者为制止侵权行为所支付的合理开支。权利人因被经营者实施仿冒混淆行为、侵犯商业秘密行为被侵权所受到的实际损失、侵权人因侵权所获得的利益难以确定的，由人民法院根据侵权行为的情节判决给予权利人500万元以下的赔偿。

（二）行政责任

行政责任分为行政处分和行政处罚。行政处分是国家机关根据法律、法规和规章制度，给予有轻微违法失职行为或者内部违纪人员的一种制裁。对实施不正当竞争行为的经营者，由县级以上人民政府履行市场监督管理职责的部门或法律、行政法规规定的其他部门进行行政处罚。

经营者从事不正当竞争，有主动消除或者减轻违法行为危害后果等法定情形的，依法从轻或者减轻行政处罚；违法行为轻微并及时纠正，没有造成危害后果的，不予行政处罚。当事人对行政处罚决定不服的，可以依法申请行政复议或者提起行政诉讼。

知识拓展(11-2)

《反不正当竞争法》关于行政责任的规定

（三）刑事责任

经营者及其他主体违反《反不正当竞争法》规定，构成犯罪的，依法追究刑事责任。在我国，能够构成犯罪的不正当竞争行为主要是仿冒混淆行为、商业贿赂行为等不正当竞争行为。

第四节　产品质量法

一、产品质量法概述

产品质量是指国家有关法律法规、质量标准以及合同规定的对产品适用、安全和其他特性的要求。产品质量关系企业的生存与发展，也关系到消费者、使用者或第三人的权益，同时也关系到国家和特定区域国民经济发展的规划和目标。

产品质量法是指调整生产者、销售者、消费者、使用者、政府有关部门以及与产品质量有关的其他机构等主体之间在生产、流通以及监督管理过程中，因产品质量而发生的各种社会关系的法律规范的总称。我国专门调整产品质量的法律是《产品质量法》。《产品质量法》调整的内容主要包括产品质量的监督管理、生产者和销售者的产品质量和义务、造成损害后的赔偿、违反产品质量法应承担的法律责任等。在产品质量的法律关系中，主体是生产者、销售者、使用者、消费者、有关的社会团体和中介机构以及质量监督管理机构;客体是产品和行为(监督行为,制造、销售等行为)。

《产品质量法》所界定的产品是指经过加工、制作,用于销售的物质产品,包括工业产品、农业产品、建筑材料、建筑构配件和设备等,而不包括不动产。

《产品质量法》的适用具有强制性,各类当事人不能任意排除。在我国境内从事产品的生产、销售活动,包括销售进口商品,都必须遵守《产品质量法》;但建筑工程和军工产品不适用,由其他法律另行规定。

同时,为了强化对农产品的质量监管,保障农产品质量安全,维护公众健康,我国制定了《中华人民共和国农产品质量安全法》(以下简称《农产品质量安全法》,拟在下一节专门阐述,此节不赘述)。为了保证食品安全,强化公众身体健康和生命安全保障,我国制定了《食品安全法》。为了明确产品质量责任,强化产品生产者、经营者的法律责任,《民法典》第七编"侵权责任"第四章"产品责任"从第 1202 条至第 1207 条对产品责任作了专门的规定。

截至目前,我国已构建了以《产品质量法》为主,包括《农产品质量安全法》《食品安全法》《民法典》等其他众多单行法律法规在内的较为完整的产品质量法律体系。

二、产品质量监督管理制度

国务院市场监督管理部门主管全国产品质量监督工作。国务院有关部门在各自的职责范围内负责产品质量监督工作。县级以上地方市场监督管理部门主管本行政区域内的产品质量监督工作。县级以上地方人民政府有关部门在各自的职责范围内负责产品质量监督工作。法律对产品质量的监督部门另有规定的,依照有关法律的规定执行。

(一) 产品质量标准制度

国家鼓励推行科学的质量管理办法,采用先进的科学技术,鼓励企业产品质量达到并且超过行业标准、国家标准和国际标准。根据《中华人民共和国标准化法》的规定,企业生产的产品质量标准分为国家标准、行业标准、地方标准和企业标准。国家鼓励企业产品质量达到并超过国际标准。国家标准、行业标准分为强制性标准和推荐性标准。其中,保障人体健康和人身、财产安全的工业产品和法律、行政法规规定强制执行的标准是强制性标准,如农产品质量安全标准、食品安全标准都是强制执行的标准。强制性标准必须执行,不符合强制性标准的产品,禁止生产、销售和进口。其他标准是推荐性标准,国家鼓励企业自愿采用推荐性标准。

《产品质量法》规定:产品应当符合一定的标准,对于可能危及人体健康和人身、财产安全的工业产品,必须符合保障人体健康和人身、财产安全的国家标准、行业标准;未制定国家标准、行业标准的,必须符合保障人体健康和人身、财产安全的要求。禁止生产、销售不符合保障人体健康和人身、财产安全的标准和要求的工业产品。

(二) 产品生产许可证制度

为了保证产品安全,国家实行生产许可证制度。2005 年 9 月 1 日起实施的《工业产品生产许可证管理条例》规定:国家对生产关系公共安全、人体健康、生命财产安全的重要工业产品的企业实行生产许可证制度。国务院工业产品生产许可证主管部门会同有关部门并征求消费者协会及行业协会的意见,制定国家实行生产许可证的工业产品目录。任何企业未取得生产许可证不得生产列入目录的产品,任何单位和个人不得销售或者在经营活动中使用未取得生产许可证的列入目录的产品。

(三) 企业质量体系认证制度

企业质量体系认证是指通过认证机构的独立评审,对于符合条件的,颁发认证证书,从而证明该企业的质量体系达到相应的标准。国家根据国际通用的质量管理标准，推行企业质量体系认证制度。企业可以自愿提出申请认证。

（四）产品质量体系认证制度

产品质量体系认证制度是指依据一定的标准，由生产者和消费者之外的第三方对产品的质量进行证实和评价的一种制度。我国产品质量体系认证制度的主要内容是：国家参照国际先进的产品标准和技术要求，推行产品质量认证制度。企业根据自愿原则可以向国务院产品质量监督部门认可的或者国务院产品质量监督部门授权部门认可的认证机构申请产品质量认证。

产品质量认证不同于企业质量体系认证。产品质量认证的对象是某种特定的产品，企业质量体系认证的对象是企业保证产品质量的综合能力。经认证合格的，由认证机构颁发产品质量认证证书，准许企业在产品或者其包装上使用产品质量认证标志。仅获得企业质量体系认证证书的企业，不得在其产品上使用产品质量认证标志。

（五）产品质量检验制度

产品质量检验是指检验机构根据一定标准对产品品质进行检测，并判断合格与否的活动，而对这一活动的方法、程序、要求和法律性质用法律加以确定就形成了产品质量检验制度。《产品质量法》规定：产品质量应当检验合格，不得以不合格产品冒充合格产品。产品或者其包装上的标识，要有产品质量检验合格证明。

企业产品质量检验是产品质量的自我检验，具有自主性和合法性的特点。所谓自主性，是指这种检验是企业为保障产品质量合格，适合并满足用户和消费者的要求，依法主动进行的，在不违反法律强制性规定的前提下，企业可选择适合自己的检验标准和检验程序。所谓合法性，是指企业的质量检验必须依法进行，遵循国家的有关规定。产品出厂时，可由企业自行设置的检验机构检验，也可经过企业委托的有关产品质量检验机构进行检验。按照我国法律规定，产品质量检验机构必须具备相应的检验条件和能力，并须经过省级以上的人民政府产品质量监督管理部门或者其授权的部门考核合格后，方可承担产品质量检验工作。

（六）产品质量的监督检查制度

国家对产品质量实行以抽查为主要方式的监督检查制度。对依法进行的产品质量监督检查，生产者、销售者不得拒绝。

产品质量的抽查，主要有以下几个方面的内容：(1) 抽查的对象。国家对可能危及人体健康和人身、财产安全的产品，影响国计民生的重要工业产品以及消费者、有关组织反映有质量问题的产品进行抽查。(2) 抽查的样品。抽查的样品应当在市场上或者企业成品仓库内的待销产品中随机抽取，抽检样品的数量不得超过检验的合理需要。(3) 抽查的机构。监督抽查工作由国家市场监督管理总局规划和组织。县级以上地方市场监督管理部门在本行政区域内也可以组织监督抽查。(4) 禁止重复抽查的原则。国家监督抽查的产品，地方不得另行重复抽查；上级监督抽查的产品，下级不得另行重复抽查。(5) 抽查费用不得向被检查人收取。监督抽查所需检验费用按照国务院规定列支。

生产者、消费者对抽查检验结果有异议的，可以自收到检验结果之日起 15 日内向实施监督抽查的产品质量监督部门申请复检，由受理复检的产品质量监督部门作出复检结论。经抽查产品质量不合格的，由实施监督抽查的产品质量监督部门责令其生产者、销售者限期改正。逾期不改正的，由省级以上人民政府质量监督部门予以公告；公告后经复查仍不合格的，责令停业，限期整顿；整顿期满后经复查产品质量仍不合格的，吊销营业执照。监督抽查的产品有严重质量问题的，给予罚款、没收等处罚。构成犯罪的，依法追究刑事责任。

7. 社会对产品质量的监督制度

消费者有权就产品质量问题向产品的生产者、销售者查询,有权向质量监督部门和工商行政管理部门申诉。有关社会组织应就消费者反映的产品质量问题建议有关部门负责处理,支持消费者起诉。

三、生产者、销售者的产品质量义务

(一) 生产者的产品质量义务

1. 作为的义务

(1) 产品应当符合内在质量的要求。产品不应存在危及人体健康及人身、财产安全的不合理的危险;产品已有保障人体健康和人身、财产安全国家标准、行业标准的,应当符合该标准。产品应当具备规定的使用性能,但是对产品存在使用性能的瑕疵作出说明的除外。产品应符合在产品或者其包装上注明采用的产品标准,符合以产品说明、实物样品等方式表明的质量状况。

(2) 产品或者其包装上的标识应当符合要求。包括合格证明、产品名称、厂家和厂址、产品规格、安全使用日期、警示标志等。

(3) 特殊产品的包装必须符合要求。即剧毒、危险、易碎、储运中不能倒置以及有其他特殊要求的产品的包装应符合有关要求。

2. 不作为的义务

生产者不得生产国家明令淘汰的产品;不得伪造产地,伪造或者冒用他人的厂名、厂址;不得伪造或者冒用认证标志、名优标志等质量标志;生产产品不得掺杂、掺假,以假充真、以次充好,以不合格产品冒充合格产品。

(二) 销售者的产品质量义务

1. 作为的义务

销售者应当执行进货检查验收制度,验明产品合格证明和其他标识;在进货之后,销售者应当采取措施,确保销售产品的质量;所销售产品的标识应当符合有关的规定。

2. 不作为的义务

销售者不得销售失效、变质的产品;不得伪造产地,伪造或者冒用他人的厂名、厂址;不得伪造或者冒用认证标志、名优标志等质量标志;销售产品,不得掺杂、掺假,以假充真、以次充好,以不合格产品冒充合格产品。

四、产品责任

(一) 产品责任的内涵

1. 产品责任的概念

产品责任,又称产品缺陷责任,是指产品的生产者、销售者及有关机构和有关人员,因其生产或销售的产品有缺陷,造成消费者、使用者或者他人人身、财产的损害而应承担的一种民事赔偿责任。产品责任是一种特殊的侵权责任,在当事人之间存在合同关系的情况下,还可能出现与违约责任的竞合。目前,我国关于产品责任的规定,最集中地体现在《产品质量法》《民法典》中,同时,在《农产品质量安全法》《食品安全法》中也有关于产品责任的补充规定。产品质量责任的内容如表 11-1 所示。

表 11-1 产品质量责任的内容

<table>
<tr><td rowspan="8">产品质量责任</td><td rowspan="2">民事责任</td><td colspan="2">合同责任(瑕疵担保责任)</td></tr>
<tr><td colspan="2">产品责任(产品侵权责任)</td></tr>
<tr><td rowspan="2">行政责任</td><td colspan="2">行政处分(对个人适用)</td></tr>
<tr><td colspan="2">行政处罚(对个人、单位适用)</td></tr>
<tr><td rowspan="4">刑事责任</td><td>主 刑</td><td>管制、拘役、有期徒刑、无期徒刑、死刑(对个人适用)</td></tr>
<tr><td rowspan="3">附加刑</td><td>罚金(对个人、单位适用)</td></tr>
<tr><td>剥夺政治权利(对个人适用)</td></tr>
<tr><td>没收财产(对个人适用)</td></tr>
</table>

由此可见,产品质量责任是一个综合性的概念,也是一种综合责任,它是指行为人违反《产品质量法》所应承担的各种消极法律后果。这里的"行为人"不仅包括产品的生产者、销售者,而且包括对产品质量负有直接责任的人员以及从事产品质量监督的国家工作人员。这里的"消极法律后果"既包括因产品缺陷而给他人造成人身、财产损失时,由生产者和销售者依法应承担的产品责任,还包括违反合同法、标准化法、计量法以及规范产品质量的其他法规应当承担的责任,包括合同品质瑕疵担保责任、行政责任和刑事责任。

2. 产品责任与合同品质瑕疵担保责任的区别

产品责任与合同品质瑕疵担保责任虽然有一定的联系,但它们之间的区别是很大的。最大的区别就在于合同品质担保当事人可以约定排除,而产品责任则不能约定排除,产品责任具有强制性。具体而言,它们的区别如下。

(1) 责任主体和请求权利主体不同。在品质担保责任中,责任主体是卖方,而请求权利主体是买方。在产品责任中责任主体是卖方及生产、制造、加工、销售链上的任何人,请求权利主体是受到伤害的任何人。

(2) 两者的性质不同。在品质担保责任中,原则上是无合同即无责任,因此担保义务具有任意性,当事人可以约定,甚至可以排除。而产品责任是一种特殊的侵权责任,是一种强制性的责任,生产者是否有过失并不重要,注重的是侵权的结果。

(3) 两者的适用范围不同。品质担保责任是担保货物无瑕疵,瑕疵是指产品不合格。产品责任是因产品缺陷造成损害的责任,缺陷是指产品具有不适当的危险,或没有提供使用者所期待的安全。

(4) 两者的赔偿范围不同。品质担保责任赔偿的范围是实际损失以及为减少损失支出的费用,加上预期利润。而产品责任赔偿的范围是人身伤害、财产损失以及精神损害。

(二) 产品责任的构成要件

一般认为,产品责任的成立须同时具备以下条件。

1. 产品存在缺陷

产品缺陷是指产品存在不合理的危险,且这种危险在产品离开生产者或销售者之前就已经存在。《产品质量法》第 46 条规定:"本法所称缺陷,是指产品存在危及人身、他人财产安全的不合理的危险;产品有保障人体健康和人身、财产安全的国家标准、行业标准的,是指不符合该标准。"从该规定来看,产品缺陷是指产品存在危及人身、他人财产安全的不合理危险。该定义同时确立了缺陷产品的认定标准,即"不合理危险"标准。

一般认为,产品缺陷可以分为制造缺陷、设计缺陷与警示缺陷三种。

(1) 制造缺陷,是指在生产工艺中因工艺、质量管理不善等原因而产生的不合理危险性。它是以现有产品的实际质量状况为衡量标准的一种结果标准。例如,生产的幼儿玩具制品,未按照设计要求采用安全的软性材料,而是使用了金属材料并带有锐角,危及幼儿人身安全。该产品即存在制造上的缺陷。在我国目前的产品质量案件中,大部分缺陷产品属于制造缺陷。

(2) 设计缺陷,是指产品设计未能充分考虑未来产品的安全性致使其存在不合理的危险。例如,使用瓦斯炉的火锅,因结构或安全系数设计上的不合理,有可能导致在正常使用中爆炸,该产品即为存在设计缺陷的产品。实践中,设计缺陷的判断远比制造缺陷的判断要难。

(3) 警示缺陷,是指生产者疏于以适当方式向消费者说明产品的使用方法及危险预防方面应注意的事项,导致产品产生不合理的危险性。例如,油漆具有易燃性,生产者应附警示标志,提醒使用者存在的危险性,并告知如何避免。如果未履行上述义务,就属警示上的缺陷。又如,燃气热水器在一定条件下对使用者有一定的危险性,生产者应当采用适当的方式告知安全使用注意事项,如必须将热水器安装在浴室外空气流通的地方等。如果生产者没有明确告知,就可认为该产品存在不合理的危险。警示缺陷主要表现为以下几种情况:① 警示时间不当。生产者将产品投入流通领域时,就应当对产品可能发生的危险及其预防方法予以警告和说明。同时,还应对产品投入流通后发现的危险负担持续性警示义务。② 警示内容不当。生产者应当对产品所具有的性质和特殊使用方法以及可预见的使用危险,包括可预见的误用导致的危险及预防方法等予以指示。③ 警示方法不当。生产者应当在产品的合适位置,以醒目的字体或标志展示产品的特殊使用方法、特殊危险及其预防方法。

需要说明的是,《民法典》第 1206 条确立了缺陷产品召回制度,该条规定:"产品投入流通后发现存在缺陷的,生产者、销售者应当及时采取停止销售、警示、召回等补救措施;未及时采取补救措施或者补救措施不力造成损害扩大的,对扩大的损害也应当承担侵权责任。"

实践中,应注意区分产品缺陷与产品瑕疵。一般认为,产品缺陷与产品瑕疵都是指产品不符合质量要求。产品缺陷是针对较大的质量问题而言的,产品瑕疵则是指一般性的质量问题。二者存在诸多差异。

(1) 产品缺陷是指产品存在危及人身与财产安全的不合理为限;而产品瑕疵则是指产品不具备良好的特性,不符合明示的产品标准,或者不符合产品说明、实物样品等方式表明的质量状况,但不存在危及人身、财产安全的不合理的危险。

(2) 缺陷产品属于禁止流通产品,不得交易;瑕疵产品,因其尚未丧失产品原有的使用价值,消费者可在知悉瑕疵实情的前提下自行决定是否接受。

(3) 产品缺陷责任是一种特殊的侵权责任,有权主张产品缺陷责任的主体是因产品缺陷遭受人身或财产损害的受害人,包括产品的购买者、使用者和其他因此受到损害的第三人。受害人既可向缺陷产品的生产者也可向销售者请求赔偿;产品瑕疵责任是一种合同责任,主张该责任必须以当事人之间存在合同关系为前提。因此,有权主张产品瑕疵责任的权利主体只能是产品的购买人,且只能向销售者提出权利主张。

(4) 产品缺陷责任以损害赔偿为主要责任方式;产品瑕疵责任则由销售者依照法律规定或者合同约定,负责修理、更换、退货以及赔偿损失。

事实上,依《民法典》规定属于瑕疵产品的并不一定具有对人身财产的危险性,因而不一定属于《产品质量法》规定的缺陷产品;依《产品质量法》规定属于有缺陷的产品,也可能在《民法典》中并无瑕疵,属于质量合格产品。实践中,当产品进入流通后,发现缺陷,产品的生产者或者销售者应积极采取相应的补救措施。对于已经进入流通领域的产品,如果产品存在缺陷并致人损害的,消费者可以依据《消费者权益保护法》《产品质量法》《民法典》等向产品的销售者、生产者主张相应的赔偿权利。

2. 有损害事实存在

这是指产品因缺陷造成了人身、缺陷产品以外的其他财产的损害。如果产品有缺陷,但并未造成人身或财产损害,或者仅造成缺陷产品本身的损害,均不构成产品责任;在这种情况下,生产者或销售者仅按法律关于产品瑕疵担保责任的有关规定,承担修理、更换、退货或者赔偿损失的责任。

3. 产品缺陷与损害后果之间有因果关系

因果关系是客观事物之间的前因后果的关联性。产品缺陷与损害后果之间有因果关系是指产品缺陷是导致损害发生的直接原因。在产品责任事故中,损害后果的发生往往是由多种原因导致的,因此,必须确定产品缺陷是引起损害后果的唯一原因或直接原因,产品责任才能成立,生产者才须承担责任。

适用疏忽原则确定和追究产品责任时,除具备上述三项要件外,还须具备一个要件,即生产者或销售者主观上有过错。但为了更好地保护消费者利益,受害者并不承担过错的证明责任,一般采用"举证责任倒置"或"事实自证规则"来确定生产者或销售者是否存在过错。

(三) 产品责任的法律适用

1. 适用产品责任的法律依据

目前,《产品质量法》和《民法典》是适用有关产品责任的主要法律依据。如果《产品质量法》和《民法典》规定不一致的,按照"新法优于旧法、特别法优于普通法"的原理,适用《民法典》的有关规定。

2. 产品责任的归责原则

我国采取的是严格责任和过错责任相结合的双重责任原则,生产者对其生产的缺陷产品造成他人人身或财产的损害承担严格责任,而销售者则承担过错责任。简而言之,《产品质量法》中关于产品责任的归责原则,生产者和销售者是有区别的。生产者适用的是严格责任。《产品质量法》第 41 条规定:"因产品存在缺陷造成人身、缺陷产品以外的其他财产(以下简称他人财产)损害的,生产者应当承担赔偿责任。"而销售者则适用过错责任。《产品质量法》第 42 条规定:"由于销售者的过错使产品存在缺陷,造成人身、他人财产损害的,销售者应当承担赔偿责任。"

《民法典》从侵权的角度规定,因产品存在缺陷造成他人损害的,生产者应当承担侵权责任,即生产者适用严格责任。因销售者过错使产品存在缺陷,造成他人损害的,销售者应当承担侵权责任,即对销售者实行过错责任。但与《产品质量法》规定不同的是,当销售者不能指明缺陷产品的生产者也不能指明缺陷产品的供货者的,销售者应当承担侵权责任。即在此种情况下,销售者适用严格责任。

3. 产品责任的当事人

(1) 产品责任的受害者。这是发生产品责任后有权提起诉讼的当事人。受害人包括消费者、使用者或第三人。因产品存在缺陷造成损害的,被侵权人可以向产品的生产者请求赔偿,也可以向产品的销售者请求赔偿。

(2) 产品责任的责任主体。根据《产品质量法》的规定,产品责任主体是生产者、销售者、供货者,若检验认证机构出具的检验结果不实,则检验认证机构也是产品责任主体。《民法典》第 1202 条至第 1204 条对责任主体作了进一步明确。

① 生产者。因产品存在缺陷造成他人损害的,生产者应承担侵权责任。

② 销售者。因销售者的过错使产品存在缺陷,造成他人损害的,销售者应承担侵权责任。销售者不能指明缺陷产品的生产者也不能指明缺陷产品的供货者的,销售者应承担侵权责任。

③ 连带责任人。其主要内容包括:

第一,产品质量认证机构违反《产品质量法》的规定,对不符合认证标准而使用认证标志的产品,未依法要求其改正或者取消其使用认证标志资格的,对因产品不符合认证标准给消费者造成的损失,与产品的生产者、销售者承担连带责任。

第二,社会团体、社会中介机构对产品质量作出承诺、保证,而该产品又不符合其承诺、保证的质量要求,给消费者造成损失的,与产品的生产者、销售者承担连带责任。

第三,在广告中对产品质量作虚假宣传,欺骗和误导消费者,使购买商品或者接受服务的消费者的合法权益受到损害的,由广告主依法承担民事责任;广告经营者、广告发布者明知或者应知广告虚假仍设计、制作、发布的,应当依法承担连带责任。广告经营者、广告发布者不能提供广告主的真实名称、地址的,应当承担全部民事责任。

第四,社会团体或者其他组织,在虚假广告中向消费者推荐商品或者服务,使消费者的合法权益受到损害的,应当依法承担连带责任。

同时,根据《食品安全法》第 52 条的规定,集中交易市场的开办者、柜台出租者和展销会举办者,应当审查入场食品经营者的许可证,明确入场食品经营者的食品安全管理责任,定期对入场食品经营者的经营环境和条件进行检查,发现食品经营者有违反《食品安全法》规定的行为的,应当及时制止并立即报告所在地县级市场监督管理部门。集中交易市场的开办者、柜台出租者和展销会举办者未履行前述规定义务,本市场发生食品安全事故的,应当承担连带责任。

《食品安全法》第 55 条规定:社会团体或者其他组织、个人在虚假广告中向消费者推荐食品,使消费者的合法权益受到损害的,与食品生产经营者承担连带责任。

4. 产品责任的追偿机制

因销售者的过错使产品存在缺陷的,生产者赔偿后,有权向销售者追偿。产品缺陷由生产者造成的,销售者赔偿后,有权向生产者追偿。因运输者、仓储者等第三人的过错使产品存在缺陷,造成他人损害的,产品的生产者、销售者赔偿后,有权向第三人追偿。

5. 产品责任的损害赔偿

依《产品质量法》《民法典》的规定,损害赔偿的范围包括人身损害、财产损害、精神损害、惩罚性赔偿等。

(1) 人身损害赔偿。《产品质量法》规定:因产品存在缺陷造成受害人人身伤害的,侵害人应当赔偿医疗费、治疗期间的护理费、因误工减少的收入等费用;造成残疾的,还应当支付残疾者生活自助具费、生活补助费、残疾赔偿金以及由其扶养的人所必需的生活费等费用;造成受害人死亡的,并应当支付丧葬费、死亡赔偿金以及由死者生前扶养的人所必需的生活费等费用。《民法典》第 1179 条规定:"侵害他人造成人身损害的,应当赔偿医疗费、护理费、交通费、营养费、住院伙食补助费等为治疗和康复支出的合理费用,以及因误工减少的收入。造成残疾的,还应当赔偿辅助器具费和残疾赔偿金;造成死亡的,还应当赔偿丧葬费和死亡赔偿金。"

(2) 财产损害赔偿。因产品存在缺陷造成受害人财产损失的,侵害人应当恢复原状或者折价赔偿。受害人因此遭受其他重大损失的,侵害人应当赔偿损失。

(3) 精神损害赔偿。受害人因产品缺陷所遭受的精神损害,可要求侵权行为人予以赔偿。《民法典》第 1183 条规定:"侵害他人人身权益,造成他人严重精神损害的,被侵权人可以请求精神损害赔偿。"

(4) 惩罚性赔偿。根据《民法典》第 1207 条的规定:"明知产品存在缺陷仍然生产、销售,或者没有依据相关规定采取有效补救措施,造成他人死亡或者健康严重损害的,被侵权人有权请求相应的惩罚性赔偿。"同时,《食品安全法》第 96 条规定:"违反本法规定,造成人身、财产或者其他损害的，依法承担赔偿责任。生产不符合食品安全标准的食品或者销售明知是不符合食品安全标准的食品，消费者除要求赔偿损失外，还可以向生产者或者销售者要求支付价款十倍的赔偿金。”很明显，前述规定加重了生产者、销售者的法律责任，使被侵权人能够获得更多的赔偿。

依据我国相关法律的规定，生产者、销售者违法从事生产、经营活动的，应当承担民事赔偿责任和缴纳罚款、罚金，其财产不足以同时支付时，先承担民事赔偿责任；构成犯罪的，依法追究刑事责任。

6. *承担产品责任的期限*

产品责任期限是责任主体承担赔偿责任的法定界限，在此期间责任主体的义务是满足受害人的赔偿请求，在此期限后，责任消灭，责任主体有权拒绝受害人的赔偿请求。《产品质量法》规定，因产品存在缺陷造成损害要求赔偿的诉讼时效期间为2年，自当事人知道或应当知道其权益受到损害时起计算。要求赔偿的请求权，在造成损害的缺陷产品交付最初消费者满10年后丧失，但是尚未超过明示的安全使用期的除外。

7. *不承担产品责任的免责事由*

除有关民法确立的一些民事责任免除的一般条件外，如由于使用者或者第三人的过错造成人身伤害的，生产者不承担责任。《产品质量法》针对产品责任的特殊性，规定了免除生产者产品责任的条件。即生产者能证明有下列情形之一的，可以不承担产品责任：(1) 未将产品投入流通的。如擅自使用尚处于产品研发阶段、试验阶段的电动椅，因椅子漏电导致使用者死亡的，死者家属不能因此主张生产者的产品责任。(2) 产品投入流通时，引起损害的缺陷不存在的。(3) 将产品投入流通时的科学技术水平不能发现缺陷的存在的。

《产品质量法》未就销售者的免责条件作出规定，对此，应按民法的一般规定来确定。

五、产品质量争议的处理

《产品质量法》规定：因产品质量发生民事纠纷时，当事人可以通过协商或者调解解决。当事人不愿通过协商、调解解决或者协商、调解不成的，可以根据当事人各方的协议向仲裁机构申请仲裁；当事人各方没有达成仲裁协议的，可以向人民法院起诉。该法授权市场监督管理部门及有关部门负责处理用户、消费者有关产品质量问题的申诉，主要的形式为行政调解。产品质量纠纷的仲裁由仲裁委员会受理。对产品质量问题的权益争议，可通过民事诉讼程序处理。对产品质量问题的行政争议，可通过行政复议或行政诉讼来解决。

近年来，随着产品日益丰富和现代化程度的不断提高，因使用产品而发生事故所导致的产品质量争议也急剧增加，生产者、销售者的产品质量责任也日趋加重。在这一形势下，生产者、销售者应积极采取应对措施。实践证明，产品责任保险是众多有效措施中的一种。

依照《产品质量法》的规定，有下列违法行为的，承担警告，罚款，没收违法生产和销售的产品，没收违法所得，责令停止生产、销售，吊销营业执照等行政处罚：(1) 生产不符合国家标准、行业标准的产品；生产损害人体健康、损害人身和财产安全的产品；生产国家明令淘汰的产品。(2) 销售失效、变质的产品。(3) 生产者、销售者在产品中掺杂、掺假，以假充真、以次充好，以不合格产品冒充合格产品；伪造产品的产地，伪造或者冒用他人的厂名、厂址；伪造或者冒用认证标志、名优标志等质量标志。(4) 产品标识或者有包装的产品标识不符合法律规定。(5) 伪造检验数据或者检验结论。

同时，生产、销售不符合保障人体健康、保障人身和财产安全的国家标准或行业标准的产品，构成犯罪的，依法追究刑事责任。另外，根据《中华人民共和国刑法》(以下简称《刑法》)的规定，对生产、销售伪劣商品犯罪行为负有追究责任的国家机关工作人员,徇私舞弊,不履行法律规定的追究职责的,情节严重的,处5年以下有期徒刑或者拘役。

第五节　农产品质量安全法

农产品质量问题近年来成为影响食品安全、工业品质量,引发社会不稳定事件的重要原因。为了保障农产品质量安全,维护公众健康,进而促进农业和农村经济持续、健康发展,《农产品质量安全法》设立了一系列的监管制度,包括各级政府及其农业部门以及其他相关职能部门配合的管理体制、农产品质量安全信息发布制度、农产品生产记录制度、农产品包装与标识制度、农产品质量安全市场准入制度、农产品质量安全监测和监督检查制度、农产品质量安全事故报告制度和农产品质量安全责任追究制度等。

一、一般规定

(一) 调整范围

《农产品质量安全法》所称的农产品是指来源于农业的初级产品及特定的农业投入品,即在农业活动中获得的植物、动物、微生物及其产品以及农业初级产品在形成过程中影响其质量安全的农药、兽药、饲料和饲料添加剂、肥料等农业投入品。对其他环境因素,如土地、水的保护和污染防治则由环境法律制度予以保障。但是,有关生猪屠宰的管理按照国家有关规定执行。

《农产品质量安全法》调整的行为主体,既包括农产品的生产者和销售者,如农产品生产企业、农民专业合作经济组织、从事农产品收购的单位或者个人,以及从事农产品销售、运输、保管、储藏的单位和个人,提供场所的组织如农产品批发市场;也包括农产品质量安全管理者和相应的检测技术机构和人员等。

关于调整的管理环节,既包括产地环境,农业投入品的科学合理使用、农产品生产和产后处理的标准化管理,也包括农产品的包装、标识、标志和市场准入管理,以满足农产品从农田到市场的全程质量安全控制的需要。

(二) 主管机构

《农产品质量安全法》确定的主管机构为各级农业行政主管部门。县级以上人民政府农业行政主管部门,负责当地农产品质量安全的日常监督管理工作,包括制定并组织实施农产品质量安全监测计划,对生产中或者市场上销售的农产品进行监督抽查,对发现的问题进行处理和上报。

国家农业行政主管部门在国务院领导下,负责《农产品质量安全法》在全国的实施,以及相关的工作。如建立农产品质量安全监测制度;组织对农产品的监督抽查;设立农产品质量安全风险评估专家委员会,对可能影响农产品质量安全的潜在危害进行风险分析和评估;根据风险评估结果采取相应的管理措施,并将农产品质量安全风险评估结果及时通报国务院有关部门等。

有关农产品质量安全状况的信息,由国务院农业行政主管部门和省、自治区、直辖市人民政府农业行政主管部门收集分析,并按照职责权限进行发布。

二、农产品质量安全保障

(一) 农产品质量安全标准

《农产品质量安全法》所称农产品质量安全,是指农产品质量符合保障人的健康、安全的要求。

农产品质量安全标准体系是由农业行政主管部门商有关部门建立和组织实施的。根据科学技术发展水平的提升，该标准可以并应该及时修订。农产品质量安全标准是强制性的技术规范。

（二）关于农产品生产产地的规定

1. 基本要求

《农产品质量安全法》要求县级以上人民政府加强农产品基地建设，改善农产品的生产条件。具体而言，是由县级以上人民政府农业行政主管部门采取措施，推进保障农产品质量安全的标准化生产综合示范区、示范农场、养殖小区和无规定动植物疫病区的建设。

2. 生产环节的禁止性规定

(1) 划出禁产区。《农产品质量安全法》要求县级以上人民政府农业行政主管部门根据农产品品种特性和生产区域大气、土壤、水体中有毒有害物质状况等因素，认为不适宜特定农产品生产的，提出禁止生产的区域，报本级人民政府批准后公布。具体办法由国务院农业行政主管部门商国务院环境保护行政主管部门制定。农产品禁止生产区域的调整，依照前述规定的程序办理。

(2) 禁止在有毒有害物质超过规定标准的区域生产、捕捞、采集食用农产品和建立农产品生产基地。

(3) 禁止违反法律、法规的规定向农产品产地排放或者倾倒废水、废气、固体废物或者其他有毒有害物质。农业生产用水和用作肥料的固体废物，应当符合国家规定的标准。

(4) 农产品生产者应当合理使用化肥、农药、兽药、农用薄膜等化工产品，防止对农产品产地造成污染。

（三）关于农产品生产过程中的质量控制的规定

1. 政府职责

(1) 政府指导。国务院农业行政主管部门和省、自治区、直辖市人民政府农业行政主管部门应当制定保障农产品质量安全的生产技术要求和操作规程。县级以上人民政府农业行政主管部门应当加强对农产品生产的指导。

(2) 许可制度。对可能影响农产品质量安全的农药、兽药、饲料和饲料添加剂、肥料、兽医器械，依照有关法律、行政法规的规定实行许可制度。

(3) 对农业投入品的抽查。国务院农业行政主管部门和省、自治区、直辖市人民政府农业行政主管部门应当定期对可能危及农产品质量安全的农药、兽药、饲料和饲料添加剂、肥料等农业投入品进行监督抽查，并公布结果。

县级以上人民政府农业行政主管部门负责农业投入品使用的管理和指导，建立健全农业投入品的安全使用制度。

(4) 培训。农业科研教育机构和农业技术推广机构应当加强对农产品生产者质量安全知识和技能的培训。

2. 生产者义务

(1) 建立农产品生产记录。农产品生产企业和农民专业合作经济组织应当建立农产品生产记录，如实记载下列事项：① 使用农业投入品的名称、来源、用法、用量和使用、停用的日期。② 动物疫病、植物病虫草害的发生和防治情况。③ 收获、屠宰或者捕捞的日期。农产品生产记录应当保存2年。农产品生产记录不得伪造。对其他农产品生产者是否建立农产品生产记录，国家持鼓励其建立的态度，而没有硬性规定。

(2) 合理使用农业投入品。农产品生产者应当按照法律、行政法规和国务院农业行政主管部门的规定，合理使用农业投入品，严格执行农业投入品使用安全间隔期或者休药期的规定，防止危及农产品质量安全。禁止在农产品生产过程中使用国家明令禁止使用的农业投入品。

(3) 依法检测和销售。农产品生产企业和农民专业合作经济组织，应当自行或者委托检测机构对农产品质量安全状况进行检测;经检测不符合农产品质量安全标准的农产品,不得销售。

(4) 加强自律管理。农民专业合作经济和农产品行业协会对其成员应当及时提供生产技术服务,建立农产品质量安全管理制度,健全农产品质量安全控制体系,加强自律管理。

(四) 关于农产品包装、标识的规定

(1) 按照规定进行包装或者附加标识。① 农产品生产企业、农民专业合作经济组织以及从事农产品收购的单位或者个人销售的农产品,按照规定应当包装或者附加标识的,须经包装或者附加标识后方可销售。包装物或者标识上应当按照规定标明产品的品名、产地、生产者、生产日期、保质期、产品质量等级等内容;使用添加剂的,还应当按照规定标明添加剂的名称。② 遵守国家有关强制性的技术规范。农产品在包装、保鲜、贮存、运输中所使用的保鲜剂、防腐剂、添加剂等材料,应当符合国家有关强制性的技术规范。③ 农业转基因生物的农产品,应当按照农业转基因生物安全管理的有关规定进行标识。

(2) 依法需要实施检疫的动植物及其产品,应当附具检疫合格标志、检疫合格证明。

(3) 有关质量标志的使用。生产者销售的农产品必须符合农产品质量安全标准。符合条件的,生产者可以申请使用无公害农产品标志,以及相应的农产品质量标志。

(五) 关于农产品检测制度

1. 检测机构

从事农产品质量安全检测的机构,必须具备相应的检测条件和能力,由省级以上人民政府农业行政主管部门或者其授权的部门考核合格。

2. 抽查检测规则

(1) 抽查检测应当遵循下列规则:委托符合《农产品质量安全法》规定条件的农产品质量安全检测机构进行,不得向被抽查人收取费用,抽取的样品不得超过国务院农业行政主管部门规定的数量。上级农业行政主管部门监督抽查的农产品,下级农业行政主管部门不得另行重复抽查。

(2) 关于复检的程序。农产品生产者、销售者对监督抽查检测结果有异议的,可以自收到检测结果之日起 5 日内,向组织实施农产品质量安全监督抽查的农业行政主管部门或者其上级农业行政主管部门申请复检。

采用国务院农业行政主管部门会同有关部门认定的快速检测方法进行农产品安全监督抽查检测,被抽查人对检测结果有异议的,可以自收到检测结果时起 4 小时内申请复检。复检不得采用快速检测方法。

农产品批发市场应当设立或者委托农产品质量安全检测机构,对进场销售的农产品质量安全状况进行抽查检测;发现不符合农产品质量安全标准的,应当要求销售者立即停止销售,并向农业行政主管部门报告。农产品批发市场应当建立进货检查验收制度。

三、监督检查及处罚制度

(一) 监督检查的主要事项

(1) 根据《农产品质量安全法》第 33 条的规定,有下列情形之一的农产品,不得销售:① 含有国家禁止使用的农药、兽药或者其他化学物质的;② 农药、兽药等化学物质残留或者含有的重金属等有毒有害物质不符合农产品质量安全标准的;③ 含有的致病性寄生虫、微生物或者生物毒素不符合农产品质量安全标准的;④ 使用的保鲜剂、防腐剂、添加剂等材料不符合国家有关强制性的技术规范的;⑤ 其他不符合农产品质量安全标准的。

(2) 农产品销售企业对其销售的农产品,应当建立健全进货检查验收制度;经查验不符合农产品安全标准的,不得销售。

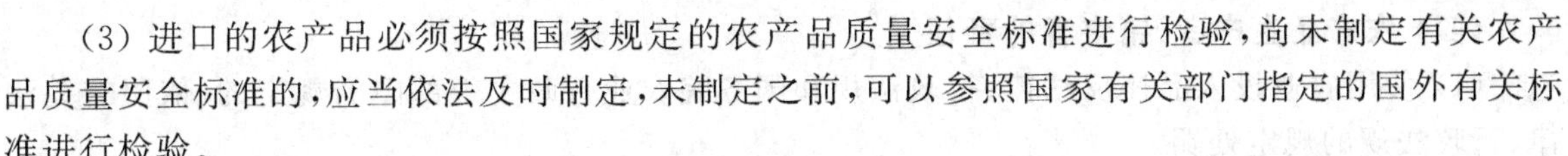

(3) 进口的农产品必须按照国家规定的农产品质量安全标准进行检验,尚未制定有关农产品质量安全标准的,应当依法及时制定,未制定之前,可以参照国家有关部门指定的国外有关标准进行检验。

(二) 监督检查的手段

(1) 询问,查阅、复制相关资料。县级以上人民政府农业行政主管部门在农产品质量安全监督检查中,可以对生产、销售的农产品进行现场检查、调查了解农产品质量安全的有关情况,查阅、复制与农产品质量安全有关的记录和其他资料。

(2) 对经检测不符合农产品质量安全标准的农产品,有权查封、扣押。

(三) 农产品质量安全事故的应对措施

发生农产品质量安全事故时,有关单位和个人应当采取控制措施,并及时向所在地乡级人民政府和县级人民政府农业行政主管部门报告;收到报告的机关应当及时处理并报上一级人民政府和有关部门。

发生重大农产品质量安全事故时,农业行政主管部门应当及时通报同级食品药品监督管理部门。

(四) 处理方式及处罚权限

根据《农产品质量安全法》的相关规定,国家农业行政主管部门对违反该法的情形和责任人,可以采取责令改正,责令停止销售,没收违法所得,罚款,撤销检测资格;追回已经销售的农产品,对被污染的农产品进行无害化处理,对不能进行无害化处理的采取监督销毁等手段进行矫正。

(五) 社会监督

国家鼓励单位和个人对农产品质量安全进行社会监督。任何单位和个人都有权对违反《农产品质量安全法》的行为进行检举、揭发和控告。有关部门收到相关的检举、揭发和控告后,应当及时处理。

四、法律责任

根据《农产品质量安全法》规定,对违法行为进行处罚时,其他法律对行政处罚及处罚机关已有规定的,从其规定。但是,对同一违法行为不得重复处罚。

依照《农产品质量安全法》实施的处罚,由县级以上人民政府农业行政主管部门决定;但是,对农产品销售企业及农产品批发市场违反《农产品质量安全法》第33条进行处罚时,由市场监督管理部门决定。违反《农产品质量安全法》规定,构成犯罪的,依法追究刑事责任。

(一) 监督管理人员的责任

农产品安全监督管理人员不依法履行监督职责,或者滥用职权的,依法给予行政处分。

(二) 检测机构的责任

(1) 农产品质量安全检测机构伪造检测结果的,责令改正,没收违法所得,并处5万元以上10万元以下罚款,对直接负责的主管人员和其他直接责任人员处1万元以上5万元以下罚款;情节严重的,撤销其检测资格;造成损害的,依法承担赔偿责任。

(2) 农产品质量安全检测机构出具检测结果不实,造成损害的,依法承担赔偿责任;造成重大损害的,并撤销其检测资格。

(3) 因检测结果错误给当事人造成损害的,依法承担赔偿责任。

(三) 污染者责任

违反法律、法规规定,向农产品产地排放或者倾倒废水、废气、固体废物或者其他有毒有害物质的,依照有关环境保护法律、法规的规定处罚;造成损害的,依法承担赔偿责任。

(四) 农产品生产者、销售者的责任

(1) 使用农业投入品违反法律、行政法规和国务院农业行政主管部门的规定的,依照有关法律、行政法规的规定处罚。

(2) 农产品生产企业、农民专业合作经济组织未建立或者未按照规定保存农产品生产记录的,或者伪造农产品生产记录的,责令限期改正;逾期不改正的,可以处 2 000 元以下罚款。

(3) 销售的农产品未按照规定进行包装、标识的,责令限期改正;逾期不改正的,可以处 2 000 元以下罚款。

(4) 使用的保鲜剂、防腐剂、添加剂等材料不符合国家有关强制性的技术规范的,责令停止销售,对被污染的农产品进行无害化处理,对不能进行无害化处理的予以监督销毁;没收违法所得,并处 2 000 元以上 2 万元以下罚款。

(5) 农产品生产企业、农民专业合作经济组织销售的农产品具有以下情形之一的应责令停止销售,追回已经销售的农产品,对违法销售的农产品进行无害化处理或者予以监督销毁;没收违法所得,并处 2 000 元以上 2 万元以下罚款:① 含有国家禁止使用的农药、兽药或者其他化学物质的;② 农药、兽药等化学物质残留或者含有的重金属等有毒有害物质不符合农产品质量安全标准的;③ 含有的致病性寄生虫、微生物或者生物毒素不符合农产品质量安全标准的;④ 其他不符合农产品质量安全标准的。

农产品销售企业销售的农产品有前述所列情形的,依照前述规定处理、处罚。生产、销售前述(4)、(5)所列农产品,给消费者造成损害的,还应承担赔偿责任。

(6) 冒用农产品质量标志的,责令改正,没收违法所得,并处 2 000 元以上 2 万元以下罚款。

(五) 农产品批发市场的责任

作为国家投资的公益性事业单位和提供农产品交易场所的独立法人单位,农产品批发市场应当承担进入市场的农产品的质量安全责任,并有义务保证市场上农产品的质量安全。事实上,目前我国大中城市的农产品主要通过批发市场流通,农产品批发市场是联系农产品生产、运输、消费等链条的关键环节,批发市场承担起相关的把关责任,就意味着向前可以追溯生产者的责任,向后可以保护消费者的消费安全。

(1) 农产品批发市场中销售的农产品属于《农产品质量安全法》第 33 条所列不得销售的产品的,对违法销售的农产品依照第 50 条第 1 款规定处理,即责令停止销售,追回已经销售的农产品,对违法销售的农产品进行无害化处理或者予以监督销毁;对违法销售者没收违法所得,并处 2 000 元以上 2 万元以下罚款。

(2) 农产品批发市场违反《农产品质量安全法》第 37 条第 1 款规定,即没有对进场销售的农产品质量安全状况进行抽查检测,或者发现不符合农产品质量安全标准的,没有要求销售者立即停止销售,并向农业行政主管部门报告的,责令改正,处 2 000 元以上 2 万元以下罚款。

(3) 消费者的求偿对象。因生产、销售《农产品质量安全法》第 33 条所列农产品,给消费者造成损害的,消费者可以向其求偿,生产者、销售者依法承担赔偿责任。

农产品批发市场中有此情形的,消费者可以向农产品批发市场要求赔偿;属于生产者、销售者责任的,农产品批发市场有权追偿。当然,消费者也可以直接向农产品生产者、销售者要求赔偿。

第六节　消费者权益保护法

一、消费者权益保护法概述

(一) 消费者

消费者是指为满足个人生活消费需要而购买、使用商品或者接受服务的人。消费者作为消费主体，其范围包括一切进行生活消费的个人和消费群体。根据规定，消费者具有以下法律特征。

1. 消费者的消费性质属于生活消费

消费者的生活消费包括两类：一是物质资料的消费，如衣、食、住、行、用等方面的物质消费；二是精神消费，如旅游、文化、教育等方面的消费。

2. 消费者的消费客体是商品和服务

商品指的是与生活消费有关的并通过流通过程推出的那部分商品，不管其是否经过加工制作，也不管其是否为动产或不动产。服务指的是与生活消费有关的有偿提供的可供消费者利用的任何种类的服务。

3. 消费者的消费方式包括购买、使用(商品)和接受(服务)

关于商品的消费，即购买和使用商品，既包括消费者购买商品用于自身的消费，也包括购买商品供他人使用或使用他人购买的商品。关于服务的消费，不仅包括自己付费自己接受服务，而且也包括他人付费自己接受服务。不论是商品的消费还是服务的消费，只要其有偿获得的商品和接受的服务是用于生活消费，就属于消费者。

4. 消费者的主体包括公民个人和进行生活消费的单位

生活消费主要是公民个人(含家庭)的消费，而且对公民个人的生活消费是保护的重点。但是，生活消费还包括单位的生活消费，因为在一般情况下，单位购买生活资料最后都是由个人使用，有些单位还为个人进行生活消费而购买商品和接受服务。

(二) 消费者权益保护法的概念

消费者权益保护法是调整国家机关、经营者、消费者相互之间因保护消费者权益而产生的各种社会关系的法律规范的总称。为保护消费者权益、维护社会经济秩序，促进社会主义市场经济健康发展，我国制定并修改了《消费者权益保护法》。该法是我国保护消费者权益的基本法。广义上的消费者权益保护法则包括所有有关保护消费者权益的法律、法规，如《产品质量法》《反不正当竞争法》《旅游法》等。

(三)《消费者权益保护法》的调整对象

《消费者权益保护法》的调整对象是消费过程中所产生的社会关系，具体包括：

(1) 经营者与消费者之间的关系，主要是经营者因违法经营给消费者造成损害，消费者有权请求赔偿，以及消费者对经营者进行监督而发生的关系。

(2) 国家机关与经营者之间的关系，主要是国家机关对经营者的经营活动进行监督管理的关系。

(3) 国家机关与消费者之间的关系，主要是国家有关管理部门，在为消费者提供指导、服务与保护过程中所发生的关系。

(四)《消费者权益保护法》的适用范围

(1) 消费者为生活消费需要购买、使用商品或者接受服务，适用《消费者权益保护法》。

(2) 经营者为消费者提供其生产、销售的商品或者提供服务,适用《消费者权益保护法》。

(3) 农民购买、使用直接用于农业生产的生产资料,参照《消费者权益保护法》执行。

二、消费者的权利

消费者的权利是指消费者在购买、使用商品或者接受服务的一定时间内,依法应享有的各种权利。根据《消费者权益保护法》的规定,消费者享有以下十一项权利。

1. 安全保障权

消费者在购买、使用商品和接受服务时享有人身、财产安全不受损害的权利;消费者有权要求经营者提供的商品和服务,符合保障人身、财产安全的要求。安全权包括人身安全权和财产安全权两个方面,这是消费者最重要的权利。

2. 知悉真情权

知悉真情权是指消费者享有的知悉其购买、使用商品或者接受服务真实情况的权利。对消费者来说,知情是消费活动中必不可少的,它是消费者决定购买商品、接受服务的前提。消费者有权根据商品或者服务的不同情况,要求经营者提供商品的价格、产地、生产者、用途、性能、规格、等级、主要成分、生产日期、有效期限、检验合格证明、使用方法说明书、售后服务,或者服务的内容、规格、费用等有关情况。

3. 自主选择权

自主选择权是指消费者有权根据自己的消费需求、意向和兴趣,自主选择自己满意的商品或服务。这项权利包括四方面的内容:(1) 自主选择商品或者服务的经营者;(2) 自主选择商品的品种或者服务的方式;(3) 自主决定是否购买商品或者接受服务;(4) 自主比较、鉴别和挑选商品或服务。

4. 公平交易权

公平交易权是指消费者在购买商品或者接受服务时所享有的,获得质量保障和价格合理、计量准确等公平交易条件、拒绝经营者的强制交易行为的权利。其核心是消费者以一定数量的货币换取同等价值的商品或者服务。

5. 依法求偿权

依法求偿权是指消费者因购买、使用商品或者接受服务受到人身、财产损害的,享有依法获得赔偿的权利。它是弥补消费者所受损害的必不可少的救济权。享有获得赔偿权的主体包括因购买、使用商品或者接受服务受到损害的消费者和因使用他人购买的商品、服务而受到损害的消费者,以及在别人购买、使用商品或接受服务时,因在场而受到商品或者服务的伤害,致使人身、财产受损害的第三者。前者按契约关系求偿,后二者因与经营者之间没有契约关系,一般按侵权处理,求偿的范围包括人身损害和财产损害两方面。

6. 依法结社权

依法结社权是指消费者享有依法成立维护自身合法权益的社会组织的权利,如消费者协会。消费者成立社会组织的目的在于通过集体力量来改变自身的弱小地位,从而维护自身的合法权益。

7. 获得知识权

获得知识权是指消费者享有获得有关消费和消费者权益保护方面的知识的权利。消费者应当努力掌握所需商品或者服务的知识和使用技能,正确使用商品,提高自我保护意识。

8. 维护尊严权

维护尊严权是指消费者在购买、使用商品和接受服务时,享有其人格尊严、民族风俗习惯得到尊重的权利。它包括人格尊严、民族风俗习惯获得尊重两方面。消费者在消费过程中不受非法搜查、检查、侮辱、诽谤。

9. 个人信息保护权

个人信息保护权是指消费者在购买、使用商品和接受服务时，享有个人信息依法得到保护的权利。一般认为，个人信息是指可以直接或间接识别本人的信息的总和，包括一个人生理的、心理的、智力的、个体的、社会的、经济的、文化的、家庭的信息。经营者收集、使用消费者个人信息，应当遵循合法、正当、必要的原则，明示收集、使用信息的目的、方式和范围，并经消费者同意。未经消费者许可获得消费者个人信息的经营者，不得使用或者传播该信息。

10. 冷却期退货权

冷却期退货权是指通过特定销售方式购买的商品，消费者在法定期限内享有无理由退货的权利。特定销售方式是指采用网络、电视、电话、邮购等销售方式，法定期限是指自消费者收到货物之日起7日内。无理由退货的商品不包括：消费者定做的；鲜活易腐的；在线下载或者消费者拆封的音像制品、计算机软件等数字化商品；交付的报纸、期刊。除前述商品外，其他根据商品性质并经消费者在购买时确认不宜退货的商品，不适用无理由退货。

11. 监督权

监督权是指消费者享有对商品和服务以及保护消费者权益工作进行监督的权利。消费者有权检举、控告侵害消费者权益的行为和国家机关及其工作人员在保护消费者权益工作中的违法失职行为，有权对保护消费者权益工作提出批评、建议。

三、经营者的义务

根据《消费者权益保护法》规定，经营者应当履行以下十一项义务。

1. 履行法定或约定的义务

经营者向消费者提供商品或者服务，应当依照法律、法规的规定履行义务。经营者和消费者有约定的，应当按照约定履行义务，但双方的约定不得违背法律、法规的规定。经营者向消费者提供商品或者服务，应当恪守社会公德，诚信经营，保障消费者的合法权益；不得设定不公平、不合理的交易条件，不得强制交易。

2. 接受监督的义务

经营者应当听取消费者对其提供的商品或者服务的意见，接受消费者的监督。

3. 保障安全的义务

经营者应当保证其提供的商品或者服务符合保障人身、财产安全的要求。对可能危及人身、财产安全的商品和服务，应当向消费者作出真实的说明和明确的警示，并说明和标明正确使用商品或者接受服务的方法以及防止危害发生的方法。宾馆、商场、餐馆、银行、机场、车站、港口、影剧院等经营场所的经营者，应当对消费者尽到安全保障义务。

经营者发现其提供的商品或者服务存在缺陷，有危及人身、财产安全危险的，应当立即向有关行政部门报告和告知消费者，并采取停止销售、警示、召回、无害化处理、销毁、停止生产或者服务等措施。采取召回措施的，经营者应当承担消费者因商品被召回支出的必要费用。经营者对消费者未尽到安全保障义务，造成消费者损害的，应当承担侵权责任。

因第三人侵权导致损害结果发生的，由实施侵权行为的第三人承担赔偿责任。安全保障义务人有过错的，应当在其能够防止或者制止损害的范围内承担相应的补充责任。安全保障义务人承担责任后，可以向第三人追偿。

4. 提供真实信息的义务

经营者向消费者提供有关商品或者服务的质量、性能、用途、有效期限等信息，应当真实、全面,不得做虚假或者引人误解的宣传。经营者对消费者就其提供的商品或者服务的质量和使用方法等问题提出的询问,应当作出真实、明确的答复。经营者提供商品或者服务应当明码标价。

采用网络、电视、电话、邮购等方式提供商品或者服务的经营者,以及提供证券、保险、银行等金融服务的经营者,应当向消费者提供经营地址、联系方式、商品或者服务的数量和质量、价款或者费用、履行期限和方式、安全注意事项和风险警示、售后服务、民事责任等信息。

5. 标明经营者真实名称和标记的义务

经营者应当标明其真实名称和标记。租赁他人柜台或者场地的经营者,应当标明其真实名称和标记。展销会举办者、场地和柜台提供者应当加强管理,督促参展者和场地柜台的使用者悬挂营业执照并标明其真实名称和标记。

6. 出具凭证的义务

经营者提供商品或者服务,应当按照国家有关规定或者商业惯例向消费者出具发票等购货凭证或者服务单据;消费者索要发票等购货凭证或者服务单据的,经营者必须出具。

7. 保障产品质量的义务

经营者应当保证在正常使用商品或者接受服务的情况下其提供的商品或者服务应当具有的质量、性能、用途和有效期限;但消费者在购买该商品或者接受该服务前已经知道其存在瑕疵,且存在该瑕疵不违反法律强制性规定的除外。经营者以广告、产品说明、实物样品或者其他方式表明商品或者服务的质量状况的,应当保证其提供的商品或者服务的实际质量与表明的质量状况相符。经营者提供的机动车、计算机、电视机、电冰箱、空调器、洗衣机等耐用商品或者装饰装修等服务,消费者自接受商品或者服务之日起6个月内发现瑕疵,发生争议的,由经营者承担有关瑕疵的举证责任。

8. 质量补救的义务

经营者提供的商品或者服务不符合质量要求的,消费者可以依照国家规定、当事人约定退货,或者要求经营者履行更换、修理等义务。没有国家规定和当事人约定的,消费者可以自收到商品之日起7日内退货;7日后符合法定解除合同条件的,消费者可以及时退货,不符合法定解除合同条件的,可以要求经营者履行更换、修理等义务。依照前述规定进行退货、更换、修理的,经营者应当承担运输等必要费用。

消费者行使冷却期退货权时,商品应当完好。经营者应当自收到退回商品之日起7日内返还消费者支付的商品价款。退回商品的运费由消费者承担;经营者和消费者另有约定的,按照约定。

9. 严格遵守公平交易的义务

经营者在经营活动中使用格式条款的,应当以显著方式提请消费者注意商品或者服务的数量和质量、价款或者费用、履行期限和方式、安全注意事项和风险警示、售后服务、民事责任等与消费者有重大利害关系的内容,并按照消费者的要求予以说明。经营者不得以格式条款、通知、声明、店堂告示等方式,作出排除或者限制消费者权利、减轻或者免除经营者责任、加重消费者责任等对消费者不公平、不合理的规定,不得利用格式条款并借助技术手段强制交易。格式条款、通知、声明、店堂告示等含有前款所列内容的,其内容无效。

10. 尊重消费者人格尊严的义务

消费者依法享有人身权,经营者不得以任何理由侵犯消费者的人身权利,不得对消费者进行侮辱、诽谤,不得搜查消费者的身体及其携带的物品,不得侵犯消费者的人身自由。

11. 保护消费者信息安全的义务

经营者收集、使用消费者个人信息,应当遵循合法、正当、必要的原则,明示收集、使用信息的目的、方式和范围，并经消费者同意。经营者收集、使用消费者个人信息，应当公开其收集、使用规则，不得违反法律、法规的规定和双方的约定收集、使用信息。经营者及其工作人员对收集的消费者个人信息必须严格保密，不得泄露、出售或者非法向他人提供。经营者应当采取技术措施和其他必要措施，确保信息安全，防止消费者个人信息泄露、丢失。在发生或者可能发生信息泄露、丢失的情况时，应当立即采取补救措施。经营者未经消费者同意或者请求，或者消费者明确表示拒绝的，不得向其发送商业性信息。

四、消费者权益的保护

（一）消费者合法权益的国家保护

（1）立法保护。国家通过制定、修改、颁布有关消费者权益保护法的立法活动来保护消费者的合法权益。我国颁布实施的《反不正当竞争法》《产品质量法》《农产品质量安全法》《食品安全法》《旅游法》等都体现了对消费者合法权益的保护。为更好地保护消费者的合法权益，国家制定有关消费者权益的法律、法规、规章和强制性标准，应当听取消费者和消费者协会等组织的意见。

（2）行政保护。行政机关通过行政执法和监督活动对消费者的合法权益进行保护，包括行政管理和行政监督。各级人民政府应当加强领导、组织、协调和督促有关行政部门做好保护消费者合法权益的工作，落实保护消费者合法权益的职责。

（3）司法保护。国家司法机关通过司法程序对消费者的合法权益予以保护。通过侦查、起诉、审判的活动，惩处经营者在提供商品和服务中侵害消费者合法权益的违法犯罪行为；人民法院应当采取措施方便消费者提起诉讼，对符合民事诉讼法起诉条件的消费者权益争议，应当受理、及时审理。

（二）消费者合法权益的社会保护

国家鼓励、支持一切组织和个人对损害消费者合法权益的行为进行社会监督，消费者协会和依法成立的其他消费组织，在保护消费者权益方面起着至为重要的作用；广播、电视、报刊等大众传播媒介应当为维护消费者合法权益做好宣传，对损害消费者合法权益的行为进行舆论监督。

（三）消费者权益保护机构

1. 各级人民政府

国家和地方各级市场监督管理机关，是实施消费者权益保护的基本职能机构，其主要职能包括：拟订和组织实施有关法律、法规和政策，协调各部门共同做好保护消费者权益的工作，在市场监督管理机关职权范围内查处侵犯消费者利益的行为。

有关行政部门应当听取消费者和消费者协会等组织对经营者交易行为、商品和服务质量问题的意见，及时调查处理。有关行政部门在各自的职责范围内，应当定期或者不定期对经营者提供的商品和服务进行抽查检验，并及时向社会公布抽查检验结果。有关行政部门发现并认定经营者提供的商品或者服务存在缺陷，有危及人身、财产安全危险的，应当立即责令经营者采取停止销售、警示、召回、无害化处理、销毁、停止生产或者服务等措施。

2. 公安、司法机关

经营者的违法行为构成犯罪的，应由公安机关或人民检察院依法立案、侦查、起诉到人民法院追究相关责任人员的刑事责任。人民法院依法受理消费者权益争议案件，及时审理，通过公正的审理保护消费者的合法权益。

3. 消费者组织

消费者协会和其他消费者组织是依法成立的对商品和服务进行社会监督的保护消费者合法

权益的社会组织。消费者协会履行下列公益性职责:(1) 向消费者提供消费信息和咨询服务,提高消费者维护自身合法权益的能力,引导文明、健康、节约资源和保护环境的消费方式;(2) 参与制定有关消费者权益的法律、法规、规章和强制性标准;(3) 参与有关行政部门对商品和服务的监督、检查;(4) 就有关消费者合法权益的问题,向有关部门反映、查询,提出建议;(5) 受理消费者的投诉,并对投诉事项进行调查、调解;(6) 投诉事项涉及商品和服务质量问题的,可以委托具备资格的鉴定人鉴定,鉴定人应当告知鉴定意见;(7) 就损害消费者合法权益的行为,支持受损害的消费者提起诉讼或者依照本法提起诉讼;(8) 对损害消费者合法权益的行为,通过大众传播媒介予以揭露、批评。

对侵害众多消费者合法权益的行为,中国消费者协会以及在省、自治区、直辖市设立的消费者协会,可以向人民法院提起诉讼。

各级人民政府对消费者协会履行职责应当予以必要的经费等支持。消费者协会应当认真履行保护消费者合法权益的职责,听取消费者的意见和建议,接受社会监督。依法成立的其他消费者组织依照法律、法规及其章程的规定,开展保护消费者合法权益的活动。

消费者组织不得从事商品经营和营利性服务,不得以收取费用或者其他牟取利益的方式向消费者推荐商品和服务。

(四) 消费者权益争议的解决途径

消费者和经营者发生消费者权益争议的,可以通过下列途径解决:(1) 与经营者协商和解;(2) 请求消费者协会或者依法成立的其他调解组织调解;(3) 向有关行政部门投诉(消费者向有关行政部门投诉的,该部门应当自收到投诉之日起 7 个工作日内,予以处理并告知消费者);(4) 根据与经营者达成的仲裁协议提请仲裁机构仲裁;(5) 向人民法院提起诉讼。

五、违反消费者权益保护法的法律责任

(一) 赔偿责任主体的确定

(1) 消费者在购买、使用商品时,其合法权益受到损害的,可以向销售者要求赔偿。销售者赔偿后,属于生产者的责任或者属于向销售者提供商品的其他销售者的责任的,销售者有权向生产者或者其他销售者追偿。

(2) 消费者或者其他受害人因商品缺陷造成人身、财产损害的,可以向销售者要求赔偿,也可以向生产者要求赔偿。属于生产者责任的,销售者赔偿后,有权向生产者追偿。属于销售者责任的,生产者赔偿后,有权向销售者追偿。

(3) 消费者在接受服务时,其合法权益受到损害的,可以向服务者要求赔偿。

(4) 消费者在购买、使用商品或者接受服务时,其合法权益受到损害,因原企业分立、合并的,可以向变更后承受其权利义务的企业要求赔偿。

(5) 使用他人营业执照的违法经营者提供商品或者服务,损害消费者合法权益的,消费者可以向其要求赔偿,也可以向营业执照的持有人要求赔偿。

(6) 消费者在展销会、租赁柜台购买商品或者接受服务,其合法权益受到损害的,可以向销售者或者服务者要求赔偿。展销会结束或者柜台租赁期满后,也可以向展销会的举办者、柜台的出租者要求赔偿。展销会的举办者、柜台的出租者赔偿后,有权向销售者或者服务者追偿。

(7) 消费者通过网络交易平台购买商品或者接受服务,其合法权益受到损害的,可以向销售者或者服务者要求赔偿。网络交易平台提供者不能提供销售者或者服务者的真实名称、地址和有效联系方式的,消费者也可以向网络交易平台提供者要求赔偿;网络交易平台提供者作出更有利于消费者的承诺的,应当履行承诺。网络交易平台提供者赔偿后,有权向销售者或者服务者追

偿。网络交易平台提供者明知或者应知销售者或者服务者利用其平台侵害消费者合法权益,未采取必要措施的,依法与该销售者或者服务者承担连带责任。

(8) 消费者因经营者利用虚假广告或者其他虚假宣传方式提供商品或者服务,其合法权益受到损害的,可以向经营者要求赔偿。广告经营者、发布者发布虚假广告的,消费者可以请求行政主管部门予以惩处。广告经营者、发布者不能提供经营者的真实名称、地址和有效联系方式的,应当承担赔偿责任。广告经营者、发布者设计、制作、发布关系消费者生命健康商品或者服务的虚假广告,造成消费者损害的,应当与提供该商品或者服务的经营者承担连带责任。社会团体或者其他组织、个人在关系消费者生命健康商品或者服务的虚假广告或者其他虚假宣传中向消费者推荐商品或者服务,造成消费者损害的,应当与提供该商品或者服务的经营者承担连带责任。

(二) 法律责任

违反《消费者权益保护法》的法律责任形式以民事责任为核心,同时还包括行政责任和刑事责任。

1. 民事责任

民事责任包括侵害消费者人身和财产两个方面的责任。

(1) 侵害消费者人身权利的民事责任。经营者提供商品或者服务,造成消费者或者其他受害人人身伤害的,应当赔偿医疗费、护理费、交通费等为治疗和康复支出的合理费用,以及因误工减少的收入。造成残疾的,还应当赔偿残疾生活辅助具费和残疾赔偿金。造成死亡的,还应当赔偿丧葬费和死亡赔偿金。经营者侵害消费者的人格尊严、侵犯消费者人身自由或者侵害消费者个人信息依法得到保护的权利的,应当停止侵害、恢复名誉、消除影响、赔礼道歉,并赔偿损失。经营者有侮辱诽谤、搜查身体、侵犯人身自由等侵害消费者或者其他受害人人身权益的行为,造成严重精神损害的,受害人可以要求精神损害赔偿。

(2) 侵害消费者财产权利的民事责任。经营者提供的商品或服务不符合国家规定或者约定、不履行法定或者约定的义务造成消费者财产损害的,或者产品被认定为不合格以及有欺诈行为的,都应承担民事责任。具体包括:

① 经营者提供商品或者服务,造成消费者财产损害的,应当依照法律规定或者当事人约定承担修理、重作、更换、退货、补足商品数量、退还货款和服务费用或者赔偿损失等民事责任。

② 经营者以预收款方式提供商品或者服务的,应当按照约定提供。未按照约定提供的,应当按照消费者的要求履行约定或者退回预付款;并应当承担预付款的利息、消费者必须支付的合理费用。

③ 依法经有关行政部门认定为不合格的商品,消费者要求退货的,经营者应当负责退货。

④ 经营者提供商品或者服务有欺诈行为的,应当按照消费者的要求增加赔偿其受到的损失,增加赔偿的金额为消费者购买商品的价款或者接受服务的费用的 3 倍;增加赔偿的金额不足 500 元的,为 500 元。法律另有规定的,依照其规定。

经营者明知商品或者服务存在缺陷,仍然向消费者提供,造成消费者或者其他受害人死亡或者健康严重损害的,受害人有权要求经营者依照《消费者权益保护法》第 49 条、第 51 条等法律规定赔偿损失,并有权要求所受损失 2 倍以下的惩罚性赔偿。

2. 行政责任

经营者违反《消费者权益保护法》的规定,侵害消费者合法权益的,除承担相应的民事责任外,其他有关法律、法规对处罚机关和处罚方式有规定的,依照法律、法规的规定执行;法律、法规未作规定的,由市场监督管理部门或者其他有关行政部门责令改正,可以根据情节单处或者并处警告、没收违法所得、处以违法所得1倍以上10倍以下的罚款,没有违法所得的,处以50万元以下的罚款;情节严重的,责令停业整顿、吊销营业执照。

经营者有违反《消费者权益保护法》规定情形的,除依照法律、法规规定予以处罚外,处罚机关应当记入信用档案,向社会公布。

3. 刑事责任

经营者违反《消费者权益保护法》的规定提供商品或者服务,侵害消费者合法权益,构成犯罪的,依法追究刑事责任。以暴力、威胁等方法阻碍有关行政部门工作人员依法执行职务的,依法追究刑事责任;拒绝、阻碍有关行政部门工作人员依法执行职务,未使用暴力、威胁方法的,由公安机关依照《中华人民共和国治安管理处罚法》的规定处罚。国家机关工作人员玩忽职守或者包庇经营者侵害消费者合法权益的行为的,由其所在单位或者上级机关给予行政处分;情节严重,构成犯罪的,依法追究刑事责任。

第七节　广告法

一、广告与广告法的概念

广告,即"广而告之"的意思,也就是广泛地向公众告之某事以引起注意或了解。广告是指商品经营者或者服务提供者承担费用,通过一定媒介和形式直接或者间接地介绍自己所推销的商品或者所提供的服务的商业广告。一般认为,广告具有以下基本特征:广告是一种信息传播;广告通过一定的媒介来发布;广告通常需支付一定的费用;广告有其特定的宣传目的。

从不同的角度可以将广告做不同的区分,如按广告的内容和性质划分,广告可分为商业广告、社会广告、文化广告和政府广告。其中的商业广告(也叫经济广告)在所有广告中的比重最大,是各国广告法重点规范的对象。

广告法是广告管理和广告活动的基本法律依据。在我国,狭义的广告法特指《中华人民共和国广告法》(以下简称《广告法》);广义的广告法除了《广告法》以外,还包括相关法律中涉及广告的内容和其他有关广告管理、广告活动的行政法规、地方性法规等规范性文件。

《广告法》规定的原则,概括起来有三条:一是真实、合法原则;二是保护消费者合法权益原则;三是守法和公平、诚实信用原则。

二、广告法的基本制度

(一) 广告准则制度

广告准则又称广告标准,是指发布广告的一般原则与限制,是判断广告是否合法的依据,是广告法律、法规规定的广告内容与形式应符合的要求。广告准则是规范广告活动行为的重要依据。

《广告法》规定,广告应当真实、合法,以健康的表现形式表达广告内容,符合社会主义精神文明建设和弘扬中华民族优秀传统文化的要求。广告不得含有虚假或者引人误解的内容,不得欺骗、误导消费者。具体如下。

1. 广告内容必须真实

广告内容应真实地、客观地传播有关商品或服务的信息,不得欺骗受众,或对受众产生误导。广告的真实性主要表现在以下几个方面:(1) 商品的性能、功能、产地、用途、质量、成分、价格、生产者、有效期限、允诺等或者对服务的内容、提供者、形式、质量、价格、允诺等必须具有真实性,并且符合准确、清楚、明白的要求。(2) 广告中表明推销商品、提供服务附带赠送礼品的，应当标明赠送的品种和数量。(3) 广告使用数据、统计资料、调查结果、文摘、引用语应当真实、准确并表明出处。(4) 未取得专利权的，不得在广告中谎称取得专利权。

广告有下列情形之一的，为虚假广告：(1) 商品或者服务不存在的；(2) 商品的性能、功能、产地、用途、质量、规格、成分、价格、生产者、有效期限、销售状况、曾获荣誉等信息，或者服务的内容、提供者、形式、质量、价格、销售状况、曾获荣誉等信息，以及与商品或者服务有关的允诺等信息与实际情况不符，对购买行为有实质性影响的；(3) 使用虚构、伪造或者无法验证的科研成果、统计资料、调查结果、文摘、引用语等信息作证明材料的；(4) 虚构使用商品或者接受服务的效果的；(5) 以虚假或者引人误解的内容欺骗、误导消费者的其他情形。

2. 广告要具有可识别性

广告应在形式上具有可识别性，能够使消费者辨明其为广告。大众传播媒体不得以新闻报道形式发布广告，通过大众传播媒介发布的广告应当有广告标记与其他非广告信息相区别，不得使消费者产生误解。特别是利用电视、广播、杂志、报纸等大众传播媒体发布广告时，必须有专门的标记作为提示，以便广大消费者将广告与新闻区别开。

3. 广告内容应合法

《广告法》规定，广告不得有下列情形：使用或者变相使用中华人民共和国的国旗、国歌、国徽，军旗、军歌、军徽；使用或者变相使用国家机关、国家机关工作人员的名义或者形象；使用"国家级"、"最高级"、"最佳"等用语；损害国家的尊严或者利益，泄露国家秘密；妨碍社会安定，损害社会公共利益；危害人身、财产安全，泄露个人隐私；妨碍社会公共秩序或者违背社会良好风尚；含有淫秽、色情、赌博、迷信、恐怖、暴力的内容；含有民族、种族、宗教、性别歧视的内容；妨碍环境、自然资源或者文化遗产保护；法律、行政法规规定禁止的其他情形。

同时，广告不得含有贬低其他商品或服务的内容，不得损害未成年人和残疾人的身心健康。

法律、行政法规规定禁止生产、销售的产品或者提供的服务，以及禁止发布广告的商品或者服务，任何单位或者个人不得设计、制作、代理、发布广告。

对于医疗、药品、医疗器械广告，烟草广告，食品、酒类、化妆品广告，教育、培训广告，招商等有投资回报预期的商品或者服务广告，房地产广告，农作物种子、林木种子、草种子、种畜禽、水产苗种和种养殖广告等特殊商品(服务)广告，荐证广告、以未成年人为特殊受众的广告以及户外广告，《广告法》以及其他法律、行政法规对其可识别性，内容的合法性、真实性等方面作出了相应的规定。比如医疗、药品、医疗器械广告不得含有下列内容：(1) 表示功效、安全性的断言或者保证；(2) 说明治愈率或者有效率；(3) 与其他药品、医疗器械的功效和安全性或者其他医疗机构比较；(4) 利用广告代言人作推荐、证明；(5) 法律、行政法规规定禁止的其他内容。同时，药品广告的内容不得与国务院药品监督管理部门批准的说明书不一致，并应当显著标明禁忌、不良反应。处方药广告应当显著标明"本广告仅供医学药学专业人士阅读"，非处方药广告应当显著标明"请按药品说明书或者在药师指导下购买和使用"。

广播电台、电视台、报刊音像出版单位、互联网信息服务提供者不得以介绍健康、养生知识等形式变相发布医疗、药品、医疗器械、保健食品广告。保健食品广告不得含有下列内容：(1) 表示功效、安全性的断言或者保证；(2) 涉及疾病预防、治疗功能；(3) 声称或者暗示广告商品为保障健康所必需；(4) 与药品、其他保健食品进行比较；(5) 利用广告代言人作推荐、证明；(6) 法律、行政法规规定禁止的其他内容。保健食品广告应当显著标明"本品不能代替药物"。

禁止在大众传播媒介或者公共场所、公共交通工具、户外发布烟草广告。禁止向未成年人发送任何形式的烟草广告。禁止利用其他商品或者服务的广告、公益广告，宣传烟草制品名称、商标、包装、装潢以及类似内容。烟草制品生产者或者销售者发布的迁址、更名、招聘等启事中,不得含有烟草制品名称、商标、包装、装潢以及类似内容。

酒类广告不得含有下列内容:(1) 诱导、怂恿饮酒或者宣传无节制饮酒;(2) 出现饮酒的动作;(3) 表现驾驶车、船、飞机等活动;(4) 明示或者暗示饮酒有消除紧张和焦虑、增加体力等功效。

教育、培训广告不得含有下列内容:(1) 对升学、通过考试、获得学位学历或者合格证书,或者对教育、培训的效果作出明示或者暗示的保证性承诺;(2) 明示或者暗示有相关考试机构或者其工作人员、考试命题人员参与教育、培训;(3) 利用科研单位、学术机构、教育机构、行业协会、专业人士、受益者的名义或者形象作推荐、证明。

招商等有投资回报预期的商品或者服务广告,应当对可能存在的风险以及风险责任承担有合理提示或者警示,并不得含有下列内容:(1) 对未来效果、收益或者与其相关的情况作出保证性承诺,明示或者暗示保本、无风险或者保收益等,国家另有规定的除外;(2) 利用学术机构、行业协会、专业人士、受益者的名义或者形象作推荐、证明。

不得利用不满十周岁的未成年人作为广告代言人。对在虚假广告中作推荐、证明受到行政处罚未满三年的自然人、法人或者其他组织,不得利用其作为广告代言人。针对不满十四周岁的未成年人的商品或者服务的广告不得含有下列内容:(1) 劝诱其要求家长购买广告商品或者服务;(2) 可能引发其模仿不安全行为。

(二) 广告活动制度

广告主、广告经营者、广告发布者之间在广告活动中应当依法订立书面合同,三者不得在广告活动中进行任何形式的不正当竞争。

广告主自行或者委托他人设计、制作、发布广告,应当具有或者提供真实、合法、有效的系列证明文件。广告主所推销的商品或者所提供的服务应当符合广告主的经营范围。委托他人设计、制作、发布广告,广告主应当委托具有合法经营资格的广告经营者、广告发布者。

广告主或者广告经营者在广告中使用他人名义、形象的,应当事先取得他人的书面同意;使用无民事行为能力人、限制民事行为能力人的名义、形象的,应当事先取得其监护人的书面同意。

从事广告经营者的,应当具有必要的专业技术人员、制作设备,并依法办理公司或者广告经营登记,方可从事广告活动。广播电台、电视台、报刊出版单位的广告业务,应当由其专门从事广告业务的机构办理,并依法办理兼营广告的登记。广告经营者、广告发布者按照国家有关规定,建立、健全广告业务的承接登记、审核、档案管理制度。

法律、行政法规禁止生产、销售的商品或者提供的服务,以及禁止发布广告的商品或者服务,不得设计、制作、发布广告。有下列情形之一的,不得设置户外广告:利用交通安全设施、交通标志的;影响市政公共设施、交通安全设施、交通标志使用的;妨碍生产或者人民生活,损害市容市貌的;国家机关、文物保护单位和名胜风景区的建筑控制地带;当地县级以上地方人民政府禁止设置户外广告的区域。

(三) 广告的审查制度

《广告法》规定,利用广播、影视、报刊以及其他媒介发布药品、医疗器械、农药、兽药等商品的广告和法律,行政法规规定应当进行审查的其他广告,必须在发布前依照有关法律、行政法规由有关行政主管部门(以下简称广告审查机关)对广告内容进行审查;未经审查,不得发布。

广告主申请广告审查,应当依照法律、行政法规向广告审查机关提交有关证明文件。广告审查机关应当依照法律、行政法规作出审查决定。任何单位和个人不得伪造、变造或者转让广告审查决定文件。

三、违反《广告法》的法律责任

广告主、广告经营者、广告发布者、市场监督管理部门和负责广告管理相关工作的有关部门的工作人员违反《广告法》的规定，应承担的法律责任包括：民事责任、行政责任和刑事责任三种。

1. 民事责任

违反《广告法》规定，发布虚假广告，欺骗、误导消费者，使购买商品或者接受服务的消费者的合法权益受到损害的，由广告主依法承担民事责任。广告经营者、广告发布者不能提供广告主的真实名称、地址和有效联系方式的，消费者可以要求广告经营者、广告发布者先行赔偿。关系消费者生命健康的商品或者服务的虚假广告，造成消费者损害的，其广告经营者、广告发布者、广告代言人应当与广告主承担连带责任。前述规定以外的商品或者服务的虚假广告，造成消费者损害的，其广告经营者、广告发布者、广告代言人，明知或者应知广告虚假仍设计、制作、代理、发布或者作推荐、证明的，应当与广告主承担连带责任。

《食品安全法》规定，广告经营者、发布者设计、制作、发布虚假食品广告，使消费者的合法权益受到损害的，应当与食品生产经营者承担连带责任。社会团体或者其他组织、个人在虚假广告或者其他虚假宣传中向消费者推荐食品，使消费者的合法权益受到损害的，应当与食品生产经营者承担连带责任。

广告主、广告经营者、广告发布者违反《广告法》规定实施侵权行为的，依法承担民事责任。

2. 行政责任

行政责任分为行政处分和行政处罚。行政处分是国家机关根据法律、法规和规章制度，给予犯有轻微违法失职行为或者内部违纪人员的一种制裁。对违反《广告法》的广告主、广告经营者、广告发布者、广告代言人、广播电台、电视台、报刊出版单位，由市场监督管理部门依法给予行政处罚。

知识拓展(11-3)

违反《广告法》的法律责任

3. 刑事责任

违反《广告法》的规定，构成犯罪的，依法承担刑事责任。

同步综合练习

一、名词解释题

垄断协议　经营者集中　相关市场　行业协会　回扣　商业秘密　产品缺陷　知悉真情权　自主选择权　消费者协会

二、单项选择题

1. 关于市场支配地位推定制度，下列哪一选项符合《反垄断法》规定？（　　）

A. 若干经营者在相关市场的市场份额达到 1/2 的，推定为具有市场支配地位

B. 两个经营者在相关市场的市场份额合计达到 1/3，其中一个经营者市场份额不足 1/10 的，不应当推定该经营者具有市场支配地位

C. 三个经营者在相关市场的市场份额合计达到 3/4，其中有两个经营者市场份额合计不足 1/5 的，不应当推定该两个经营者具有市场支配地位

D. 被推定具有市场支配地位的经营者，有证据证明不具有市场支配地位的，不应当认定其具有市场支配地位

2. 甲经营金山酒店，顾客爆满，相邻的银海酒店由乙经营，生意清淡。乙指使数十人进入金山酒店，2～3 人占据一桌，每桌仅消费 10 余元。前来金山酒店就餐的顾客见无空桌，遂就近转

往银海酒店。如此数日,银海酒店收入大增。乙的行为应如何定性? ( )

A. 构成缔约过失　　B. 构成欺诈行为

C. 构成不当得利　　D. 构成不正当竞争行为

3. 甲欲买“全聚德”牌的袋装烤鸭,临上火车前误购了商标不同但外包装十分近似的显著标明名称为“仝聚德”的烤鸭,遂向“全聚德”公司投诉。“全聚德”公司发现,“仝聚德”烤鸭的价格仅为“全聚德”的1/3。如果“全聚德”起诉“仝聚德”,其纠纷的性质应当是下列哪一种? ( )

A. 诋毁商誉的侵权纠纷　　B. 低价倾销的不正当竞争纠纷

C. 欺骗性交易的不正当竞争纠纷　　D. 企业名称侵权纠纷

4. 根据《反不正当竞争法》的规定,下列哪一行为属于不正当竞争行为中的混淆行为? ( )

A. 甲厂在其产品说明书中做夸大其词的不实说明

B. 乙厂的矿泉水使用“清凉”商标,而“清凉矿泉水厂”是本地一知名矿泉水厂的企业名称

C. 丙商场在有奖销售中把所有的奖券刮奖区都印上“未中奖”字样

D. 丁酒厂将其在当地评奖会上的获奖证书复印在所有的产品包装上

5. 工程师甲根据其单位指派开发出某种碳酸饮料配方后,单位对该配方采取了全面的保密措施。乙公司利用高薪聘请甲到本公司工作,甲便携带该碳酸饮料配方到乙公司受聘。根据《反不正当竞争法》的有关规定,下列说法正确的是 ( )

A. 甲应承担侵权责任,乙不承担侵权责任

B. 甲、乙都应承担侵权责任

C. 乙应承担侵权责任,甲不承担侵权责任

D. 甲、乙都不承担侵权责任

6. 甲酒厂生产的“景阳岗”牌高粱酒,在某省市场上颇有名气。后,乙酒厂推出“不过岗”牌高粱酒,其酒形态和瓶贴标签的图样、色彩与“景阳岗”几近一致,但使用的注册商标、商品名称以及厂名厂址均不同。对此,下列表述中正确的是 ( )

A. “景阳岗”商标未申请商标注册,故甲酒厂不能起诉乙酒厂侵权

B. 因注册商标、商品名称以及厂名厂址均不相同,乙酒厂对甲酒厂不构成侵权

C. 两种商品装潢外观近似,足以造成购买者发生误认,故乙酒厂的行为构成不正当竞争

D. 两种商品装潢虽外观近似,但常喝“景阳岗”的人仔细辨认可以加以区别,故乙酒厂的行为不被法律禁止

7. 欣欣公司为了宣传其新开发的保健品,虚构保健品功效,并委托某广告公司设计了“谁吃谁明白”的广告,聘请大腕明星作代言人,邀请某社会团体向消费者推荐,在报刊和电视上高频率地发布引人误解的不实广告。根据《广告法》的规定,下列哪一选项是正确的? ( )

A. 广告公司只有在明知保健品功效虚假的情况下才承担法律责任

B. 欣欣公司不论其主观状态如何,都必须对虚假广告承担法律责任

C. 社会团体在虚假广告中向消费者推荐商品,不应承担民事连带责任

D. 明星代言人即使对厂商造假不知情,只要蒙骗了消费者,就应承担民事责任

8. 消费者在购买商品前已经知道该商品存在瑕疵,但经营者没有违反国家产品质量管理规定,则经营者 ( )

A. 不再承担质量担保义务　　B. 可以不承担质量担保义务

C. 仍应承担质量担保义务　　D. 按一定比例承担质量担保义务

9. 张珩乘坐公共汽车,钱包被盗,造成巨额财产损失,他找到公交公司要求赔偿他的损失。公交公司称其在汽车上已张贴“警惕小偷,财物被盗,后果自负”的警示标语,拒绝赔偿。公交公

司的行为违反了经营者的　（　　）

A. 不作虚假宣传的义务　　B. 保障人身和财产安全的义务

C. 不得侵犯消费者权利的义务　　D. 不得从事不公平、不合理交易的义务

10. 消费者王妲在某商场购买了一台音响设备，依法经有关行政部门认定为不合格商品，王妲找到商场要求退货。按规定，正确的处理方法是　（　　）

A. 商场应按照消费者的要求无条件负责退货

B. 商场可以依法选择修理、更换、退货中的任一方式

C. 商场认为该产品经过修理能达到合格，因而拒绝退货

D. 商场认为可以通过更换使王妲得到合格产品，因而拒绝退货

11. 经营者未违反《消费者权益保护法》规定的义务是　（　　）

A. 出售蛋类食品的价格经常变化

B. 店堂告示"商品一旦售出概不退换"

C. 店堂告示"未成年人须由成人陪伴方可入内"

D. 经营者以"小额商品，不开发票"为由，拒绝给顾客开发票

12. 根据《产品质量法》的有关规定，某食品加工厂生产奶粉（袋装）。该厂在奶粉的包装袋上应当标明　（　　）

A. 奶粉的生产日期即可

B. 奶粉的保质期，如 1 年

C. 奶粉的生产日期和保质期或失效日期

D. 奶粉的生产日期、保质期和失效期，必须同时具备，缺一不可

13. 以下说法不正确的是　（　　）

A. 麻醉药品不得做广告

B. 广告不得损害未成年人身心健康

C. 广告中使用数据、统计资料，不必表明出处

D. 广告不得使用国家级、最高级、最佳等用语

三、多项选择题

1. 新星公司为了宣传其新开发的保健品，虚构保健品功效，并委托某广告公司设计了"谁吃谁明白"的广告，聘请大腕明星做代言人，邀请某社会团体向消费者推荐，在报刊和电视上频繁地发布引人误解的不实广告。根据《反不正当竞争法》的规定，下列哪些选项是正确的？　（　　）

A. 新星公司不论其主观状态如何，都必须对虚假广告承担法律责任

B. 广告公司只有在明知保健品功效虚假的情况下才承担法律责任

C. 明星代言人即使对厂商造假不知情，只要蒙骗了消费者，就应承担民事责任

D. 社会团体在虚假广告中向消费者推荐商品，应承担民事连带责任

2. 甲、乙公司均为网络公司，都在从事反病毒软件的开发和推广。甲公司向法院起诉，指控乙公司挖走了其研发主管及技术人员十余名，乙公司发布的 2020 版反病毒软件与甲公司 2019 版反病毒软件实质相似，甲公司的老客户已有 1/3 成为乙公司的新客户，请求法院认定乙公司侵犯了甲公司的商业秘密，构成不正当竞争，责令停止侵权并赔偿损失。关于乙公司如何证明自己不侵权，下列哪些选项是错误的？　（　　）

A. 证明从甲公司过来的研发主管及技术人员都是合同到期后或辞职后正常流动过来的，没有竞业禁止义务或对甲公司不再承担保密义务

B. 证明其 2020 版反病毒软件与甲公司的 2019 版反病毒软件不构成实质相似

C. 证明甲公司的2019版反病毒软件不是商业秘密

D. 证明甲公司是以诉讼手段恶意打压竞争对手

3. 甲公司为宣传其“股神”股票交易分析软件，高价聘请记者发表文章，称“股神”软件是“股民心中的神灵”，贬称过去的同类软件“让多少股民欲哭无泪”，并称乙公司的软件“简直是垃圾”。根据《反不正当竞争法》的规定，下列哪些选项是正确的？　（　　）

A. 只有乙公司才能起诉甲公司的诋毁商誉行为

B. 甲公司的行为只有出于故意才能构成诋毁商誉行为

C. 只有证明记者拿了甲公司的钱财，才能认定其参与诋毁商誉行为

D. 只有证明甲公司捏造和散布了虚假事实，才能认定其构成不正当竞争

4. 根据《反不正当竞争法》的规定，下列哪些行为属于不正当竞争行为？　（　　）

A. 丙企业规定，销售一台电脑给中间人5%佣金，可不入账

B. 甲灯具厂捏造乙灯具厂偷工减料的事实，但只告诉了乙厂的几家客户

C. 通过某网络电商平台进行生产经营活动的甲公司通过水军“刷单”“刷钻”，误导消费者

D. 乙企业举办抽奖式有奖销售，最高奖为5 200元购物券，并规定用购物券购物满1 000元的可再获一次抽奖机会

5. 张琪到一美容院做美容，美容院使用甲厂生产的“水洁”牌护肤液为其做脸部护理，结果因该护肤液系劣质产品而致张琪脸部皮肤严重灼伤，张琪为此去医院治疗，花去近5 000元医药费。关于此事例，下列哪些选项是正确的？　（　　）

A. 张琪有权请求甲厂赔偿医药费

B. 张琪有权请求美容院赔偿医药费

C. 张琪若向美容院索赔，可同时请求精神损害赔偿

D. 美容院若向张琪承担了责任，则其可以向甲厂追偿

E. 张琪有权要求广告经营者、广告发布者承担赔偿责任

6. 赵康从商场买回一台空调，下列哪些情况下，空调生产者无需承担责任？　（　　）

A. 空调不具有制冷效果

B. 空调不具有其包装上写明的除菌功能

C. 空调无法启动，销售者拒绝承担责任

D. 空调生产未采用其包装上声明的国际先进标准

E. 赵康没有按照空调使用说明书正确使用空调，且赵康存在重大过错

7. 下列哪些产品的包装不符合《产品质量法》的要求？　（　　）

A. 丙厂生产的火腿肠标识上没有标明厂址

B. 乙厂生产的瓶装葡萄酒标识上没有标明酒精度

C. 丁厂生产的面包包装上没有标明生产日期

D. 某商场销售的“三星”牌彩电包装箱上没有中文字样

E. 甲厂生产的香烟包装上没有标明“吸烟有害健康”

8. 以下说法符合《广告法》有关规定的是　（　　）

A. 烟草广告可以利用电视媒体发布

B. 所有的商品、服务都可以发布广告

C. 广告不得损害未成年人和残疾人的身心健康

D. 广告不得贬低其他生产经营者的商品或者服务

E. 广告使用数据、统计资料、调查结果、文摘、引用语，应真实、准确，并表明出处

9. 根据《广告法》，下列说法正确的是　　（　　）

A. 精神药品不得做广告

B. 药品广告可以说明治愈率和有效率

C. 烟草广告必须标明“吸烟有害健康”

D. 大众传播媒介可以以新闻报道形式发布广告

E. 广告主或广告经营者在广告中使用他人名义、形象的，应事先取得他人的书面同意

四、简答题

1. 如何对经营者集中行为进行法律规制？
2. 不正当竞争行为有哪些？具有哪些特征？
3. 产品生产者在何种情况下不承担产品责任？
4. 消费者权益争议的解决途径有哪些？
5. 在广告活动中应该遵循哪些基本原则？

五、案例分析题

案例一：某地区的A企业生产的“飞亚”牌啤酒十分畅销。但另一地区生产同类产品的小企业B则销路不畅。于是，B企业决定采取以下措施：(1) 将本企业产品的包装改为与A企业产品近似的包装；(2) 散发小册子，宣传自己的产品，在宣传中加上自己产品本没有的多种疗效功能；(3) 以获得A企业的营销策略和客户为目的，买通或高薪聘请A企业的销售人员。

同时，B企业还请求政府给予保护性支持。政府为了支持本地区企业的发展，决定制订一个啤酒质量标准，限制A企业的产品进入本地。以上措施实施后，A企业的产品滞销，企业效益直线下滑。

请问：

1. B企业采取的措施是否合法，属于什么性质的行为？
2. 政府对B企业的支持性做法是否合法，属于什么性质的行为？
3. 若B企业的做法不合法，应承担什么法律责任？

案例二：S公司生产的“泰美饲料800”是获金奖的畅销商品。曾为S公司代销此种饲料的A公司制作一批“泰美饲料800”编织袋，编织袋上印有虚构的Y市S公司名称、电话及传真，其颜色、图案、设计、名称与S公司生产的“泰美饲料800”包装袋雷同。A公司将此编织袋用于自己产品的生产、销售和宣传，造成S公司产品销售量大幅度下降。

请问：

1. A公司的行为是否构成不正当竞争行为？如果是，属于何种不正当竞争行为？
2. 该不正当竞争行为的构成要件是什么？
3. S公司该如何维护自己的合法权益？

案例三：甲公司以电热水瓶为其主导产品，多年来投放资金、人力和物力，在全国建立了一个较大规模的销售网络并对经营信息采取了相应的保密措施。张良于2015年任甲公司的销售员，后任销售部经理，2019年离开甲公司。张良辞职前已申请注册乙公司。2019年8月，乙公司开始生产电热水瓶并投放市场。乙公司根据张良在甲公司工作时掌握的信息，于2019年10月开始向甲公司的销售网络中销售自己的产品，其中部分单位为甲公司至今尚未公之于众的秘密客户。同时为了争夺客户，乙公司按销售金额的2%作为客户的采购人员回扣，并四处散布甲公司的产品有缺陷，长期使用会有害身体健康，而乙公司的产品是在甲公司产品基础上的升级换代产品，使用更安全可靠等。

请问:乙公司哪些行为是违法行为?

案例四:2019年12月初,张谨从某商厦购买了一甲厂生产的电热毯,回家后按说明书的要求使用。使用中电热毯发生漏电,导致房间着火,烧毁价值5 000元的财产,张谨本人也被烧伤致残。事后,张谨与商厦协商赔偿未果,遂起诉到法院。

请问:

1. 张谨最迟应该在什么时间提起诉讼,为什么?
2. 张谨可请求谁来承担赔偿责任,为什么?
3. 张谨可能获得赔偿的范围是什么?

第十二章 反倾销、反补贴和保障措施法律制度

我国已经成为WTO的重要成员国。在此背景下，我国对外资、外国企业的一些优惠政策会逐步被取消，而政府对内资企业的各种相关补贴也会受制于我国对WTO的承诺，因而，我国面临的竞争环境将会发生很大的变化，市场竞争会变得异常激烈。外国企业利用价格在我国低价销售的行为将会日益增多，我国企业的产品在国外销售会受到国外有关法律的诸多限制，特别是反倾销的限制。毋庸置疑，学好并在实践中运用反倾销、反补贴和保障措施法律制度，有利于企业在激烈的国际竞争中增强自我的保护能力，在竞争中取得主动地位。

第一节 反倾销法律制度

一、倾销与反倾销法概述

(一) 倾销的含义与特征

倾销是一种发生于国际贸易中的低价销售行为。根据《关税及贸易总协定》和WTO《反倾销协议》的规定，如果在正常贸易过程中，一项产品从一国出口到另一国的出口价格低于在正常贸易过程中出口国供消费的同类产品的可比价格，即以低于正常的价值的价格进入另一国的商业，则该产品被视为倾销。按照《中华人民共和国反倾销条例》(以下简称《反倾销条例》)的规定，倾销是指在正常贸易过程中进口产品以低于其正常价值的出口价格进入我国市场的行为。简言之，倾销是指在正常的国际贸易中一国产品以低于正常价格的价格向另一国出口并对进口国的相关产业造成重大损害的行为。

一般认为倾销包含三个要素：(1) 产品出口价低于正常价值；(2) 倾销产品给进口国产业造成实质性的损害；(3) 倾销行为与损害之间具有因果关系。

作为低价销售行为，倾销所具有的特征是：(1) 它是一种人为的低价销售措施，出口商根据不同的市场，以低于有关商品在出口国的市场价格对同一商品进行差价销售。(2) 它的动机和目的是多种多样的，有的是为了销售过剩产品，有的是为了争夺国外市场，扩大出口，但只要对进口国某一工业的建立和发展造成实质性损害或实质性威胁或实质性阻碍，就会招致反倾销措施的惩罚。(3) 作为一种不公正的贸易措施，它是一种不公平竞争行为。在政府奖励出口的政策下，生产者为获得政府出口补贴，往往以低廉价格销售产品；同时，生产者将产品以倾销的价格在国外市场销售，从而获得在另一国市场的竞争优势并进而消灭竞争对手，再提高价格以获取垄断高额利润。(4) 倾销的结果往往给进口方的经济或生产者的利益造成损害，特别是掠夺性倾销扰乱了进口方的市场经济秩序，给进口方经济带来毁灭性打击。

(二) 倾销的种类

依据倾销对进口国产业造成的损害，通常将倾销分为以下几类。

(1) 突发性倾销。又称短期倾销(short-run dumping)，指某一商品的生产商为防止商品的大量积压危及国内的价格结构，在短期内向海外市场大量地低价抛售该商品。一般认为这种类型的倾销对进口国产业的“损害”是暂时的，而进口国消费者却可以从中获取低价消费的好处，因而是无可厚非的。

(2) 间歇性倾销。又称掠夺性倾销,指某一商品的生产商为了在某一海外市场上取得垄断地位而以低于边际成本的价格向该市场抛售商品,待将竞争对手驱逐出该市场后再实行垄断高价。一般认为这种类型的倾销带有掠夺性意图,对进口国产业的"损害"超过了进口国消费者获得的好处,因而应受到反倾销法的抵制。

(3) 持续性倾销。又称长期倾销(long-run dumping),指某一商品的生产商一方面为了实现规模经济效益而大规模地进行生产,另一方面为了维持国内价格结构而将其中一部分商品长期低价向海外市场销售。一般认为这种类型的倾销对进口国工业的"损害"只有一次,即其被迫转产之时,而进口国消费者从中获得的好处却是不断累积的,因而也不应受到反倾销法的抵制。

(4) 间接倾销。也称第三国倾销,是指 A 国的产品倾销至 B 国,再由 B 国销往 C 国,并对 C 国的有关产业造成损害。在这种情况下,虽然 B 国的出口商并无实际倾销行为,但 C 国相似产品生产商可依反倾销法,申请对 B 国的生产商和出口商进行反倾销调查,也可以要求 B 国对 A 国的产品采取反倾销措施。

(5) 社会倾销。最初社会倾销是指利用犯人廉价生产的产品来实施的倾销,现已扩大到在计算生产成本时必须考虑的其他要素,主要是发展中国家国内劳动力廉价和生产环境的低标准等因素。在出口时价格低,对进口国产生冲击,但不能用现有法律来定义倾销。近些年由于贸易保护主义的抬头,发达国家特别是欧共体一直在呼吁制止这种倾销。

目前,虽然第 4 种和第 5 种倾销已引起了国际社会的重视,但仍存在分歧。事实上,不管是哪一种形式,倾销总是一种不公正的贸易措施,最终(从长期来看)会对一国的经济产生严重的影响。其主要表现在:(1) 破坏和扰乱一国的正常贸易秩序;(2) 破坏公平竞争机制,导致不公平竞争,使国内生产同类产品的生产商无法通过正常贸易手段进行竞争;(3) 对一国的产业造成严重损害。尽管倾销是一种价格歧视,是一种不公平的贸易措施,但是在实践中一国却从本国利益出发,一方面鼓励本国产品进入他国市场,另一方面又抑制他国产品在本国销售。随着关税的降低,各种灰色措施的控制,反倾销将日益成为各国保护本国产业的重要手段。

(三) 反倾销法的含义及特征

一般认为,反倾销法是调整进口国政府对进口商、出口商和进口国生产商在产品出口和进口过程中发生的倾销与反倾销关系的法律规范的总称。而从一国国内法目的的角度来界定,可以认为反倾销法是进口国为了保护本国经济和生产厂家的利益,维护正常的国际经济贸易秩序,对倾销进行限制和规范所形成的法律规范的总称。

作为政府直接干预经济的法律,反倾销法是国家维护国际贸易公平竞争、保护本国产业的重要手段。在反倾销诉讼中,由行政部门受理和负责(在我国由商务部统一负责),反倾销案件的执行机关是行政部门,对反倾销行为的制裁措施主要是调整进口关税甚至征收反倾销税。一般认为,反倾销法具有以下几个特征。

(1) 其目的是限制生产者的不公正贸易行为,保护本国经济和生产厂家的利益。因为反倾销是一种跨国的侵权诉讼,所以反倾销可以作为保护国内产业的有力法律武器。反倾销法的这一特征使得反倾销法的滥用日益演变为贸易保护甚至贸易报复进而阻碍国际贸易的健康发展。

(2) 主体特殊。在反倾销法主体中涉及几个方面的当事人:一是申诉人,通常是进口国的产业或进口国产业代表,也是反倾销诉讼中的一方当事人;二是应诉人,通常是出口商或出口国的生产者,是反倾销诉讼中的另一方当事人;三是进口商,进口商的地位很微妙,不是主要的应诉人,但在反倾销诉讼败诉后则是缴纳反倾销税的义务人。由于主体的特殊性,在反倾销诉讼中可能会出现比较复杂的情况。

(3) 客体复杂。客体是倾销损害的对象，即进口国国内产业，要确定是否损害了客体，重要的是要确定倾销和损害之间的因果关系。确定损害的客体情况是非常复杂的，调查者的调查显得十分重要。

二、倾销与损害的认定

(一) 正常价值的确定

倾销是指在正常贸易过程中进口产品以低于其正常价值的出口价格进入中国市场。对倾销的调查和确定，由商务部负责。确定倾销的关键是比较正常价值和出口价格。出口价格低于其正常价值的幅度，为倾销幅度。一般认为，确定正常价值的方法主要有以下几种。

(1) 国内市场的可比价格。通常是在两种情况下用国内市场可比价格确定正常价值：① 在正常的贸易中，国内存在同类产品的销售，但是它有一定的条件，即在国内市场上销售的产品具有一定的代表性，是在正常贸易的情况下进行销售；如果国内销售贸易不具有代表性，或同类产品在国内市场销售是在特殊的销售商之间进行，或低于成本，或在合理期限内无法收回成本的销售，则被认为是非正常贸易。② 进口产品不直接来自原产国，也可用国内市场价格确定正常价值。

(2) 适当的第三国的可比价格，即产品销往第三国的出口价格。通常是在国内无同类产品的销售，或其销售数量没有达到规定的数量，或是在非正常贸易销售的情况下用此价格确定正常价值。

(3) 原产国价格或结构价格，即原产地生产成本加合理费用加利润。这是在产品仅在出口国(地区)转运、产品在出口国(地区)无生产者或者在出口国(地区)中不存在可比价格等情形下，用此价格确定正常价值。

(4) BIA 规则计算(best information available rule)。在确定正常价值时用前三种方法都需要当事人配合、合作，在当事人不配合、不合作的情况下则可以用 BIA 规则。《反倾销条例》第 21 条规定：调查机关进行调查时，利害关系方应当如实反映情况，提供有关资料。利害关系方不如实反映情况、提供有关资料的，或者没有在合理时间内提供必要信息的，或者以其他方式严重妨碍调查的，调查机关可以根据已经获得的事实和可获得的最佳信息作出裁定。

(5) 替代国价格。实践中，替代国价格是西方国家对非市场经济国家常用的确定正常价值的方法。西方国家认为非市场经济国家的价格不是由市场决定的，因此不用非市场经济国家的价格确定正常价值，要找一个类似于非市场经济的市场国家国家作为替代国，以替代国的价格来确定非市场经济国家的价格。替代国价格具有很大的主观性，对于非市场经济国家是很不公平的。

《反倾销条例》规定，按照下列方法确定正常价值：

(1) 进口产品的同类产品在出口国(地区)国内市场的正常贸易过程中有可比价格的，以该可比价格为正常价值。

(2) 进口产品的同类产品，在出口国(地区)国内市场的正常贸易过程中没有销售的，或者该同类产品的价格、数量不足以进行公平比较的，以该同类产品出口到一个适当第三国(地区)的可比价格，或者以该同类产品在原产国(地区)的生产成本加合理费用、利润，为正常价值。

(3) 进口产品不直接来自原产国(地区)的，按照出口国(地区)同类产品的可比价格确定正常价值。

(4) 在产品仅通过出口国(地区)转运，产品在出口国(地区)无生产或者在出口国(地区)中不存在可比价格等情形下，可以以该同类产品在原产国(地区)的价格为正常价值。

(二) 出口价格的确定

出口价格是确定倾销的第二个要素。进口产品以实际支付或应当支付的价格为出口价格;没有出口价格或其价格不可靠,使用首次转售给独立购买人的价格推定出的价格为出口价格;未转售给独立购买人或者未按进口时的状态转售的,在合理基础上推定出口价格。

(三) 正常价值与出口价格比较

进口产品的出口价格低于其正常价值的幅度,为倾销幅度。这是倾销是否成立的重要环节,但不能简单进行比较,否则会导致不公平。对进口产品的出口价格和正常价值,应当考虑影响价格的各种可比性因素,按照公平、合理的方式进行比较。倾销幅度的确定,应当将加权平均正常价值与全部可比出口交易的加权平均价格进行比较,或者将正常价值与出口价格在逐笔交易的基础上进行比较。出口价格在不同的购买人、地区、时期之间存在很大差异,按照前款规定的方法难以比较的,可以将加权平均正常价值与单一出口交易的价格进行比较。

(四) 损害的确定

损害是指倾销对已经建立的国内产业造成实质损害或者产生实质损害威胁,或者对建立国内产业造成实质阻碍。商务部负责对损害的调查和确定。涉及农产品的反倾销调查,由商务部会同农业部进行。

(1) 实质性损害,是指倾销对进口国国内产业造成实质性的损害。可以从以下几个方面确定实质性损害:① 倾销产品的数量加大或大量增加的可能性;② 倾销产品大幅度抑制、压低进口国同类产品价格;③ 对进口国国内产业产生影响;④ 倾销产品的出口国(地区)、原产国(地区)的生产能力、出口能力强,库存多;⑤ 造成国内产业损害的其他因素。

(2) 实质性损害威胁,是指能够明显地预见到倾销的继续将迅速导致实质性损害的出现。《反倾销条例》规定了确定实质性损害威胁的方法:

① 依据事实,不得仅依据指控、推测或者极小的可能性。

② 应当依据肯定性证据,不得将造成损害的非倾销因素归因于倾销。

③ 倾销进口产品来自两个以上国家(地区),并且同时满足下列条件的,可以就倾销进口产品对国内产业造成的影响进行累积评估:第一,来自每一国家(地区)的倾销进口产品的倾销幅度不小于2%,并且其进口量不属于可忽略不计的;可忽略不计,是指来自一个国家(地区)的倾销进口产品的数量占同类产品总进口量的比例低于3%;但是,低于3%的若干国家(地区)的总进口量超过同类产品总进口量7%的除外。第二,根据倾销进口产品之间以及倾销进口产品与国内同类产品之间的竞争条件,进行累积评估是适当的。

④ 评估倾销进口产品的影响,应当针对国内同类产品的生产进行单独确定;不能针对国内同类产品的生产进行单独确定的,应当审查包括国内同类产品在内的最窄产品组或者范围的生产。

(五) 国内产业

国内产业指中国国内同类产品的全部生产者,或者其生产产品的总产量占国内同类产品全部总产量的主要部分的生产者。国内产业的特点是:

(1) 须是与接收反倾销调查的进口产品相同或相似产品的"同类产业"。

(2) 国内生产者与出口经营者或者进口经营者不存在关联关系,生产者本身不能就是进口产品的经营者。

(3) 须是同类产品的国内全部生产商,或占总量的主要部分。《反倾销条例》第11条规定,国内产业,是指我国国内同类产品的全部生产者,或者其总产量占国内同类产品全部总产量的主要部分的生产者;但是,国内生产者与出口经营者或者进口经营者有关联的,或者其本身为倾销进口产品的进口经营者的，可以排除在国内产业之外。依据《反倾销条例》第17条的规定，"主要部分的生产者"是指在表示支持申请或者反对申请的国内产业中，支持者的产量占支持者和反对者的总产量的50%以上的，应当认定申请是由国内产业或者代表国内产业提出，可以启动反倾销调查；但是，表示支持申请的国内生产者的产量不足国内同类产品总产量的25%的，不得启动反倾销调查。

在特殊情形下，国内一个区域市场中的生产者，在该市场中销售其全部或者几乎全部的同类产品，并且该市场中同类产品的需求主要不是由国内其他地方的生产者供给的，可以视为一个单独产业。

同类产品指与倾销进口产品相同的产品；没有相同产品的，以与倾销进口产品的特性最相似的产品为同类产品。

（六）确定倾销与损害之间的因果关系

倾销进口与国内产业损害间必须存在因果关系。倾销进口必须是造成国内产业损害的原因。在确定倾销对国内产业的损害时，应当依据肯定性证据，不得将非倾销因素对国内产业造成的损害归因于倾销。

三、反倾销诉讼程序

（一）申诉

(1) 申诉或申请当事人。由国内产业或者代表国内产业的自然人、法人或者有关组织向商务部提出反倾销调查的书面申请。特殊情况下，商务部可以自主决定立案调查。

(2) 提供材料和证据。申请人提出反倾销调查申请时应依法提交申请书并附具证据。其中，申请书应当包括下列内容：① 申请人的名称、地址及有关情况；② 对申请调查的进口产品的完整说明，包括产品名称、所涉及的出口国（地区）或者原产国（地区）、已知的出口经营者或者生产者、产品在出口国（地区）或者原产国（地区）国内市场消费时的价格信息、出口价格信息等；③ 对国内同类产品生产的数量和价值的说明；④ 申请调查进口产品的数量和价格对国内产业的影响；⑤ 申请人认为需要说明的其他内容。

申请书应当附具下列证据：① 申请调查的进口产品存在倾销；② 对国内产业的损害；③ 倾销与损害之间存在因果关系。

（二）立案

商务部应当自收到申请人提交的申请书及有关证据之日起60天内，对有关证据和材料进行审查，而后决定是否立案调查或者不立案调查。在决定立案调查前，应当通知有关出口国（地区）政府。

在特殊情形下，商务部没有收到当事人的申请，但有充分证据认为存在倾销和损害以及二者之间有因果关系的，商务部可以决定立案调查。

（三）调查

调查也是取证。调查的方式可以是向出口商或者外国的生产者发放问卷，要求被调查者作答，也可以采取抽样、听证会、现场进行调查等方式，必要时可以派工作人员赴有关国家（地区）进行调查。在调查中当事人负有举证责任，不举证或妨碍举证的，可以根据已获得的事实和可获得的最佳资料作出裁决。调查期间为自立案公告之日起12个月内结束，特殊情况下可以延长6个月。

（四）裁决

裁决分为初裁和终裁。

(1) 初裁,主要是确定倾销、损害及二者之间是否具有关系。在这一阶段有关各方可以申诉,并要求参加听证会。如果初裁的决定是倾销成立,则要采取临时性反倾销措施。

(2) 终裁,最终确定倾销是否成立以及对国内产业的损害。若倾销成立,就要征收反倾销税,这是反倾销的一种极端措施,征税的结果是使进口产品的价格上涨。

(五) 行政复议及司法审查

如果当事人对终裁裁决结果不服,可以依法申请复议,或依法向人民法院提起诉讼。

四、反倾销措施

为了消除或减轻倾销产品对国内产业造成的实质性损害或实质性损害的威胁或阻碍,国家有关部门可以采取相应的措施。如表 12-1 所示,《反倾销条例》规定的反倾销措施包括临时反倾销措施、价格承诺和反倾销税。

表 12-1 反倾销措施

措施名称	内容
临时反倾销措施	初裁决定确定倾销成立,并由此对国内产业造成损害的,可以采取下列反倾销措施:① 征收临时反倾销税;② 要求提供保证金、保函或者其他形式的担保
	临时反倾销措施实施的期限,自临时反倾销措施决定公告规定实施之日起,不超过 4 个月;在特殊情形下,可以延长至 9 个月。自反倾销立案调查决定公告之日起 60 天内,不得采取临时反倾销措施
价格承诺	倾销进口产品的出口经营者在反倾销调查期间,可以向商务部作出改变价格或者停止以倾销价格出口的价格承诺
	出口经营者违反其价格承诺的,商务部可以立即决定恢复反倾销调查;根据可获得的最佳信息,可以决定采取临时反倾销措施,并可以对实施临时反倾销措施前 90 天内进口的产品追溯征收反倾销税,但违反价格承诺前进口的产品除外
反倾销税	终裁决定确定倾销成立,并由此对国内产业造成损害的,可以征收反倾销税
	反倾销税的征收期限不超过 5 年,但经商务部复审确定终止征收反倾销税有可能导致倾销和损害的继续或者再度发生的,反倾销税的征收期限可以适当延长

(一) 临时反倾销措施

临时反倾销措施是在初裁决定倾销成立,并对国内产业造成损害的,在正式征收反倾销税之前,为了防止倾销的继续扩大,自立案调查公告之日起 60 日后所采取的一种临时措施。临时反倾销的期限是,自临时反倾销措施决定公告实施之日起,不超过 4 个月,在特殊情形下,可以延长至 9 个月。临时性措施主要包括:(1) 征收临时性反倾销税。(2) 要求提供现金保证金、保函或者其他形式的担保。

临时反倾销税税额或者提供的现金保证金、保函或者其他形式担保的金额,应当不超过初裁决定确定的倾销幅度。

征收临时反倾销税,由商务部提出建议,国务院关税税则委员会根据商务部的建议作出决定,由商务部予以公告。要求提供现金保证金、保函或者其他形式的担保,由商务部作出决定并予以公告。海关自公告规定实施之日起执行。

(二) 价格承诺

(1) 价格承诺的作出。价格承诺是倾销进口产品的出口经营者在反倾销调查期间,或在初裁裁决作出之后,向商务部自愿作出改变价格或者停止以倾销价格出口的承诺;或者商务部向出

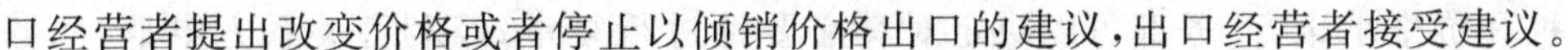

口经营者提出改变价格或者停止以倾销价格出口的建议，出口经营者接受建议。

(2) 价格承诺的接受。由出口经营者作出的价格承诺，商务部视情况决定是否接受。调查机关对倾销以及由倾销造成的损害作出肯定的初裁决定之前，不得寻求或接受价格承诺。价格承诺被认为是能够接受的，反倾销调查可以中止或终止，不采取临时反倾销措施或征收反倾销税。出口经营者不作价格承诺的或价格承诺不被接受的，不妨碍对反倾销案件的调查和确定。价格承诺的履行期不超过 5 年，但在一定的情况下可以适当延长。

(三) 反倾销税

终裁决定确定倾销成立，并由此对国内产业造成损害的，则可以征收反倾销税，但征收反倾销税应符合公共政策。反倾销税的征收由商务部提出建议，国务院关税税则委员会根据商务部的建议作出决定，由商务部予以公告。海关自公告规定实施之日起执行。

(1) 反倾销税的确定。反倾销税应当根据不同出口经营者的倾销幅度，分别确定。对未包括在审查范围内的出口经营者的倾销进口产品，需要征收反倾销税的，应当按照合理的方式确定对其适用的反倾销税。反倾销税税额不超过终裁决定确定的倾销幅度。

(2) 反倾销税的适用。反倾销税适用于终裁决定公告之日后进口的产品，纳税人为倾销进口产品的进口经营者。反倾销税的征收期限不超过 5 年，但是在一定的情况下可以适当延长。

(3) 追溯征收反倾销税。在一般情况下，反倾销税的征收适用于终裁决定公告之日后进口的产品，但是在一定的情形下，可以对公告之前的产品追溯征收反倾销税。追溯征收反倾销税的情况是：

① 终裁决定确定存在实质损害，并在此前已经采取临时反倾销措施的，反倾销税可以对已经实施临时反倾销措施的期间追溯征收。

② 终裁决定确定存在实质损害威胁，在先前不采取临时反倾销措施将会导致后来作出实质损害裁定的情况下已经采取临时反倾销措施的，反倾销税可以对已经实施临时反倾销措施的期间追溯征收。

终裁决定确定的反倾销税，高于已付或者应付的临时反倾销税或者为担保目的而估计的金额的，差额部分不予收取；低于已付或者应付的临时反倾销税或者为担保目的而估计的金额的，差额部分应当根据具体情况予以退还或者重新计算税额。

③ 存在法定情形，可以对实施临时反倾销措施之日前 90 天内进口的产品追溯征收反倾销税，但立案调查前进口的产品除外：第一，倾销进口产品有对国内产业造成损害的倾销历史，或者该产品的进口经营者知道或者应当知道出口经营者实施倾销并且倾销对国内产业将造成损害的；第二，倾销进口产品在短期内大量进口，并且可能会严重破坏即将实施的反倾销税的补救效果的。

④ 出口经营者违反其价格承诺的，商务部可根据最佳信息决定采取临时反倾销措施，并可以对实施临时反倾销措施前 90 天内进口的产品追溯征收反倾销税，但违反价格承诺前进口的产品除外。

在追溯征收反倾销税时，为了便于追溯征收反倾销税，可以对有关进口产品采取进口登记等必要措施。

终局裁定确定不征收反倾销税的，或者终局裁定未确定追溯征收反倾销税的，应当退还已征收的临时反倾销税、已收取的保证金，解除保函或者其他形式的担保。

(四) 反倾销措施的期限和复审

反倾销税的征收期限和价格承诺的履行期限不超过 5 年；但是经复审确定终止征收反倾销税有可能导致损害的继续或者再度发生的，可以适当延长反倾销税的征收期限。

对于反倾销税和价格承诺,商务部可以决定对其必要性进行复审;经利害关系方申请,商务部也可以对反倾销税和价格承诺的必要性进行复审。根据复审结果,商务部作出保留、修改或者取消反倾销税或价格承诺的决定。复审期间,复审程序不妨碍反倾销措施的实施。

五、在反倾销诉讼中当事人及利害关系人的权利

在反倾销诉讼中,当事人及利害关系人除享有陈述意见、提供论据的权利外,还享有以下权利:(1) 提出反倾销调查的申请权和申请撤销权。国内产业或国内产业的代表,认为倾销产品损害了国内产业的利益,可以向商务部提出反倾销调查申请。申请人也可以申请撤销反倾销诉讼,要求反倾销调查终止。(2) 查阅资料权。申请人及利害关系人有权查阅、了解与反倾销调查有关的资料,属于按保密资料处理的除外。(3) 要求保守机密权。利害关系方认为其提供的资料泄露后将产生严重不利影响的,可以向调查机关申请对该资料按保密资料处理。调查机关认为保密申请有正当理由的,应当对利害关系方提供的资料按保密资料处理,同时要求利害关系方提供一份非保密的该资料概要。按保密资料处理的资料,未经提供资料的利害关系方同意,不得泄露。(4) 价格承诺权。倾销进口产品的出口经营者,有权在反倾销调查期间,向商务部作出改变价格或者停止以倾销价格出口的价格承诺。(5) 获得调查结果的披露权。当事人及利害关系人有权要求调查机关就调查的结果及所依据的事实予以披露。(6) 申请退税权。倾销进口产品的进口经营者有证据证明已经缴纳的反倾销税超过倾销幅度的,可以向商务部提出退税申请。(7) 申请单独确定倾销幅度权。进口产品被征收反倾销税后,在调查期间未向我国出口该产品的新出口经营者,能证明与被征收反倾销税的出口经营者无关的,可以向商务部申请单独确定倾销幅度。(8) 申请复议或向人民法院起诉权。对于倾销、倾销的幅度、损害及损害程度的决定不服的,对作出的是否征收反倾销税的决定以及追溯征收、退税、对新出口经营者征税决定不服的,或对延长征收反倾销税或价格承诺的期限不服的,可以依法申请复议或向人民法院起诉。

第二节　反补贴法律制度

补贴是各国政府实现国家经济政策的手段,对于一国在金融、贸易等方面发展具有重要作用。但同时,补贴会在一定程度上扭曲资源的分配,使生产不根据市场原则进行,尤其对国际贸易而言,对出口产品的补贴使得出口产品的价格低于在国内销售的价格,从而对进口国的国内产品构成不正当竞争,违背了国际贸易的基本准则。因此,许多国家通过立法制定反补贴措施,世界贸易组织也始终将反补贴问题作为重要的谈判内容,并最终达成了协议,1994 年通过的《补贴与反补贴措施协定》适用于全体 WTO 成员。

反补贴法是调整在国际贸易中因补贴与反补贴产生的经济关系的法律规范的总称。《中华人民共和国反补贴条例》(以下简称《反补贴条例》)对反补贴问题作出了原则性规定。

一、补贴与反补贴法概述

(一) 补贴的含义及特征

WTO《补贴与反补贴措施协定》认为,补贴(subsidy)是由一国政府或任何公共机构向"某些企业"提供的财政捐助以及对价格或收益的支持,以直接或间接增加其领土 输出某种产品或减少向其领土输入某种产品,或者对其他成员方利益形成损害的政府性措施。我国《反补贴条例》认为,补贴是指出口国(地区)政府或者其任何公共机构提供的并为接受者带来利益的财政资助以及任何形式的收入或者价格支持。总之,补贴是由政府或公共机构提供的使接受者获益的财

政资助。

实践中，补贴的表现形式主要有：(1) 政府直接转入资金或潜在地直接转让资金或债务，如政府拨款、贷款、资本注入、贷款担保等；(2) 政府对本应征税的财政收入放弃或不征收。(3) 政府提供一般基础设施以外的货物、服务或者由出口国政府购买货物；(4) 政府向基金机构拨款或委托、指令私人机构履行上述职能。

作为一种政府行为(通常是一种财政行为)，补贴必须授予被补贴方某种利益(一般认为这种利益是受补贴方从某项政府补贴计划中取得了某些它在市场中不能取得的价值)。同时，补贴应具有专向性，即政府向某些企业提供的补贴是有选择或有差别的。

(二) 补贴的分类

WTO认为，各国政府有为了本国的经济而实施补贴的权利，但对那些给其他成员方贸易造成不利影响的补贴则要进行禁止或限制。为此将政府补贴进行分类，以便明确哪些是禁止的，哪些是限制的，哪些是可用的。

(1) 禁止性补贴。是指以出口绩效为条件(又称出口补贴)和将进口替代作为唯一或多种条件之一而提供的补贴(又称进口补贴)。这类补贴又称"红灯"补贴，出口补贴和进口替代补贴被明确列为禁止性补贴。出口补贴是指以出口实绩作为提供补贴的唯一条件或条件之一的补贴。出口补贴可以分为法律上的出口补贴和事实上的出口补贴。进口替代补贴是指以使用国内产品而不使用进口产品作为授予补贴的唯一条件或其中一个条件的补贴。

《补贴与反补贴措施协定》附录一列举了12种被列为禁止性的补贴，主要是：① 政府按出口实绩对企业或产业的直接贴补；② 外汇留成计划或类似的出口奖励；③ 政府提供优于内售产品的国内运输及运费；④ 政府对用于出口产品生产的产品或服务提供优惠；⑤ 免除、退还或延迟征收出口产品企业的直接税或社会福利税；⑥ 在计算应征收的直接税或间接税时，给出口企业特殊的优惠；⑦ 对出口产品使用的产品或服务的间接税给予优惠；⑧ 超额退还用于生产出口产品的进口品进口税；⑨ 政府优惠提供出口信贷担保或保险；⑩ 政府提供条件优惠的出口信贷；⑪ 由公共项目开支构成出口补贴的其他项目；⑫ 一国政府实行进口替代政策所给予的补贴会减少进口，从而对国际贸易有不利影响的补贴。

(2) 可诉性补贴。又称为"黄灯"补贴，是指除非申诉成员证明补贴对其利益造成了损害，否则对该补贴不得采取反补贴措施。这样的补贴称为可诉性补贴。

申诉成员只有在下述三种情形下，才可以采取反补贴措施：① 受到补贴的产品进口损害进口国的国内产业；② 补贴使其他成员根据有关协议享有的利益丧失或受损；③ 补贴严重妨碍其他成员的利益。

(3) 不可诉的补贴。这是指一国政府在实施这类补贴的过程中，一般不会受到其他国家的反对或因此而采取反补贴措施的补贴。不可起诉的补贴包括两类：

① 非专向补贴。根据《补贴与反补贴措施协定》规定，如果授予补贴的政府机关或该机关依据的法律规定了明确的标准或条件，而这些标准或条件是执行的，不特别优惠某个企业，并且是纯经济性的、平等实行的，只要符合这些标准或条件的企业，都能自动获得补贴，则该补贴就是非专向补贴。这类补贴不会引起另一国的反补贴措施。

② 符合豁免条件的专向补贴。根据《补贴与反补贴措施协定》规定，专向补贴可以分为两类：可以起诉的补贴和符合豁免条件的不可起诉的补贴。符合豁免条件的不可起诉的补贴有三类：研究发展资助、落后地区资助、环境保护资助，这类补贴也成为"绿灯"补贴。

第一，为公司所从事的科研活动或为高等教育或科研单位与公司在合同的基础上所从事的科研活动提供的补贴。其条件是不超过工业研究开支的75%，或用于预先竞争开发活动成本的

50%;而且这些资助仅限于人员费用、用于研究活动的咨询或类似服务费用及由研究活动直接产生的额外附加费用或者由研究活动直接产生的其他运行费用。

第二,对于落后地区的补贴。其条件是:落后地区必须有明确的地理界定,该地区有可以被确定的经济或行政同一性;该地区的人均收入、家庭平均或人均国内生产总值指标不应超过境内平均水平的85%,失业率达到有关成员方平均水平的110%。

第三,环境保护补贴。如果一个国家政府通过了环境保护的新法规,为适应新的环保法规的要求,某些企业必须对现有设备进行改造,这些改造对企业构成了极大负担,则政府可以给予补贴。其条件是:补贴应是一次性的,不得高于采用环保要求所需费用的20%,不应包含对辅助性投资的安装、试验费用,必须与企业减少污染有直接和适当的关系,资助应当是普遍的。

(4) 农业补贴。《补贴与反补贴措施协定》仅对工业品的补贴做了规定,该协议并不涉及农产品。对于农产品的补贴问题,《农产品协议》作了特殊规定。《农产品协议》将补贴分为两类:绿色补贴和黄色补贴。前者指允许使用、不必承担削减义务的补贴,后者指必须承诺削减义务的补贴。《农产品协议》并不禁止与该协议的减让义务相一致的出口补贴,但对这种补贴是可以采取抵销措施的(比如可以征收反补贴税)。与减让义务一致的国内支持(指国内补贴,如农民收入支持),从多边纪律方面是不可诉的,但可以依据国内程序对其征收反补贴税。

(三)《反补贴条例》限制的补贴

《反补贴条例》并不是限制所有的补贴,采取反补贴措施的补贴,必须具有专项性。根据《反补贴条例》的规定,具有以下情形之一的补贴具有专向性:(1) 由出口国(地区)政府明确确定的某些企业、产业获得的补贴;(2) 由出口国(地区)法律、法规明确规定的某些企业、产业获得的补贴;(3) 指定特定区域内的企业、产业获得的补贴;(4) 以出口实绩为条件获得的补贴,包括本条例所附出口补贴清单列举的各项补贴;(5) 以使用本国(地区)产品替代进口产品为条件获得的补贴。

在确定补贴专向性时,还应当考虑受补贴企业的数量和企业受补贴的数额、比例、时间以及给予补贴的方式等因素。

二、补贴与损害的确定

(一) 补贴的确定

1. 确定补贴金额的计算方法

(1)《补贴与反补贴措施协议》关于补贴金额的确定方式。根据《补贴与反补贴措施协定》的规定,应以接受补贴者所获利益计算补贴金额,或授予接受者的利益计算。要求成员国在国内法或实施细则中对补贴的计算方法作出规定。但任何此类方法应当与下列准则一致,即:① 政府提供股本不得视为授予利益,除非投资决定可被视为与该成员领土内私营投资者的通常投资做法(包括提供风险资金)不一致。② 政府提供贷款不得视为授予利益,除非接受贷款的公司支付政府贷款的金额不同于公司支付可实际从市场上获得的可比商业贷款的金额。在这种情况下,利益为两金额之差。③ 政府提供贷款担保不得视为授予利益,除非获得担保的公司支付政府担保贷款的金额不同于公司支付无政府担保的可比商业贷款的金额。在这种情况下,利益为在调整任何费用差别后的两项金额之差。④ 政府提供货物或服务或购买货物不得视为授予利益,除非提供所得低于适当的报酬,或购买所付高于适当的报酬。报酬是否适当应与所涉货物或服务在提供国或购买国现行市场情况相比较后确定(包括价格、质量、可获性、适销性、运输和其他购销条件)。

(2)《反补贴条例》关于补贴的确定方式。根据《反补贴条例》的规定,进口产品的补贴金额,应当区别不同情况，按照下列方式计算：① 以无偿拨款形式提供补贴的，补贴金额以企业实际接受的金额计算；② 以贷款形式提供补贴的，补贴金额以接受贷款的企业在正常商业贷款条件下应支付的利息与该项贷款的利息差额计算；③ 以贷款担保形式提供补贴的，补贴金额以在没有担保情况下企业应支付的利息与有担保情况下企业实际支付的利息之差计算；④ 以注入资本形式提供补贴的，补贴金额以企业实际接受的资本金额计算；⑤ 以提供货物或者服务形式提供补贴的，补贴金额以该项货物或者服务的正常市场价格与企业实际支付的价格之差计算；⑥ 以购买货物形式提供补贴的，补贴金额以政府实际支付价格与该项货物正常市场价格之差计算；⑦ 以放弃或者不收缴应收收入形式提供补贴的，补贴金额以依法应缴金额与企业实际缴纳金额之差计算。

对上述所列形式以外的其他补贴，按照公平、合理的方式确定补贴金额。

(二) 损害的确定

损害是指补贴对已经建立的国内产业造成实质损害或者产生实质损害威胁，或者对建立国内产业造成实质阻碍。对损害的调查和确定，由商务部负责；涉及农产品的，由商务部会同农业部进行。

(1) 国内产业。根据《反补贴条例》的规定，国内产业，是指我国国内同类产品的全部生产者，或者其总产量占国内同类产品全部总产量的主要部分的生产者；但是，国内生产者与出口经营者或者进口经营者有关联的，或者其本身为补贴产品或者同类产品的进口经营者的，应当除外。在特殊情形下，国内一个区域市场中的生产者，在该市场中销售其全部或者几乎全部的同类产品，并且该市场中同类产品的需求主要不是由国内其他地方的生产者供给的，可以视为一个单独产业。

(2) 确定对国内产业造成损害应审查的事项。根据《反补贴条例》的规定，在确定补贴对国内产业造成损害时，应当审查下列事项：① 补贴可能对贸易造成的影响；② 补贴进口产品的数量，包括补贴进口产品的绝对数量或者相对于国内同类产品生产或者消费的数量是否大量增加，或者补贴进口产品大量增加的可能性；③ 补贴进口产品的价格，包括补贴进口产品的价格削减或者对国内同类产品的价格产生大幅度抑制、压低等影响；④ 补贴进口产品对国内产业的相关经济因素和指标的影响；⑤ 补贴进口产品出口国（地区）、原产国（地区）的生产能力、出口能力，被调查产品的库存情况；⑥ 造成国内产业损害的其他因素。

(3) 损害确定的方法。根据《反补贴条例》的规定，确定损害的方法主要有以下几种。

① 在确定补贴对国内产业造成的损害时，应当依据肯定性证据，不得将造成损害的非补贴因素归因于补贴。对实质损害威胁的确定，应当依据事实，不得仅依据指控、推测或者极小的可能性。

② 补贴进口产品来自两个以上国家（地区），并且同时满足下列条件的，可以就补贴进口产品对国内产业造成的影响进行累积评估：第一，来自每一国家（地区）的补贴进口产品的补贴金额不属于微量补贴，并且其进口量不属于可忽略不计的；第二，根据补贴进口产品之间的竞争条件以及补贴进口产品与国内同类产品之间的竞争条件，进行累积评估是适当的。

所谓的微量补贴，是指补贴金额不足产品价值1%的补贴；但是，来自发展中国家（地区）的补贴进口产品的微量补贴，是指补贴金额不足产品价值2%的补贴。

③ 根据获得的事实确定损害。在调查中，利害关系方、利害关系国（地区）政府不如实反映情况、提供有关资料的，或者没有在合理时间内提供必要信息的，或者以其他方式严重妨碍调查的，调查机关可以根据可获得的事实作出裁定。

利害关系方包括申请人、已知的出口经营者、进口经营者以及其他有利害关系的组织、个人。

出口国政府为利害关系国。

(4) 确定补贴与损害之间的因果关系。补贴进口产品必须是国内产业损害的原因。在确定补贴对国内产业的损害时,应当依据肯定性证据,不得将对国内产业造成损害的非补贴因素,归因于补贴进口产品。

三、反补贴的程序及反补贴措施

反补贴的程序与反倾销的程序基本相同。反补贴措施与反倾销措施类似,包括临时反补贴措施、承诺及反补贴税。实施条件基本相同。不同的是,出口国政府或出口经营者,都可以作出承诺,分别承诺取消、限制补贴或其他有关措施,承诺修改价格。反补贴税额不得超过终裁决定确定的补贴金额。反补贴税的纳税人为补贴进口产品的进口经营者。

反补贴税只能对终裁决定公告之日后进口的产品适用,但下述情形除外:违反承诺的,可采取临时反补贴措施,并可对实施临时反补贴措施前 90 天内进口的产品追溯征收反补贴税,但违反承诺前进口的产品除外。终裁决定确定存在实质损害或实质损害威胁,此前已经采取临时反补贴措施,反补贴税可对临时反补贴措施的期间追溯征收。下列三种情形并存的,必要时,可以对实施临时反补贴措施之日前 90 天内进口的产品追溯征收反补贴税:补贴进口产品在较短的时间内大量增加;此种增加对国内产业造成难以补救的损害;此种产品得益于补贴。

第三节　保障措施法律制度

一、保障措施及其法律制度

保障措施是世界贸易组织规则允许的保护国内产业的一种行政措施,是各成员国政府依法维护本国产业利益的重要手段。其要旨是允许任何一个成员国在特定紧急情况下,为保障本国经济利益、维护国家主权而背离多边贸易体制下应承担的义务,对因履行协定所造成的严重损害进行补救,或避免因严重损害威胁可能产生的后果,并不必承担责任。

保障措施的特点可从其与反倾销、反补贴的区别中看出:

(1) 针对的对象不同。反倾销针对的是来自特定国家或地区的某种存在倾销行为产品;反补贴是针对某种由一成员方境内政府或任一个公共机构给予的财政支持的产品;而保障措施仅针对特定产品,而不针对具体国家、地区和公司。

(2) 目的不同。反倾销、反补贴措施是根据 WTO 的公平贸易原则确立的,其主要目的是遏制不正当竞争;而保障措施是 WTO 允许其成员在一般贸易条件下采取的限制措施,即在符合实体和程序要求的前提下采取适当的保障措施,限制产品进口,目的是使国内遭受损害或损害威胁的特定产业有一个合理的调整和适应过程,逐步恢复竞争力。

(3) 补偿性不同。当一成员国对另一成员国进口产品采取反倾销与反补贴措施时,不必给予相应的补偿;而当一成员国限制进口以保护其国内产业而采取保障措施时,原则上必须给予受到影响的其他成员国相应的补偿,不能达成协议时,受影响的成员国还可以采取报复措施。

(4) 程序不同。反倾销、反补贴需从多个方面进行调查;而保障措施只需对国内产业受到损害的情况进行调查,但一个成员国若决定采取保障措施,则必须与有重大出口利益的成员进行磋商。

保障措施意在贸易自由化的推进进程中兼顾成员国的经济主权,使成员国在必要时能适度维护自身经济利益及经济安全,同时推进国内产业结构调整、提高国际竞争力。保障措施较好地

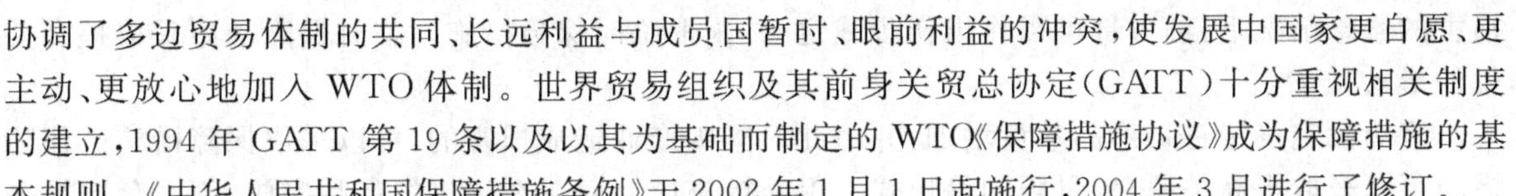

协调了多边贸易体制的共同、长远利益与成员国暂时、眼前利益的冲突，使发展中国家更自愿、更主动、更放心地加入WTO体制。世界贸易组织及其前身关贸总协定(GATT)十分重视相关制度的建立，1994年GATT第19条以及以其为基础而制定的WTO《保障措施协议》成为保障措施的基本规则。《中华人民共和国保障措施条例》于2002年1月1日起施行，2004年3月进行了修订。

二、采取保障措施的基本条件

如果根据保障措施条例进行保障措施调查，确定进口产品数量增加，并对生产同类产品或者直接竞争产品的国内产业造成严重损害或者产生严重损害威胁，可以采取保障措施。进口产品数量增加、国内产业受到损害、二者之间存在因果关系，是采取保障措施的三个基本条件。进口数量增加指进口数量的绝对增加或者与国内生产相比的相对增加。适用保障措施要求的产业损害程度重于反倾销或反补贴要求的损害程度，即严重损害而不是实质损害。

三、调查的发起

与国内产业有关的自然人、法人或者其他组织，可以依照保障措施条例，向商务部提出保障措施的申请；必要时，商务部在没有收到此类申请时，也可以立案调查。保障措施条例对申请人，不存在反倾销条例或反补贴条例中的产业支持量的要求。一般保障措施调查，由商务部负责；涉及农产品的，由商务部会同农业部进行。商务部根据调查结果，可以作出初裁决定，也可以直接作出终裁决定。

四、进口产品数量增加

进口产品数量增加，是指进口产品数量与国内生产相比绝对增加或者相对增加。进口产品增加这一条件的关键是增加的确定。国内主管机关应对进口产品增加提供合理的充分说明。由于存在相对增加这一情况，增加并不仅仅是一个量的概念。不仅要求证明数量的任何增加，而且还要证明以造成严重损害或威胁的数量和条件进口，这要求必须评估以绝对和相对条件进口增加的比率和数量。用于比较的时间点、调查期间内的增长趋势，都是考虑因素。调查期限内进口数量的暂时下降，对进口产品增加的确定不起决定作用。

五、损害的调查与确定

在确定进口产品数量增加对国内产业造成的损害时，应当审查下列相关因素：进口产品的绝对和相对增长率及增长量；增加的进口产品在国内市场中所占的份额；进口产品对国内产业的影响，包括对国内产业在产量、销售水平、市场份额、生产率、设备利用率、利润与亏损、就业等方面的影响；造成国内产业损害的其他因素。对严重损害威胁的确定，应当依据事实，不能仅依据指控、推测或者极小的可能性。国内产业，指中国国内同类产品或者直接竞争产品的全部生产者，或者其总产量占国内同类产品或直接竞争产品全部总产量的主要部分的生产者。

六、进口产品数量增加与国内产业损害间的因果关系

商务部根据客观事实和证据，确定进口产品数量增加与国内产业损害是否存在因果关系。进口增加以外的因素对国内产业造成的损害不得归因于进口增加。

七、保障措施的实施

有明确证据表明进口产品数量增加，在不采取临时保障措施将对国内产业造成难以补救的

损害的紧急情况下,商务部可以作出初步裁定,并采取临时保障措施。临时保障措施采取提高关税的形式。

终局裁定确定进口产品数量增加,并由此对国内产业造成损害的,可以采取保障措施。保障措施可以采取提高关税、数量限制等形式。保障措施应针对正在进口的产品实施,不区分产品来源国(地区)。采取保障措施应限制在防止、补救严重损害并便利调整国内产业所必要的范围内。终裁决定确定不采取保障措施的,已征收的临时关税应当予以退还。

保障措施的实施期限不超过4年。符合法律规定的条件的,保障措施的实施期限可以适当延长,但一项保障措施的实施期限及延长期限,最长不超过10年。保障措施实施期限超过1年的,应当在实施期间内按固定时间间隔逐步放宽。这些都不同于反倾销措施或反补贴措施。

对同一进口产品再度采取保障措施的,与前次采取保障措施的时间间隔应当不短于前次采取保障措施的实施期限,并且至少为2年。符合下列条件的,对一产品实施的期限为180天或更短的保障措施,可以不受前述时间间隔的限制:自对该进口产品实施保障措施之日起,已经超过1年;自实施该保障措施之日起5年内,未对同一产品实施2次以上保障措施。

另外,根据对外贸易法律制度的规定,在进口产品增加损害国内产业时,除采取清除或减轻损害的保障措施外,还可以对该产业提供必要的支持。

同步综合练习

一、名词解释题

倾销　补贴　禁止性补贴　可诉性补贴　不可诉性补贴　专向补贴　保障措施

二、单项选择题

1.《保障措施条例》规定,临时保障措施的形式是 (　　)

A. 征收反补贴税　B. 提高关税　C. 征收保证金　D. 征收反倾销税

2. 进口到中国的某种化工材料数量激增,其中来自甲国的该种化工材料数量最多,导致中国同类材料的生产企业遭受实质损害。根据我国相关法律规定,下列哪一选项是正确的? (　　)

A. 中国有关部门启动保障措施调查,应以国内有关生产者申请为条件

B. 中国有关部门可仅对已经进口的甲国材料采取保障措施

C. 如甲国企业同意进行价格承诺,则可避免被中国采取保障措施

D. 如采取保障措施,措施针对的材料范围应当与调查范围相一致

3. 甲、乙、丙中国企业代表国内某食品原料产业向商务部提出反倾销调查申请,要求对原产于A国、B国、C国的该原料进行相关调查。经查,商务部终局裁定确定倾销成立,对国内产业造成损害,决定征收反倾销税。根据我国相关法律规定,下列哪一说法是正确的? (　　)

A. 反倾销税的纳税人是该原料的出口经营者

B. 在反倾销调查期间,商务部可以建议进口经营者作出价格承诺

C. 终裁决定确定的反倾销税额高于已付或应付临时反倾销税或担保金额的,差额部分不予征收

D. 终裁决定确定的反倾销税额低于已付或应付临时反倾销税或担保金额的,差额部分不予退还

4. 部分中国企业向商务部提出反倾销调查申请,要求对原产于某国的某化工原材料进口产品进行相关调查。经查,商务部终局裁定确定倾销成立,决定征收反倾销税。根据我国相关法律

规定，下列哪一说法是正确的？（　　）

A. 构成倾销的前提是进口产品对我国化工原材料产业造成了实质损害，或者产生实质损害威胁

B. 对不同出口经营者应该征收同一标准的反倾销税税额

C. 征收反倾销税，由国务院关税税则委员会作出决定，商务部予以执行

D. 与反倾销调查有关的对外磋商、通知和争端事宜由外交部负责

5. 国内某产品生产商向我国商务部申请对从甲国进口的该产品进行反倾销调查。该产品的国内生产商共有100多家。根据我国相关法律规定，下列哪一选项是正确的？（　　）

A. 任何一家该产品的国内生产商均可启动反倾销调查

B. 商务部可强迫甲国出口商作出价格承诺

C. 如终裁决定确定的反倾销税高于临时反倾销税，甲国出口商应当补足

D. 反倾销税税额不应超过终裁决定确定的倾销幅度

6. 甲、乙二国均为世贸组织成员国，乙国称甲国实施的保障措施违反非歧视原则，并将争端提交世贸组织争端解决机构。对此，下列哪一选项是正确的？（　　）

A. 对于乙国没有提出的主张，专家组仍可因其相关性而作出裁定

B. 甲、乙二国在解决争端时必须经过磋商、仲裁和调解程序

C. 争端解决机构在通过争端解决报告上采用的是"反向一致"原则

D. 如甲国拒绝履行上诉机构的裁决，乙国可向争端解决机构上诉

7. 甲、乙两国均为世界贸易组织成员，甲国对乙国出口商向甲国出口轮胎征收高额反倾销税，使乙国轮胎出口企业损失严重。乙国政府为此向世界贸易组织提出申诉，经专家组和上诉机构审理胜诉。下列哪一选项是正确的？（　　）

A. 如甲国不履行世贸组织的裁决，乙国可申请强制执行

B. 如甲国不履行世贸组织的裁决，乙国只可在轮胎的范围内实施报复

C. 如甲国不履行世贸组织的裁决，乙国可向争端解决机构申请授权报复

D. 上诉机构只有在对该案的法律和事实问题进行全面审查后才能作出裁决

8. 中国某化工产品的国内生产商向中国商务部提起对从甲国进口的该类化工产品的反补贴调查申请。依我国相关法律规定，下列哪一选项是正确的？（　　）

A. 商务部认为必要时可以强制出口经营者作出价格承诺

B. 商务部认为有必要出境调查时，必须通过司法协助途径

C. 反补贴税税额不得超过终裁决定确定的补贴金额

D. 甲国该类化工产品的出口商是反补贴税的纳税人

9. 根据《反倾销条例》规定，倾销进口产品的出口经营者在反倾销调查期间，可向商务部作出改变价格或停止以倾销价格出口的价格承诺。有关价格承诺的规定，下列哪一选项是正确的？（　　）

A. 商务部可以向出口经营者提出价格承诺的建议

B. 商务部在对倾销及其损害作出肯定的初步裁定之前可以寻求或接受价格承诺

C. 对出口经营者作出的价格承诺，商务部应予接受

D. 出口经营者违反其价格承诺的，商务部可以采取保障措施

10. 某种化工材料进口数量的增加，使国内生产同类产品及与其直接竞争的产品的化工厂受到严重损害。依我国相关法律规定，与国内产业有关的自然人、法人或其他组织有权采取的措施有：（　　）

A. 直接向海关申请禁止该化工产品的进口

B. 向商务部提出反倾销调查申请

C. 向有管辖权的法院提起损害赔偿的诉讼

D. 向商务部提出保障措施调查的申请

11. 根据中国法律,如果中国商务部终局裁定确定某种进口产品倾销成立并由此对国内产业造成损害的,可以征收反倾销税。下列关于反倾销税的哪种说法是正确的? ( )

A. 反倾销税只对终局裁定公告之日后进口的产品适用

B. 反倾销税税额不得超过终局裁定的倾销幅度

C. 反倾销税和价格承诺可以同时采取

D. 反倾销税的纳税人应该是倾销产品的出口商

三、多项选择题

1. 根据我国相关法律规定,满足下列哪些条件,商务部才可决定采取保障措施? ( )

A. 进口产品数量增加

B. 进口产品数量增加是出口方倾销或补贴的结果

C. 进口产品数量增加并对生产同类产品的国内产业造成严重损害

D. 进口产品数量增加并对国内直接竞争产品的产业造成严重损害威胁

2. 根据《反补贴条例》的规定,下列哪些补贴属于有专向性的补贴? ( )

A. 由出口国法律明确规定的某些企业获得的补贴

B. 环保组织以改善环保为条件对企业提供的赠款

C. 指定特定区域内的企业、产业获得的补贴

D. 世界银行对贫困地区提供的无息贷款

3. 在进口倾销对国内产业造成实质损害的情况下,反倾销税可以追溯征收。该反倾销税可适用于下列哪些产品? ( )

A. 采取临时反倾销措施期间进口的产品

B. 发起反倾销调查前 90 天内进口的产品

C. 提起反倾销调查前 90 天内进口的产品

D. 实施临时反倾销措施之日前 90 天内进口的产品

四、简答题

1. 简述采取反倾销措施的基本条件。

2. 简述采取反补贴措施的基本条件。

3. 简述采取保障措施的基本条件。

五、案例分析题

近年来,原产于某 WTO 成员国的甲苯二异氰酸酯大量向我国低价销售,引起了我国相关生产厂家生产的甲苯二异氰酸酯价格大幅度下降,产品积压。2017 年 2 月 4 日,我国相关企业向我国政府相关部门提起反倾销申诉。我国政府相关部门于 2017 年 2 月 25 日决定立案调查,并向某 WTO 成员国的生产厂商发放问卷。

请问:

1. 我国甲苯二异氰酸酯生产厂家向我国政府哪个部门提起申诉?若仅一家生产者提起申诉,是否可以?为什么?

2. 我国生产厂家在提起申诉时,应提交哪些证据和材料?

3. 我国政府有关部门，会如何确定 WTO 某成员国向我国进行甲苯二异氰酸酯倾销？

4. 若 WTO 某成员国的有关厂商不回答我国政府有关部门发放的问卷，我国政府有关部门会用什么方法确定倾销？

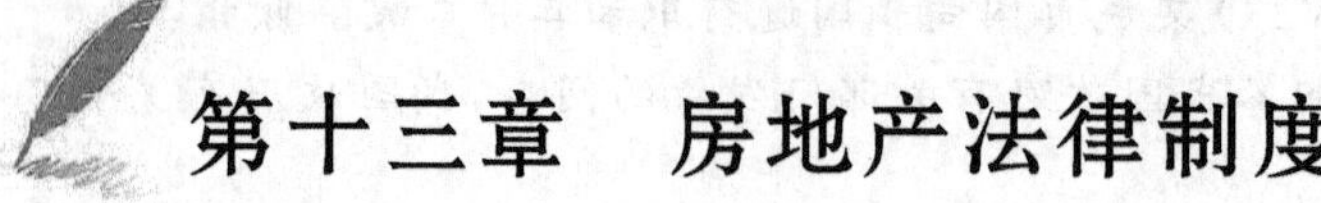

第十三章　房地产法律制度

第一节　概　述

一、房地产的含义

房地产是房产和地产的总称，是土地及地上的居民用房、工商业用房、办公用房等建筑物及其构筑物等权利的总称。

房地产是一种不动产，因此与其他商品相比具有其特殊性，即固定性和稀缺性。固定性是由于土地不能移动，是一种不动产，因此在房地产的交易过程中，流动的不是房地产本身，而是在房地产上设定的权利，如所有权、使用权等。稀缺性是指土地是不可再生的资源，是一种稀缺资源，因此房地产的价值及其评估又与其他商品不同。

在我国，土地所有权分为国家土地所有权和集体土地所有权两种，国家可以对集体土地进行征收，此时集体土地就转化为国家土地，除此之外土地所有权是不能转化的，因此土地所有权是不能买卖的。但是，国有土地和集体土地使用权，可以依法转让，可以依法在一定的年限内出让给土地的使用者，由土地使用者向国家支付土地使用权出让金。而房屋，即土地上的房屋等建筑物、构筑物等，则可以作为商品发生所有权的转移。

二、房地产法概述

（一）房地产法的含义及内容

（1）房地产法的含义。房地产法是调整房地产关系的法律规范的总称。而房地产关系是指人们取得、开发、利用、经营管理土地、房屋的过程中形成的社会关系。它是一种特殊的经济关系，在同一房地产关系中既有民事关系，又有行政管理关系。其中，民事关系是指平等主体之间基于土地、房屋而发生的所有、使用、转让、抵押、租赁等经济关系。行政管理关系，是指不平等主体之间基于土地、房屋的征用、拆迁、土地用途管制、建设立项审批、房地产税征收及行政调解、处理纠纷等发生的经济关系。可见，房地产法律关系是一种集民事与行政关系于一体的法律关系。

（2）房地产法调整的内容。由于房地产法律关系的特殊性，其所调整的内容就也有其特殊性。其主要内容是：① 土地、房屋财产关系。土地、房屋是一种特殊的财产，也是房地产业务活动的客观物质基础，因此是房地产法首要的调整内容。② 土地利用和管理关系。这些关系包括土地的规划，对耕地的保护，土地的开发利用，土地用途管制，建设用地、集体土地使用权的出让、转让、出租和抵押等，在这种关系中有些是市场行为，有些是政府行为，有些是市场行为与政府行为的结合。③ 城市房地产开发经营与管理关系。这些关系包括房地产开发企业在城市规划区内国有土地上进行开发以及转让开发项目或销售、出租商品房的行为。还包括管理部门对城市的整体规划、对公有房屋和私有房屋的管理等。④ 城市物业管理关系。这类关系主要包括物业管理公司和业主、使用人之间，就房屋建筑及其配套设施和居住小区内各方面的管理过程等发生的关系。

(3) 房地产的有关法律。我国房地产法律随着经济的发展不断完善,目前已形成了一个房地产法律体系,这个体系主要包括:

第一类是综合性的法。它主要是《中华人民共和国宪法》(以下简称《宪法》)《民法典》中的有关规定。

第二类是专门的法。它主要是《土地管理法》《城市房地产管理法》《中华人民共和国城市规划法》及《中华人民共和国建筑法》等。

第三类是有关的行政法规和规章。它主要是国务院、住房和城乡建设部的一系列规范性文件,主要包括《城市房地产抵押管理办法》《城市房屋权属登记管理办法》《城市房屋租赁管理办法》《城市房屋拆迁管理条例》《城市房地产开发经营管理条例》《城市房地产中介服务管理条例》《商品房销售管理办法》《业主大会规程》《物业管理条例》及《物业管理企业资质管理办法》等。

第四类是其他相关法规的规定。如《中华人民共和国契税法》中的相关规定。

(二) 房地产法的基本原则

房地产法的基本原则是理解房地产法律关系的关键,也是房地产法立法、执法、司法的基本准则。其基本原则包括以下方面。

(1) 土地公有制原则。《宪法》规定,城市的土地属于国家所有。农村和城市郊区的土地,法律规定属于国家所有的以外,属于集体所有;宅基地和自留地、自留山,也属于集体所有。国家为了公共利益的需要,可以依法律规定对土地实行征用。任何组织或个人不得侵占、买卖、出租或者以其他形式非法转让土地。因此,在我国,集体所有的土地,须经依法征用转为国有土地后,国有土地的使用权才可以有偿出让,也才可以进行房地产开发。

(2) 土地有偿使用原则。由于土地是重要的资源和资产,因此掌握土地所有权的国家就可以通过其管理的权力,实行国有土地有偿使用制度,使土地体现其经济价值。

(3) 合理用地、节约用地、保护耕地原则。由于土地是稀缺的资源,加之我国人口众多,因此合理用地、节约用地、保护耕地原则是我国的基本国策,这一国策在《宪法》和《土地管理法》中均做了明确的规定。

(4) 经济效益、社会效益和环境效益相统一原则。《城市房地产管理法》规定:房地产开发必须严格执行城市规划,按照经济效益、社会效益、环境效益相统一的原则,实行全面规划、合理布局、综合开发、配套建设。

(5) 保护房地产权利人合法利益原则。城镇房地产权利人依法享有土地使用权以及获得土地使用权后,在土地上构建建筑物的权利。《宪法》规定:国家保护公民的合法的收入、储蓄、房屋和其他财产的合法所有权。《城市房地产管理法》规定:房地产权利人的合法利益受法律保护,任何单位和个人不得侵犯。

第二节　城市房地产开发

一、城市房地产开发

(一) 房地产开发的含义及内容

房地产开发,是指在依法取得国有土地使用权的土地上进行基础设施、房屋建设的行为。房地产开发主要包括:(1) 土地开发,即把自然状态的土地变为可供建造房屋和各种建设设施的建设用地。(2) 土地再开发,就是在不增加城区现有土地使用面积的情况下,对原有土地进行改造,投入资金、劳动,使现有土地用地结构得到调整,从而提高土地的利用率。(3) 房屋开发,就是在具备建设条件的城市土地上建筑各种房屋。

房地产开发,必须按照土地使用权出让合同约定的土地用途、动工开发期限开发土地。除因不可抗力或政府、政府有关部门的行为或动工开发必需的前期工作造成动工开发延迟的外,超过出让合同约定的动工开发日期满1年未动工的,可以征收相当于土地出让金20%以下的土地闲置费,满2年未动工开发的,可以无偿收回土地使用权。

(二)房地产开发的前提

要进行房地产开发,首先必须取得国有土地使用权。城市规划区内的集体所有的土地,经依法征收转为国有土地后,该幅国有土地的使用权方可有偿出让,但法律另有规定的除外。

二、房地产开发用地

(一)房地产开发用地的含义

房地产开发用地,就是进行基础设施和房屋建设的土地。用于房地产开发的土地具有以下特点。

(1)仅取得开发土地的使用权,土地开发的任何单位和个人都不能取得土地的所有权,所有权属于国家。

(2)所取得的土地使用权是一种有限制的权利。其限制性表现在:① 时间上具有期限性,其期限由国家法律予以规定;② 权利的范围具有限制,开发者得到的仅是土地的地上使用权,而土地的地下资源和埋藏物属于国家。

(3)开发者取得的土地使用权应为我国城市规划区国有土地范围内取得的房地产开发用地的土地使用权。

(二)土地使用权出让

(1)土地使用权出让及其限制。土地使用权出让,即国有土地使用权出让,是国家凭借对国有土地的所有权,将国有土地使用权在一定的年限内出让给土地的使用者,由土地的使用者向国家支付土地使用权出让金的行为。土地使用权的出让是土地使用者取得土地使用权的一种重要方式。

土地使用权出让与其他标的物的出让不同,土地使用权出让附有法定的特殊的限制条件。表现在以下几方面。

① 权利的时间有限。土地使用权的年限由法律规定,具体的最高年限是:居住用地70年,工业用地50年,教育、科技、文化、卫生、体育用地50年,商业、旅游娱乐用地40年,综合和其他用地50年。《民法典》第358条规定:建设用地使用权期限届满前,因公共利益需要提前收回该土地的,应当依照《民法典》第243条的规定对该土地上的房屋及其他不动产给予补偿,并退还相应的出让金。《民法典》第359条规定:住宅建设用地使用权期限届满的,自动续期。非住宅建设用地使用权期限届满后的续期,依照法律规定办理。该土地上的房屋及其他不动产的归属,有约定的,按照约定;没有约定或者约定不明确的,依照法律、行政法规的规定办理。

② 权利的行使要遵守法律的规定。如在土地用途、开发强度、配套要求等方面要遵守出让方的要求。

③ 权利的范围有限。权利只限于城市规划内的国有土地,农村集体土地不得直接出让。

(2)土地出让权的出让方式。《城市房地产管理法》第13条规定:土地使用权出让,可以采取拍卖、招标或者双方协议的方式。商业、旅游、娱乐和豪华住宅用地,有条件的,必须采取拍卖、招标方式;没有条件,不能采取拍卖、招标方式的,可以采取双方协议的方式。采取双方协议方式出让土地使用权的出让金不得低于按国家规定所确定的最低价。《民法典》第347条规定:工业、商业、旅游、娱乐和商品住宅等经营性用地以及同一土地有两个以上意向用地者的，应当采取招标、拍卖等公开竞价的方式出让。

① 招标。招标是指招标人以通告的方式，公告所出让土地的相关事项，符合条件的投标人按公告的要求，在指定的期间内，以书面形式竞投某一土地使用权，由招标人根据一定的条件和要求择优确定土地使用权的方式。招标的法定程序在《中华人民共和国招标投标法》中做了详细的规定。

招标方式，由于引入了竞争机制，可以克服协议出让方式所存在的问题，有利于土地资源的配置，取得合理的土地资源价格。

② 拍卖。这是指土地的出让人在指定的时间、地点，在符合条件的众多受让人到场的公开场合，让受让人公开叫价，按“价高者得”的原则确定土地使用权受让人的方式。

拍卖充分引入了竞争机制，程序和过程公开透明，不但可以克服招标中可能出现的“通谋投标”的不正当竞争行为，还可以实现土地使用权的最高价位。但是招标方式对出让人招标开始前的技术要求较高，需要招标人做好充分的准备。

③ 协议出让。协议出让是出让方和受让方就土地使用权出让条件以及双方的权利和义务经过协商，达成一致意见，从而实现土地使用权的有偿转让。采取此种方式的优点在于可节约时间成本，政府对土地的管理具有较大的灵活性。但是，因为缺乏竞争机制，程序和过程不公开、不透明，实践中存在诸多问题。

(3) 土地使用权出让合同。《城市房地产管理法》第 15 条规定：土地使用权出让，应当签订书面合同。土地使用权出让合同由市、县人民政府土地管理部门与土地使用者签订。

土地使用权出让合同在签订前，首先要经过政府土地管理部门审批，在审批方面有一定的权限限制。《土地管理法》规定：建设占用土地，涉及农用地转为建设用地的，应当依法办理农用地转用审批手续。

征收下列土地必须由国务院批准：永久基本农田；永久基本农田以外的耕地超过 35 公顷的；其他土地超过 70 公顷的。

经批准后，土地管理部门与土地使用者签订土地使用权出让合同，合同的主要内容是：① 出让土地的位置、面积、界限；② 土地用途及土地使用条件；③ 土地使用权出让金的数额、支付方式；④ 土地使用权转让、出租、抵押的条件；⑤ 土地的使用权期限；⑥ 合同的担保方式；⑦ 合同的终止条件；⑧ 违约责任。

土地使用者必须在签订合同后 60 日内，支付全部土地使用权出让金，支付出让金后，土地使用权的出让者必须按合同约定提供土地，否则应承担违约责任。土地使用者需要改变土地用途的，要征得出让者和市、县人民政府城市规划部门的同意，签订合同变更协议或重新签订合同。

土地使用权约定的出让合同期限届满，土地使用者需要继续使用土地的，应当至迟于届满前 1 年申请续期，经批准准予续期的，应当重新签订土地使用权出让合同。

(三) 土地使用权划拨

(1) 土地使用权划拨的含义及特征。土地使用权划拨，是指经县以上人民政府依法批准，在土地使用者缴纳补偿、安置等费用后将该幅土地交付其使用，或者将土地使用权无偿交付给土地使用者使用的行为。土地使用权划拨是取得国有土地使用权的另外一种方式。《民法典》规定：严格限制以划拨方式设立建设用地使用权，采取划拨方式的，应当遵守法律、行政法规关于土地用途的规定。

土地使用权划拨具有以下特征：

① 土地使用权划拨是一种政府行政行为。

② 土地使用权划拨是一种无偿行为,土地的使用者只需对原先土地使用者支付补偿费和安置费,以及依照《城镇土地使用税暂行条例》的规定缴纳土地使用税,除此之外,不需支付任何费用。

③ 以土地使用权划拨方式取得土地使用权的,一般没有使用期限的限制,除非法律、行政法规另有规定。

④ 划拨的土地使用权,不可以转让、出租或抵押。除了要求补签土地使用权出让合同外,划拨土地的使用权不能转让、出租、抵押。如果要转让、出租或抵押,必须经过由划拨土地使用权到有偿出让土地使用权这一体制的转换,但非营利性的单位,如机关、事业单位不能利用这种转换签订土地出让合同,取得土地使用出让权。

⑤ 划拨土地使用权政府可以根据需要收回。根据《土地管理法》的规定,在下列情形下政府可以收回:为实施城市规划进行旧城区改建以及其他公共利益需要,确需使用土地的;因单位撤销、迁移等原因,停止使用原划拨的国有土地的;公路、铁路、机场、矿场等经核准报废的。

(2) 土地使用权划拨的范围。《城市房地产管理法》对以行政划拨取得土地使用权的范围进行了限制。下列建设用地,确属需要的,可以由县以上人民政府批准划拨:① 国家机关用地和军事用地;② 城市基础设施用地和公益事业用地;③ 国家重点扶持的能源、交通、水利等项目用地;④ 法律、行政法规规定的其他用地。

第三节 房地产交易

一、房地产交易的含义

一般认为房地产交易就是当事人之间通过房地产转让、抵押、租赁等形式,让渡或获得有关权利的活动或行为。《城市房地产管理办法》对包括房地产转让、房地产抵押、房地产租赁三种形式的房地产交易做了规定。

房地产交易的主体十分广泛,包括政府机关、企事业单位,公司、金融机构、个人和外商等。房地产交易的客体是国有土地使用权、房屋及其他建筑物的所有权、房屋使用权及其他权利。

房地产交易行为是要式法律行为,房地产权属的变动须办理登记手续,才能完成房地产权属的转移。

二、房地产转让

(一) 房地产转让的概念

房地产转让,是指房地产权利人通过买卖、赠与或其他合法方式将其房地产转移给他人的行为。房地产转让的特征是权属的转移,因此在法律关系上房地产转让时,房屋所有权与该房屋占用范围内的土地使用权应同时转让,即房屋的权利主体和土地使用权的权利主体是一致的。地上建筑物、附着物的所有人或共有人,享有该建筑物、附着物范围内的土地使用权,因此在转让一种权利时,另一种权利也一起转移。

(二) 房地产转让的条件

《城市房地产管理法》和《城市房地产转让管理规定》等法律、法规对房地产转让的条件做了相应的规定。主要有以下几条。

(1) 以出让方式取得土地使用权的房地产转让时,应符合下列条件:① 按照出让合同约定已经支付全部土地使用权出让金，并取得土地使用权证书。② 按出让合同约定进行投资开发，属于房屋建设工程的，应完成开发投资总额的 25%以上；属于成片开发土地的，依照规划对土地进行开发建设，完成工业用地或其他建设用地条件。③ 转让房地产时房屋已经建成的，还应当持有房屋所有权证书。

(2) 以划拨方式取得土地使用权的房地产转让时，应符合下列条件：① 在转让房地产时，应当报有批准权的人民政府批准；② 土地使用者为企业、公司、其他经济组织和个人；③ 领有国有土地使用证，具有地上建筑物、其他附着物合法产权证明；④ 经批准准予转让的，由受让方办理土地使用权出让手续，签订土地使用权出让合同，并缴纳土地使用权出让金；⑤ 经批准可以不办理土地使用权出让手续的，转让方式应当按照有关规定，将房地产所获收益中的土地收益上缴国家或者作其他处理。

(3) 不允许转让房地产的情形。主要包括：① 以出让方式取得土地使用权的，不符合出让土地使用权转让条件的；② 司法机关和行政机关依法裁定、决定查封或者以其他形式限制房地产权利的；③ 依法收回土地使用权的；④ 共有房地产，未经其他共有人书面同意的；⑤ 权属有争议的；⑥ 未依法登记领取权属证书的；⑦ 法律、行政法规规定禁止转让的其他情形。

(三) 房地产转让的程序

根据我国相关法律制度的规定，房地产转让的程序一般包括：(1) 转让当事人签订书面合同。(2) 提出申请并申报成交价格。转让当事人在签订合同后 30 日内，持房地产权属证、当事人的合同证明、转让合同等文件，向房地产所在地的房地产管理部门提出申请并申报成交价格。(3) 审查。房地产管理部门对当事人提交的文件进行审查，并在 15 日内作出是否受理申请的书面答复。(4) 核实、评估申报价格。(5) 缴纳契税和补地价。房地产转让中的承受单位或个人，向税务机关缴纳契税(税率为 3%～5%)。纳税人应当自纳税义务发生之日起 10 日内，向土地、房屋所在地的契税征收机关办理纳税申报。对无偿划拨土地的房屋买卖，须将土地收益上缴国库。(6) 过户登记并发证。

(四) 房地产转让合同

(1) 房地产转让合同的内容。房地产转让合同是转让人与受让人之间签订的明确双方权利和义务的书面协议。房地产转让合同应以书面形式，具体内容当事人可以商定，但一般应包括如下内容：① 双方当事人的姓名、名称；② 房地产权属证书名称和编号；③ 房地产坐落的位置、面积、四至界限；④ 土地宗号、土地使用权取得方式及年限；⑤ 房地产的用途或使用性质；⑥ 成交价格及支付方式；⑦ 房地产交付使用的时间；⑧ 违约责任；⑨ 双方约定的其他内容。

(2) 在房地产转让合同内容中，应注意的问题。① 房地产转让合同受土地出让合同的限制。这主要是因为土地出让合同是国家与土地使用者的关系，所以房地产转让时，土地出让合同载明的权利、义务不发生变化，土地出让合同中载明的权利、义务随房地产转让而发生转移，其义务对新的受让人具有约束力。如果要改变原土地出让合同约定的土地用途，必须经市、县人民政府城市规划行政主管部门的同意，签订土地使用权变更协议或重新签订土地使用权出让合同，并调整土地使用权出让金。② 以出让方式取得土地使用权的，转让房地产后，土地的使用年限受原来的土地出让合同的限制。其土地使用权的使用年限为原土地使用权出让合同约定的使用年限减去原土地使用者已经使用的年限后剩余的年限。

三、房屋销售

房屋销售包括商品房预售和商品房现售。有关房屋销售的法律、法规及规范性的文件主要有：《城市房地产管理法》《城市商品房预售管理办法》《城市房地产开发经营管理条例》《商品房买卖合同示范文本》及《商品房销售管理办法》等。

(一) 房屋预售

(1) 房屋预售及其条件。房屋预售,也称商品房预售,是指房地产开发企业将正在建设中的商品房预先出售给买受人,并由买受人支付房价款的行为。

根据《城市房地产管理法》《城市商品房预售管理办法》《城市房地产开发经营管理条例》的规定,房屋预售应符合以下条件:① 已交付全部土地使用权出让金,取得土地使用权证书;② 持有建设工程规划许可证和施工许可证;③ 按提供预售的商品房计算,投入开发建设的资金达到工程建设总投资的 25%以上,并已经确定施工进度和竣工交付日期;④ 取得商品房预售许可证。

我国商品房预售实行预售许可制度,预售人应当向县级以上人民政府房产管理部门办理预售登记,取得商品房预售许可证明,同时向县级以上房地产管理部门和土地管理部门登记备案。

(2) 商品房预售的程序。商品房预售的一般程序是:① 预售人办理土地使用证、建设工程规划许可证、工程施工合同;② 制定商品房预售方案、制作商品房分层平面图;③ 申请预售登记,领取预售许可证;④ 预售人与预购人签订商品房买卖合同;⑤ 开发企业在商品房预售合同签订之日起 30 日内,到商品房所在地的县级以上人民政府房地产管理部门和负责土地管理工作的部门备案;⑥ 自商品房交付使用之日起 90 日内,办理土地使用权变更和房屋所有权登记手续,房地产开发企业应当协办。

(二) 商品房现售

(1) 商品房现售及条件。商品房现售,是指房地产开发企业将竣工验收合格的商品房出售给买受人,并由买受人支付房价款的行为。商品房现售应当符合以下条件:① 现售商品房的开发企业应当具有法人营业执照和房地产开发企业资质证书;② 取得土地使用权证书或者使用权批准文件;③ 持有建设工程规划许可证和施工许可证;④ 已通过竣工验收,拆迁安置已经落实,供水、供电、供热、燃气、通信等配套基础设施具备交付使用条件,其他配套基础设施和公共设施具备交付使用条件或者已确定施工进度和交付日期;⑤ 物业管理方案已经落实。

(2) 商品房现售的程序。现售商品房主要的程序是:① 开发企业在现售前将开发项目手册及符合商品房现售条件和有关证明文件报送房地产管理部门备案;② 现售商品房的购买人在销售合同签订之日起 90 日内,办理土地使用权变更和房屋所有权登记手续。

(三) 商品房现售合同

(1) 商品房现售合同的内容。商品房现售,不管是房地产开发企业自已销售还是委托中介服务机构代售,房地产开发企业应当与买受人订立书面买卖合同。合同的主要内容是:① 当事人的名称或者姓名和住所;② 商品房基本状况;③ 商品房的销售方式;④ 商品房价款的确定方式及总价款、付款方式、付款时间;⑤ 交付使用条件及日期;⑥ 装饰、设备标准承诺;⑦ 供水、供电、供热、通信、道路、绿化等配套基础设施和公共设施的交付承诺和有关权益、责任;⑧ 公共配套建设的产权归属;⑨ 面积差异的处理方式;⑩ 办理产权登记的有关事宜;⑪ 解决争议的方法及违约责任;⑫ 双方约定的其他事项。

(2) 商品房现售合同中易发生争议的主要问题及处理。商品房销售中容易发生争议的问题主要是面积和质量。对此《商品房销售管理办法》做了如下规定:

① 面积及计算。商品房建筑面积由套内面积和分摊的共有建筑面积组成,套内建筑面积部分为独立产权,分摊的共有面积部分为共有产权。

按套(单元)计价的预售房屋,房地产开发企业应当在合同中附所售房屋的平面图。平面图应当标明详细尺寸,并约定误差范围。房屋交付时,如果套型与图纸不一致或超出约定的误差范围,合同中约定处理方式的,按约定方式处理,未约定处理方式的,买受人可与房地产开发企业重新约定总价款或退房。买受人退房的，开发企业要承担违约责任。

按套内建筑面积计价的，当事人应当在合同中约定面积与产权发生误差的处理方式，未约定的按以下原则处理：

面积误差比绝对值在3%以内（含3%）的，据实结算房价；面积误差比绝对值超出3%的，买受人有权退房。买受人退房的，开发企业应当在买受人提出退房要求之日起30日内将买受人已付房价款及利息退还买受人。买受人不退房的，产权登记面积大于合同约定面积的，面积误差比在3%以内（含3%）部分的房价款由买受人补足；超出3%部分的房价款由房地产开发企业承担，产权归买受人。产权登记面积小于合同约定面积的，面积误差比绝对值在3%以内（含3%）部分的房价款由房地产开发企业返还买受人，超出绝对值3%的房价款由房地产开发企业双倍返还买受人。

② 质量。房地产开发企业所交付的商品房在质量方面应当做到以下几点：房地产开发企业在销售商品房时设置样板房的，应当说明实际交付的商品房是否与样板房一致，未作说明的，实际交付的商品房应当与样板房一致。销售商品住宅时，房地产开发企业应当根据《商品住宅实际质量保证书和住宅使用说明书制度的规定》，向买受人提供《住宅质量保证书》、《住宅使用说明书》。房地产开发企业应当对所售商品房承担质量保修责任，并就有关事宜在合同中作出约定，保修期从交付之日起计算。

四、房地产抵押

（一）房地产抵押的含义

房地产抵押是指抵押人以其合法的房地产以不转移占有的方式向抵押权人提供债务履行担保的行为。债务人不履行债务时，抵押权人有权依法以抵押的房地产拍卖所得的价款优先受偿。

（二）房地产抵押权的设定

（1）房地产抵押的限制条件。根据《城市房地产抵押管理办法》的规定，以下房地产不能设定抵押：① 权属不明或有争议的房地产；② 用于教育、医疗、市政等公共福利事业的房地产；③ 列入文物保护范围的建筑物和有重要纪念意义的其他建筑物；④ 已依法公告列入拆迁范围的房地产；⑤ 被依法查封、扣押、监管或以其他形式限制的房地产；⑥ 依法不得抵押的其他房地产。

（2）房地产抵押的其他问题。主要涉及重复抵押、部分抵押、正常建造的抵押、不同性质的企业抵押、共有房地产抵押、房地产抵押与土地使用权年限等。

① 重复抵押。同一房地产可以设定两个以上抵押权人，但抵押人应当将已设定抵押的情况告知抵押权人。但抵押人所担保的债权不得超出抵押物的价值。房地产抵押后，该抵押房地产的价值大于所担保债权的余额部分，可以再次设定抵押，但不得超出余额部分。

② 部分抵押。可以对在建工程的完工部分进行抵押，但其土地使用权随之抵押。

③ 正在建造的建筑物。可以对正在建造的建筑物进行抵押，但土地使用权随之抵押。

④ 不同性质的企业的抵押。国有企业、事业单位法人以国家授权经营管理的房地产抵押的，应当符合国有资产管理的有关规定。集体企业的房地产抵押应经职工（代表）大会通过，并报其上级主管机关备案。"三资"企业的房地产抵押，须经董事会通过，但章程另有规定的除外。有限责任公司、股份有限公司的房地产抵押，须经董事会或股东大会通过，但章程另有规定的除外。

⑤ 共有房地产抵押。以共有的房地产抵押，抵押人应当事先征得其他共有人的书面同意。

⑥ 房地产抵押与土地使用权年限。以具有土地使用权年限的房地产设定抵押，抵押年限不得超过已使用后的剩余年限。

⑦ 以享有国家优惠政策购买的房地产抵押的，其抵押额以房地产权利人可以处分和收益的

份额比例为限。

(三) 房地产抵押所及房地产的范围

(1) 全部房地产。抵押人以其房地产抵押,抵押效力及于全部房地产,包括房屋所有权和土地使用权。《城市房地产管理法》第 32 条规定:房地产转让、抵押时,房屋的所有权和该房屋占用范围内的土地使用权同时转让、抵押。《城市房地产抵押管理办法》第 4 条规定:已依法取得的房屋所有权抵押的,该房屋占用范围内的土地使用权必须同时抵押。

(2) 房地产抵押权的效力及于抵押权设定后新增的房屋。《城市房地产管理法》第 52 条规定:房地产抵押合同签订后,土地上新增的房屋不属于抵押财产。需要拍卖该抵押的房地产时,可以依法将土地上新增的房屋与抵押财产一同拍卖,但对拍卖新增房屋所得,抵押权人无权优先受偿。《城市房地产抵押管理办法》第 44 条规定:处分抵押房地产时,可以依法将土地上新增的房屋与抵押财产一同处分,但对处分新增房屋所得,抵押权人无权优先受偿。

(3) 房地产抵押权以已在建完工部分设定的,抵押权的效力及于已完工部分的土地使用权。

(4) 房地产抵押权以依法获准尚未建造的或正在建造的房屋或其他建筑物设定的,当事人办理了抵押登记的,抵押权效力及于设定时在建的房屋。

(四) 房地产抵押合同

我国实行房地产抵押登记制,因此当事人应当依照规定办理抵押登记,房地产抵押合同自登记之日起生效。抵押的一般程序是:

(1) 抵押当事人自抵押合同签订之日起 30 日内,共同到房地产管理部门提出申请。提交抵押当事人身份证明或法人资格证明、抵押申请登记书、抵押合同、土地使用权来源证明、抵押人有权设定抵押的文件与证明材料、证明房地产价值的资料以及登记机关认为必要的其他文件。

(2) 登记机关受理并进行审核,在 7 日内决定是否予以登记。

(3) 办理有关权证。以依法取得的房屋所有权证书作房地产抵押的,登记机关应当在原《房屋所有权证》上作分项权利记载,之后由抵押人执收,并向抵押权人颁发《房屋他项权证》。以预售商品房或在建工程抵押的,登记机关应当在抵押合同上作记载。抵押的房地产在抵押期间竣工的,当事人应当在抵押人领取房地产权属证书后,重新办理房地产抵押登记。

五、房屋租赁

(一) 房屋租赁的含义及条件

(1) 房屋租赁的含义。房屋租赁是指房屋所有人或其他合法权利人,将房屋在一定期限内出租给他人使用,并收取租金的行为。房屋的所有者为出租人,另一方为承租人。

(2) 房屋租赁的条件。根据《商品房屋租赁管理办法》的规定,下列房屋不得出租:① 未依法取得房屋所有权证的;② 司法机关和行政机关依法裁定、决定查封或者以其他形式限制房地产权利的;③ 共有房屋未取得共有人同意的;④ 权属有争议的;⑤ 属于违法建筑的;⑥ 不符合安全标准的;⑦ 已抵押,未经抵押权人同意的;⑧ 不符合公安、环保、卫生等主管部门有关规定的;⑨ 有关法律、法规规定禁止出租的其他情形。

(二) 房屋租赁合同

(1) 房屋租赁合同的内容。对于房屋租赁,当事人应当签订书面租赁合同。房屋租赁合同是出租人与承租人签订的,用于明确双方权利和义务的书面协议。房屋租赁合同应具备的条款是:① 当事人姓名或者名称及住所;② 房屋的坐落面积、装修及设施状况;③ 租赁用途;④ 租赁期限;⑤ 租金及交付方式;⑥ 房屋修缮责任;⑦ 转租的约定;⑧ 变更和解除合同条件;⑨ 违约责任;⑩ 当事人约定的其他条款。

（2）房屋租赁合同的变更或解除。房屋租赁合同一经签订，当事人应当履行，但是有以下情形的，当事人可以变更或解除合同：① 符合法律规定或者合同约定可以变更或解除合同条款的；② 因不可抗力致使租赁合同不能继续履行的；③ 当事人协商一致的。因变更或者解除租赁合同使一方当事人遭受损失的，除依法可以免除责任的以外，应当由责任方负责赔偿。

（3）房屋租赁合同的终止。房屋租赁合同可以因合同期限届满而终止，也可因承租人违约而终止。承租人违约而终止的情形是：① 将承租的房屋擅自转租的；② 将承租的房屋擅自转让、转借他人或擅自调换使用的；③ 将承租的房屋擅自拆改结构或改变用途的；④ 拖欠租金累计 6 个月以上的；⑤ 公有住宅用房无正当理由闲置 6 个月以上的；⑥ 利用承租房屋进行违法活动的；⑦ 故意损坏承租房屋的；⑧ 法律、法规规定其他可以收回的。因承租人的违约行为而造成损失的，由承租人负责赔偿。

（三）房屋租赁登记

我国对房屋租赁实行登记备案制。当事人签订、变更、终止房屋租赁合同，应当向房屋所在地市、县人民政府房地产管理部门登记备案。

房屋租赁当事人应当在签订合同后 30 日内，凭书面租赁合同、房屋所有权证书、当事人的合法证件、共有人同意出租的证明、委托管理人授权出租的证明及规定的其他文件办理登记备案手续。经房地产管理部门审查合格后，办理《房屋租赁证》。《房屋租赁证》是租赁行为合法有效的凭证；租用房屋从事生产、经营活动的，《房屋租赁证》作为经营场所合法的凭证。租用房屋用于居住的，《房屋租赁证》可作为公安部门办理户口登记的凭证之一。《民法典》第 706 条规定，当事人未依照法律、行政法规规定办理租赁合同登记备案手续的，不影响合同的效力。

（四）房屋转租

房屋转租是房屋承租人将承租的房屋再出租的行为。房屋转租分为合法转租和非法转租。合法转租应具备以下条件：（1）须经出租人书面同意。承租人在租赁期限内，征得出租人同意，可以将承租房屋的部分或全部转租给他人。（2）当事人应当订立合同，并经原出租人书面同意。（3）当事人到房地产管理部门办理登记备案手续。

合法转租的法律后果是：转租后，承租人未退出原来的租赁合同，承租人仍应根据原租赁合同对出租人承担义务和责任，但出租人与转租人双方另有约定的除外；转租期间，原合同的变更、解除或终止影响转租合同的变更、解除和终止。

（五）房屋租金

房屋租金是指房屋承租人为取得一定期限内房屋的使用权而付给房屋出租人的经济补偿。房屋租金可分为成本租金、商品租金、市场租金。

成本租金由成本费、维修费、管理费、投资利息和税金组成。商品租金由成本费、维修费、管理费、投资利息、税金、保险费、地租和利润组成。市场租金是在商品租金的基础上，根据市场供求关系而形成。目前我国有不同的租金标准，根据不同的情况用不同的租金标准，在公房方面，实行国家限制租金标准，而在私房方面，则放开价格，由租赁双方协商。

应注意的是，以划拨方式取得土地使用权的，由于出租房屋而形成土地出租，因此，房屋所有权人以营利为目的将以划拨方式取得使用权的国有土地上简称的房屋出租的，应当将租金中所含土地收益上缴国家。

六、房屋交换与赠与

（一）房屋交换

房屋交换是指房屋所有人互相交换房屋所有权的行为。房屋交换可以按实物交换，也可以按价值交换,房屋交换不同于房屋调换,房屋调换仅仅是双方交换房屋使用权,而房屋交换则是房屋所有权人互换所有权,其实质是房屋买卖。房屋交换的法律性质决定了房屋交换要依照法律的规定来进行。

(1) 房屋交换的双方当事人应签订合同,明确当事人的权利和义务。

(2) 办理产权转移过户手续。当事人签订合同之后,还须由双方携带原房产所有权证、身份证明、双方签订的合同等有关证件,到房地产管理部门填写统一契约,办理过户手续。

交换人在自愿的基础上签订房屋交换协议,经房屋管理部门办理了过户手续的,应认定有效,一方反悔,不予支持。未办理产权转移手续的,发生纠纷后,可以认定房屋交换行为没有效力。但如果有契约并已实际交付使用,在发生纠纷后,在房屋管理部门补办了手续的,可以认定有效。

(二) 房屋赠与

房屋赠与是指房屋所有权人将自己的房屋无偿给予他人,他人表示接受赠与的行为。房屋赠与是无偿的,但有的房屋赠与可以附义务。

在我国,房屋赠与人可以是自然人,也可以是国家、企业、事业组织和社会团体,但主要是自然人。房屋赠与关系成立的条件是:(1) 自然人作为房屋赠与人,必须是房屋的所有人。(2) 当事人意思表示一致。赠与是一个双方的法律行为,只有双方的意思表示一致,即一方愿意赠与,另一方愿意接受赠与,赠与关系才成立。(3) 双方签订书面合同。(4) 交付标的物。由于赠与合同是实践性合同,因此要交付标的物,合同才成立。(5) 必须办理所有权过户手续。由于赠与行为使不动产发生所有权转移,法律上要求严格,当事人必须到房地产管理部门办理所有权过户登记手续。受赠人还须缴纳税值价格的3%~5%的契税。

第四节 城市房地产权属登记

目前,我国房地产权属登记分为土地产权属登记和房屋产权属登记,分别由土地管理部门和房地产管理部门办理。

一、土地产权属登记

(一) 土地产权属登记的含义

土地产权属登记是指土地管理部门代表国家对国有土地使用权、集体土地使用权、集体土地建设用地使用权及他项权利进行注册登记和发证的一种制度。这一制度是国家确认土地所有权和使用权,并对土地进行管理的一项法律措施。凡是经过依法登记的土地所有权或土地使用权均受法律保护,任何单位或个人不得侵犯。

(二) 土地产权属登记的种类

依时间和内容,土地产权属登记可分为初始登记和变更登记。

(1) 初始登记,是指在一定的时间内,对辖区内全部土地进行普遍登记,其登记的范围是国有土地使用权、集体土地所有权、集体土地建设用地使用权等。

(2) 变更登记,是指继初始土地登记之后,因土地所有权、使用权、他项权利以及土地的主要用途发生变更而进行的登记。包括土地所有权变更登记、土地使用权变更登记、土地抵押权变更登记、主要用途变更登记和注销登记等。

二、房屋产权属登记

(一) 房屋产权属登记的含义

房屋产权属登记,是指房地产管理部门代表政府对房屋所有权及由所有权产生的他项权利进行登记,并依法确认房屋产权属关系的行为。房屋产权属登记是房屋产权管理的主要手段,也是确认房屋所有权的法定手续。在规定的范围内,不论产权属于谁,都要向房地产管理部门申请登记。登记后,由房地产管理部门发给房屋权属证书,产权所有人依法对其房产行使各种权利,任何人无权干涉或妨碍。

(二) 房屋产权属登记种类

房屋产权属登记包括总登记、转移登记、变更登记、其他登记及注销登记。

(1) 总登记。总登记是县以上人民政府根据需要,在一定期限内对本行政区域内的房地产进行统一的权属登记。凡列入总登记范围内的,无论权利状况有无变化、权利人以前是否领取产权证书,均应在一定的期限内向房地产管理部门申请登记。

(2) 转移登记。转移登记是在总登记之后,因房屋买卖、交换、赠与、继承、划拨、转让、分割、合并及裁决等原因而致使其权利发生转移,必须办理过户手续时所进行的登记。当事人应当自事实发生之日起 90 日内申请转移登记。

申请转移登记,权利人应当提交房屋权属证书以及相关的合同、协议、证明文件。

(3) 变更登记。变更登记是在总登记之后,房屋发生了扩建、翻建、改建、添建、部分拆除等增减情况以及相应的院落地使用范围的增减,房屋坐落的街道、门牌号或房屋名称发生变化所进行的登记。

申请变更登记,权利人应当提交房屋权属证书以及相关的证明文件,自事实发生之日起 30 日内申请变更登记。

(4) 其他登记。其他登记包括更正登记、新建登记、限制登记、更换管理人登记、抵押权登记及典权登记等。

新建的房屋,申请人应当在竣工后的 3 个月内向登记机关申请房屋所有权初始登记,并提交用地证明文件或土地使用证、建设用地规划许可证、建设工程规划许可证、施工许可证、房屋竣工验收资料以及其他有关证明文件。

集体土地上的房屋转为国家土地上的房屋,申请人应当自事实发生之日起 30 日内向登记机关提交用地证明等文件,申请房屋产权初始登记。

设定抵押权、典权等他项权利,权利人应当自事实发生之日起 30 日内,提交设定他项权利的合同书以及相关证明文件,向房地产管理部门申请他项权利登记。

(5) 注销登记。注销登记是由于房屋灭失、土地使用年限届满、他项权利的终止以及申请人的主观过错、登记机关的工作失误等原因,而注销房屋权属证书。

因房屋灭失、土地使用权年限届满、他项权利证书、相关的合同、协议证明文件等,申请注销登记。有下列情形之一的,登记机关有权注销:① 申报不实的;② 涂改房屋权属证书的;③ 房屋权利灭失,而权利人未在规定期限内办理房屋权属注销登记的;④ 因登记机关的工作人员工作失误造成房屋权属登记不实的。

第五节 物业管理

一、物业管理

(一) 物业管理的含义

物业是指已建成并投入使用的各类房屋、附属设施以及相关的场地。物业可以是整个住宅区,也可以是单体的房屋,包括商业大厦、住宅楼宇、厂房仓库、旅游宾馆等。

一般认为,物业管理是指业主通过选聘物业服务企业,由业主和物业服务企业按照物业服务合同,对房屋及配套的设施设备和相关场地进行维修、养护、管理,维护管理区域内的环境卫生和相关秩序的活动,即对物业共有部分和共同部分的事务进行管理的活动。

对于物业管理的主体,《民法典》规定可以是业主自行管理,也可以委托物业服务企业或者其他管理人管理。但是,在现实中大部分通过委托的物业服务企业进行具体的管理。

目前,《民法典》《物业管理企业资质管理办法》《物业管理条例》及一些城市发布的地方性的条例或办法是物业管理活动的主要规范性依据。

(二) 物业管理的法律特征

在现实的物业管理中,基本是通过物业服务企业进行管理。如果物业管理是通过业主与物业服务企业的合同而实现,则物业管理具有以下法律特征:(1) 物业管理是一种民事关系。物业关系的当事人是物业管理公司与业主,他们之间是一种平等的、服务性质的关系,而不是管理与被管理的关系。(2) 物业管理关系是基于委托合同而产生的。物业管理的基本主体是业主,在物业管理活动中业主起十分重要的作用,物业服务企业的管理活动源于业主同物业服务企业签订的委托管理合同,即源于业主的委托。(3) 物业管理关系具有有偿性。物业服务企业通过提供专业化的服务来实现其营利,物业服务企业的各种管理费用由业主来支付。

二、物业服务合同

物业服务合同是物业服务人在物业服务区域内,为业主提供建筑物及其附属设施的维修养护、环境卫生和相关秩序的管理维护等物业服务,业主支付物业费的合同。它是物业管理关系形成的前提。业主或业主委员会有权聘用或委托物业服务企业从事物业管理活动,业主选聘了物业服务企业,物业服务企业接受委托后,业主委员会应当与选聘的物业服务企业订立书面的物业服务合同。物业服务合同的内容一般包括服务事项、服务质量、服务费用的标准和收取办法、维修资金的使用、服务用房的管理和使用、服务期限、服务交接等条款。物业服务人公开作出的有利于业主的服务承诺,为物业服务合同的组成部分。物业服务合同应当采用书面形式。

根据《民法典》的规定,物业服务合同的内容主要有:

(1) 建设单位依法与物业服务人订立的前期物业服务合同,以及业主委员会与业主大会依法选聘的物业服务人订立的物业服务合同,对业主具有法律约束力。

(2) 建设单位依法与物业服务人订立的前期物业服务合同约定的服务期限届满前,业主委员会或者业主与新物业服务人订立的物业服务合同生效的,前期物业服务合同终止。

(3) 物业服务人将物业服务区域内的部分专项服务事项委托给专业性服务组织或者其他第三人的,应当就该部分专项服务事项向业主负责。

物业服务人不得将其应当提供的全部物业服务转委托给第三人,或者将全部物业服务支解后分别转委托给第三人。

(4) 物业服务人应当按照约定和物业的使用性质，妥善维修、养护、清洁、绿化和经营管理物业服务区域内的业主共有部分，维护物业服务区域内的基本秩序，采取合理措施保护业主的人身、财产安全。

对物业服务区域内违反有关治安、环保、消防等法律法规的行为，物业服务人应当及时采取合理措施制止、向有关行政主管部门报告并协助处理。

(5) 物业服务人应当定期将服务的事项、负责人员、质量要求、收费项目、收费标准、履行情况，以及维修资金使用情况、业主共有部分的经营与收益情况等以合理方式向业主公开并向业主大会、业主委员会报告。

(6) 业主应当按照约定向物业服务人支付物业费。物业服务人已经按照约定和有关规定提供服务的，业主不得以未接受或者无需接受相关物业服务为由拒绝支付物业费。

业主违反约定逾期不支付物业费的，物业服务人可以催告其在合理期限内支付；合理期限届满仍不支付的，物业服务人可以提起诉讼或者申请仲裁。

物业服务人不得采取停止供电、供水、供热、供燃气等方式催交物业费。

(7) 业主装饰装修房屋的，应当事先告知物业服务人，遵守物业服务人提示的合理注意事项，并配合其进行必要的现场检查。

业主转让、出租物业专有部分、设立居住权或者依法改变共有部分用途的，应当及时将相关情况告知物业服务人。

(8) 业主依照法定程序共同决定解聘物业服务人的，可以解除物业服务合同。决定解聘的，应当提前 60 日书面通知物业服务人，但是合同对通知期限另有约定的除外。

依据前述规定解除合同造成物业服务人损失的，除不可归责于业主的事由外，业主应当赔偿损失。

(9) 物业服务期限届满前，业主依法共同决定续聘的，应当与原物业服务人在合同期限届满前续订物业服务合同。

物业服务期限届满前，物业服务人不同意续聘的，应当在合同期限届满前 90 日书面通知业主或者业主委员会，但是合同对通知期限另有约定的除外。

(10) 物业服务期限届满后，业主没有依法作出续聘或者另聘物业服务人的决定，物业服务人继续提供物业服务的，原物业服务合同继续有效，但是服务期限为不定期。

当事人可以随时解除不定期物业服务合同，但是应当提前 60 日书面通知对方。

(11) 物业服务合同终止的，原物业服务人应当在约定期限或者合理期限内退出物业服务区域，将物业服务用房、相关设施、物业服务所必需的相关资料等交还给业主委员会、决定自行管理的业主或者其指定的人，配合新物业服务人做好交接工作，并如实告知物业的使用和管理状况。

原物业服务人违反前款规定的，不得请求业主支付物业服务合同终止后的物业费；造成业主损失的，应当赔偿损失。

(12) 物业服务合同终止后，在业主或者业主大会选聘的新物业服务人或者决定自行管理的业主接管之前，原物业服务人应当继续处理物业服务事项，并可以请求业主支付该期间的物业费。

三、业主

(一) 业主及业主公约

1. 业主

业主是指物业的所有人，也称房屋的所有权人。一方面，业主是物业管理的主体，是物业管理的服务对象,另一方面,在管理合同中,业主又是被管理者。但业主无论以什么样的身份出现,在物业管理中都是处于主导地位。

业主在物业管理中享有权利、承担义务。根据《物业管理条例》的规定,业主在物业管理活动中,享有的权利是:(1) 按照物业服务合同的约定,接受物业管理企业提供的服务;(2) 提议召开业主大会会议,并就物业管理的有关事项提出建议;(3) 提出制定修改业主公约、业主大会议事规则的建议;(4) 参加业主大会会议,行使投票权;(5) 选举业主委员会委员,并享有被选举权;(6) 监督业主委员会的工作;(7) 监督物业服务企业履行物业服务合同;(8) 对业主建筑物区分权中的共有部位、共有设施设备和相关场地使用情况和管理情况享有知情权和监督权;(9) 监督物业共有部位、共有设施设备专项维修资金(以下简称专项维修资金)的管理和使用;(10) 法律、法规规定的其他权利。

业主在物业管理活动中,履行的义务是:(1) 遵守业主公约、业主大会议事规则;(2) 遵守物业服务区域内物业共有部位和共有设施的使用、公共秩序和环境卫生的维护等方面的规章制度;(3) 执行业主大会的决定和业主大会授权业主委员会作出的决定;(4) 按照国家有关规定交纳专项维修资金;(5) 按时交纳物业服务费用;(6) 法律、法规规定的其他义务。

2. 业主公约

业主公约是全体业主以书面形式订立的对物业的使用、维修、管理、业主的共同利益等方面的权利、义务的自治规范。它是全体业主的承诺,因此对全体业主具有约束力。业主公约一般经业主大会或业主代表大会审议通过,通过之日起生效。业主公约还须到政府有关管理部门备案。

业主公约应对有关物业的使用、维护、管理,业主的共同利益,业主应履行的义务,违反业主公约应承担的责任等事项依法作出约定。业主公约应当尊重社会公德,不得违反法律、法规或者损害社会公共利益。业主公约的内容一般包括:(1) 物业的名称、区域户数;(2) 共有部分与专有部分的划分;(3) 业主大会召开的程序及重大事项的决定方式;(4) 业主委员会产生的规则、业主委员会的权利义务、工作程序以及责任的承担;(5) 业主参与物业管理的权利;(6) 业主对业主委员会及物业服务企业的监督;(7) 业主使用物业的方式及要求;(8) 物业服务费的分担及物业收益的分配方法;(9) 业主对物业服务企业管理配合的承诺;(10) 违反业主公约的责任及其他事项。

建设单位可以在物业销售前制定临时管理规约,对有关物业的使用、维护、管理、业主共同利益、业主应当履行的义务、违反规约应承担的责任等事项依法作出约定。但是,建设单位制定的业主临时管理规约,不得侵害物业买受人的合法权益,而且还应在物业销售前将业主临时管理规约向业主买受人明示,并予以说明。

(二) 业主大会

1. 业主大会

业主大会由物业内的全体业主组成,是决定物业管理事项的自治性组织。一个物业管理区域成立一个业主大会,业主大会维护全体业主的利益。

根据《民法典》《物业管理条例》的规定,下列事项由业主共同决定:(1) 制定和修改业主大会议事规则;(2) 制定和修改管理规约;(3) 选举业主委员会或者更换业主委员会成员;(4) 选聘和解聘物业服务企业或者其他管理人;(5) 使用建筑物及其附属设施的维修资金;(6) 筹集建筑物及其附属设施的维修资金;(7) 改建、重建建筑物及其附属设施;(8) 改变共有部分的用途或者利用共有部分从事经营活动;(9) 有关共有和共同管理权利的其他重大事项。

2. 业主大会召开的程序及议事规则

关于业主大会召开的程序及议事规则,《民法典》《物业管理条例》及《业主大会规程》等做了具体的规定。

首先,在物业所在地的区、县人民政府房地产行政主管部门和街道办事处(乡镇人民政府)的指导下,成立业主大会并选举产生业主委员会。

业主大会会议可以采用集体讨论的形式,也可以采用书面征求意见的形式,但应有物业管理区域内专有部分占建筑面积过半的业主且占总人数过半的业主参加。一般业主自己参加业主大会,但是也可以委托代理人参加业主大会会议。

根据《民法典》的规定,业主共同决定事项,应当由专有部分面积占比 2/3 以上的业主且人数占比 2/3 以上的业主参与表决。决定前款第六项至第八项规定的事项,应当经参与表决专有部分面积 3/4 以上的业主且参与表决人数 3/4 以上的业主同意。决定前款其他事项,应当经参与表决专有部分面积过半数的业主且参与表决人数过半数的业主同意。

业主不得违反法律、法规以及管理规约,将住宅改变为经营性用房。业主将住宅改变为经营性用房的,除遵守法律、法规以及管理规约外,应当经有利害关系的业主一致同意。

业主大会或者业主委员会的决定,对业主具有法律约束力。

业主大会或者业主委员会作出的决定侵害业主合法权益的,受侵害的业主可以请求人民法院予以撤销。

业主大会分为定期会议和临时会议。业主大会定期会议应当按照业主大会议事规则的规定召开。经 20%以上的业主提议,业主委员会应当组织业主大会临时会议。召开业主大会会议,应当于会议召开 15 日以前通知全体业主。住宅小区的业主大会会议,应当同时告知相关居民委员会。

(三) 业主委员会

业主委员会由业主大会选举产生的业主代表组成,代表和维护业主的利益。在业主委员会中,推举产生业主委员会主任、副主任。业主委员会是业主大会的执行机构,因此在具体的物业管理中具有一定的职责。

1. 业主委员会的职权

业主委员会享有如下职权:(1) 召集业主大会会议,报告物业管理的实施情况;(2) 代表业主与业主大会选聘的物业服务企业签订物业服务合同;(3) 及时了解业主、物业使用人的意见和建议,监督和协助物业服务企业履行物业服务合同;(4) 监督管理规约的实施;(5) 业主大会赋予的其他职责。

业主委员会应当依法履行职责,不得作出与物业管理无关的决定,不得从事与物业管理无关的活动。

2. 业主委员会的义务

业主委员会应履行如下义务:(1) 执行业主大会通过的各项决议,接受业主的监督;(2) 接受房地产行政主管部门的指导;(3) 配合公安机关,与居民委员会相互协作,共同做好维护物业管理区域内的社会治安等工作。

四、业主的建筑物区分所有权

随着城市住宅小区的兴起,出现了在同一个小区或建筑物上存在多个所有权的情形。《物权法》适应现实的要求,确立了我国业主建筑物区分所有权。

(一) 业主建筑物区分所有权

建筑物区分所有权是一项复合型权利,系由专有所有权、共有所有权及所有人对建筑物及居住于建筑物上的人的行为的管理权所构成。可见,建筑物区分所有权本质上并不是一种新的物权,而是一种重要的物权类型。

业主的建筑物区分所有权包括以下权利:一是对专有部分的所有权,二是对共有部分的所有权,三是对共有部分管理的权利。业主建筑物区分所有权的三个内容是一个不可分离的整体,在这三个方面的权利中,专有部分的所有权占主导地位,是业主对共有部分享有共有权以及对共有部分享有共同管理权的基础。

(二) 业主建筑物区分所有权的内容

《民法典》具体规定了业主建筑物区分所有权的内容。

1. 对专有部分的所有权

《民法典》第 271 条、第 272 条规定:业主对建筑物内的住宅、经营性用房等专有部分享有所有权,对专有部分以外的共有部分享有共有和共同管理的权利。业主对其建筑物专有部分享有占有、使用、收益和处分的权利。业主行使权利不得危及建筑物的安全,不得损害其他业主的合法权益。

业主对建筑物内属于自己所有的住宅、经营性用房等专有部分可以直接占有、使用,实现居住或者经营的目的;也可以依法出租、出借,获取收益和增进与他人感情;还可以用来抵押贷款或出售给他人。当然,业主享有专有部分的所有权的同时,也必须履行相应的义务,如行使专有部分所有权时,不得危及建筑物的安全,不得损害其他业主的合法权益等。

2. 对建筑区划内的共有部分享有共有权

共有部分是业主与开发商经常发生争议的重要内容,《民法典》第 274 条、第 275 条、第 281 条规定,以下共有部分,业主享有共有权:(1) 建筑区划内的道路(属于城镇公共道路的除外);(2) 建筑区划内的绿地(属于城镇公共绿地或者明示属于个人的除外);(3) 建筑区划内的其他公共场所、公用设施和物业服务用房;(4) 占用业主共有的道路或者其他场地用于停放汽车的车位;(5) 建筑物及其附属设施的维修资金。

建筑区划内,规划用于停放汽车的车位、车库应当首先满足业主的需要。建筑区划内,规划用于停放汽车的车位、车库的归属,由当事人通过出售、附赠或者出租等方式约定。每个业主在法律对所有权未作特殊规定的情形下,对专有部分以外的共有部分,如走廊、楼梯、过道、电梯、外墙面、水箱、水电气管线等,对小区内道路、绿地、公用设施、物业管理用房以及其他公共场所等共有部分享有占有、使用、收益、处分的权利;对建筑区划内,规划用于停放汽车的车位、车库有优先购买的权利。

业主对共有部分行使共有权时,也要履行一定的义务,如要遵守法律的规定和业主委员会的约定,认缴建筑物共有部分的维护资金等。

3. 对共有部分享有共同管理的权利

业主对公共部分享有共同的管理权,即业主有权对共用部位与公共设备设施的使用、收益、维护等事项进行管理,管理的具体方式是通过业主大会进行。业主享有的共同管理权利随业主建筑物内的住宅、经营性用房的转让而一并转让。

五、物业服务企业

(一) 物业服务企业

1. 物业服务企业

物业服务企业是依法设立的从事物业管理服务业的独立法人。在具体的物业管理活动中,物业服务企业是由业主选聘的、与业主有合同关系的、从事物业管理活动的企业法人。在物业建设单位向业主交付物业之初,业主大会成立之前,住宅物业的建设单位可以通过招投标的方式选聘物业服务企业或者经批准，采用协议方式选聘物业服务企业。业主大会成立后，业主有权通过业主大会决议的方式选聘物业服务企业。但无论通过什么方式聘用的物业服务企业都必须具备法定的条件。

2. 物业服务企业设立的条件

国家对从事物业管理活动的公司实行资质管理制度，《物业管理企业资质管理办法》将物业管理企业分为一级、二级、三级资质，相应的资质要符合相应的条件。

一般物业服务企业的设立应具备以下条件：(1) 有单位名称和固定的办公场所；(2) 有符合《物业管理企业资质管理办法》规定的相应等级的注册资本；(3) 有规定的物业管理专业人员以及工程、管理、经济等相关专业类的专职管理和技术人员；(4) 物业管理专业人员按照国家有关规定取得执业资格证书；(5) 建立并严格执行服务质量、服务收费等企业管理制度和标准，建立企业信用档案系统，有优良的经营管理业绩。

物业服务企业在工商登记机关注册领取营业执照后，应当向所在地城市的物业行政主管部门备案。

3. 物业服务企业的法律地位

物业服务企业是独立的企业法人，这与一般企业无异，但是由于物业服务企业来源于业主的委托，因此又有异于一般企业的法律特征。主要表现在：(1) 物业服务企业的管理权源于业主，在实际的管理活动中，物业服务企业的意志由多数业主的意志决定，因此实际上物业服务企业是业主聘请的雇员；(2) 物业服务企业是独立的企业法人，与业主委员会在法律上是平等的，物业服务企业与业主的关系建立在合同基础之上，双方之间的关系是一种市场关系；(3) 物业服务企业的管理活动基于与业主的合作。

(二) 物业服务企业的权利和义务

1. 物业服务企业的权利

物业服务企业享有以下权利：(1) 根据有关法规并结合实际情况，制定服务管理办法；(2) 依照物业服务合同和《物业管理条例》对物业实施管理；(3) 遵循合理、公开以及费用与服务水平相适应的原则，按合同约定收费；(4) 有权制止物业服务区域内违反有关治安、环保、物业装饰装修和使用等方面法律、法规规定的行为，并及时向有关行政管理部门报告；(5) 有权要求业主委员会协助；(6) 可以将物业服务区域内的专项服务业务委托给专业性服务企业(如清洁公司、保安公司)，但不得将该区域内的全部物业一并委托给他人。

2. 物业服务企业的义务

物业服务企业应履行如下义务：(1) 按照物业服务合同的约定，提供相应的服务；(2) 接受业主委员会和业主的监督；(3) 未能履行物业服务合同的约定，导致业主人身、财产安全受到损害的，应当依法承担相应的法律责任；(4) 重大措施应当提交业主委员会审议，并经业主委员会认可；(5) 定期向业主公布管理费用收支账目；(6) 不得挪用维修专项资金；(7) 接受政府有关部门的监督与指导；(8) 物业管理公司承接物业时，应当与业主委员会办理验收手续；(9) 物业管理用房的所有权依法属于业主，未经业主大会同意，物业管理公司不得改变物业管理用房的用途；(10) 物业服务合同终止时，物业服务企业应当将物业管理用房和相关的资料交还给业主委员会；(11) 物业服务合同终止时，业主大会选聘了新的物业服务企业的，物业服务企业之间应当做好交接工作；(12) 保证所雇请的保安人员，在维护物业管理区域内的公共秩序时，遵守国家有关规定，履行职责，不得侵害公民的合法权益。

六、法律责任

《物业管理条例》主要从住宅建设单位、物业服务企业、业主三方面规定了相应的法律责任。同时,为了保护业主的利益,《物业管理条例》加重了住宅物业建设单位、物业服务企业的法律责任。

(一) 住宅物业建设单位的法律责任

(1) 住宅物业的建设单位未通过招投标的方式选聘物业服务企业或者未经批准,擅自采用协议方式选聘物业服务企业的,由县级以上地方人民政府房地产行政主管部门责令限期改正,给予警告,可以并处10万元以下的罚款。

(2) 建设单位擅自处分属于业主的物业共用部位、共用设施设备的所有权或者使用权的,由县级以上地方人民政府房地产行政主管部门处5万元以上20万元以下的罚款;给业主造成损失的,依法承担赔偿责任。

(3) 建设单位在物业管理区域内不按照规定配置必要的物业管理用房的,没收违法所得,并处10万元以上50万元以下的罚款。

(二) 物业服务企业的法律责任

(1) 不移交有关资料的,由县级以上地方人民政府房地产行政主管部门责令限期改正;逾期仍不移交有关资料的,对建设单位、物业服务企业予以通报,处1万元以上10万元以下的罚款。

(2) 未取得资质证书从事物业管理的,由县级以上地方人民政府房地产行政主管部门没收违法所得,并处5万元以上20万元以下的罚款;给业主造成损失的,依法承担赔偿责任。

以欺骗手段取得资质证书的,除按以上规定处罚外,还要由颁发资质证书的部门吊销资质证书。

(3) 物业服务企业将一个物业管理区域内的全部物业管理一并委托给他人的,由县级以上地方人民政府房地产行政主管部门责令限期改正,处委托合同价款30%以上50%以下的罚款;情节严重的,由颁发资质证书的部门吊销资质证书。委托所得收益,用于物业管理区域内物业共用部位、共用设施设备的维修、养护,剩余部分按照业主大会的决定使用;给业主造成损失的,依法承担赔偿责任。

(4) 挪用专项维修资金的,由县级以上地方人民政府房地产行政主管部门追回挪用的专项维修资金,给予警告,没收违法所得,可以并处挪用数额2倍以下的罚款;物业服务企业挪用专项维修资金,情节严重的,并由颁发资质证书的部门吊销资质证书;构成犯罪的,依法追究直接负责的主管人员和其他直接责任人员的刑事责任。

(5) 未经业主大会同意,物业服务企业擅自改变物业管理用房的用途的,并处1万元以上10万元以下的罚款;有收益的,所得收益用于物业管理区域内物业共用部位、共用设施设备的维修、养护,剩余部分按照业主大会的决定使用。

(6) 有下列行为之一的,并按照本条第二款的规定处以罚款;所得收益,用于物业管理区域内物业共用部位、共用设施设备的维修、养护,剩余部分按照业主大会的决定使用:① 擅自改变物业管理区域内按照规划建设的公共建筑和共用设施用途的;② 擅自占用、挖掘物业管理区域内道路、场地,损害业主共同利益的;③ 擅自利用物业共用部位、共用设施设备进行经营的。

个人有前款规定行为之一的,处1 000元以上1万元以下的罚款;单位有前款规定行为之一的,处5万元以上20万元以下的罚款。

(三) 业主的法律责任

(1) 业主逾期不交纳物业服务费用的,业主委员会应当督促其限期交纳;逾期仍不交纳的,物业服务企业可以向人民法院起诉。

(2) 业主以业主大会或者业主委员会的名义，从事违反法律、法规的活动，构成犯罪的，依法追究刑事责任；尚不构成犯罪的，依法给予治安管理处罚。

(四) 其他法律责任

国务院建设行政主管部门、县级以上地方人民政府房地产行政主管部门或者其他有关行政管理部门的工作人员利用职务上的便利，收受他人财物或者其他好处，不依法履行监督管理职责，或者发现违法行为不予查处，构成犯罪的，依法追究刑事责任；尚不构成犯罪的，依法给予行政处分。

同步综合练习

一、名词解释题

土地使用权划拨　土地使用权出让　商品房预售　房地产抵押　业主　业主委员会　建筑物区分所有权　物业服务合同

二、单项选择题

1. A厂依法申请用地以扩建厂房，地方人民政府批准其占用耕地5亩。后因资金不能到位，该扩建厂房一直未动工，现已使耕地闲置两年零三个月。对其应进行的处罚是　(　　)

A. 罚款　　B. 收回土地使用权

C. 收取滞纳金　　D. 收取复垦费

2. 王昆与某房地产开发公司签订了房屋预售合同，合同规定房地产开发公司应在规定的时间内向王昆交付房屋。由于施工拖延，房地产开发公司未按期交付，王昆作为预购人有权要求房地产开发公司　(　　)

A. 排除妨害　B. 恢复原状　C. 赔偿损失　D. 赔礼道歉

3. 张明与王昊为夫妻，共同购置房屋一套，登记在张明名下。以后，张明在未征得王昊同意的情况下以自己的名义将该房屋卖给刘贵。事后，王昊要求刘贵退房，刘贵不同意。以下说法正确的是　(　　)

A. 应宣布买卖房屋无效，确认王昊拥有产权

B. 刘贵应当退房，张明应当将收到的房款退回

C. 应当维护刘贵的权益，由张明向王昊作出赔偿

D. 刘贵应退房，但张明不仅应当退还房款，而且还应赔偿刘贵受到的损失

4. 房屋所有权人以营利为目的，将以划拨方式取得使用权的国有土地上建成的房屋出租的　(　　)

A. 应当将租金上缴国家　　B. 应当将租金中所含土地收益上缴国家

C. 租赁关系无效　　D. 应当由国家终止租赁关系

5. 处分抵押房地产时，可以依法将抵押关系设定以后土地上新增的房屋与抵押财产一同处分，对处分新增房屋所得，抵押权人　(　　)

A. 有权优先受偿　　B. 无权优先受偿

C. 可以作为处分财产受偿　　D. 无权受偿

6. 张雨将一套住房出租给刘浪，双方签订了租赁合同，为期一年，但未到房地产管理部门办理登记。半年后，张雨因儿子结婚要求刘浪搬出，刘浪不同意，双方发生争议。下列说法正确的是　(　　)

A. 合同无效,因为未办理登记备案手续

B. 合同无效,因为张雨未经批准就将住房出租

C. 合同有效,因为房屋租赁登记备案不应当作为租赁合同的生效要件

D. 合同有效,因为合同一经签订就不得变更

7. 关于业主大会,下列说法正确的是 ( )

A. 业主大会由物业管理区域内2/3以上业主组成

B. 无论业主人数的多少,必须成立业主大会

C. 业主大会由物业管理区域内全体业主组成

D. 一个物业管理区域可以成立一个或多个业主大会

三、多项选择题

1. 关于以划拨方式取得土地使用权的房地产转让时适用的《房地产管理法》特殊规定,下列哪些表述是正确的? ( )

A. 应当按照国务院规定,报有批准权的人民政府审批

B. 有批准权的人民政府准予转让的,可以决定由受让方办理土地使用权出让手续,也可以允许其不办理土地使用权出让手续

C. 办理土地使用权出让手续的,受让方应缴纳土地使用权出让金

D. 不办理土地使用权出让手续的,受让方应缴纳土地使用权转让费,转让方应当按规定将转让房地产所获收益中的土地收益上缴国家

2. 甲公司与乙银行签订借款合同,约定甲公司以其所有的A大厦及其土地使用权为抵押物贷款5 000万元。双方办理抵押手续后,乙银行发放了贷款。甲公司后又在A大厦项目所在地块上增建了一幢商务配楼,尚未竣工。甲公司因另案被法院判决支付巨额债务,无法偿还乙银行的贷款。根据《城市房地产管理法》的规定,下列哪些选项是错误的? ( )

A. 商务配楼使用了乙银行拥有抵押权的土地,当然成为抵押物的一部分

B. 商务配楼是在建工程,不得抵押、拍卖、转让

C. 乙银行请求法院拍卖抵押物时,可以请求法院只拍卖A大厦和整个项目地块的土地使用权,而不拍卖商务配楼的房屋所有权

D. 乙银行可以请求法院将A大厦和商务配楼以及整个项目地块的土地使用权一同拍卖,但无权就商务配楼拍卖所得价款优先受偿

2019年1月,高贵与某房地产开发公司签订了一份《预售商品房认购书》。《认购书》约定,公司为高贵预留所选房号,双方于公司取得商品房预售许可证时正式签订商品房预售合同。《认购书》还约定,认购人于签订认购书时缴纳“保证金”1万元,该款于双方签订商品房预售合同时自动转为合同定金,如认购人接到公司通知后7日内不签订商品房预售合同,则该款不予退还。同年2月,高贵接到公司已经取得商品房预售许可证的通知,立即前往公司签订了商品房预售合同,并当场缴纳了首期购房款80万元。同年5月,高贵接到公司通知:房屋预售合同解除。经了解,该套房屋已经被公司以更高价格出售给第三人。双方发生争议。请回答第3~5题。

3. 公司主张,双方在签订《预售商品房认购书》时,公司尚未取得商品房预售许可证,故该《认购书》无效,以此为基础订立的商品房预售合同也应无效。对此,下列判断正确的是 ( )

A. 法律规定,取得商品房预售许可证是商品房预售的必备条件之一

B.《预售商品房认购书》不是商品房预售合同,不以取得商品房销售许可证为条件

C. 双方签订商品房预售合同时,公司已具备商品房预售的法定条件,该合同有效

D. 因施工进度及竣工交付日期变化的,房屋可另售他人

4. 公司还主张,公司在解除商品房预售合同时,该合同尚未报区政府房地产管理局备案,故不受法律保护。对此,下列判断错误的是 （　　）

A. 登记备案是商品房预售合同的法定生效要件,该合同未经登记备案不受法律保护

B. 登记备案是商品房预售人的法定义务,但不是合同的生效条件,该合同应受法律保护

C. 登记备案是商品房预售合同当事人的权利,未登记备案不影响该合同的效力

D. 商品房预售合同无需登记备案,当事人在房屋交付时办理产权登记即可

5. 经双方协商,高贵同意解除商品房预售合同。但在款项支付问题上,双方发生分歧。高贵要求返还 80 万元首期房款本息并双倍返还定金。公司主张只退还 80 万元首期房款和一万元"保证金"。对此,下列判断正确的是 （　　）

A. 商品房预售合同无约束力,只能按公司的意见办理退款

B. 商品房预售合同有效,但《预售商品房认购书》无效,故应按公司的意见办理退款

C.《预售商品房认购书》和商品房预售合同均有效,应该支持高贵的主张

D. 开发商违约,高贵有权请求赔偿损失

6. 甲房地产公司与乙国有工业公司签订《合作协议》,在乙公司原有的仓库用地上开发商品房。双方约定,共同成立"玫园置业有限公司"(以下简称"玫园公司")。甲公司投入开发资金,乙公司负责将该土地上原有的划拨土地使用权转变为出让土地使用权,然后将出让土地使用权作为出资投入玫园公司。开发期间,由于政府实施商品房限购政策,甲公司因其已开发项目滞销而陷于财务困境,致玫园公司经营陷于停顿,甲乙双方发生纠纷,乙公司主张合同无效。下列理由依法不能成立的是 （　　）

A. 该合同为乙公司前任经理所签订,现该经理已被撤换

B. 签订合同时,该土地还是划拨土地使用权

C. 根据《合作协议》,乙公司仅享有玫园公司 40%的股份,现在因该地段新建地铁导致地价上涨,乙公司所占股份偏低,属于国有资产流失

D. 乙公司无房地产开发资格,无权参与房地产开发

四、简答题

1. 简述房地产转让应当符合的条件和程序。
2. 简述房屋预售、商品房现售应具备的条件。
3. 简述商品房销售合同的主要内容。
4. 房地产抵押应注意哪些问题?
5. 房屋租赁时应注意哪些问题?
6. 简述建筑物区分所有权的内容。
7. 简述业主、物业管理公司的权利和义务。

五、案例分析题

案例一:李先生和陈女士为夫妻,拥有 A、B 两套住房。2018 年 3 月,李先生未与陈女士商量,擅自将 A 房租给了刘先生,两人签订了租赁合同,租期 3 年,但未到房地产管理部门办理租赁登记。事后,李先生将此事告诉了陈女士,陈女士未表态。2019 年 8 月,房地产价格大涨,李、陈决定将 A 房卖掉,遂与幸女士签订了房屋买卖合同,还到公证处办理了公证手续,但未将该房已出租的情况告知幸女士。随后,李先生、陈女士以 A 房已出卖为由要求刘先生尽快搬走,刘先生不同意,理由是租期未到。而李先生、陈女士认为,该租赁合同一是未经陈女士签名同意,二是未到房地产管理部门办理租赁登记,故无效。以后,幸女士也持房屋买卖合同要求刘先生搬离 A 房,认为房屋买卖合同已由买卖双方签字并已到公证处公证,具有法律效力。遭到刘先生拒绝

后,幸女士要求李先生、陈女士退款并赔偿损失。

请问:

1. 李先生和刘先生签订的租赁合同是否有效,为什么?

2. 李先生、陈女士与幸女士签订的房屋买卖合同是否有效,为什么?

3. 刘先生不搬走的理由是否成立,为什么?

4. 幸女士能否要求刘先生搬走,为什么?

5. 幸女士对李先生、陈女士的请求能否得到法律的支持,为什么?

案例二:甲在某县胜利街30号有私房三间。2016年,甲以原房被鉴定为危房为由向有关机关申请原拆原建。办理好建房手续后,甲擅自决定将原房改建为一底二楼的楼房。由于欠缺建房资金,甲与乙、丙三人签订共同建房协议,约定乙丙各出资人民币3万元;房屋建成后,乙住顶层;丙住中层;底层归甲居住。新房建成后,甲、乙、丙三家于2017年3月先后喜迁新居。乙、丙二人对新房都表示满意。但因甲所建新房不符合建房审批手续,所以甲未能取得新房的所有权证书。乙、丙多次请求甲到房管机关办理产权过户登记手续,均被甲拒绝。于是,乙、丙于2019年6月起诉到法院,请求责令甲办理房产过户登记手续。甲只好讲明其无力办理房产手续的实情。乙、丙知道实情后十分气愤,坚决要求追究甲的违约责任。甲则以诉讼时效届满为由抗辩。

请问:

1. 甲所建新房是否合法?应否得到法律的确认与保护?为什么?

2. 甲与乙、丙二人签订的房屋买卖合同是否有效?为什么?

3. 乙、丙二人追究甲违约责任的权利是否已过诉讼时效?为什么?

4. 假设甲到规划管理部门及建设管理部门补办了审批手续,甲与乙、丙二人签订的房屋买卖合同是否有效?为什么?

案例三:张锋与李江是好朋友,因张锋无房而长期租居李江的一套两室一厅的房屋,2018年11月5日,张锋与李江签订了书面《房屋租赁合同》,合同中约定租赁期限为5年,每月租金为2 500元,但双方并未将租赁合同向房地产管理机关办理登记手续。2019年5月15日,李江因生意资金紧张,以该租赁的房屋向中国银行某支行(下称中国银行)办理抵押贷款,贷款额为30万元,借款期限为一年,并于2019年5月25日向当地房地产管理机关办理了抵押登记。后李江因生意失败,一年后未能如期还款,中国银行行使抵押权,书面通知张锋,《房屋租赁合同》因未办理租赁登记无效,要求其限期搬出该房屋,张锋未予理睬。后来,在未通知张锋的情况下,中国银行、李江、王武三方达成协议,将李江的房屋,以35万元卖给王武,并以该款偿还了中国银行的欠款。合同签订的第二天,三方到当地房地产管理机关办理了抵押注销登记和房地产过户登记。

请问:

1. 本案中张锋与李江签订的《房屋租赁合同》有效吗?为什么?

2. 中国银行与李江之间的房地产抵押有效吗?为什么?中国银行何时享有房地产抵押权?

3. 中国银行在行使抵押权时,要求张锋搬出,是否合法?为什么?

4. 中国银行、李江、王武三方达成的买卖协议,是否侵害了张锋的权利?若有,是何种权利?

案例四:2018年2月,W市的康恩焙先生经一朋友介绍,在一房地产开发商处订购了一套商品房,由于是期房,双方签订了一份认购书。该认购书约定,康恩焙交付定金8万元认购某号房,如果康恩焙放弃认购,则定金不退。后来康恩焙了解到,该开发商销售的商品房没有许可证,于是要求退款。理由是,签订认购书时并不知道开发商没有销售许可证,另外与开发商签订的不是房屋销售合同,因此不存在违约问题。开发商则认为不能退款,理由是,和康恩焙签订的是认购书而不是房屋销售合同,因此不受是否有销售许可证的约束,而且双方签订的认购书是自愿的,

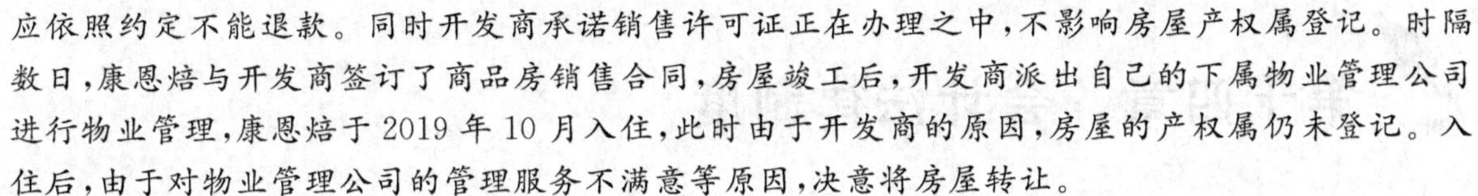

应依照约定不能退款。同时开发商承诺销售许可证正在办理之中,不影响房屋产权属登记。时隔数日,康恩焙与开发商签订了商品房销售合同,房屋竣工后,开发商派出自己的下属物业管理公司进行物业管理,康恩焙于 2019 年 10 月入住,此时由于开发商的原因,房屋的产权属仍未登记。入住后,由于对物业管理公司的管理服务不满意等原因,决意将房屋转让。

请问:

1. 若康恩焙当初不想买房,所交定金是否可以退回,为什么?

2. 开发商与康恩焙签订的商品房销售合同是否有效?

3. 康恩焙是否可以将房屋转让他人?若可转让应履行什么样的法定程序?

4. 康恩焙是否为业主?若是业主应具有哪些权利?对物业管理公司的服务不满意应如何解决?

第十四章　会计法律制度

第一节　会计及会计法概述

一、会计的概念及会计的基本职能

会计，是指运用货币形式根据凭证，通过记账、报账、用账等手段，核算和分析各企业、各有关单位的经济活动和财务开支，反映和监督经济过程及其成果的一种活动。

会计的基本职能是会计核算和会计监督。会计的核算功能是指会计能够连续、系统、全面、综合地反映资金运动的功能，也被称为会计的反映功能。会计核算包括会计确认、会计计量与会计记录三个环节。会计的监督职能是指会计所具有的对资金运动的计划、监督和控制职能。会计核算是基础，会计监督是目标。

二、会计法的概念及调整范围

会计法是调整会计机构、会计人员在办理会计事务过程中发生的经济关系，以及国家在管理监督会计工作过程中所发生的经济关系的法律规范的总称。《会计法》调整国家机关、社会团体、公司、企业、事业单位和其他组织(以下统称单位)，在办理会计事务中产生的经济管理关系。这种关系包括上述单位内部的会计事务管理关系、上述单位之间在办理会计事务中产生的经济关系、上述单位与国家会计管理机关和有关行政管理机关之间在会计事务管理中产生的行政管理关系等。

三、会计法的基本原则

会计法的基本原则，是贯穿整个会计立法，集中体现会计法区别于其他法律的特征，对各项会计制度和会计规范起统帅和指导作用的立法方针。主要有以下几方面。

(1) 各单位必须依法办理会计事务。根据《会计法》规定，单位办理会计事务必须依照《会计法》的规定进行。无论何种单位在进行独立核算、独立记载经济业务、独立办理会计事务时，必须依照《会计法》的规定进行。

(2) 各单位必须依法设置会计账簿，并保证其真实、完整。根据《会计法》的规定，国家机关、社会团体、公司、企业、事业单位和其他组织都必须依法设置会计账簿，并保证其真实、完整。会计账簿是指具备一定格式，用以记载各项经济业务的账册。会计账簿是重要的会计信息，它既是编制会计报表的主要依据，也是审计工作的重要依据，因此，各单位必须依法设置会计账簿。

(3) 单位负责人对本单位的会计工作和会计资料的真实性、完整性负责。单位负责人有广义和狭义之分。狭义的单位负责人是指一个单位的最高领导者。国家机关的负责人是指该机关的最高行政首长；社会团体的负责人是指该社会团体的行政事务负责人；企业和事业单位的负责人是指其法定代表人；其他组织的负责人是指该组织的最高行政负责人等。广义的单位负责人除包含狭义的单位负责人之外，还包括该单位的副职领导人。《会计法》所指的单位负责人应是指狭义的单位负责人。根据《会计法》的规定，单位负责人既要对本单位的会计工作担负责任，同时还要对本单位保存和提供的会计资料的真实性、完整性担负责任。对本单位的会计工作负责，是指对本单位的会计工作负领导责任，即要领导本单位的会计机构、会计人员和其他有关人员认真执行《会计法》，按照国家规定组织好本单位的会计工作，支持本单位的会计机构和会计人员依法独立开展会计工作，并保障会计人员的职权不受侵犯。对本单位的会计资料的真实性和完整性负责，即要保证本单位的会计资料不存在弄虚作假、隐瞒等情况。

(4) 会计机构、会计人员依法进行会计核算，实行会计监督。任何单位或者个人不得以任何方式授意、指使、强令会计机构、会计人员，伪造、变造会计凭证、会计账簿和其他会计资料，提供虚假财务会计报告。任何单位或者个人不得对依法履行职责、抵制违反《会计法》规定行为的会计人员实行打击报复。

(5) 对认真执行《会计法》，忠于职守，坚持原则，作出显著成绩的会计人员，给予精神的或物质的奖励。由于会计人员所负的双重责任，使会计人员时刻处在处理各种利益关系的特殊位置，常常处于矛盾的交点处，既要按单位领导的意见办，又要严格执行国家财会法规；既要站在本单位的角度开展工作，又要站在国家的角度来处理经济业务事项。有些事务如处理不当，不是违反国家规定，就是违背领导意志，或是触犯本单位的利益，在这种情况下，不是要受到国家的制裁，就是有可能遭受打击报复，这就需要他们具有高度的原则性。为了充分调动会计人员依法做好本职工作的积极性，提高会计人员的地位，《会计法》突出了对认真执行本法，忠于职守，坚持原则，作出显著成绩的会计人员，给予精神或物质奖励的基本精神。具体奖励办法和标准，由各地区、部门、单位根据实际情况灵活掌握。

四、会计管理体制

(1) 统一领导和分级管理。《会计法》规定，国务院财政部门主管全国的会计工作；县级以上地方各级人民政府财政部门管理本行政区域内的会计工作。因此，会计工作的主管机关为各级财政部门，在全国为财政部，在地方为县级以上地方各级人民政府财政部门。各级财政部门应当依照《会计法》的规定，自觉地管理好会计工作。财政部门虽然是会计工作的主管部门，但并不排斥国家其他部门对会计工作进行管理，如国家审计机关、证券监督机构等。

(2) 会计制度制定权限。根据《会计法》的规定，国家统一的会计制度由国务院财政部门根据《会计法》制定并公布，各地方、各部门都不得自搞一套，自行其是。对有些对会计核算和会计监督有特殊要求的行业，允许国务院有关部门依照《会计法》和国家统一的会计制度制定具体办法或者补充规定，但必须报经国务院财政部门审核批准。军队实施国家统一的会计制度的具体办法，由中国人民解放军总后勤部制定，但须报国务院财政部门备案。所谓国家统一的会计制度是指由国务院财政部门根据《会计法》制定的关于会计核算、会计监督、会计机构和会计人员以及会计工作管理的准则、制度、办法等。这些准则、制度、办法等都是在全国范围内实施的会计工作管理方面的规范性文件，主要包括三个方面：一是国家统一的会计核算制度，如《企业会计准则》《事业单位会计准则》以及各种具体准则等；二是国家统一的会计机构和会计人员管理制度，如《会计人员职权管理条例》《总会计师条例》；三是国家统一的会计工作管理制度，如《会计档案管理办法》《会计人员继续教育暂行规定》等。

第二节 会计核算与会计监督

一、会计核算的法律规定

(一) 会计核算的内容

会计核算的内容,包括实行独立核算的单位在其生产经营或者执行业务过程中所发生的一切可以利用货币计价反映的经济活动。《会计法》规定下列经济业务事项,应当办理会计手续,进行会计核算:(1) 款项和有价证券的收付;(2) 财物的收发、增减和使用;(3) 债权债务的发生和结算;(4) 资本、基金的增减;(5) 收入、支出、费用、成本的计算;(6) 财务成果的计算和处理;(7) 需要办理会计手续、进行会计核算的其他事项。

(二) 会计年度及记账本位币

我国会计年度采用公历制,自公历1月1日起至12月31日止。记账本位币为人民币。业务收支以人民币以外的货币为主的单位,可以选定其中一种货币作为记账本位币,但是编报的财务会计报告应当折算为人民币。

(三) 会计核算的方法、程序和要求

1. 会计核算的方法

会计机构、会计人员依照法律规定进行会计核算,实行会计监督。各单位必须根据实际发生的经济业务事项进行会计核算,填制会计凭证,登记会计账簿,编制财务会计报告。任何单位不得以虚假的经济业务事项或者资料进行会计核算。

2. 会计核算的程序

会计核算的基本程序包括:(1) 凡符合应当办理会计制度、能够会计核算的事项,必须填制或者取得原始凭证,并及时送交会计机构。会计机构则必须对原始凭证进行审核,并根据审核过的原始凭证编制记账凭证。(2) 会计机构根据经过审核过的原始凭证和记账凭证,按照会计制度关于记账规则的规定记账。(3) 各单位应当建立财产清查制度,保证账簿记录与实物、款项相符。(4) 各单位按照国家统一的会计制度的规定,根据账簿记录编制会计报表,报送财政部门和有关部门。会计报表必须及时、准确。各单位应当按照国家规定,按季、按月编制和报送会计报表。(5) 会计报表由单位领导人和会计机构负责人、会计主管人员签名或者盖章,设置总会计师的单位,还必须由总会计师签名或者盖章。

3. 会计核算的要求

(1) 对会计凭证的要求。会计凭证包括原始凭证和记账凭证。会计凭证、会计账簿、财务会计报告和其他会计资料,必须符合国家统一的会计制度的规定。使用电子计算机进行会计核算的,其软件及其生成的会计凭证、会计账簿、财务会计报告和其他会计资料,也必须符合国家统一的会计制度的规定。任何单位和个人不得伪造、变造会计凭证、会计账簿及其他会计资料,不得提供虚假的财务会计报告。会计机构、会计人员必须按照国家统一的会计制度的规定对原始凭证进行审核,对不真实、不合法的原始凭证有权不予接受,并向单位负责人报告;对记载不准确、不完整的原始凭证予以退回,并要求按照有关国家统一的会计制度的规定更正、补充。原始凭证记载的各项内容均不得涂改;原始凭证有错误的,应当由出具单位重开或者更正,更正处应当加盖出具单位印章。原始凭证金额有错误的,应当由出具单位重开,不得在原始凭证上更正。记账凭证应当根据经过审核的原始凭证及有关资料编制。

(2) 对会计登记账簿的要求。会计账簿登记,必须以经过审核的会计凭证为依据,并符合有关法律、行政法规和国家统一的会计制度的规定。会计账簿包括总账、明细账、日记账和其他辅助性账簿。会计账簿应当按照连续编号的页码顺序登记。会计账簿记录发生错误或者隔页、缺号、跳行的，应当按照国家统一的会计制度规定的方法更正，并由会计人员和会计机构负责人(会计主管人员)在更正处盖章。使用电子计算机进行会计核算的，其会计账簿的登记、更正，应当符合国家统一的会计制度的规定。各单位发生的各项经济业务事项应当在依法设置的会计账簿上统一登记、核算，不得违反《会计法》和国家统一的会计制度的规定私设会计账簿登记、核算。各单位应当定期将会计账簿记录与实物、款项及有关资料相互核对，保证会计账簿记录与实物及款项的实有数额相符、会计账簿记录与会计凭证的有关内容相符、会计账簿之间相对应的记录相符、会计账簿记录与会计报表的有关内容相符。各单位采用的会计处理方法，前后各期应当一致，不得随意变更；确有必要变更的，应当按照国家统一的会计制度的规定变更，并将变更的原因、情况及影响在财务会计报告中说明。

(3) 对财务会计报告的要求。财务会计报告应当根据经过审核的会计账簿记录和有关资料编制，并符合《会计法》和国家统一的会计制度关于财务会计报告的编制要求、提供对象和提供期限的规定；其他法律、行政法规另有规定的，从其规定。财务会计报告由会计报表、会计报表附注和财务情况说明书组成。向不同的会计资料使用者提供的财务会计报告，其编制依据应当一致。有关法律、行政法规规定会计报表、会计报表附注和财务情况说明书须经注册会计师审计的，注册会计师及其所在的会计师事务所出具的审计报告应当随同财务会计报告一并提供。财务会计报告应当由单位负责人和主管会计工作的负责人、会计机构负责人(会计主管人员)签名并盖章；设置总会计师的单位，还须由总会计师签名并盖章。单位负责人应当保证财务会计报告真实、完整。

(4) 对会计记录的文字和会计档案的要求。会计记录的文字应当使用中文。在民族自治地方，会计记录可以同时使用当地通用的一种民族文字。在中华人民共和国境内的外商投资企业、外国企业和其他外国组织的会计记录可以同时使用一种外国文字。各单位对会计凭证、会计账簿、财务会计报告和其他会计资料应当建立档案，妥善保管。会计档案的保管期限和销毁办法，由国务院财政部门会同有关部门制定。

(四) 公司、企业会计核算的特别规定

1. 公司、企业会计核算必须遵循的基本行为准则

公司、企业必须根据实际发生的经济业务事项，按照国家统一的会计制度的规定确认、计量和记录资产、负债、所有者权益、收入、费用、成本和利润。

2. 公司、企业会计核算不得实施的行为

公司、企业进行会计核算不得有下列行为：(1) 随意改变资产、负债、所有者权益的确认标准或者计量方法，虚列、多列、不列或者少列资产、负债、所有者权益；(2) 虚列或者隐瞒收入，推迟或者提前确认收入；(3) 随意改变费用、成本的确认标准或者计量方法，虚列、多列、不列或者少列费用、成本；(4) 随意调整利润的计算、分配方法，编造虚假利润或者隐瞒利润；(5) 违反国家统一的会计制度规定的其他行为。

二、会计监督

(一) 单位内部的会计监督

各单位应当建立、健全本单位内部会计监督制度。单位内部会计监督制度应当符合下列要求：(1) 记账人员与经济业务事项和会计事项的审批人员、经办人员、财物保管人员的职责权限应当明确，并相互分离、相互制约；(2) 重大对外投资、资产处置、资金调度和其他重要经济业务

事项的决策和执行的相互监督、相互制约程序应当明确;(3) 财产清查的范围、期限和组织程序应当明确;(4) 对会计资料定期进行内部审计的办法和程序应当明确。

单位负责人应当保证会计机构、会计人员依法履行职责;不得授意、指使、强令会计机构、会计人员违法办理会计事项。

会计机构、会计人员在会计监督方面的职权主要是,发现会计账簿记录与实物、款项及有关资料不相符的,按照国家统一的会计制度的规定有权自行处理的,应当及时处理;无权处理的,应当立即向单位负责人报告,请求查明原因,作出处理。具体的监督职权包括以下内容。

(1) 对原始凭证进行审核和监督。对不真实、不合法的原始凭证,不予受理。对弄虚作假、严重违法的原始凭证,在不予受理的同时,应当予以扣留,并及时向单位领导人报告,请求查明原因,追究当事人的责任。对记载不准确、不完整的原始凭证,予以退回,要求经办人员更正、补充。

(2) 对伪造、变造、故意毁灭会计账簿或者账外设账行为,应当制止和纠正;制止和纠正无效的,应当向上级主管单位报告,请求作出处理。

(3) 对实物、款项进行监督,督促建立并严格执行财产清查制度。发现账簿记录与实物、款项不符时,应当按照国家有关规定进行处理。超出会计机构、会计人员职权范围的,应当立即向本单位领导报告,请求查明原因,作出处理。

(4) 对指使、强令编造、篡改财务报告的行为,应当制止和纠正;制止和纠正无效的,应当向上级主管单位报告,请求处理。

(5) 对财务收支进行监督。对审批手续不全的财务收支,应当退回,要求补充、更正;对违反规定不纳入单位统一会计核算的财务收支,应当制止和纠正;对违反国家统一的财政、财务、会计制度规定的财务收支,不予办理;对认为是违反国家统一的财政、财务、会计制度规定的财务收支,应当制止和纠正,制止和纠正无效的,应当向单位领导人提出书面意见请求处理。单位领导人应当在接到书面意见起10日内作出书面决定,并对决定承担责任;对违反国家统一的财政、财务、会计制度规定的财务收支,不予制止和纠正,又不向单位领导人提出书面意见的,也应当承担责任;对严重违反国家利益和社会公众利益的财务收支,应当向主管单位或者财政、审计、税务机关报告。

(6) 对违反单位内部会计管理制度的经济活动,应当制止和纠正;制止和纠正无效的,向单位领导人报告,请求处理。

(7) 对单位制定的预算、财务计划、经济计划、业务计划的执行情况进行监督。

(8) 各单位必须依照法律和国家有关规定接受财政、审计、税务等机关的监督。如实提供会计凭证、会计账簿、会计报表和其他会计资料以及有关情况,不得拒绝、隐匿和谎报。

(9) 按照法律规定应当委托注册会计师进行审计的单位,应当委托注册会计师进行审计,并配合注册会计师的工作,如实提供会计凭证、会计账簿、会计报表和其他会计资料以及有关情况,不得拒绝、隐匿和谎报,不得示意注册会计师出具不当的审计报告。

(二) 国家监督

根据《会计法》及相关规定,财政部门对各单位的会计工作实施监督主要包括如下几个方面。

(1) 监督各单位是否依法设置会计账簿。根据《会计法》和有关会计法规、规章的规定,各单位应当按照国家统一会计制度的规定和会计业务的需要设置会计账簿。会计账簿包括总账、明细账、日记账和其他辅助性账簿。现金日记账和银行存款日记账必须采用订本式账簿。不得用银行对账单或者其他方法代替日记账。实行会计电算化的单位,用计算机打印的会计账簿必须连续编号,经审核无误后装订成册,并由记账人员和会计机构负责人、会计主管人员签字或者盖章。启用会计账簿时,应当在账簿封面上写明单位名称和账簿名称。在账簿扉页上应当附启用表。内容包括:启用日期、账簿页数、记账人员和会计机构负责人(会计主管人员)姓名,并加盖名章和单位公章。记账人员或者会计机构负责人(会计主管人员)调动工作时,应当注明交接日期、接办人员或者监交人员姓名,并由交接双方人员签名或者盖章。启用订本式账簿,应当从第一页到最后一页顺序编写页数,不得跳页、缺号。使用活页式账页,应当按账户顺序编号,并须定期装订成册。装订后再按实际使用的账页顺序编写页码,并另加目录,记明每个账户的名称和页次。

财政部门依法对各单位设置会计账簿实施监督检查的内容包括:应当设置会计账簿的是否按规定设置会计账簿;是否存在账外账行为;是否存在伪造、变造会计账簿的行为;设置会计账簿是否存在其他违反法律、行政法规和国家统一的会计制度的行为。

(2) 监督各单位的会计凭证、会计账簿、财务会计报告和其他会计资料是否真实、完整。根据《会计法》和有关会计法规、规章的规定,各单位必须保证其会计凭证、会计账簿、财务会计报告和其他会计资料真实、完整。在监督时发现重大违法嫌疑,国务院财政部门及其派出机构可以向与被监督单位有经济业务往来的单位和被监督单位开立账户的金融机构查询有关情况,有关单位和金融机构应当给予支持。

财政部门依法对各单位会计凭证、会计账簿、财务会计报告和其他会计资料的真实性、完整性实施监督检查的内容包括:《会计法》第 10 条规定的应当办理会计手续、进行会计核算的经济业务事项是否如实在会计资料上反映;填制的会计凭证、登记的会计账簿、编制的财务会计报告与实际发生的经济业务事项是否相符;财务会计报告的内容是否符合有关法律、行政法规和国家统一会计制度的规定;其他会计资料是否真实、完整。

(3) 监督各单位的会计核算是否符合《会计法》和国家统一的会计制度的规定。根据《会计法》及有关会计法规、规章的规定,各单位的会计核算必须按照《会计法》和国家统一的会计制度的规定进行。各单位必须根据实际发生的经济业务事项进行会计核算,填制会计凭证,登记会计账簿,编制财务会计报告。任何单位不得以虚假的经济业务事项或者资料进行会计核算。会计核算是全部会计工作的核心,其他各项会计工作都是围绕会计核算来展开的。

各单位进行会计核算必须以公历年制为会计年度,即自公历 1 月 1 日起至 12 月 31 日止。会计核算以人民币为记账本位币。业务收支以人民币以外的货币为主的单位,也可以选定某种人民币以外的货币作为记账本位币,但是编报的会计报表应当折算为人民币反映。"会计凭证、会计账簿、会计报表和其他会计资料必须符合统一的会计制度的规定",是指各单位的会计资料必须符合法律、法规和制度的要求,会计记录必须如实反映经济业务的实际情况,会计记录的文字表述和数字计算必须准确可靠,发生的一切经济业务都必须进行会计核算,不得多记或少记。

各单位办理《会计法》规定的事项,必须填制或者取得原始凭证,并及时送交会计机构。会计机构必须对原始凭证进行审核,并根据经过审核的原始凭证编制记账凭证。这里的"原始凭证"是指证明经济业务已经发生,并用作记账的原始依据,明确经济责任的一种凭证。原始凭证按其来源的不同,可分为外来原始凭证和自制原始凭证两种。前者是指经济业务发生时从外单位取得的原始凭证,如购货时取得的发票、付款时取得的收据等;后者则是指由本单位经办人员填制的原始凭证,如入库单、领料单等。根据《会计法》的规定,对于发生的每笔经济业务,都应办理会计手续,由业务经办人员填制或取得原始凭证,并应及时送交会计机构。这是因为原始凭证是会计核算工作的基本依据,取得原始凭证并及时送交会计机构,是保证会计核算工作正常运行的前提条件。对原始凭证进行审核,主要包括以下内容:① 审核凭证所记载的经济业务是否真实、可靠,判断是否正常,涉及业务发生的日期、季节,经办负责人员,数量和单价,业务的程序和手续等是否符合要求;② 合法性、合规性、合理性审核,主要审核经济业务的内容是否符合有关政策、法令、制度、计划、预算和合同等的规定,是否符合审批权限和手续,以及是否符合节约原则等;

③ 完整性审核,主要审核原始凭证的手续是否完备,应填项目是否填写齐全,有关经办人员是否都已签名或盖章,主管人员是否审批同意等;④ 正确性审核,主要审核原始凭证的摘要和数字是否填写清楚、正确,数量、单价、金额的计算有无差错,大写与小写金额是否相符等。会计机构在对原始凭证审核之后,应根据审核无误的原始凭证编制记账凭证。记账凭证是一种用来确定经济业务性质和分类即会计分录的凭证,主要包括收款凭证、付款凭证和转账凭证三种类型。记账凭证必须附有原始凭证,以供备查。

各单位按照国家统一的会计制度的规定,根据账簿记录编制会计报表,报送财政部门和有关部门。会计报表由单位负责人和主管会计工作的负责人、会计机构负责人(会计主管人员)签名并盖章。设置总会计师的单位并由总会计师签名并盖章。会计报表是根据会计账簿的日常核算资料,按照规定的报表格式,总括反映一定期间的经济活动和财务收支情况及其结果的一种报告文件。

《会计法》中所指的会计报表主要是单位对外提供的会计报表,一些单位根据管理需要编制的仅供内部管理使用的会计报表不在此限。对会计报表中诸项数据的基本要求是合法、真实、准确、完整。由于单位负责人、会计机构负责人(会计主管人员)以及总会计师直接主管本单位的会计工作,对会计报表诸项数据的基本要求负全面责任,因此,由单位负责人、会计机构负责人(会计主管人员)及总会计师签名或盖章后,就对会计报表中数据的合法性、真实性、准确性、完整性承担相应的责任。

财政部门依法对各单位会计核算实施监督检查的内容主要包括:采用会计年度、使用记账本位币和会计记录文字是否符合法律、行政法规和国家统一的会计制度的规定;填制或者取得原始凭证、编制记账凭证、登记会计账簿是否符合法律、行政法规和国家统一会计制度的规定;财务会计报告的编制程序、报送对象和报送期限是否符合法律、行政法规和国家统一会计制度的规定;会计处理方法的采用和变更是否符合法律、行政法规和国家统一会计制度的规定;使用的会计软件及其生成的会计核算资料是否符合法律、行政法规和国家统一会计制度的规定;是否按照法律、行政法规和国家统一会计制度的规定建立并实施内部会计监督制度;会计核算是否有其他违法会计行为。

(4) 监督各单位是否依法管理会计档案。会计凭证、会计账簿、会计报表和其他会计资料,应当按照国家有关规定建立档案,妥善保管。会计档案的保管期限和销毁办法,由国务院财政部门会同有关部门制定。会计档案是指会计凭证、会计账簿和会计报表等会计核算资料,它是记录和反映经济业务的重要史料和证据。充分利用会计档案资料,对于总结经济工作经验,指导生产经营管理和事业管理,查证经济财务问题,防止贪污舞弊,研究经济发展的方针、战略等都有很大意义。各单位必须严格按照要求管理好会计档案,如果不按照要求管理会计档案,造成会计档案管理的混乱,应当受到法律的追究。财政部门依法对各单位会计档案的建立、保管和销毁是否符合法律、行政法规和国家统一会计制度的规定实施监督检查。

(5) 监督从事会计工作的人员是否具备专业能力、遵守职业道德。根据《会计法》规定,会计人员应当具备从事会计工作所需要的专业能力。担任单位会计机构负责人(会计主管人员)的,应当具备会计师以上专业技术职务资格或者从事会计工作3年以上经历。

财政、审计、税务、人民银行、证券监管、保险监管等部门应当依照有关法律、行政法规规定的职责,对有关单位的会计资料实施监督检查。

(三) 社会监督

有关法律、行政法规规定,须经注册会计师进行审计的单位,应当向受委托的会计师事务所如实提供会计凭证、会计账簿、财务会计报告和其他会计资料以及有关情况。任何单位或者个人不得以任何方式要求或者示意注册会计师及其所在的会计师事务所出具不实或者不当的审计报告。财政部门有权对会计师事务所出具审计报告的程序和内容进行监督。

第三节　会计机构和会计人员

一、会计机构

（一）会计机构和会计人员的设置

各单位应当根据会计业务的需要，设置会计机构，或者在有关机构中设置会计人员并指定会计主管人员。设置会计机构，应当配备会计机构负责人，在有关机构中配备专职会计人员，应当在专职会计人员中指定会计主管人员。会计机构负责人、会计主管人员应当具备5项基本条件：(1) 坚持原则，廉洁奉公；(2) 具备会计师以上专业技术职务资格或者从事会计工作3年以上经历；(3) 熟悉国家财经法律、法规、规章和方针、政策，掌握本行业业务管理的有关知识；(4) 有较强的组织能力；(5) 身体状况能够适应本职工作的要求。

不具备设置会计机构和配备会计人员条件的，应当根据《代理记账管理暂行办法》，委托经批准设立从事会计代理记账业务的中介机构代理记账。

国有的和国有资产占控股地位或者主导地位的大、中型企业必须设置总会计师。总会计师的任职资格、任免程序、职责权限由国务院规定。国务院颁布的《总会计师条例》规定，总会计师由具有会计师以上专业技术资格的人员担任。总会计师行使《总会计师条例》规定的职责、权限。根据《总会计师条例》的规定，总会计师是单位行政领导成员，协助单位主要行政领导人工作，直接对单位主要行政领导人负责。凡设置总会计师的单位，在单位行政领导成员中，不设与总会计师职权重叠的副职。总会计师组织领导本单位的财务管理、成本管理、预算管理、会计核算和会计监督等方面的工作，参与本单位重要经济问题的分析和决策。总会计师具体组织本单位执行国家有关财经法律、法规、方针、政策和制度，保护国家财产。总会计师的职权受国家法律保护。单位主要行政领导人应当支持并保障总会计师依法行使职权。总会计师协助单位主要行政领导人对企业的生产经营、行政事业单位的业务发展以及基本建设投资等问题作出决策。总会计师参与新产品开发、技术改造、科技研究、商品(劳务)价格和工资奖金等方案的制定；参与重大经济合同和经济协议的研究、审查。

总会计师负责组织本单位的下列工作：(1) 编制和执行预算、财务收支计划、信贷计划，拟订资金筹措和使用方案，开辟财源，有效地使用资金；(2) 进行成本费用预测、计划、控制、核算、分析和考核，督促本单位有关部门降低消耗、节约费用、提高经济效益；(3) 建立、健全经济核算制度，利用财务会计资料进行经济活动分析；(4) 承办单位主要行政领导人交办的其他工作。总会计师负责对本单位会计机构的设置和会计人员的配备、会计专业职务的设置和聘任提出方案；组织会计人员的业务培训和考核；支持会计人员依法行使职权。

总会计师行使下列职权：对违反国家财经法律、法规、方针、政策、制度和有可能在经济上造成损失、浪费的行为，有权制止或者纠正，制止或者纠正无效时，提请单位主要行政领导人处理；有权组织本单位各职能部门、直属基层组织的经济核算、财务会计和成本管理方面的工作；主管审批财务收支工作。除一般的财务收支可以由总会计师授权的会计机构负责人或者其他指定人员审批外，重大的财务收支，须经总会计师审批或者由总会计师报单位主要行政领导人批准。预算、财务收支计划、成本和费用计划、信贷计划、财务专题报告、会计决算报表，须经总会计师签署。涉及财务收支的重大业务计划、经济合同、经济协议等，在单位内部须经总会计师会签。会计人员的任用、晋升、调动、奖惩,应当事先征求总会计师的意见。会计机构负责人或者会计主管人员的人选,应当由总会计师进行业务考核,依照有关规定审批。

(二) 会计机构内部应当建立稽核制度

会计机构内部稽核制度是会计机构自身对于会计核算工作进行的一种自我检查、自我审核的制度,其主要内容包括:稽核工作的组织形式和具体分工;稽核工作的职责、权限;审核会计凭证和复核会计账簿、会计报表的方法。建立会计机构内部稽核制度的目的在于防止会计核算工作上的差错和有关人员的舞弊,提高会计核算工作的质量。会计稽核是会计工作的重要内容,加强会计稽核工作是做好会计核算工作的重要保证。

根据《会计基础工作规范》的规定,各单位应当根据会计业务需要设置会计工作岗位。会计工作岗位一般可分为:会计机构负责人或者会计主管人员;出纳;财产物资核算;工资核算;成本费用核算;财务成果核算;资金核算;往来结算;总账报表;稽核;档案管理等。开展会计电算化和管理会计的单位,可以根据需要设置相应工作岗位,也可以与其他工作岗位相结合。会计工作岗位,可以一人一岗、一人多岗或者一岗多人,但出纳人员不得兼管稽核、会计档案保管和收入、支出、费用、债权债务账目的登记工作。

二、会计人员

(一) 会计人员的任职资格

会计人员应当具备从事会计工作所需要的专业能力。担任单位会计机构负责人(会计主管人员)的,应当具备会计师以上专业技术职务资格或者从事会计工作 3 年以上经历。

因有提供虚假财务会计报告,做假账,隐匿或者故意销毁会计凭证、会计账簿、财务会计报告,贪污,挪用公款,职务侵占等与会计职务有关的违法行为被依法追究刑事责任的人员,不得再从事会计工作。

会计人员有下列行为之一,情节严重的,5 年内不得从事会计工作:(1) 不依法设置会计账簿的;(2) 私设会计账簿的;(3) 未按照规定填制、取得原始凭证或者填制、取得的原始凭证不符合规定的;(4) 以未经审核的会计凭证为依据登记会计账簿或者登记会计账簿不符合规定的;(5) 随意变更会计处理方法的;(6) 向不同的会计资料使用者提供的财务会计报告编制依据不一致的;(7) 未按照规定使用会计记录文字或者记账本位币的;(8) 未按照规定保管会计资料,致使会计资料毁损、灭失的;(9) 未按照规定建立并实施单位内部会计监督制度或者拒绝依法实施的监督或者不如实提供有关会计资料及有关情况的;(10) 任用会计人员不符合《会计法》规定的。

知识拓展(14-1)

违反《会计法》应承担的法律责任

会计人员有下列情形之一,5 年内不得从事会计工作:(1) 伪造、变造会计凭证、会计账簿,编制虚假财务会计报告尚未构成犯罪的;(2) 隐匿或者故意销毁依法应当保存的会计凭证、会计账簿、财务会计报告尚未构成犯罪的。

(二) 会计人员调动或离职时应当办理交接手续

会计人员调动工作或者离职,必须与接管人员办清交接手续。一般会计人员办理交接手续,由会计机构负责人(会计主管人员)监交;会计机构负责人(会计主管人员)办理交接手续,由单位负责人监交,必要时主管单位可以派人会同监交。会计人员工作调动或者因故离职,必须将本人所经营的会计工作全部移交给接替人员。没有办清交接手续的,不得调动或者离职。接替人员应当认真接管移交工作,并继续办理移交的未了事项。会计人员办理移交手续前,必须及时做好以下工作:(1) 已经受理的经济业务尚未填制会计凭证的,应当填制完毕;(2) 尚未登记的账目,应当登记完毕,并在最后一笔余额后加盖经办人员印章;(3) 整理应该移交的各项资料,对未了事项写出书面材料；(4) 编制移交清册，列明应当移交的会计凭证、会计账簿、会计报表、印章、现金、有价证券、支票簿、发票、文件、其他会计资料和物品等内容，实行会计电算化的单位，从事该项工作的移交人员还应当在移交清册中列明会计软件及密码、会计软件数据磁盘(磁带等)及有关资料、实物等内容。

移交人员在办理移交时，要按移交清册逐项移交，接替人员要逐项核对点收：(1) 现金、有价证券要根据会计账簿有关记录进行点交。库存现金、有价证券必须与会计账簿记录保持一致。不一致时，移交人员必须限期查清。(2) 会计凭证、会计账簿、会计报表和其他会计资料必须完整无缺。如有短缺，必须查清原因，并在移交清册中注明，由移交人员负责。(3) 银行存款账户余额要与银行对账单核对，如不一致，应当编制银行存款余额调节表调节相符，各种财产物资和债权债务的明细账户余额要与总账有关账户余额核对相符；必要时，要抽查个别账户的余额，与实物核对相符，或者与往来单位、个人核对清楚。(4) 移交人员经管的票据、印章和其他实物等，必须交接清楚；移交人员从事会计电算化工作的，要对有关电子数据在实际操作状态下进行交接。会计人员临时离职或者因病不能工作且需要接替或者代理的，会计机构负责人、会计主管人员或者单位领导人必须指定有关人员接替或者代理，并办理交接手续。临时离职或者因病不能工作的会计人员恢复工作的，应当与接替或者代理人员办理交接手续。移交人员因病或者其他特殊原因不能亲自办理移交的，经单位领导人批准，可由移交人员委托他人代办移交，但委托人应当承担相应的责任。单位撤销时，必须留有必要的会计人员，会同有关人员办理清理工作，编制决算。未移交前，不得离职。接收单位和移交日期由主管部门确定。单位合并、分立的，其会计工作交接手续比照上述有关规定办理。移交人员对所移交的会计凭证、会计账簿、会计报表和其他有关资料的合法性、真实性承担法律责任。

会计机构负责人、会计主管人员移交时，还必须将全部财务会计工作、重大财务收支和会计人员的情况等，向接替人员详细介绍。对需要移交的遗留问题，应当写出书面材料。交接完毕后，交接双方和监交人员要在移交清册上签名或者盖章，并应在移交清册上注明：单位名称，交接日期，交接双方和监交人员的职务、姓名，移交清册页数以及需要说明的问题和意见等。移交清册一般应当填制一式三份，交接双方各执一份，存档一份。接替人员应当继续使用移交的会计账簿，不得自行另立新账，以保持会计记录的连续性。

(三) 会计人员应遵守职业道德

会计人员在会计工作中应当遵守职业道德，树立良好的职业品质、严谨的工作作风，严守工作纪律，努力提高工作效率和工作质量。财政部门、业务主管部门和各单位应当定期检查会计人员遵守职业道德的情况，并作为会计人员晋升、晋级、聘任专业职务、表彰奖励的重要考核依据。

(四) 会计人员的教育和培训

会计专业技术人员应当按照国家有关规定参加会计业务的教育和培训。具有会计专业技术资格的人员应当自取得会计专业技术资格的次年开始参加继续教育，并在规定时间内取得规定学分。不具有会计专业技术资格但从事会计工作的人员应当自从事会计工作的次年开始参加继续教育，并在规定时间内取得规定学分。会计专业技术人员可以自愿选择参加继续教育的形式。会计专业技术人员参加继续教育实行学分制管理，每年参加继续教育取得的学分不少于90学分。会计专业技术人员参加继续教育取得的学分，在全国范围内当年度有效，不得结转以后年度。

对会计专业技术人员参加继续教育情况实行登记管理。用人单位应当建立本单位会计专业技术人员继续教育与使用、晋升相衔接的激励机制，将参加继续教育情况作为会计专业技术人员考核评价、岗位聘用的重要依据。会计专业技术人员参加继续教育情况，应当作为聘任会计专业技术职务或者申报评定上一级资格的重要条件。

继续教育管理部门应当加强对会计专业技术人员参加继续教育情况的考核与评价，并将考核、评价结果作为参加会计专业技术资格考试或评审、先进会计工作者评选、高端会计人才选拔等的依据之一，并纳入其信用信息档案。对未按规定参加继续教育或者参加继续教育未取得规定学分的会计专业技术人员，继续教育管理部门应当责令其限期改正。

同步综合练习

一、名词解释题

会计年度　总会计师　代理记账　注册会计师

二、单项选择题

1. 根据会计法律制度的规定，下列行为中，属于伪造会计资料的是　（　）

A. 随意变更会计处理方法

B. 以虚假的经济业务编制会计凭证和会计账簿

C. 由于差错导致会计凭证与会计账簿记录不一致

D. 用涂改、挖补等手段改变会计凭证和会计账簿的真实内容

2. 根据会计法律制度的有关规定，在办理会计工作交接手续中，发现“白条顶库”现象，应采取的做法是　（　）

A. 由监交人员负责查清处理

B. 由接管人员在移交后负责查清处理

C. 由会计档案管理人员负责查清处理

D. 由移交人员在规定期限内负责查清处理

3. 某单位会计甲在审查业务员乙交来的一张购买原材料的发票时，发现该发票在产品及规格等栏目中所填内容与实际采购情况有较大差异。甲、乙二人到仓库进行核对后，由乙在发票上进行更正并写了书面说明，甲将这张发票和乙的书面说明一起作为原始凭证入账。下列关于此事的说法哪一个是错误的？　（　）

A. 乙无权对原始凭证记载的内容加以更正

B. 乙应将这张发票拿回出票单位要求重开或更正

C. 甲有权拒绝接受这张发票，并向单位负责人报告

D. 甲应将发票连同乙的书面说明交单位负责人审查签字后才能入账

4. 根据《会计法》的规定，某公司的下列人员中，应当对本公司会计工作和会计资料的真实性、完整性负责的单位负责人是　（　）

A. 董事长张嵩　　B. 总经理王祚

C. 总会计师李钰　　D. 财务部经理赵仕

5. 2020 年 4 月 8 日，会计人员王坤伪造、变造会计凭证、会计账簿，编制虚假财务会计报告，王坤的前述行为被他人举报后，经查属实。根据《会计法》的规定，关于王坤的行为及其法律责任，下列表述不正确的是　（　）

A. 若王坤的行为构成犯罪，应依法追究刑事责任

B. 若王坤的行为不构成犯罪，可能会受到相应的行政处罚

C. 若王坤属于国家工作人员，其所在单位或有关单位应依法给予其撤职直至开除的行政处分

D. 王坤 10 年内不得从事会计工作

三、多项选择题

1. 下列行为中,不符合会计法律制度规定的有　　　　(　　)
   A. 某镇财政所对一名会计人员作出禁止从事会计工作的行政处罚
   B. 某大型国有企业同时设置了总会计师和分管会计工作的副总经理
   C. 某医院在行政办公室设置了会计人员并指定符合条件的会计主管人员
   D. 某市财政局对本行政区域内的单位执行国家统一的会计制度情况进行检查
2. 下列情形中,应当用红字更正法进行更正的有　　　　(　　)
   A. 记账以后,发现记账凭证中的应借、应贷会计科目有错误的
   B. 结账以前,发现会计账簿记录有数字错误,而记账凭证没有错误的
   C. 记账以后,发现记账凭证和账簿中所记金额大于应记金额,而应借、应贷会计科目并无错误
   D. 记账以后,发现记账错误是由记账凭证所列金额小于应记金额引起的,但记账凭证中所列的会计科目及其对应关系均正确
3. 依据法律规定,应当办理会计手续,进行会计核算的经济业务事项有　　　　(　　)
   A. 资本、基金的增减　　　　B. 款项和有价证券的收付
   C. 债权债务的发生和结算　　　　D. 财物的收发、增减和使用
   E. 收入、支出、费用、成本的计算

四、简答题

1.《会计法》确定了哪些基本会计制度?
2. 简述《会计法》对会计人员的法律保护。
3. 简述会计核算的基本内容和要求。
4. 伪造、编造会计资料应当承担何种法律责任?

五、案例分析题

太合公司是一家大型国有控股企业,该公司发生以下情况:

(1) 2019 年 3 月,公司董事长胡贵主持召开董事会会议,研究进一步加强会计工作问题。根据公司经理的提名,会议决定增设 1 名副经理主管财会工作,现任总会计师配合其工作。

(2) 2019 年 5 月,公司会计科负责收入、费用账目登记工作的会计张莲提出休产假。因会计科长出差在外,主管财会工作的副经理指定出纳员兼管张莲的工作,并让出纳员与张莲自行办理会计工作交接手续。

(3) 2019 年 9 月,公司一供货商多次上门催要逾期货款,经公司董事长胡贵同意,会计科长让出纳员开出一张 35 万元的转账支票给供货商。供货商向银行提示付款时,银行以太合公司的银行存款余额不足 35 万元为由予以退票。

(4) 2019 年 12 月,公司产品滞销状况仍无根本改变,亏损已成定局。公司董事长胡贵指使会计科在会计报表上做一些"技术处理",确保"实现"年初定下的盈利 40 万元的目标。会计科遵照办理。

(5) 2020 年 2 月,公司财务会计报告经主管财会工作的副经理、总会计师、会计科长签名并盖章后报出,公司董事长胡贵未在财务会计报告上签章。

请问:

1. 该公司增设主管财会工作的副经理的做法是否符合法律规定?简要说明理由。
2. 该公司指定出纳员兼管会计张莲的工作并让出纳员与张莲自行办理会计工作交接是否

符合法律规定?分别简要说明理由。

3. 该公司签发35万元转账支票的行为属于何种违法行为?应承担哪些法律责任?

4. 该公司董事长胡贵指使会计科在会计报表上做一些“技术处理”以使公司由亏损变为盈利的行为属于何种违法行为?应承担哪些法律责任?

5. 该公司董事长胡贵是否应当在对外报出的财务会计报告上签名并盖章?简要说明理由。

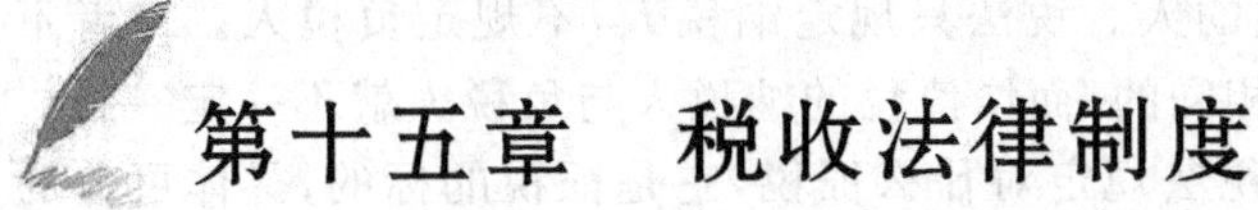

第十五章　税收法律制度

第一节　税法概述

一、税收的概念和特点

税收是国家为实现其职能，凭借政治权力参与社会产品和国民收入分配，按照法定的标准和程序，无偿地、强制地取得财政收入的分配关系。这种分配关系的主体是国家，客体是劳动人民创造的国民收入和积累的社会财富，目的是为了实现国家的职能。

税收与其他财政收入形式相比，具有强制性、无偿性、固定性的特点。

(1) 税收在征收上具有强制性。国家税务机关依照法律规定直接向纳税人征税，法律的强制力是导致税收的强制性特征的最直接原因。即税收的征收以国家强制力为后盾，纳税与否不以纳税人的意志为征税的要件，纳税人必须依法纳税，否则国家通过法律强制力迫使纳税人履行纳税义务，并追究其相应的法律责任。

(2) 税收在交纳性质上具有无偿性。即国家的征税过程，就是把纳税人所有的这部分财产转移给国家所有，形成国家财政收入，不再返还给原纳税人，也不向纳税人支付任何报酬。

(3) 税收在征税对象和标准上具有固定性。税收的法定性来源于税收法定原则，国家以法律的形式明确规定税收的纳税主体、征收对象和税率等基本要素，即通过税法把对什么征税、对谁征税和征多少税预先固定下来，不仅纳税人必须严格依法按时足额申报纳税，而且国家也只能依法定程序和标准征税。

二、税法的概念及调整对象

税法是调整国家税收关系的所有法律规范的总称。税法的调整对象是税收关系。税收关系是指税收利益在各个相关主体之间进行分配时所产生的各种关系的总称，其核心内容就是税收利益的分配。税收关系包括国家与税收机关之间的授权关系，税收机关与纳税人之间的征纳关系及它们的衍生关系。如中央政府与地方政府之间的税收归属关系，税务机关与委托代征人的行政委托关系，其他行政机关或机构与税务机关的行政协助关系，代扣代缴义务人与纳税人之间的代扣代缴关系等。

三、税法的构成要素

税法构成要素，又称课税要素，是指各种单行税法具有的共同的基本要素的总称。这一概念包含有以下基本含义：一是税法要素既包括实体性的，也包括程序性的；二是税法要素是所有完善的单行税法都共同具备的，仅为某一税法所单独具有而非普遍性的内容，不构成税法要素，如扣缴义务人。

具体而言，税法要素主要包括以下内容。

(1) 纳税主体，又称纳税人或纳税义务人。这是指税法规定的直接负有纳税义务的自然人、法人或其他组织。纳税人应当与负税人进行区别。负税人是经济学中的概念，即税收的实际负担者;而纳税人是法律用语,即依法缴纳税收的人。税法只规定纳税人,不规定负税人。二者不尽相同,如个人所得税的纳税人与负税人是相同的,而增值税的纳税人与负税人就不一定一致。

(2) 征税对象,又称征税客体。这是指税法规定对什么征税,它是征税的标的,具体可分为流转额、所得额、财产和行为四个因素。征税对象是各个税种之间相互区别的根本标志。

(3) 税目,是征税对象的具体化,它反映具体的征税范围并代表征税的广度。有些税种的征税对象简单、明确,例如房产税、屠宰税等,但对大多数税种来说,一般征税对象都比较复杂,在具体征税时,对这些征税对象还必须作进一步划分并作出具体界限规定,这些规定的界限范围就是税目。

(4) 税率。税率是应纳税额与课税对象之间的数量关系或比例,是计算税额的尺度。税率的高低直接关系到纳税人的负担和国家税收收入的多少,是国家在一定时期内的税收政策的主要表现形式,是税收制度的核心要素。税率主要有比例税率、累进税率和定额税率三种基本形式。

① 比例税率。比例税率是对同一课税对象不论数额大小,都按同一比例征税,税额占课税对象的比例总是相同的。比例税率是最常见的税率之一,应用广泛。比例税率具有横向公平性,其主要优点是计算简便,便于征收和缴纳。

② 累进税率。累进税率是指按课税对象数额的大小规定不同的等级,随着课税数量增大而随之提高的税率。具体做法是按课税对象数额的大小划分为若干等级,规定最低税率、最高税率和若干等级的中间税率,不同等级的课税数额分别适用不同的税率,课税数额越大,适用税率越高。累进税率一般在所得课税中使用,可以充分体现对纳税人收入多的多征、收入少的少征、无收入的不征的税收原则,从而有效地调节纳税人的收入,正确处理税收负担的纵向公平问题。

③ 定额税率。又称固定税率,是按课税对象的计量单位直接规定应纳税额的税率形式,课税对象的计量单位主要有吨、升、平方米、立方米、辆等。定额税率一般适用于从量定额计征的某些课税对象,实际是从量比例税率。

(5) 纳税环节。纳税环节是指商品在整个流转过程中按照税法规定应当缴纳税款的阶段。

(6) 纳税期限。纳税期限是税法规定的纳税主体向税务机关缴纳税款的具体时间。纳税期限是衡量征纳双方是否按时行使征税权力和履行纳税义务的尺度。纳税期限一般分为按次征收和按期征收两种。在现代税制中,一般还将纳税期限分为申报期限和缴税期限两段,但也可以将申报期限内含于缴税期限之中。

(7) 税收优惠。税收优惠是指税法对某些特定的纳税人或征税对象给予的一种免除规定,包括减免税、税收抵免等多种形式。税收优惠按照优惠目的通常可以分为照顾性和鼓励性两种;按照优惠范围可以分为区域性和产业性两种。

(8) 违章处理和税务纠纷处理。违章处理是指纳税主体如果有欠税、偷税、抗税等违章行为,依法对其采取惩罚。税务纠纷是指税务机关,因实施税务管理采取行政措施,作出税务行政处理而与纳税人、代征人、代缴义务人、直接责任人之间引起的争议。解决税务纠纷的手段为税务行政复议和税务行政诉讼。

第二节 流转税法

一、流转税法的概念

流转税法是调整以商品流转额和非商品流转额为征税对象的一系列税收关系的法律规范的总称。所谓商品流转额,是指在商品流转中因销售或购进商品而发生的货币收入或支出金额。所谓非商品流转额是指各种劳务或服务性业务的收入金额。流转税包括增值税、消费税、关税等，是我国税收收入的主要来源。流转税法律制度在我国整个税法体系中占有重要地位。

二、增值税

增值税是以商品(含应税劳务)在流转过程中产生的增值额为征税对象的一种流转税。

根据规定，增值税是对在我国境内销售货物，提供加工、修理修配劳务(以下简称"应税劳务")，销售服务、无形资产或者不动产(以下简称"应税行为")，以及进口货物的单位和个人，就其实现的增值额作为征税对象而课征的一种流转税。所谓增值额，是指企业或者其他经营者从事生产、服务，销售无形资产、不动产和提供劳务，在购入的货物、劳务、服务、无形资产和动产的价值基础上新增加的价值额，是从事生产、经营、服务过程中新创造的那部分价值。

(一) 增值税的纳税人

增值税的纳税人是指在我国境内销售或者进口货物，提供应税劳务和发生应税行为的单位和个人。其中，单位是指企业、行政单位、事业单位、军事单位、社会团体及其他单位；个人是指个体工商户和其他个人。

我国将增值税的纳税人划分为小规模纳税人和一般纳税人。

小规模纳税人是指年应征增值税销售额(以下简称年应税销售额，即纳税人在连续不超过12个月的经营期内累计应征增值税销售额，包括纳税申报销售额、稽查查补销售额、纳税评估调整销售额、税务机关代开发票销售额和免税销售额)在规定标准以下，会计核算不健全，不能按规定报送有关税务资料的增值税纳税人。会计核算不健全是指不能正确核算增值税的销项税额、进项税额和应纳税额。

一般纳税人是指年应税销售额达到规定标准的增值税纳税人，或年应税销售额未达规定标准但会计核算健全、能够提供准确税务资料，并向主管税务机关办理一般纳税人资格登记的增值税纳税人。

(二) 征税范围

根据我国现行相关规定，在一般情况下，增值税的征税范围为：

(1) 销售货物。货物是指有形动产，包括电力、热力、气体在内。销售货物是指有偿转让货物的所有权，其中，"有偿"不仅指从购买方取得货币，还包括取得货物或其他经济利益。

(2) 进口货物。进口货物指申报进入我国海关境内的有形动产。包括国外产制和我国已出口又转内销的货物、国外捐赠的货物，以及进口者自行采购的货物、用于贸易行为的货物、自用或用于其他方面的货物。

(3) 应税劳务。应税劳务是指有偿提供加工、修理修配劳务(不包含单位或者个体工商户聘用的员工为本单位或者雇主提供加工、修理修配劳务)。"加工"是指受托加工货物，即委托方提供原料及主要材料，受托方按照委托方的要求，制造货物并收取加工费的业务。"修理修配"是指受托方对损伤和丧失功能的货物进行修复，使其恢复原状和功能的业务。

(4) 应税行为。应税行为是指销售服务、无形资产或者不动产。销售服务是指提供交通运输服务、邮政服务、电信服务、建筑服务、金融服务、现代服务、生活服务。销售无形资产是指转让无形资产所有权或者使用权的业务活动，其中，无形资产是指不具实物形态，但能带来经济利益的资产，包括技术、商标、著作权、商誉、自然资源使用权和其他权益性无形资产。销售不动产是指转让不动产所有权的业务活动，其中，不动产是指不能移动或者移动后会引起性质、形状改变的财产，包括建筑物、构筑物等。

在经济实务中，某些特殊项目或行为也属于增值税的征税范围。

(三) 增值税的税率

知识拓展(15-1)

增值税税率表

(1) 基本税率

纳税人销售或进口货物(另有列举的货物除外)、提供应税劳务、提供有形动产租赁服务的,税率为13%。这一税率即为增值税的基本税率。

(2) 低税率

① 纳税人销售或者进口下列货物,税率为9%:粮食等农产品、食用植物油、食用盐;自来水、暖气、冷气、热水、煤气、石油液化气、天然气、二甲醚、沼气、居民用煤炭制品;图书、报纸、杂志、音像制品、电子出版物;饲料、化肥、农药、农机、农膜;国务院规定的其他货物。

② 提供交通运输业服务、邮政业服务、基础电信服务、建筑服务、不动产租赁服务,销售不动产,转让土地使用权,税率为9%。

③ 提供现代服务、增值电信服务、金融服务、生活服务、销售无形资产(转让土地使用权除外),税率为6%。

(3) 零税率

零税率适用于出口货物(国务院另有规定的除外)和符合条件的服务、无形资产。符合条件的服务、无形资产是指境内的单位和个人销售的下列服务和无形资产:① 国际运输服务;② 航天运输服务;③ 向境外单位提供的完全在境外消费的下列服务——研发服务、合同能源管理服务、设计服务、广播影视节目(作品)的制作和发行服务、软件服务、电路设计及测试服务、信息系统服务、业务流程管理服务、离岸服务外包业务、转让技术。④ 财政部和国家税务总局规定的其他服务。

(四)增值税的征收率

依据我国现行增值税的相关规定,对小规模纳税人和特定的一般纳税人采用增值税征收率,适用的征收率不尽相同,具体由财政部和国家税务总局规定。

(五) 增值税的计算方法

一般纳税人的计税方法为:应纳税额=当期销项税额-当期进项税额。

其中:销项税额=销售额×税率。

小规模纳税人的计税方法为:应纳税额=销售额×征收率。

三、消费税

消费税是对应税消费品和特定的消费行为按消费流转额征收的一种流转税。消费税的征收范围是有选择的,这种选择性能够更好地体现国家的产业政策、消费政策,及对产业结构的调整,对于引导消费能起到积极作用。

(一) 消费税的纳税人

消费税的纳税人是指在我国境内生产、委托加工和进口应税消费品的单位和个人。

(二) 消费税的税目和税率

税目是征税对象的具体化。我国的消费税共有15个税目,分别是烟、酒、高档化妆品(包括高档美容、修饰类化妆品、高档护肤类化妆品和成套化妆品)、贵重首饰及珠宝玉石、鞭炮和焰火、成品油(包括汽油、柴油、石脑油、溶剂油、航空煤油、润滑油、燃料油,需要说明的是航空煤油暂缓征收消费税)、小汽车、摩托车、游艇、高尔夫球及球具、高档手表、木制一次性筷子、实木地板、电池、涂料。

消费税税率有两种形式:一种是比例税率;另一种是定额税率,即单位税额。根据不同的应税消费品分别实行从价定率、从量定额,以及从量定额与从价定率相结合的复合计税方法。

(三) 消费税的计算

从价征收消费税的，其计算公式为：应纳税额＝销售额(不含增值税额)×税率。

从量征收消费税的，其计算公式为：应纳税额＝销售数量×单位税额。

适用复合计税法的，其计算公式为：应纳税额＝销售数量×单位税额＋销售额(或组成计税价格)×税率。

第三节　所得税法

一、企业所得税

企业所得税是指对内资企业的生产经营所得和其他所得征收的一种税。根据《企业所得税法》的规定，我国内资企业和外商投资企业、外国企业统一适用《企业所得税法》，该法主要内容如下。

(一) 纳税主体

在中国境内，企业和其他取得收入的组织为企业所得税的纳税人，依照《企业所得税法》的规定缴纳企业所得税。个人独资企业、合伙企业不适用《企业所得税法》的规定缴纳企业所得税。企业分为居民企业和非居民企业。居民企业是指依法在中国境内成立，或者依照外国法律成立但实际管理机构在中国境内的企业。非居民企业是指依照外国法律成立且实际管理机构不在中国境内，但在中国境内设立机构、场所的，或者在中国境内未设立机构、场所，但有来源于中国境内所得的企业。

(二) 征税对象

企业所得税的征税对象也根据居民企业和非居民企业而有所不同。居民企业应当就其来源于中国境内、境外的所得缴纳企业所得税。非居民企业的征税对象根据该企业在中国境内是否设立机构、场所进行区分：在中国境内设立机构、场所的，应当就其所设机构、场所取得的来源于中国境内的所得，以及发生在中国境外但与其所设机构、场所有实际联系的所得，缴纳企业所得税；在中国境内未设立机构、场所的，或者虽设立机构、场所但取得的所得与其所设机构、场所没有实际联系的，应当就其来源于中国境内的所得缴纳企业所得税。

(三) 税率

企业所得税的税率统一为25%。非居民企业在中国境内未设立机构、场所的，或者虽设立机构、场所但取得的所得与其所设机构、场所没有实际联系的，对其来源于中国境内的所得，适用税率为20%。

(四) 税收抵免

企业取得的下列所得已在境外缴纳的所得税税额，可以从其当期应纳税额中抵免，抵免限额为该项所得依照《企业所得税法》的规定计算的应纳税额；超过抵免限额的部分，可以在以后5个年度内，用每年度抵免限额抵免当年应抵税额后的余额进行抵补：(1) 居民企业来源于中国境外的应税所得。(2) 非居民企业在中国境内设立机构、场所，取得发生在中国境外但与该机构、场所有实际联系的应税所得。

居民企业从其直接或者间接控制的外国企业分得的来源于中国境外股息、红利等权益性投资收益，外国企业在境外实际缴纳的所得税税额中属于该项所得负担的部分，可以作为该居民企业的可抵免境外所得税税额，在《企业所得税法》第23条规定的抵免限额内抵免。

二、个人所得税

知识拓展(15-2)

《个人所得税法》的修订及完善

个人所得税是对居民个人和非居民个人应税所得征收的一种税。根据《个人所得税法》及其实施条例,个人所得税的主要内容如下。

(一) 纳税主体

个人所得税以所得人为纳税人,以支付所得的单位或者个人为扣缴义务人。纳税人为居民个人(在中国境内有住所,或者无住所而一个纳税年度内在中国境内居住累计满183天的个人)、非居民个人(在中国境内无住所又不居住,或者无住所而一个纳税年度内在中国境内居住累计不满183天的个人)。纳税年度,自公历1月1日起至12月31日止。

(二) 征税范围

居民个人从中国境内和境外取得的所得,依照《个人所得税法》规定缴纳个人所得税。非居民个人从中国境内取得的所得,依照《个人所得税法》规定缴纳个人所得税。

居民个人从中国境外取得的所得,可以从其应纳税额中抵免已在境外缴纳的个人所得税税额,但抵免额不得超过该纳税人境外所得依照《个人所得税法》规定计算的应纳税额。

(三) 征税对象

根据《个人所得税法》第2条规定,应缴纳个人所得税的个人所得有:① 工资、薪金所得;② 劳务报酬所得;③ 稿酬所得;④ 特许权使用费所得;⑤ 经营所得;⑥ 利息、股息、红利所得;⑦ 财产租赁所得;⑧ 财产转让所得;⑨ 偶然所得。

居民个人取得前款第①项至第④项所得(以下称综合所得),按纳税年度合并计算个人所得税;非居民个人取得前款第①项至第④项所得,按月或者按次分项计算个人所得税。纳税人取得前款第⑤项至第⑨项所得,依照《个人所得税法》规定分别计算个人所得税。

(四) 税率

个人所得税实行超额累进税率与比例税率相结合的税率体系。

(1) 综合所得适用3%～45%的超额累进税率,见表15-1。

表15-1 个人所得税税率表(一)

(综合所得适用)

级数	全年应纳税所得额	税率/%	速算扣除数
1	不超过36 000元的	3	0
2	超过36 000元至144 000元的部分	10	2 520
3	超过144 000元至300 000元的部分	20	16 920
4	超过300 000元至420 000元的部分	25	31 920
5	超过420 000元至660 000元的部分	30	52 920
6	超过660 000元至960 000元的部分	35	85 920
7	超过960 000元的部分	45	181 920

注:1. 本表所称全年应纳税所得额是指依照《个人所得税法》第六条的规定,居民个人取得综合所得以每一纳税年度收入额减除费用6万元以及专项扣除、专项附加扣除和依法确定的其他扣除后的余额。

2. 非居民个人取得工资、薪金所得,劳务报酬所得,稿酬所得和特许权使用费所得,依照本表按月换算后计算应纳税额。

（2）经营所得适用5%～35%的超额累进税率，见表15－2。

表15－2　个人所得税税率表(二)

（经营所得适用）

级数	全年应纳税所得额	税率/%	速算扣除数
1	不超过30 000元的	5	0
2	超过30 000元至90 000元的部分	10	1 500
3	超过90 000元至300 000元的部分	20	10 500
4	超过300 000元至500 000元的部分	30	40 500
5	超过500 000元的部分	35	65 500

注：本表所称全年应纳税所得额是指依照《个人所得税法》第六条的规定，以每一纳税年度的收入总额减除成本、费用以及损失后的余额。

（3）利息、股息、红利所得，财产租赁所得，财产转让所得和偶然所得，适用比例税率，税率为20%。

（五）应纳税所得额的计算

（1）居民个人的综合所得，以每一纳税年度的收入额减除费用6万元以及专项扣除、专项附加扣除和依法确定的其他扣除后的余额，为应纳税所得额。

专项扣除，包括居民个人按照国家规定的范围和标准缴纳的基本养老保险、基本医疗保险、失业保险等社会保险费和住房公积金等；专项附加扣除，包括子女教育、继续教育、大病医疗、住房贷款利息或者住房租金、赡养老人等支出，具体范围、标准和实施步骤由国务院确定，并报全国人民代表大会常务委员会备案。

（2）非居民个人的工资、薪金所得，以每月收入额减除费用5 000元后的余额为应纳税所得额；劳务报酬所得、稿酬所得、特许权使用费所得，以每次收入额为应纳税所得额。

（3）经营所得，以每一纳税年度的收入总额减除成本、费用以及损失后的余额，为应纳税所得额。

（4）财产租赁所得，每次收入不超过4 000元的，减除费用800元；4 000元以上的，减除20%的费用，其余额为应纳税所得额。

（5）财产转让所得，以转让财产的收入额减除财产原值和合理费用后的余额，为应纳税所得额。

（6）利息、股息、红利所得和偶然所得，以每次收入额为应纳税所得额。劳务报酬所得、稿酬所得、特许权使用费所得以收入减除20%的费用后的余额为收入额。稿酬所得的收入额减按70%计算。

（7）个人将其所得对教育、扶贫、济困等公益慈善事业进行捐赠，捐赠额未超过纳税人申报的应纳税所得额30%的部分，可以从其应纳税所得额中扣除；国务院规定对公益慈善事业捐赠实行全额税前扣除的，从其规定。

（六）免税、减税及纳税调整

（1）免税。根据《个人所得税法》第4条的规定，免征个人所得税的情形有：① 省级人民政府、国务院部委和中国人民解放军军以上单位，以及外国组织、国际组织颁发的科学、教育、技术、文化、卫生、体育、环境保护等方面的奖金；② 国债和国家发行的金融债券利息；③ 按照国家统一规定发给的补贴、津贴；④ 福利费、抚恤金、救济金；⑤ 保险赔款；⑥ 军人的转业费、复员费、退役金；⑦ 按照国家统一规定发给干部、职工的安家费、退职费、基本养老金或者退休费、离休费、离休生活补助费;⑧ 依照有关法律规定应予免税的各国驻华使馆、领事馆的外交代表、领事官员和其他人员的所得;⑨ 中国政府参加的国际公约、签订的协议中规定免税的所得;⑩ 国务院规定的其他免税所得。

(2) 减税。根据《个人所得税法》第5条规定,有下列情形之一的,可以减征个人所得税,具体幅度和期限,由省、自治区、直辖市人民政府规定,并报同级人民代表大会常务委员会备案:① 残疾、孤老人员和烈属的所得;② 因自然灾害遭受重大损失的。国务院可以规定其他减税情形,报全国人民代表大会常务委员会备案。

(3) 纳税调整。税务机关有权基于《个人所得税法》规定、按照合理方法进行纳税调整。税务机关依照法定情形[①]作出纳税调整,需要补征税款的,应当补征税款,并依法加收利息。

第四节　税收征收管理法

税收征收管理,是税收机关对纳税人依法征收税款和进行税务监督的管理的总称。税收征收管理机关是税务机关。税收征收管理机关的职权包括税务管理、税款征收、税务检查和税务处罚。

一、税务管理

税务管理包括税务登记管理,账簿、凭证管理,发票管理和纳税申报管理等四个部分的内容。

(一) 税务登记管理

税务登记又称纳税登记,是税务机关对纳税人的开业、变动、歇业以及生产经营范围变化实行法定登记的一项制度,是确定纳税人履行纳税义务的法定手续,也是税务机关切实控制税源和对纳税人进行纳税监督的一种手段。税务登记包括开业登记,变更登记,停业、复业登记,注销登记,外出经营报验登记等。

从事生产经营的纳税人,应当自领取营业执照之日起,或依法成为纳税人之日起30日内,向所在地税务机关申请办理开业税务登记。纳税人税务登记的内容发生变化的,应当自市场监督管理部门办理变更登记之日起30日内,到原税务登记机关申报办理变更税务登记。

(二) 账簿、凭证管理

从事生产经营的纳税人、扣缴义务人按照国务院财政、税务主管部门的规定设置账簿,根据合法、有效凭证记账,进行核算。纳税人、扣缴义务人应自领取营业执照之日起15日内设置账簿。扣缴义务人应当在法定扣缴义务发生之日起10日内,按照所代扣、代收的税种,分别设置代扣代缴、代收代缴税款账簿。

(三) 发票管理

根据国家有关发票管理的法律规定,在全国范围内统一式样的发票,由国家税务总局确定;在省、自治区、直辖市范围内统一式样的发票,由省级税务机关确定。增值税专用发票由国务院税务主管部门指定的企业印制;其他发票按照国务院税务主管部门的规定,分别由省、自治区、直辖市税务机关指定的企业印制。

---

① 法定情形具体包括:(a) 个人与其关联方之间的业务往来不符合独立交易原则而减少本人或者其关联方应纳税额,且无正当理由;(b) 居民个人控制的,或者居民个人和居民企业共同控制的设立在实际税负明显偏低的国家(地区)的企业,无合理经营需要,对应当归属于居民个人的利润不作分配或者减少分配;(c) 个人实施其他不具有合理商业目的的安排而获取不当税收利益。

（四）纳税申报管理

纳税人、扣缴义务人必须按照法定的或税务机关确定的申报期限、申报内容如实办理纳税申报和代扣代缴、代收代缴税款的申报手续，报送纳税申报表、财务会计报表及税务机关要求纳税人报送的其他纳税资料。

二、税款征收

税款征收是税务机关依照税收法律、法规的规定，将纳税人依法应纳的税款以及扣缴义务人代扣代缴的税款通过不同的方式组织征收入库的活动。

（一）税款征收方式

我国税款征收主要有以下几种方式：(1) 查账征收。适用于掌握税收法律法规，账簿、凭证、财务会计制度比较健全，能够如实反映生产经营成果，正确计算应纳税额的纳税人。(2) 查定征收。适用于生产规模较小、账册不健全、财务管理和会计核算水平较低、产品零星、税源分散的纳税人。(3) 查验征收。适用于某些零星、分散的高税率工业产品。(4) 定期定额征收。适用于生产经营规模小，又确无建账能力，经主管税务机关审核，县级以上（含县级）税务机关批准可以不设置账簿或暂缓建账的小型纳税人。(5) 其他征收方式。主要包括代扣代缴、代收代缴、委托代征、邮寄申报纳税等。

（二）税收征收措施

税收征收措施是指为保证税款即时征收入库，税收征收管理机关所采取的特殊措施。主要包括：(1) 加收滞纳金。纳税人、扣缴义务人未按期缴纳或解缴税款的，税务机关除责令限期缴纳外，从滞纳税款之日起，按日加收滞纳税款 0.5‰的滞纳金。纳税人确有特殊困难，不能按期缴纳税款的，经县以上税务局（分局）批准，可以延期缴纳税款，但最长不得超过 3 个月。(2) 税收保全措施。纳税人在纳税期限到来前，有逃避纳税义务行为，可能导致征税决定不能执行，并且不能提供担保的，税务机关可以按照法定的程序通知银行暂停支付，或者扣押查封其财产。(3) 税收强制执行措施。纳税期限已经届满，纳税人不仅未缴纳税款，而且在税务机关责令限期缴纳或扣押查封财产后仍未缴纳的，税务机关可以按照法定的程序通知银行扣缴税款，或者扣押、查封、拍卖纳税人的财产抵缴税款。(4) 出境清税。欠税人应当在出境前结清税款或提供担保，否则税务机关可以阻止其出境。(5) 税款追征。因纳税人、扣缴义务人计算错误等失误，未缴或者少缴税款的，税务机关在 3 年内可以追征税款、滞纳金；有特殊情况的，追征期可以延长到 5 年。对于偷税、抗税、骗税的行为，实行无限期追征。因税务机关责任，致使纳税人、扣缴义务人未缴或者少缴税款的，税务机关在 3 年内可以要求他们补缴税款，但不得加收滞纳金。

三、税务行政处罚、行政复议和行政诉讼

（一）税务行政处罚

税务行政处罚，是指公民、法人或者其他经济组织有违反税收征收管理秩序的违法行为，尚未构成犯罪，依法应当承担行政责任的，由税务机关给予的行政处罚。

税务行政处罚的种类有罚款、没收非法所得、停止出口退税权。

（二）税务行政复议

税务行政复议是指纳税人和其他税务当事人对税务机关的具体行政行为不服，依法向该税务机关的上一级税务机关（复议机关）提出申诉，由上一级税务机关对引起争议的具体行政行为依法作出维持、变更、撤销等决定的活动。

(三) 税务行政诉讼

税务行政诉讼是指公民、法人和其他组织认为税务机关及其工作人员的具体税务行政行为违法或不当,侵犯了其合法权益,依法向人民法院提出行政诉讼,由人民法院对具体税务行政行为的合法性和适当性进行审理并作出裁决的司法活动。

(四) 税务行政处罚、行政复议和行政诉讼的关系

纳税人、扣缴义务人、纳税担保人同税务机关在纳税上发生争议时,必须先依照法律、行政法规的规定缴纳或者解缴税款及滞纳金,或提供相应的担保,然后可以依法申请行政复议;对行政复议决定不服的,可以依法向法院起诉。

当事人对税务机关的处罚决定、强制执行措施或者税收保全措施不服的,可以依法申请行政复议,也可以依法向法院起诉。

四、违反税法的法律责任

违反税法的行为包括违反税收征收管理法的行为和危害税收征管罪两大类,前者为违法行为,后者为犯罪行为。

违反税收征收管理法的法律责任包括纳税人违反税法行为的法律责任、扣缴义务人违反税法行为的法律责任、开户银行及金融机构违反税法行为的法律责任和税务机关及其税务人员违反税法行为的法律责任等。

危害税收征管罪的种类有:偷税罪;抗税罪;逃避追缴欠税罪;骗取出口退税罪;虚开增值税专用发票,用于骗取出口退税、抵扣税款发票罪;伪造、出售伪造的增值税专用发票罪;非法出售增值税专用发票罪;非法购买增值税专用发票、购买伪造的增值税专用发票罪;非法制造、出售非法制造的用于骗取出口退税、抵扣税款发票罪;非法制造、出售非法制造的发票罪;非法出售用于骗取出口退税、抵扣税款发票罪;非法出售发票罪。

同步综合练习

一、名词解释题

税收　纳税主体　增值税　消费税　税收保全　纳税担保

二、单项选择题

1. 下列各项业务中,属于增值税征收范围的是 (　　)
   A. 将委托加工的货物分配给股东
   B. 增值税纳税人收取会员费收入
   C. 转让企业全部产权涉及的应税货物的转让
   D. 融资性售后回租业务中承租方出售资产的行为
2. 根据增值税法律制度规定,视同销售行为应当征收增值税的事项是 (　　)
   A. 将外购货物用于基建　B. 将外购货物作为原材料投入生产
   C. 将外购货物无偿赠送他人　D. 将外购货物租赁给他人使用
3. 根据消费税法律制度规定,现行免征消费税的消费品是 (　　)
   A. 生产应税消费品　B. 委托加工应税消费品
   C. 自产自用应税消费品　D. 出口应税消费品
4. 根据现行规定,可以免征个人所得税的收入事项是 (　　)
   A. 购买福利彩票的中奖收入

B. 单位自行规定发放的补贴

C. 劳动者失业领取的失业救济金

D. 参加中央广播电视台体育比赛竞猜活动获得的奖金

5. 根据税收征收管理法律制度的规定，经县以上税务局(分局)局长批准，税务机关可以依法对纳税人采取税收保全措施。下列各项中，不属于税收保全措施的是 (　　)

A. 责令纳税人暂时停业，直至缴足税款

B. 扣押纳税人的价值相当于应纳税款的商品

C. 查封纳税人的价值相当于应纳税款的货物

D. 书面通知纳税人开户银行或其他金融机构冻结纳税人的金额相当于应纳税款的存款

三、多项选择题

1. 下列选项中属于我国增值税纳税人的是 (　　)

A. 转让无形资产的丙公司　　B. 从事服装销售的乙公司

C. 从事房屋租赁业务的甲公司　　D. 从事证券经纪业务的丁公司

2. 下列各项业务中，不属于增值税征收范围的是 (　　)

A. 积分兑换赠送的电信服务

B. 药品生产企业销售自产创新药之后，提供给患者后续免费使用的相同创新药

C. 转让企业全部产权涉及的应税货物的转让

D. 将委托加工的货物分配给股东

3. 根据现行增值税的规定，下列情形属于视同提供应税服务的是 (　　)

A. 某运输企业为地震灾区无偿提供公路运输服务

B. 某咨询公司为个人无偿提供技术咨询服务

C. 某运输公司为其他单位无偿提供交通运输服务

D. 某单位为希望小学无偿提供《暖春》电影放映服务

4. 根据增值税法律制度规定，适用9%税率征收增值税的货物有 (　　)

A. 报纸　　B. 鲜奶蛋糕　　C. 方便面

D. 化肥　　E. 农药

5. 张琼为南方某大学著名学者，其取得的下列收入应当缴纳个人所得税的是 (　　)

A. 撰写科普读物获得的稿酬　　B. 国务院规定的政府特殊津贴

C. 所在学校发给的特殊岗位津贴　　D. 所在学校科技公司的红利收入

E. 为科协培训班授课获得的讲课费

6. 根据现行《个人所得税法》的规定，下列各项个人所得中，经批准可以免征个人所得税的是 (　　)

A. 抚恤金　　B. 救济金

C. 国债利息　　D. 保险赔偿款

E. 军人的转业费

7. 按规定税务机关有权依法直接核定纳税人应纳税额的情形是 (　　)

A. 戊公司按法律规定不设置账簿

B. 甲公司擅自销毁账簿，拒不提供纳税资料

C. 乙公司申报的计税依据明显偏低，又无正当理由

D. 丙公司设置了账簿，但账目混乱，凭证不全，难以查证

E. 丁公司未按规定期限办理纳税申报，经税务机关责令限期申报后才申报

四、简答题

1. 税收有哪些特点？税法的构成要素有哪些？

2. 增值税的课税范围是什么？

3. 在什么情形下可以免征个人所得税？

4. 简述纳税人的权利和义务。

五、案例分析题

案例一：某餐饮连锁企业属于增值税一般纳税人，2020 年 6 月营业额为 200 万元，该企业该月购买适用 9%税率的面粉、油、自来水等原材料 17.699 万元，增值税税额为 1.947 万元；购买适用 13%税率的酒水、饮料等原材料 8.547 万元，增值税税额为 1.453 万元，均取得增值税专用发票。请计算该企业该月应纳增值税额。

案例二：位于某市区的化妆品生产企业属于增值税一般纳税人。2020 年 6 月发生下列经济业务：(1) 购入原材料取得增值税专用发票上注明的价款为 500 万元；(2) 购入电力 28 万元并取得专用发票，其中 6 万元用于集体福利方面，其余均用于生产应税产品；(3) 销售化妆品实现不含增值税的销售收入 1 000 万元，销售时用自己的车队负责运输，向购买方收取运费 25.74 万元；(4) 提供非应税消费品的加工业务，共开具普通发票 56 张，金额合计为 35.1 万元；(5) 销售成本共计 400 万元，税金及附加 385 万元，销售费用 15 万元、管理费用 10 万元、财务费用中的利息支出 8 万元；(6) 支付滞纳金和行政性罚款共计 5 万元，支付购货合同违约金 3 万元。取得的增值税专用发票已通过认证，化妆品的消费税税率为 15%。

请问：

1. 本企业当月应该缴纳的增值税是多少？

2. 本企业当月应该缴纳的消费税是多少？

3. 本企业当月应该缴纳的企业所得税是多少？

案例三：Z 省 H 市某大学教授胡汉阳(居民纳税人)2020 年 1 月的收入情况如下：(1) 月工资收入为 6 500 元；(2) 在某出版社出版专著一部，一次性获得稿酬 21 000 元；(3) 向某公司转让专有技术一项，获得特殊权使用费 6 000 元；(4) 为某企业进行产品设计，取得报酬 30 000 元；(5) 在某学校举办讲座，一次性取得收入 2 000 元；(6) 为某杂志社审校翻译的资料，一次性获得劳务报酬 3 500 元；(7) 购买的某期国债到期，利息收入 1 860 元；(8) 因汽车失窃，获得保险公司赔偿 80 000 元；(9) 因勇斗歹徒获得 Z 省人民政府颁发的见义勇为奖金 2 000 元。

请问：胡汉阳教授 2020 年 1 月应纳的个人所得税额是多少(假设扣除 2 000 元“三险一金”专项扣除和法律规定的其他扣除费用，不考虑专项附加扣除)？

第十六章　劳动合同法律制度

第一节　劳动关系及劳动合同

一、劳动关系

一般认为，劳动关系是指劳动者和用人单位双方根据其合意所建立的，劳动者为用人单位提供从属性劳动，而用人单位为劳动者提供劳动条件并支付劳动报酬的社会关系。劳动法律关系是当事人依据劳动法律规范，在实现劳动过程中形成的权利义务关系。劳动法律关系是受国家劳动法律规范、调整和保护的劳动关系，是国家干预劳动关系的后果，具有以国家意志为主导、当事人意志为主体的特征。事实劳动关系与劳动法律关系，虽同属于劳动法调整范围，但由于事实劳动关系不符合法定模式（如未签订劳动合同），因而不是劳动法律关系，但事实劳动关系中劳动者合法权益仍受劳动法保护。

知识拓展(16-1)

劳动法律关系

目前规范劳动法律关系的依据主要有：(1) 宪法、法律，主要包括《中华人民共和国工会法》《劳动法》《劳动合同法》《中华人民共和国安全生产法》《中华人民共和国就业促进法》《中华人民共和国劳动争议调解仲裁法》（以下简称《劳动争议调解仲裁法》）《民事诉讼法》《刑法》等；(2) 行政法规，主要包括《工伤保险条例》《劳动保障监察条例》《女职工劳动保护规定》《国务院关于建立统一的企业职工基本养老保险制度的决定》等；(3) 行政规章；(4) 地方性法规；(5) 国际条约等。

狭义的劳动法律关系当事人包括劳动者和用人单位，广义的劳动法律关系主体还应包括工会组织和雇主组织。

知识拓展(16-2)

劳动关系和劳务关系的区别及应用

(一) 劳动关系的主体

1. *劳动者*

劳动者是具有劳动能力，从事劳动获取合法劳动报酬的自然人。自然人要成为劳动者，须具有劳动权利能力和劳动行为能力。所谓劳动权利能力是指自然人能够依法享有劳动权利和承担劳动义务的资格或能力；所谓劳动行为能力是指自然人能够以自己的行为依法行使劳动权利和履行劳动义务的能力。依《劳动法》规定，禁止用人单位招用未满 16 周岁的未成年人。文艺、体育和特种工艺单位招用未满 16 周岁的未成人，必须依照国家有关规定，履行审批手续，并保障其接受义务教育的权利。对有可能危害未成年人健康、安全或道德的职业或工作，最低就业年龄不应低于 18 周岁，用人单位不得招用已满 16 周岁未满 18 周岁的未成年人从事过重、有毒、有害的劳动或者危险作业。

根据《劳动法》的规定，劳动者的劳动权利主要有：(1) 平等就业和选择职业的权利；(2) 取得劳动报酬的权利；(3) 休息休假的权利；(4) 获得劳动安全卫生保护的权利；(5) 接受职业技能培训的权利；(6) 享受社会保险和福利的权利；(7) 依法参加工会和职工民主管理的权利；(8) 提请劳动争议处理的权利；(9) 法律规定的其他劳动权利。

2. 用人单位

用人单位应具有用人权利能力和用人行为能力。用人权利能力是用人单位依法享有的用人权利和承担用人义务的资格或能力;用人行为能力是指用人单位能够以自己的行为依法行使用人权利和履行用人义务的能力。用人单位的用人权利能力和用人行为能力的范围取决于法律、法规的规定及用人单位的用人需求。

根据我国法律规定,用人单位可以是企业、事业单位、国家机关以及其他组织、个体工商户等,但个人不能作为用人单位。用人单位设立的分支机构,依法取得营业执照或者登记证书的,可以作为用人单位与劳动者订立劳动合同;未依法取得营业执照或者登记证书的,受用人单位委托可以与劳动者订立劳动合同。

用人单招用劳动者时,应如实告知劳动者工作内容、工作条件、工作地点、职业危害、安全生产状况、劳动报酬以及劳动者要求了解的其他情况。用人单位招用劳动者,不得扣押劳动者的居民身份证和其他证件,不得要求劳动者提供担保或者以其他名义向劳动者收取财物。

对不具备合法经营资格的用人单位的违法犯罪行为,依法追究法律责任。劳动者已经付出劳动的,该单位或者其出资人应当依照法律有关规定向劳动者支付劳动报酬、经济补偿、赔偿金;给劳动者造成损害的,应当承担赔偿责任。个人承包经营者违反法律规定招用劳动者,给劳动者造成损害的,发包的组织与个人承包经营者承担连带赔偿责任。

(二) 劳动关系建立的时间

用人单位自用工之日起即与劳动者建立劳动关系。用人单位应当建立职工名册备查。建立劳动关系,应当订立书面劳动合同。已建立劳动关系,未同时订立书面劳动合同的,应当自用工之日起1个月内订立书面劳动合同。用人单位与劳动者在用工前订立劳动合同的,劳动关系自用工之日起建立。根据《劳动合同法》第7条、第10条第2款、第82条和《劳动合同法实施条例》第5~7条的规定,用人单位订立书面劳动合同的义务以及不履行此义务的法律后果,如表16-1所示。

法条链接(16-1)

有关劳动关系建立的规定

表16-1　用人单位订立书面劳动合同的义务以及不履行此义务的法律后果

义务起点	第1阶段:自用工之日起1个月内	第2阶段:自用工之日起超过1个月不满1年	第3阶段:自用工之日起满1年后
用人单位自用工之日起即与劳动者建立劳动关系	用人单位未与劳动者订立书面劳动合同		
	用人单位诚信协商的义务		用人单位诚信成立合同的义务
	(1) 用人单位应书面通知劳动者订立书面劳动合同; (2) 劳动者不与用人单位订立书面劳动合同的,用人单位应书面通知劳动者终止劳动关系,无须支付经济补偿; (3) 用人单位应依法向劳动者支付劳动报酬	(1) 用人单位应与劳动者补订书面劳动合同; (2) 劳动者不与用人单位订立书面劳动合同的,用人单位应书面通知劳动者终止劳动关系,并依法支付经济补偿; (3) 用人单位未履行此义务应依照《劳动合同法》第82条第1款的规定向劳动者每月支付2倍的工资	(1) 视为已与劳动者订立无固定期限劳动合同; (2) 用人单位应立即与劳动者补订书面无固定期限劳动合同; (3) 用人单位未履行此义务应依照《劳动合同法》第82条第2款的规定向劳动者每月支付2倍的工资

二、劳动合同的概念和种类

知识拓展(16-3)

劳动合同(参考范本)

(一) 劳动合同的概念

劳动合同是劳动者与用人单位之间确立劳动关系,明确双方权利和义务的书面协议。劳动合同是确立劳动关系的法律形式,是用人单位与劳动者履行劳动权利义务的依据。

(二) 劳动合同的种类

根据《劳动合同法》的规定,劳动合同的类型分为固定期限、无固定期限和以完成一定工作任务为期限三种。签订何种类型的劳动合同,用人单位与劳动者可以通过自由协商确定,但要遵守法律强制性规定。

1. 固定期限的劳动合同

固定期限的劳动合同是指用人单位与劳动者约定合同终止时间的劳动合同。用人单位与劳动者协商一致,可以订立固定期限劳动合同。双方约定的劳动合同期满,双方无续订劳动合同的意思表示,劳动合同即告终止。连续订立 2 次固定期限劳动合同后续订的,符合法定条件的劳动者提出签订无固定期限劳动合同要求的,用人单位应依法与其签订无固定期限的劳动合同。

2. 无固定期限的劳动合同

无固定期限劳动合同是指用人单位与劳动者约定无确定终止时间的劳动合同,即双方当事人在合同书上只约定合同生效的起始日期,没有确定合同的终止日期。在不出现法律、法规规定的或当事人约定的变更、解除劳动合同的条件或法定终止情形时,无固定期限劳动合同可持续至劳动者法定退休年龄为止。无固定期限劳动合同在符合法律、法规规定的或双方当事人约定的变更、解除的条件或法定终止情形时,可以依法解除、变更、终止。

有下列情形之一的,劳动者提出或者同意续订、订立劳动合同的,除劳动者提出订立固定期限劳动合同外,用人单位应当与劳动者订立无固定期限劳动合同。

(1) 劳动者在该用人单位连续工作满 10 年的。连续工作满 10 年的起始时间应当自用人单位用工之日起计算,包括《劳动合同法》施行前的工作年限。劳动者非因本人原因从原用人单位被安排到新用人单位工作的,劳动者在原用人单位的工作年限合并计算为新用人单位的工作年限。原用人单位已经向劳动者支付经济补偿的,新用人单位在依法解除、终止劳动合同,计算支付经济补偿的工作年限时,不再计算劳动者在原用人单位的工作年限。

(2) 用人单位初次实行劳动合同制度或者国有企业改制重新订立劳动合同时,劳动者在该用人单位连续工作满 10 年且距法定退休年龄不足 10 年的。

(3) 连续订立 2 次固定期限劳动合同,且劳动者没有下列情形,续订劳动合同的:① 严重违反用人单位的规章制度的;② 严重失职,营私舞弊,给用人单位造成重大损害的;③ 劳动者同时与其他用人单位建立劳动关系,对完成本单位的工作任务造成严重影响,或者经用人单位提出,拒不改正的;④ 以欺诈、胁迫的手段或者乘人之危,使对方在违背真实意思的情况下订立或者变更劳动合同的;⑤ 被依法追究刑事责任的;⑥ 劳动者患病或者非因工负伤,在规定的医疗期满后不能从事原工作,也不能从事由用人单位另行安排的工作的;⑦ 劳动者不能胜任工作,经过培训或者调整工作岗位,仍不能胜任工作的。但连续订立固定期限劳动合同的次数,应自《劳动合同法》2008 年 1 月 1 日施行后续订固定期限劳动合同时开始计算。

(4) 用人单位自用工之日起满 1 年不与劳动者订立书面劳动合同的,视为用人单位自用工之日起满 1 年的当日已与劳动者订立无固定期限劳动合同。

用人单位违反《劳动合同法》规定不与劳动者订立无固定期限劳动合同的,应当自订立无固定期限劳动合同之日起向劳动者每月支付2倍的工资。

3. 以完成一定工作任务为期限的劳动合同

以完成一定工作任务为期限的劳动合同是指用人单位与劳动者约定以某项工作任务的完成时间为合同期限的劳动合同。当该项工作完成后,劳动合同即告终止。这种劳动合同便于用人单位根据工作性质、工作任务完成的状况,灵活确定劳动合同开始和结束的时间,具有较大的灵活性。

第二节 劳动合同的订立

一、劳动合同订立的原则

根据《劳动合同法》的规定,订立和变更劳动合同必须遵循下列原则。

(1) 合法原则。即劳动合同必须依法订立,不得违反法律、行政法规的规定,不得违反国家强制性、禁止性的规定。劳动合同依法订立即具有法律效力,用人单位与劳动者应当履行劳动合同约定的义务。而违法订立的劳动合同,会被劳动争议仲裁委员会或者人民法院认定为没有法律效力。合法原则的具体要求如下:

合法原则首先要求订立劳动合同的主体合法,即劳动合同的当事人必须具备合法资格,劳动者应是年满16周岁、身体健康、具有劳动能力的我国公民,外国公民也可在我国就业,但其就业年龄必须年满18周岁;用人单位应是依法成立或核准登记的企业、个体经济组织、民办非企业单位、国家机关、事业组织、社会团体,根据法律规定有使用和管理劳动者的权利。劳动合同的订立主体不合法,有可能导致劳动合同的全部无效,造成劳动合同无效的过错方根据法律规定要承担法律责任。

其次,劳动合同的内容要合法。劳动合同的内容必须符合国家法律、行政法规的规定,包括国家的劳动法律、法规,如违反《劳动法》约定周六加班不付加班费,这种约定无效,劳动合同的内容也不得违反国家的其他法律、行政法规,如违反《民法典》的规定,约定在宾馆工作的年轻女性不得结婚、恋爱,这种约定无效。

最后,劳动合同订立的程序和形式合法。劳动合同订立的程序必须符合法律规定,未经双方协商一致、强迫订立的劳动合同无效。劳动合同必须以书面形式订立。采用书面形式订立具有严肃、慎重、明确、有据的特点。

(2) 公平原则。即订立、履行、变更、解除或者终止劳动合同时,应公平合理,利益均衡,不得使某一方的利益过于失衡。作为劳动合同双方当事人的用人单位和劳动者法律地位是平等的,劳动关系的运行中不应有倾向性,但由于用人单位在组织上、经济地位上相对于劳动者存在明显的优势地位,且双方信息不对称,劳动者往往在劳动关系运行中处于劣势。因此,劳动合同立法及执法有必要通过制度设计,加强对劳动者利益的保护,消除双方当事人事实上的不平等,使劳动者与用人单位的利益均衡,以实现结果公平。

(3) 平等自愿、协商一致的原则。平等,是指在订立劳动合同过程中,双方当事人的法律地位平等,有双向选择权,不存在管理与服从的关系,任何一方不得凭借事实上的优势地位强迫对方接受不合理、不公平、不合法的条款;自愿,是指劳动合同的订立及其内容的达成,完全出于当事人自己的意志,是其真实意思的表示,任何一方不得将自己的意志强加于对方,也不允许第三者非法干预;协商一致,是指经过双方当事人充分协商,达成一致意见,签订劳动合同,劳动者被迫签订的劳动合同或未经协商一致签订的劳动合同为无效劳动合同。

(4) 诚实信用原则。诚实信用原则是指劳动合同的双方当事人订立、履行、变更、解除或者

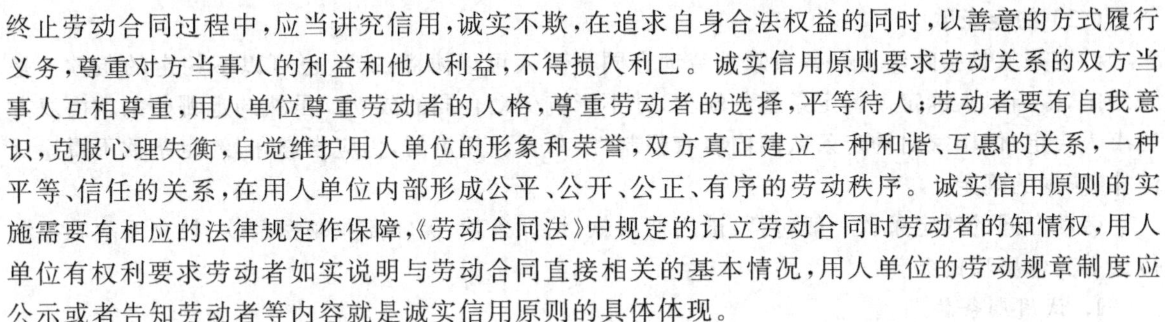

终止劳动合同过程中，应当讲究信用，诚实不欺，在追求自身合法权益的同时，以善意的方式履行义务，尊重对方当事人的利益和他人利益，不得损人利己。诚实信用原则要求劳动关系的双方当事人互相尊重，用人单位尊重劳动者的人格，尊重劳动者的选择，平等待人；劳动者要有自我意识，克服心理失衡，自觉维护用人单位的形象和荣誉，双方真正建立一种和谐、互惠的关系，一种平等、信任的关系，在用人单位内部形成公平、公开、公正、有序的劳动秩序。诚实信用原则的实施需要有相应的法律规定作保障，《劳动合同法》中规定的订立劳动合同时劳动者的知情权，用人单位有权利要求劳动者如实说明与劳动合同直接相关的基本情况，用人单位的劳动规章制度应公示或者告知劳动者等内容就是诚实信用原则的具体体现。

二、劳动合同的形式

劳动合同的形式，是指劳动合同当事人确立、变更、终止劳动权利义务关系的表现方式。《劳动合同法》第 10 条规定：建立劳动关系，应当订立书面劳动合同。同时要求劳动合同文本应当由用人单位和劳动者各执一份。

签订书面劳动合同是《劳动合同法》规定的用人单位应履行的强制性义务。如果不签订书面劳动合同，用人单位将承担相应的法律责任。用人单位自用工之日起即与劳动者建立劳动关系。《劳动合同法》规定：用人单位自用工之日起超过 1 个月不满 1 年未与劳动者订立书面劳动合同的，应当向劳动者每月支付 2 倍的工资。用人单位未在用工的同时订立书面劳动合同，与劳动者约定的劳动报酬不明确的，新招用的劳动者的劳动报酬应当按照企业的或者行业的集体合同规定的标准执行；没有集体合同的，用人单位应当对劳动者实行同工同酬。

劳动合同的书面形式除劳动合同书外，还包括专项劳动协议(指作为劳动合同书补充内容的书面文件，如岗位协议书)、用人单位依法制定的劳动规章制度等劳动合同书的附件。用人单位的劳动规章制度要依法制定，在制定、修改或者决定有关劳动报酬、工作时间、休息休假、劳动安全卫生、保险福利、职工培训、劳动纪律以及劳动定额管理等直接涉及劳动者切身利益的规章制度或者重大事项时，应当经职工代表大会或者全体职工讨论，提出方案和意见，与工会或者职工代表平等协商确定。在规章制度和重大事项决定实施过程中，工会或者职工认为不适当的，有权向用人单位提出，通过协商予以修改完善。用人单位并应当将直接涉及劳动者切身利益的规章制度和重大事项决定公示，或者告知劳动者。用人单位制定的内部规章制度与集体合同或者劳动合同约定的内容不一致，劳动者请求优先适用合同约定的，人民法院应予支持。

三、劳动合同的条款

劳动合同的条款，一般分为必备条款和约定条款。劳动合同的必备条款是法律规定劳动合同必须具备的条款，它是生效劳动合同所必须具备的条款。必备条款的不完善，会导致劳动合同的不能成立。向劳动者提供载明法律规定的必备条款的劳动合同文本是用人单位的法定义务。不履行这一义务，用人单位将承担行政责任和赔偿责任。《劳动合同法》第 81 条规定："用人单位提供的劳动合同文本未载明本法规定的劳动合同必备条款或者用人单位未将劳动合同文本交付劳动者的，由劳动行政部门责令改正；对劳动者造成损害的，应当承担赔偿责任。"

(一) 必备条款

必备条款一般包括：(1) 用人单位的名称、住所和法定代表人或者主要负责人；(2) 劳动者的姓名、住址和居民身份证或者其他有效身份证件号码；(3) 劳动合同期限；(4) 工作内容和工作地点；(5) 工作时间和休息休假；(6) 劳动报酬；(7) 社会保险；(8) 劳动保护、劳动条件和职业危害防护；(9) 法律、法规规定应当纳入劳动合同的其他事项。

(二) 约定条款

约定条款是指除法定必备条款外劳动合同当事人可以协商约定、也可以不约定的条款。是否约定,由当事人确定。约定条款的缺少,并不影响劳动合同的成立。虽然约定哪些条款由双方当事人决定,但国家对约定条款的内容有强制性、禁止性规定的,仍应当遵守,约定条款不得违反法律、法规的规定。

劳动合同的约定条款一般包括:试用期条款、培训条款、保守商业秘密条款、补充保险和福利待遇等其他事项的条款。

1. 试用期条款

劳动合同的试用期是劳动者和用人单位为相互了解、选择而约定的考察期。试用期满,被试用者即成为正式职工。对劳动合同的试用期,《劳动合同法》作了如下规定:

(1) 不能任意约定试用期的长短。《劳动合同法》对试用期的长短作出限制性规定。根据劳动合同的期限规定了不同时间长短的试用期。劳动合同期限 3 个月以上不满 1 年的,试用期不得超过 1 个月;劳动合同期限 1 年以上不满 3 年的,试用期不得超过 2 个月;3 年以上固定期限和无固定期限的劳动合同,试用期不得超过 6 个月。

(2) 限制试用期的约定次数。同一用人单位与同一劳动者只能约定一次试用期。劳动者在同一用人单位调整或变更工作岗位,用人单位不得再次约定试用期。

(3) 规定不得约定试用期的情形。以完成一定工作任务为期限的劳动合同或者劳动合同期限不满 3 个月的,不得约定试用期。非全日制用工不得约定试用期。

(4) 规定试用期不成立的情形。试用期包含在劳动合同期限内。劳动合同仅约定试用期的,试用期不成立,该期限为劳动合同期限。

(5) 保障试用期内劳动者的劳动报酬权。《劳动合同法》第 20 条规定,劳动者在试用期的工资不得低于本单位相同岗位最低档工资或者劳动合同约定工资的 80%,并不得低于用人单位所在地的最低工资标准。

(6) 试用期内劳动者的各项劳动权利受法律保护。试用期内用人单位为试用者提供的劳动条件不得低于劳动法律、法规规定的标准,用人单位应为试用者缴纳社会保险费。

(7) 对在试用期中的劳动者,用人单位不得滥用解雇权。除有证据证明劳动者不符合录用条件、有违规违纪违法行为、不能胜任工作等情形外,用人单位不得解除劳动合同。用人单位在试用期解除劳动合同的,应当向劳动者说明理由。

(8) 违反试用期规定应承担行政责任和赔偿责任。用人单位违反《劳动合同法》规定与劳动者约定的试用期无效,由劳动行政部门责令改正;违法约定的试用期已经履行的,由用人单位以劳动者试用期满月工资为标准,按已经履行的超过法定试用期的期限向劳动者支付赔偿金。

2. 保守商业秘密和与知识产权相关的保密事项条款

商业秘密是指不为公众所知悉,能为权利人带来经济利益,具有实用性并经权利人采取保密措施的技术信息和经营信息。用人单位与劳动者可以在劳动合同中约定保守用人单位的商业秘密和与知识产权相关的保密事项。约定保守商业秘密条款的目的在于保护用人单位的知识产权。双方当事人可以就商业秘密的范围、保密期限、保密措施、保密义务及违约责任和赔偿责任等进行约定。劳动者因违反约定保密事项给用人单位造成损失的,应承担赔偿责任。

3. 竞业限制条款

竞业限制是指双方当事人在劳动合同中约定的劳动者在劳动关系存续期间或在解除、终止劳动关系后的一定期限内不得自营或者为他人经营与原用人单位有竞争关系的业务。约定竞业限制条款的目的主要在于防止不正当竞争。在劳动合同中,双方当事人可以约定劳动者承担竞业限制的义务、违约责任及赔偿责任。我国法律规定竞业限制的期限最长不得超过2年，且在竞业限制期限内，用人单位应按月给予劳动者一定的经济补偿。劳动者违反竞业限制约定的，应当按照约定向用人单位支付违约金。竞业限制的人员，法律规定限于用人单位的高级管理人员、高级技术人员和其他负有保密义务的人员。竞业限制的范围、地域、期限由用人单位与劳动者约定，竞业限制的约定不得违反法律、法规的规定。

4. 服务期限协议

服务期，是指法律规定的因用人单位为劳动者提供专业技术培训，双方约定的劳动者为用人单位必须服务的期限。劳动关系实践中，用人单位经常通过服务期限协议，进行人力资源的合理调配。法律规定用人单位为劳动者提供专项培训费用，对其进行专业技术培训的，可以与该劳动者订立协议约定服务期，并约定劳动者违反服务期约定的，应当按照约定向用人单位支付违约金。同时，要保障劳动者的劳动报酬权，用人单位与劳动者约定服务期的，不影响按照正常的工资调整机制提高劳动者在服务期间的劳动报酬。

5. 违约金条款

违约金是用人单位与劳动者在劳动合同中约定的不履行或不完全履行劳动合同约定义务时，由违约方支付给对方的一定金额的货币。《劳动合同法》对违约金条款进行限制，规定只有在用人单位与劳动者约定服务期限、约定保守用人单位的商业秘密和与知识产权相关的保密事项、约定竞业限制条款时，才能与劳动者约定违约金，且对因劳动者违反服务期限协议而约定的违约金的数额不得超过用人单位提供的培训费用，用人单位要求劳动者支付的违约金不得超过服务期尚未履行部分所应分摊的培训费用。

四、劳动合同的效力

劳动合同依法成立，即具有法律效力，对双方当事人都有约束力。双方必须履行劳动合同中规定的义务。一般情况下，劳动合同依法成立，即双方当事人意思表示一致，签订劳动合同之日，就产生法律效力；双方当事人约定需鉴证或公证方可生效的劳动合同，其生效时间始于鉴证或公证之日。由于劳动合同的鉴证和公证采取自愿原则，所以鉴证和公证不是法律规定的劳动合同生效的必经程序。

劳动合同的无效是指当事人违反法律、法规，订立的不具有法律效力的劳动合同。劳动合同的无效有下列情形：(1) 以欺诈、胁迫的手段或者乘人之危，使对方在违背真实意思的情况下订立或者变更劳动合同的；(2) 用人单位免除自己的法定责任、排除劳动者权利的；(3) 违反法律、行政法规强制性规定的。

对劳动合同的无效或者部分无效有争议的，由劳动争议仲裁机构或者人民法院确认。劳动合同的无效，由劳动争议仲裁机构或者人民法院确认。劳动合同部分无效，不影响其他部分效力的，其他部分仍然有效。

一般认为，无效劳动合同的法律后果有：(1) 撤销劳动合同，适用于被确认为全部无效的劳动合同。被确认为无效的劳动合同，尚未履行的不得履行，正在履行的停止履行。劳动合同被确认无效，劳动者已付出劳动的，用人单位应当向劳动者支付劳动报酬。劳动报酬的数额，参照本单位相同或者相近岗位劳动者的劳动报酬确定。(2) 修正劳动合同，适用于被确认部分无效的劳动合同及程序不合法而无效的劳动合同。(3) 赔偿损失。由于用人单位原因订立的无效劳动合同，对劳动者造成损害的，应承担赔偿责任。

实务拓展(16-1)

劳动合同签订过程中的法律风险

第三节 劳动合同的履行

一、劳动合同的履行

劳动合同的履行是指劳动合同的双方当事人按照合同规定,履行各自应承担义务的行为。劳动合同依法订立即具有法律约束力,当事人必须履行合同规定的义务。履行劳动合同应保障劳动者劳动报酬权的实现,用人单位应当按照劳动合同约定和国家规定,向劳动者及时足额支付劳动报酬;用人单位拖欠或者未足额支付劳动报酬的,劳动者可以依法向当地人民法院申请支付令,人民法院应当依法发出支付令;用人单位安排加班的,应当按照国家有关规定向劳动者支付加班费。劳动合同应依法履行,用人单位应当严格执行劳动定额标准,不得强迫或者变相强迫劳动者加班;劳动者拒绝用人单位管理人员违章指挥、强令冒险作业的,不视为违反劳动合同。劳动者对危害生命安全和身体健康的劳动条件,有权对用人单位提出批评、检举和控告;用人单位变更名称、法定代表人、主要负责人或者投资人等事项,不影响劳动合同的履行;用人单位发生合并或者分立等情况,原劳动合同继续有效,劳动合同由承继其权利和义务的用人单位继续履行。

二、劳动合同的变更

劳动合同的变更是指当事人双方对尚未履行或尚未完全履行的劳动合同,依照法律规定的条件和程序,对原劳动合同进行修改或增删的法律行为。劳动合同变更应遵守平等自愿、协商一致原则,不得违反法律、行政法规的规定。用人单位与劳动者协商一致,可以变更劳动合同约定的内容。变更劳动合同,应当采用书面形式。变更后的劳动合同文本由用人单位和劳动者各执一份。劳动合同变更的条件应为订立劳动合同的主客观情况发生变化;其变更程序应与订立劳动合同的程序相同,如原劳动合同经过公证、鉴证的,变更后的劳动合同也应当经过公证和鉴证,方为有效变更。

三、劳动合同的解除

劳动合同的解除是指劳动合同当事人在劳动合同期限届满之前依法提前终止劳动合同关系的法律行为。劳动合同的解除可分为协商解除、用人单位单方解除、劳动者单方解除等。

(一) 双方协商解除劳动合同

用人单位与劳动者协商一致,可以解除劳动合同。《劳动法》对双方协商解除劳动合同没有规定实体、程序上的限定条件,只要双方达成一致,内容、形式、程序没有违反法律禁止性、强制性规定,该解除行为有效。但如果是由用人单位提出解除协议的,用人单位应向劳动者支付解除劳动合同的经济补偿金。

(二) 用人单位单方解除劳动合同

即具备法律规定的条件时,用人单位享有单方解除权,无需双方协商达成一致意见。用人单位单方解除劳动合同,应当事先将理由通知工会。用人单位违反法律、行政法规规定或者劳动合同约定的,工会有权要求用人单位纠正。用人单位应当研究工会的意见,并将处理结果书面通知工会。

用人单位单方解除劳动合同有三种情况。

(1) 过错性解除。即在劳动者有过错性情形时,用人单位有权单方解除劳动合同。《劳动合同法》对过错性解除的程序无严格的限制,且用人单位无需支付劳动者解除劳动合同的经济补偿

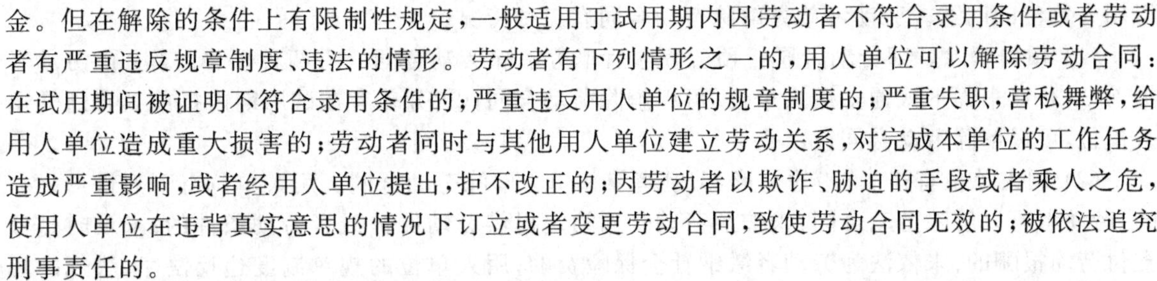

金。但在解除的条件上有限制性规定，一般适用于试用期内因劳动者不符合录用条件或者劳动者有严重违反规章制度、违法的情形。劳动者有下列情形之一的，用人单位可以解除劳动合同：在试用期间被证明不符合录用条件的；严重违反用人单位的规章制度的；严重失职，营私舞弊，给用人单位造成重大损害的；劳动者同时与其他用人单位建立劳动关系，对完成本单位的工作任务造成严重影响，或者经用人单位提出，拒不改正的；因劳动者以欺诈、胁迫的手段或者乘人之危，使用人单位在违背真实意思的情况下订立或者变更劳动合同，致使劳动合同无效的；被依法追究刑事责任的。

（2）非过错性解除。即劳动者本人无过错，但由于主客观原因致使劳动合同无法履行，用人单位在符合法律规定的情形，履行法律规定的程序后有权单方解除劳动合同。适用于劳动者有下列情形之一的：① 劳动者患病或者非因工负伤，医疗期满后，不能从事原工作也不能从事由用人单位另行安排的工作的。医疗期，是指劳动者根据其工龄等条件，依法可以享受的停工医疗并发给病假工资的期间，也是禁止解除劳动合同的期间。根据《劳动法》规定，医疗期根据劳动者工作年限的长短确定为3～24个月。② 劳动者不能胜任工作，经过培训或者调整工作岗位，仍不能胜任工作的。③ 劳动合同订立时所依据的客观情况发生重大变化，致使劳动合同无法履行，经用人单位与劳动者协商，未能就变更劳动合同内容达成协议的。对非过错性解除劳动合同，用人单位应履行提前30日以书面形式通知劳动者本人的义务或者以额外支付劳动者一个月工资代替提前通知义务后，可以解除劳动合同。用人单位还应承担支付经济补偿金的义务。

（3）裁员。这是指用人单位为降低劳动成本，改善经营管理，因经济或技术等原因一次裁减20人以上或者裁减不足20人但占企业职工总数10%以上的劳动者。裁员的人数限定为：裁减人员20人以上或者裁减不足20人但占企业职工总数10%以上的。裁员的程序规定为：用人单位提前30日向工会或者全体职工说明情况，听取工会或者职工的意见后，裁减人员方案经向劳动行政部门报告，可以裁减人员。裁员的法定情形限定为：依照《企业破产法》规定进行重整的；生产经营发生严重困难的；企业转产、重大技术革新或者经营方式调整，经变更劳动合同后，仍需裁减人员的；其他因劳动合同订立时所依据的客观经济情况发生重大变化，致使劳动合同无法履行的。为保护劳动者的利益，法律规定用人单位裁减人员时，应当优先留用下列人员：与本单位订立较长期限的固定期限劳动合同的；与本单位订立无固定期限劳动合同的；家庭无其他就业人员，有需要扶养的老人或者未成年人的。用人单位依法裁减人员，在6个月内重新招用人员的，应当通知被裁减的人员，并在同等条件下优先招用被裁减的人员。用人单位应当依法向被裁减人员支付经济补偿金。

为保护劳动者的合法权益，防止用人单位滥用解除权，法律除规定解除条件和程序、用人单位单方解除劳动合同需征求工会意见外，还规定了禁止解除劳动合同的条件，规定劳动者有下列情形之一的，用人单位不得依据《劳动合同法》第40条、第41条规定非过错性解除劳动合同或裁员：从事接触职业病危害作业的劳动者未进行离岗前职业健康检查，或者疑似职业病病人在诊断或者医学观察期间的；在本单位患职业病或者因工负伤并被确认丧失或者部分丧失劳动能力的；患病或者非因工负伤，在规定的医疗期内的；女职工在孕期、产期、哺乳期的；在本单位连续工作满15年，且距法定退休年龄不足5年的；法律、行政法规规定的其他情形。

用人单位应当在解除劳动合同同时出具终止劳动合同的证明，并在15日内为劳动者办理档案和社会保险关系转移手续。劳动者应当按照双方约定，办理工作交接。用人单位在办结工作交接时向劳动者支付经济赔偿。用人单位对已经终止的劳动合同的文本，至少保存2年备查。

（三）劳动者单方解除劳动合同

即具备法律规定的条件时，劳动者享有单方解除权，无须双方协商达成一致意见，也无须征得用人单位的同意。劳动者单方解除劳动合同有三种情况。

(1) 预告解除。即劳动者履行预告程序后单方解除劳动合同。有两种预告解除:① 劳动者提前30日以书面形式通知用人单位,可以解除劳动合同;② 劳动者在试用期内提前3日通知用人单位,可以解除劳动合同。

(2) 用人单位有违法、违约情形,劳动者有权单方解除劳动合同。用人单位有下列情形之一的,劳动者可以解除劳动合同:未按照劳动合同约定提供劳动保护或者劳动条件的;未及时足额支付劳动报酬的;未依法为劳动者缴纳社会保险费的;用人单位的规章制度违反法律、法规的规定,损害劳动者权益的;因用人单位以欺诈、胁迫的手段或者乘人之危,使劳动者在违背真实意思的情况下订立或者变更劳动合同而致使劳动合同无效的;法律、行政法规规定劳动者可以解除劳动合同的其他情形。

(3) 立即解除劳动合同。在用人单位有危及劳动者人身自由和人身安全的情形时,劳动者有权立即解除劳动合同。用人单位以暴力、威胁或者非法限制人身自由的手段强迫劳动者劳动的,或者用人单位违章指挥、强令冒险作业危及劳动者人身安全的,劳动者可以立即解除劳动合同,不需事先告知用人单位。

四、劳动合同的终止

劳动合同的终止,是指劳动合同的法律效力自然消失或经判决、裁决而消失。劳动合同的终止必须符合法定的条件。

除劳动合同期限届满终止外,下列情况劳动合同也应终止:(1) 劳动合同双方当事人发生劳动争议,经劳动仲裁机关或人民法院判决终止其效力的。(2) 劳动者达到退休年龄、劳动者死亡或者人民法院宣告死亡或者宣告失踪的、劳动者完全丧失劳动能力的。(3) 用人单位被依法宣告破产,被吊销营业执照、责令关闭、撤销或者用人单位提前解散,使得原劳动关系一方主体不复存在的。(4) 劳动合同履行中,由于自然因素或社会因素而发生了不可抗力的情况,如地震、水灾、火灾、战争等事由,在合同期限内不可能恢复,原劳动合同无法继续履行或履行成为不必要的。(5) 劳动合同经劳动仲裁机构或人民法院确认无效的。(6) 经双方当事人协商同意终止劳动合同的。

劳动合同期满,劳动者有下列情形之一而延续,相应的情形消失时劳动合同终止:(1) 从事接触职业病危害作业的劳动者未进行离岗前职业健康检查,或者疑似职业病人在诊所或者医学观察期间的。(2) 在本单位患职业病或者因工负伤并被确认丧失或者部分丧失劳动能力的。(3) 患病或者非因工负伤,在规定的医疗期内的。(4) 女职工在孕期、产期、哺乳期的。(5) 在本单位连续工作满15年,且距离法定退休年龄不足5年的。(6) 法律、行政法规规定的其他情形。

丧失或者部分丧失劳动能力的劳动者的劳动合同的终止,按照国有关工伤保险的规定执行。

根据《劳动合同法》的规定,劳动合同终止是因为劳动合同期满的,除用人单位维持或者提高劳动合同约定条件续订劳动合同,劳动者不同意续订的情形下,用人单位应向劳动者支付经济补偿;或者是因用人单位被依法宣告破产,被吊销营业执照、责令关闭、撤销或者用人单位提前解散的,用人单位也应当向劳动者支付经济补偿。

用人单位违反法律规定终止劳动合同,劳动者请求继续履行劳动合同的,用人单位应当继续履行;劳动者不请求继续履行劳动合同或者劳动合同已经不能继续履行的,用人单位应当支付赔偿金。

用人单位应当在终止劳动合同同时出具终止劳动合同的证明,并在15日内为劳动者办理档案和社会保险关系转移手续。劳动者应当按照双方约定,办理工作交接。用人单位在办结工作交接时向劳动者支付经济赔偿。用人单位对已经终止的劳动合同的文本，至少保存2年备查。

五、经济补偿金

经济补偿金是用人单位解除或终止劳动合同时，给予劳动者的一次性货币补偿。

经济补偿金的目的在于从经济方面制约用人单位的解雇行为，对失去工作的劳动者给予经济上的补偿，并解决劳动合同短期化问题。

(一) 补偿标准

经济补偿按劳动者在本单位工作的年限，每满1年支付1个月工资的标准向劳动者支付。月工资是指劳动者在劳动合同解除或者终止前12个月的平均工资。6个月以上不满1年的，按1年计算；不满6个月的，向劳动者支付半个月工资的经济补偿。经济补偿金最高数额的限制：劳动者月工资高于用人单位所在直辖市、设区的市级人民政府公布的本地区上年度职工月平均工资3倍的，向其支付经济补偿的标准按职工月平均工资3倍的数额支付，向其支付经济补偿的年限最高不超过12年。

(二) 用人单位应当支付经济补偿金的法定情形

根据《劳动合同法》第46条的规定，用人单位应当在下列情形下，向劳动者支付经济补偿金：(1) 因用人单位违法、违约迫使劳动者依照《劳动合同法》第38条解除劳动合同的。(2) 用人单位依照《劳动合同法》第36条规定向劳动者提出解除劳动合同并与劳动者协商一致解除劳动合同的。(3) 用人单位依照《劳动合同法》第40条规定解除劳动合同的。(4) 用人单位依照《劳动合同法》第41条第1项规定解除劳动合同的。即以裁员的方式解除与劳动者的劳动合同的，用人单位应向劳动者支付经济补偿金。(5) 除用人单位维持或者提高劳动合同约定条件续订劳动合同，劳动者不同意续订的情形外，依照《劳动合同法》第44条第1项规定终止固定期限劳动合同的。即在劳动合同期满时，用人单位以低于原劳动合同约定的条件要求与劳动者续订劳动合同，而劳动者不同意续订的，用人单位须向劳动者支付经济补偿金。反之，用人单位则不必向劳动者支付经济补偿金。(6) 依照《劳动合同法》第44条第4项、第5项规定终止劳动合同的。即在用人单位因被依法宣告破产，被吊销营业执照、责令关闭、撤销或者用人单位决定提前解散的而终止劳动合同的，用人单位应向劳动者支付经济补偿金。(7) 法律、行政法规规定的其他情形。

经济补偿金应在劳动者离职办理工作交接时支付给劳动者。为解决法律衔接问题，《劳动合同法》规定，施行之日存续的劳动合同在《劳动合同法》施行后解除或者终止，依法应当支付经济补偿的，经济补偿年限自《劳动合同法》施行之日起计算；《劳动合同法》施行前按照当时有关规定，用人单位应当向劳动者支付经济补偿的，按照当时有关规定执行。

第四节 《劳动合同法》的特别规定

一、集体合同

(一) 集体合同的概念

集体合同又称团体协议、集体协议或联合工作合同，是指工会或劳动者代表与用人单位或者组织之间就劳动者的劳动报酬、工作时间、休息休假、劳动安全卫生、职业培训、保险福利等事项在平等协商的基础上达成的书面协议。签订集体合同的直接目的并非在于确立劳动关系，明确用人单位与劳动者的权利、义务，而在于平衡劳动者与用人单位的力量，保护劳动者的合法权益。因而集体合同是协调劳动关系、保护劳动者权益、建立现代企业管理制度的重要手段。

(二) 集体合同的特征

(1) 集体合同的主体具有特定性。集体合同的一方是用人单位或其团体,另一方是工会或劳动者代表。

(2) 集体合同的内容侧重于维护劳动者权益的规定。集体合同是以劳动者劳动条件、生活条件为主要内容的协议。集体合同以集体劳动关系中全体劳动者的共同权利和义务为内容,可能涉及劳动关系的各个方面,也可能只涉及劳动关系的某个方面(如工资集体合同等)。

(3) 集体合同具有较强的法定性。缔结集体合同,确定劳动权利义务时,要求当事人不得违背国家意志,在国家法律、法规许可的范围内确定具体的劳动权利和义务,以形成集体劳动关系。集体合同的订立要受国家法律、法规的约束,当事人不能自由决定是否订立集体合同,并且集体合同的劳动条件要高于劳动基准。同时,按照我国有关法律法规规定,集体合同的订立有严格的程序和形式要求。签订集体合同的程序依次为:确定协商代表;集体协商,制订草案;职工讨论,通过草案;签字上报,审查备案;即行生效,公布履行。至于劳动合同的形式,我国要求集体合同必须采用书面形式。

(4) 集体合同具有劳动基准法的效能。集体合同对签订合同的单个用人单位或用人单位团体所代表的全体用人单位,以及工会所代表的全体劳动者都有法律效力。根据我国劳动法规的规定,依法订立的集体合同对企业和企业全体劳动者具有法律约束力。

很明显,相对于劳动合同而言,集体合同在目的、主体、内容、形式、适用范围、效力层次等方面均有不同。

(三) 劳动合同与集体合同的关系

实践中,在处理劳动合同与集体合同的关系时应注意以下几点。

(1) 劳动合同规定的劳动者的个人劳动条件和劳动标准不得低于集体合同的规定,否则无效。《劳动合同法》第 55 条规定:“集体合同中劳动报酬和劳动条件等标准不得低于当地人民政府规定的最低标准;用人单位与劳动者订立的劳动合同中劳动报酬和劳动条件等标准不得低于集体合同规定的标准。”

(2) 劳动合同约定不明时,适用集体合同的规定。《劳动合同法》第 18 条规定:“劳动合同对劳动报酬和劳动条件等标准约定不明确,引发争议的,用人单位与劳动者可以重新协商;协商不成的,适用集体合同规定;没有集体合同或者集体合同未规定劳动报酬的,实行同工同酬;没有集体合同或者集体合同未规定劳动条件等标准的,适用国家有关规定。”

(3) 未订立书面劳动合同的,有集体合同适用集体合同的规定。《劳动合同法》第 11 条规定:“用人单位未在用工的同时订立书面劳动合同,与劳动者约定的劳动报酬不明确的,新招用的劳动者的劳动报酬按照集体合同规定的标准执行;没有集体合同或者集体合同未规定的,实行同工同酬。”

(四) 集体合同的订立

集体合同的订立,是指工会或职工代表与企业单位之间,为规定用人单位和全体职工的权利义务而依法就集体合同条款经过协商一致,确立集体合同关系的法律行为。在我国,集体合同主要是由代表劳动者的工会或职工代表与企业签订。尚未建立工会的用人单位,由上级工会指导劳动者推举的代表与用人单位订立。在县级以下区域内,建筑业、采矿业、餐饮服务业等行业可以由工会与企业方面代表订立行业性集体合同,或者订立区域性集体合同。企业职工一方与用人单位可以订立劳动安全卫生、女职工权益保护、工资调整机制等专项集体合同。

集体合同按如下程序订立:(1) 讨论集体合同草案或专项集体合同草案。经双方代表协商一致的集体合同草案或专项集体合同草案应提交职工代表大会或者全体职工讨论。(2) 通过草案。全体职工代表半数以上或者全体职工半数以上同意,集体合同草案或专项集体合同草案方获通过。(3) 集体协商双方首席代表签字。

集体合同的生效与劳动合同的生效不同,法律对集体合同的生效规定了特殊程序:集体合同订立后,应当报送劳动行政部门;劳动行政部门自收到集体合同文本之日起 15 日内未提出异议的,集体合同即行生效。依法订立的集体合同对用人单位和劳动者具有约束力。行业性、区域性集体合同对当地本行业、本区域的用人单位和劳动者具有约束力。

(五) 集体合同争议

集体合同争议包括因签订发生的争议(集体协商争议)和因履行而发生的争议两种。我国法律规定,对因签订集体合同发生争议,当事人不能协商解决的,当事人一方或双方可以书面向劳动保障行政部门提出协调处理申请;未提出申请的,劳动行政部门认为必要时可以进行协调处理。因履行集体合同所确定的权利义务,当事人发生争议的,先由当事人协商解决;协商解决不成的,可以向劳动争议仲裁委员会申请仲裁;对仲裁裁决不服的,可以自收到仲裁裁决书之日起 15 日内向人民法院提起诉讼。

实践中,用人单位违反集体合同,侵犯职工劳动权益的,工会可以依法要求用人单位承担责任;因履行集体合同发生争议,经协商解决不成的,工会可以依法申请仲裁、提起诉讼。

二、劳务派遣

(一) 概述

劳务派遣又称劳动派遣、劳动租赁、员工租赁等,是指作为用人单位的劳务派遣单位与被派遣劳动者订立劳务派遣协议,将被派遣劳动者派遣至实际用工单位,从而形成的一种用工形式。在这一用工形式中,"雇佣"与"使用"实现了分立,即劳动合同关系存在于劳务派遣单位与被派遣劳动者之间,但劳动力给付的事实则发生于被派遣劳动者与实际用工单位之间。劳务派遣的法律关系主体涉及被派遣劳动者、用人单位、实际用工单位三方,其关系被形象地称为"三角雇佣关系",如图 16-1 所示。

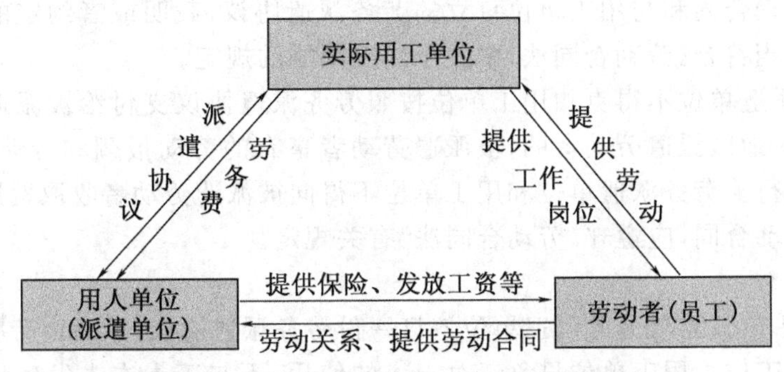

图 16-1　劳务派遣合同三方主体间的关系

如图 16-1 所示,劳务派遣是用人单位为向第三人给付劳动而雇用受派遣劳动者,它是典型的"有关系无劳动,有劳动无关系",即劳务派遣单位与被派遣劳动者建立劳动关系,但劳动者却不为劳务派遣单位提供劳动,劳动者为用工单位提供劳动,但却没有劳动关系,造成了劳动力的雇佣和劳动力的使用分离。

(二) 劳务派遣的特殊规定

实践中,企业依法适用劳务派遣这种用工形式,可以简化管理程序、降低成本费用。为了使劳务派遣能够得到健康发展,同时防止用工单位规避劳动法规,维护被派遣劳动者合法权益,《劳动合同法》对劳务派遣作出了一些特别规定。

1. 劳务派遣用工的适用范围

劳动合同用工是我国企业的基本用工形式。劳务派遣用工是补充形式,只能在临时性、辅助性或者替代性的工作岗位上实施。临时性工作岗位是指存续时间不超过 6 个月的岗位;辅助性工作岗位是指为主营业务岗位提供服务的非主营业务岗位;替代性工作岗位是指用工单位的劳动者因脱产学习、休假等原因无法工作的一定期间内,可以由其他劳动者替代工作的岗位。

用工单位应当严格控制劳务派遣用工数量,不得超过其用工总量的一定比例。

2. 劳务派遣单位

劳务派遣单位是将劳动者派遣到实际用工单位的企业法人。只有依法设立的能够独立承担民事法律责任,且具备一定经济实力以承担被派遣劳动者义务的公司法人才能专门从事劳务派遣经营。《劳动合同法》规定,经营劳务派遣业务,应当向劳动行政部门依法申请行政许可。经许可的,依法办理相应的公司登记;未经许可的,任何单位和个人不得经营劳务派遣业务。

同时,经营劳务派遣业务的劳务派遣单位应当具备以下条件:(1) 注册资本不得少于人民币 200 万元;(2) 有与开展业务相适应的固定的经营场所和设施;(3) 有符合法律、行政法规规定的劳务派遣管理制度;(4) 法律、行政法规规定的其他条件。

用人单位不得设立劳务派遣单位向本单位或者所属单位派遣劳动者。实践中,用人单位或者其所属单位出资或者合伙设立的劳务派遣单位,向本单位或者所属单位派遣劳动者的,应予禁止。

作为用人单位,劳务派遣单位应当履行用人单位对劳动者的义务,遵守《劳动法》的相关规定,与被派遣的劳动者订立书面劳动合同。其劳动合同应符合如下要求:(1) 在劳动合同中除应当载明劳动合同的必备条款外,还应当载明被派遣劳动者的用工单位以及派遣期限、工作岗位等情况;(2) 劳务派遣单位应当与被派遣劳动者订立两年以上的固定期限劳动合同(不得以非全日制用工形式招用被派遣劳动者),按月支付劳动报酬;被派遣劳动者在无工作期间,劳务派遣单位应当按照所在地人民政府规定的最低工资标准,向其按月支付报酬。(3) 劳务派遣单位与被派遣劳动者订立的劳动合同和与用工单位订立的劳务派遣协议,载明或者约定的向被派遣劳动者支付的劳动报酬应当符合《劳动合同法》中关于同工同酬的规定。

实践中,劳务派遣单位不得克扣用工单位按照劳务派遣协议支付给被派遣劳动者的劳动报酬;劳务派遣单位跨地区派遣劳动者的,被派遣劳动者享有的劳动报酬和劳动条件,按照用工单位所在地的标准执行。劳务派遣单位和用工单位不得向被派遣劳动者收取费用。劳务派遣单位解除与劳动者的劳动合同,应遵守《劳动合同法》有关规定。

3. 用工单位

实践中,用工单位只需与劳务派遣单位签订一份劳务派遣协议,然后由劳务派遣单位把合适人员派到用工单位工作。用工单位只负责对工人的使用,不与工人本人发生任何隶属关系。显然,以"不求所有、但求所用","你用人、我管人"为特征的劳务派遣用工形式有利于降低实际用工单位的经营和管理成本。

为了防止用工单位规避劳动法律法规,维护被派遣劳动者的合法权益,《劳动合同法》从以下几个方面强化劳务派遣中实际用工单位的义务:执行国家劳动标准,提供相应的劳动条件和劳动保护,告知被派遣劳动者的工作要求和劳动报酬;支付加班费、绩效奖金,提供与工作岗位相关的福利待遇;对在岗被派遣劳动者进行工作岗位所必需的培训;连续用工的,实行正常的工资调整机制;不得将被派遣劳动者再派遣到其他用人单位;不得设立劳务派遣单位向本单位或者所属单位派遣劳动者。

《民法典》规定，劳务派遣期间，被派遣的工作人员因执行工作任务造成他人损害的，由接受劳务派遣的用工单位承担侵权责任；劳务派遣单位有过错的，承担相应的责任。

4. 被派遣劳动者

《劳动合同法》赋予被派遣劳动者如下权利：(1) 同工同酬的权利。享有与用工单位的劳动者同工同酬的权利，用工单位应当按照同工同酬原则，对被派遣劳动者与本单位同类岗位的劳动者实行相同的劳动报酬分配办法。用工单位无同类岗位劳动者的，参照用工单位所在地相同或者相近岗位劳动者的劳动报酬确定。(2) 参加和组织工会的权利。被派遣劳动者有权在劳务派遣单位或者用工单位依法参加或者组织工会，维护自身的合法权益。(3) 解除劳动合同的权利，被派遣劳动者可以依照《劳动合同法》与用人单位协商一致解除劳动合同，在用人单位有违法、违约情形时，被派遣劳动者有权与劳务派遣单位单方解除劳动合同。

5. 劳务派遣协议

劳务派遣协议是劳务派遣单位与实际用工单位就劳务派遣事项签订的书面协议。《劳动合同法》规定：劳务派遣单位派遣劳动者应当与接受以劳务派遣形式用工的单位订立劳务派遣协议。劳务派遣协议应当约定派遣岗位和人员数目、派遣期限、劳动报酬和社会保险费的数额与支付方式以及违反协议的责任；劳务派遣一般在临时性、辅助性或者替代性的工作岗位上实施；用工单位应当根据工作岗位的实际需要与劳务派遣单位确定派遣期限，不得将连续用工期限分割订立数个短期劳务派遣协议。劳务派遣单位应当将劳务派遣协议的内容告知被派遣劳动者；被派遣劳动者有知情权。

6. 用工单位与劳务派遣单位承担连带责任

为了促进劳务派遣的健康发展，促使实际用工单位与规范的劳务派遣单位合作，督促劳务派遣单位依法履行义务，《劳动合同法》规定：在被派遣劳动者合法权益受到侵害时，用工单位与劳务派遣单位承担连带赔偿责任。

三、非全日制用工

(一) 非全日制用工的概念和特征

1. 非全日制用工的概念

非全日制用工是相对于全日制工作的用工形式。根据我国《劳动合同法》的规定，非全日制用工是指以小时计酬为主，劳动者在同一用人单位一般平均每日工作时间不超过 4 小时，每周工作时间累计不超过 24 小时的用工形式。

2. 非全日制用工的特征

作为灵活用工的一种重要形式，非全日制用工具有以下特征：(1) 非全日制用工的工作时间少于全日制用工；(2) 非全日制劳动者可以和一个以上的雇主建立劳动关系；(3) 非全日制就业可以满足用人单位用工灵活性的需求，并降低用人单位的劳动成本。

(二) 非全日制劳动合同的签订、解除和终止

1. 非全日制劳动合同的签订

《劳动合同法》规定：非全日制用工双方当事人可以订立口头协议，但劳动者提出订立书面劳动合同的，应当以书面形式订立。

非全日制劳动合同的内容应当包括工作时间和期限、工作内容、劳动报酬、劳动保护和劳动条件 5 项必备条款，同时也可以约定保密条款，但不得约定试用期。实践中，需要注意以下几点：(1) 用人单位支付非全日制劳动者的小时工资不得低于当地政府颁布的小时最低工资标准。非

全日制用工劳动报酬结算支付周期最长不得超过 15 日。(2) 用人单位应按照国家有关规定为建立劳动关系的非全日制劳动者缴纳工伤保险费。从事非全日制工作的劳动者发生工伤的,依法享受工伤保险待遇。(3) 劳动争议的处理方式应按照国家劳动争议处理的相关规定执行。即劳动争议发生后 60 日内双方均可以向劳动争议仲裁委员会提起仲裁,对仲裁裁决不服的一方可以向人民法院提起诉讼。

从事非全日制用工的劳动者可以与一个或者一个以上用人单位订立劳动合同;但是,后订立的劳动合同不得影响先订立的劳动合同的履行。

2. 非全日制劳动合同的解除和终止

在非全日制劳动合同中,《劳动合同法》对用人单位和非全日制劳动者均赋予较大的劳动合同解除权,规定非全日制用工双方当事人任何一方都可以随时通知对方终止用工。终止用工,用人单位不向劳动者支付经济补偿。

第五节 劳动争议及其解决

劳动争议又称劳动纠纷,是指劳动关系双方当事人因执行劳动法律、法规或履行劳动合同、集体合同发生的纠纷。《劳动争议调解仲裁法》和《民事诉讼法》是我国处理劳动争议的主要法律依据。实践中,人力资源和社会保障部颁布的《劳动人事争议仲裁办案规则》在处理劳动争议时具有参考作用。

实务拓展(16-2)

有关劳动纠纷的典型案例

一、劳动争议的处理机构

(一) 劳动争议调解机构

劳动争议调解委员会(以下简称调解委员会)是依法成立的调解本单位发生的劳动争议的群众性组织。我国的劳动争议调解委员会主要有:企业劳动争议调解委员会;依法设立的基层人民调解组织;在乡镇、街道设立的具有劳动争议调解职能的组织。企业劳动争议调解委员会由职工代表和企业代表组成。职工代表由工会成员担任或者由全体职工推举产生,企业代表由企业负责人指定。企业劳动争议调解委员会主任由工会成员或者双方推举的人员担任。

(二) 劳动争议仲裁机构

劳动争议仲裁委员会(以下简称仲裁委员会)是国家授权、依法独立地对劳动争议案件进行仲裁的专门机构。劳动争议仲裁委员会按照统筹规划、合理布局和适应实际需要的原则设立。省、自治区人民政府可以决定在市、县设立;直辖市人民政府可以决定在区、县设立。直辖市、设区的市也可以设立一个或者若干个劳动争议仲裁委员会。劳动争议仲裁委员会不按行政区划层层设立。

劳动争议仲裁委员会由劳动行政部门代表、工会代表和企业方面代表组成。劳动争议仲裁委员会组成人数应当是单数。

劳动争议仲裁委员会负责管辖本区域内发生的劳动争议。劳动争议仲裁委员会受理本行政区域内的下列劳动争议案件:因确认劳动关系发生的争议;因订立、履行、变更、解除和终止劳动合同发生的争议;因除名、辞退和辞职、离职发生的争议;因工作时间、休息休假、社会保险、福利、培训以及劳动保护发生的争议;因劳动报酬、工伤医疗费、经济补偿或者赔偿金等发生的争议;法律、法规规定的其他劳动争议。

劳动争议由劳动合同履行地或者用人单位所在地的劳动争议仲裁委员会管辖。双方当事人分别向劳动合同履行地和用人单位所在地的劳动争议仲裁委员会申请仲裁的,由劳动合同履行地的劳动争议仲裁委员会管辖。

劳动争议仲裁委员会仲裁劳动争议，实行仲裁庭、仲裁员制度。仲裁庭仲裁实行少数服从多数的原则。劳动争议仲裁不收费。劳动争议仲裁委员会的经费由财政予以保障。

劳动争议仲裁委员会依法进行仲裁，依法决定劳动争议案件的受理、仲裁庭的组成、仲裁员的回避；依法对案件进行调查研究、进行调解和作出裁决。

(三) 人民法院

人民法院是审理劳动争议案件的司法机构。我国尚未设立劳动法院或劳动法庭，由各级人民法院的民事审判庭审理劳动争议案件。其受案范围为属于《劳动争议调解仲裁法》第 2 条规定的劳动争议，当事人不服劳动争议仲裁委员会作出的裁决，依法向人民法院起诉的，人民法院应当受理：(1) 劳动者与用人单位在履行劳动合同过程中发生的纠纷。(2) 劳动者与用人单位之间没有订立书面劳动合同，但已形成劳动关系后发生的纠纷。(3) 劳动者退休后，与尚未参加社会保险统筹的原用人单位因追索养老金、医疗费、工伤保险待遇和其他社会保险费而发生的纠纷。(4) 用人单位和劳动者因劳动关系是否已经解除或者终止，以及应否支付解除或终止劳动关系经济补偿金产生的争议，经劳动争议仲裁委员会仲裁后，当事人依法起诉的。(5) 劳动者与用人单位解除或者终止劳动关系后，请求用人单位返还其收取的劳动合同定金、保证金、抵押金、抵押物产生的争议，或者办理劳动者的人事档案、社会保险关系等移转手续产生的争议，经劳动争议仲裁委员会仲裁后，当事人依法起诉的。(6) 劳动者因为工伤、职业病，请求用人单位依法给予工伤保险待遇的争议，经劳动争议仲裁委员会仲裁后，当事人依法起诉的。

二、劳动争议的解决方式及处理程序

《劳动法》规定：用人单位与劳动者发生劳动争议，当事人可以依法申请调解、仲裁、提起诉讼，也可以协商解决。根据这一规定，我国劳动争议的解决方式主要有协商、调解、仲裁和诉讼。发生劳动争议，当事人不愿协商、协商不成或者达成和解协议后不履行的，可以向调解组织申请调解；不愿调解、调解不成或者达成调解协议后不履行的，可以向劳动争议仲裁委员会申请仲裁；对仲裁裁决不服的，除法律另有规定外，可以向人民法院提起诉讼。

(一) 协商

发生劳动争议，劳动者可以与用人单位协商，也可以请工会或者第三方共同与用人单位协商，达成和解协议。

劳动争议发生后，当事人应当协商解决，协商一致后，双方可达成和解协议，但和解协议无必须履行的法律效力，而是由双方当事人自觉履行。协商不是处理劳动争议的必经程序，当事人不愿协商或协商不成，可以向调解委员会申请调解或向仲裁委员会申请仲裁。

(二) 调解

发生劳动争议，当事人不愿协商、协商不成或者达成和解协议后不履行的，可以向调解委员会申请调解。当事人双方愿意调解的，可以书面或口头形式向调解委员会申请调解。调解委员会接到调解申请后，可依据合法、公正、及时、着重调解原则进行调解。调解委员会调解劳动争议，应当自当事人申请调解之日起 15 日内结束；到期未结束的，视为调解不成，当事人可以向当地劳动争议仲裁委员会申请仲裁。经调解达成协议的，制作调解协议书。调解协议书由双方当事人签名或者盖章，经调解员签名并加盖调解委员会印章后生效，对双方当事人具有约束力，当事人自觉履行。达成调解协议后，一方当事人在协议约定期限内不履行调解协议的，另一方当事人可以依法申请仲裁。

劳动者可以申请支付令。因支付拖欠劳动报酬、工伤医疗费、经济补偿或者赔偿金事项达成调解协议,用人单位在协议约定期限内不履行的,劳动者可以持调解协议书依法向人民法院申请支付令。人民法院应当依法发出支付令。

调解不是劳动争议解决的必经程序,不愿调解、调解不成或者达成调解协议后不履行的,可以向劳动争议仲裁委员会申请仲裁。

(三) 仲裁

仲裁是劳动争议案件处理必经的法律程序。发生劳动争议,当事人不愿调解、调解不成或者达成调解协议后不履行的,可以向仲裁委员会申请仲裁。劳动争议发生后,当事人任何一方都可直接向仲裁委员会申请仲裁。

劳动争议申请仲裁的时效期间为 1 年。仲裁时效期间从当事人知道或者应当知道其权利被侵害之日起计算。仲裁时效的中断,因当事人一方向对方当事人主张权利,或者向有关部门请求权利救济,或者对方当事人同意履行义务而中断。从中断时起,仲裁时效期间重新计算。因不可抗力或者有其他正当理由,当事人不能在法律规定的仲裁时效期间申请仲裁的,仲裁时效中止。从中止时效的原因消除之日起,仲裁时效期间继续计算。劳动关系存续期间因拖欠劳动报酬发生争议的,劳动者申请仲裁不受 1 年仲裁时效期间的限制;但是,劳动关系终止的,应当自劳动关系终止之日起 1 年内提出。

提出仲裁要求的一方应当自劳动争议发生之日起 1 年内向仲裁委员会提出书面申请。仲裁委员会接到仲裁申请后,应当在 5 日内作出是否受理的决定。受理后,应当在收到仲裁申请的 45 日内作出仲裁裁决。案情复杂需要延期的,经仲裁委员会主任批准,可以延期并书面通知当事人,但是延长期限不得超过 15 日。逾期未作出仲裁裁决的,当事人可以就该劳动争议事项向人民法院提起诉讼。

仲裁委员会可依法进行调解,经调解达成协议的,制作仲裁调解书。仲裁调解书具有法律效力,自送达之日起具有法律约束力,当事人须自觉履行,一方当事人不履行的,另一方当事人可向人民法院申请强制执行。

发生劳动争议,当事人对自己提出的主张,有责任提供证据。在劳动争议案件中,用人单位的举证责任重大,与争议事项有关的证据属于用人单位掌握管理的,用人单位应当提供;用人单位不提供的,应当承担不利后果。

仲裁委员会对部分案件有先予执行的裁决权:仲裁庭对追索劳动报酬、工伤医疗费、经济补偿或者赔偿金的案件,根据当事人的申请,可以裁决先予执行,移送人民法院执行。

为使劳动者的权益得到快捷的保护,加快劳动争议案件的处理时间,仲裁委员会对下列案件实行一裁终局:追索劳动报酬、工伤医疗费、经济补偿或者赔偿金,不超过当地月最低工资标准 12 个月金额的争议;因执行国家的劳动标准在工作时间、休息休假、社会保险等方面发生的争议。上述案件的仲裁裁决为终局裁决,裁决书自作出之日起发生法律效力,劳动者对一裁终局的仲裁裁决不服的,可以自收到仲裁裁决书之日起 15 日内向人民法院起诉。而用人单位对一裁终局的仲裁裁决,不能再向法院起诉,也不能申请再次仲裁,但在具备法定情形时,用人单位可以向人民法院申请撤销。

除一裁终局的仲裁裁决以外的其他劳动争议案件的仲裁裁决,当事人不服的,可以自收到仲裁裁决书之日起 15 日内向人民法院提起诉讼;期满不起诉的,裁决书发生法律效力。一方当事人逾期不履行,另一方当事人可以向人民法院申请强制执行。受理申请的人民法院应当依法执行。

(四) 诉讼

当事人对仲裁裁决不服的,可自收到仲裁裁决书之日起 15 日内向人民法院提起诉讼。对经过仲裁裁决，当事人向法院起诉的劳动争议案件，人民法院应当受理。

(1) 人民法院对当事人因仲裁委员会不予受理而起诉到法院的案件的处理。仲裁委员会以当事人申请仲裁的事项不属于劳动争议为由，作出不予受理的书面裁决、决定或者通知，当事人不服，依法向人民法院起诉的，人民法院应当分别情况予以处理：属于劳动争议案件的，应当受理；虽不属于劳动争议案件，但属于人民法院主管的其他案件，应当依法受理。

仲裁委员会以当事人的仲裁申请超过期限为由，作出不予受理的书面裁决、决定或者通知，当事人不服，依法向人民法院起诉的，人民法院应当受理；对确已超过仲裁申请期限，又无不可抗力或者其他正当理由的，依法驳回其诉讼请求。

仲裁委员会以申请仲裁的主体不适格为由，作出不予受理的书面裁决、决定或者通知，当事人不服，依法向人民法院起诉的，经审查，确属主体不适格的，裁定不予受理或者驳回起诉。

(2) 对重新作出仲裁裁决的处理。仲裁委员会为纠正原仲裁裁决错误重新作出裁决，当事人不服，依法向人民法院起诉的，人民法院应当受理。

(3) 仲裁事项不属于法院受案范围的处理。仲裁委员会仲裁的事项不属于人民法院受理的案件范围，当事人不服，依法向人民法院起诉的，裁定不予受理或者驳回起诉。

(4) 劳动争议案件的管辖。劳动争议案件由用人单位所在地或者劳动合同履行地的基层人民法院管辖。劳动合同履行地不明确的，由用人单位所在地的基层人民法院管辖。

(5) 劳动争议案件中的证明责任。部分劳动争议案件的举证责任由法律明确规定。因用人单位作出的开除、除名、辞退、解除劳动合同、减少劳动报酬、计算劳动者工作年限等决定而发生劳动争议的，用人单位负举证责任。

(6) 人民法院对一裁终局的部分劳动争议仲裁裁决有撤销权。用人单位对一裁终局的仲裁裁决书自收到之日起 30 日内可以向仲裁委员会所在地的中级人民法院申请撤销该裁决，但须有证据证明该仲裁裁决适用法律、法规确有错误的；仲裁委员会无管辖权的；违反法定程序的；裁决所根据的证据是伪造的；对方当事人隐瞒了足以影响公正裁决的证据的；仲裁员在仲裁该案时有索贿受贿、徇私舞弊、枉法裁决行为的。人民法院经组成合议庭审查核实裁决有上述情形之一的，应当裁定撤销。仲裁裁决被人民法院裁定撤销的，当事人可以自收到裁定书之日起 15 日内就该劳动争议事项向人民法院提起诉讼。

(7) 人民法院审理劳动争议案件实行两审终审制。人民法院一审审理终结后，对一审判决不服的，当事人可在 15 日内向上一级人民法院提起上诉；对一审裁定不服的，当事人可在 10 日内向上一级人民法院提起上诉。经二审审理所作出的裁决是终审裁决，自送达之日起发生法律效力，当事人必须履行。

同步综合练习

一、名词解释

劳动关系　集体合同　无固定期限劳动合同　无效劳动合同　平等就业权　试用期　工资

二、单项选择题

1. 甲公司在王辰与丙公司签订的劳动合同有效期内，许诺给王辰更高的报酬，与王辰签订了劳动合同，由此给丙公司造成了经济损失。甲公司应当承担的责任是　(　　)

A. 连带赔偿责任　　B. 行政责任

C. 说服王辰回丙公司工作的责任　　D. 解除与王辰签订的劳动合同

2. 王领是某企业的技术总监，在向该企业提交辞职书一周后不再上班。该企业在与其联系

协商未果的情况下提请劳动仲裁。下面各项损失中,该企业不能请求王领赔偿的是 ( )

A. 因王领辞职给该企业造成的直接经济损失2万元

B. 因王领辞职给该企业造成的间接经济损失4万元

C. 该企业为培养王领而为其支付的出国培训费用2万元

D. 该企业招用王领时向有关管理机构交纳的200元行政管理费用

3. 张山到一家水泥厂工作,在用工时双方未订立书面劳动合同,工作9个月后双方订立书面劳动合同。张山的下列请求符合法律规定的是 ( )

A. 双方应签订无固定期限劳动合同

B. 用人单位支付1个月工资的赔偿金

C. 用人单位支付过去8个月每月2倍的工资

D. 用人单位支付过去9个月每月2倍的工资

4. 李浪(17岁)是甲公司招用的职工,双方订立了书面劳动合同。在试用期内,李浪为发泄对公司的不满,在公司生产的饮料中放入污物。请判断下列哪项表述是正确的? ( )

A. 甲公司可以解除与李浪的劳动合同

B. 李浪与甲公司之间成立的劳动合同无效

C. 在试用期内,甲公司不能解除与李浪的劳动合同

D. 李浪与甲公司之间成立的劳动合同是可撤销的合同

三、多项选择题

1. 根据《劳动合同法》,下列关于试用期的说法正确的有 ( )

A. 试用期的约定不超过1年

B. 同一用人单位和同一劳动者能多次约定试用期

C. 试用期内,劳动者提前3日通知用人单位可解除劳动合同

D. 劳动者在试用期的工资不得低于本单位相同岗位最低档工资或者劳动合同约定工资的80%

2. 2019年,甲公司注册登记成立后,经有关部门批准,向社会公开招聘人员。在甲公司与被录用人员吴冬订立的劳动合同中,下列情形不符合《劳动合同法》规定的有 ( )

A. 劳动合同约定试用期为1年

B. 吴冬如被依法追究刑事责任,甲公司可以解除劳动合同

C. 为防止吴冬中途离职,合同期内吴冬的大学毕业证书由甲公司保管

D. 在试用期间,吴冬被证明不符合录用条件,甲公司可以解除劳动合同

3. 根据《劳动合同法》的规定,下列对保密义务的表述正确的有 ( )

A. 保密义务属于约定义务

B. 保密义务属于有偿义务

C. 保密义务仅适用于董事、高级管理人员

D. 因负有保密义务而约定竞业限制的期限不得超过3年

4. 下列情况下签订的劳动合同属于无效或部分无效的有 ( )

A. 某公司与员工李健签订的劳动合同没有约定试用期

B. 某石材厂与员工签订的合同中约定了"死伤自负"条款

C. 车间主任与乙签订为期1年从事生产香烟工作的劳动合同

D. 某公司招聘启事称招聘3名文秘人员,劳动者签订合同后实际从事推销员工作

5. 根据《劳动法》的规定,下列纠纷属于劳动争议的有 ( )

A. 因企业开除、除名职工而发生的争议

B. 职工李康因单位未准其探亲假而与单位发生的纠纷

C. 退休职工郑周与原单位因退休费用的发放而发生的争议

D. 职工王芳与工伤认定机关因工伤认定结论而发生的争议

6. 下列选项中可适用劳动仲裁的争议有　　　　　　　　　　　　　　　　　　（　　）

A. 徐达因其所在公司的工资执行标准而与公司发生的争议

B. 王猛因其不服所在公司的人事任免事项而与公司发生的争议

C. 盛晴因其所在公司取消其原有的劳保津贴而与公司发生的争议

D. 罗汉因其所在公司对其作出留用察看的处分不服而与公司发生的争议

四、简答题

1. 什么是劳动合同？它有哪些特点？

2. 用人单位提前解除劳动合同的条件和程序是什么？

3. 如何理解劳动合同的解除与终止？

4. 根据《劳动合同法》的相关规定，简述用工单位的义务。

五、案例分析题

案例一：2020 年 5 月 12 日，施琅与甲公司订立经营用房装修协议，约定由施琅负责组织人员施工，装修费用 50 万元。装修过程中除装修材料外的所有费用一律由施琅自付，施工过程中出现任何安全问题，均由施琅自行承担，甲公司不承担任何责任。订立协议后，施琅即组织人员施工。

6 月 1 日，陈年在接受施琅指派从事高处作业时摔伤，造成 8 级伤残，发生各项损失 65 000 元。陈年欲维护自己权益，咨询相关律师。

请问：

1. 陈年索赔应以谁为被告，为什么？

2. 施琅与甲公司之间是否存在劳动关系，为什么？

3. 陈年为维护自己的合法权益，是否需要申请劳动仲裁，为什么？

4. 假设陈年接受劳务派遣公司指派为甲公司从事装修工作，按照《劳动合同法》的规定，陈年与哪个单位建立了劳动关系？陈年的劳动合同期限最短多长时间？陈年在劳动合同期间内无工作的话，能够获得的待遇如何？

案例二：2018 年 2 月，刘昉经某宾馆考核，被招收为服务员，在该宾馆餐厅工作，并与宾馆签了为期 5 年的劳动合同。该合同约定："鉴于宾馆服务行业的特殊要求，凡在本宾馆工作的女性服务员合同期内不得怀孕。否则，宾馆有权解除劳动合同。"当时，刘昉对这一条款没太注意，就在合同上签了字。2019 年 8 月，因刘昉男友工作单位正在筹建家属楼，为了能分得住房，刘昉与男友结了婚，不久怀了孕。该宾馆得知后，以刘昉违反劳动合同为由，于 2020 年1 月 15 日作出了解除与刘昉所订劳动合同的决定，并没收了刘昉签订劳动合同时缴纳的抵押金 2 000 元。刘昉不服，向当地劳动争议仲裁委员会申请仲裁。

请问：

该宾馆的做法，有哪些违反了《劳动合同法》的规定？本案应如何处理？

第十七章　经济纠纷的解决

第一节　协商和调解

在社会主义市场经济中，由于经济关系的复杂性和主、客观方面的原因，经济活动主体之间不可避免地会发生各种经济利益冲突，从而导致涉内、涉外的种类繁多的经济纠纷。在法学著作中，通常把经济活动主体间发生的经济权利和经济义务的争执称为经济纠纷。这种纠纷在司法实践中以合同纠纷居多。随着经济的不断发展，经济纠纷牵涉面迅速扩展开来，如工业产权纠纷、房地产纠纷、证券纠纷、期货纠纷、票据纠纷以及涉外的经济纠纷等。经济纠纷的大量存在势必扰乱社会主义经济关系，阻碍经济流转，侵害经济主体的合法权益，妨碍生产、流通的正常进行，影响社会稳定。因此，在发展社会主义市场经济的同时，必须及时有效地解决好各类经济纠纷。

根据我国相关法律的规定，结合我国历年来的实践经验，解决经济纠纷的主要方式有：协商、调解、仲裁、民事诉讼。其中仲裁和民事诉讼是两种具有显著特点并起主要作用的方式，在本章后面有详细论述，下面先具体介绍协商、调解。

一、协商

协商是指在发生经济争议后，当事人在互谅互让的基础上，进行磋商，自愿达成和解协议而解决争议的一种方式。一般来说，协商的时间、地点和方式都由双方确定，当事人直接见面，在分清是非的基础上，消除误解、明确责任。这不仅有利于具体纷争的解决，也有利于稳定和发展双方的信任与合作关系。这种方式简单方便，具有灵活性，既可省去仲裁、诉讼的程序和费用，也可减轻仲裁机构、法院的负担，因而我国大多数的经济纠纷都是通过这一方式解决的，在国际贸易中也被广为采用。当然，采用这种方式，也应遵循自愿、平等、合法原则。

二、调解

调解是指由当事人以外的第三者对当事人之间所发生的纠纷，从中调停，在明辨是非、分清责任的基础上，促使双方自愿就争议事项达成和解协议的一种方式。这种方式介于协商解决和仲裁、诉讼之间，又贯穿于仲裁、诉讼的各个阶段。

调解和协商的区别在于调解是在第三者主持下进行的，而协商则不是，但二者都应遵循自愿、合法原则。当事人双方是否愿意采用调解方式解决纠纷、是否就争议事项达成和解协议，完全取决于当事人的意愿，即自愿，任何机关、个人都不能把自己的意志强加于当事人。也只有在当事人自愿达成和解协议的基础上，协议的履行才会自动进行。当然调解也同样要遵循合法原则，不能损害国家、集体和他人的利益。

调解有仲裁、诉讼外的调解及仲裁裁决、法院判决前的调解，在国际经济贸易实践中还有“联合调解”。所谓联合调解是指双方当事人在国际经济贸易中发生争议，由双方各自所属的仲裁机构派一人或同等数目的人员充当调解员共同进行调解。仲裁、诉讼外的调解一般包括民间调解和行政调解两种。民间调解又称人民调解，是指在村民委员会、居民委员会或企业、事业单位中设立的人民调解委员会主持下，调解民事纠纷的一种方式。它是基层人民政府和基层人民法院指导下的有组织、有领导、有章法的群众性的自我教育、自我管理、自我保持和自我处分民事、经济权益的调解，该调解协议不具有法律上的强制力。行政调解是指在国家行政机关主持下，对特定的经济纠纷和其他纠纷依法进行的调解，调解人是国家行政机关，调解范围仅限于行政机关职权管辖范围之内的事项，调解协议一般不具有法律的强制力。

仲裁裁决、法院判决前的调解的效力与上述民间调解、行政调解的效力不同。仲裁机构和法院的调解书在送达当事人后，和生效的仲裁裁决书、法院判决书的效力一样，一方当事人不履行，另一方当事人可向人民法院申请强制执行。

第二节　仲裁

一、仲裁的概念和特征

（一）仲裁的概念

仲裁是指双方当事人在争议发生前或争议发生后达成协议，自愿将其争议交付仲裁机构进行裁决，双方当事人都有义务执行裁决的一种解决纠纷的方式。

（二）仲裁的特征

（1）仲裁具有较强的自主性。当事人对纠纷的处理，是否提交仲裁，由哪个仲裁机构仲裁，仲裁庭的人员组成，都由当事人在自愿的基础上协商确定。

（2）仲裁具有较强的灵活性。

（3）仲裁一般以不公开审理为原则。

（4）仲裁实行一裁终局制。裁决作出后，当事人不得就同一纠纷再申请仲裁，也不得向人民法院起诉。

二、仲裁的适用范围和原则

（一）仲裁的适用范围

根据《仲裁法》的规定，仲裁范围限于平等主体的公民、法人和其他组织之间发生的合同纠纷和其他财产权益纠纷。具体包括以下两方面的内容：一方面，仲裁事项必须是合同纠纷和其他财产权益纠纷，而不是非财产性纠纷；另一方面，仲裁事项必须是平等主体之间发生的且当事人有权处分的财产权益纠纷，而不是由强制性法律规范调整的法律关系的争议。

以下纠纷不能进行仲裁：（1）婚姻、收养、监护、扶养、继承纠纷。（2）依法应当由行政机关处理的行政争议。

此外，劳动争议和农业集体经济组织内部的农业承包合同纠纷不能按《仲裁法》的规定进行仲裁。

（二）仲裁的基本原则

（1）当事人自愿原则。当事人采用仲裁方式解决纠纷，应当双方自愿，必须达成仲裁协议。没有仲裁协议，一方申请仲裁的，仲裁委员会不予受理。

（2）以事实为根据，以法律为准绳原则。仲裁机构作出仲裁裁决必须以客观事实为依据，以民事实体法和程序法作为作出仲裁裁决的标准。

（3）独立仲裁原则。仲裁机构依法独立进行仲裁，不受行政机关、社会团体和个人的干涉。

三、仲裁委员会和仲裁协会

(一) 仲裁委员会

仲裁委员会是民间性质的常设机构,与行政机关无隶属关系,彼此之间也无隶属关系。

仲裁委员会可以在直辖市和省、自治区人民政府所在地的市设立,也可以根据需要在其他设区的市设立,不按行政区划层层设立。仲裁委员会由上述规定的市人民政府组织有关部门和商会统一组建。设立仲裁委员会,应当经省、自治区、直辖市的司法行政部门登记。

仲裁委员会由主任1人,副主任2～4人和委员7～11人组成。仲裁委员会的组成人员中,法律、经济贸易专家不得少于2/3。

仲裁委员会应当从公道正派的人员中聘任仲裁员。仲裁员应当符合下列条件之一:(1) 从事仲裁工作满8年的;(2) 从事律师工作满8年的;(3) 曾任审判员满8年的;(4) 从事法律研究、教学工作并具有高级职称的;(5) 具有法律知识、从事经济贸易等专业工作并具有高级职称或者具有同等专业水平的。

(二) 仲裁协会

中国仲裁协会是仲裁委员会的自律性组织,属于社会团体法人。其主要职责包括:指导、协调仲裁委员会的工作;制定仲裁规则及其他仲裁规范性文件;对仲裁委员会及其组成人员、仲裁员的违纪行为进行监督。

四、仲裁协议

(一) 仲裁协议的类型和形式

仲裁协议是双方当事人以书面方式请求仲裁委员会仲裁合同纠纷或其他财产权益纠纷的共同意思表示。

仲裁协议包括三种类型:一是合同中的仲裁条款;二是仲裁协议书;三是传真、电报、信函等其他书面文件中包含的仲裁协议。

仲裁协议书可以在纠纷发生前订立,也可以在纠纷发生后订立,但必须采用书面形式。

(二) 仲裁协议的内容及效力

1. 仲裁协议的内容

仲裁协议应当具有下列内容:(1) 请求仲裁的意思表示。(2) 仲裁事项。仲裁事项可以是已实际发生争议的事项,也可以是未来可能发生争议的事项,但必须明确。(3) 选定的仲裁委员会。实践中,仲裁协议一般可采用下列推荐条款:“凡因本合同引起的或与本合同有关的任何争议,均提交×××仲裁委员会,按照申请仲裁时该会施行有效的仲裁规则进行仲裁。仲裁地点在×××。仲裁裁决是终局的,对双方均有约束力。”

2. 仲裁协议的法律效力

仲裁协议一经生效,即具有下列法律效力:(1) 当事人只能选择仲裁的方式解决纠纷,不能向法院起诉。(2) 仲裁机构获取仲裁管辖权,同时限定仲裁范围。(3) 排除法院对协议仲裁事项的司法管辖权。

(三) 仲裁协议的无效

在下列情形下,仲裁协议无效:(1) 约定的仲裁事项超出法律规定的仲裁范围的。(2) 无民事行为能力人或者限制民事行为能力人订立仲裁协议的。(3) 一方采取胁迫手段迫使对方订立仲裁协议的。(4) 仲裁协议对仲裁事项没有约定或者约定不明,当事人又达不成补充协议的。(5) 仲裁协议对仲裁委员会没有约定或者约定不明,当事人又达不成补充协议的。

(四) 仲裁协议效力的确认

仲裁协议效力的确认机构有两个:仲裁委员会和人民法院。向仲裁机构和人民法院请求确认仲裁协议的效力时,应由法院作出裁定。

五、仲裁程序

(一) 申请和受理

当事人申请仲裁应当符合下列条件:(1) 存在有效的仲裁协议;(2) 有具体的仲裁请求和事实、理由;(3) 属于仲裁委员会的受理范围。

当事人申请仲裁,应当向仲裁委员会递交仲裁协议、仲裁申请书及副本。仲裁委员会收到仲裁申请书之日起 5 日内,认为符合受理条件的,应当受理,并通知申请人;认为不符合受理条件的,应当书面通知申请人不予受理的理由。案件受理后,应当在仲裁规则规定的期限内将仲裁规则和仲裁员名册送达申请人,并将仲裁申请书副本和仲裁规则、仲裁员名册送达被申请人。被申请人收到仲裁申请书副本后,应当在仲裁规则规定的期限内向仲裁委员会提交答辩书。仲裁委员会收到答辩书后,应当在仲裁规则规定的期限内将答辩书副本送达申请人。被申请人未提交答辩书的,不影响仲裁程序的进行。

(二) 仲裁中的财产保全和证据保全

仲裁过程中,一方当事人因另一方当事人的行为或者其他原因,可能使裁决不能执行或者难以执行的,为使财产不受或少受损失,可以申请财产保全。当事人申请财产保全的,应当向仲裁委员会递交财产保全申请书。仲裁委员会应当将当事人的申请提交被申请人住所地或财产所在地的基层法院,由该法院决定是否采取财产保全措施。申请有错误的,申请人应当赔偿被申请人因财产保全所遭受的损失。

仲裁过程中,在证据可能灭失或者以后难以取证的情况下,当事人可以向仲裁委员会申请证据保全。当事人申请证据保全的,仲裁委员会应当将当事人的申请提交证据所在地的基层人民法院审查决定。

(三) 仲裁庭的组成

仲裁庭的组成形式有两种:一种是合议仲裁庭,由 3 名仲裁员组成,设首席仲裁员;另一种是独任仲裁庭,由 1 名仲裁员组成。当事人约定由 3 名仲裁员组成仲裁庭的,应当各自选定或者各自委托仲裁委员会主任指定 1 名仲裁员,第三名仲裁员由当事人共同选定或者共同委托仲裁委员会主任指定。第三名仲裁员是首席仲裁员。当事人约定由 1 名仲裁员成立仲裁庭的,应当由当事人共同选定或者共同委托仲裁委员会主任指定仲裁员。当事人没有在仲裁规则规定的期限内约定仲裁庭的组成方式或者选定仲裁员的,由仲裁委员会主任指定。

(四) 仲裁员的回避

仲裁员有下列情形之一的,应当回避,当事人也有权提出回避申请:(1) 是本案的当事人或者当事人代理人的近亲属;(2) 与本案有利害关系的;(3) 与本案当事人、代理人有其他关系,可能影响公正仲裁的;(4) 私自会见当事人、代理人,或者接受当事人、代理人的请客送礼的。

仲裁员是否回避,由仲裁委员会主任决定;仲裁委员会主任担任仲裁员时,由仲裁委员会集体决定。

(五) 开庭和裁决

仲裁应当开庭进行。当事人协议不开庭的,仲裁庭可以根据仲裁申请书、答辩书和其他有关材料作出裁决。仲裁一般不公开进行。当事人协议公开的,可以公开进行,但涉及国家秘密的除外。

仲裁委员会应当在规定期限内将开庭日期通知双方当事人。当事人有正当理由的,可以在规定期限内请求延期开庭,但是否延期,由仲裁庭决定。申请人经书面通知,无正当理由不到庭或者未经仲裁庭许可中途退庭的,可视为撤回仲裁申请。被申请人经书面通知,无正当理由不到庭或者未经仲裁庭许可中途退庭的,可以缺席裁决。

当事人申请仲裁后,可以自行和解,也可以撤回仲裁申请。当事人达成和解协议,撤回仲裁申请后反悔的,可以根据仲裁协议申请仲裁。仲裁庭在作出裁决前,可以先行调解。当事人自愿调解的,仲裁庭应当调解。调解不成的,应当及时作出裁决。调解达成协议的,仲裁庭应当制作调解书或者根据协议的结果制作裁决书。调解书与裁决书具有同等法律效力。在调解书签收前当事人反悔的,应当及时裁决。裁决应当按照多数仲裁员的意见作出,但少数仲裁员的意见可以记入笔录。仲裁庭不能形成多数意见时,裁决应当按首席仲裁员的意见作出。

(六) 仲裁裁决的撤销

仲裁裁决作出后,双方当事人均可依法向仲裁委员会所在地的中级人民法院申请撤销仲裁裁决。当事人提出证据证明裁决有下列情形之一的,可以向仲裁委员会所在地的中级人民法院申请撤销裁决:(1) 没有仲裁协议的;(2) 裁决的事项不属于仲裁协议的范围或者仲裁机构无权仲裁的;(3) 仲裁庭的组成或者仲裁的程序违反法定程序的;(4) 裁决所根据的证据是伪造的;(5) 对方当事人隐瞒了足以影响公正裁决的证据的;(6) 仲裁员在仲裁该案时有索贿受贿、徇私舞弊、枉法裁决行为的。

人民法院经组成合议庭审查核实裁决有上述情形之一的,应当裁定撤销。

人民法院认定该裁决违背社会公共利益的,应当裁定撤销。

(七) 仲裁裁决的执行

当事人应当履行仲裁裁决。一方当事人不履行的,另一方当事人可以依照《民事诉讼法》的有关规定向人民法院申请执行。但被申请人提出证据证明仲裁裁决有下列情形之一的,经人民法院组成合议庭审查核实,裁定不予执行:(1) 当事人在合同中没有订有仲裁条款或者事后没有达成书面仲裁协议的。(2) 裁决的事项不属于仲裁协议的范围或者仲裁机构无权仲裁的。(3) 仲裁庭的组成或者仲裁的程序违反法定程序的。(4) 认定事实的主要证据不足的。(5) 适用法律确有错误的。(6) 仲裁员在仲裁该案时有贪污受贿、徇私舞弊、枉法裁决行为的。

人民法院认定执行该裁决违背社会公共利益的,裁定不予执行。

六、涉外仲裁

(一) 涉外仲裁的概念

涉外仲裁,是指当事人依据仲裁协议将涉外经济贸易、运输和海事中发生的具有涉外因素的纠纷提交仲裁机构进行仲裁的法律制度。

(二) 涉外仲裁机构

我国常设的涉外仲裁机构有两个,即中国国际经济贸易仲裁委员会和中国海事仲裁委员会。此外,根据《仲裁法》组建或重新设立的其他仲裁委员会也可以受理涉外仲裁案件。

(三) 涉外仲裁裁决的撤销和不予执行

对我国涉外仲裁机构作出的裁决,被申请人提出证据证明仲裁裁决有下列情形之一的,经人民法院组成合议庭审查核实,裁定不予执行:(1) 当事人在合同中没有订有仲裁条款或者事后没有达成书面仲裁协议的。(2) 被申请人没有得到指定仲裁员或者进行仲裁程序的通知,或者由于其他不属于被申请人负责的原因未能陈述意见的。(3) 仲裁庭的组成或者仲裁程序与仲裁规则不符的。(4) 裁决的事项不属于仲裁协议的范围或者仲裁机构无权仲裁的。

人民法院认定执行该裁决违背社会公共利益的，裁定不予执行。

撤销涉外仲裁裁决的法定事由与不予执行涉外仲裁裁决的法定事由完全相同。

中国涉外仲裁机构的仲裁裁决需要在外国执行的，应当由当事人直接向有管辖权的外国法院申请承认和执行。

第三节　诉讼

一、诉讼机构及其受案范围

我国经济纠纷案件的审判机构，是最高人民法院和地方各级人民法院民事审判庭，各铁路运输法院民事审判庭，以及海事法院设立的海事审判庭和海商审判庭。

(1) 各级人民法院民事审判庭的受案范围包括：① 合同纠纷案件；② 涉外和涉及港澳台经济纠纷案件；③ 损害赔偿纠纷案件；④ 工业产权纠纷案件；⑤ 企业破产案件；⑥ 其他经济纠纷案件。

(2) 铁路运输法院的设置和受案范围。根据《人民法院组织法》的规定，每个铁路分局所在地设立铁路运输基层法院，每个铁路局所在地设立铁路运输中级法院。各级铁路运输法院设有刑事审判庭和民事审判庭。经济审判庭主要受理与铁路运输有关的各类经济纠纷案件、经济合同纠纷案件和侵权纠纷案件。

(3) 海事法院的设置和受案范围包括：根据第六届全国人民代表大会常务委员会第八次会议通过的《关于在沿海港口城市设立海事法院的决定》，我国分别在上海、天津、广州、青岛、大连、厦门、海口、武汉和宁波设立了海事法院。海事法院与中级人民法院同级，二审法院为各海事法院所在地的高级人民法院。海事法院设海事审判庭和海商审判庭。海事法院受理海事侵权纠纷案件、海商合同纠纷案件、共同海损纠纷案件、海事执行案件和海事请求保全案件等五大类案件。

二、案件的管辖范围

(一) 级别管辖

级别管辖是指不同级别的法院之间在受理第一审经济纠纷案件上的分工。按《民事诉讼法》的规定，我国各级人民法院在受理第一审经济纠纷案件上的分工如下。

(1) 基层人民法院管辖除法律另有规定的第一审经济纠纷案件。

(2) 中级人民法院管辖下列第一审经济纠纷案件：① 重大涉外案件；② 在本辖区有重大影响的案件；③ 最高人民法院确定由中级人民法院管辖的案件。

(3) 高级人民法院管辖在本辖区有重大影响的第一审经济纠纷案件。

(4) 最高人民法院管辖下列第一审经济纠纷案件；① 在全国有重大影响的案件；② 认为应当由其审理的案件。

(二) 地域管辖

地域管辖是同级法院之间受理第一审经济纠纷案件的分工和权限。

(1) 一般地域管辖，即由被告住所地人民法院管辖。如被告是公民，住地不一致的，由经常居住地人民法院管辖。

(2) 特殊地域管辖，又称特别管辖，是指以诉讼标的物所在地或者引起民事法律关系发生、变更、消灭的法律事实所在地为标准确定的管辖。

(3) 协议地域管辖,是指双方当事人在经济纠纷发生之前或发生之后,以书面协议的形式约定第一审经济纠纷案件的管辖法院。

(4) 专属地域管辖,指法律规定某些特殊类型的案件专门由特定的人民法院管辖。根据《民事诉讼法》的规定,适用专属管辖的案件有以下三种:因不动产纠纷提起的诉讼由不动产所在地人民法院管辖;因港口作业中发生纠纷提起的诉讼由港口所在地人民法院管辖;因继承遗产纠纷提起的诉讼,由被继承人死亡时所在地或主要遗产所在地人民法院管辖。

(5) 共同地域管辖,指对同一诉讼依照法律规定,两个或两个以上的人民法院都有管辖权。根据《民事诉讼法》的规定,两个以上人民法院都有管辖权的诉讼,原告可以向其中一个人民法院起诉;原告向两个以上有管辖权的人民法院起诉的,由最先立案的人民法院管辖。

(三) 移送管辖

移送管辖,是指人民法院受理案件后,发现本院对该案件无管辖权,而依法通过裁定方式将案件移送有管辖权的人民法院审理的制度。

(四) 指定管辖

指定管辖,是指上级人民法院依法以裁定方式指定其辖区内的下级人民法院对某具体案件行使管辖权。

三、案件审判的程序

(一) 第一审程序

第一审程序包括普通程序和简易程序。其中,普通程序是经济审判程序的基础,具体包括起诉和受理、审理前的准备、开庭审理。

1. 起诉和受理

起诉必须符合以下条件:① 原告是与本案有直接利害关系的公民、法人或其他组织;② 有明确的被告;③ 有具体的诉讼请求和事实、理由;④ 属于人民法院受理经济案件的范围和受诉人民法院管辖。起诉的方式以书面起诉为原则,以口头起诉为例外。

知识拓展(17-1)

民事起诉书

当事人起诉除了须具备《民事诉讼法》规定的有关条件外,还须具备以下条件:① 当事人没有事先或事后约定由仲裁机构裁决的协议;② 当事人没有就同一事实、同一诉讼标的再行向法院提起诉讼。

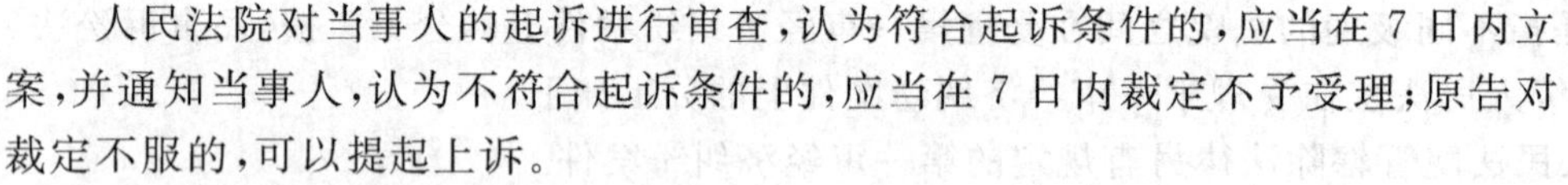

人民法院对当事人的起诉进行审查,认为符合起诉条件的,应当在7日内立案,并通知当事人,认为不符合起诉条件的,应当在7日内裁定不予受理;原告对裁定不服的,可以提起上诉。

2. 审理前的准备

① 向被告送达起诉状副本,限期由被告提出答辩,人民法院应当在立案之日起5日内将起诉状副本发送被告,被告在收到之日起15日内提出答辩状。被告提出答辩状的,人民法院应当在收到之日起5日内将答辩状副本发送原告;被告不提出答辩状的,不影响人民法院审理。

② 受诉法院发送受理案件通知书、应诉通知书和举证通知书。

③ 受诉法院审核诉讼材料,调查收集必要证据。

3. 开庭审理

开庭审理是审判程序的中心环节。依普通程序,有准备开庭、法庭调查、法庭辩论、评议宣判等几个阶段。

(二) 第二审程序

(1) 提起上诉。当事人不服地方人民法院第一审判决或裁定的，有权在判决书送达之日起15日内或在裁定书送达之日起10日内向上一级人民法院提起上诉。

上诉状应当通过原审人民法院提出，也可以直接向第二审人民法院上诉。

(2) 上诉案件的审理。审理上诉案件，应组成合议庭进行。经过阅卷和调查，询问当事人，在事实核对清楚后，合议庭认为不需要开庭审判的，也可以径行判决、裁定。第二审人民法院审理上诉案件，可以在本院进行，也可以到案件发生地或原审法院所在地进行。第二审人民法院对上诉案件进行审理后作出如下处理：① 以判决、裁定方式驳回上诉，维持原判决、裁定；② 以判决、裁定方式依法改判；③ 撤销或者变更原判决，发回原审人民法院重审。

(三) 审判监督程序

审判监督程序是指人民法院对已经发生法律效力的判决、裁定、调解书发现确有错误，依法进行再审予以纠正的一种特殊程序。再审程序的提起有以下四种途径：(1) 由本院院长提出，提交审判委员会讨论决定。(2) 由最高人民法院、上级人民法院提审或指令下级人民法院再审。(3) 由最高人民检察院、上级人民检察院按审判监督程序提出抗诉。(4) 由当事人申请，经人民法院审查决定是否再审。当事人申请再审，应当在判决、裁定发生法律效力后6个月内(法律规定的情况除外)提出。

(四) 执行程序

当事人对具有给付内容并已发生法律效力的法律文书，应自动执行。如拒不执行，权利人可以在法定期限内向被执行人住所地或者被执行的财产所在地人民法院申请执行。

四、涉外经济审判程序

(一) 一般原则

(1) 适用我国缔结或参加的国际条约的原则。

(2) 司法豁免原则。

(3) 委托中国律师代理诉讼的原则。

(4) 使用我国通用的语言、文字的原则。

(二) 管辖

因合同纠纷或者其他财产权益纠纷，对在我国领域内没有住所的被告提起的诉讼，如果合同在我国领域内签订或履行，或者诉讼标的物在我国领域内，或者被告在我国领域内有可供扣押的财产，或者被告在我国领域内设有代表机构，可以由合同签订地、合同履行地、诉讼标的物所在地、可供扣押财产所在地、侵权行为地或者代表机构住所地人民法院管辖。

(三) 期间

对在我国领域内没有住所的被告，应当在收到起诉状副本后30日内提出答辩状。被告申请延期的，是否准许，由人民法院决定。

对在我国领域内没有住所的当事人，不服第一审法院的判决、裁定的，上诉期限均为30日。当事人不能在法定期间提起上诉，申请延期的，是否准许，由人民法院决定。

(四) 司法协助

司法协助，是指不同国家的法院之间，根据本国缔结或者参加的国际条约或者互惠关系，彼此相互协助，为对方代为一定的诉讼行为。司法协助包括一般司法协助和特殊司法协助。

同步综合练习

一、名词解释题

诉讼时效　仲裁协议　专属地域管辖　司法协助

二、单项选择题

1. 合同纠纷当事人一方向仲裁机构申请仲裁，另一方向人民法院起诉的案件　(　　)

A. 应由先收到申请书或起诉书的机构受理

B. 仲裁机构不予受理

C. 人民法院不予受理

D. 应由双方机构协议管辖

2. 经仲裁机构仲裁的经济纠纷，在裁决发生法律效力后，一方当事人不履行的，对方当事人可以向下列哪一机构申请执行？　(　　)

A. 有管辖权的人民法院　　B. 上级仲裁机构

C. 作出裁决的仲裁机构　　D. 公证机关

3. 仲裁调解书送达后，当事人　(　　)

A. 可以反悔　　B. 必须自觉履行

C. 不服可以向法院起诉　　D. 可以申诉

4. 原告经人民法院两次合法传唤，无正当理由拒不到庭的，或者未经许可中途退庭的，可以　(　　)

A. 拘传　　B. 缺席判决

C. 按撤诉处理　　D. 驳回起诉

5. 被告经人民法院两次合法传唤，无正当理由拒不到庭的，可以　(　　)

A. 拘传或缺席判决　　B. 双方协商

C. 终结诉讼　　D. 按撤诉处理

三、多项选择题

1. 下列表述符合《仲裁法》规定的是　(　　)

A. 自然人之间因继承财产发生的纠纷不适用《仲裁法》

B. 仲裁员是本案当事人近亲属的，应当回避

C. 当事人达成仲裁协议，一方向人民法院起诉未声明有仲裁协议，人民法院受理后，另一方不得提出异议

D. 当事人申请仲裁后，可以自行和解，仲裁庭在作出裁决前可以先行调解

2. 根据仲裁法律制度的规定，下列情形中，仲裁协议无效的是　(　　)

A. 甲公司与乙公司在建设工程合同中约定有仲裁条款，其后，该建设工程合同被确认无效

B. 王云与李雾在仲裁协议中约定，他们之间的扶养纠纷由北京市仲裁委员会仲裁

C. 郑露与张雨在仲裁协议中对仲裁委员会约定不明确，且不能达成补充协议

D. 陈树在与高蕊发生融资租赁合同纠纷后，胁迫高蕊与其订立将该合同纠纷提交天津市仲裁委员会仲裁的协议

3. 当事人之间不存在管辖协议时，下列有关民事诉讼地域管辖的表述中，符合民事诉讼法律制度规定的是　(　　)

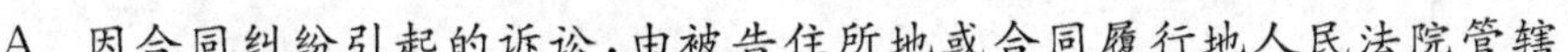

A. 因合同纠纷引起的诉讼,由被告住所地或合同履行地人民法院管辖

B. 因航空事故请求损害赔偿提起的诉讼,由航空器登记地人民法院管辖

C. 因专利纠纷引起的诉讼,由知识产权法院、最高人民法院确定的中级人民法院和基层人民法院管辖

D. 因票据纠纷引起的诉讼,由票据支付地或被告住所地人民法院管辖

四、简答题

1. 简述调解与仲裁的关系。
2. 如何理解仲裁协议?
3. 简述仲裁与诉讼的关系。
4. 简述人民法院的诉讼管辖。
5. 当一个企业的经济权利受到侵害时,如何选择诉讼的时间和地点?
6. 如何理解证据保全、财产保全和先予执行的概念?

五、案例分析题

甲市某五金塑料厂与乙市某开发公司于2018年8月在甲市签订了一份聚乙烯塑料拉丝的购销合同。合同规定:开发公司于同年11月供应给五金塑料厂聚乙烯塑料拉丝12吨,每吨4 000元。五金塑料厂预付款30 000元,余款于收到货后付清。此外,合同还规定了质量、提货方式等条款。可五金塑料厂预付款后,经多次催促,至2019年4月仍未见到货。经打听得知,该开发公司本身固定资产仅8 000元。五金塑料厂于2019年10月向甲市某区人民法院起诉。

请问:

1. 合同纠纷有哪些解决方法?
2.《民法典》对保护当事人合法权益有哪些规定?
3. 法院可采取哪些保护措施?

经济法综合模拟试题一

一、单项选择题(请从下列每小题列出的四个备选项中选出一个正确答案,并将其字母标号填入相应题目后的括号内。每小题1分,共25分。)

1. 张术打算自己投资设立一企业从事商贸业务。下列哪一选项是错误的? ( )

A. 张术可以设立一个个人独资企业从事商贸业务

B. 张术可以设立一个一人有限责任公司从事商贸业务

C. 如果张术设立个人独资企业,则该企业不能再入伙普通合伙企业

D. 如果张术设立一人有限责任公司,则该公司可以再入伙普通合伙企业

2. 甲、乙、丙共同出资设立一有限责任公司,在公司章程中明确约定股东应当对自己的出资真实性承担完全责任,其他股东不承担任何连带责任。公司设立后,又吸收丁入股。后查明,丙作价30万元出资的房产实际上仅值20万元,丙现有可执行的个人财产6万元。下列有关本案说法中,符合规定的是 ( )

A. 丙以现有可执行财产补交差额,不足部分由丙从公司分得的利润予以补足

B. 丙以现有可执行财产补交差额,不足部分由甲、乙补足

C. 丙以现有可执行财产补交差额,不足部分由甲、乙、丁补足

D. 丙以现有可执行财产补交差额,甲、乙、丁按照章程规定可以不承担补足出资的连带责任

3. 注册会计师甲、乙、丙投资设立A会计师事务所,该会计师事务所的形式为特殊的普通合伙企业。后甲在对B上市公司的年度会计报告进行审计过程中,遗漏了一笔销售收入,经人民法院认定系甲轻微过失所致,判决A会计师事务所承担赔偿责任。对该债务责任的承担,根据《合伙企业法》的规定,正确的表述是 ( )

A. 甲承担无限责任,其他合伙人以其在合伙企业中的财产份额为限承担责任

B. 甲以其在合伙企业中的财产份额为限承担责任,其他合伙人承担无限连带责任

C. 全体合伙人以其在合伙企业中的财产份额为限承担责任

D. 全体合伙人承担无限连带责任

4. 根据《合伙企业法》的规定,有限合伙人在出现一定情形时当然退伙。下列各项中,不属于当然退伙情形的是 ( )

A. 作为有限合伙人的自然人被依法宣告死亡

B. 有限合伙人在合伙企业中的全部财产份额被人民法院强制执行

C. 作为有限合伙人的自然人丧失民事行为能力

D. 作为有限合伙人的法人被责令关闭

5. 王昉投资设立了甲个人独资企业,委托李铭管理企业事务,并授权李铭可以自行决定10万元以下的交易。随后,李铭以甲个人独资企业的名义与乙公司订立合同,将甲个人独资企业的商标以15万元的价格转让给乙公司。王昉得知后表示反对,发生争议。下列有关该商标转让合同效力的说法中,符合法律规定的是 ( )

A. 该合同有效,乙公司有权使用该商标

B. 该合同无效，李铭的行为超越了职权限制

C. 如果王昉不能向乙公司出示给李铭的授权委托书，则王昉应当履行该合同

D. 该合同未经投资人王昉的同意，属于无效合同

6. 美国的甲企业与中国的乙企业拟设立丙外商投资企业（以下称丙企业）。下列说法正确的是 （ ）

A. 甲企业和乙企业可以基于自愿原则和商业规则开展技术合作

B. 丙企业的组织形式不能依据《合伙企业法》的规定

C. 丙企业的组织形式只能依据《公司法》的规定

D. 如若丙企业依法设立，则必须设立股东大会

7. 某有限责任公司选任董事，下列人员中，依法不得担任董事的是 （ ）

A. 王毅，10 年前为国家公务员

B. 张三，大学本科毕业，年满 60 周岁

C. 赵五，硕士研究生毕业，因炒股而负债 5 000 万元，到期未还

D. 李六，8 年前担任一家经营不善破产的企业厂长，并对企业破产负直接个人责任

8. 股份有限公司经营管理发生困难，继续存续会使股东利益受到重大损失，通过其他途径不能解决的，公司股东可以请求人民法院解散公司。下列各项中，有权提出解散请求的是 （ ）

A. 持有公司全部股东表决权 1%以上的股东

B. 持有公司全部股东表决权 3%以上的股东

C. 持有公司全部股东表决权 5%以上的股东

D. 持有公司全部股东表决权 10%以上的股东

9. 2020 年 5 月 15 日，某股份有限公司依股东大会决议收购了本公司部分股份用于奖励公司职工。该公司现有已发行股份总额 8 000 万股。下列关于该公司收购本公司部分股份奖励职工的表述中，符合《公司法》规定的是 （ ）

A. 公司可以收购的本公司股份不得超过 400 万股

B. 公司可以收购的本公司股份不得超过 800 万股

C. 公司用于收购本公司股份的资金可以从公司的税前利润中支出

D. 公司收购的本公司股份应在 2020 年 5 月 15 日之前转让给职工

10. 张甲欲开一饭店，便与高级厨师李乙商量，欲请李乙加盟。并说："你无需投资，店面、餐具和资金由我负责，你只负责炒菜就行，利润三七分成。我得七，你得三。"李乙应允。第一年，饭店获利颇丰，按三七分成，张甲获利 21 万元，李乙获利 9 万元。第二年饭店出现中毒事件，顾客索赔 70 万元。对此事，顾客正确的索赔方式是 （ ）

A. 只能向张甲索赔

B. 应首先向张甲索赔，不足部分才能向李乙索赔

C. 应向张甲索赔 49 万元，向李乙索赔 21 万元

D. 可向张甲、李乙共同索赔 70 万元

11. 万一因出国留学将自己的个人独资企业委托陈涵管理，并授权陈涵在 5 万元以内的开支和 50 万元以内的交易可自行决定。若第三人对此授权不知情，则陈涵受托期间实施的下列行为中为我国法律所禁止或无效的是 （ ）

A. 未经万一同意与某公司签订交易额为 100 万元的合同

B. 未经万一同意将自己的房屋以 1 万元出售给本企业

C. 未经万一同意向某电视台支付广告费 8 万元

D. 未经万一同意聘用其妻为企业销售主管

12. 陈汉将装有2万元现金的行李箱寄存在车站寄存处,但在寄存时未告知行李箱内有现金。陈汉凭取物单取行李箱发现该行李箱已被人取走,陈汉要求寄存处赔偿。根据《民法典》的规定,下列关于寄存处承担赔偿责任的表述中,正确的是 ( )

A. 按寄存物品的全部价值赔偿　　B. 不予赔偿

C. 按一般物品的价值赔偿　　D. 按寄存物品的一半价值赔偿

13. 王沙向赵河借款10万元,以其卡车抵押并办理了抵押登记。后因发生交通事故,王沙将该卡车送到甲修理厂修理。修理完毕,王沙因无法支付1万元维修费,该卡车被甲修理厂留置。王沙欠赵河的借款到期,赵河要求对该卡车行使抵押权,甲修理厂以王沙欠修理费为由拒绝,双方发生争议。根据《民法典》的规定,下列关于如何处理该争议的表述中,正确的是 ( )

A. 甲修理厂应同意赵河对该卡车行使抵押权,所欠修理费只能向王沙要求清偿

B. 赵河应向甲修理厂支付修理费,之后甲修理厂向赵河交付该卡车

C. 如果经甲修理厂催告,王沙2个月后仍不支付修理费,甲修理厂有权行使留置权,所得价款偿付修理费后,剩余部分赵河有优先受偿权

D. 甲修理厂应将该卡车交给赵河行使抵押权,所得价款偿付借款后,剩余部分甲修理厂有优先受偿权

14. 甲、乙、丙、丁拟任A上市公司独立董事。根据上市公司独立董事制度的规定,下列选项中,不影响当事人担任独立董事的情形是 ( )

A. 甲之妻半年前卸任A上市公司之附属企业B公司总经理之职

B. 乙于1年前卸任C公司副董事长之职,C公司持有A上市公司已发行股份的7%

C. 丙正在担任B公司(A上市公司的附属企业)的法律顾问

D. 丁是持有A上市公司已发行股份2%的自然人股东

15. 某市车辆清洗业协会在本市各洗车企业协商后,于2019年8月5日向该市区100多个洗车企业发布《关于规范机动车辆清洗收费标准的通知》,规定全市机动车清洗行业收费指导价为:小型车辆单次洗车15元,中型车辆单次洗车20～30元,大型车辆单次洗车40～60元。新标准从2019年9月1日起执行。该行为属于哪种垄断行为? ( )

A. 横向联合限制竞争　　B. 纵向联合限制竞争

C. 独家交易　　D. 限制市场准入

16. 某公司将其生产并上市销售的糖果冠以"大白兔"名称且其字样、图案与注册商标——"大白兔"非常相似。"大白兔"在糖果品牌中知名度很高。根据《反不正当竞争法》的规定,下列对该公司行为定性的表述中,正确的是 ( )

A. 假冒他人的注册商标

B. 擅自使用与知名商品近似的名称、包装、装潢,造成和他人的知名商品相混淆,使购买者误认为是该知名商品

C. 擅自使用他人的企业名称或者姓名,引人误认为是他人的商品

D. 在商品上伪造或者冒用认证标志、名优标志等质量标志,伪造产地,对商品的质量做引人误解的虚假表示

17. 某会计师事务所与某公司合谋,为该公司出具的验资报告严重不实,给债权人造成损失,该会计师事务所应承担的责任是 ( )

A. 承担行政责任,不对公司债权人承担民事责任

B. 就公司所负全部债务,与公司一起向公司债权人承担连带责任

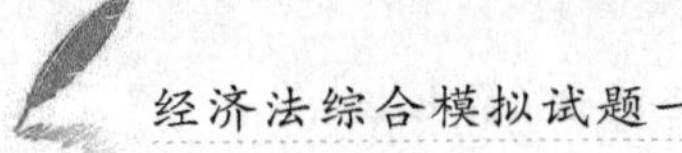

C. 公司债权人需证明会计师事务所有过错，会计师事务所才对债权人承担责任

D. 会计师事务所在证明不实的范围内对公司债权人承担责任

18. 甲、乙、丙三方合作研发一项新技术，合作开发合同中未约定该技术成果的权利归属。新技术研发成功后，乙、丙提出申请专利，甲表示放弃申请权。根据我国相关规定，下列关于专利申请的表述中，正确的是 （ ）

A. 乙、丙不得去申请专利

B. 甲应当把专利申请权转让给乙、丙

C. 乙、丙可以去申请专利，取得专利权后，甲可以免费实施该专利

D. 乙、丙可以去申请专利，取得专利权后，归甲、乙、丙共同享有

19. 甲以个人财产设立一个人独资企业，后甲病故，其妻和其子女（均已满 18 岁）都明确表示不愿继承该企业，该企业只得解散。该企业解散时，应由谁进行清算？ （ ）

A. 其子女进行清算　　B. 其妻进行清算

C. 其妻和其子女共同进行清算　　D. 债权人申请法院指定清算人进行清算

20. 王三、李四、甲个人独资企业和乙国有独资企业准备设立一普通合伙企业，其拟定的合伙协议中，不符合规定的是 （ ）

A. 王三以货币 5 万元出资，在合伙企业设立后 1 年内缴纳

B. 李四以劳务出资，但作价金额应当经法定评估机构评估

C. 甲个人独资企业以机器设备出资，对合伙企业债务承担无限连带责任

D. 乙国有独资公司以专利权出资，对合伙企业债务承担无限连带责任

21. 甲、乙双方订立买卖合同，甲为出卖人，乙为买受人，约定收货后 10 日内付款。甲交货前从乙的竞争对手丙处得知乙的经营状况严重恶化，于是中止发货并要求解除合同。根据《民法典》的规定，下列说法中，正确的是 （ ）

A. 甲的行为合法，属于行使同时履行抗辩权

B. 甲的行为合法，属于行使后履行抗辩权

C. 甲的行为合法，属于行使不安抗辩权

D. 甲的行为属于违约，应当承担相应的违约责任

22. 陈红于 2019 年 12 月 25 日向某银行借款 4 万元，借期 3 个月。刘军对陈红的上述借款提供保证。若某银行在保证期间与陈红擅自协商将该借款中的 3 万元转由李明负责清偿，对此，刘军 （ ）

A. 不再承担保证责任　　B. 仍得承担 4 万元借款本息的保证责任

C. 只承担 1 万元借款本息的保证责任　　D. 承担 3 万元的保证责任

23. 2020 年 5 月，神牛公司在 H 省电视台主办的赈灾义演募捐现场举牌表示向 S 省红十字会捐款 100 万元，并指明此款专用于 S 省 B 中学的校舍重建。事后，神牛公司仅支付 50 万元。对此，下列选项中正确的是 （ ）

A. H 省电视台、S 省红十字会、B 中学均无权请求神牛公司支付其余 50 万元

B. S 省红十字会、B 中学均有权请求神牛公司支付其余 50 万元

C. S 省红十字会有权请求神牛公司支付其余 50 万元

D. B 中学有权请求神牛公司支付其余 50 万元

24. 下列各项中，符合《公司法》关于股份有限公司设立规定的是 （ ）

A. 甲公司注册资本拟为人民币 300 万元

B. 乙公司由一名发起人认购公司股份总额的 35%，其余股份拟全部向特定对象募集

C. 丙公司的全部5名发起人均为外国人,其中3人长期定居北京

D. 丁公司采用募集方式设立,发起人认购的股份分期缴纳,拟在公司成立之日起2年内缴足

25. 一张汇票的出票人是甲,乙、丙、丁依次是背书人,戊是持票人。戊在行使票据权利时发现该汇票的金额被变造。经查,乙是在变造之前签章,丁是在变造之后签章,但不能确定丙是在变造之前或之后签章。根据《票据法》的规定,下列关于甲、乙、丙、丁对汇票金额承担责任的表述中,正确的是 ( )

A. 甲、乙、丙、丁均只就变造前的汇票金额对戊负责

B. 甲、乙、丙、丁均需就变造后的汇票金额对戊负责

C. 甲、乙就变造前的汇票金额对戊负责,丙、丁就变造后的汇票金额对戊负责

D. 甲、乙、丙就变造前的汇票金额对戊负责,丁就变造后的汇票金额对戊负责

二、多项选择题(请从下列每小题列出的备选项中选出多个正确答案,并将其字母标号填入相应题目后的括号内。每小题2分,共20分。多选、少选、错选均无分。)

1. 甲、乙、丙三个注册会计师各出资100万元,设立A会计师事务所,甲、乙因重大过失出具了虚假的审计报告,致使合伙企业负担了1 000万元的债务,合伙企业全部财产为600万元。根据《合伙企业法》的规定,下列说法中,符合规定的是 ( )

A. 应当先以合伙企业的全部财产600万元清偿债务

B. 不足的400万元由甲、乙、丙承担连带责任

C. 不足的400万元由甲、乙承担连带责任

D. 甲、乙对给合伙企业造成的损失承担赔偿责任

2. 根据《票据法》的规定,下列情形中,属于汇票背书行为无效的是 ( )

A. 附有条件的背书

B. 只将汇票金额的一部分进行转让的背书

C. 将汇票金额分别转让给予二人或二人以上的背书

D. 背书人在汇票上记载"不得转让",其后手又进行背书转让的

3. 甲公司有一幢办公楼(价值300万元),2019年2月1日抵押给乙银行借款100万元,并办理了抵押登记手续,2020年3月15日,甲公司又以该办公楼作为抵押物向丙公司借款50万元,同时也办理了抵押登记手续。乙银行和丙公司的债权均到期后,甲公司无力偿还款项,乙银行和丙公司均同时向人民法院申请拍卖该办公楼以清偿债务。下列各项中,不符合《民法典》规定的是 ( )

A. 乙银行享有抵押权,丙公司不享有抵押权

B. 乙银行和丙公司均享有抵押权

C. 乙银行和丙公司应当按照债权比例分享该办公楼的拍卖款

D. 该办公楼拍卖所得款项应当先偿还乙银行的债权

4. 李放和王朗共同设立一有限合伙企业,李放为普通合伙人,合伙协议对合伙人从事竞争业务或与本企业进行交易未作任何约定。根据《合伙企业法》的规定,下列说法中,不符合规定的是 ( )

A. 经过王朗同意,李放可以自营与本企业相竞争的业务

B. 经过王朗同意,李放可以同本企业进行交易

C. 王朗自营与本企业相竞争的业务必须取得李放的同意

D. 王朗同本企业进行交易必须取得李放的同意

5. 下列说法不正确的是 （　　）

A. 某煤矿公司职工高玲的儿子刚满7个月，公司可以要求高玲下矿井从事采煤工作

B. 某治疗冠心病的药品广告称“该药对治疗冠心病有一定疗效”是符合《广告法》基本原则的

C. 因有提供虚假财务会计报告，做假账，隐匿或者故意销毁会计凭证、会计账簿、财务会计报告，贪污，挪用公款，职务侵占等与会计职务的有关违法行为被依法追究刑事责任的人员，不得再从事会计工作

D. “红十字”牌药箱、“新西兰”牌帆布、“蜘蛛牌”财务软件、“白粉笔”牌粉笔、“布什”牌尿不湿等商标均可以作为注册商标

6. 下列关于公司收购自身股份限制的表述中，正确的是 （　　）

A. 公司因将股份用于员工持股计划的，应当在1年内转让或者注销

B. 公司因减少注册资本收购本公司股份的，应当自收购之日起10日内注销

C. 公司因与持有本公司股份的其他公司合并收购本公司股份的，应当在6个月内转让或者注销

D. 公司因将股份用于转换上市公司发行的可转换为股票的公司债券的，应当在1年内转让或者注销

7. 下列股票交易行为中，属于国家有关证券法律、法规禁止的是 （　　）

A. 甲上市公司的董事乙离职后第4个月，转让其所持甲公司的股票

B. 因包销购入售后剩余股票而持有丙上市公司6%股份的丁证券公司，第3个月转让其所持丙公司的股票

C. 戊上市公司的收购人，在收购行为完成后的第8个月，转让其所购股票的1/3

D. 庚上市公司持股8%的股东，将其持有的庚公司股票在买入后4个月内卖出

8. 甲服装厂与乙超市签订了一份童装买卖合同，约定甲于儿童节前10日向乙交付童装若干件。下列选项中正确的是 （　　）

A. 若甲服装厂所在地洪水泛滥成灾，致合同不能履行，则甲得解除合同

B. 若甲服装厂所在地洪水泛滥，致甲须推迟1个月交货，则乙得解除合同

C. 若甲服装厂所在地洪水泛滥，致甲只能如期交付80%的童装，则乙得解除合同

D. 若甲服装厂延迟至儿童节前一周尚未交货，则乙得解除合同并要求赔偿损失

9. 甲公司向乙公司购买一台大型设备，由于疏忽未在合同中约定检验期。该设备运回后，甲公司即组织人员进行检验，未发现质量问题，于是投入使用。至第3年，该设备出现故障，经反复查找，发现该设备关键部位存在隐蔽瑕疵。该设备说明书标明质量保证期为4年。根据《民法典》的规定，下列关于乙公司是否承担责任的表述中，不正确的是 （　　）

A. 乙公司在合理期限内未收到甲公司有关设备质量不合格的通知，故该设备质量应视为合格，乙公司不承担责任

B. 乙公司在2年内未收到甲公司有关设备存在瑕疵的通知，故该设备质量应视为合格，乙公司不承担责任

C. 该设备说明书标明质量保证期为4年，故乙公司应承担责任

D. 甲公司与乙公司双方未约定质量检验期限，都有过错，应分担责任

10. 下列说法正确的是 （　　）

A. 用人单位可以实物代替货币的方式支付劳动者工资

B. 女职工在孕期、产期、哺乳期的，用人单位可以解除劳动合同

C. 商业银行通过同业拆借取得的拆入资金可以用于弥补联行汇差头寸的不足

D. 劳动者被依法追究刑事责任的,用人单位可以解除劳动合同且不需给予经济补偿

三、判断题(请判断每小题的表述是否正确,正确的划"√",错误的划"×"。每小题 0.5 分,共 5 分。)

1. 合伙人应当对合伙企业的债务依法承担无限连带责任。 ( )

2. 有限责任公司的最高权力机构是股东大会。 ( )

3. 公司股东滥用公司法人独立地位和股东有限责任逃避债务,严重损害公司债权人利益的,应当对公司债务承担连带责任。 ( )

4. 上市公司最近 3 年连续亏损,在其后 1 个年度内未能恢复盈利的,由证券交易所决定终止其股票上市交易。 ( )

5. 甲没有代理权而以代理人名义在票据上签章,应由票面上显示的本人和甲连带承担票据责任。 ( )

6. 甲公司与乙公司签订一买卖合同。合同约定:若发生合同纠纷,须提交 A 市仲裁委会员仲裁。后因乙公司违约,甲公司依法解除合同,并要求乙公司赔偿损失。双方就赔偿额发生争议,甲公司就该争议向 A 市仲裁委员会申请仲裁。乙公司认为,因合同被解除,合同中的仲裁条款已失效,故甲公司不能向 A 市仲裁委员会申请仲裁。乙公司的观点是正确的。 ( )

7. 保证合同约定保证人承担保证责任直至主债务本息还清时为止等类似内容的,视为约定不明,保证期为主债务履行期届满之日起 2 年。 ( )

8. 张铭住旅馆时,把笔记本电脑一台交总服务台寄存处保管,若未作特别规定,此保管合同自电脑交给保管员时起成立。 ( )

9. 某普通合伙企业三个合伙人甲、乙、丙分别实际缴纳出资 30 万元、20 万元、10 万元,但对利润分配比例没有在合伙协议中作出约定。该合伙企业在第 1 年获利,盈利 20 万元。三个合伙人对于利润分配发生争议,协商未果,则应当平均分配。 ( )

10. 甲企业向乙企业购买了一批总价款 100 万元的建筑材料。甲企业支付了 60 万元,约定其余的 40 万元在 3 个月内付清。后甲企业将一台价值 30 万元的施工设备交由乙企业代为保管。3 个月后,几经催告,甲企业仍未支付乙企业 40 万元货款。则甲企业要求提取该设备时,乙企业可以将设备留置以担保货款债权的实现。 ( )

四、简答题(请仔细阅读案例所设置的情景并按要求答题。本题满分 20 分。)

情景一(本题满分 6 分)

甲、乙、丙拟设 A 有限合伙企业(以下简称 A 企业),合伙协议约定:甲为普通合伙人,以实物作价出资 3 万元;乙、丙为有限合伙人,各以 5 万元现金出资,丙自企业成立之日起 2 年内缴纳出资;甲执行 A 企业事务,并由 A 企业每月支付报酬 3 000 元;A 企业定期接受审计,由甲和乙共同选定承办审计业务的会计师事务所;A 企业的盈利在丙未缴纳 5 万元出资前全部分配给甲和乙。

请问:

1. 合伙协议可否约定每月支付甲 3 000 元报酬?简要说明理由。(2 分)

2. 合伙协议有关乙参与承办审计的会计师事务所的约定可否被视为乙在执行合伙企业事务?简要说明理由。(2 分)

3. 合伙协议可否约定 A 企业的利润全部分配给甲和乙?简要说明理由。(2 分)

情景二(本题满分 7 分)

2019 年 2 月,甲合伙企业(以下简称甲企业)向乙银行借款 100 万元,期限 2 年,由王汉和陈梅与乙银行签订保证合同,为甲企业借款提供共同保证,保证方式为一般保证,后甲企业经营业

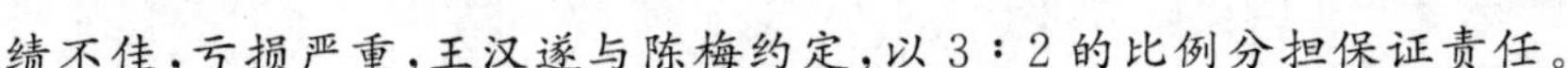

绩不佳，亏损严重，王汉遂与陈梅约定，以 3：2 的比例分担保证责任。

2020 年 5 月，因甲企业提出破产申请，人民法院受理了该破产案件，故乙银行要求王汉与陈梅承担连带保证责任。王汉认为：保证合同约定的保证方式为一般保证，乙银行应先要求甲企业承担责任。陈梅则宣称自己没有财产，且认为自己与王汉已有约定，只需承担 40% 的责任。经查，陈梅对自己的远亲林冲还享有 10 万元的到期借款债权，一直没有要求林冲返还。乙银行最后决定分别对王汉、陈梅和林冲提起诉讼，请求法院判定由王汉和陈梅承担责任，由林冲代替陈梅向自己偿还 10 万元借款。

请问：

1. 王汉提出的乙银行应先要求甲企业承担责任的主张是否成立？简要说明理由。(3 分)

2. 陈梅提出自己对银行的保证自然人只需要承担 40% 的主张是否成立？简要说明理由。(2 分)

3. 乙银行请求法院判定林冲代替陈梅偿还 10 万元借款能否得到法律支持？简要说明理由。(2 分)

情景三(本题满分 7 分)

甲公司将一幢自有二层楼房租赁给乙公司作为经营用房，双方签订租赁合同，合同约定：租赁期限自 2018 年 1 月 1 日至 2021 年 12 月 31 日，租金为每月 5 000 元，在每月初的前 3 天支付上月的租金。合同未约定房屋维修责任的承担以及是否可以转租等问题。

2019 年 3 月，甲公司有意出售该租赁楼房，因乙公司无意购买，甲公司遂将租赁楼房售给丙企业，丙企业取得租赁楼房所有权后，以自己不是租赁合同当事人为由向乙公司表示要解除租赁合同，乙公司不同意解除合同，但愿意每月增加租金 1 000 元，丙企业表示同意。

2019 年 8 月，租赁楼房的部分门窗自然损坏，乙公司要求丙企业修理，丙企业一直未予理睬，乙公司自行找某装修企业维修，为此支付维修费用 4 000 元。

2019 年 10 月，乙公司另购买了一办公大楼。遂将其所租赁楼房转租给丁企业。丙企业于 2020 年 1 月 3 日得知转租事实后，以不得转租为由向乙公司主张解除租赁合同并要求乙公司支付上月未交付租金 6 000 元，乙公司表示，维修费用可以抵销 4 000 元租金，只愿意再支付 2 000 元，但不同意解除租赁合同。

请问：

1. 丙企业取得租赁楼房所有权后，可否以自己不是租赁合同当事人为由解除租赁合同？简要说明理由。(3 分)

2. 丙企业可否以不得转租为由向乙公司主张解除租赁合同？简要说明理由。(2 分)

3. 乙公司可否以维修费用抵销 4 000 元租金？简要说明理由。(2 分)

五、综合分析题(请仔细阅读案例并按要求正确答题，本题满分 30 分。)

案例一(本题满分 10 分)

2019 年 11 月，万方农贸公司与绿岛家禽养殖场签订合同，合同约定：绿岛家禽养殖场在 2020 年 4 月向万方农贸公司供应 1 万只家禽；万方农贸公司支付预付款 28 万元；如有纠纷，提交仲裁机构裁决。2019 年 12 月，万方农贸公司按期支付预付款 28 万元。

2020 年 4 月，因当地发生禽流感，绿岛家禽养殖场的家禽被全数扑杀。万方农贸公司闻讯后通知绿岛家禽养殖场解除合同，要求对方返还预付款并承担违约责任。绿岛家禽养殖场认为：造成不能履行合同的原因是不可抗力所致，而非主观过错，不应承担违约责任；至于预付款，由于是万方农贸公司首先提出解除合同的，故无权要求返还。

万方农贸公司无奈，向仲裁机构申请仲裁。

请问：

1. 万方农贸公司是否有权解除合同？(1分)简要说明理由。(2分)

2. 绿岛家禽养殖场可否免除不能履行合同的违约责任？(1分)简要说明理由。(2分)

3. 绿岛家禽养殖场是否应返还万方农贸公司预付款？(1分)简要说明理由。(1分)

4. 如万方农贸公司不经仲裁而直接向法院起诉，是否符合法律规定？(1分)简要说明理由。(1分)

案例二(本题满分20分)

甲公司准备与乙公司、丙公司共同投资一家生产汽车的有限责任公司——丁公司。三家公司经过商量，约定由甲公司、乙公司各出资2 500万元人民币，丙公司以其专有技术折价出资1 500万元作为出资。合同签订后，甲、乙两家公司于2020年3月3日分别将2 500万元划入筹建公司的专用账户，丙公司的拟用于出资的专有技术未交付丁公司使用也未办理权属变更手续(经甲、乙公司主张，人民法院责令丙公司在指定的合理期间内办理权属变更手续，丙公司仍未办理权属变更手续)。2020年3月12日登记成立了丁公司。注册资本为15 000万元。并推选王皓(王皓现年63周岁，系甲公司董事长的舅舅，12年前因赌博罪被判刑3年)为该公司董事长。2020年4月15日，甲公司、乙公司分别通过虚构债权债务关系、利用关联交易的方式各从丁公司账户中转出2 500万元。

2020年3月18日，丁公司职工K在车床工作期间，因操作不慎将自己右手臂切断，经医院抢救，脱离生命危险，但留下终身残疾。董事长王皓决定解除与K的劳动合同并不给予经济补偿，理由是K没有按照规定的操作规范操作，责任应自负。

2020年3月20日，消费者H购买丁公司生产的“奔马”牌汽车，在使用过程中发现该汽车的制动装置存在着严重的瑕疵，并且发现该车的发动机并不是厂家在销售广告中所宣称的进口发动机，经检测系二手发动机。于是H与丁公司交涉要求获得三倍的赔偿。

2020年3月底，因市场行情的变化，丁公司因转产致使一台价值2 000万元的精密机床闲置，该公司董事长王皓与F公司签订了一份机床转让合同。合同规定，精密机床作价1 920万元，甲公司于2020年3月31日前交货，F公司在收货后10天内付清款项。在交货日前，丁公司发现F公司经营状况恶化，通知F公司中止交货并要求F公司提供担保，F公司予以拒绝。2020年5月5日，丁公司发现F公司的经营状况进一步恶化，于是提出解除合同。F公司遂向法院起诉。

法院查明：(1) 丁公司股东会决议规定，对精密机床等重要资产的处置应经股东会特别决议；(2) 丁公司的机床原由M公司保管，保管期限至3月17日，保管费50万元。4月5日，丁公司将机床提走，并约定10天内付保管费，如果10天内不付保管费，M公司可对该机床行使留置权。现M公司要求对该机床行使留置权。

请问：

1. 在丁公司设立的过程中，甲公司、乙公司、丙公司的行为该如何认定？(2分)是否应该承担相应的责任？(2分)

2. 丁公司与F公司之间转让机床的合同效力如何？(1分)为什么？(2分)

3. 基于F公司履约能力的变化，丁公司所采取的措施是否合法？(1分)为什么？(2分)

4. 经法院查明，F公司实际上并不存在经营状况恶化的情形，则丁公司应负什么责任？(1分)

5. M公司能否行使留置权？(1分)为什么？(2分)

6. 董事长王皓解除与K的劳动合同是否合法？(1分)为什么？(2分)

7. 消费者H的赔偿请求能否得到法院支持？(1分)为什么？(2分)

经济法综合模拟试题二

一、单项选择题(请从下列每小题列出的四个备选项中选出一个正确答案,并将其字母标号填入相应题目后的括号内。每小题1分,共25分。)

1. 甲、乙、丙订立一份合伙协议,其中甲和乙为普通合伙人,丙为有限合伙人。下列协议中不符合《合伙企业法》规定的是 ( )

A. 甲的出资为现金12万元和劳务作价5000元

B. 乙的出资为现金8000元,于合伙企业成立后半年内缴付

C. 丙的出资为作价9万元的汽车一辆,不办理过户,丙保留对该车的处分权

D. 合伙企业的经营期限,于合伙企业成立满半年时再协商确定

2. 甲、乙、丙是某有限公司的股东,各占52%、22%和26%的股权。乙欲对外转让其所拥有的股权,丙表示同意,甲表示反对,但又不愿意购买该股权。乙便与丁签订了一份股权转让协议,约定丁一次性将股权转让款支付给乙。此时甲表示愿以同等价格购买,只是要求分期付款。对此各方发生了争议。下列哪一说法是错误的? ( )

A. 甲最初表示不愿意购买即应视为同意转让

B. 甲后来表示愿意购买,则乙只能将股权转让给甲,因为甲享有优先购买权

C. 乙与丁之间的股权转让协议有效

D. 如果甲、丙都行使优先购买权,就购买比例而言,如双方协商不成,则双方应按照2∶1的比例行使优先购买权

3. 甲、乙、丙、丁4人组成一个运输有限合伙企业,合伙协议规定甲、乙为普通合伙人,丙、丁为有限合伙人。某日,丁为合伙企业运送石材,路遇法院拍卖房屋,丁想替合伙企业竞买该房,于是以合伙企业的名义将石材质押给徐州,借得20万元,竞买了房子。徐州的债权若得不到实现,应当向谁主张权利? ( )

A. 应当请求丁承担清偿责任

B. 应当请求甲、乙、丙、丁承担连带清偿责任

C. 应当请求甲、乙承担连带清偿责任

D. 应当请求甲、乙、丁承担连带责任

4. 甲银行与乙公司签订贷款合同,发放贷款1000万元,还款日期为2019年10月31日,经协商可展期2个月。2019年5月6日,甲银行与丙银行签订协议,甲决定将该笔贷款与其他贷款打包卖给丙银行,该协议于2019年8月1日生效。对此,甲银行通知乙公司的时间应当最晚不得迟于 ( )

A. 2019年5月6日

B. 2019年8月1日

C. 2019年10月31日

D. 2019年12月31日

5. 王东、李南、张西约定共同开办一家餐馆,王东出资20万元并负责日常经营,李南出资10万元,张西提供家传菜肴配方,但李南和张西均只参与盈余分配而不参与经营劳动。开业两年后,餐馆亏损严重,李南撤回了出资,并要求王东和张西出具了“餐馆经营亏损与李南无关”的字据。下列哪一选项是正确的? ( )

A. 王东和张西所出具的字据无效

B. 王东、李南为合伙人,张西不是合伙人

C. 王东、李南、张西均为合伙人

D. 王东、张西为合伙人,李南不是合伙人

6. 注册会计师甲、乙、丙投资设立A会计师事务所,该会计师事务所的形式为特殊的普通合伙企业。后甲在对B上市公司的年度会计报告进行审计过程中,遗漏了一笔销售收入,经人民法院认定系甲轻微过失所致,判决A会计师事务所承担赔偿责任。对该债务责任的承担,根据《合伙企业法》的规定,正确的表述是 ( )

A. 甲承担无限责任,其他合伙人以其在合伙企业中的财产份额为限承担责任

B. 甲以其在合伙企业中的财产份额为限承担责任,其他合伙人承担无限连带责任

C. 全体合伙人以其在合伙企业中的财产份额为限承担责任

D. 全体合伙人承担无限连带责任

7. 甲是乙公司采购员,已离职。丙公司是乙公司的客户,已被告知甲离职的事实,但当甲持乙公司盖章的空白合同书,以乙公司名义与丙公司洽购100吨白糖时,丙公司仍与其签订了买卖合同。根据《民法典》的规定,下列表述中,正确的是 ( )

A. 甲的行为构成无权代理,合同效力待定

B. 甲的行为构成无权代理,合同无效

C. 丙公司有权在乙公司追认合同之前,行使撤销权

D. 丙公司可以催告乙公司追认合同,如乙公司在一个月内未作表示,合同有效

8. 甲超市与乙食品厂签订买卖合同,约定:乙食品厂应在农历八月十五日前两周,向甲超市交付各色月饼1万盒。依照《民法典》有关规定,下列陈述错误的是 ( )

A. 如果乙食品厂发生重大火灾,致乙食品厂机器及全部成品、原料烧毁,则甲超市有权解除合同

B. 如果乙食品厂发生重大火灾,致乙食品厂机器严重损坏,乙食品厂要推迟1个月履行合同,甲超市有权解除合同

C. 如果乙食品厂发生重大火灾,致乙食品厂不能按时交货,甲超市有权解除合同,但因该损失是由于不可抗力所致,因此甲超市无权要求乙食品厂赔偿损失

D. 如果乙食品厂发生重大火灾,致使乙食品厂机器及产品严重受损,乙食品厂仅能交付各色月饼6 000盒,甲超市应当接受,不得解除合同

9. 花芙蓉到一美容院做美容,美容院使用甲厂生产的“水洁”牌护肤液为其做脸部护理,结果因该护肤液系劣质产品而致花芙蓉脸部皮肤严重灼伤,花芙蓉为此去医院治疗,花去近9 000元医药费。关于此事例,下列哪一选项是不正确的? ( )

A. 花芙蓉有权要求甲厂赔偿医药费

B. 花芙蓉有权要求美容院赔偿医药费并可同时请求精神损害赔偿

C. 美容院若向花芙蓉承担了责任,则其可以向甲厂追偿

D. 花芙蓉有权要求广告经营者、广告发布者承担赔偿责任

10. 根据《公司法》的规定,下列人员中,可以担任公司的董事、监事、高级管理人员的是 ( )

A. 甲因犯贪污罪被判处刑罚,2年前执行期满

B. 乙担任某破产公司董事,且对此负有个人责任,2年前该公司清算完结

C. 丙年满60周岁,系退休的法学教授

D. 丁因从事期货交易,负债8 500万元,到期未还

11. 2020年3月15日,陈思到一饭店就餐,饭店服务生韩宾在给卡式煤气炉点火时,煤气炉突然爆炸,陈思、韩宾及邻座顾客杜忠均被炸伤。经查,煤气炉系甲厂生产,质量存在严重缺陷。则下列有关表述中不正确的是 ( )

A. 杜忠可以请求饭店承担赔偿责任

B. 韩宾应依劳动合同关系请求饭店赔偿损失

C. 陈思既可以要求甲厂承担赔偿责任，也可以请求饭店承担赔偿责任

D. 韩宾可以向甲厂请求赔偿，诉讼时效为 2 年，自身体受到伤害之日起计算

12. 下列情形中，哪种行为属于不正当竞争行为？（　　）

A. 某商场在冬季降价处理了一大批夏季服装，该售价低于商品成本

B. 某商场向顾客销售商品时，表示逢国家法定假日购物八折，如实入账

C. 甲撮合了乙和丙的一笔生意，乙和丙分别付给甲佣金 1 100 元，并如实入账

D. 甲公司未经其他经营者同意，在其合法提供的网络产品或者服务中插入链接、强制进行目标跳转，妨碍、破坏网络服务正常运行

13. 工程师甲根据其单位指派开发出某种碳酸饮料配方后，单位对该配方采取了全面的保密措施。乙公司利用高薪聘请甲到本公司工作，甲便携带该碳酸饮料配方到乙公司受聘。根据《反不正当竞争法》的有关规定（　　）

A. 甲应承担侵权责任，乙不承担侵权责任

B. 甲、乙都应承担侵权责任

C. 乙应承担侵权责任，甲不承担侵权责任

D. 甲、乙都不承担侵权责任

14. 甲公司与乙公司签订服装加工合同，约定乙公司支付预付款 1 万元，甲公司加工服装 1 000 套，3 月 10 日交货，乙公司 3 月 15 日支付余款 9 万元。3 月 10 日，甲公司仅加工服装 900 套，乙公司此时因濒临破产致函甲公司表示无力履行合同。下列哪一说法是正确的？（　　）

A. 因乙公司已支付预付款，甲公司无权中止履行合同

B. 乙公司有权以甲公司仅交付 900 套服装为由，拒绝支付任何货款

C. 甲公司有权以乙公司已不可能履行合同为由，请求乙公司承担违约责任

D. 因乙公司丧失履行能力，甲公司可行使顺序履行抗辩权

15. 飞跃公司开发某杀毒软件，在安装程序中作了“本软件可能存在风险，继续安装视为同意自己承担一切风险”的声明。黄禾购买正版软件，安装时同意了该声明。该软件误将操作系统视为病毒而删除，导致黄禾电脑瘫痪并丢失其所有的文件。根据《民法典》的规定，下列选项中，正确的是（　　）

A. 因黄禾同意飞跃公司的免责声明，可免除飞跃公司的赔偿责任

B. 黄禾有权要求飞跃公司承担赔偿责任

C. 黄禾有权依据《消费者权益保护法》获得双倍赔偿

D. 黄禾可同时提起侵权之诉和违约之诉

16. 根据反不正当竞争法律制度的规定，下列行为中，属于不正当竞争行为的是（　　）

A. 甲因其所居住小区内的超市过于吵闹，影响其休息，遂捏造该超市出售伪劣商品的事实并进行散布，导致该超市营业额严重下降

B. 乙家俱制造企业将产自中国的家俱产品的原产地标注为意大利

C. 丙歌厅见与其相邻的另外一家歌厅价格低、服务好、客源多，遂雇打手上门寻衅滋事，进行威胁

D. 入夏前，丁商场为了筹集资金购进夏装，以低于进货价的价格甩卖了一批库存的羽绒服

17. 郭根与 10 岁的儿子到饭馆用餐，如厕时将手提包留在座位上嘱咐儿子看管，回来后发

现手提包丢失。郭根要求饭馆赔偿被拒绝,遂提起民事诉讼。根据消费者安全保障权,下列哪一说法是正确的? ( )

A. 饭馆应保障顾客在接受服务时的财产安全,并承担顾客随身物品遗失的风险

B. 饭馆应保证其提供的饮食服务符合保障人身、财产安全的要求,但并不承担对顾客随身物品的保管义务,也不承担顾客随身物品遗失的风险

C. 饭馆应对顾客妥善保管随身物品作出明显提示,否则应当对顾客的物品丢失承担赔偿责任

D. 饭馆应确保其服务环境绝对安全,应当对顾客在饭馆内遭受的一切损失承担赔偿责任

18. 下列业务中,属于交通运输应税服务范围的是 ( )

A. 旅游景点内缆车运输　　B. 装卸搬运

C. 航空运输企业的湿租业务　　D. 港口码头服务

19. 甲公司于2月5日以普通信件向乙公司发出要约,要约中表示以2 000元/吨的价格卖给乙公司某种型号钢材100吨,甲公司随即又发了一封快件给乙公司,表示原要约中的价格作废,现改为2 100元/吨,其他条件不变。普通信件2月8日到达,快信2月7日到达,乙公司两封信均已收到,但秘书忘了把第二封信交给董事长,乙公司董事长回信对普通信件发出的要约予以承诺。请问,甲、乙之间的合同是否成立,为什么? ( )

A. 合同未成立,原要约被撤　　B. 合同未成立,原要约被新要约撤回

C. 合同成立,快件的意思表示未生效　　D. 合同成立,要约与承诺意思表示一致

20. 甲公司对乙公司负有债务。为了担保债务的履行,甲公司同意将一张以本公司为收款人的汇票质押给乙公司,为此,双方订立了书面的质押合同,并交付了票据。甲公司未按时履行债务,乙公司遂于该票据到期时持票据向承兑人提示付款。下列表述中,正确的是 ( )

A. 承兑人应当向乙公司付款

B. 如果乙公司同时提供了书面质押合同证明自己的权利,承兑人应当付款

C. 如果甲公司书面证明票据质押的事实,承兑人应当付款

D. 承兑人可以拒绝付款

21. 甲公司与乙公司签订买卖合同。合同约定甲公司先交货。交货前夕,甲公司派人调查乙公司的偿债能力,有确切材料证明乙公司负债累累,根本不能按时支付货款。甲公司遂暂时不向乙公司交货。甲公司的行为是 ( )

A. 违约行为　　B. 行使同时履行抗辩权

C. 行使先诉抗辩权　　D. 行使不安抗辩权

22. 甲收藏唐伯虎名画一幅,价值约10万元,甲的其他财产价值为10万元。甲因做生意失败外欠债60万元。一日,甲将唐伯虎的画作价1万元卖给从香港回的表弟乙,则下列表述正确的是 ( )

A. 若乙不知甲欠巨额外债,则甲的债权人只能行使代位权

B. 只有在乙明知此买卖有害于债权人的债权的情况下,债权人才可行使代位权

C. 不管乙是否知道此买卖有害于债权人的债权,债权人均可行使撤销权

D. 若乙明知此买卖有害于债权人的债权,则债权人可行使撤销权

23. 甲要购买德国制造的照相机,2018年10月2日,甲在乙店的柜台中发现一架照相机,柜台的标签上产地一栏注明的是“德国制造”,甲向乙店售货员丙询问产地时,丙明确告知该照相机的产地是“德国制造”,甲遂购买。2018年10月7日,甲在修理该相机时请照相机检测中心检测,发现该相机系美国制造,2019年10月10日,甲持检测中心的检测证明要求乙店退货。根据

《民法典》的规定 （ ）

A. 乙店必须办理退货,因为乙店的行为构成欺诈

B. 乙店有权不退货

C. 乙店可以不退货,但必须换货

D. 乙店可以不退货,但必须折价处理

24. 根据《消费者权益保护法》的规定,消费者购买商品或接受服务时享有的权利不包括 （ ）

A. 自主选择购买某一品牌的冰箱

B. 选择接受甲、乙、丙、丁等若干经营者的服务

C. 询问提供餐饮服务的服务员是否具有健康证明

D. 只要对购买的产品不满意,就可以退换产品

25. 甲公司向乙公司借款150万元,乙公司要求甲公司提供抵押,甲公司遂以本公司的豪华轿车进行抵押,并办理了抵押登记。该轿车价值100万元。乙公司还不放心,要求甲公司提供保证人,甲公司遂找丙公司作为保证人。保证担保未约定范围。有关保证人的保证责任,论述正确的是 （ ）

A. 丙公司对150万元主债权承担保证责任

B. 丙公司对100万元主债权承担保证责任

C. 丙公司对50万元主债权承担保证责任

D. 丙公司无需承担保证责任

二、多项选择题(请从下列每小题列出的备选项中选出多个正确答案,并将其字母标号填入相应题目后的括号内。每小题2分,共20分。多选、少选、错选均无分。)

1. 根据《劳动合同法》的规定,下列劳动者提出订立无固定期限劳动合同,甲公司应当签订的是 （ ）

A. 甲公司招聘的特需人才孙才

B. 与甲公司连续订立两次固定期限劳动合同的李谋

C. 已在甲公司连续工作12年的张工程师及甲公司财务负责人刘涵

D. 已在甲公司当保安1年3个月,但公司尚未与其订立书面劳动合同的农民工小王

2. 甲农场于7月2日向乙农场发出要约,要卖给乙农场一头种牛,甲农场要求乙农场15天内答复。甲农场的要约于7月5日到达乙农场。7月3日,甲农场又给乙农场去信,该种牛对本农场意义重大,不能出售,请乙农场原谅,第二封信于7月6日到达。乙农场7月7日回信表示接受甲农场的一切条件,该回信7月10日到达,甲农场拒绝交货,根据已知条件,下列选项正确的是 （ ）

A. 甲、乙之间的合同不成立,因为要约已被撤销

B. 甲、乙之间的合同成立,因为要约没有被撤销

C. 甲、乙之间的合同于7月10日承诺到达时成立

D. 甲、乙之间的合同不成立,因此乙只能追究甲的缔约过失责任,不能追究其违约责任

3. 周日(买受人)与卞梁(出卖人)签订了买卖一幅“寿”字图的合同之后,周日又将该画加价5%转卖给程旭,说好让程旭到卞梁处取画。周日与卞梁约定由卞梁直接把画交给程旭,程旭取画时,卞梁以周日给的价太低为由予以拒绝,下列各选项正确的是 （ ）

A. 周日将债权转让给了程旭

B. 周日与卞梁之间的约定是向第三人履行

C. 周日与程旭之间的约定是由第三方履行

D. 程旭有权追究周日的违约责任

4. 下列哪些情况可以抵销? ( )

A. 银行依照约定,在债务人的账户扣划欠交的贷款

B. 李毅欠王琅 3 万元石灰款,王琅欠李毅 2 万元餐费,双方债权均到期,王琅主张债权时,李毅主张抵销,只还 1 万元

C. 韦成公司欠理想公司 500 台电脑,理想公司欠韦成公司 43 张硬盘,双方达成协议,互相抵销

D. 卫升找齐宾要欠款 7 万元,齐宾逃跑不知去向,卫升找保证人吴达,吴达以卫升尚欠齐宾租房费 1 万元为由,只还卫升 6 万元

5. 甲在"天韵"家具城购买家具,其选定的一组家具价值 1 万元。"天韵"家具城与甲订立了家具买卖合同,在下列的条款中,你认为不正确的条款是 ( )

A. 甲先交纳 500 元的预付款,若甲违约该款项不予退还

B. 甲先交纳 1 000 元的定金,合同履行后抵作价款

C. 定金担保自定金交付之日起成立

D. 如果甲违约可适用约定的定金和违约金条款,但并用的结果不超过合同的总价款

6. 甲公司从某银行获得贷款 1 000 万元,并以其 A 房屋(价值 500 万元)提供抵押担保,同时,乙公司以其 B 房屋(价值 800 万元)为甲公司贷款提供抵押担保。贷款到期时,甲公司尚欠银行 400 万元的本息未还。在银行催讨欠款期间,A 房屋因火灾发生严重损坏,价值仅余 350 万元。火灾责任人丙向甲公司赔偿了 50 万元,丁保险公司向甲公司赔付保险金 80 万元。下列财产中,银行享有优先受偿权的是 ( )

A. A 房屋

B. B 房屋

C. 丙赔偿给甲公司的 50 万元

D. 丁公司赔付甲公司的 80 万元保险金

7. 根据《企业破产法》的规定,下列注册会计师中,不得担任管理人的是 ( )

A. 注册会计师甲曾担任债务人公司的独立董事,至人民法院受理破产申请 2 年前卸任

B. 注册会计师乙的父亲是债务人公司的控股股东

C. 注册会计师丙因个人原因负债数额巨大,但与债务人公司无关

D. 注册会计师丁最近 3 年来一直为债务人公司做外部人审计工作,熟悉该企业情况

8. 甲、乙合作开发完成一项发明,但双方未就专利申请权相关事项作任何约定。根据《民法典》的规定,下列关于该项发明的专利申请权的表述中,正确的是 ( )

A. 对该项发明申请专利的权利属甲乙共有

B. 如果甲放弃其专利申请权,乙可以单独申请

C. 如果甲不同意申请专利,乙可以自行申请

D. 如果甲准备转让其专利申请权,乙在同等条件下有优先受让的权利

9. 2020 年 3 月 8 日,甲向乙借用电脑一台。3 月 15 日,乙向甲借用名牌手表一块。5 月 10 日,甲要求乙返还手表,乙以甲尚未归还电脑为由,拒绝返还手表。根据我国相关法律制度的规定,下列表述中,不正确的是 ( )

A. 乙是在行使同时履行抗辩权,可以暂不返还手表

B. 乙是在行使不安抗辩权,可以暂不返还手表

C. 乙是在行使留置权,可以暂不返还手表

D. 乙应当返还手表

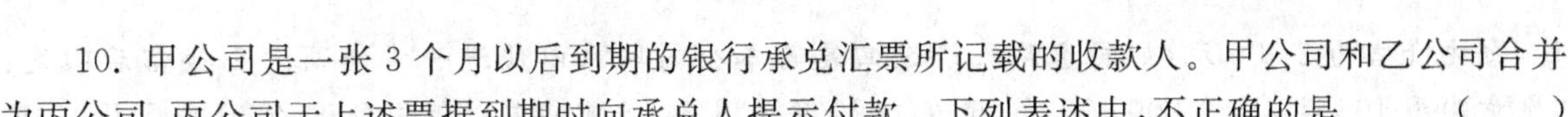

10. 甲公司是一张3个月以后到期的银行承兑汇票所记载的收款人。甲公司和乙公司合并为丙公司,丙公司于上述票据到期时向承兑人提示付款。下列表述中,不正确的是 （　）

A. 丙公司不能取得票据权利

B. 丙公司取得票据权利

C. 甲公司背书后,丙公司才能取得票据权利

D. 甲公司和乙公司共同背书后,丙公司才能取得票据权利

三、判断题(请判断每小题的表述是否正确,正确的划"√",错误的划"×"。每小题0.5分,共5分。)

1. 年销售额在1亿元以上的药品零售企业之间达成联盟协议,共同要求药品生产企业按统一的优惠价格向联盟内的企业供应药品,联盟内的企业按统一的零售价向消费者销售药品。这种行为应予禁止。 （　）

2. 依据《专利法》的规定,对平面印刷品的图案、色彩或者二者的结合作出的主要起标识作用的设计(例如产品外包装)可以授予专利。 （　）

3. 根据企业破产法律制度的规定,人民法院受理破产申请后,职工劳动债权须在人民法院确定的期限内进行申报。 （　）

4. 持有甲公司3%股权的股东李魁已将其所持全部股权转让予他人,甲公司董事张涵在获悉该消息后,告知其朋友王志,王志在该消息为公众所知悉前将其持有的甲公司股票全部卖出。这种行为应予禁止。 （　）

5. 蓝光公司的总经理张凡与宏达公司的法定代表人李钰签订了一份价值100万元的购买消毒柜的合同。宏达公司立即组织货源。蓝光公司董事会发现后,声明张凡超越权限,合同无效。因此,蓝光公司对此合同发生的一切后果不承担任何责任。 （　）

6. 2020年1月,甲公司决定分立出乙公司单独经营。甲公司原有6 000万元,债权人主要包括丙银行、供货商丁公司和其他一些小债权人。在分立协议中,甲、乙公司约定:原甲公司债务中,对丁公司的债务由分立出的乙公司承担,其余债务由甲公司承担,该债务分担安排经过了丁公司的认可,但未通知丙银行和其他小债权人。基于此,丙银行有权要求甲、乙连带清偿其债务,同时,小债权人有权要求甲、乙连带清偿其债务。 （　）

7. 外国公司甲与中国公司乙共同投资设立外商投资企业丙。丙企业只能根据《合伙企业法》的规定构建组织机构。 （　）

8. 张奎家的保姆见张奎家新买回一个大彩电后,旧彩电一直放在阳台上太占地方,便在破旧收购人来到宿舍区时,将旧彩电卖掉。张奎回来后说这个旧彩电是准备送给乡下亲友的,要求收购人退回。其理由是保姆无权,买卖无效。收购人回答:我已经几次在你家保姆手中收购过破旧物资了。因此,该买卖有效。 （　）

9. 甲商场在"五一"期间开展"优惠千万家"促销活动。有关部门发现甲商场销售的拉杆箱存在侵犯乙公司专利权的情形,但甲商场能够证明该产品的合法来源,且不知该产品是侵犯专利权的产品。因此,甲商场应停止销售该产品,同时应承担赔偿责任。 （　）

10. 甲公司向乙公司订购一台生产设备,乙公司委托其控股的丙公司生产该设备并交付给甲公司。甲公司在使用该设备时发现存在严重的质量问题。因此,甲公司有权请求乙公司承担违约责任。 （　）

四、简答题(请仔细阅读案例所设置的情景并按要求正确答题。本题满分28分。)

情景一(本题满分8分)

2020年4月8日,甲公司通过Internet给乙公司发E-mail称:"本公司有一批特定货物欲出

售,每吨价格为2 000元,如同意购买请速回复与本公司联系以便进一步协商。"乙接信后回复:"愿意购买100吨,总价200 000元,请在2020年4月30日前回电。"但甲到了2020年5月10日才回复称:"由于该货物发生市场价格上涨的不可抗力,不能以原价卖出,本公司在2020年4月28日已以高于原价的价格将货物卖给了他人。"乙认为甲违反了合同的约定,应当承担违约责任及赔偿为筹集货款而支付的10 000元费用损失。

请问:

1. 甲第一次给乙发E-mail属于什么行为,为什么?(1分)

2. 乙给甲的回复属于什么行为,为什么?(1分)

3. 甲第二次给乙回复所称的不可抗力是否成立,为什么?(2分)

4. 甲是否承担违约责任,为什么?(2分)

5. 甲是否承担其他责任?若承担,应承担哪方面的责任?(2分)

情景二(本题满分7分)

A公司与B公司签订了一份买卖合同,合同约定,由A公司向B公司提供农副产品,货款共计30万元,B公司先期付款15万元,余款在交货后付清。同时,双方还约定了争议的解决办法,即双方协商不成时,到当地仲裁机构申请仲裁。到提货日,B公司提货后,发现农副产品的质量严重不符。双方发生争议,经协商不成,于是B公司到当地仲裁机构提出撤销合同,要求A公司退货并退还已付货款。经仲裁机构仲裁,A公司不服,于是向人民法院起诉,但人民法院未予立案。

请问:

1. A公司与B公司签订的买卖合同是否属于无效合同?并说明理由。(4分)

2. 被认定为无法律效力的合同,合同中有关争议解决方法的条款是否还有效?(1分)

3. 你认为本案应如何处理?(2分)

情景三(本题满分7分)

W市的甲食品有限公司2014年将自己开发生产的儿童饮用果汁产品定名为"娃娃乐"推向市场,该果汁因物美价廉而广受消费者欢迎,自推出后年销售额在同类产品中一直稳居前列。乙纯净水公司于2020年也推出儿童饮用果汁产品,该产品定名为"娃娃笑"。

请问:

1. 甲公司的果汁产品"娃娃乐"是否为知名商品?说明理由。(2分)

2. 如果乙公司以自己是纯净水公司为由否认自己与甲公司的竞争关系,其主张是否成立?说明理由。(2分)

3. "娃娃乐"是否属于甲公司儿童饮用果汁产品的特有名称?为什么?(2分)

4. 有人认为乙公司的行为构成仿冒,认定仿冒行为的标准是什么?(1分)

情景四(本题满分6分)

2020年3月15日,S市的张三在本市甲公司举办的展览会上购买了一件由乙广告公司极力推介的羊毛大衣。该大衣由H市的丙公司生产,B市的丁公司负责销售。展览会租用戊公司的场馆。张三购买的大衣穿了两天后袖子开裂,张三意欲索赔时发现展览会已结束。

请问:

1. 张三可以向哪些人主张索赔?请说明理由。(2分)

2. 丙公司可以援引哪些理由予以抗辩?(4分)

五、综合分析题(请仔细阅读案例并按要求正确答题。本题满分22分。)

案例一(本题满分11分)

2019年4月，甲公司因欠乙公司货款100万元不能按时偿还，向乙公司请求延期至2020年4月1日还款，并愿意以本公司所有的3台大型设备进行抵押和1辆轿车进行质押，为其履行还款义务提供担保。乙公司同意了甲公司的请求，并与甲公司订立了书面抵押和质押合同。甲公司将用于质押的轿车的机动车登记证书交乙公司保管，但未就抵押和质押办理任何登记手续，也未向乙公司交付用于抵押的设备和质押的轿车。

2019年5月，甲公司将用于抵押的3台设备出租给丙公司，将用于质押的轿车出租给丁公司，租期均为1年。

2019年8月，甲公司隐瞒有关事实，与戊公司订立合同出售其用于抵押的3台设备。随后，甲公司通知丙公司：本公司已将出租的3台设备卖给戊公司，要求解除租赁合同，丙公司可不再支付剩余9个月的租金，并请其将这3台设备交付给戊公司。丙公司表示同意，且立即向戊公司交付了这3台设备。

2019年9月1日，甲公司再次隐瞒了有关事实，与乙公司订立合同出售其用于质押的轿车。双方办理了过户登记手续，并约定9月15日之前交付。甲公司在通知丁公司向乙公司交付出租的轿车时，丁公司拒绝了甲公司的要求，并向甲公司主张同等条件下的优先购买权。9月30日，丁公司工作人员在驾驶该轿车外出时，遭遇罕见泥石流，车毁人亡。

2020年4月1日，甲公司仍无力向乙公司偿还货款。乙公司在调查了解甲公司资产状况得知：甲公司出资200万元设立的全资子公司庚经营状况良好，资金充裕；另外，庚公司欠甲公司到期货款150万元，尚未偿还。2020年4月15日，乙公司发函给庚公司，要求其偿还甲公司所欠本公司债务。

请问：

1. 甲公司是否有权将用于抵押的3台设备出租给丙公司？并说明理由。(1分)

2. 乙公司是否有权就用于抵押的3台设备向戊公司行使抵押权？并说明理由。(1分)

3. 在用于质押的轿车灭失前，谁是其所有权人？乙公司是否对该轿车享有质权？并分别说明理由。(2分)

4. 丁公司就轿车向甲公司主张同等条件下的优先购买权是否成立？并说明理由。(2分)

5. 甲公司是否有权要求丁公司对轿车的灭失承担赔偿责任？并说明理由。(2分)

6. 乙公司是否有权要求甲公司对不能交付轿车承担赔偿责任？并说明理由。(2分)

7. 乙公司是否有权要求庚公司代甲公司履行债务？并说明理由。(1分)

案例二(本题满分11分)

2019年5月1日，甲、乙、丙、丁四人决定投资设立一普通合伙企业，并签订了书面合伙协议。合伙协议的部分内容如下：

(1) 甲以货币出资10万元，乙以其设备折价出资8万元，经其他三人同意，丙以劳务折价出资6万元，丁以货币出资4万元。

(2) 甲、乙、丙、丁按2∶2∶1∶1的比例分配利润和承担风险。

(3) 由甲执行合伙企业事务，对外代表合伙企业，其他三人均不再执行合伙企业事务，但签订购销合同及代销合同应经其他合伙人同意。合伙协议中未约定合伙企业的经营期限。该合伙企业经登记于2019年5月20日成立。

合伙企业存续期间，发生下列事实：

(1) 合伙人甲为了改善企业经营管理，于2019年5月25日独自决定聘任合伙人以外的A担任该合伙企业的经营管理人员，并以合伙企业名义为B公司提供担保。

(2) 2019年6月1日，甲擅自以合伙企业的名义与善意第三人C公司签订了代销合同，乙合伙人获知后,认为该合同不符合合伙企业利益,经与丙、丁商议后,即向C公司表示对该合同不予承认,因为甲合伙人无单独与第三人签订代销合同的权利。

(3) 2020年1月,合伙人丁提出退伙,其退伙并不给合伙企业造成任何不利影响。2020年2月,合伙人丁撤资退伙。于是,合伙企业又接纳戊新入伙,戊出资4万元。2020年3月,合伙企业的债权人C公司就合伙人丁退伙前发生的债务24万元要求合伙企业的现合伙人甲、乙、丙、戊及退伙人丁、经营管理人员A共同承担连带清偿责任。甲表示只按照合伙协议约定的比例清偿相应数额。丁以自己已经退伙为由,拒绝承担清偿责任。戊以自己新入伙为由,拒绝对其入伙前的债务承担清偿责任。A则表示自己只是合伙企业的经营管理人员,不对合伙企业债务承担责任。

(4) 2019年9月,合伙人乙在与D公司的买卖合同中,无法清偿D公司的到期债务8万元。D公司于2020年2月向人民法院提起诉讼,人民法院判决D公司胜诉。D公司向人民法院申请强制执行合伙人乙在合伙企业中全部财产份额。

请问:

1. 甲聘任A担任合伙企业的经营管理人员及为B公司提供担保的行为是否合法?并说明理由。(1分)

2. 甲以合伙企业名义与C公司所签的代销合同是否有效?并说明理由。(1分)

3. 甲拒绝承担连带责任的主张是否成立?并说明理由。(1分)

4. 丁的主张是否成立?并说明理由。如果丁向C公司偿还了24万元的债务,丁可以向哪些当事人追偿?追偿的数额是多少?(3分)

5. 戊的主张是否成立?并说明理由。(1分)

6. 经营管理人员A拒绝承担连带责任的主张是否成立?并说明理由。(1分)

7. 合伙人乙被人民法院强制执行其在合伙企业中的全部财产份额后,合伙企业决定对乙进行除名,合伙企业的做法是否符合法律规定?并说明理由。(1分)

8. 合伙人丁的退伙属于何种情况?其退伙应符合哪些条件?(2分)

参考文献

[1] 张文显. 法理学[M]. 第 5 版. 北京:高等教育出版社,2018.

[2] 杨紫烜. 经济法[M]. 第 5 版. 北京:北京大学出版社,2014.

[3] 李昌麒,卢代富. 经济法学[M]. 厦门:厦门大学出版社,2016.

[4] 漆多俊. 经济法基础理论[M]. 第 5 版. 北京:法律出版社,2017.

[5] 张守文. 经济法学[M]. 第 7 版. 北京:北京大学出版社,2018.

[6] 刘文华. 经济法[M]. 第 6 版. 北京:中国人民大学出版社,2019.

[7] 王利明. 民法[M]. 第 7 版. 北京:中国人民大学出版社,2018.

[8] 杨立新. 债法[M]. 第 2 版. 北京:中国人民大学出版社,2018.

[9] 李永军. 民法总论[M]. 北京:中国政法大学出版社,2019.

[10] 赵旭东. 公司法学[M]. 第 4 版. 北京:高等教育出版社,2015.

[11] 施天涛. 公司法论[M]. 第 4 版. 北京:法律出版社,2018.

[12] 甘培忠. 企业和公司法学[M]. 第 9 版. 北京:北京大学出版社,2018.

[13] 赵旭东. 商法学[M]. 第 4 版. 北京:高等教育出版社,2019.

[14] 朱锦清. 公司法学(修订本)[M]. 北京:清华大学出版社,2019.

[15] 施天涛. 商法学[M]. 第 6 版. 北京:法律出版社,2020.

[16] 王欣新. 破产法[M]. 第 4 版. 北京:中国人民大学出版社,2019.

[17] 崔建远. 合同法[M]. 第 3 版. 北京:北京大学出版社,2016.

[18] 郑云瑞. 合同法学[M]. 第 3 版. 北京:北京大学出版社,2018.

[19] 岳彩申. 金融法学[M]. 第 3 版. 北京:中国人民大学出版社,2020.

[20] 范健. 证券法[M]. 第 3 版. 北京:法律出版社,2020.

[21] 李玉泉. 保险法[M]. 第 3 版. 北京:法律出版社,2019.

[22] 刘心稳. 票据法[M]. 第 4 版. 北京:中国政法大学出版社,2018.

[23] 刘春田. 知识产权法学[M]. 北京:高等教育出版社,2019.

[24] 吴汉东. 知识产权法学[M]. 第 7 版. 北京:北京大学出版社,2019.

[25] 江帆. 竞争法[M]. 北京:法律出版社,2019.

[26] 余劲松. 国际经济法学[M]. 第 2 版. 北京:高等教育出版社,2019.

[27] 符启林.房地产法[M].第5版.北京:法律出版社,2018.

[28] 刘燕.会计法[M].第2版.北京:北京大学出版社,2014.

[29] 刘剑文.财税法——原理、案例与材料[M].第4版.北京:北京大学出版社,2020.

[30] 林嘉.劳动法和社会保障法[M].第4版.北京:中国人民大学出版社,2016.

[31] 王全兴.劳动法[M].第4版.北京:法律出版社,2017.

[32] 刘俊.劳动与社会保障法学[M].第2版.北京:高等教育出版社,2018.

[33] 张卫平.民事诉讼法[M].第5版.北京:法律出版社,2019.